陈至立在第三次全国文物普查电视电话会议上发表讲话

第三次全国文物普查电视电话会议

单霁翔在全国文物局长会议上发表讲话

全国文物局长会议

张柏在国家文物局第二次局务扩大会议上发表讲话

董保华为文物行政执法培训班授课

童明康出席中国文化遗产标志使用权授予仪式

小型飞机勘测

“西天诸神——古代印度瑰宝展”开幕仪式

赴韩“中国国宝巡回展”剪彩仪式

中国文物国际博览会

荷兰阿姆斯特丹国立博物馆珍藏展“伦勃朗与黄金时代”

“美国艺术三百年”展

志丹苑水闸

河北泥河湾博物馆在河北阳原开工建设

河北省第三次全国文物普查正式启动

山西柳林高红商代土基址

文物普查队员调查山阴县新广武长城

调查测量长城马面

专家免费鉴定

观众参观展览

南京南朝陵墓石刻得到有效保护

千灯镇

江苏省第三次全国文物普查试点单位器材赠送仪式

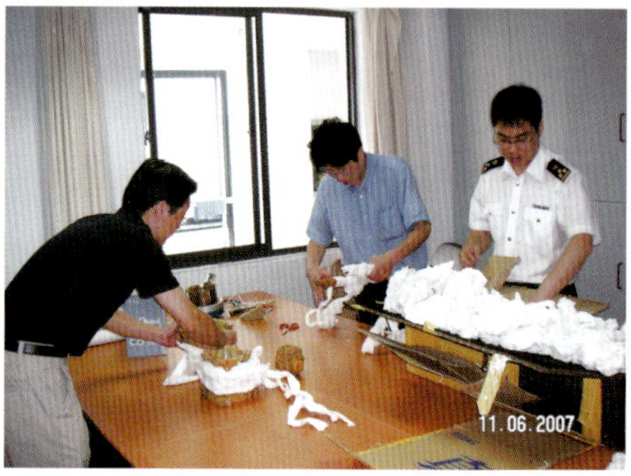

文物鉴定

“沃土嘉禾——历史时期的嘉兴”陈列展

2007中国第二个“文化遗产日”暨第二届浙江省非物质文化遗产节开幕式

中国丝绸博物馆“丝国之路——5000年中国丝绸精品展”在俄罗斯巡回展出

六安双墩1号汉墓

六安双墩汉墓出土文物

山东省博物馆新馆效果图

山东省文物局揭牌仪式

广东博物馆陈列展览协作交流网络启动仪式

第31届世界遗产大会对开平碉楼与村落申报项目进行表决

南海Ⅰ号－国家文物局、广东省文化厅领导与广东水下考古队合影

广西百色起义纪念馆

广西柳州市博物馆

广西恭城古建筑群——文庙全景

广西三江侗族生态博物馆高定侗寨保护区

贵州省第三次文物普查培训班开学典礼

贵州省文物博物馆学会成立（会员代表）大会

故宫博物院组织打工子弟学校学生参观故宫

故宫午门售票处安装了电子信息公告

“英国与世界展”开幕式

中国文物年鉴

CHINA CULTURAL HERITAGE YEARBOOK

(2008)

国家文物局 编

中国时代经济出版社
China Modern Economic Publishing House

编辑说明

《中国文物年鉴》由国家文物局组织，由中国文物信息咨询中心负责编写，旨在全面、系统地反映我国文物、博物馆事业一个年度的基本状况。

《中国文物年鉴·2008》反映我国文物、博物馆事业2007年的发展情况，分为图片、特辑、综述篇、分述篇、纪事篇和附录等六部分。

《中国文物年鉴》的稿件、资料均来自国家文物局各相关部门和各省、自治区、直辖市文物行政部门。《中国文物年鉴·2008》暂缺香港、澳门特别行政区和台湾省的资料。

由于编辑水平所限,《中国文物年鉴·2008》编校工作难免存在不足之处，请读者提出宝贵意见和建议，以利我们今后改进。

编　者

2010年3月22日

特约撰稿人

马永红	何春平	庞　博
马晓丽	何晓雷	林小燕
王大方	佟　薇	罗　静
王协锋	吴　兵	郑子良
王琴红	吴　旻	姚文中
王　韬	张云鹏	赵恬君
付兴胜	张　勇	赵耀双
叶大治	张　凌	钟向群
白建尧	李　让	秦文波
乔静安	李　放	钱　卫
刘大明	李　涛	梁立刚
刘长桂	李　睿	彭冰冰
刘实民	杜玉辉	谢宾顺
刘　政	杨泽红	韩　洋
刘　洁	杨康明	樊慧君
朱鸿文	汪园园	颜　毅
汤倩颖	肖谋用	黎吉龙
许　言	辛泸江	张复生
闫秀芳	邵　军	史　勇

目录

【特辑】

（一）重要讲话

（二）重要文献

（三）重要通知、函件及决定

【综述篇】

【分述篇】

（一）国家文物局直属单位

（二）各省、市、自治区

（三）其他

【纪事篇】

【附录】

特辑

重要讲话

在全国文物局长座谈会上的讲话

单霁翔

（2007年7月18日）

全国文物局长座谈会在历史文化名城青岛市召开。这是在党的十七大召开之前，文物系统召开的一次学习理论、总结工作、交流收获的会议。作为座谈交流，我讲几个问题。

一、关于认真学习贯彻胡锦涛总书记重要讲话精神

最近，胡锦涛总书记在中央党校发表重要讲话。这篇讲话内涵丰富，思想深刻，科学分析了当前我国面临的新形势新任务，全面阐述了以邓小平理论和“三个代表”重要思想为指导、深入贯彻科学发展观的基本要求，深刻回答了党和国家未来发展的一系列理论和实践问题，为党的十七大胜利召开奠定了重要的政治、思想和理论基础。我们要认真学习深刻理解胡锦涛同志重要讲话精神，统一思想认识，在文化遗产保护工作中把讲话精神落到实处。

（一）坚定走中国特色社会主义的决心和信心

胡锦涛总书记在讲话中强调，中国特色社会主义，是当代中国社会发展进步的旗帜，是全党全国各族人民团结奋斗的旗帜。我们必须始终不渝地坚持以邓小平理论和“三个代表”重要思想为指导，深入贯彻落实科学发展观，毫不动摇地坚持和发展中国特色社会主义。这一重要论述，深刻阐明了坚持和发展中国特色社会主义对于党和国家事业发展的极端重要性，旗帜鲜明地表达了中国共产党和中国人民走自己的路的决心和信心。

只有社会主义才能救中国，只有中国特色社会主义才能发展中国，这是历史经验的总结。回顾我国文化遗产事业的发展历程，也充分证明这一真理。新中国成立以来，社会主义制度为文化遗产事业开拓了广阔的发展前景，党和国家采取强有力的措施加强文物保护。1956年，国务院发布了《关于在农业生产建设中保护文物的通知》，首次提出“保护单位”的概念，并据此在全国范围内开展了第一次文物普查。作为这次文物普查的成果，编印了各省、自治区、直辖市文物保护单位名单共计7000多处。1961年，国务院颁布了《文物保护管理暂行条例》，建立文物保护单位制度，同时公布了第一批全国重点文物保护单位180处。面对新中国经济发展和城乡建设高潮，郑振铎、王冶秋等文物

保护的先驱者们，为保护抢救文化遗产知难而上、艰苦创业，在组建机构、制定法规、科学研究、培训人才、宣传教育等方面，取得了开拓性的工作业绩和理论成果，作出了卓越的贡献。

党的十一届三中全会后，我国进入改革开放和社会主义现代化建设新时期，文物保护工作也得到党中央国务院高度重视。1982年11月《文物保护法》公布实施，使文物保护纳入法制化轨道。在这期间，我国开展了第二次全国文物普查，对全国文物家底大调查、大清理，共调查登记不可移动文物40余万处，并在以后20多年间相继共公布了2351处全国重点文物保护单位，8000余处省级文物保护单位，6万余处市县级文物保护单位。1997年3月，国务院发出《关于加强和改善文物工作的通知》，强调要努力建立适应社会主义经济体制要求、遵循文物工作自身规律、国家保护为主并动员全社会参与的文物保护体制，并要求各部门各地方做到“五纳入”。这对在社会主义市场经济条件下加强文物保护具有重要指导意义。2002年10月，全国人大常委会通过了新修订的《文物保护法》，确立了“保护为主，抢救第一，合理利用，加强管理”的工作方针，为新时期文物事业的发展提供了坚实的法律保障。2005年12月，国务院发出《关于加强文化遗产保护的通知》，以“文化遗产”的概念拓宽了“文物”概念的内涵和外延，并强调了保护文化遗产的重要性和紧迫性，确立了加强文化遗产保护的指导思想、基本方针和总体目标，明确了解决当前文化遗产保护面临的突出问题的具体措施；同时决定设立我国“文化遗产日”。国家对文化遗产的保护采取的这些重大举措，标志着新世纪我国文化遗产事业进入一个新的历史发展阶段。文物工作者坚决贯彻执行文物工作方针，认真贯彻落实《文物保护法》，围绕经济建设中心开展的大规模文物保护工作硕果累累，在发展先进生产力、建设先进文化和实现最广大人民的根本利益方面，在建设社会主义和谐社会中作出了积极的贡献。这些成绩的取得充分说明，文化遗产事业作为建设中国特色社会主义事业重要组成部分，必须走既切合自己国情又符合时代要求的发展道路。新时期新形势下，我们既要清醒地认识当今世界文化遗产保护发展趋势，又要立足我国经济社会发展的新要求和人民群众的新期待，既要继承和发扬，不断深化对党和国家文物工作方针的认识，又要探索和实践，遵循文化遗产保护的客观规律，竭尽全力推进文化遗产事业发展，毫不动摇地沿着中国特色社会主义道路走下去。

（二）在各项工作中坚决落实“四个坚定不移”

坚定不移地坚持解放思想，坚定不移地推进改革开放，坚定不移地推动科学发展、促进社会和谐，坚定不移地为全面建设小康社会而奋斗，是胡锦涛总书记在讲话中强调的重要内容。我们要在思想上深刻理解、行动上坚决落实。

解放思想，是党的思想路线的本质要求。回顾文物工作在理论和实践上的每一个重大进步，都是坚持解放思想取得的结果。1992年召开的全国文物工作会议，面对当时发展社会主义市场经济的形势，提出了“保护为主、抢救第一”的文物工作方针。1995年召开的全国文物工作会议，在邓小平同志南巡讲话的指引下，面对经济社会的发展，面对文物事业的发展，面对人民群众的文化需求，提出了“有效保护、合理利用、加强管理”的文物工作原则。2002年修订的《文物保护法》在认真实践探索规律的基础上，将上述方针和原则加以整合，提出“保护为主，抢救第一，合理利用，加强管理”的16字方针，使党和国家文物工作方针更加完整，更加确切，更加切合实际。这样一个循序渐进的完善过程，是我们解放思想，实事求是地研究新情况和解决新问题的过程，是我们在思想上与时俱进和实践上不断深化的过程。面对前进道路上的坎坷与困难，我们必须坚定不移地坚持解放思想，冲破陈旧思想观念的束缚，以创新精神开拓新思路和新举措，使我们制定的政策更加科学，采取的措施更加符合客观规律，推进文物事业不断迈上新的台阶。

改革开放，是我们党在新的时代条件下带领人民进行的一次新的伟大革命。随着社会主义市场经济的深入发展，文化遗产保护工作赖以生存和发展的经济基础、体制环境和社会条件发生了深刻的变化。深化改革，适应社会主义市场经济发展的要求，不断创新体制机制，形成科学有效的文化遗产管理体制，完善文化遗产保护法律法规体系，强化政府管理文化遗产职能，调动全社会支持和人民群众参与保护文化遗产的积极性，这是新时期对我们的要求。改革是文化遗产事业发展的强大动力。近年来，我们在转变政府职能、推进事业单位改革、加大政府投入、调整资源配置等方面进行了有益的尝试，也取得一些经验。但是改革任重而道远，我们既要清醒地认识到改革的重要性和紧迫性，也要认识到它的复杂性和艰巨性，大胆探索，勇于创新，稳妥地推进改革不断深化。同时，文化遗产事业也需要通过开放不断吸收人类文明的优秀成果，通过开放不断把中华文明推向世界，在对外交流与合作中促进自身发展，提高我国在国际文化遗产保护领域的地位和作用。

科学发展，社会和谐，是发展中国特色社会主义的基本要求。当前，文化遗产事业发展正处在关键时期，我们必须按照科学发展观的要求，研究工业化、城市化、市场化和国际化深入发展形势下文化遗产事业发展面临的新课题新矛盾，深入贯彻落实科学发展观，转变发展观念，创新发展模式，提高发展质量。文化遗产资源不可再生，失不再来，实现经济社会全面、协调、可持续发展必须保护好文化遗产资源。党和国家制定的文物工作方针充分体现出科学发展观的根本要求，我们要在思想上正确理解，理论上深入探索，工作中自觉执行。应该认识到，保护是前提，利用是过程，管理是手段，目的是把我们祖先留下的珍贵文化遗产世世代代传承下去。保护和利用是文化遗产工作车之两轮，鸟之两翼。加强保护，才能保持文化遗产本体及其原生环境的真实性完整性，为利用奠定基础；合理利用，才能使文化遗产保护的成果服务于人民大众，满足人民群众不断增长的文化需求，也为保护创造更好的条件。二者相辅相成，相得益彰。我们要坚持以科学发展观为指导，在工作中自觉调整保护文化遗产与经济社会发展的关系，统筹保护与利用的关系，统筹继承民族文化传统和建设现代文明的关系，统筹社会效益与经济效益的关系，使文化遗产保护工作更好地为保障人民群众的文化权益服务，更好地为建设社会主义核心价值体系服务，更好地把发展成果体现到改善民生、惠及广大人民群众上，努力在全社会形成“文化遗产人人保护，保护成果人人共享”的和谐局面。

全面建设小康社会，是我们党和国家到2020年的奋斗目标，是全国各族人民根本利益所在。我们要把文化遗产事业融于全面建设小康社会的大局，紧紧抓住重要战略机遇期。国务院《通知》中明确提出加强文化遗产保护工作总体目标：到2010年，初步建立比较完备的文化遗产保护制度，文化遗产保护状况得到明显改善。到2015年，基本形成较为完善的文化遗产保护体系，具有历史、文化和科学价值的文化遗产得到全面有效保护；保护文化遗产深入人心，成为全社会的自觉行动。实现这一目标，需要付出艰苦的努力。我们要着眼全面建设小康社会的大局，求真务实办实事，立足发展办大事，通过采取有效措施，使文化遗产保护得到全面加强，保证这一目标的实现。

(三)把握中国特色社会主义事业的总体布局

胡锦涛同志在推进经济、政治、文化、社会建设全面发展和抓好党的建设等重大问题上，提出了一系列新论断新要求。我们要认真学习领会，使文化遗产保护工作更加紧紧围绕党和国家工作大局，更好地服务于党的中心工作。

在我们党的历史上，每当面对艰巨的使命、繁重的任务，每当处于重要的时刻、关键的时期，党中央都十分强调加强全党的学习，强调统一全党的思想认识。我们要把学习胡锦涛总书记重要讲话与文化遗产事业发展实际紧密结合，统一思想，统一步伐，开创文化遗产事业新局面。

二、近年来文化遗产保护实践的回顾与思考

2005年12月，《国务院关于加强文化遗产保护的通知》发布，对全面提升文化遗产保护水平具有深远的影响。认真回顾和思考《通知》发布以来文化遗产保护的实践，有利于认清形势，对科学谋划、积极推动今后工作具有重要的意义。

（一）"长城保护工程"总体方案的制定

长城是人类历史上修筑时间最长、工程最大，对社会影响最深、最广泛，留存历史、文化信息最丰富的古代建筑工程。目前，长城在保护、研究和管理三个方面存在严重问题。在保护方面，长期以来对长城的人为破坏主要来自于取材性破坏、建设性破坏和旅游开发性破坏。特别是涉及长城的一些基本建设项目以及对长城资源无序开发，破坏了长城及其环境的原真性和完整性。在研究方面，由于长期对长城基本概念的不同定义，引发对长城长度和保护范围界定的明显差异，形成家底不清的窘境。在管理方面，由于长城不同区段分别为全国重点文物保护单位和省级、县(市)级文物保护单位，还有更多的区段尚未列入任何级别的文物保护单位，造成保护管理状况的混乱。

将长城作为一项完整的文化遗产保护项目，纳入统一保护管理体制，已经成为文化遗产保护工作的重要目标。国家文物局组织编制了《"长城保护工程(2005—2014年)"总体工作方案》，对长城的资源调查、保护立法、保护规划编制和保护抢险修缮等方面提出了系统的意见。这一方案得到了国务院批准。2006年12月，国务院公布的《长城保护条例》实施，这是国务院首次针对特定的文化遗产保护项目颁布的专项法规。该条例针对目前我国长城的现状以及存在的主要问题，制定了操作性很强的保护管理措施，明确了长城所在地人民政府的责任，提出动员全社会力量参与长城保护的要求，并对长城的利用行为加以规范。

"长城保护工程"总体工作方案已经进入全面实施阶段。一、全面开展长城资源调查工作，确保2008年底前完成明代长城、2010年底前完成所有长城资源调查和基本数据的发布，为全面做好长城保护工作奠定扎实的基础。二、制定长城保护专项法规，在《长城保护条例》的法规框架下，逐步建立起完善的长城保护法规体系，特别是积极推动长城沿线各省制定长城保护地方性法规，划定长城保护范围和建设控制地带。三、编制《长城保护总体规划纲要》，在对长城深入研究的基础上，就规划的原则、性质、目标，保护区划、保护措施以及展示开放、管理等方面，做出原则性规定。四、加强重点地段的长城抢险维修，严格按照"不改变文物原状"的原则进行修缮，保持原有布局、原有形制、原有材料、原有工艺，优先安排抢修价值重大、濒危的长城段落。

（二）"大遗址"保护国家项目库的建设

"大遗址"是我国文物工作者根据文化遗产的特征以及保护和管理工作的特点提出的重要概念，专指文化遗产中规模大、历史价值突出的文化遗址。我国的大遗址具有年代悠久、分布广泛、数量众多、类型复杂等特点，集中代表了我国传统文化的丰富内涵和发展的历史轨迹。大遗址保护是我国文化遗产保护工作中的重点和难点，在一些历史悠久的城市问题更为突出。许多大遗址在各种人为和自然因素的破坏下，逐步残缺甚或灭失，形势紧迫。同时，大遗址的保护长期未能造福当地民众，当地的群众生产生活未能与大遗址保护协调发展，与大遗址区外的差距越来越大，因而对大遗址保护普遍缺乏认同和理解，甚至发生破坏遗迹的行为。

近年来，我们加大了大遗址保护研究力度，高句丽遗址、殷墟遗址、大明宫遗址等大遗址保护项目取得积极成效，积累了成功经验。从2005年起，国家设立大遗址保护国家项目库，首批100处大遗址列入其中；并设立大遗址保护专项资金，优先考虑那些价值重大、遗址本体保护需求急迫、有较好考古勘查研究工作基础、已编制规划或规划纲要、宣传展示可行性强、地方政府重视并有一定经费配套的项目。

大遗址能否得到有效的保护，最重要的是能否得到所在区域民众的认同。因此，在保护规划实施中研究制定惠民政策，妥善处理当地民众脱贫致富、发展生产、改善生活等问题，成为我们的重要责任。在有条件的城市，大遗址的保护则与城市公园绿地规划建设相结合，形成遗址公园。通过实施大遗址保护国家项目库制度，实现大遗址保护工作从消极被动转向积极主动，由突击式、抢救性、应急式的保护方式转向制度化、长效机制化。

(三)保护工业遗产的呼吁

我国工业化进程起步较晚，时间不长，因此工业遗产的保护未能得到人们的足够重视。近年来沈阳、哈尔滨、重庆以及上海、北京等城市的一些重要工业遗产，在城市改造和房地产开发中迅速消失。面对这些情况，人们逐步认识到工业文明创造的财富和对世界以及人类生活的影响，都远远超过之前几千年的总和，工业遗产直观地反映了人类社会发展的这一重要过程，具有历史的、社会的、科技的、经济的和审美的价值，是文化遗产的重要组成部分。保护工业遗产也是保持人类文化的传承，维护文化的多样性和创造性，促进社会不断向前发展的重要举措。

2006年4月18日“国际古迹遗址日”，百余位文化遗产保护领域的专业人士和来自全国各工业城市的代表，汇聚我国近代民族工业发祥地之一——无锡，出席首届中国工业遗产保护论坛。论坛形成的《无锡建议》号召，在城市化加速进程中应加以妥善保护工业遗产。在保护好历史文化遗产的同时，保护好不同发展阶段有价值的工业遗产，给后人留下近现代工业化的风貌，留下相对完整的城市发展轨迹，是我们义不容辞的责任。国家文物局发出加强工业遗产保护的通知，启动了国家层面保护工业遗产的行动。

工业遗产保护是我国文化遗产保护领域的新课题。我国作为处于工业化中期的发展中国家，如何使更多的优秀工业遗产得到妥善保护，如何形成我国工业遗产保护的整体思路和方法，是需要不断思考和实践的重要课题。

(四)新农村建设中对乡土建筑的抢救

我国各级文物保护单位中，有半数以上分布在村、镇。具有鲜明地方特色的大量乡土建筑，反映了源远流长的历史和丰富多彩的民族、民间、民俗文化。正在全国范围内迅速展开的新农村建设，也对加强乡土建筑保护提出了紧迫的要求。一些地方错误地把新农村建设理解为新村建设运动。大批乡土建筑面临着严重的威胁，乡村、民族、地域特色的逐步丧失，“万村一面”现象已在不少地方成为现实。

如何正确处理新农村建设与乡土建筑保护的关系，使乡土建筑的文化内涵、建筑特色、历史风貌得以有效保全，是事关我国文化遗产保护和新农村建设全局的重大问题。2007年4月，国家文物局召开“中国文化遗产保护无锡论坛——乡土建筑保护”会议，来自全国文化遗产保护领域和相关专业的全体代表提出“关于保护乡土建筑的倡议”，呼吁各级政府积极行动起来，动员并依靠全社会的力量，加强乡土建筑的保护，使新农村建设与乡土建筑保护和谐共进，使我们民族的智慧与品格永远传承。近年来，国家加大对全国重点文物保护单位中的乡土建筑维修保护的投入，各级地方政府也利用财政资金和吸引社会资金用于维修乡土建筑。针对各地大量历史文化村镇被破坏的状况，建设部、国家文物局共同设立了“历史文化名镇”和“历史文化名村”制度，先后公布了三批共150余处国家历史文化名村、名镇。各级地方政府也陆续将一大批具有重要历史、文化、科学价值的乡土建筑和古村镇公布为相应级别的文物保护单位和历史文化名村、名镇，为乡土建筑的有效保护提供了重要的法律保障。同时，乡土建筑成为我国申报世界文化遗产项目的重点，“广东开平碉楼及村落”申报世界文化遗产取得成功，“福建土楼”也已列入世界文化遗产申报项目。

保护好农村地区珍贵的文化遗产，特别是乡土建筑这一独特而丰富的文化遗产，是新形势赋予各级政府和有关部门的历史责任。各有关部门正在加强协作，将乡土建筑保护纳入新农村建设的总体规划中，加快制定乡土建筑保护的专项法规。对古村落进行科学的规划整治，按照不损害文物本体、格局和历史风貌的原则，改善水、电、通讯等基础设施，使居民能够在延续固有的文化传统和生活方式的同时，享受到现代生活的便利。

（五）博物馆主动融入社会的实践

目前，我国博物馆总数已迅速发展到2300多座，其发展速度在世界博物馆发展史上绝无仅有。特别是新建、改建和扩建的近80座大型博物馆，硬件水平和科技含量显著提升，藏品保护、研究、管理、展示和服务水平明显提高。中小型博物馆、遗址博物馆、行业博物馆和生态博物馆的随之而起，形成了博物馆建设的热潮。但是，在博物馆建设过程中，博物馆人主导地位的缺失，盲目追求建筑外观和设施先进的倾向，开馆后运营维护的尴尬．也使不少博物馆建设留下了诸多令人感叹的缺憾。

丰富博物馆品类和突出博物馆特色，不仅是当前时代发展的客观要求，也是博物馆事业生机与活力的重要体现。要注意从宏观上统筹博物馆的结构布局，优先鼓励科技类、专题类、民族类以及民办博物馆的建设与发展，形成以国家级博物馆为龙头、省级博物馆和重点行业博物馆为骨干，国有博物馆为主体、民办博物馆为补充，各行业和各种所有制博物馆各具特色、丰富多彩的建设发展新格局。

博物馆承担着向社会公众提供优质精神产品的责任。陈列展览是最主要、最核心和最基本的精神产品。它涉及文物的收藏、研究、展示和传播，是博物馆各项工作的中心环节。随着各种传媒手段的进步，迫切需要充分利用现代科技提升陈列展览水平，增强博物馆的感召力和凝聚力，使文化遗产保护的成果在更大范围和更深层次上惠及人民群众，提高博物馆的社会公众形象和地位。

服务民众是博物馆的天职，只有主动融入社会，拉近与公众的距离，增强亲和力，真正成为社会公众精神文化生活不可或缺的组成部分，才能获得生存和发展的广阔空间。要由以物为主转向以人为本，关键是树立人性化服务理念和举办丰富多彩的活动，吸引更多的公众走进博物馆。这方面拥有很大的空间，也有许多工作要做。近年来，全国博物馆逐步建立起向未成年人等社会群体免费开放的制度，文物系统博物馆已免费接待未成年人观众约一亿人次。同时积极探索建立博物馆纳入国民教育体系，纳入中小学生教育体系方面的长效机制。

（六）非物质文化遗产保护的推进

文化遗产包括物质文化遗产和非物质文化遗产，它们共同构成了一个民族和一个国家现存的文化记忆。当前我国非物质文化遗产的生存、保护和发展遇到很多新的情况和问题，面临着严峻形势。一方面，由于文化生态的改变，正在使许多非物质文化遗产逐渐失去赖以生存和发展的环境基础，处于生存困难或消亡状态。另一方面，一些地方保护意识淡薄，片面地开发非物质文化遗产的经济价值，致使一些非物质文化遗产显现的某种文明价值，因不合理的利用而中断。甚至一些地方借继承创新之名随意篡改民俗艺术，损害了非物质文化遗产的原真性。非物质文化遗产保护的法规建设和政策措施也不能适应保护工作的需要。

近年来，非物质文化遗产保护在我国形

成热潮。国务院在《关于加强文化遗产保护工作的通知》中，确立了非物质文化遗产保护工作的指导方针，提出了保护措施。2006年5月，国务院公布了《第一批国家级非物质文化遗产名录》共518项。目前，我国非物质文化遗产的保护后起直追，在摸清家底、建立制度、科学研究、宣传动员方面取得成果，正在形成有效保护的机制。同时，通过举办成果展和论坛，开通中国非物质文化遗产网等形式，加大非物质文化遗产保护的宣传和展示的力度。以中国艺术研究院为代表的研究机构和专家学者，既重视基本理论问题研究，又富于创新实践精神，在较短的时间内进行了大量的开拓性工作，取得有目共睹的业绩，为文化遗产事业的发展做出了积极的探索。

(七)我国世界文化遗产保护体系的完善

1985年，我国政府加入了《保护世界文化和自然遗产公约》。1987年，长城等6项遗产被列入《世界遗产名录》。经过20多年的努力，我国已经拥有35处世界遗产，其中有25处文化遗产、4处文化与自然双重遗产。我国的文化遗产保护目标和任务分别来自两个方面，一方面是我国多层次文物保护体系，另一方面是来自世界文化遗产保护体系，两个体系具有不同的管理依据和管理方式。这一状况的改善，需要通过国家层面合理的制度设计和目标管理，使不同的保护体系在共同的保护理念、共同的价值取向和共同的评价标准下得到整合。

2006年12月，文化部颁布了《世界文化遗产保护管理办法》，随即《中国世界文化遗产监测巡视管理办法》和《中国世界文化遗产专家咨询管理办法》相继颁布实施。这些法规规章的制定是我国文物保护体系与世界文化遗产保护体系相互融合、相互借鉴、相互支撑的有益尝试，具有中国文化遗产保护制度特色。2006年12月，依照世界遗产委员会评审世界遗产的工作程序和规程，综合考虑原真性、完整性和平衡性，完成了《中国世界文化遗产预备名单》重设工作。在重新设定的世界文化遗产预备名单中，有“杭州西湖·龙井茶园”、“哈尼梯田”等为代表的文化景观；有“大运河”、“丝绸之路中国段”等为代表的文化线路；有“山陕古民居”、“皖南古民居”、“江南水乡古镇”、“藏、羌碉楼与村寨”和“黔东南苗族村寨”等为代表的乡土建筑，体现了世界文化遗产类型的多样性和平衡性。

(八)公布全国重点文物保护单位新的实践

2006年5月，国务院公布了第六批全国重点文物保护单位名单。这次公布的文物保护单位的数量为1080处，几乎是前五批全国重点文物保护单位数量的总和，所展示的文化遗产内涵更为丰富，所包括的文化遗产范围更为广泛，所涉及的文化遗产内容更加深化，反映出文化遗产保护事业所应具有的整体性、拓展性和前瞻性，体现出我们对文化遗产的认识在不断深化。

第六批全国重点文物保护单位虽然仍沿用了第五批的分类法，但是入选单位包括了一些反映我国民族文化、地域文化和近现代文化生活、经济活动等方面的文化遗产。包括工业遗产、农业遗产、商业遗产、乡土建筑、少数民族遗产等。同时，还包括近代遗产、现代遗产。但是，当代建筑的保护未能得到应有的重视，甚至“国庆十大工程”也未能列入全国重点文物保护单位之列，面临被拆除的危险，为今后实施保护增加了难度。

在第六批全国重点文物保护单位中，对近年来要求加强保护呼声较高的历史文化街区、历史文化村镇以及“线形文化遗产”、“文化景观遗产”等遗产类型的纳入也做了有益的尝试。京杭大运河作为跨越今日四省两市辖区，连接约20座城市，全长1794公里的文化遗产廊道，整体列入保护项目，对文物保护单位制度无疑是一场革命性挑战。这件事本身反映了我国文化遗产保护领域在观念、技术手段、资金条件和管理体制上都已进入了一个新的阶段。

（九）全社会保护文化遗产新体制的推进

今天，以国家保护为主、动员全社会共同参与的文化遗产保护新体制正在逐步形成，广大民众和海内外人士以多种形式参与文化遗产保护，全社会保护文化遗产的社会环境不断改善。动员民众参与文化遗产保护在我国具有传统。1956年国务院颁布的《关于在农业生产建设中保护文物的通知》中的第一条就是要求文物保护工作不能仅仅依靠政府，而是要“加强领导和宣传，使保护文物成为广泛的群众性工作”，并且提出了要建立群众性文物保护小组的要求。可喜的是在整整五十年之后，国务院决定自2006年起，每年6月的第二个星期六为我国的“文化遗产日”。由国家确定“文化遗产日”显示了当代中国对自己文明的认识高度，表现了一个民族文明的自觉。“文化遗产日”不仅仅是文化遗产保护工作者的节日，更是人民大众的共同节日。它的设立有利于使文化遗产保护事业成为亿万民众的共同事业，表明具有现代文明意义的、并被人类广泛认同的文化遗产观正在我国形成。

保护文化遗产不仅是各级政府和专家学者的责任，更是亿万民众的共同责任。文化遗产保护作为一项利在当代、功在千秋的社会公益事业，需要动员广大民众的积极参与。民众既是文化遗产的创造者，也是文化遗产的主人。近年来，国家文物部门和各级政府对不断涌现的保护文化遗产的典型事迹给予了积极的表彰和奖励，朴实的农民群体一次次走上光荣的领奖台，获得国家颁予的崇高荣誉。他们的事迹在新闻媒体乃至“文化遗产日”特别直播节目中得到热情颂扬，受到社会的广泛关注，唤起全社会文化遗产保护意识的进一步提高。这些努力为保护文化遗产提供更广泛的公众支持和更强大的社会保障，使文化遗产真正为社会公众所共享，更有力地推动文化遗产所在区域经济社会的和谐发展。

回顾这一期间我国文化遗产保护的探索与实践，总结经验与教训，使文化遗产事业的发展路径更加清晰地展现在眼前。我们欣慰地看到，文化遗产保护意识正在全社会迅速觉醒，社会各界对此不断达成新的共识，文化遗产保护事业的发展呈现出美好前景。可以预言在21世纪，我国文化遗产的内涵和外延必将继续发生深刻的变化。未来由现在开始缔造，现在从历史中走来，未来变化的方向离不开对历史进程的探寻。保护好精神家园，保护好民族的根本，这是时代的召唤和国家的使命。我们要勇敢的承担起这个使命，信心百倍地开创文化遗产事业的未来。

三、关于加强文化遗产保护的能力建设

在新时期新形势下，文化遗产事业面临前所未有的发展机遇和前所未有的严峻挑战。加强文化遗产保护的能力建设，是摆在我们面前的重大课题。应该清醒地看到，我国作为一个文化遗产大国与成为文化遗产保护强国之间还存在不小的差距，文化遗产保护理论研究与实践之间还存在不小的差距，文化遗产保护成果与满足人民群众日益增长的物质文化需求还存在不小的差距。我们必须从全面落实科学发展观、构建社会主义和谐社会的高度，从加强党的执政能力建设的高度。从弘扬中华民族传统、建设社会主义精神文明的高度，充分认识加强能力建设的重要性和紧迫感，增强使命感和责任感，把加强文化遗产保护的能力建设落到实处。

我们所说文化遗产保护的能力，就是坚持以邓小平理论和“三个代表”重要思想为指导，深入贯彻落实科学发展观，贯彻落实《文物保护法》以及党和国家的文物工作方针，探索和遵循文化遗产保护工作的自身规律，制定科学的政策和措施，依法行政，动员全社会和人民群众支持和参与文化遗产保护工作，有效推进文化遗产事业改革与发展的本领。

当前应该重点在以下方面切实加强文化遗产保护的能力建设。

（一）加大摸清文化遗产资源工作力度

国务院已经做出开展第三次全国文物普

查的战略决策，为我们进一步夯实文化遗产保护工作基础，实现新时期文化遗产保护的可持续发展，提供了前所未有的历史机遇。我们要在这次全国文物普查中实现三个目标，即将全国文物普查作为提高全国文物系统能力建设的一次大练兵，作为增强各级政府文化遗产保护意识的一次大培训，作为动员全社会民众参与文化遗产保护的一次大宣传。

1．文物普查应当立足于抢救性保护

文物普查是文化遗产保护的前提和基础，是富于创造性的保护行动，直接关系到我国文化遗产保护事业发展的基础性工作。我们应当积极、主动、广泛地做好文物调查、登记工作，使更多面临险境的文化遗产能够得到及时发现和切实保护。20世纪80年代开展的第二次全国文物普查，取得了丰厚成果，普查登记建档的文物项目比第一次文物普查增加了几十倍。但是，由于当时文物普查的各方面条件所限，存在漏查的情况，甚至还有320个县没有能够开展普查。此后20多年间，在我国城市化快速发展和大规模城乡建设高潮中，不少文化遗产由于未能及时进行调查、登录，而遭到拆毁、破坏乃至消失。

目前，我国受法律保护的不可移动文物数量偏少，由此造成大量文化遗产因缺乏法律的保护，在所谓“旧城改造”和走样的“新农村建设”中快速地消失，令人痛惜不已。破坏历史文化名城整体格局和风貌、损毁文物建筑和历史街区、破坏文化遗产原生环境、侵蚀古代文化遗址的现象仍然普遍存在，有法不依、执法不严的现象屡有发生。特别是在文化遗存相对丰富的少数民族聚居地区，由于人们生活、生产方式的改变，生活环境和条件的变迁，民族或区域文化特色加快消失。因此，通过深入开展全国文物普查，促进和加强文化遗产保护已经刻不容缓。

我国的文物普查是由各级政府负责组织实施，普查结果由地方政府逐级上报汇总形成。这种做法具有充分发挥各级政府保护管理文化遗产积极性的优势，但是也要引导一些地方政府克服把文化遗产视为包袱，怕负责任的思想，杜绝虚报、瞒报、拒报、迟报和伪造、篡改普查资料等现象发生。要把文物保护和各地经济社会发展有机地结合起来，深刻认识文化遗产是实现经济社会全面、协调和可持续发展的宝贵资源，文物普查是抢救保护文化遗产的一项重要基础工作，应当严格按照文物的价值和普查的标准规范进行调查登记。在工作中要坚持“宜宽不宜紧”的原则，立足于抢救、立足于多保护。同时，要把普查和申报文物保护单位区分开来，凡是符合认定标准的文化遗存均应予以登记，而不能只登记可以申报文物保护单位的重要文物。在科学评价历史、艺术、科学价值的基础上，尽快将其公布为相应级别的文物保护单位，依法予以有效保护。只有赋予相应的法律地位，文化遗产的价值才能获得真正意义上的确认。普查是文化遗产得到保护的前提，法律才是文化遗产得到保护的保障。

2．文物普查应当立足于拓宽保护视野

文物普查是国情国力调查的重要组成部分，是确保国家文化遗产安全的重要措施。开展文物普查有利于全面掌握不可移动文物的数量、分布、特征、保存现状、环境状况等基本情况；有利于准确判断文化遗产保护形势，为科学制定文化遗产保护政策和发展规划提供依据。按照《国务院关于开展第三次全国文物普查的通知》的要求，第三次全国文物普查从2007年4月开始，到2011年12月结束，分三个阶段进行。普查范围是我国境内地上、地下、水下的不可移动文物。普查的内容以调查、登录新发现的不可移动文物为重点，同时对已登记的近40万处不可移动文物进行复查。当前特别要加强对工业遗产、乡土建筑、老字号、近现代遗产、文化景观、文化线路等以往工作基础比较薄弱的文化遗产种类的普查工作。这些对于促进我国文化遗产保护事业的发展具有重要的现实意义。

3．文物普查应当立足于事业长远发展

全国文物普查是提高文化遗产保护能力建设的难得机遇。文物普查有利于实现文化遗产保护观念新的进步；有利于带动不可移动文物保护范围的确定、标志说明、文物档案、保护机构等基础工作建设，提高文化遗产保护管理的整体水平；有利于培养锻炼专业人员，提高文化遗产保护队伍的整体素质；有利于提升全民文化遗产保护意识，对促进我国文化遗产保护发展全局将产生重大和深远的影响。

第三次全国文物普查涉及范围广、质量要求高、工作任务艰巨，必须全面动员、精心组织、扎实推进。在工作中要研究借鉴全国经济普查、全国农业普查等其他种类普查的工作模式，借鉴全国重点文物保护单位记录档案建档备案、馆藏一级文物建档备案、文物调查及数据库管理系统建设项目等成功经验；也要借鉴国际先进的保护理念和普查制度，拓宽文物普查的思路和方法，建立科学的、符合我国文化遗产保护实际的文物普查制度。要广泛利用现代科学技术手段，提高普查的质量，培养锻炼一批掌握现代科学技术手段的业务骨干，促进各级文物部门的文化遗产保护能力的提高。

（二）加快文化遗产法制建设和规划进程

确保文化遗产安全是文化遗产保护的关键。文化遗产法制建设，是文化遗产保护能力建设的重要组成部分。在加强文化遗产保护法制建设中，当前特别要紧紧抓住完善文化遗产保护法制体系、加快文化遗产保护规划编制、建立文化遗产安全保障机制等环节。

1．完善文化遗产保护法制体系

目前，我们已经初步形成以《文物保护法》为核心的文物保护法律法规体系的框架。要加快立法速度，积极推动《非物质文化遗产保护法》、《历史文化名城保护条例》、《博物馆条例》等法律法规的立法进程，争取早日出台。抓紧制定与《文物保护法》相配套的部门规章和地方性法规。继续通过制定规范性文件，在具体工作环节努力推动法律、法规和部门规章各项规定要求的贯彻落实。

一个完整的文化遗产法规体系，应当包括法律、条例、章程、标准等。从形式上看，我国有着自己的文化遗产保护法规体系，但是现有的法规体系并不完善，专项法规、技术规范、管理制度缺失较多。例如缺乏对新的文化遗产类型，尤其是“大遗址”、“活态遗产”、“非物质文化遗产”等方面内容的专项法规；缺乏考虑文化遗产的各种产权性质问题，如公有、混合产权、私有等方面内容，不同性质的产权对文化遗产管理方式及制度有着明显影响。同时，目前的文化遗产法规体系，重于法律而轻于规章和标准，对于分属不同类型的文化遗产的管理，缺乏具体的规章和标准，其体系有待完善。同时对于文化遗产认证、文化遗产管理以及文化遗产保护工程，缺乏形诸条文的指标，缺少针对具体的文化遗产项目或区域制定的专项法规。

开展技术标准研究，以推动技术应用和规范管理为目标，重点将一批先进科技成果转化为行业标准，逐步建立行业质量认证和准入制度。开展与重要技术标准相关的基础检测手段、方法和计量标准研究，推动地方、行业的技术标准试点工作，建立文化遗产保护领域的基础标准、技术标准、管理标准和作业标准等不同层次的架构，推出一批行业标准和国家标准。

2．加快文化遗产保护规划编制

对于文化遗产的保护而言，保护规划具有规范性和权威性，是保护管理的科学依据，是具有特定职能的法规性文件，是直接指导文化遗产地保护和利用工作的具有指令性的“操作手册”。编制保护规划的目的是为了使文物本体及其相关的环境得到有效保护，使之传承后世，并在保护的前提下充分发挥社会作用，促进区域社会、经济、文化和环境的协调发展。保护规划的实施有利于保护文物本体的真实性、文化遗产的环境风貌，有利于指导管理机构的日常管理工作，有利于规范和统筹安排保护范围、建设控制地带内的各类建设活动。保护规划制定的保护措施及提出的技术要求，还有利于指导文物保护工程的进行。规划提出的管理和开放计划、游人疏散计划等，对于核定和控制游客总量、应对日益高涨的旅游热潮、限制其对文化遗产的不利影响等方面具有重要的现实意义。因此，编制好、实施好保护规划，是文化遗产能否获得有效保护的基本前提，是文化遗产保护工作至关重要的环节。

我国亟须编制国策层次的国家文化遗产保护规划。这一规划应立足于我国文化遗产资源的特点和状况，立足于当代经济、政治、文化、社会对文化遗产事业的发展需求，立足于文化遗产事业的发展前景，提出我国过去或未曾思考、思考不深或需重新思考的具有基础性和战略性的规划目标。这一规划至少应包括以下内容：在文化遗产基础理论方面，建立适应于我国文化遗产资源特点的文化遗产概念和文化遗产分类系统，建立适应于我国当代发展需求的文化遗产价值观，建立适应于我国文化遗产发展趋势的保护理论体系，它包括新的保护观念、新的保护思路以及保护技术发展的新方向。在文化遗产投入方面，应根据我国文化遗产特点和保护需求，全面而科学地测算我国文化遗产投入需求及政府文化遗产预算，使投入方案和预算方案的选择建立在成本—效益分析和成本—效果分析基础上，建立在投入和预算的可获得性基础上。

3．建立文化遗产安全保障机制

在我国经济建设快速发展过程中，城市建设与文化遗产保护之间矛盾冲突加剧，破坏或损毁文化遗产的事件日有所闻，文化遗产的生存环境愈显恶劣，保护状况令人担忧。一些地方在城市建设和土地开发中，公然违反文物保护法律的有关规定，随意破坏、损毁文化遗产；一些地方擅自在文物保护单位保护范围或建设控制地带内私搭乱建，对文化遗产实行超负荷利用和破坏性开发，致使历史风貌遭到破坏；一些地方擅自改变文物保护单位体制；一些地方盗掘古墓葬、盗窃馆藏文物、走私和文物非法交易等屡禁不止，火灾事故频频发生。特别是法人违法现象屡屡发生，对文化遗产的破坏更加严重。

另一方面，文物行政执法体制不顺畅，严重影响了执法力度和行政处罚力度，致使一些违法事件不能依法得到严肃处理。各级文物行政部门的行政执法工作相对薄弱，不少地区执法机构不健全，执法岗位不确定，执法责任不明确。文物法规体系不完善、不健全，特别是对于尚未列入文物保护单位的不可移动文物在执法过程中，经常遇到取证困难、无法可依的尴尬局面。同时，文物系统对行政执法工作缺乏有效的监督机制，评议考核制度不科学，责任追究制度难以落实等问题普遍存在。在这一背景下，有的地方文物行政执法机构缺少创新意识，执法方式简单，执法效能低，执法成本高。有的地方政府和文物行政部门法律知识欠缺，不能认真履行法律职责，存在有法不依、执法不严、违法不究、执法趋利现象。有的地方在处理违法案件过程中，只对破坏状况进行整改纠正，而对责任单位或责任人的处罚避重就轻，不痛不痒，甚至慑于权势，不敢坚持原则。

文物行政执法是法律赋予文物行政部门的职责，既是一项长期的日常性工作，更是一项艰巨的任务，是检验文物行政部门能力建设的最重要内容。面对当前文化遗产安全的严峻形势，各级文物行政部门必须坚持有法必依、执法必严、违法必究的原则，维护和捍卫法律尊严，竭尽全力保护文化遗产；必须敢于处理日益突出的法人违法事件，坚决依法办事，不怕碰硬、不惧强权，切实履行职责；必须加强文化遗产安全状况的监控，透明公开、快速反应，严肃处理各类文物违法案件，继续督察重大违法案件办理；必须加强文物行政管理机构和执法队伍建设，建立行政执法责任制，做到执法有保障、有权必有责、用权受监督、违法受追究；必须建立有效的监督制度，接受社会公众和舆论监督，依靠当地政府和广大民众，深入基层发现问题、解决问题，提高执法水平；必须积极探索行政执法绩效评估机制和整改机制，研究制定考核制度，建立奖惩机制，逐步推进文物行政执法工作的规范化和程序化；必须强化执法人员培训，从根本上提高执政能力和执法水平，将持证上岗、年检考核与人员培训有机结合，提高队伍素质；必须建立联合执法的长效机制，加强执法信息交流，构建文物行政执法动态网络，加强与公安、检察、监察、工商、海关、建设、规划、环境等部门的联系沟通，及时移交在行政执法中发现的涉嫌犯罪案件；必须完善执法程序、制度，在严厉打击破坏文化遗产的违法行为同时，重点追究因决策失误、玩忽职守，造成文化遗产破坏、被盗或流失的责任单位和责任人的法律责任；必须加强对文物流通市场的调控和监督管理，依法严格把握文物流通市场准入条件，规范文物经营和民间文物收藏行为，依法加强文物商店销售文物、文物拍卖企业拍卖文物的审核备案工作；必须严格执行文物出入境审核、监管制度，严防珍贵文物流失，加强国际合作，探讨促使流失文物回归的综合途径，提高我国吸引流失文化遗产回归的能力。

(三)加强文化遗产保护科技和人才培养

文化遗产保护科学和技术包括人文社会科学、自然科学、工程与技术科学等一切与文化遗产保护相关的科学和技术。文化遗产保护科技除了要探讨文化遗产保护中共性的规律、理论和方法外，主要是综合和专门地将一切有利于文化遗产保护的现代科学和技术，包括已认知的传统技艺，施用于从认知到合理利用全过程的一切文化遗产保护领域。

1．实施主动的“预防性保护”研究

科技是最大限度延缓文化遗产寿命的必要手段。文化遗产本身具有不可替代性和不可再生性。在文物本体保护的诸多技术难题面前，今天科学技术的贡献率尚不高。要真正扭转文化遗产保护的被动局面，应该将大量保护科研成果向全面、规范的预防性保护转化。预防性保护是国际文化遗产保护的发展方向，是延长文化遗产寿命的必然要求，是更主动、更积极的保护。

近年来，我国文化遗产科学技术不断进步，但与日新月异的国内外科技发展水平相比，总体发展仍然滞后。在文化遗产事业发展中科技支撑明显不足。要紧密围绕文化遗产的抢救、保护、管理与利用等主要环节，结合国家重大工程和文化遗产保护中存在的重点、难点和瓶颈问题，将技术研发、人才培养、基地建设、装备升级、体制机制创新等5个方面进行统筹考虑。要以当前文化遗产保护的重大需求为导向，以重点解决文化遗产保护科技的热点、难点和瓶颈问题为核心，以重大文化遗产保护科技计划为载体，积极推动文化遗产保护科技工作的理论创新和体制创新，促进文化遗产保护科技水平的整体提高。着力凝练若干重大科学技术专项，加强科技项目储备，完成若干国家科技计划项目的顶层设计和立项工作，使文化遗产保护科技实现重点突破，带动整体的提高和发展。

2．开展多学科“融贯的综合研究”

进入21世纪，世界新科技革命发展的势头更加迅猛，正孕育着新的重大突破。信息技术、生命科学和生物技术、能源科学、纳米科学、空间技术等新技术的发展，必将对文化遗产科技保护带来深刻影响。

多学科综合研究是科学发展的大趋势，对于文化遗产保护更显重要。文化遗产的多样性决定了其保护领域涉及众多学科。同时，繁杂的文化遗产类别具有的复杂性状，又对科学技术提出了更高和更大规模的需求。在文化遗产保护实践中将考古、环境、地质、规划、建设、物理、生物、化学等多种科学和技术综合运用，进行了广泛研究探索。同时，在文化遗产科学研究领域聚集了各个领域的专家学者。

文化遗产保护需要更多学科的参与，需要人文社会科学、自然科学进一步融合。我们要打破部门、条块界限，集中国内优势资源，建立共享平台，以充分调动全社会一切可以利用的优秀科学技术资源为手段，组合优势资源形成强势科技团体联合攻关，协同解决文化遗产保护的关键技术问题。随着课题的深入开展，有效促进社会优质科技资源与文化遗产保护领域的融合，形成若干文化遗产保护科技创新团队，提高行业的可持续创新能力。

要进一步扩大文化遗产保护领域科技的国际交流与合作。充分利用各种渠道引进国外先进管理经验、技术、人才、设备、资金参与我国文化遗产保护，支持并鼓励多种形式的国际合作。要以兼收并蓄的胸怀，积极响应、参与国际间重大文化遗产保护行动，“走出去”扬我所长，“引进来”补我所短，在更深程度、更高水平上参与保护文化遗产科技的国际交流与合作，促进我国文化遗产保护科学技术水平整体提高。

3．促进科学技术成果推广转化

要大力促进科学技术成果推广转化，形成“基础—应用—推广”融为一体相互促进的有效机制，普及一批具有引领、示范、应用作用的科研成果。近年来，国家文物局设立重点科研基地，以解决文化遗产保护科研基础设施建设薄弱、运行机制和管理体制陈旧、区域发展不均衡等问题，促进科技成果推广转化。根据“开放、流动、联合、竞争”的管理原则，设立了古代壁画保护、陶质彩绘文物保护、出土木漆器保护、馆藏文物保存环境、砖石质文物保护和文化遗产保护规划等6家行业重点科研基地，有效地整合了这些专项研究领域的科学技术资源，推动了科技成果的应用。同时建立“文化遗产保护领域科技平台”，提升课题管理水平，推动成果共享。要建立起与文化遗产保护科技发展要求相适应的政策规章体系；形成集国家级文化遗产保护科研机构、行业重点科研基地以及文物博物馆和其他单位科研部门构成的三个层次科技创新体系；初步建立文化遗产保护科技基础条件平台；逐步建立文化遗产保护的有关技术、产品等的准入制度；进一步提升科技投入与产出效益，促进一批先进、适用科技成果的推广和转化。

重视文化遗产数据库建设。“数字时代”的来临，为科技人员进一步保护好文化遗产、挖掘其更大的人文价值，带来了新的契机。创建中国文化遗产数据库，建立一个高科技的、高效率的、高效益的运转体系，将使我国的文化遗产保护事业推向一个新的发展阶段。

4．加强文化遗产人才队伍建设

人才队伍建设关系到文化遗产保护事业的兴衰。培养造就大批具有较高素质、蓬勃创新精神的各类人才，直接关系到文化遗产保护的未来，也直接关系到文化遗产保护的能力建设。近年来，各级文物行政部门着眼人才总量的增长和人才素养的提高，加强人才资源开发和能力建设，加大对重点人才特别是中青年学科带头人和高层次复合型领导人才的培养力度，在文博行业逐步推行持证上岗制度。岗位培训工作得到切实加强。连续五年举办全国省级文物局局长、博物馆馆长、文物考古所所长、古建所所长专业管理干部培训班，有400多名学员获得了高级文博专业管理干部岗位资格证书。举办了四期世界文化遗产保护管理机构负责人培训班，培训人员300余人。专业化人才培训工作成果显著。陆续举办的文物保护各个专业培训班，培养了一批专业技术骨干，在事业发展的各个领域发挥重要作用。树立大教育、大培训的观念。与北京大学联合设立的中国文物博物馆学院在学历教育和干部培训中发挥了重要作用。各地文物部门加强了与高等院校和科研单位的合作，走联合办学道路。在高等院校建立考古培训基地和古建筑保护维修培训基地的探索取得初步成效。中外合作培训专业人才工作富有成效，对学习借鉴国际上文化遗产保护先进管理方法和保护理念起到了积极的促进作用。

我们要认真贯彻实施党中央提出的人才强国的战略，通过加强人才队伍的建设提高文化遗产保护的能力建设水平。着眼于人才总量的增长和人才素质的提高，大力加强人才资源能力建设；强化培训措施，着力提高队伍的整体素质；加大对重点人才特别是中青年学科带头人和高层次的复合型领导人才的培养力度；推行聘用制和岗位管理制度，适应市场配置人力资源的机制，消除人才流动的体制性障碍，促进人才合理流动。通过采用培养、引进相结合，集聚一批符合文化遗产保护工作需要的，结构合理、内外互补的科技人才队伍。

加强文化遗产保护的能力建设，是一项长期的、艰苦细致的工作，需要在理论上认真研究探索，在实践上积极推进。要适应我国经济社会的深刻变化，适应文化遗产保护事业发展的新需求，不断赋予能力建设新的涵义和内容，使我们更好地承担起党和人民交给我们的历史重任。

保护文化遗产使命艰巨，任务繁重。我们要按照胡锦涛总书记提出的要求，一定要居安思危、增强忧患意识，一定要戒骄戒躁、艰苦奋斗，一定要加强学习、勤奋工作，一定要加强团结、顾全大局，做到思想上始终清醒、政治上始终坚定、作风上始终务实。让我们以崭新的精神面貌，创文化遗产保护优异成绩，迎接党的十七大胜利召开。

统一思想 提高认识 做好全国文物普查工作

——在第三次全国文物普查电视电话会议上的讲话

陈至立

（2007年9月17日）

第三次全国文物普查，是一次重大的国情国力调查，是加强和改善文化遗产保护的重要基础性工作。中央一直高度重视文化遗产保护工作，今年4月，国务院下发通知，决定开展第三次全国文物普查。今天召开这个会议，主要任务是贯彻落实《国务院关于开展第三次全国文物普查的通知》，统一思想，提高认识，动员部署第三次全国文物普查工作。刚才，国家文物局局长、普查领导小组副组长单霁翔同志对第三次全国文物普查工作进行了具体部署，财政部副部长张少春同志对普查经费保障进行了专门部署，河南省和广州市政府的负责同志介绍了普查试点工作经验，讲得都很好。下面，我讲几点意见。

一、充分认识第三次全国文物普查工作的重要意义

我国是历史悠久的文明古国，在漫长的历史进程中，各族人民创造了极为丰富的文化遗产。保护、管理、利用好祖国的文化遗产，对于维系中华民族血脉，弘扬优秀传统文化，增进民族团结，振奋民族精神，促进社会主义和谐社会建设，推动人类文明进步，都具有重要的现实意义和深远的历史意义。

开展文物普查，是加强文化遗产保护的一项重要基础性工作。普查工作的重要意义可以从以下三个方面来认识：

（一）开展文物普查是摸清文化遗产家底、全面掌握文化资源的重要途径。

今年6月，胡锦涛总书记在中央党校发表重要讲话时指出，经济建设、政治建设、文化建设、社会建设，共同构成了中国特色社会主义事业的总体布局。随着社会进步、时代发展，文化已成为综合国力的重要组成部分，文化资源已成为日益重要的国家资源。通过开展文化遗产的普查、登记，对文化遗产进行系统记录和深入研究，揭示文化内

涵，才能全面掌握文化资源，有效保护和合理利用文化资源。开展第三次全国文物普查，准确认识我国不可移动文物家底，是全面掌握重大国情国力信息的重要方面，对于正确认识我国基本国情、发挥文化遗产自身价值、促进经济社会发展，具有重要意义。

（二）开展文物普查是加强文化遗产保护的重要举措。

文化遗产是不可再生的珍贵资源。80年代至今的20多年间，正是我国城市化和大规模城乡建设的高潮。面对文化遗产保护的新情况、新问题，国家先后下发了《国务院关于加强文化遗产保护的通知》和《国家“十一五”时期文化发展规划纲要》等文件，对做好新形势下的文化遗产保护工作提出了明确要求。开展第三次全国文物普查，准确掌握第二次全国文物普查以来不可移动文物的实际变化情况，将新的文化遗产品类纳入普查范围，予以认定登记，依法进行保护，正是贯彻落实上述文件精神的一项重要工作，也是加强文化遗产保护的重要举措。

（三）开展文物普查是加快文物事业发展的迫切要求。

20世纪50年代和80年代，我国先后开展了两次全国文物普查，对文物保护事业发挥了巨大推动作用。但由于当时各方面条件所限，包括观念、认识上还有一定的局限性，漏查现象比较普遍，一些地区由于条件所限还没有开展普查。因此，前两次全国文物普查成果，已不能准确反映不可移动文物实际状况。底数不清、状况不明，成为了制约文物事业发展的瓶颈之一。开展第三次全国文物普查，就是要全面掌握不可移动文物的实际状况，为党和政府制定文物事业发展战略和规划提供科学依据。通过文物普查，还有助于准确把握文物事业发展的特点趋势和工作规律，掌握文物工作的先进理念和技术，提高文物保护队伍整体素质；有助于向社会充分提供文物信息资源，促进科学研究，吸引社会关注，宣传文物政策，提高全社会的文物保护意识。

总之，文物普查工作事关社会主义先进文化建设，事关国家文化安全。各地区、各有关部门要站在全面贯彻落实科学发展观的高度，以对国家、民族和对历史、未来负责的态度，充分认识开展第三次全国文物普查的重要性和紧迫性，加强组织领导，采取有效措施，确保普查工作顺利开展。

二、正确把握第三次全国文物普查的重点环节

本次文物普查的总体目标，就是要通过普查，全面掌握我国不可移动文物资源的数量、分布、基本情况、保存现状和环境状况，为实现《国务院关于加强文化遗产保护的通知》中提出的“2010年在全国范围内初步建立比较完备的文化遗产保护制度”的目标奠定基础，为党和政府制定文物事业发展战略和政策措施提供依据。第三次文物普查普查对象之多、涉及范围之广、工作难度之大，前所未有，任务十分艰巨。为了做好普查，必须正确把握以下重点环节：

（一）明确普查任务。这次普查涉及的不可移动文物类别，包括古遗址、古墓葬、古建筑、石窟寺及石刻、近现代重要史迹及代表性建筑等6大类59个小类。随着文化遗产保护理念的深入与拓展，要对具有典型价值的乡土建筑，近代工业建筑、金融商贸建筑、文化教育和医疗卫生建筑，近代水利设施、林业设施、交通道路设施、军事设施，以及各种风格、流派、形式的近现代代表性建筑，给予特别的关注。普查要以调查、登录新发现的不可移动文物为重点，对我国境内（不包括港澳台地区）地上、地下、水下的不可移动文物的位置、数量、规模、价值等基本情况进行全面调查；要对已登记的不可移动文物进行复查与核实，切实掌握不可移动文物的保存现状、环境状态、损毁原因；查清各类不可移动文物的所有权属和使用管理情况，最终建立完整的文物普查与登记档案。

（二）保证普查质量。普查能否实现预期目标，关键是质量。一是要做好文物登记

工作。凡是符合认定标准，具有历史、艺术、科学价值的文物，在这次普查中均应予以登记，并防止遗漏。二是认真开展田野工作。田野调查条件艰苦、环境恶劣，普查队员要以高度的事业心和责任感，全面、认真、细致地进行田野调查。普查队、普查组要保证普查野外到达率和调查区域覆盖率，严格执行标准规范，如实填报普查内容，确保基础数据的科学、完整、真实。三是建立健全质量控制体系。第三次全国文物普查领导小组办公室负责指导全国普查质量控制工作，制定质量控制标准，组织质量审核验收，检查各地质量控制情况。普查质量控制实行省级责任制，各省应就普查质量进行定期检查、抽查和现场指导，随时发现和解决相关问题。

（三）提高技术水平。要充分运用信息网络、遥感、地理信息系统和全球卫星定位系统等现代科技手段开展普查，提高普查的时效性、准确性和科学性。要充分整合、利用各部门、各地区既有资料信息资源，精心建设统一数字技术平台，提高调查的整体技术水平。要建好、用好第三次全国文物普查网站，搭建面向社会的开放式网络平台。

（四）扩大成果应用。通过文物普查，要全面分析文物保护形势和影响因素，总体评价不可移动文物的生存状态，以翔实、准确的数据指标，为国家文化遗产保护与管理决策提供依据；通过文物普查，要在全国范围内，由县级人民政府正式公布本行政区域内不可移动文物名录，建立以县级行政区域为基础的，具有动态更新能力的全国不可移动文物名录体系，完善我国不可移动文物登录制度；通过文物普查，要建立中国不可移动文物电子地图，做到每一处不可移动文物点有准确的空间坐标，为信息化条件下实施不可移动文物的保护、管理与研究、利用打好基础；通过文物普查，要加强文化遗产资源的信息共享，充分向社会公开非涉密信息，更好地满足人民群众对文化遗产信息资源的需求。

三、切实加强第三次全国文物普查的领导

第三次全国文物普查是一项系统工程，涉及面广，任务繁重，各地区、各有关部门要统筹规划，精心组织，周密实施。

（一）加强组织领导。开展这次文物普查，是国务院作出的重要决策。国务院专门成立了第三次全国文物普查领导小组，负责普查工作的组织领导，协调解决普查工作中的重大问题。县级以上地方人民政府要按照国务院的统一部署，设立相应的普查工作机构。各有关部门既要认真履行各自职责，又要相互密切配合，形成工作合力。文物部门要发挥主导作用，主动取得相关部门的支持配合。民政、交通、水利、商务、林业、宗教、解放军等有关部门和单位要向本系统部署普查工作，借助文物部门的专业力量，摸清本系统文物家底，促进文物工作。财政和发展改革部门要落实普查经费和物资保障。统计部门要指导做好普查数据的管理与发布。测绘、建设规划、国土等部门要协助提供已有的资料、数据。高等院校、科研机构要发挥专业优势，结合学生实习和科学研究，积极参与普查工作。文物使用单位要按照《中华人民共和国文物保护法》的要求，积极配合普查机构和普查人员做好普查工作。

（二）严肃普查纪律。第三次文物普查是国家的一项重大国情国力调查，各个环节要严格执行《中华人民共和国统计法》，确保普查数据准确性。各级政府对专业人员通过田野调查采集的数据、得出的结论要给予充分尊重。任何地方、部门、单位和个人，都不得虚报、瞒报、拒报、迟报，不得伪造、篡改普查资料和数据。同时，普查资料和数据中涉及国家秘密的，必须严格按照保密规定处理。

（三）确保力量投入。这次普查工作任务繁重，专业性强，各地区、各部门都要选调精通业务、经验丰富、年富力强、有责任心、有奉献精神的工作人员充实到普查队

伍。文物部门要把普查作为工作的重中之重，集中力量优先保障普查工作需要，要下决心抽调一大批专业人员充实到普查工作的第一线，加强基层工作力量，重点保障县普查组的人员需要，确保第一手普查资料的准确性和科学性。同时，要重视发挥业余文物保护员的重要作用，鼓励和吸收热心文物保护的志愿者加入普查工作。要分层分批地组织普查人员参加业务培训，实行持证上岗。普查工作条件艰苦，要切实关心普查人员的工作与生活，帮助他们解决工作、生活中的困难。

（四）保障普查经费。按照国务院通知要求，这次文物普查所需经费由中央和地方各级人民政府共同负担。各级政府要把普查经费列入相应年度的财政预算，统筹安排，按时拨付，确保到位。中央财政对这次普查工作给予了大力支持，并将对财政困难地区给予一定补助。各级普查机构要精打细算，，厉行节约，勤俭办事。领导小组办公室要指导各地用好普查资金，将普查专项经费真正用于文物普查项目。还要加强对资金使用的管理和监督。

（五）搞好宣传动员。文物普查和文物保护是一项社会工程，需要全社会的支持、参与。各地区、各有关部门要制定落实普查宣传方案，使全社会了解文物普查的目的、意义和内容，在广大干部群众中进行一次文物保护的动员和教育。这次电视电话会后，要在全国广泛开展文物普查宣传动员，造成声势，形成高潮。在普查工作中，一线的普查队员要牢固树立宣传意识，不仅要成为文物调查的行家，也要成为宣传文物保护的骨干，把文物保护的理念带到每一个街道、厂矿、村庄和学校。总之，要使这次文物普查过程，成为提升全社会文物保护意识的过程，成为普及文物保护知识的过程，成为宣传文物保护法规政策的过程。要以这次文物普查为契机，带动越来越多的人热爱、关心和积极参与文化遗产保护事业。

同志们，开展第三次全国文物普查意义重大，任务光荣。让我们紧密团结在以胡锦涛同志为总书记的党中央周围，坚持以邓小平理论和“三个代表”重要思想为指导，深入贯彻落实科学发展观，开拓进取，扎实工作，切实做好第三次全国文物普查各项工作，为保护祖国文化遗产，为建设社会主义先进文化和构建社会主义和谐社会作出新的更大的贡献！以优异的成绩迎接党的十七大胜利召开！谢谢大家！

认真学习深入贯彻党的十七大精神
推进文化遗产事业科学发展

——在2007年全国文物局长会议上的讲话

单霁翔

（2007年12月20日）

同志们：

在全党全国人民深入学习贯彻十七大精神的高潮中，我们召开全国文物局长会议。这次会议的主题是：以邓小平理论、“三个代表”重要思想为指导，贯彻落实科学发展观，认真学习深入贯彻党的十七大精神，总结十六大以来的五年文化遗产事业取得的成绩和经验，继往开来，与时俱进，推进文化遗产事业科学发展。

一、关于过去五年的工作

过去的五年，是我国改革开放和全面建设小康社会取得重大进展的五年，也是文化遗产事业取得显著成绩的五年。党和国家高度重视文化遗产事业发展。中央领导同志多次视察文物、博物馆单位，并就文化遗产保护作出一系列重要指示。2002年国务院召开全国文物工作会议，面向新世纪部署了文化遗产保护工作。2005年12月，国务院发布《关于加强文化遗产保护的通知》，进一步明确了文化遗产保护工作的指导思想、总体目标和具体措施，并决定设立我国“文化遗产日”。中央和地方财政逐年加大文物经费投入力度，自2002年至2006年，全国文物业财政拨款142.4亿元，比前五年的44亿元增长223%，为文化遗产事业的发展创造了良好的条件。我们先后召开了五次全国文物局长会议，贯彻党中央国务院关于加强文化遗产保护工作的重要指示，落实全国文物工作会议确定的工作目标和各项任务。文化遗产事业作为一项利在当代、功在千秋、惠及亿万民众的事业，得到全社会的广泛关注和大力支持，得到人民群众的积极投入和热情参与，文物工作者的积极性得到进一步调动，创造性得到进一步发挥，文化遗产事业迎来快速发展时期。

五年来，文化遗产事业的各项基础工作实现新突破。

——法规制度建设明显加快。自2002年10月全国人大常委会颁布新修订的《文物保护法》以来，国务院颁布了《文物保护法实施条例》和《长城保护条例》，文化部、国家文物局颁布6个部门规章和30余个规范性文件。一大批地方性法规陆续出台。以《文物保护法》为核心的法律法规体系框架已经初步形成，文化遗产事业正在步入法制化、规范化的轨道。文物保护机构逐步健全。目前全国已有24个省（自治区、直辖市）成立了副厅（局）级以上的文物局，已有省级文物行政执法专兼职机构30个。执法力度逐步加大，执法程序进一步规范，文物执法专项督察工作初见成效，依法行政能力不断提高。

——文物资源调查建档工作成效显著。第一至五批全国重点文物保护单位记录档案备案基本完成，全国博物馆一级文物藏品建档、全国重点文物保护单位保护状况调研和全国馆藏文物腐蚀损失调查等工作取得了阶段性成果。文物调查及数据库管理系统建设项目试点工作继续推进。自今年起，第三次全国文物普查工作全面展开，国务院召开第三次全国文物普查电视电话会议，对普查工作进行了部署动员，普查机构建设进展顺利，普查试点、培训和宣传工作稳步铺开，第二阶段的实地调查工作已经起步。

——文化遗产保护科技水平有所提高。编制《文化遗产保护科学和技术发展“十一五”规划》，开展中长期科技发展规划战略研究，组织重大科技攻关项目，设立国家文物局重点科研基地。积极推进文化遗产保护标准化建设，《文物保护单位标志》等2项国家标准和《古代壁画调查规范》等9项行业标准即将出台。成立中国文化遗产研究院。文化遗产保护科研取得进步，1项科研成果获国家科技进步二等奖，40余项获得省部级以上奖励。文化遗产保护科研跨学科合作更加密切，国际合作进一步深入。

——人才队伍建设扎实推进。落实人才强国战略，着眼于人才总量的增长和人才素质的提高，大力加强人才资源能力建设。连续5年举办全国省级文物局局长、博物馆馆长、文物考古所所长、古建所所长专业管理干部培训班，400多名领导干部获得了岗位资格证书。举办全国重点文物保护单位、世界文化遗产保护管理机构负责人培训班。教育培训工作正在向地市级文博单位管理干部和全国重点文物保护单位管理干部深入，持证上岗制度逐步展开。大教育、大培训观念进一步强化，多渠道联合办学的教育培训模式日趋成熟。

——文物安全防范工作得到加强。博物

馆建设兴起高潮，大量珍贵文物的保管条件得到改善。博物馆藏品保存环境达标试点工作取得进展。文物系统博物馆风险等级和安全防护级别达标工作继续推进。田野文物技术防范设备研制工作初见成效。一批古建筑消防安全设施得到完善。文物安全保障长效机制初步建立。防范和打击文物领域犯罪活动的力度不断加大，进一步遏制文物走私、犯罪活动。

五年来，不可移动文物保护工作迈出新步伐。

——文物保护力度明显加大。2006年5月，国务院核定公布了第六批全国重点文物保护单位1080处，全国重点文物保护单位总数达到2351处。文物保护维修规范化制度化建设成效明显。西藏三大重点文物保护主体工程进入收尾阶段，故宫午门和中轴线两侧文物建筑的维修工程已经启动，山西应县木塔保护维修工程方案深入论证，云岗石窟保护工程进入方案设计阶段。一批重点文物保护单位得到保护修缮，周边环境明显改善。元代以前早期建筑保护维修工程紧张实施。

——考古工作扎实推进。西气东输、青藏铁路等国家重点工程的考古工作圆满完成。三峡工程考古工作已接近尾声。南水北调工程文物保护工作进展顺利。文明探源、人类起源、农业起源、区域调查、边疆和城市考古、航空和遥感考古等课题研究顺利开展。大遗址保护中的考古工作成果瞩目。考古资料整理和出版工作取得了重大进展，据初步统计5年间共出版考古报告200余部。水下文物保护工作取得长足进展，“碗礁Ⅰ号”、“华光礁Ⅰ号”和“南海Ⅰ号”等沉船遗址的抢救性发掘工作引起社会广泛关注。

——文化遗产保护领域不断拓展。国家层面保护工业遗产的行动开始启动。保护乡土建筑纳入新农村建设的总体规划。有代表性的近现代建筑、“老字号”文化遗产保护工作积极推进。会同建设部设立 “历史文化名镇”和“历史文化名村”制度，先后公布三批共150余处国家历史文化名村、名镇。线性文化遗产、文化景观、文化线路等各类型文化遗产保护工作全面实施。

——大遗址保护全面启动。制定实施《“十一五”期间大遗址保护总体规划》，设立大遗址保护国家项目库，完成100处国家重点大遗址规划纲要的编制工作。设立大遗址保护专项资金。“长城保护工程”总体工作方案业经国务院批准并进入全面实施阶段。高句丽遗址、殷墟遗址、大明宫遗址等大遗址保护项目取得积极成效。丝绸之路（新疆段）、西安大遗址片区、洛阳大遗址片区、大运河等重点示范项目稳步实施。

——世界文化遗产保护卓有成效。世界文化遗产申报工作捷报频传，2003年至2007年，我国每年申报世界文化遗产均获成功。目前我国已经拥有35处世界遗产，其中文化遗产25处、文化与自然双重遗产4处。《世界文化遗产保护管理办法》、《中国世界文化遗产监测巡视管理办法》、《中国世界文化遗产专家咨询管理办法》相继颁布实施，世界文化遗产保护体系日趋完善。召开全国世界文化遗产工作会议。完成《中国世界文化遗产预备名单》重设工作，一批体现世界文化遗产类型平衡性和多样性的文化遗产进入预备名单。

五年来，博物馆服务社会功能跃上新台阶。

——博物馆体系日臻完善。一批国家重点博物馆相继落成，截止2006年末，全国文物系统有博物馆1617个，比2002年增加106个。包括其他部门和民间兴办的博物馆在内，全国博物馆总数目前已超过2400个。各级各类博物馆每年举办展览近万个，接待观众1.5亿人次。博物馆的门类日益丰富，地域分布更加广泛，体现不同行业特点的专题博物馆快速增长，社会力量兴办的博物馆日渐增多，初步形成门类丰富、特色鲜明的博物馆发展新格局。

——展示服务功能逐步提升。各地博物馆积极探索展示艺术和表现手法，注重馆藏珍品的完美组合，注重高新技术和材料的合理利用，使基本陈列和专题展览的主题内容、科技含量和艺术感染力都有较大提高。编制完成《县级博物馆展示服务提升工程“十一五”规划》及工作规程。组织开展博物馆评估定级试点工作。

——各类特色活动亮点纷呈。各地博物馆积极创新工作思路，突出自身优势，坚持内容与形式的有机统一，推出具有民族优秀文化底蕴，体现特色风格的活动。两年一届的全国博物馆十大陈列展览精品评选、中国博物馆事业百年庆典、5·18国际博物馆日等富有特色活动，彰显了博物馆的文化魅力，架设了博物馆与公众沟通的桥梁。

——“三贴近”要求深入人心。全国博物馆积极融入社会，更新服务理念，强化服务意识，充实服务内容，努力实践服务社会、满足人民群众文化生活需要的办馆宗旨。积极推进“三贴近”试点工作。推进博物馆逐步向社会免费开放。探索建立博物馆纳入国民教育体系的长效机制。全国有1000多个博物馆、纪念馆被确定为爱国主义、科学普及等方面教育基地，每年接待未成年观众3200多万人次。博物馆正在成为传播先进文化、普及科学知识、树立社会正气、塑造美好心灵的生动课堂。

——社会文物管理力度加大。文物进出境法规制度建设取得重要进展，文物进出境审核机构文物行政执法性质得以明确，管理进一步加强，文物流失得到有效遏制。规范文物市场，完善文物拍卖标的复核备案制度，强化文物特别是出土文物进入流通领域的监控，加强文物拍卖企业资质管理，开展文物拍卖企业从业人员资格考核工作，促进民间文物收藏健康发展。通过多渠道争取非法流失境外文物的回归，5年来利用中央财政专项资金共征集回归珍贵文物207件，举办《国家重点珍贵文物征集成果展》，彰显国家重视文物保护征集的力度和决心。

五年来，文化遗产保护的宣传工作展现新气象。

——文物法制宣传工作不断深化。各级文物部门通过形式多样的活动，积极开展文物法制宣传工作，将文物保护法纳入全民普法规划，纳入国家全面推进依法行政实施纲要。由全国人大法工委、教科文委、国务院法制办等部门组织的文物保护法宣讲团，深入各地开展宣讲活动，编写《文物保护法实施指南》。举办文物保护法知识竞赛、宣传月（周）和“文物保护好新闻”评选等活动。召开全国文物法制工作会议、文物保护法实施五周年座谈会，促进全社会依法保护文化遗产意识的提高。

——文化遗产保护宣传活动特色鲜明。设立重大新闻发布制度，启用中国文化遗产标志，推广文化遗产保护公益歌曲。各级文物部门抓住开展“文化遗产日”活动的契机，大张旗鼓开展丰富多彩的宣传活动，组织各新闻媒体加强宣传报道，中央电视台“文化遗产日”特别直播节目赢得社会广泛关注。“文化遗产日”正在成为人民共享文化遗产保护成果、弘扬民族精神、传承中华文明的节日。

——先进表彰活动卓有成效。五年来，国家文物局对不断涌现的保护文化遗产先进典型给予积极的表彰和奖励。已有165个县区被授予“全国文物工作先进县”，近400个先进单位和个人受到各种形式的表彰。一批批文物专家学者、基层文物工作者和朴实的农民群体光荣地走上领奖台，获得荣誉和奖励。先进典型的示范作用得到有效发挥，“文化遗产人人保护、保护成果人人共享”的社会氛围正在形成。

五年来，文化遗产对外交流工作拓展新空间。

——切实推进政府间交流与合作。国家文物局分别与印度、韩国、阿富汗、柬埔寨、意大利和越南等国的文化遗产部门签署关于文化遗产保护合作谅解备忘录。与意大利、秘鲁、印度、菲律宾等国签署政府间《防止盗窃、盗掘和非法进出境文物的政府间双边协定》。我国文物工作者走出国门，开展了柬埔寨吴哥窟保护维修、蒙古国博格达汗宫保护维修，与肯尼亚合作考古研究等援外项目，获得有关国家政府和国际组织的高度评价。中意文化遗产保护中心合作项目取得阶段性成果，面向亚非国家举办的文化遗产保护培训项目持续开展，涉外合作研究和培训项目不断增多，合作水平不断提高。

——积极参与国际组织相关活动。成功承办第28届世界遗产大会、第15届国际古迹遗址理事会、第二届文化遗产保护与可持续利用国际会议、东亚地区文物建筑保护理念与实践国际研讨会、城市文化国际研讨会等重要国际会议；陆续形成《苏州宣言》、《西安宣言》、《绍兴共识》、《北京文件》、《城市文化北京宣言》等国际文件，表明我国在国际文化遗产保护领域中越来越发挥出重要的作用。成功获得2010年国际博物馆协会第22届会员代表大会主办权。国际古迹遗址理事会国际保护中心在西安成立。我国代表通过竞选担任国际古迹遗址理事会副主席、国际博物馆协会亚太地区副主席、国际文化财产保护与修复中心理事等职务，提高了我国在国际组织中的地位和影响。

——文物出、入境展览成为亮点。五年有300多个文物展览走向世界，中国文物作为“外交使者”、“国家名片”密切配合国家外交大局，发挥了突出作用。在中法文化年、中意文化年、中俄国家年等重大外事活动中，文物展览宣传中华文明，展示中国的发展和繁荣昌盛，在各国产生良好反响。过去5年，我国接待了来自各个国家和地区的70多个文物展览，拓宽了广大民众了解世界历史文化的渠道。

五年来，基层党的建设工作取得新成效。

——先进性教育活动取得成果。按照党中央的统一部署，扎实开展保持共产党员先进性教育活动，全国文物系统党员的理想信念和宗旨意识更加坚定，党的基层组织进一步健全，组织生活制度进一步完善，一批事关各个单位改革与发展的问题得到解决，基层党组织发挥出推动发展、服务群众、凝聚人心、促进和谐的作用。

——人事制度改革不断深化。坚持党管干部的原则，坚持民主、公平、竞争、择优，形成干部选拔任用的科学机制。国家文物局系统普遍推行公开招聘、竞争上岗，干部的事业心、责任感普遍增强，积极性创造性得到发挥。中国文物研究所（现为中国文化遗产研究院）作为全国文化体制改革试点单位，改革取得阶段性成果。

——反腐倡廉建设进一步巩固。加强反腐倡廉教育，落实《党风廉政责任制》，建立健全惩治和预防腐败体系。严格管理文物保护专项经费，实施“阳光工程”。强化审计工作，对违规现象坚决纠正。强化对干部的监督，严肃处理违纪行为。

——作风建设得到加强。开展社会主义荣辱观教育，规范文物工作者职业道德。局机关联合各地文物部门团组织，开展“重走长征路”活动。发挥老同志传帮带的作用，向青年一代进行传统教育。加强能力建设，提高队伍素质，努力形成奋发向上，和谐融洽的良好氛围。

回顾五年来文化遗产事业发展历程，我们深深体会到：

必须坚持走中国特色社会主义道路，围绕全面建设小康社会的大局，落实党中央国务院的重大战略部署，积极主动、科学谋划文化遗产事业的发展，保证事业发展的正确方向；

必须坚决贯彻执行《文物保护法》，贯彻落实党和国家的文物工作方针，深入探索文化遗产保护工作规律，大力加强法制建设，依法履行政府保护文化遗产的职责，使文化遗产保护走上法制化、规范化的轨道；

必须坚持解放思想、实事求是、与时俱进，积极深化改革，扩大开放，用发展的思路、改革的办法，着力研究解决新时期新形势下文化遗产事业发展中遇到的新情况新问题，推进理论创新、体制创新、制度创新，增强文化遗产事业发展的生机与活力；

必须坚持把实现好、发展好、维护好最广大人民的根本利益作为文化遗产保护工作的出发点和落脚点，充分发挥人民支持和参与文化遗产保护的积极性，让人民充分享受到文化遗产保护的成果，满足人民日益增长的物质文化需求；

必须建设一支政治强、业务精、作风正的干部队伍，发扬老一辈文物工作者的光荣传统，树立新时期文物工作者职业道德，大力加强能力建设，不断提高整体素质，为文化遗产事业的发展提供有力的保证。

多年来，文化遗产事业得到中央国家机关有关部委的热情支持和帮助，得到文物系统老领导和老专家的亲切关心和指导，国家文物局的工作得到各地文物行政部门的大力协助和配合，这是文化遗产事业取得显著成绩并得以发展的重要保证，在此我们表示衷心的感谢！

二、关于认真学习深入贯彻党的十七大精神

党的十七大是在我国改革发展关键时刻召开的一次十分重要的大会。胡锦涛同志在大会上所作的报告，科学地回答了党在改革发展关键阶段举什么旗、走什么路、以什么样的精神状态、朝着什么样的发展目标继续前进等重大问题，为继续推动党和国家事业发展指明了前进方向。十七大报告强调“推动社会主义文化大发展大繁荣”、“兴起社会主义文化建设新高潮”、“提高国家文化软实力”，为我们指引了前进的方向。将“重视文物和非物质文化遗产保护”、“建设中华民族共有精神家园”作为全党全国的工作目标之一，是对我们工作提出更高的要求，对推进文化遗产事业的科学发展具有重大现实意义和深远历史意义。

认真学习深入贯彻十七大精神，推进文化遗产事业科学发展，首先要围绕十七大对实现全面建设小康社会奋斗目标的新要求，立足于我国仍处于并将长期处于社会主义初级阶段的基本国情，认真分析新世纪新阶段文化遗产事业发展面临的阶段性特征，科学谋划事业的发展。

——我国是世界文明古国，也是文物大国。我们祖先留下的文化遗产博大精深，一脉相承，连绵不绝。文物数量巨大，种类繁多，现存状况和保护状况较差，不少濒于损毁消失的边缘，文化遗产保护任务异常繁重。

——我国是发展中国家，伴随着经济社会的快速发展，各级财政对文化遗产保护的投入不断增加，但是与实际需求仍然存在很大差距。文化遗产管理体制不够完善，管理机构不够健全，行政事业编制偏低，专业技术力量不足，文化遗产保护面对着诸多的困难。

——我国正处在改革与发展的关键阶段，文化遗产事业面临着前所未有的重视和前所未有的挑战。“前所未有的重视”是指党和国家对文化遗产保护高度重视，各级党委政府大力支持，全社会积极参与，都为文化遗产事业提供了良好的发展机遇。“前所未有的挑战”是指在工业化、信息化、城镇化、市场化、国际化深入发展的背景下，大规模的经济建设、城乡建设和基础设施建设，以及旧城改造、新区开发、新村建设，使文化遗产保护与经济发展的矛盾凸现，文化遗产保护处于最危险、最紧迫、最关键的历史时期。

应该清醒地看到，与我国经济快速发展相比，文化遗产事业的发展还相对滞后，同全面建设小康社会的要求不相适应，同人民群众日益增长的精神文化需求不相适应，同我们应有的国际地位不相适应。

我们要深入学习贯彻党的十七大精神，高举中国特色社会主义伟大旗帜，从理论和实践上探索中国特色文化遗产事业的道路，研究中国特色文化遗产保护理论体系，推进文化遗产事业科学发展，努力为全面建设小康社会作出积极贡献。

（一）文化遗产事业要努力成为促进国民经济又好又快发展的积极力量

文化遗产是不可再生的物质资源、文化资源和精神资源，是综合国力竞争的重要因素，随着文化遗产保护的领域不断扩大，文化遗产的内涵更加丰富，这种资源优势在经济建设和社会发展中作用越来越明显。

要紧密围绕经济建设这个中心，开展文化遗产保护工作。在关系到国计民生的重大经济建设项目中，要集中力量开展文物保护和考古工作，保证重大基本建设项目的顺利进行。在城乡基本建设中，要坚决依照《文物保护法》，将文化遗产保护纳入建设规划；建设工程选址，应当尽可能避开不可移动文物，并有效保护文物的原生环境。要加强历史文化名城和历史文化街区、村镇的保护。在保护和抢救工作中，主动发挥文化遗产的多方面综合效益，使文化遗产保护进一步融入城市发展、融入社区生活、融入经济建设，展示城市、乡村的历史文化内涵，充分发挥它们的综合价值，为人民生活创造美好的文化氛围。

要正确处理有效保护与合理利用的关系。在贯彻执行党和国家文物工作方针的实践中，加深对保护与利用关系的认识和理解。应该看到，保护是前提，利用是过程，管理是手段，目的是把我们祖先留下的珍贵文化遗产世世代代传承下去，把中华文明世世代代传承下去。加强保护，才能保持文化遗产本体及其原生环境的真实性完整性，为合理利用提供基础；合理利用，才能使文化遗产保护的成果满足人民群众不断增长的文化需求，为保护创造更好的条件。在文化遗产保护过程中，要注重发掘文化遗产的多重价值，将其转化为服务于民众现实和未来生活的文化资源；注重充分发挥文化遗产的社会效益，为旅游业和文化产业的发展提供良好环境，为区域经济的发展提供新的增长点。通过保护促进经济发展，在经济发展中加强保护，使二者相辅相成，相得益彰。

（二）文化遗产事业要努力成为推动社会主义文化大发展大繁荣的积极力量

文化遗产事业是社会主义文化事业的重要组成部分。社会主义文化大发展大繁荣，必然带动文化遗产事业的发展；文化遗产事业的发展，必然促进社会主义文化大发展大繁荣。

要充分发挥文化遗产事业在建设社会主义核心价值体系中的作用。我国的优秀文化遗产凝聚着以爱国主义为核心的民族精神，凝聚着中华民族传统道德观念。特别是众多的革命文物，凝聚着中国共产党人的理想信念和追求真理、大义凛然、艰苦卓绝、不屈不挠的革命精神。这些都是社会主义核心价值体系的重要组成部分，也是开展爱国主义教育的重要教材。要深入挖掘、充分展示、大力宣传文化遗产所凝聚的深刻内涵，将其融入建设社会主义核心价值体系之中，唱响主旋律，打好主动仗，弘扬时代精神，为巩固和发展积极健康的主流意识形态做出努力。

要充分发挥文化遗产事业在建设中华民族共有精神家园中的作用。要在文化遗产保护过程中，对其所蕴涵的历史价值、科学价值、艺术价值认真进行梳理，取其精华，去其糟粕，弘扬传承优秀文化传统。要把文物保护单位、博物馆纳入全社会公共文化服务体系，完善基础建设，拓宽服务渠道，把更多更好文化遗产保护成果提供全社会共享。开展各种形式的文物保护单位、博物馆进校园、进社区活动，通过文化遗产的展示宣传，使广大民众受到教育启迪，陶冶思想情操，充实精神世界，提高生活质量，形成良好的文化生态和人文环境。

要充分发挥文化遗产事业在提高国家文化软实力中的作用。推进文化遗产图书报刊和音像制品的出版发行，丰富文化遗产的表现形式和传播形式，提高市场竞争能力。运用信息网络宣传中国文化遗产，实施“数字博物馆计划”，扩大博物馆的覆盖面，实现文化遗产信息资源共享，增强文化遗产的感召力和吸引力。注重把文物展览、图书音像制品推向世界，扩大中国文化遗产的传播范围，提升我国文化软实力和国际竞争力。

（三）文化遗产事业要努力成为让人民

共享发展成果的积极力量

文化遗产是人民群众勤劳与智慧的结晶，人民是文化遗产的主人，是保护文化遗产的主体。文化遗产保护与广大人民群众的根本利益息息相关，必须紧紧依靠人民群众的力量。我国文化遗产资源十分丰富，保护工作不可能由国家全部包揽下来。近几年来涌现出来的人民群众自发保护文化遗产的感人事迹深深教育和启迪我们：人民群众作为文化遗产的创造者、使用者和守护者，是文化遗产保护工作最为重要的根基。我们要充分尊重社会公众对文化遗产保护工作的知情权、参与权、监督权和受益权，及时公布工作程序和信息，认真听取相关的意见和建议，自觉接受公众监督。要大力宣传动员人民群众参与文化遗产保护的全社会行动，大张旗鼓宣传表彰人民群众中涌现的保护文化遗产的先进事迹，研究制定发挥人民主体地位和作用的政策措施，拓展社会参与文化遗产保护的渠道，充分发挥社会团体的积极作用，依靠人民共同保护好这份珍贵而丰厚的资源。

要使文化遗产保护成果更多的惠及人民群众。在城市建设中加强文化遗产保护，挖掘城市所蕴藏的独特历史文化背景，丰富城市的文化内涵；在新农村建设中，要着力保护古村落的格局风貌、乡土建筑、环境景观和风俗习惯，保持村落的民族和地域文化特色；在大遗址保护和规划中，把文化遗产保护同发展区域经济建设、提高居民的生活质量结合起来。通过文化遗产保护，改善城乡的生态环境，保持浓厚的文化环境，创造美好的宜居环境，使人民共享文化遗产保护成果。

博物馆是公益性事业单位，是保障和发展人民群众基本文化权益的重要途径。要积极推动将博物馆纳入国民教育体系，特别是纳入义务教育体系，满足义务教育的需要。要大力推进博物馆免费开放，加强管理，改善服务，创造条件，逐步扩大免费开放的博物馆范围，让更多公众走进博物馆。要按照“三贴近”的要求，不断推出文物保护、陈列展览、科学研究、书籍报刊的新成果，丰富人民群众文化生活。

（四）文化遗产事业要努力成为建设创新型国家的积极力量

按照十七大提出的加快建设国家创新体系、建设创新型国家的要求，努力提升文化遗产保护工作的自主创新能力。

要推进理论创新。文化遗产事业每一重大的进步，都是理论创新的结果。文化遗产不是在时间和空间上凝固不变的对象，而是一个不断发展和开放的体系。从“文物”到“文化遗产”，概念的内涵和外延都发生了重要变化，文化遗产保护工作的领域得到拓展，文化遗产保护的要素、类型、空间尺度、时间尺度、性质和形态等呈现新的发展趋势。这些理论上的创新必定带来文化遗产保护对象、保护措施的创新，而实践创新的成果又为理论创新提供了基础。

要推进制度创新。要不断丰富和完善文物法规体系建设，特别要加大保护规划和行业标准的制定工作。加快《文物保护单位管理条例》、《世界文化遗产保护条例》、《水下文物保护管理条例》、《博物馆条例》、大运河和丝绸之路立法等法规、规章的研究制定工作。加快制定文物商店和社会文物管理办法，制定文物鉴定标准和办法。开展全国博物馆系统分类定级工作，建立文物建筑修缮报告出版制度，馆藏文物科技保护修复报告制度，博物馆展陈设计和施工单位资质认定制度，开展文物鉴定机构资质及人员资格审核认证工作，使文物保护工作全面走上法制化规范化轨道。

要推进科技创新。要落实《文化遗产保护科学和技术发展“十一五”规划》部署的“6项计划、5大专项、1个平台”的主要任务，加大科技创新投入，加强创新人才培养，推进科研基地等研究平台建设，有效整合科研优势资源，吸收借鉴国际上文化遗产保护科技发展的最新成果，着力突破文物保护维修的基础研究、关键技术和前沿技术。要完善文物保护科技创新的激励机制，发挥科研人员的积极主动性。要努力形成一批具有引领、示范作用、真正能促进文化遗产保护科技进步的科研成果，推动成果共享。要加强对传统工艺技术的保护、研究、传承和发展，实现传统工艺与科技创新成果的有机结合。

要推进体制创新。随着社会主义市场经济的深入发展，文化遗产保护工作赖以生存和发展的经济基础、体制环境和社会条件发生了深刻的变化。深化改革，适应社会主义市场经济发展的要求，不断创新体制机制，形成科学有效的文化遗产管理体制，完善文化遗产保护法律法规体系，强化政府管理文化遗产职能，调动全社会支持和人民群众参与保护文化遗产的积极性，这是新时期对我们的要求。要大胆探索，勇于创新，稳妥地推进改革不断深化。按照努力建立适应社会主义市场经济体制要求、遵循文物工作自身规律、国家保护为主并动员全社会参与的文物保护体制的要求，通过转变政府职能、推进事业单位改革、加大政府投入、调整资源配置等措施，不断增强文化遗产事业发展的生机与活力。

（五）文化遗产事业要努力成为增强中华文化国际影响力的积极力量

当今世界正处在大变革大调整之中。和平与发展仍然是时代主题，求和平、谋发展、促合作已经成为不可阻挡的时代潮流。加强文化遗产领域的对外交流与合作，吸收各国优秀文明成果，增强中华文化国际影响力，是我们义不容辞的责任。

要积极配合国家外交大局，扩大和深化政府间交流与合作。推动与意大利、希腊、西班牙等文化遗产大国政府间文化遗产保护双边协定的签署，巩固交流与合作关系。积极同发展中国家开展考古和文物保护合作项目，提供文化遗产保护技术援助，帮助他们培训文化遗产保护专业人员；加强与周边国家的联系，抓住与中亚各国联合开展丝绸之路申报世界文化遗产工作为契机，深入开展更有深度和实质性内容的合作，积累在国际文化遗产保护领域开展区域合作的经验。扩大对外文物展览的影响，在增加展览数量的同时，更加重视展览质量，突出展览的主题和学术内涵。

要巩固我国与相关国际组织和民间机构的关系。加强与联合国教科文组织的联系。保持和发展与国际古迹遗址理事会、国际博物馆协会、国际文化财产保护与修复研究中心等组织的良好合作关系。筹办好国际博物馆协会第22届大会等国际会议，参与国际文化遗产保护行动和相关国际公约的制定，提高我国的国际地位，增强我国在国际文化遗产保护领域的话语权，积极履行我国加入的相关国际公约的责任与义务，树立负责任政府的国际形象。

要通过“走出去”、“引进来”，拓宽人员交流和科技合作渠道。加强对外文物保护和科技合作项目，创造条件让更多的专家学者在国际舞台交流学术成就，提高我国文化遗产保护的学术地位；积极学习借鉴国外文化遗产保护理念和先进技术，提高我国文化遗产保护的科技水平。充分利用出国展览和对外文化中心、孔子学院等平台，宣传我国文化遗产事业所取得的成果。继续加强涉外文化遗产保护管理和专业人员培训，促进相互学习、相互借鉴。

三、关于2008年主要工作安排

2008年，是落实十七大部署的开局之年，是改革开放三十周年，是实现《国务院关于加强文化遗产保护的通知》提出的“到2010年，初步建立比较完备的文化遗产保护制度，文化遗产保护状况得到明显改善”总体目标的关键一年。我们要认真学习贯彻党的十七大精神，全面落实科学发展观，紧紧抓住牵动全局的重点工作，多做打基础、利长远的实事，不断提高推进文化遗产事业科学发展的能力。

（一）深入开展调查研究工作。以十七大精神为指导，大兴调查研究之风，着力研究新时期新形势文化遗产事业遇到的新情况新问题，探索解决问题的新思路新措施，总结基层文化遗产保护实践的经验和做法。在这次会议上，我们印发了国家文物局机关和直属单位的一批调研文章，和大家一同探讨，也是推动这项工作深入开展，提高运用科学理论分析和解决实际问题能力。通过各级文物部门的共同努力，取得一批调研成果，使我们对文化遗产事业所处环境的认识更加清醒，发展思路更加清晰，各项工作更加务实。

（二）大力推进第三次全国文物普查工作。第三次全国文物普查工作已经有了一个良好的起步。第二阶段田野调查工作是关键，存在普查类别多、地域范围广、环境条件差、工作难度大等诸多困难。要以高度的事业心责任感和科学严谨的态度，扎扎实实做好这个阶段的工作，严格遵循标准规范，确保数据采集质量，全面摸清我国不可移动文物的基本情况，并培养锻炼一批业务骨干。同时继续做好长城资源调查工作，确保2008年底公布明长城测量数据。启动第七批全国重点文物保护单位的申报遴选工作。

（三）加强文物法制建设。重点推动《博物馆条例》、《文物保护单位管理条例》、《文物认定标准和办法》的立法工作；出台《文物建筑消防技术规范》等一批国家标准和行业标准，大力推动不可移动文物，特别是世界文化遗产保护规划编制工作，完成5-10处大遗址总体保护规划编制。强化和改善文物执法体制，继续开展文物执法督察，努力推动基层文物保护单位、博物馆认真落实各项法规的规定和要求，夯实基础工作，提高依法执政的能力。继续针对重点违法案件和专项资金使用情况，开展文物行政执法专项督察工作，促进《文物系统博物馆风险等级和安全防护级别的规定》的落实，建立健全文化遗产安全保障有效机制。

（四）加强文物保护工程管理。规范文物保护工程的招投标活动，加大工程监理、检查力度。做好重点文物建筑的修缮、维护工作。推进故宫、山西晋东南及陕西韩城地区早期建筑、青海塔尔寺等保护维修项目；启动西藏九大维修工程。抓好应县木塔、山海关等重大文化遗产保护工程的实施。做好文物保护工程竣工总结和报告出版工作。结合国家新农村建设部署，做好乡土建筑保护规划的编制和实施工作。

（五）抓好考古和大遗址保护工作。健全考古工作法规体系，做好《田野考古工作规程》的试点、推广工作。做好南水北调工程、三峡工程、川气东送等大型基本建设工程中的文物保护和考古工作。控制对重要都城遗址中心区重要遗存的发掘。推动边疆考古、中外合作考古、航空考古工作。做好东南沿海水下考古调查和重点沉船勘探和抢救发掘。建设一批大遗址保护和展示示范园区。开展西安、洛阳和新疆等重要大遗址保护项目的中期检查评估工作。探索大遗址保护和利用良性互动模式，实现社会效益、经济效益和生态效益的最佳结合。

（六）加强世界文化遗产管理。争取福建土楼成功申报世界文化遗产；做好2009年嵩山历史建筑群和五台山申报项目国际检查和评估的准备工作；深化与相关国家和国际组织在丝绸之路申报世界文化遗产等项目的合作；抓紧与日本、韩国、越南等国合作开展彩画保护比较研究。加强世界文化遗产预备名单的动态管理，完善世界文化遗产保护管理监测机制，重点实施平遥古城、云冈石窟和大足石刻等世界文化遗产的监测管理。加强对国际关注的故宫、天坛、颐和园、布达拉宫历史建筑群、丽江古城等世界文化遗产保护状况的反应性监测工作。

（七）加强对博物馆全行业的管理和指导。落实博物馆登记和年检制度，加强对国有、民办博物馆的分类管理和指导，开展工业遗产博物馆规划编制和试点工作，全面启动全国范围内的博物馆分类定级工作。探索建立文化遗产保护纳入国民教育体系的长效机制，探索博物馆多渠道的投入机制，加强中小博物馆发展战略研究，继续推进博物馆“三贴近”及展示服务提升项目。做好迎奥运系列展览筹备工作，组织好“5·18国际博物馆日”活动，举办第三届博物馆及相关技术与产品博览会，抓好《中国四大发明展》等2008年北京奥运会相关项目。

（八）积极推进博物馆向社会免费开放。认真贯彻落实中央领导同志关于博物馆向社会免费开放的批示精神。应该看到，免费开放是推进博物馆发展的良好机遇，也是深化改革的有利契机。要按照“分类实施，区别对待，重点扶持”的原则，着力做好试点省和相关博物馆的免费开放工作。深入开展免费开放的调查研究，认真总结已免费开放博物馆的做法和经验，研究制定免费开放的相关制度。适时召开博物馆免费开放试点省工作会议，部署全国博物馆免费开放试点工作。鼓励和支持其它各级各类博物馆采取多种方式向社会免费开放。

（九）进一步规范社会文物管理。贯彻落实《文物进出境审核管理办法》，严格执行《文物出境审核标准》，对全国文物进出境审核机构进行资质认证。未建立文物进出境审核机构的省市要积极创造条件，加快机构建设步伐。加强文物进出境审核人员培养，实施文物出境责任鉴定员标准规范的考核制度。推进文物进出境管理的数字化系统建设。加强文物市场管理，以实施民间收藏文物鉴定资格制度为突破口，推动成立行业协会，对民间文物鉴定人员及鉴定机构进行资格管理，满足公众文物鉴定需求。

（十）加强文化遗产保护科技工作。以理论创新、体制创新和成果转化为重点，提升文化遗产保护科技水平，提高科技创新能力。继续加强科技支撑计划项目管理。做好国家科技重点专项“中华文化遗产保护技术研究与开发”的立项布局和组织实施工作。完善“文化遗产保护领域大型仪器设备共享平台建设”等若干国家科技基础条件平台建设项目的立项可行性研究工作。建设可移动保护修复科学数据共享平台。组织完成“指南针计划”各专题的可行性研究。

（十一）加强文物保护宣传教育工作。深入宣传普及《文物保护法》，开展文物保护法制宣传教育。组织好2008年“文化遗产日”活动，充分发挥社会各界保护文化遗产的积极性，增强全民文化遗产保护意识，提高宣传组织能力。积极宣传免费开放博物馆的做法和经验。加强信息化建设，推进文博行业信息公开，构建传输快捷、覆盖广泛的文化遗产传播体系。

（十二）加强教育培训工作。继续举办省级博物馆管理干部培训班，推进地市级文博管理干部培训。开展全国重点文物保护单位保护管理机构负责人、文物出境鉴定站站长培训。探索文物保护修复职业技术教育、在职培训与资格资质工作相结合的有效途径。做好涉外教育培训工作，办好中意、中法、中日韩合作培训项目。加强人才队伍建设，提高队伍整体素质。

（十三）加强对外合作交流工作。健全外事工作法规体系，加强政策研究，完善管理程序，制订文物外事工作的中、长期发展规划。积极推进与更多的国家签署《防止盗窃、盗掘和非法进出境文物的协定》。适时启动与越南、菲律宾、印度尼西亚等国家开展的有关文化遗产保护合作项目。继续加强与有关政府和非政府国际组织的交流与合作，进一步发挥我国在国际组织中的影响力，拓宽交流合作领域，提高国际交往能力。鼓励中外文博机构在人员、展览和学术等方面的交流。做好国际博物馆协会第22届大会的有关筹备组织工作。

（十四）加强基层党组织建设。按照党中央的要求抓好十七大精神的学习贯彻，用十七大精神武装头脑、指导实践、推动工作。加强各级领导班子建设，以提高领导水平和执政能力为核心内容，把各级领导班子建设成为坚定贯彻党的理论和路线方针政策、善于领导科学发展的坚强领导集体。抓好党员队伍建设，组织党员认真学习和遵守党章，使党员真正成为牢记宗旨、心系群众的先进分子。落实党建工作责任制，充分发挥基层党组织推动发展、服务群众、凝聚人心、促进和谐的作用。推进事业单位人事制度改革。全体党员特别是领导干部要模范遵守党纪国法，继承优良传统，弘扬新风正气，共创和谐氛围。

同志们，党的十七大描绘了发展中国特色社会主义的美好蓝图，文化遗产事业任重而道远，我们肩负的使命神圣而光荣。我们一定要居安思危、增强忧患意识，一定要戒骄戒躁、艰苦奋斗，一定要刻苦学习、埋头苦干，一定要加强团结、顾全大局，紧跟时代前进步伐，谱写我国文化遗产事业新的篇章。

重要文献

国家“十一五”抢救性文物保护设施建设专项规划

（2007年6月11日）

前　言

我国丰富多彩的文化遗产不仅是中华民族悠久历史和灿烂文明的真实见证，也是我们发展经济、传承中华民族优秀文化、构建和谐社会必不可少的宝贵资源。加强文物保护工作是一项功在当代、利在千秋的重大工程，在社会主义物质文明、精神文明和政治文明建设中，发挥着愈来愈重要的作用。

党和国家历来重视文物保护工作。胡锦涛同志在致联合国教科文组织第28届世界遗产委员会大会的书面贺词指出：“中国政府高度重视保护文化和自然遗产，将继续弘扬中华民族的优秀文化，保护生态环境，扩大国际合作，保证文化和自然遗产的充分保护和适度利用，进一步促进人与自然和谐发展。”2005年12月，国务院下发的《关于加强文化遗产保护的通知》（国发[2005]42号）指出：“加强文化遗产保护刻不容缓。地方各级人民政府和有关部门要从对国家和历史负责的高度，从维护国家文化安全的角度，充分认识保护文化遗产的重要性，进一步增强责任感和紧迫感，切实做好文化遗产保护工作。”改革开放以来，我国文物保护工作取得了显著的成就：文物保护法制建设进程明显加快；各项文物保护基础调查工作全面展开；抢救性文物保护工作稳步推进，众多濒临毁坏的珍贵文物得到抢救；文物保护和博物馆工作的社会服务意识不断强化，社会效益明显提高。

但不可否认的是，由于种种原因，我国文物保护工作仍然面临着种种严峻的考验：基础工作依然薄弱；有法不依、执法不严的现象严重；自然环境的破坏和污染，以及盗掘、盗窃、走私等各种人为因素的破坏，对我国的文物保护构成严重威胁；安防和消防设施建设滞后；文物库房陈旧老化，馆舍面积严重不足；大型古遗址的保护设备设施缺乏等等。我国的文物保护工作，特别是抢救性保护基础设施建设工作亟待进一步加强。

为做好“十一五”期间抢救性文物保护设施建设，国家发展改革委和国家文物局以国有博物馆文物库房新建和改扩建、馆藏文物保管及安全设施建设，重要大型古遗址和元代以前重要建筑的基础设施建设、安防及防灾减灾设施、管理监测设备和必要的环境整治为重点，在深入调查研究、广泛征求意见、认真论证分析的基础上，编制了国家“十一五”抢救性文物保护设施建设专项规划。

第一章　规划的范围和编制依据

一、规划范围：

1．国有地市级博物馆和文物大县博物馆，以及部分省级博物馆的文物库房；

2．全国重点文物保护单位中的大型古遗址（含元代以前古建筑群）保护设施；

3．省级、地市级重点考古研究所的文物周转库房；

4．区域性文物中心库房。

二、规划编制依据：

1．《中华人民共和国文物保护法》

2.《中华人民共和国文物保护法实施条例》

3.《中共中央关于制定国民经济和社会发展第十一个五年规划的建议》

4.《中华人民共和国国民经济和社会发展第十一个五年规划纲要》

5.《国家“十一五”时期文化发展规划纲要》

6.《国务院关于加强和改善文物工作的通知》

7.《国务院关于加强文化遗产保护的通知》

8.《文物保护工程管理办法》

9.《文物事业“十五”发展规划和2015年远景目标（纲要）》

10.《国家文物局“十一五”文物事业发展规划》；

三、规划期

自2006年至2010年。

第二章　我国文物保护现状分析

一、博物馆库房及其配套设施设备现状分析

（一）基本情况

据国家文物局最新调查，全国各类博物馆总数现已超过2200所。全国文物单位馆藏文物1470万件／套，占全国文物总数53.85%；其中三级以上珍贵文物211万件／套，占全国珍贵文物数量的87%。文物系统博物馆是保存我国珍贵文物的最主要场所。

“九五”以来，博物馆的发展呈现出良好势头：品类丰富多彩，地域分布更加广泛，全国文物单位平均每年举办陈列3600多个、展览5600多个，接纳观众人数1.2亿左右，每年赴国外及港、澳、台地区举办展览三、四十个，观众达千万人次。国家抢救性文物保护设施建设专项用于全国文物库房设施建设的资金累计达1.68亿元，对改善博物馆的物防、技防和人防方面的保管条件起到了积极作用。“十五”期间，国家还累计投入建设资金约5亿元，支持了一些省级重点博物馆和重点专业博物馆的建设，大大改善了这些博物馆的基础设施条件。

（二）现存问题

当前，相当一些地方馆藏文物受损状况比较严重。据国家文物局组织的馆藏文物腐蚀情况调查，我国现有270多万件馆藏文物存在不同程度的损害，占全国馆藏文物总数的18.36%，其中，重度和中度损害的达到141万多件，占全国馆藏文物总数的9.59%。受损文物中，一级文物有3041件，占全国一级文物数量的5%；二级文物有7.3万件，占全国二级文物数量的7.2%；三级文物有20.4万件，占全国三级文物总数的9%。考古研究所保管的考古发掘品和标本的腐蚀情况也相当严重。

导致馆藏文物受损的主要原因是：

一是文物库房严重不足。目前多数省级以上博物馆具备较为完善的藏品保管设施和条件，但大多数地市县级博物馆和其他文物收藏单位符合文物保管要求的库房面积不足，个别地方将许多文物摞在一起存放，甚至摆放在办公室中。据国家文物局最新调查

结果显示，全国文物系统库房缺口约65万平方米。

二是保管装备不足，设施落后。在我国270万件受损馆藏文物中，97%的受损文物是由于保管装备不足、设施落后造成的。文物对库房、展厅的温湿度、空气质量、光照等因素有着独特的要求，但由于现有博物馆设备落后，这些不利因素不能得到有效控制，许多文物进入库房或展厅后，在环境因素变更的催动下，文物迅速发生质变，特别是古书画和纺织品生虫、褪色、脆化、霉变，漆木器干裂、变形，青铜器产生有害锈等，情况十分严重。

三是安防和消防设施不完善。由于历史欠账较多，各省虽然按照国家要求公布了各级博物馆相应的风险等级和达标要求，但真正实现的却不到40%，大部分博物馆基本上还是靠“两人一狗、死看硬守”的老办法来保证文物安全。消防建设不达标的情况更为严重，据统计，重点博物馆防盗报警设备设施能够达标的单位仅占总数的27%；具有消防报警系统的只占22%；有消防供水系统的仅占34%。

二、大型古遗址等文物保护单位的基础设施建设现状

（一）基本情况

我国境内分布有众多的大型古遗址（含古建筑群），在我国已公布的六批2351处全国重点文物保护单位中，属于大型古遗址的有710处，占 1/3左右，其中周口店、秦始皇陵、长城、明清皇家陵寝、殷墟等，已被列为世界文化遗产。

“九五”以来，中央抢救性文物保护专项用于大型古遗址保护设施建设的资金累计8205万元，一定程度上改善了部分大型古遗址的安全状况和外部环境；“十五”期间，国家还投入了4亿多元的资金，对秦始皇陵、西藏布达拉宫、高句丽、渤海国等重要大型古遗址进行专门保护。在中央政府的带动下，各级政府对大型古遗址保护工作的重视程度进一步加强，大型古遗址保护整体状况有了一定程度地改善。

（二）现存问题

大遗址地域分布广，类型和结构复杂，易于受到自然和人为因素的侵害，保护工作一直比较薄弱。大多数大遗址保护管理设施建设和设备配置十分落后，缺乏必要的防洪、防灾和监测设施。近年来，大遗址因自然因素被破坏的事件时有发生，在大规模城乡建设中遭到破坏的情况更是屡见不鲜，盗掘劫掠活动也很猖獗。根据国家文物局在“十一五”期间拟重点实施保护的重点大遗址调查，发现其中60%以上的重点大遗址管理用房不能满足日常要求，47%以上的环境质量较差，仅有8%的安防设施符合或基本满足保护需求。

我国元代以前古建筑绝大部分地处中西部省份的偏远地域，基础设施条件差，有相当一部分古建筑缺少必要的文物保护设施和基本的保护管理用房，安防设施和消防措施严重不足，抢救保护的任务十分紧迫。

造成上述状况主要有三方面原因：

一是自然因素的破坏。随着环境恶化，暴雨冲刷、风蚀等突发灾害频繁，遗址本体已十分脆弱，滑坡、坍塌现象时有发生。

二是城市化建设进程影响加大。在城市基础设施建设及居民生产生活的蚕食和破坏下，许多大遗址正在逐步残缺或走向消失。

三是保护管理经费严重不足，科学监控和安全防范系统严重滞后。我国大遗址大多分布在田野、山区，点多、面广、分散，人防、物防条件差，文物安全工作尤为薄弱，盗掘、破坏案件时有发生。

因此，加强大遗址保护、管理基础设施和安防设施建设，完善大遗址保护管理机构，增强协调能力和管理资源，改变大遗址保护管理的被动局面势在必行。

第三章　抢救性文物保护设施建设的指导思想和原则

一、指导思想

以邓小平理论和"三个代表"重要思想为指导，认真贯彻党的十六届三中、四中、五中、六中全会精神，以构建社会主义和谐社会，全面建设小康社会为目标，坚持以人为本，牢固树立全面、协调、可持续发展的科学发展观，针对我国抢救性文物保护所面临的主要矛盾，按照"保护为主、抢救第一，合理利用，加强管理"的文物工作方针，统筹规划，努力使文物的抢救性保护状况在"十一五"期间有一个较大的改善，推进文物保护事业与社会经济发展相协调，与人民群众日益增长的精神文化需要相适应，为开创社会主义经济、政治、文化和社会建设的新局面做出应有的贡献。

二、规划和建设原则

（一）坚持保护为主，抢救第一。根据我国文物保护工作实际，将相关设施建设的着眼点放在抢救性保护设施建设上，重点保障文物安全。

（二）坚持统筹规划，突出重点。统筹可移动文物与不可移动文物保护，统筹地区之间协调发展，中央补助投资重点向中西部地区倾斜，向文物大省倾斜。

（三）坚持投资的需要与可能相平衡。既要如实测算抢救性文物保护设施建设的投资需求，又要考虑中央投资安排的可能性，合理确定中央补助投资总额。

（四）坚持中央与地方明确责任，共同投入。要分清中央与地方在抢救性保护设施建设中的责任，按照不同区域，确定投资比例，落实投入资金。

（五）坚持勤俭节约，讲求实效。抢救性文物保护设施建设要规范管理，合理确定建设规模、建设标准、设施功能，厉行节约，勤俭办事，严禁铺张浪费，务求实效。

（六）坚持设施建设与运行管理两加强。在加强抢救性文物保护设施建设的同时，进一步加强文物保护人才培养，落实日常经费，加强管理，软件硬件配套推进，两手抓，两加强，实现文物保护可持续发展。

第四章　规划目标和主要任务

一、规划目标

通过加大投入，改善文物保护机构基础设施和装备条件，强化管理和技术人员培养等措施，以改善文物保存环境为着力点，以博物馆库房新建、改扩建和安全设施建设及大型古遗址（含古建筑群）的管理用房和环境整治、安防消防建设为重点，进行抢救性文物保护设施建设，争取到2010年，能够初步解决馆藏文物保存、大型古遗址（含古建筑群）保护的薄弱环节，使文物保存环境有一个较大的改观，尽可能降低文物的损毁率，提高文物保护水平。

二、主要任务

（一）博物馆等库房建设

1、重点完成地市级博物馆、文物大县博物馆以及部分省级博物馆文物库房的新建和改扩建项目共232个，新建扩建库房面积约25.6万平方米。

2、完成25个省级考古研究所和7个地市级考古研究所文物库房的新建和改扩建工作，总建筑面积约4万平方米。

同时完善博物馆库房和考古研究所文物保护设备和安防消防设施建设。

（二）大型古遗址抢救性基础设施建设

1、逐步消除大型古遗址面临的盗掘、破坏和火灾的威胁，逐步完善全国重点文物保护单位中重要的大型古遗址的安全消防设施设备。

2、开展重要大遗址环境整治工作，逐步完成78处大遗址环境整治、道路改造、卫生设施等工程。

3、大力推进看护管理用房建设，重点完成78处大遗址看护和管理用房建设，确保大遗址保护管理工作的正常开展。

（三）元代以前古建筑群抢救性基础设

施建设

1、逐步完善全国重点文物保护单位中重要的元代以前古建筑群的安全消防设施设备。

2、完成96处古建筑环境综合整治等工程。

第五章 建设规模和资金安排

一、专项规划建设规模

考虑到当前国家财力状况，经过反复筛选、压缩，“十一五”期间抢救性文物保护设施建设规模确定为：新建文物库房面积15.6万平方米，改扩建文物库房面积10万平方米；新建考古所周转库房2.5万平方米，改扩建考古所周转库房1.5万平方米；新建大遗址看护管理用房3万平方米，大遗址保护道路建设35万平方米，大遗址防护围栏84万米，大遗址安防设施70余套，大遗址防灾设施建设17万延米等；新建元代以前古建筑看护和管理用房1.9万平方米，排水沟8万米、污水池1.6平方米，供电线路改造64万米，消防水井94眼，防护围墙4万延米，监控检测设备100套，拆迁14.5万平方米，卫生设施80余套，道路改造61万延米等。

二、专项资金使用方向

抢救性文物保护专项资金的使用方向主要是：

1、博物馆文物库房（文物修复室、陈列室）、区域性中心库房及考古研究所出土文物整理库的新建及改扩建；安防、消防设施设备购置，文物及标本装具（柜、架、囊匣等）的购置；馆藏文物保存环境控制设施、设备购置等。

2、大型古遗址（含古建筑群）保护单位的看护和管理工作用房建设，安防及防灾减灾、管理监测设备购置以及基础保护设施建设等。

三、专项资金补助原则

1、明确责任，各司其职。中央负责按规划及时下达补助投资，地方负责落实好相应配套资金；

2、突出重点，兼顾一般。中央补助投资重点向中西部地区、特别是西部地区倾斜，对东部地区给予适当补助。

3、实事求是，因地制宜。根据当地的经济发展水平以及可移动文物总量和增量，合理确定项目建设规模。

4、勤俭节约，规范管理。遵守相关制度和标准，规范设计，合理预算，严格控制建设标准和投资规模。

四、专项资金补助标准

中央对东、中、西部地区项目分别按照总投资的20%、60%、80%补助投资。西藏自治区项目全额补助。

五、专项资金需求总额

“十一五”期间，全国抢救性文物保护设施建设规划项目共438个，资金概算18.13亿元，其中中央补助11.46亿元，地方配套6.67亿元。

第六章 项目布局

一、项目的类型分布

1、博物馆（中心库房、考古研究所）项目：

文物系统博物馆共有项目232个，累计新增或改造库房面积约25.6万平方米，投资估算为7.62亿元，其中中央补助4.77亿元，地方配套资金2.85亿元。

考古研究所项目共有32个，累计新增或改造文物周转库房面积4万平方米，投资估算为0.69亿元，其中中央补助0.46亿元，地方配套资金0.23亿元。

2、大型古遗址

文物系统大型古遗址保护设施项目共有78个，投资估算为3.6亿元。其中中央补助2.21亿元，地方配套资金1.39亿元。

3、元代以前古建筑

元代以前古建筑保护设施项目共有96个，投资估算为6.21亿元。其中中央补助4.02亿元，地方配套资金2.19亿元。

二、项目的地区分布

东部地区共有项目56个，总投资2.31亿元，中央补助0.49亿元，占总补助金额的4%；中部地区共有项目180个，总投资8.6亿元，中央补助5.15亿元，占总补助金额的45.3%；西部地区共有项目202个，总投资7.25亿元，中央补助5.82亿元，占总补助金额的50.7%。

三、项目的时序安排

规划制定印发后，由各省发改委会同文物行政部门根据项目轻重缓急、各地实施能力和实际工作的情况逐年提出安排建议，国家发改委会同国家文物局研究编制年度项目投资安排计划。

第七章 规划实施的保障措施

一、法规保障

“十一五”期间，我国将进一步完善以《中华人民共和国文物保护法》、《中华人民共和国文物保护法实施条例》为核心，以专项法规、部门规章和地方法规为骨干的文物保护法规体系，营造依法行政、依法决策、依法管理的文物保护法律环境，为文物保护工作开展提供有力的法律保障。

二、管理保障

以项目管理为基础，加强抢救性文物保护设施建设管理工作，加强和完善项目建设的前期调查、规划、立项审核制度，以及工程实施过程中招、投标制度和工程监理、验收、审计制度，强化资质管理，保证工程质量，提高资金的使用效益。

三、人才保障

全国范围内已逐渐建立了文物保护管理体系，培养了一批具有较高素质的文物保护专业人员。依据相关法规，国家文物局已确定了24家甲级、17家乙级、7家丙级资质的工程勘查设计单位和38家一级、35家二级、23家三级文物保护工程施工单位，今后仍将继续开展资质的授予工作。

四、资金保障

“十一五”期间，抢救性文物保护设施项目建设将坚持以公益性投入为主导，以中央专项资金与地方多渠道、多层次、多方位自筹资金相结合的投资模式，加大对于博物馆文物库房、大型古遗址、元代以前古建筑群保护设施建设资金的投入。

第八章 预期建设成效

“十一五”期间抢救性保护设施建设规划项目的顺利实施，将使我国博物馆的保存环境、安全设施水平得到较大提升，一大批具有中华民族鲜明文化特色的大型古遗址和元代以前古建筑将得到有效保护，我国文化遗产保护将迈上一个新的更高台阶。

——我国文物系统国有文物收藏单位的库房总量将达到89万平方米，1235万件文物将得到有效保管，97个地市将结束无文物库房的历史。库房新建、扩建和改建项目，尤其是库房环境达标建设的实施，将使1286个文物系统各级各类文物收藏单位的库房得到明显改观，基本满足馆藏文物保护的环境需求。

——通过大遗址抢救性保护设施建设，可使10～15处大遗址的看护、保护、管理、展示、环境得到明显改善，遗址公园初见规模；建成约60余处重要遗址保护管理用房；完善80余处大遗址围栏及保护棚设施建设；加强40余处大遗址监控设施建设；完善20余处大遗址防洪设施建设。

——以晋东南地区为重点的元代以前古建筑抢救性基础设施保护工程的实施，既可以抢救中国古建筑中一批价值极高的文物，提高当地民众的文物保护意识，又能极大改善当地的投资环境，把文物资源优势转化为产业优势，有利于改善当地原有产业结构，促进地方经济社会发展。

第三次全国文物普查宣传工作方案

开展第三次全国文物普查，是全面了解国情国力的重要途径，是加强文化遗产保护的重要基础性工作，是加快文物事业发展的迫切要求。为此，特制定第三次全国文物普查宣传工作方案。

一、指导思想

文物普查宣传工作坚持以邓小平理论、“三个代表”重要思想和党的十六届六中全会精神为指导，全面落实科学发展观，准确把握第二次全国文物普查以来我国文化遗产保护发展的新趋势，在国务院第三次全国文物普查领导小组的领导下，认真做好全国文物普查社会宣传动员工作，以确保普查工作深入人心，取得成功。

二、目标任务

通过文物普查宣传工作，使全社会了解第三次全国文物普查的目的、意义和内容，了解文物保护的法律法规和方针政策，全面了解文物价值，普及文物保护知识、文物普查知识，宣传文物事业在经济社会发展中的重要作用。

通过文物普查宣传工作，实现各级党政领导高度重视，全力支持文物普查；各级文物普查机构和工作人员依法开展文物普查；广大普查对象如实申报、认真填报、主动配合搞好文物普查，形成有利于开展文物普查工作的有效机制和良好氛围。

三、组织实施

国家文物局文物普查办公室设立宣传组，组织协调文物普查宣传工作。各地成立由有关部门组成的文物普查宣传工作领导机构，负责制定文物普查宣传方案，组织召开宣传工作会议，提供和管理文物普查信息，督促、指导文物普查宣传工作。建立一支政治强、业务精、作风正、素质高、专兼职相结合的宣传队伍，并根据新的形势和任务的要求，采取多种形式，加大培训力度，不断提高宣传队伍的整体素质。各地还应充分发动媒体和相关机构、部门的力量，形成文物普查宣传网络，共同搞好文物普查宣传工作。

四、重点内容

宣传工作要贯彻第三次全国文物普查全过程，各地应从“告知”、“知情”、“普法”、“成绩”等方面，大张旗鼓地开展文物普查宣传，各阶段的重点宣传内容分别是：

2007 年 4 至 11 月，重点宣传《国务院关于加强文化遗产保护的通知》、《国务院关于开展第三次全国文物普查的通知》等有关文物普查和文化遗产保护的法律法规、方针政策；第三次全国文物普查电视电话会议精神；以及国家文物局宣传、贯彻落实第三次全国文物普查电视电话会议精神的活动。宣传开展文物普查的目标、任务和意义，普查的范围对象、内容和方法，普查的技术标准、规范，实施步骤程序等；宣传各地普查机构设置、人员培训、队伍组建、试点经验等，要注重宣传文化遗产保护工作发展的趋势，对文化线路、工业遗产、乡土建筑等文化遗产新品类加强宣传。

2007 年 11 月至 2009 年底，集中宣传与文物普查有关的法律法规，普查工作进展程度、阶段成果和重要发现，普查工作先进人物、先进事迹，人民群众对普查工作的参与和反应等。

2010 年 1 月至 2011 年底，追踪宣传文物普查数据处理进展情况，发布文物普查基础成果，宣传《全国不可移动文物名录》和全国不可移动文物数据管理系统，宣传普查成果的推广应用，集中宣传文物事业在构建和谐社会、推动经济社会发展方面起到的重要作用。

五、宣传方式

第三次全国文物普查工作将开展阶段性

的集中宣传和长期宣传活动。充分运用报纸、广播、电视和互联网等现代传媒，广泛深入地宣传开展第三次全国文物普查工作的重大意义，及时报道各项工作的进展情况以及取得的成绩，介绍普查的重点文物，宣传文物工作在新时期构建和谐社会、在经济社会中起到的重要作用。使宣传活动不断深入人心，造成声势，形成高潮。

（一）电视媒体宣传

1、精心策划和制作播放宣传第三次全国文物普查的公益广告片和宣传文化遗产保护的公益宣传片，在中央和地方主要电视媒体播放。公益宣传片可采用征集方式，以扩大影响和宣传面。

2、在电视节目中开设专栏，通过新鲜的视角，宣传普查工作，介绍工作进展。如可在中央电视台新闻联播栏目“百姓档案”中以这次普查工作为主题，以基层文物工作者的亲身经历，反映历史的变迁、经济社会的进步；可以在“人物”、“讲述”等栏目连续介绍普查工作中的典型人物、先进事迹和普通群众对普查的支持参与。

3、中央和地方各级电视媒体制作访谈、对话、直播等专题节目、系列节目，围绕文物普查和文物保护工作，采访各级领导、专家学者、平民百姓和普查工作者。普查工作取得阶段性进展可以专题形式在中央电视台“焦点访谈”、“中国记忆”等栏目播出。

4、对第三次全国文物普查电视电话会议进行深入报道。

5、重要事件随时以新闻形式进行宣传报道。

（二）平面媒体宣传

将日常的新闻报道和专题、专栏结合，开展较大规模的宣传活动。如开设文物普查专版、专栏，组织对有关专家和普查工作人员的专访。深入分析文物普查的背景、特点、意义、手段、成果和公众参与等各方面的相关内容，从多角度开展对文物普查的深度报道。组织文物普查和文物保护知识竞赛，开展文物普查口号征集活动。

（三）网络宣传

在国家文物局政府网站建立第三次全国文物普查工作专题网站，设立培训工作计划、会议纪要、工作简报、动态报道、成果展示、局长访谈、专家视点、普查技术应用探秘、互动留言板等栏目。该网站将成为浏览者了解文物普查实施方案、工作进度、成果应用，提供文物普查线索和反映意见、建议的重要互动平台，同时也是普查工作实施情况的监督平台。国家文物局普查办公室及时处理普查网站收集的文物普查线索和意见、建议，对其中具有重要价值的将处理情况在网站上公布。

新华网、中国政府网、各省级政府网、各省级文物行政管理部门网站等对文物普查专门网站进行图文链接。地方文物普查机构也可在政府网站上设立本地区文物普查的专题网站或网页、专栏，宣传本地区文物普查的相关情况。

近期，国家文物局将开展“记忆中国——全民文化遗产认知行动”，拟充分利用信息、网络、通讯等科技手段，组织开展群众性文物调查与认知活动，搭建公众参与普查工作的网络平台，扩大普查线索来源，提高公众特别是青少年对文化遗产的认知水平，在全社会形成人人关心和参与文化遗产保护事业的良好氛围。

（四）建立新闻发布制度

适时召开新闻发布会和通气会，集中宣传阶段性的普查成果。国家文物局和地方各级文物普查机构及时汇总文物普查信息，定期编发普查工作简报。普查工作有重大进展或重要发现的，随时编发工作简报。

（五）组织专题宣传活动

组织新闻媒体结合文化遗产保护的热点问题，对古文化遗址、古墓葬、古建筑、近现代重要史迹和代表性建筑等不可移动文物的普查工作进行专题宣传活动。特别是对内涵不断发展丰富的文化遗产新品类进行专题采访活动，如：

1、工业遗产

对无锡、广州等地开展的工业遗产普查的宣传报道，对北京798厂、上海江南造船厂、青岛啤酒厂等典型工业遗产调查和保护利用的实例分析。

2、乡土建筑

对社会主义新农村建设中的乡土建筑调查、保护工作的深度报道，对世界文化遗产皖南民居、山西晋商大院等典型乡土建筑调查和保护利用的实例分析。

3、文化景观

结合刚刚成功申报世界文化遗产的“开平碉楼及村落”，西湖及龙井茶园、云南红河哈尼梯田等处文化景观申报世界文化遗产的宣传活动，开展对文化景观概念、特点、调查和保护工作的深度报道。

4、文化线路

结合丝绸之路、大运河等文化线路申报世界文化遗产工作、长城资源调查和保护维修，开展对文化线路概念、特点、调查和保护工作的深度报道。

（六）制作与发放宣传品和纪念品，如发行宣传普查的纪念邮品、印制宣传海报等。

（七）其他形式的宣传。

第三次全国文物普查实施方案

第三次全国文物普查领导小组办公室

第三次全国文物普查是我国文化遗产保护领域的一项国家工程，涉及面广，专业性强，持续时间长。为了规范、有序、高质量地完成普查工作，制定本实施方案。

一、普查的意义

文物是国家不可再生的文化资源。文物普查是国情国力调查的重要组成部分，是确保国家历史文化遗产安全的重要措施，是我国文化遗产保护的重要基础工作。开展文物普查，全面掌握不可移动文物的基本情况及其生存状态，将为准确判断文物保护形势、科学制定文物保护政策和中长期规划提供依据；为构建科学有效的文化遗产保护体系、落实国务院提出的2010年初步建立比较完备的我国文化遗产保护制度提供依据。开展文物普查，对于培养锻炼文物保护队伍，提高我国文物保护管理整体水平，增强全民文化遗产保护意识；对于进一步继承和弘扬中华民族优秀传统，充分发挥文物在建设社会主义先进文化，构建和谐社会中的作用；对于整合国土资源、促进国民经济全面、协调、可持续发展，都具有十分重要的现实意义。

二、普查的工作目标

通过文物普查，全面掌握我国现存不可移动文物的数量和分布情况，文物的本体特征、基本数据及其保存情况，文物周边自然的和人文的环境情况；总体评价我国不可移动文物现有的生存状态及其发展趋势，为构建科学有效的文化遗产保护体系提供依据；建立和完善全国不可移动文物档案和信息管理系统，建立我国不可移动文物名录，为文物的标准化和动态管理创造基础条件；提高文博系统工作人员的科学知识、专业技能和管理水平，为进一步建立具有现代化科学素养的专业队伍创造条件；协调文物管理部门和政府各相关部门的关系，提升我国文物保护的科技水平，使历史文化遗产的保护在国民经济和社会发展的总体格局中发挥更大的作用。

三、普查的范围和内容

此次文物普查的范围是我国境内（不包括港澳台地区）地上、地下、水下的不可移动文物，其中包括古遗址、古墓葬、古建筑、石窟寺及石刻、近现代重要史迹及代表性建筑和其他等六大类文物。

普查以调查、登录新发现的不可移动文物为重点，同时对已登记的近40万处不可移动文物，包括各级文物保护单位进行复查。

普查登录的内容是：每处不可移动文物的名称、位置、地理坐标、年代、类别、数量和文物特征等基本情况；文物本体的保存情况和损毁原因；文物周边的自然环境和人文环境现状以及文物的所有权属和使用管理情况等信息、资料。调查中应同时测绘文物线图、摄制文物照片、采集文物标本以及其他相关资料，一并进行登录。

四、普查的技术路线

根据全面调查和专题调查相结合、文物本体信息和背景信息相结合、传统调查方法和新技术应用相结合的原则，确定文物普查的技术路线。

（一）统筹规划

普查实行全国统筹规划，统一部署，县级以上地方各级人民政府分级负责实施的办法。由国务院第三次全国文物普查领导小组（以下简称“国务院普查领导小组”）发布《第三次全国文物普查实施方案》和普查的各项规范、技术标准，各省级人民政府据此结合本地的具体情况，制定本省行政区域的普查方案和工作计划，并组织实施。

（二）统一标准

普查实施标准化管理。由国务院普查领导小组办公室组织制订统一的普查规范及技术标准，并报国务院普查领导小组批准后颁布执行。规范和技术标准包括四个方面。

1、《第三次全国文物普查不可移动文物登记表》和《第三次全国文物普查消失文物登记表》及其著录说明；

2、第三次全国文物普查不可移动文物的技术标准，包括文物的认定标准、分类标准、定名标准、年代标准、计量标准；

3、第三次全国文物普查信息、资料的采集、存储、汇总、建立档案和数据库的规范；

4、第三次全国文物普查不可移动文物名录编制和普查工作报告编制的规范。

（三）突出重点

1、以全面调查、登录新发现的不可移动文物为重点；对于已登记的不可移动文物，主要调查其文物本体的现状和文物的周边环境状况。

2、在全面调查、登录各类不可移动文物的基础上，应重视乡土建筑和建筑群，大遗址和遗址群，跨省区的线形遗址和遗迹的调查登录；重视具有典型价值的近代工业建筑、金融商贸建筑、文化教育和医疗卫生建筑、水利设施、林业设施、交通道路设施、军事设施等行业性质文化遗产，以及各种风格、流派、形式的近现代代表性建筑的调查登录。

（四）县为单元

普查以县域为基本普查单元。田野调查的组织，文物信息、资料的采集、汇总、上传，普查档案的建立，不可移动文物名录的编制等均以县为基本单位。

（五）控制质量

为了保证普查资料、信息及普查成果的真实、完整和科学，普查实行严格的质量控制。质量控制应贯穿于普查全过程，其范围应包括普查野外到达率和调查区域覆盖率，以及普查资料、信息登记和录入，数据整合、汇总等各项技术环节。

国务院普查领导小组办公室负责制定普查质量控制标准，指导全国的普查质量控制工作。负责派员抽查普查资料、信息的质量，检查各地的质量控制情况。组织全国的普查质量验收工作。

普查质量控制实行省级责任制。由各省普查领导小组根据全国统一的标准，制定本省普查质量管理办法，提出具体的质量控制要求，下发各地（市）执行。普查中应分阶段对本省各地的普查质量控制进行定期检查、抽查和现场指导，随时解决质量控制中的各项问题。组织进行质量审核和验收。各省的质量控制情况须定期向国务院普查领导小组办公室报告。

五、普查的组织

根据全国统一领导、部门分工协作、地方分级负责、各方共同参与的原则确定普查的组织方式。

(一)组织机构

国务院成立第三次全国文物普查领导小组，负责普查工作的组织和领导，协调解决重大问题。领导小组组长由国务委员陈至立担任，副组长由文化部部长孙家正、国务院副秘书长项兆伦、国家文物局局长单霁翔担任。领导小组成员单位包括：发展改革委员会、民政部、财政部、国土资源部、建设部、交通部、水利部、商务部、统计局、林业局、宗教局、测绘局、文物局、总后勤部基建营房部。

国务院普查领导小组在国家文物局设立领导小组办公室，主任由单霁翔兼任。办公室负责普查工作的日常组织和具体协调。主要职责是：

1. 组织制定《第三次全国文物普查实施方案》，经国务院普查领导小组审定、公布后，组织实施；

2. 组织制定普查的各项规范和技术标准，经国务院普查领导小组审定、公布后，组织实施；

3. 制定和组织实施普查各阶段工作计划；

4. 组织普查试点工作，推广试点经验；

5. 举办国家层面的普查人员培训班，指导各省的普查人员培训；

6. 对各省的普查工作进行业务指导、督促检查和质量抽查；

7. 组织开展普查的相关宣传报道；

8. 组织普查档案的建档备案工作，建立普查文物数据库；

9. 编制并向国务院普查领导小组提交《第三次全国文物普查工作报告》；编制并经国务院普查领导小组批准公布《第三次全国文物普查不可移动文物名录》；

10. 编制普查经费预算，管理并执行中央财政预算，督促落实地方财政预算。

国务院普查领导小组办公室根据工作需要建立业务指导、技术应用、资金设备管理和宣传等机构。

县级以上地方各级人民政府应建立本级文物普查领导小组及其办公室，根据国务院普查领导小组发布的实施方案、普查规范和技术标准以及有关规定，负责组织实施本行政区的文物普查。

各省文物行政部门作为本省普查领导小组的工作机构，负责本省文物普查的具体组织和实施工作。文物普查的中心环节是田野实地调查。各省应调集全省文博系统的专业人员和相关专业的技术人员，组建普查专业队伍，进行田野调查及相关资料、信息的登录工作。普查队伍分为队、组两级。除特殊情况外，应在市(地)级建立普查队，在县级建立普查组。

(二)部门职责

在国务院普查领导小组的领导下，领导小组各成员单位、国家各有关部门各司其职、各负其责、通力协作、密切配合，共同做好普查工作。

1. 根据国务院通知精神，积极组织、动员本部门、本系统的各有关单位，配合文物行政部门做好普查工作。

2. 评审全国文物普查实施方案，提出本部门参加文物普查的工作方案和措施，通知本系统各单位执行。

3. 协助文物部门研究解决普查中涉及本系统的重要问题。

4. 积极提供本系统管辖范围内的文物线索，配合普查队、组进行调查登记。

5. 财政部门负责普查预算审核、安排、及时拨付使用，做好监督、审计工作。

6. 测绘部门负责提供全国15万以上比例尺的地形图供普查资料、数据登录和量测使用。

7. 统计部门指导文物部门做好普查数据的统计和分析，组织普查数据统计的审定和发布工作。

8.解放军总后勤部按照国务院普查领导小组的统一部署，在国家文物局的技术支持下，负责军事用地的文物普查。涉及军事机密的问题会同文物部门研究解决，保证全国文物普查数据的完整性。

9.各部门协同做好普查文物的安全和保护工作。普查中登记的不可移动文物受《中华人民共和国文物保护法》的保护。各级人民政府应组织文物、公安、建设、交通、水利等有关部门采取有力措施，确保普查文物安全。凡涉及普查文物的建设活动、包括工业、交通和水利设施等大型基本建设项目，均应执行《中华人民共和国文物保护法》和此次普查的有关规定。任何部门、单位和个人不得擅自采取有损文物安全的行动。

六、普查的时间与实施步骤

（一）普查的时间和标准时点

第三次全国文物普查从2007年4月开始，到2011年12月结束。普查分三个阶段进行。

普查标准时点为2007年9月30日。

（二）普查的实施步骤

1.第一阶段：2007年4月至9月，主要任务是制定普查实施方案，发布规范和标准，组织培训和试点。

(1)各级人民政府组建第三次全国文物普查领导小组和工作机构。

(2)部署全国文物普查工作；各省部署本省文物普查工作。

(3)制定、发布《第三次全国文物普查实施方案》；

各省制定、发布普查实施方案，方案报国务院普查领导小组办公室备案。

(4)制定并颁布第三次全国文物普查规范和技术标准。

(5)组建普查队伍。由各省普查领导小组根据普查工作的实际需要，制定组建队伍的方案和计划安排。各级普查机构负责具体落实，保证专业技术人员投入到位。对于人力资源不足的地区要积极组织社会力量参与。

(6)组织全国和地方各级普查人员培训。培训工作分两级进行。国家层面的培训对象是省级普查办公室文物保护管理人员和参加此次普查的高级专业技术人员，培训内容主要是相关的法律法规、普查规范标准及相关技术要求、普查工作的组织管理等；省级培训对象是本省各级普查办公室工作人员和所有参加此次普查的普查队员。使所有受训人员能够具备参加第三次全国文物普查的上岗条件，保证普查质量。

各省普查培训工作方案报第三次全国文物普查领导小组办公室备案。

(7)开展各省、市普查试点。

(8)安排普查专款，购置普查相关仪器和设备。

2.第二阶段：2007年10月至2009年12月，主要任务是以县域为基本单元，实地展开文物调查和信息数据登录工作，普查数据资料边采集、边整理、边审核、边建档。

(1)各普查队、组根据国家文物局下达的规范和技术标准对所负责地域内的不可移动文物进行现场勘查、测量、标本采集、绘图、拍照、录像等，认真做好文物数据和相关资料的采集和登记工作。

(2)及时整理、录入调查资料和信息数据，普查队负责人负责审定。保证资料、信息和各项原始数据真实完整。

(3)省级以上普查领导小组办公室对相关普查资料和信息数据进行抽查复核。

(4)普查数据、资料定期上报。各县级普查领导小组办公室向地（市）领导小组办公室按月上报普查电子数据、资料和普查进展情况报告，地（市）级领导小组办公室向省级领导小组办公室、省级领导小组办公室向国务院普查领导小组办公室按季度上报普查电子数据、资料和普查进展情况报告。

(5)普查数据、资料的纸质文档在野外调查结束后，以县为单元逐级上报。

3.第三阶段：2010年1月至2011年12

月，主要任务是进行调查资料的整理、汇总、数据库建设和公布普查成果。

（1）数据、资料汇总和验收。

省级文物普查领导小组办公室负责对本省（自治区、直辖市）各普查队、组的普查数据和相关资料进行整合、汇总和验收，并报国务院普查领导小组办公室。

国务院普查领导小组办公室对各省（自治区、直辖市）报送的普查数据和相关资料进行全面的整合、汇总和验收。

（2）形成普查成果。

按规范要求形成普查工作的各项成果：

——建立不可移动文物编码系统。

——建立不可移动文物分布电子地图系统。

——建立不可移动文物信息管理系统。

——编制文物普查档案。

——公布不可移动文物名录。

——编制普查工作报告。

七、普查数据和资料管理

普查数据和资料，由进行田野调查的普查组调查、登录，普查队审定，县以上地方各级人民政府分级管理。

普查组在田野实地调查中，应根据有关规范和标准，对不可移动文物进行认真调查，如实地准确填写《第三次全国文物普查不可移动文物登记表》、《第三次全国文物普查消失文物登记表》的各项内容，确保基础数据的完整性、真实性和科学性。任何地方、部门、单位和个人都不得虚报、瞒报、拒报、迟报，不得伪造、篡改普查资料和数据。如有上述情况发生，将依据有关法律、法规予以处罚。普查资料和数据涉及国家秘密的，应履行保密义务。如有泄密事件，按国家保密规定予以处理。

县以上地方各级人民政府要根据普查结果，负责建立本行政区的文物普查档案；省级文物行政部门负责建立本省（自治区、直辖市）文物普查档案和信息管理系统；国家文物局负责建立第三次全国文物普查不可移动文物信息管理系统，备案全国文物普查档案。

各级文物行政部门对文物普查数据、资料、电子档案实行备份管理，确保安全。

各省（自治区、直辖市）公布普查数据，需报经国务院普查领导小组同意；全国文物普查数据，由国务院普查领导小组办公室审核，报经国务院普查领导小组同意后正式发布。

八、普查的经费

文物普查所需经费由中央和县级以上地方各级人民政府共同承担。

经测算，全国文物普查经费总额为9.76亿元，其中：中央财政预算支出4.2亿元，地方财政预算支出5.56亿元。中央财政主要落实国务院普查领导小组办公室工作经费、培训经费、部分设备购置费、对困难地区的田野调查及普查报告出版补助费，地方各级财政主要承担各级普查领导小组办公室工作经费、田野调查经费、普查人员经费等。

普查经费由各级财政部门列入相应年度的财政预算，按时拨付使用。各级普查领导小组及其办公室要按照国家财政制度规定，加强普查经费的管理，专款专用，厉行节约，反对浪费，确保资金使用的规范、安全、有效；同时，加强普查设备的登记、使用与管理，防止国有资产流失。

九、普查的宣传

普查的宣传工作由国务院普查领导小组办公室制定方案，经领导小组审定发布后，组织实施。各省级普查领导小组办公室据此制定本省的宣传方案并组织实施。国务院普查领导小组办公室负责对各省的普查宣传工作进行监督和指导。

普查宣传根据普查的不同阶段分别确定不同的重点内容。第一阶段，重点宣传开展文物普查的目标和意义，范围对象、内容和方法，普查程序等。第二阶段，集中宣传与文物普查有关的法律法规，普查工作进展，普查工作先进事迹等。第三阶段，追踪宣传文物普查数据处理进展情况，发布普查基础成果，宣传《不可移动文物名录》和全国不可移动文物数据管理系统，报道文物事业在构建和谐社会、推动经济社会发展方面起到的作用。

普查宣传建立国家和省级新闻发布会制度。

普查宣传覆盖电视媒体、平面媒体、网络，户外宣传牌和广告牌，各种宣传品和纪念品等各类媒体和载体。

十、普查的总结

普查工作结束阶段，县级以上地方各级人民政府对整个普查工作的各个方面，包括：组织工作、前期调研、业务培训、田野调查、数据资料汇总、整合普查成果等方面，进行认真的、实事求是的全面总结。在总结的基础上，根据规范要求，提出本行政区的《普查工作报告》。国务院普查领导小组办公室在各省普查工作报告的基础上拟定《第三次全国文物普查工作报告》，由领导小组审定公布。

为发扬成绩、鼓励先进、总结经验，国务院普查领导小组办公室汇总各省情况，提出召开第三次全国文物普查工作总结表彰大会的工作方案。经审定后，由国务院普查领导小组对普查先进组织、单位和个人进行表彰。

县级以上地方各级人民政府在此之前适时召开本行政区文物普查工作总结表彰大会。

第三次全国文物普查不可移动文物认定标准

文物普查中发现的实际存在，具有历史、艺术、科学价值的不可移动历史文化遗存，均应认定为不可移动文物。具体认定标准如下：

1 古遗址的认定

具有如下条件之一的予以认定：

1.1 存在文化堆积，并有明晰的分布范围；

1.2 在地表发现有古文化遗物，且具有一定的分布范围；

1.3 水库、湖泊、河流以及沿海水域内的具有历史、艺术、科学价值的各类文化遗存，包括沉船和地点明确的文物出土点；

1.4 经过考古发掘，原址地形、地貌未发生根本性改变；

1.5 建筑及构筑物基址尚存。

2 古墓葬的认定

具有如下条件之一的予以认定：

2.1 形制结构或遗迹尚存；

2.2 整体迁移，在新迁址占有独立的地域范围；

2.3 经过考古发掘，原址地形、地貌未发生根本性改变。

3 古建筑的认定

具有如下条件之一的予以认定：

3.1 建筑物、构筑物主体存在；

3.2 建筑本体重修，但原有风格或形制基本保留；

3.3 建筑整体迁移，在新迁址占有独立地域范围。

4 石窟寺及石刻的认定

具有如下条件之一的予以认定：

4.1 洞窟尚存，无论保存程度如何；

4.2 石刻本体尚存，无论保存程度如何；

4.3 石窟寺、石刻迁移，新迁址占有独立地域范围。

5 近现代重要史迹与代表性建筑的认定

具有如下条件之一的予以认定：

5.1 与历史进程、重要历史事件、历史人物有关的史迹与代表性建筑的本体尚存或有遗迹存在；

5.2 具有时代特征并在一定区域范围具有典型性、在社会各领域中具有代表性、形式风格特殊且结构和形制基本完整的建筑；

5.3 为纪念重要历史事件或人物建立的建筑物、构筑物，具有标志意义或典型意义。

6 其他不可移动文物的认定

不能列入上述各类别的文化遗存，具有如下条件之一的予以认定：

6.1 具有一定的历史、艺术、科学价值，且本体存在；

6.2 古脊椎动物或其他古生物化石地点。

第三次全国文物普查不可移动文物分类标准

第三次全国文物普查不可移动文物的分类，按照《中华人民共和国文物保护法》的分类原则划分为六类，每类中包括若干子类。

一处不可移动文物只能归入一个文物类别，如果包含两类以上文物，以其主要文物内容归类。分类标准如下：

1 古遗址

1.1 洞穴址

1.2 聚落址

1.3 城址

1.4 窑址

1.5 窖藏址

1.6 矿冶遗址

1.7 古战场

1.8 驿站古道遗址

1.9 军事设施遗址

1.10 桥梁码头遗址

1.11 祭祀遗址

1.12 水下遗址

1.13 水利设施遗址

1.14 寺庙遗址

1.15 宫殿衙署遗址

1.16 其他古遗址

2 古墓葬

2.1 帝王陵寝

2.2 名人或贵族墓

2.3 普通墓葬

2.4 其他古墓葬

3 古建筑

3.1 城垣城楼

3.2 宫殿府邸

3.3 宅第民居

3.4 坛庙祠堂

3.5 衙署官邸

3.6 学堂书院

3.7 驿站会馆

3.8 店铺作坊

3.9 牌坊影壁

3.10 亭台楼阙

3.11 寺观塔幢

3.12 苑囿园林

3.13 桥涵码头

3.14 堤坝渠堰

3.15 池塘井泉

3.16 其他古建筑

4 石窟寺及石刻

4.1 石窟寺

4.2 摩崖石刻

4.3 碑刻

4.4 石雕

4.5 岩画

4.6 其他石刻

5 近现代重要史迹及代表性建筑

5.1 重要历史事件和重要机构旧址

5.2 重要历史事件及人物活动纪念地

5.3 名人故、旧居
5.4 传统民居
5.5 宗教建筑
5.6 名人墓
5.7 烈士墓及纪念设施
5.8 工业建筑及附属物
5.9 金融商贸建筑
5.10 中华老字号
5.11 水利设施及附属物
5.12 文化教育建筑及附属物
5.13 医疗卫生建筑
5.14 军事建筑及设施
5.15 交通道路设施
5.16 典型风格建筑或构筑物
5.17 其他近现代重要史迹及代表性建筑

6 其他

第三次全国文物普查不可移动文物定名标准

第三次全国文物普查的文物定名标准，可分别按古代和近现代不可移动文物的基本分类予以定名。凡属于复查的不可移动文物一般应沿用原定名，如原定名与本标准存在较大出入，可在文物名录公布前统一进行科学修订。

文物普查中发现的各类不可移动文物的定名应本着简约、准确、易懂、避免重复的原则。在同一县级行政区域内的不可移动文物名称应尽量避免重复。文物的定名中牵涉到地名时应尽量使用法定或通行的名称，避免使用俗称、俚语，如："王八脖子遗址"。一般不使用现代机构或单位名称代替地名，如："棉麻厂墓群"。具体定名规则如下：

1 古代文物定名

1.1 古遗址定名

1.1.1 以"最小的行政区域名称或自然地名" + "遗址"定名；

示例 1：

牛河梁遗址

示例 2：

三星村遗址

1.1.2 如果在同一最小的行政区域内或自然地名处有多处遗址，则在地名后加"方位"予以区别，"方位"用：东、南、西、北、东南、西北、东北、西南表示。

示例：

雷家坪东遗址

1.1.3 古遗址中的古城址，历史设置或名称明确者可用原名。历史设置或名称不详者，可参照 1.1.1 和 1.1.2 方法定名。

示例 1：

元中都遗址

示例 2：

曲阜鲁国故城

1.1.4 类别或性质特殊的古遗址，以"最小的行政区域名称或自然地名" + "类别（性质）" + "遗址"定名。

示例 1：

瓦房庄冶铁遗址

示例 2：

李渡烧酒作坊遗址

1.2 古墓葬定名

墓主人明确的古墓葬（墓葬群），以"墓主人姓名（或家族称谓）" + "墓（墓群）"定名；墓主人不详的古墓葬（墓葬群），"最小的行政区域名称或自然地名" + "墓（墓群）"定名；如果在同一行政区域或自然地名处有多处古墓葬，可参照古遗址定名方法。

示例 1：

曹植墓

示例 2：

封氏墓群

1.3 古建筑定名

1.3.1 古建筑（建筑群）历史上名称明确或已有约定俗成的名称者应按原称定名；同类或同名者可在原名前加所在地域名称以区分。

示例1：

黄陵庙

示例2：

沈阳故宫

1.3.2 古建筑（建筑群）历史上所有者（或归属）明确的，以“所有者姓名（或家族称谓等其他代称）”＋“建筑类别名称”（建筑群）定名。

示例：

蔡家宅

1.3.3 古建筑（建筑群）历史上所有者（或归属）不明确的，以“最小行政区域名称或自然地名（街道）”＋“建筑”（建筑群）定名。

示例：

张谷英村古建筑群

1.3.4 如果在同一最小行政区域名称或自然地名（街道）下有多处古建筑（建筑群），则在最小行政区域名称或自然地名（街道）后加“方位或门牌号等”，予以区别。

示例：

天穆村南清真寺

1.4 石窟寺及石刻定名

1.4.1 石窟寺，历史上名称明确或已有约定俗成的名称者应按原称定名；无原名的，以“最小行政区域名称或自然地名”＋“石窟（寺）”定名。

示例1：

云冈石窟

示例2：

万佛堂石窟

示例3：

羊头山石窟

1.4.2 石刻，单体石刻（造像）以石刻的首题定名，或按其内容予以简化定名；多款石刻（石刻群）则可按照石刻存在的地点定名。

示例1：

大金得胜陀颂碑

示例2：

齐云山石刻

2 近现代重要史迹及代表性建筑定名

2.1 重要事件发生地及其纪念性设施，以“具体历史事件名称（具体地点）”＋“遗址”定名；如属于会议类的历史事件，也可以“具体历史事件名称（具体地点）”＋“会址（旧址）”定名。

示例1：

潘家峪惨案遗址

示例2：

古田会议会址

2.2 重要机构旧址，以“机构原名（具体地点）”＋“旧址”定名。

示例：

黄埔军校旧址

2.3 名人故居（旧居），以“具体地点”＋“人名”＋“故居（旧居）”定名。其中“故居”指名人出生地及幼年居住地，“旧居”指其他时期居住地，如果不存在重复的现象，也可以采取将具体地点省略的定名方式。

示例1：

绍兴鲁迅故居

示例2：

黄兴故居

2.4 名人墓以“人名”＋“墓”定名。

示例：

鲁迅墓

2.5 烈士墓及纪念设施等以“人名”＋“墓”或“历史事件名称（地名）”＋“纪念设施名称”

示例1：

焦裕禄烈士墓

示例2：

抗美援朝烈士陵园

2.6 近现代墓葬群，以“历史事件名称

(地名)”+“墓群”(“陵园”、“殉难地”、“丛葬地”等)定名;同一历史事件的多处墓葬群,以“地名”+“历史事件名称”+“墓群”(“陵园”、“殉难地”、“丛葬地”等)定名。

示例:

黄花岗七十二烈士墓

2.7 近现代代表性建筑(建筑群),以“地名”+“建筑用途(形式风格)”+“建筑”(建筑群)定名;同一地点有二处或多处的用具体地名加以区分。

示例:

上海外滩建筑群

3 其他类文物定名

可参照上述标准定名。

第三次全国文物普查不可移动文物年代标准

第三次全国文物普查不可移动文物年代,按下列标准确认和标示。

1 纪年采用标准

采用公元纪年、历史(朝代)纪年和考古学年代三种。各类纪年均按国家规定的方法标示。

2 时限划分标准

2.1 古代文物年代上限为旧石器时代,下限为清代。

2.2 近现代文物年代自公元1840年至当代。

3 确定纪年的方法

3.1 古遗址:依据文化遗存确定年代。

3.2 古墓葬:依据结构形制、随葬品及墓志铭等确定年代。

3.3 古建筑:依据现存建筑物形制、结构特点及相关题记等确定年代。

3.4 石窟寺及石刻:石窟寺依据洞窟及造像形制、题记、文献等确定年代。石刻依据形制、内容等确定年代。

3.5 近现代重要史迹及代表性建筑:

3.5.1 重要历史事件发生地和纪念地,依据重要事件发生的时间确定年代。

3.5.2 重要机构旧址,依据机构占用时间确定年代。

3.5.3 行业性建筑和典型风格建筑及构筑物,依据始建时间确定年代。

3.5.4 名人故居、旧居,依据名人出生、居住时间确定年代。

3.5.5 名人墓、烈士墓及纪念设施,墓葬依据墓主人埋葬或迁葬以及陵园设立时间确定年代,纪念设施依据设立时间确定年代。

4 年代标示规则

4.1 史前文物用考古学年代,如:旧石器时代、新石器时代。

古代文物用历史朝代纪年,年代明确的同时用公元纪年;个别地区历史朝代纪年不明确的可使用考古学年代。

地方政权控制时期用国家认定的“中国历史年表”中的政权纪年标示,并用公元纪年标示。

示例:

大理国仁寿三年(1238)

近现代文物用公元纪年,公元纪年不详的用“清末”、“民国”、“中华人民共和国”标示。

4.2 含两个以上连续时代的,应标示起止时代;时代不连续的,中间用顿号间隔;不能确认具体时代的,应标示跨度年代;时代不详的,标示“不详”。

示例1：

唐—元

示例2：

新石器时代、商、汉

示例3：

商周、唐宋

4.3 用历史朝代纪年和公元纪年同时标示的，先标示朝代纪年，同时在括号内标示公元纪年。

示例：

清康熙五年（1666）

4.4 历史朝代标示容易产生歧义的，可遵循以下原则：

4.4.1 夏商周：年代明确的分别标示为夏、商、西周、春秋。商或周不明确的可标示为商周，西周或春秋不明确的可标示为周。

4.4.2 汉代：分为西汉、东汉，不明确的标示为汉代。

4.4.3 三国：具体分为三国魏、三国蜀、三国吴，不明确的标示为三国。

4.4.4 晋代：分为西晋、东晋，不明确的标示为晋代。

4.4.5 十六国：可标示时代及国别；不明确的标示为十六国。

示例：

十六国前燕

4.4.6 南北朝：标示南北朝各代；不明确的可标示为北朝、南朝或南北朝。

示例：

北魏

4.4.7 五代十国：标示时代及国别；不能确定的可标示为五代十国。

示例：

五代后唐

4.4.8 宋代：分为北宋、南宋，不明确的可标示为宋代。

第三次全国文物普查不可移动文物计量标准

本标准适用于第三次全国文物普查。计量和统计分为整体计量和单体计量。

1 整体和单体不可移动文物的界定

1.1 整体不可移动文物是指在时代、内涵或地层关系上，以独立或相互关联方式存在的文物实体；具有上述特征的单体文物，视同整体文物。

示例1：

吉林文庙

示例2：

大雁塔

1.2 单体不可移动文物是指整体不可移动文物中相对独立存在的文物实体。如陵墓中的独立墓冢、石像生、牌坊等。

2 不可移动文物的整体计量

2.1 不可移动文物的整体计量的量词应按照通行的原则使用，一般统称或总量统计时以“处”为计量单位。

2.2 同一分布范围内，具有同一文化性质或内在联系，且没有自然地理因素分割的各类文化遗存，按一处整体不可移动文物计量。

2.3 同址具有地层叠压关系，文化性质或时代不同的文化遗存，按一处整体不可移动文物计量。

2.4 同一地域中，因文化性质（时代）不同或被自然地理因素分割成若干独立单位，按多处整体不可移动文物计量。

2.5 在一定地域范围内，独立存在不可分割的文化遗存，按一处整体不可移动文物计量。

示例 1：

张掖鼓楼

示例 2：

恭王府及花园

3 不可移动文物的单体计量

3.1 不可移动文物的单体计量的量词应使用文物自身的计量单位，在总量统计时以“个”为计量单位。

3.2 同一处遗址中，不同类别的文化遗存，如房址、窑址、窖藏址、墓葬等，应按其实际数量做单体计量。

3.3 同一处墓葬中，相对独立存在的文化遗存，如墓冢、门楼、享殿、碑刻、石像生等，应按其实际数量做单体计量。

3.4 同一处建筑中，相对独立存在的文化遗存，如殿堂、楼阁、桥梁、碑刻、影壁、围墙等，应按其实际数量做单体计量。

3.5 同一处石窟寺中，相对独立存在的文化遗存，如洞窟、石刻、造像等，应按其实际数量做单体计量。

3.6 同一处石刻中，内容和形式相对独立的石刻、造像等，应按其实际数量做单体计量。

第三次全国文物普查不可移动文物信息采集规范

1 适用范围

本规范适用于第三次全国文物普查不可移动文物的信息采集。

2 参照标准

GB/T18314—2001 全球定位系统（GPS）测量规范

GB/T14950—94 摄影测量与遥感术语

CH/T1009—2001 基础地理信息数字产品 1:10000、1:50000 数字正摄影像图

CH/T4015—2001 地图符号库建立的基本规定4 全球定位系统（GPS）测量技术的应用

3 GPS 信息采集

3.1 准备工作

3.1.1 收集文物普查区域的相关资料，包括测区 1:50000 或更大比例的地图。

3.1.2 了解测区内交通、通讯、供电、气象等情况。

3.2 点位周围环境要求

3.2.1 点位应便于操作，视野较为开阔，视场内障碍物的高度角不宜超过 15°。

3.2.2 远离大功率干扰源，比如电视台、电台和微波站等，其距离不小于200米；远离高压输电线和微波、无线电信号传送通道，其距离不得小于 50 米。

3.2.3 附近不应有强烈反射卫星信号的物件(如大型建筑物等)。

3.2.4 如遇信号遮挡或上述信息干扰等问题时，应采用对被测点位周边进行封闭曲线拐点测量法或采用导线测量方法，计算被测点坐标。当这两种方法实施困难时，也可采用在大比例尺地形图上直接读取点位坐标的方法。

3.3 选定测点

根据不可移动文物空间分布的特征，选择测点。

3.3.1 位置测量

平面分布的不可移动文物，选择典型标志物或中心点为测点。

线形分布的不可移动文物中，直线分布

的选择其两端为测点，曲线分布的除两端点外，还应在拐点处选择多个测点。

3.3.2 面积测量

根据不可移动文物的分布形状，可选用两种测量方法：

航线测面积法：沿边界选择各拐点为测点，利用GPS自动计算出面积数据。

航迹测量法测量面积：开启手持GPS自动记录航迹功能，沿待测区域周边行进，自动计算出面积数据。

对于不规则区域，可以使用航迹测面积；对于较规则的区域，可以使用航线测面积。航迹测面积的方法更适合测量较大区域的面积，对于较小区域建议使用航线测面积的方法来测量。

对面积较大，用航线和航迹测量法较困难的，可采用在大比例尺地形图上直接勾绘范围线，用数字化仪或求积仪等工具计算出面积。

3.4 采集步骤

步骤1 信息采集：

在测量点位上，尽量保证GPS设备收到卫星数大于4个，对不可移动文物所在位置的经纬度、海拔高度和面积的测量。

步骤2 记录GPS点位信息：

记录测点在不可移动文物内的具体位置和特征，记录测量时间(精确到时)。为了保证测点精度，在测点处适当停留，时间不少于2分钟。

步骤3 数据录入：

现场记录GPS仪器测点号、航迹编号与对应文物名称或编码。及时将测量文物中心点或标志点的数据和记录信息，分别填写表格中，将GPS仪器测点或航迹导入计算机数据采集中，测点的数据编号按照登记表编号加GD加GPS测点序号（三位数）编制，航迹中的测点按照登记表编号加GJ加GPS测点序号（四位数）编制。

示例：

测点：110103-0001-GD001

航迹：110103-0001-GJ0001

步骤4 数据校核：

参照其他地理信息数据对采集的数据进行校核。

步骤5 数据汇总：

GPS数据通过计算机数据采集系统统一汇总。

3.5 测量技术要求

3.5.1 坐标系

统一采用全球地理坐标系统（WGS84经纬度坐标）。坐标采用度、分、秒格式（__°__′__″）。

3.5.2 时间系统

GPS测量采用北京时间。

3.5.3 精度要求

快速静态定位测量，测量的精度可以选择为D或E级。水平位置定位精度在2.93m－10.3m范围。并行12通道，可接收WAAS/EGNOS或其他差分信号。

4 影像信息采集

4.1 数码摄影基本要求

选择合适角度，在普查现场拍摄，力求真实反映不可移动文物特征、全貌。

4.1.1 照片文件格式

采用JPG图像文件格式。

4.1.2 像素要求

大于500万像素。

4.1.3 照片文件存储

数码相机拍摄的照片文件，及时导入计算机中存储。

4.1.4 照片文件编号

格式：登记表编号－Z序号

示例：

011113－0001－Z001

4.1.5 照片文件属性的著录

在原始照片的电子文件属性摘要栏中，著录不可移动文物的名称和详细地点等信息。

4.2 图纸拍摄

4.2.1 图纸文件形成

将手工绘制的图纸，进行数码摄影或扫描。

4.2.2 图纸文件存储

及时导入计算机存储。

4.2.3 图纸文件的编号

格式：登记表编号－T序号。

示例：

011113-0001-T001

4.2.4 图纸文件属性的著录

在原始图纸的电子文件属性摘要栏中，著录不可移动文物的名称和详细地点等信息。

5 计算机信息录入

将《第三次全国文物普查不可移动文物登记表》、《第三次全国文物普查消失文物登记表》信息全部录入计算机。

5.1 数字录入

根据统计要求，阿拉伯数字时，要求采用半角状态。

5.2 计量单位录入

表中已标明计量单位的，不能重复录入。表中需自行填写计量单位的，应录入在“计量单位”栏目中，不得与数字混填。

5.3 选择项录入

分为单选和复选。

单选：只允许选择其中1项录入。

复选：可多项选择录入。

5.4 数据备份

在数据采集过程中，注意及时建立脱机备份。

第三次全国文物普查电子数据处理工作规范

1 概述

1.1 目的

为加强第三次全国文物普查电子数据处理工作，统一电子数据处理工作规范，提高数据的准确性、完整性、规范性和安全性，制定本工作规范。

1.2 范围

本规范适用于第三次全国文物普查不可移动文物数据处理工作。

1.3 词汇

1.3.1 电子数据（以下简称数据）：是指通过计算机应用系统采集、加工而产生的各类数据，以及通过GPS接收机、数码相机和其它相关设备获取的外部数据。

1.3.2 数据处理：由数据采集、数据报送、数据保存、数据安全管理和数据分析使用组成。

1.3.3 数据采集：将田野调查获得的文字数据、GPS数据和数字影像数据，用统一的数据采集软件输入到计算机系统的过程。

1.3.4 数据报送：各级普查机构使用统一的数据报送软件，汇总接收到的数据，经核审后向上级普查机构报送的过程。

1.3.5 数据保存：指数据的存储、备份和恢复工作。

1.3.6 数据安全管理：包括数据访问的身份验证、权限管理及数据的加密、保密、日志管理、网络安全等。

1.3.7 数据分析使用：根据实际需要，对普查数据进行抽取、汇总、挖掘，并以报表、图形、文字等形式展现数据分析结果的过程。

2 数据采集

2.1 采集流程

2.1.1 采用纸质或电子表格填写“不可移动文物登记表”或“消失文物登记表”基本信息。

2.1.2采用GPS设备现场采集不可移动文物中心点（或标志点）坐标、海拔高度以及面积（分布面积、建筑占地面积、保护范围面积和建设控制地带面积）信息。GPS信号受限时可用导线法测量。

2.1.3 采用数码摄影方式现场采集不可移动文物影像信息。

2.1.4 采用数码摄影或扫描方式采集手工绘制图纸信息。

2.1.5 采用安装“第三次全国文物普查数据采集软件”的计算机系统录入/导入以上2.1.1—2.1.4项数据。

2.2 基本要求

2.2.1 数据采集过程中应杜绝数据随意录入，防止数据失真。

2.2.2 数据采集时应尽可能一次性完成一处不可移动文物各项数据采集，避免出现一处不可移动文物数据多次采集或多处不可移动文物数据多次混合采集的情况。

2.2.3 数据采集过程中应及时通过计算机系统打印形成书面文字，与电子数据相互验证。

2.2.4 数据采集人员应强化数据采集的质量意识，熟练掌握数据采集设备使用方法，严格按照相关技术规范采集各类数据。

2.3 数据更改

2.3.1 普查管理部门或检查部门发现普查队（组）采集的数据出现差错需更改的，应由差错发现部门填写《普查数据差错更改表》，传给普查队（组），由普查队（组）根据有关规定核实更改。

2.3.2 原则上除普查队（组）以外的任何部门和人员均不得自行更改普查数据。

2.3.3 需要修改计算机软件系统中的相关代码数据或其他基础参数的，应由国家第三次文物普查领导小组办公室授权国家文物局数据中心统一进行修改。

3 数据报送

3.1 报送时限

3.1.1 各普查组应及时向县级普查领导小组办公室报送普查数据；

3.1.2 县级普查领导小组办公室每月对接收的数据汇总，并报送至地市级普查领导小组办公室；

3.1.3 地市级普查领导小组办公室每季度末对接收的数据进行复核，并将复核后的数据报送至省级普查领导小组办公室；

3.1.4 省级普查领导小组办公室每季度末对接收的数据进行验收，并将验收后的数据报送至国家普查领导小组办公室。

3.2 基本要求

3.2.1 各级普查领导小组办公室应针对数据报送和接收工作，设置专门岗位，明确职责分工，制定相应考核制度。

3.2.2 可将数据存入光盘、磁盘等载体，以脱机移交载体的方式报送；或采用网络方式在线报送。各级普查领导小组办公室可根据实际情况确定报送和接收的方式。

3.2.3 使用光盘、磁盘等载体报送电子数据时，应在载体或包装物上贴有注明报送单位名称、时间、数据条数等的标签，填写《数据报送/接收登记表》，并签字盖章。

3.2.4 各级普查领导小组办公室在接收数据时，应对照《数据报送/接收登记表》进行核对，并在登记表上签字盖章。交接手续办理完毕后，双方各执一份，归档保存。

3.2.5 各级普查领导小组办公室在软硬件平台和网络环境条件具备时，可通过网络报送数据。为确保数据的真实性与有效性，报送与接收的双方应使用符合安全要求的数字证书和电子签名。通过网络报送数据的具体条件、时间与方法，由国家普查领导小组办公室确定。

3.2.6 报送涉及国家机密的普查数据时，应按国家相关规定执行。

4 数据保存

4.1 数据保存单位

4.1.1 国家文物局数据中心负责国家普查领导小组办公室接收数据的统一集中存储和备份工作。

4.1.2 省级文物数据中心负责省级普查领导小组办公室接收数据的统一集中存储和备份工作。

4.1.3 还没有设立省级文物数据中心的省份，由省级普查领导小组办公室指定专门机构负责数据的存储和备份工作。

4.1.4 国家文物局数据中心、各省文物数据中心和省级普查领导小组办公室指定的数据存储和备份专门机构统一称为数据保存单位。

4.2 基本要求

4.2.1 各数据保存单位应保存完整的历史数据，并定期对存储和备份的数据进行优化，以提高系统运行和数据处理的效率。

4.2.2 各数据保存单位应根据不同类型数据的更新频率、数据量、重要程度、保存时间，制定相应备份、恢复策略和操作规范。

4.2.3 数据备份文件必须存储在非本机磁盘的其它介质中，建立登记制度，由专人保管，备份介质必须保存在符合条件的环境中，重要数据应异地存放。

4.2.4 数据备份文件应定期进行恢复测试，以确保所备份的数据能够及时、准确、完整地恢复。

5 数据安全管理

5.1 各类应用系统的使用必须实行双重用户身份验证，操作人员应注意用户名和口令的保密，并定期或不定期修改口令。

5.2 对数据库的管理实行数据库管理员制度，关键数据库管理岗位应设两人或两人以上。

5.3 对涉密数据的传输、存储，严格按照相关规定进行加密处理。

5.4 对各类数据应严格执行保密制度，不得泄露。

5.5 对数据的各项操作实行日志管理，严格监控操作过程，对发现的数据安全问题，要及时处理和上报。

5.6 各数据保存单位要加强网络安全管理，采取严格措施，做好计算机病毒的预防、检测、清除工作，防止各类针对网络的攻击，保证数据传输和存储安全。

6 数据分析使用

6.1 数据分析

6.1.1 数据分析一般由各级信息技术部门承担，业务部门有特殊需求时也可由信息技术部门提供数据由业务部门自行分析。

6.1.2 业务部门提出的数据加工需求，报经各级文物普查领导小组办公室同意后，由信息技术部门会同业务部门进行数据分析。

6.1.3 国家文物普查领导小组办公室责成国家文物局数据中心统一组织普查数据分析软件系统研制。

6.2 数据使用

6.2.1 加强数据使用的授权管理。各相关单位提出使用数据的请求，本级普查领导小组办公室汇总并提出数据使用授权的建议，报省级或国家领导小组办公室审批，国家文物局数据中心根据批准的数据使用授权，进行软件的数据使用权限配置。

6.2.2 数据使用单位和人员必须严格按照授权使用数据，负责管理本单位、本人口令，不得越权使用数据；不得采取任何方法破坏数据；对所使用的涉密数据负有保密责任；对外公布数据必须经本级普查领导小组办公室审核，并报省级或国家普查领导小组审批，不得擅自对外公布数据。

第三次全国文物普查不可移动文物数据汇总规范

1 目的及范围

1.1 目的

为准确汇总第三次全国文物普查不可移动文物数据，制定本规范。

1.2 范围

对文物普查中采集的不可移动文物信息的数据汇总。

2 数据汇总管理

2.1 国家文物局第三次全国文物普查办公室对文物数据汇总实行统一领导，建立逐级上报、汇总的管理体制。

2.2 国家统计局对第三次全国文物普查数据汇总进行指导。

2.3各级普查办公室对本级行政区域的文物普查数据的汇总负责。

2.4 各级地方统计局对本级行政区域的文物普查数据的汇总进行指导。

3 数据汇总要求

3.1 各普查队（组）应按照本规范和第三次全国文物普查相关标准，如实、准确、及时地采集、上报、汇总相关数据。

3.2 各级普查办公室，不得擅自对数据汇总资料进行修改；如果发现数据有误，可责成相关责任单位核实订正。

4 数据汇总对象和内容

以登记的不可移动文物为对象，汇总下列内容：

4.1 总量

新发现文物、复查文物、消失文物、整体文物、单体文物。

4.2 分类

古遗址、古墓葬、古建筑、石窟寺及石刻、近现代重要史迹及代表性建筑、其他（包括六大类中的各小类）。

4.3 分级

全国重点文物保护单位、省级文物保护单位、地（市）级文物保护单位、县（市）级文物保护单位、未定级的不可移动文物。

4.4 面积

分布面积、建筑占地面积、保护范围面积、建设控制地带面积。

4.5 统计年代

旧石器时代、新石器时代、夏商周（含春秋）、战国秦汉、三国两晋南北朝、隋唐五代、宋辽金元、明代、清代、近现代、不详

4.6 所有权

国家所有、集体所有、私人所有、其他。

4.7 用途

办公场所、开放参观、宗教活动、军事设施、工农业生产、居住场所、教育场所、无人使用、其他用途。

4.8 保存状况

好、较好、一般、较差、差。

4.9 损毁原因

自然因素、人为因素（包括两大因素中的各种因素）。

4.10 地域分布

全国、省（自治区、直辖市）、市（地区、州、盟）、县（区、市、旗）。

5 数据汇总方法

普查信息，可以根据需要排列组合进行数据汇总。负责数据汇总工作的单位应根据实际工作需要酌情确定数据汇总内容。举例如下：

5.1 总量＋类别

文物的整体数量、复查文物数量、新发现文物数量、消失文物数量与类别的分析比较。

5.2 总量＋级别

文物的整体数量、复查文物数量、新发现文物数量、消失文物数量与各级别文物的分析比较。

5.3 总量＋统计年代

文物的整体数量、复查文物数量、新发现文物数量与文物统计年代的分析比较。

5.4 总量＋所有权

文物的整体数量、复查文物数量、新发现文物数量与文物所有权的分析比较。

5.5 总量＋用途

文物的整体数量、复查文物数量、新发现文物数量与文物用途的分析比较。

5.6 总量＋保存状况

文物的整体数量、复查文物数量、新发现文物数量与文物保存状况的分析比较。

5.7 总量＋损毁原因

文物的整体数量、复查文物数量、新发现文物数量与文物损毁原因的分析比较。

5.8 总量＋面积

文物的整体数量、复查文物数量、新发现文物数量与分布面积、建筑占地面积、保

护范围面积、建设控制地带面积的分析比较。

5.9 总量＋地域分布

文物的整体数量、单体数量、复查文物数量、新发现文物数量、消失文物数量与地域分布的分析比较。

第三次全国文物普查不可移动文物名录编制规范

1 适用范围

本规范适用于县级以上各级行政区域不可移动文物名录的编制。

2 编制依据

《国务院关于开展第三次全国文物普查的通知》

《国家文物局关于落实国务院通知精神认真做好第三次全国文物普查的通知》

3 收录范围

县级及以上各行政区域内第三次全国文物普查确定的所有不可移动文物。

4 基本要求

4.1 目的与任务：规范各级不可移动文物名录的编制。

4.2 性质和用途：著录与公布各级行政区域范围内不可移动文物资源，为国家和地方各级政府制定的方针政策提供依据，列入名录的不可移动文物受国家法律保护。

4.3 工作范围：按行政区域范围确定。

4.4 编制内容：应根据文物普查的最终成果确定。

4.5 工作程序：分为资料汇总、编制、审核和发布四个阶段。

4.6 内容要求：应严谨明确，文字简练，其术语、符号、代号、计量单位和制图方法等应按照有关规定和标准执行。

5 名录构成与内容

5.1 名录册页构成：封面、扉页、目录、不可移动文物名录表。

5.2 封面内容

密级：各级名录的密级具体要求另行规定。

名录名称：行政区名称＋不可移动名录

编制单位名称：名录编制单位全称。

编制日期：名录的编制时间。

5.3 扉页内容

同封面。

5.4 目录内容

序号：编制内容的顺序号。

名称：编入名录的内容名称。

页号：编入名录的内容在该书中的页码。

5.5 政府文件

公布名录的本级政府文件

5.6 地图

不可移动文物的分布图。

5.7 名录登记表内容

序号：顺序号。

名称：不可移动文物的名称。

年代：不可移动文物的年代。

类别：不可移动文物所属类别（六大类别之一）。

地址：不可移动文物所在的详细地址。

保护级别：不可移动文物的保护级别。

代码：不可移动文物的代码。

5.8 简介

编写重要不可移动文物的简介。

5.9 照片

编辑重要不可移动文物的照片。

5.10 编者按

编制本名录需要说明的问题和参与编制的单位和人员名单。

6 名录的公布

全国不可移动文物名录由国务院公布。

地方各行政区域的不可移动文物名录，由地方各级人民政府公布。

地方各级人民政府在公布本行政区域不可移动文物名录前，须报经上级文物主管部门认定。

第三次全国文物普查工作报告编制规范

一、编制目的

全面掌握全国不可移动文物的基本情况，特别是第二次全国文物普查以来的发展态势，全面分析文物普查、文物保护事业与国家经济社会发展的关系，全面总结第三次全国文物普查工作情况，为提高政府文物管理水平和文物保护水平奠定良好基础，为研究制定国家经济社会发展与文物保护事业发展战略、规划、政策和决策提供科学依据，为文物保护工作者和社会公众提供统计信息服务。

二、编制依据

（一）《中华人民共和国文物保护法》及实施条例

（二）《国务院关于加强文化遗产保护的通知》

（三）《国务院关于开展第三次全国文物普查的通知》

（四）《第三次全国文物普查实施方案》

三、适用范围

县级以上行政区域（含县级）第三次全国文物普查工作报告（以下简称普查报告）。

四、编制原则

（一）全面性

要站在国家经济社会发展的大局、文物保护事业发展的全局和第三次全国文物普查工作的整体上编制普查报告，反映我国不可移动文物的基本国情，分析文物保护事业与国家经济社会发展的关联性，确认文物普查的重大价值。

（二）完整性

普查报告内容要齐全，要系统总结第三次全国文物普查工作进程和工作成果，要深入分析不可移动文物特别是第二次全国文物普查以来的发展态势，要以普查数据资料的统计分析为基础提供政策建议。

（三）真实性

原始资料编录要符合规范要求，准确完备。普查报告整理汇总的普查数据资料必须严格以原始数据资料为依据，不得多报、漏报、乱报普查数据资料，不得编造、伪造、篡改普查数据资料，不得强令、授意提供虚假的普查数据资料。编制人员应当对整理、汇总的普查数据资料的真实性和准确性负责。

（四）规范性

普查报告应遵照统一的体例、格式要求进行编制。普查报告的内容安排及说明文字，要讲究逻辑性，做到内容编制齐全，章节编排合理，重点突出，表述条理清晰。

普查报告采用术语必须严谨，按照第三次全国文物普查实施方案、标准、规范的要求严格正确地引用术语，不得自行创造术语和定义术语。图件编制必须规范实用，附图、附表、附件齐全，整洁美观。文字表达必须准确、顺畅、简练。

五、编制内容和重点

普查报告编制主要包括六部分内容：普查工作背景、普查工作情况、不可移动文物普查数据汇总、不可移动文物普查数据分析、普查主要成果和政策建议。

普查报告编制要以第三次全国文物普查数据资料的量化分析为重点，突出文物普查对于国情国力调查和文物保护事业的重大价值，突出文物保护事业发展与国家经济社会发展的相关性。

六、编制体例

（一）普查报告体例包括：封面、扉页、内容摘要、目录、正文、附件、后记。

（二）说明：

1.封面的内容

包括：报告名称、编制单位署名和编制日期。

1.1 报告名称：XXX（该级行政区域名称）第三次全国文物普查工作报告；

1.2 编制单位署名：XXX（该级行政区域名称）第三次全国文物普查领导小组。

1.3 编制日期：报告编制完成日期。

2.扉页的内容

同于封面。

3.内容摘要

主要介绍普查工作情况和普查成果。

4.目录内容

排列到三级标题。如第一部分；一；(一)。

5.正文内容

体例要求见附件。

6.附件内容

为XXX（该级行政区域名称）第三次全国文物普查不可移动文物统计表、XXX（该级行政区域名称）第三次全国文物普查不可移动文物分布地图及其他重要的表格、图件。

7.后记内容

为普查报告的补充说明和编制人员的简要情况。

七、编制步骤

（一）选定人员成立普查报告编制项目组，实行项目组长负责制，进行组织落实。

（二）开展培训，使编制人员了解普查报告的编制方法、内容与要求。

（三）制定普查报告编制的总体实施计划，明确普查报告的范围、重点和深度要求，按照总体实施计划进行人员分工，做到任务明确、各负其责。

（四）收集整理第三次全国文物普查原始数据资料。

（五）编制《第三次全国文物普查工作报告》。

（六）研讨并修订《第三次全国文物普查工作报告》。

（七）验收《第三次全国文物普查工作报告》。

八、编制要求

（一）组织要求：普查报告编制按照全国统一领导、地方负责的原则组织实施。各级行政区域第三次文物普查办公室具体负责普查报告编制的组织工作，选调强有力的编制人员组建《第三次全国文物普查工作报告》编制项目组。

（二）工作要求：普查报告要体现“组织严密、流程规范、数据准确、问题找准、科学建议”的总体要求。

（三）经费使用要求：普查报告编制经费要专款专用，不得挤占挪用。

（四）数据公布要求：第三次全国文物普查数据及相关成果按照国家规定的方法和程序予以公布。编制人员负有保密义务，不得擅自对外公布普查数据资料。

（五）时间要求：　　年　　月　　日前完成。

九、印制要求

（一）排版要求：

1.字体：封面、扉页为初号黑体；前言、目录、正文、后记为宋体四号。

2.行距：20磅。

3.图件：彩图标示。

4.页码：用5号阿拉伯数字标注在各页下方正中。

（二）纸张要求：

1.规格：大16开本（210 × 297mm）

2.封面颜色为酱红色，纸张为铜版纸，重量为250克／平方米。

3.内页纸张为铜版纸，重量为157克／平方米。

（三）册数要求：100册。

十、报送要求

（一）审核要求：各省（直辖市、自治区）第三次全国文物普查领导办公室和领导小组审核并在普查报告扉页上签各省（直辖市、自治区）文物行政部门代章。

（二）时间要求：　年　月　日前统一报送第三次全国文物普查办公室

（三）册数要求：50册

《第三次全国文物普查工作报告》正文体例

第一部分　普查工作背景（略）

第二部分　普查工作情况

一、普查工作过程

（一）普查准备阶段

（二）调查登记阶段

（三）数据处理阶段

（四）分析发布阶段

（五）总结表彰阶段

二、普查工作方法

（一）组织保障

（二）物质保障

（三）工作流程

（四）人员选调与培训

（五）经费投入与使用：普查经费总投入、中央财政投入和地方自筹资金比例统计；普查经费使用情况汇总。注：普查经费投入与普查经费使用分布情况的表格统计表、数量树状图、比例饼状图

（六）制度建设

（七）宣传动员

（八）数据质量控制：（数据采集与数据处理）

三、普查工作成果

（一）普查机制建设（包括制度规章）

（二）普查方法和普查技术创新

（三）普查仪器设备配置

普查仪器设备数量汇总、普查新仪器设备配备情况统计、普查仪器设备归属情况统计、普查仪器设备使用情况统计、普查新仪器设备使用情况统计。

（四）普查队伍建设

普查人员数量汇总，普查在职人员和临时人员比例统计，普查人员学历和职称、职务分布情况统计。

（五）科研成果汇总

注：每项统计数据均需表格统计表、数量树状图、比例饼状图。

第三部分　不可移动文物普查数据汇总

一、第三次全国文物普查的不可移动文物、古遗址、古墓葬、古建筑、石窟寺及石刻、近现代重要史迹及代表性建筑、其他文物的总量统计。

按照《第三次全国文物普查不可移动文物分类标准》，古遗址、古墓葬、古建筑、石窟寺及石刻、近现代重要史迹及代表性建筑、其他文物的分类统计。

第三次全国文物普查的不可移动文物、古遗址、古墓葬、古建筑、石窟寺及石刻、近现代重要史迹及代表性建筑、其他文物的单体文物情况（类别、数量）的分类统计。

二、第三次全国文物普查的不可移动文物、古遗址、古墓葬、古建筑、石窟寺及石刻、近现代重要史迹及代表性建筑、其他文

物的发现类别（二次普查、其他普查、三次普查）的分类统计。

三、第三次全国文物普查的不可移动文物、古遗址、古墓葬、古建筑、石窟寺及石刻、近现代重要史迹及代表性建筑、其他文物的年代的分类统计。

四、第三次全国文物普查的不可移动文物、古遗址、古墓葬、古建筑、石窟寺及石刻、近现代重要史迹及代表性建筑、其他文物的占地面积的分类统计。

五、第三次全国文物普查的不可移动文物、古遗址、古墓葬、古建筑、石窟寺及石刻、近现代重要史迹及代表性建筑、其他文物的资料情况[包括图纸、照片、标本（类别和数量）和其他资料]的分类统计。

注：每项统计数据均需表格统计表、数量树状图、比例饼状图或地域分布图。

第四部分　不可移动文物普查数据分析

一、第三次全国文物普查的不可移动文物的发展态势分析

（一）第三次全国文物普查的不可移动文物、古遗址、古墓葬、古建筑、石窟寺及石刻、近现代重要史迹及代表性建筑、其他文物的所有权（国家所有、集体所有、私人所有、其他）分析。

（二）第三次全国文物普查的不可移动文物、古遗址、古墓葬、古建筑、石窟寺及石刻、近现代重要史迹及代表性建筑、其他文物的使用单位（文物、企业、学校、军队、宗教、旅游、个人、其他）情况分析。

（三）第三次全国文物普查的不可移动文物、古遗址、古墓葬、古建筑、石窟寺及石刻、近现代重要史迹及代表性建筑、其他文物的保存状况分析，包括现存状态（存在、消失）与现状评估（好、较好、一般、较差、差）分析。

（四）第三次全国文物普查的不可移动文物、古遗址、古墓葬、古建筑、石窟寺及石刻、近现代重要史迹及代表性建筑、其他文物的损害变化原因（自然因素、人为因素）分析。

（五）第三次全国文物普查的不可移动文物、古遗址、古墓葬、古建筑、石窟寺及石刻、近现代重要史迹及代表性建筑、其他文物的环境状况（自然环境、人文环境）分析。

二、第三次全国文物普查成果与文物保护事业发展的关系分析。

三、第三次全国文物普查成果与国家经济社会发展的关系分析。

第五部分　文物普查主要成果

XXX省（直辖市、自治区）第三次全国文物普查工作的主要成果汇总数据。包括：

一、第三次全国文物普查的不可移动文物、古遗址、古墓葬、古建筑、石窟寺及石刻、近现代重要史迹及代表性建筑、其他文物的总量统计。

二、第三次全国文物普查的不可移动文物编码系统建立情况汇总。

三、第三次全国文物普查的不可移动文物分布电子地图和地籍系统建立情况汇总。

四、第三次全国文物普查的不可移动文物信息管理系统建立情况汇总。

五、《第三次全国文物普查县级不可移动文物名录》编制情况汇总。

六、第三次全国文物普查的普查队伍建设情况汇总。

七、第三次全国文物普查的普查仪器设备配置编制情况汇总。

第六部分　政策建议

一、文物普查工作建议

从组织保障、物质保障、工作流程、人员选调与培训、经费投入与使用、制度建设、宣传动员、数据质量控制等方面提出建议。

二、不可移动文物保护建议。

三、文物保护事业发展与国家经济社会发展协调发展建议。

第三次全国文物普查建档备案工作规范

1. 编制依据

本规范依据《国务院关于开展第三次全国文物普查的通知》、《第三次全国文物普查实施方案》,并参照《全国重点文物保护单位记录档案工作规范》制定。

2. 适用范围

适用于第三次全国文物普查工作中的资料收集、整理、建档和备案。

3. 建档备案的意义

第三次全国文物普查档案属于专业档案。全面、系统、科学、规范地建立第三次全国文物普查档案,是对第三次全国文物普查各类数据和信息资料保存,并发挥其作用的必要措施,是加强文物保护工作和促进文物资料信息化管理的基础。

4. 建档备案的责任

第三次全国文物普查建档备案工作,由各级人民政府第三次全国文物普查领导小组办公室分别负责,上级普查机构负责对下级普查机构的建档备案工作进行指导、督促和检查。

5. 资料收集范围

5.1 调查资料

5.1.1《第三次全国文物普查不可移动文物登记表》

5.1.2《第三次全国文物普查消失文物登记表》

5.1.3 田野调查记录

5.1.4 图纸、照片、拓片等资料

5.1.5 其他调查资料

5.2 行政资料

5.2.1 各类行政性文件及报表

5.2.2 培训教材

5.2.3 宣传材料

5.2.4 其他行政资料

5.3 汇总资料

5.3.1 不可移动文物分布电子地图

5.3.2 《不可移动文物名录》

5.3.3 《第三次全国文物普查报告》

5.3.4 各级人民政府公布的普查数据资料

6 建档与备案

6.1 通过田野调查,收集不可移动文物的相关资料。

6.2 对调查资料进行室内整理、分类、编号、命名后归档。

6.3 对普查档案进行审定和抽查,并签字、盖章。

6.4 以县级行政区域为基本单元,建立文物普查档案。根据收录资料的内容,按调查资料卷(包括纸质和电子档案)、行政资料卷和汇总资料卷建档。

6.5 调查资料卷、行政资料卷和汇总资料卷,应根据收录的内容编制目录,以便查阅。

6.6 县级行政区域文物普查档案调查资料卷中的《第三次全国文物普查不可移动文物登记表》、《第三次全国文物普查消失文物登记表》和汇总资料卷,须制作备份,上报地市文物普查办公室。

6.7 地市级文物普查机构,在备案所辖各县报送的文物普查档案的同时,建立本级的行政资料卷和汇总资料卷。并将本市各县的《第三次全国文物普查不可移动文物登记表》、《第三次全国文物普查消失文物登记表》和本级汇总资料卷报省级文物普查机构备案。

6.8 省级文物普查机构,在备案各所辖地市报送的文物普查档案的同时,建立本级的行政资料卷和汇总资料卷。并将本省各县的《第三次全国文物普查不可移动文物登记表》、《第三次全国文物普查消失文物登记表》和本级汇总资料卷报国家文物普查机构备案。

6.9 国家文物普查机构,在备案各省报

送的文物普查档案的同时，建立本级的行政资料卷和汇总资料卷。

7 技术要求

7.1 档号编制要求

第三次全国文物普查档案的档号由县级行政区划代码和分卷符号及顺序号两部分组成，中间用“”隔开。

例：

调查资料卷：XXXXXX D 001

行政资料卷：XXXXXX X 001

汇总资料卷：XXXXXX H 001

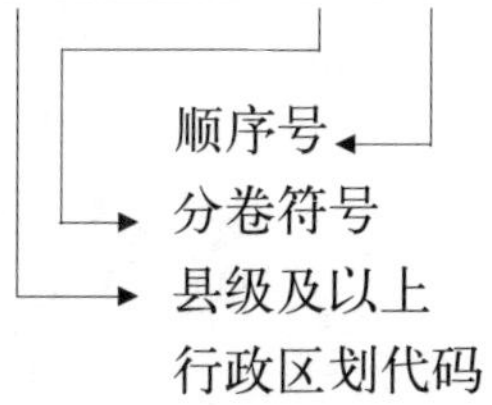

7.2 案卷的分册

为方便普查档案的保管和查阅，每册案卷的厚度不超过30mm。超过两册以上的案卷，其档号中的顺序号应在001—999的取值范围内升序编号。

7.3 卷皮、案卷、封面、目录、备考表的要求及其式样

7.3.1 案卷卷皮纸张要求

幅面规格：A4。

卷皮纸质：250克／平方米以上纸张。

7.3.2 案卷纸张要求

幅面规格：A4。

卷内纸质：80克／平方米纸张。

7.3.3 案卷封面、备考表填写要求

案卷封面及备考表填写使用宋体、4号字，不加黑。

7.3.4 目录填写要求

目录中填写使用宋体、5号字，不加黑。

7.3.5 封面、目录、备考表式样

见附件1—3。

7.4 表格填写要求

表格中填写使用宋体、5号字，不加黑。栏目中内容若填写不下时，应适当缩小字体。

表格中，凡每格填写字数较少的，设置为上下左右居中；填写字数较多，设置为靠左居中。填写文字在两个段落以上的，设置为靠上并首行缩进2字符。

7.5 图纸、拓片的收录

电子档案要求：

将手绘的图纸或拓片扫描或数码照相后，导入数据库。

纸质档案要求：

手绘图纸或拓片应粘贴在图纸册页上，同时填写图纸册页下端的图签。电子图纸文件直接打印在图纸册页上，同时填写图纸册页下端的图签。

7.6 照片的收录

电子档案要求：

直接导入数据库。

纸质档案要求：

用专业相纸洗印，幅面不小于5英寸，粘贴在照片册页上，同时填写照片册页下端的图签。

7.7 光盘的收录

在光盘上用专用笔写明题目，并填写光盘标签（见附件4）。标签附于光盘盒或光盘袋上，一并装入专用档案袋。

8 档案管理

8.1 文物普查档案由各级文物行政部门管理。

8.2 文物普查的档案应存放在专用档案库或档案柜中，由专人负责管理，并制定管理制度。

8.3 查阅文物普查档案，应履行审批手续。

8.4 普查档案中相关信息和数据对外公布时，应报上一级人民政府文物主管部门批准。

8.5 凡不能按时建档、备案或造成普查档案丢失、损坏的，要酌情给予处罚。

8.6 对普查档案中涉及的国家机密，必须履行保密义务。

重要通知、函件及决定

国家文物局关于印发《国家文物局影像资料管理办法》的通知

办发[2007]1号

机关各部门：

《国家文物局影像资料管理办法》已经国家文物局第二十二次局务会讨论通过，现印发你们，请结合本部门工作认真执行。

二〇〇七年一月十一日

国家文物局影像资料管理办法

第一章 总 则

第一条 为加强对影像资料的收集、管理和利用，充分发挥文物影像资料在文物管理和宣传工作中的作用，特制定本办法。

第二条 本办法所称影像资料，主要是指以文物工作为题材或主要内容，各种具有保存和参考价值的视听载体或电子文件。

第三条 影像资料是国家文物局档案资料的重要组成部分，各部门和有关负责人要认真做好收集、整理和报送工作。

第二章 影像资料的收集与整理

第四条 凡在文物工作各项活动中形成的，具有本行业特点的、有重要意义和重大影响的，具有保存和利用价值的影像资料，均应报送各活动主管部门归档。

第五条 局领导陪同党和国家领导人考察、局领导调研和指导文物工作的影像资料，由局内活动组织部门的有关责任人负责影像资料的收集和整理工作。

第六条 国家文物局机关工作人员因公出访、出差、调研活动，均应拍摄、收集有关影像资料。

第七条 有关活动结束后一个月内，有关责任人应将收集、整理后的影像资料汇交到各司司秘处。同时报送资料目录（包括标题、简便说明等基本内容）一式三份。如遇重大事件及有时效性的资料，应及时报送。

第八条 各司司秘负责对报送的影像资料进行收集、整理、分类提供使用便利。

第三章 影像资料的报送要求

第九条 报送的影像资料，要注明资料的内容、形成的时间、地点、报送单位和报送人。

第十条 报送的影像资料要图像清晰、保管完好。录音资料要声音清楚。

第十一条 本办法自印发之日起施行。

国务院办公厅关于进一步加强古籍保护工作的意见

国办发〔2007〕6号

各省、自治区、直辖市人民政府，国务院各部委、各直属机构：

我国是历史悠久的文明古国，拥有卷帙浩繁的古代文献典籍。这些古籍是中华民族的宝贵精神财富。党中央、国务院历来高度重视古籍保护工作。近年来，在各地区、各有关部门和全社会的共同努力下，我国古籍保护工作取得了显著成绩。但是，也应清醒地看到，当前我国古籍保护工作还面临许多问题，形势严峻。为抢救、保护我国珍贵古籍，继承和弘扬优秀传统文化，推动社会主义先进文化和和谐社会建设，根据《中华人民共和国文物保护法》和《国务院关于加强文化遗产保护的通知》（国发〔2005〕42号）、《国家“十一五”时期文化发展规划纲要》（中办发〔2006〕24号），经国务院领导同志同意，现就进一步加强古籍保护工作提出以下意见：

一、充分认识古籍保护工作的重要性和紧迫性

我国古代文献典籍是中华民族在数千年历史发展过程中创造的重要文明成果，蕴含着中华民族特有的精神价值、思维方式和想象力、创造力，是中华文明绵延数千年，一脉相承的历史见证，也是人类文明的瑰宝。古籍具有不可再生性，保护好这些古籍，对促进文化传承、联结民族情感、弘扬民族精神、维护国家统一及社会稳定具有重要作用。同时，加强古籍保护工作，也是建设社会主义先进文化，贯彻落实科学发展观和构建社会主义和谐社会的客观要求。

由于诸多原因，当前我国古籍保护存在不少突出问题，如现存古籍底数不清，古籍老化、破损严重；古籍修复手段落后，保护和修复人才匮乏，尤其是少数民族古籍保护和整理人员极度缺乏，面临失传的危险；大量珍贵古籍流失海外。因此，加强古籍保护刻不容缓。地方各级人民政府和有关部门要从对国家和历史负责的高度，充分认识保护古籍的重要性，进一步增强责任感和紧迫感，切实做好古籍保护工作。

二、加强古籍保护工作的指导思想、基本方针和总体目标

（一）指导思想。坚持以邓小平理论和“三个代表”重要思想为指导，全面贯彻和落实科学发展观，加大古籍保护工作力度，建立科学有效的古籍保护制度，提高全社会的古籍保护意识，充分发挥古籍在传承中华文化，提高人民群众思想道德素质和科学文化素质，增强民族凝聚力，促进社会主义先进文化建设中的重要作用。

（二）基本方针。贯彻“保护为主、抢救第一、合理利用、加强管理”的方针。坚持依法保护和科学保护的原则，正确处理古籍保护与利用的关系，统筹规划、分类指导、突出重点、分步实施。

（三）主要任务和基本目标。“十一五”期间，大力实施“中华古籍保护计划”和“十一五”国家古籍整理重点图书出版规划，全面、科学、规范地开展保护工作。对全国公共图书馆、博物馆和教育、宗教、民族、文物等系统的古籍收藏和保护状况进行全面普查，建立中华古籍联合目录和古籍数字资源库；实现古籍分级保护，建立《国家珍贵古籍名录》；完成一批古籍书库的标准化建设，命名“全国古籍重点保护单位”；加强古籍修复工作，培养一批具有较高水平的古籍保护专业人员。通过努力，逐步形成完善的古籍保护工作体系，使我国古籍得到全面保护。

三、突出重点，科学规范地开展古籍保护工作

（一）统一部署，全面开展古籍普查登记工作。从2007年开始，用3–5年时间，在全国范围内组织开展古籍普查登记工作，全面了解和掌握各级图书馆、博物馆等单位及民间所藏古籍情况。对登记的古籍进行详细清点和编目整理，并依据有关标准进行定级。在文化行政部门领导下，国家图书馆负责全国古籍普查登记工作，各省、自治区、直辖市省级图书馆负责本地区古籍普查登记工作。教育、宗教、民族、文物等部门根据实际情况，制订本系统古籍普查实施方案，也可委托各省（区、市）省级图书馆统一开展普查登记工作。民间收藏的古籍可到所在地省级图书馆进行登记、定级、著录。加强与国际文化组织和海外图书馆、博物馆的合

作。有关单位和机构要对海外收藏的中华古籍进行登记、建档工作。国家图书馆负责汇总古籍普查成果，建立中华古籍综合信息数据库，形成全国统一的中华古籍目录。

（二）建立《国家珍贵古籍名录》，逐步形成完善的古籍保护制度。统筹规划，加强对珍贵古籍的重点保护，并以此带动古籍保护工作的有序开展。建立《国家珍贵古籍名录》，经国务院批准后公布。对列入《国家珍贵古籍名录》的古籍，收藏单位要按照有关要求，完善保护措施，切实做好保护工作。地方各级人民政府要对此进行监督检查。

各省、自治区、直辖市也可建立省级珍贵古籍名录，并采取相应保护措施，加大保护力度。

（三）改善古籍保管条件，命名全国古籍重点保护单位。建立健全古籍书库的建设标准和技术标准，改善古籍保管条件，完善安全措施，保障古籍安全。对古籍收藏量大、善本多、具备一定保护条件的单位，经国务院批准，命名为全国古籍重点保护单位，并作为财政投入和保护的重点。对全国古籍重点保护单位，要定期进行评估、检查。各省、自治区、直辖市也可命名省级古籍重点保护单位。

（四）加快推进古籍修复工作，提高古籍修复水平。集中资金，有计划地对破损古籍进行修复，重点抓好列入《国家珍贵古籍名录》和濒危古籍的修复工作。各古籍收藏单位要建立修复档案，按照有关技术标准和规范对古籍进行修复，确保修复质量。要将传统修复技艺与现代技术相结合，充分吸收国外先进技术和经验，提高古籍修复水平。在具备条件的图书馆设立国家文献保护重点实验室，开展古籍保护技术的研究和实验。

（五）进一步加强古籍的整理、出版和研究利用。制订古籍数字化标准，规范古籍数字化工作，建立古籍数字资源库。利用现代印刷技术，推进古籍影印出版工作，继续实施中华再造善本二期工程。积极采用缩微技术复制、抢救珍贵古籍。要整合现有资源，建立面向公众的古籍门户网站。要采取有效措施，向社会和公众开放古籍资源，发挥古籍应有的作用。

四、加强领导，协同配合，共同做好古籍保护工作

（一）建立古籍保护工作协调机制。建立由文化部牵头，发展改革委、财政部、教育部、科技部、国家民委、新闻出版总署、宗教局、文物局等部门组成的全国古籍保护工作部际联席会议，联席会议办公室设在文化部。部际联席会议各成员单位要按照现有职能分工，认真履行职责，密切配合，共同做好古籍保护工作。各省、自治区、直辖市也要建立相应的工作机制，组织实施本地区的古籍保护工作。地方各级人民政府要将古籍保护作为文化遗产保护工作的重要内容，明确工作目标和任务，认真落实保护措施，建立健全古籍保护责任制度和责任追究制度。要充分发挥专家在古籍修复、保护、研究等方面的作用，推进古籍保护工作的有效开展。

（二）加大古籍保护资金投入。各级财政部门要对本地区古籍普查、修复、出版及数字化等工作给予必要的资金支持。要制定鼓励政策，积极吸纳社会资金参与、支持古籍保护工作。

（三）加强古籍保护人才培养。有关部门要制订规划，多渠道、分层次培养古籍保护人才。建立古籍修复机构资格准入与修复人员资格认证制度，在有条件的高等院校设置古籍保护和修复专业，培养一批技术精湛、素质较高的古籍修复人才。加强古籍保护工作人员的在职培训和少数民族古籍翻译、整理、出版、研究人才的培养。积极开展国际与地区间古籍保护的交流与合作。

（四）加大古籍市场监管力度。有关部门要依法规范古籍市场流通和经营行为，加强古籍销售、拍卖行为的审核备案工作，严厉打击盗窃、走私古籍等违法犯罪活动。要按照文物管理的有关法规，制定古籍出入境

审核、监管办法。加强国际合作，坚决依据有关国际公约和法律法规追索非法流失境外的古籍。

（五）加强对古籍保护的宣传。各级各类图书馆要积极开拓文化教育功能，通过讲座、展览、培训、研讨等形式宣传古籍保护知识，促进古籍利用和文化传播。广播电视、报刊、互联网等新闻媒体要加大古籍保护工作宣传力度，普及保护知识，展示保护成果，培养公众的保护意识，营造全社会共同保护古籍的良好氛围。

国务院办公厅

二〇〇七年一月十九日

国家文物局关于印发《国家文物局2007年重点工作计划》的通知

文物办发[2007]4号

机关各部门：

《国家文物局2007年重点工作计划》经国家文物局2007年第2次局务会议审议同意，现印发给你们，请认真遵照执行。

二〇〇七年一月三十日

国家文物局2007年重点工作计划

2007年文物工作的指导思想是：以邓小平理论和“三个代表”重要思想为指导，认真贯彻党的十六大和十六届六中全会精神，全面贯彻科学发展观，落实党中央、国务院关于加强文化遗产保护的重要指示，推进文化遗产事业与经济社会的协调、和谐发展，要抓好以下重点工作，以优异成绩迎接党的十七大胜利召开。

一、进一步加强文化遗产法制体系建设

1、召开全国文物法制工作会议（政策法规司负责，10月完成）。

2、修订《中华人民共和国水下文物保护管理条例》和《考古发掘管理办法》（文物保护司负责，8月完成）。

3、公布实施《文物保护工程招投标管理办法》、《文物保护工程监理资质管理办法》（文物保护司负责，3月完成）。

4、制订《文化遗产保护领域国家科技计划项目课题暂行管理办法》及有关第三方咨询评估管理规定。颁布《可移动文物科技保护与修复资质资格管理办法》，启动首批资质单位的申报和遴选工作（博物馆司负责，6月完成）。

5、起草《博物馆条例》并上报国务院（政策法规司、博物馆司负责，7月完成）。

6、起草《博物馆陈列展示设计资格资质管理办法》（博物馆司负责，7月完成）。

7、制订《民间收藏文物鉴定管理办法》（博物馆司负责，10月完成）。

8、起草《来华文物展览审查管理办法》，公布实施《文物出境展览工作规范》（办公室、政策法规司负责，11月完成）。

9、召开中国文物保护无锡论坛暨乡土文物建筑保护现场会（文物保护司负责，4月完成）；公布实施新农村建设中的乡土文物建筑保护指导性文件（文物保护司、政策法规司负责，12月完成）。

10、制订并颁布《全国重点文物保护单

位保护范围、建设控制地带划定标准》(文物保护司负责，12月完成)。

二、加强革命文物工作，加强文化遗产的研究和宣传工作，进一步调动文物系统和社会各界的积极性

11、召开全国革命文物工作座谈会（博物馆司、文物保护司负责，7月完成)。

12、组织开展第二个文化遗产日活动(政策法规司负责，7月底前完成)。继续开展“文物事业与中国经济社会发展”课题研究（政策法规司负责，12月完成)。

13、与人事部联合表彰全国文物系统先进集体、先进工作者(人事教育司负责，6月完成)。

14、开展全国文物工作先进县和优秀长城保护员表彰活动(人事教育司负责，12月完成)。

三、继续组织行政执法督察及项目实施、资金管理与使用等方面的执法检查

15、配合全国人大做好《文物保护法》执法检查工作（政策法规司负责，12月完成)。

16、抓好文物行政执法监督重点案件的整改工作。完成“文物安全和行政执法管理信息系统”建设（政策法规司负责，12月完成)。

17、对部分省进行文物保护专项资金管理、使用情况的联合执法检查，启动国家文物专项经费使用绩效考核试点工作。完善年报报送、审核及软件系统升级(办公室负责，12月完成)。

四、加强人才培养和队伍建设，继续开展专业培训

18、继续举办省级文博专业管理干部培训班。扩大地、市级文博专业干部培训班试点范围（人事教育司负责，12月前完成)。

19、开展全国重点文物保护单位管理机构负责人培训工作；举办文物出境鉴定站站长培训班（人事教育司负责，12月前完成)。

五、贯彻落实《文化遗产保护科学和技术发展“十一五”规划》，推进文化遗产科技工作

20、组织实施“文化遗产保护关键技术”等国家科技支撑计划项目。组织开展“指南针计划”专项的重点课题立项工作。组织做好“中国古代发明创造展”的筹备工作（博物馆司负责，12月完成)。

21、发布局重点科研基地评估规则和评估指标体系，启动首批科研基地的评估工作。组织开展第三批局重点科研基地的遴选工作（博物馆司负责，12月完成)。

22、组织开展2007年度国家、行业标准制订、修订项目申报立项工作，公布一批行业标准；发布行业信息化“十一五”专项规划（博物馆司负责，12月完成)。

六、积极开展第三次全国文物普查工作和长城资源调查工作

23、启动第三次全国文物普查工作（文物保护司负责，12月完成)。

24、开展长城资源调查，确保明长城资源调查的进度。推进《长城保护总体规划纲要》编制工作(文物保护司负责，12月完成)。

七、继续做好重点文物保护项目和大遗址保护工作

25、召开全国考古工作会议（文物保护司负责，10月完成)。

26、组织三峡库区考古发掘和地面文物保护工程的检查验收。做好南水北调工程沿线第二批控制性项目的实施(文物保护司负责，12月完成)。

27、重点做好丝绸之路（新疆段)、西安片区、洛阳片区等重点大遗址保护工程和大运河文化遗产前期调查、勘探及保护规划编制（文物保护司负责，12月完成)。

28、开展山海关长城、晋东南早期建筑、应县木塔、广西花山岩画、青海塔尔寺等维修保护项目(文物保护司负责，12月完成)。

29、开展西藏“十一五”期间文物保护维修的前期准备工作（文物保护司、办公室负责，12 月完成）。

八、加强世界文化遗产管理

30、启动世界文化遗产动态监测管理系统的建设工作；完善世界文化遗产专家咨询机制。开展预备名单动态管理（文物保护司负责，6 月完成）。

31、争取“开平碉楼及村落”成功列入《世界遗产名录》。做好后续项目的准备工作（文物保护司负责，12 月前完成）。

九、加强博物馆行业管理，继续推进博物馆“三贴近”及展示服务提升项目

32、完成并提请相关部门颁布《博物馆用地指标》。组织《博物馆建设标准》的制订工作（博物馆司负责，7 月完成）。

33、启动全国博物馆评估分级工作（博物馆司负责，9 月完成）。

34、推进博物馆“三贴近”工作。组织开展文物调查及数据库管理系统建设项目和馆藏文物保存环境达标建设项目。做好迎奥运有关文物展览的协调、组织工作（博物馆司负责，全年）。

十、加强文物市场及文物进出境管理

35、加强对文物进出境审核机构资格资质管理；争取出台关于加强文物进出境管理的政策性文件（博物馆司负责，6 月完成）。

36、开展对地方国有文物商店的文物调查、评估工作（博物馆司负责，全年）。

37、做好国家重点珍贵文物征集工作（博物馆司负责，全年）。

十一、加强文化遗产领域的国际合作

38、召开全国文物外事工作会议（办公室负责，9月）。召开东亚地区文物建筑修缮保护国际研讨会（文物保护司负责，5 月）。召开城市文化国际研讨会（文物保护司负责，6 月）。做好第 22 届国际博协大会前期筹备工作的组织协调（博物馆司、办公室负责，全年）。

39、落实与意大利、印度、越南、韩国签署的协定或备忘录；签署2–3个政府间防止盗窃、盗掘和非法进出口文化财产的双边协定和2–3个部门间双边合作协定或谅解备忘录（办公室负责，全年）。

40、继续做好与蒙古国、柬埔寨和肯尼亚的合作项目（文物保护司、办公室负责，12 月完成）。

41、做好中意文化遗产中心的相关筹备工作（办公室负责，全年）。举办“中意打击文物走私研讨班”（博物馆司、办公室负责，5 月）。

42、组织协调中意合作培训二期项目、中日韩合作丝绸之路文物保护与修复培训项目、中法合作培训项目，以及与梅隆基金会合作培训项目（人事教育司负责，全年）。

43、做好中俄国家年等重要出境和来华文物展览的相关工作。做好第31届世界遗产委员会大会等重要国际会议的相关准备（办公室负责，全年）。

十二、加强机关党的建设，注重机关政务建设，强调对局直属事业单位的管理

44、认真学习贯彻党的十七大精神。学习贯彻中纪委第七次全会精神（机关党委负责，全年）。

45、对机关工作人员进行机关公文写作、机关公务礼仪等培训（人事教育司、办公室负责，全年）。

46、修改《国家文物局公文处理办法》。推动电子政务；建设国家文物局行政许可事项网上申报系统（办公室负责，全年）。

47、制订《国家文物局内部审计工作暂行规定的实施意见》，开展对直属单位的内部审计（办公室负责，9 月前完成）。

国家环境保护总局、建设部、文化部、国家文物局关于加强涉及自然保护区、风景名胜区、文物保护单位等环境敏感区影视拍摄和大型实景演艺活动管理的通知

环发［2007］22号

各省、自治区、直辖市环保局（厅）、建设厅（委员会）、文化厅（局）、文物局：

近年来，一些影视制作和大型实景演艺活动，存在追求大投入、大制作、大场面的倾向，有的不惜以过度消耗资源和破坏生态环境为代价来换取高票房收入，这既有悖于建设资源节约型、环境友好型社会的目标，也不利于构建社会主义和谐社会。因影视拍摄导致自然保护区、风景名胜区、文物保护单位生态破坏与环境污染的问题日益突出，引起社会广泛关注。为有效保护生态环境、自然资源和人文景观，依法加强对上述活动的监督管理，现就有关事项通知如下：

一、各类影视制作和演出举办单位在影视拍摄和大型实景演艺活动中，应遵循节约资源和保护环境的理念，充分认识自然保护区、风景名胜区、文物保护单位是国家珍贵的、不可再生的自然和文化遗产。对因认识不足、管理不当、措施不力造成的影视拍摄和大型实景演艺活动破坏生态环境、自然景观和文物古迹的危害性予以足够重视。各级环保、建设、文化、文物主管部门要在各自职责范围内，依法加强对影视拍摄和大型实景演艺活动的监督管理。

二、在自然保护区核心区和缓冲区、风景名胜区核心景区内，禁止进行影视拍摄和大型实景演艺活动。在自然保护区实验区、风景名胜区核心景区以外范围、各级文物保护单位保护范围内，严格限制影视拍摄和大型实景演艺活动。因特殊情况，确需在上述限制类区域内搭建和设置布景棚、拍摄营地、舞台等临时性构筑物的，影视制作和演出举办单位，必须严格按照有关法律法规的规定，履行报批手续。

三、在限制类区域内进行影视拍摄和大型实景演艺活动，可能造成不利环境影响的，影视制作和演出举办单位应当依照《环境影响评价法》的规定，向所在地环保行政主管部门报批环境影响评价文件，提出预防或减轻不利环境影响的措施。经批准的环境影响评价文件作为准予摄制许可、备案和批准演出的依据。

在自然保护区实验区内进行影视拍摄和大型实景演艺活动，必须遵守《自然保护区条例》的规定，根据活动的内容、规模和影响特征，提出保护自然环境和自然资源的方案和措施，并经有关自然保护区行政主管部门审查同意。不得建设污染环境、破坏资源或景观的设施，不得损害自然保护区的环境质量。

在风景名胜区核心景区以外范围进行影视拍摄和大型实景演艺活动，必须遵守《风景名胜区条例》的规定，根据活动的内容、规模和影响特征，提出保护风景名胜资源的方案和措施，并经省级以上风景名胜区主管部门审查同意。不得进行任何形式的影响或破坏地形地貌和自然环境的活动。

在历史文化名城、名镇、名村的保护范围内进行影视摄制、举办大型实景演艺活动的，应当经县级以上地方人民政府城乡规划主管部门审核同意。不得对传统格局历史风貌或者历史建筑构成破坏性影响。

在文物保护单位保护范围内进行影视拍摄和大型实景演艺活动，必须遵守《文物保护法》、《文物保护法实施条例》的规定，根据活动的内容、规模和影响特征，提出保护文物资源的方案和措施，并经文物行政部门审查同意。不得建设污染文物保护单位及其环境的设施，不得进行可能影响文物保护单位环境的活动。

四、涉及自然保护区实验区、风景名胜区核心景区以外范围、文物保护单位保护范围内的影视拍摄和大型实景演艺活动经批准后方可实施。影视制作和演出举办单位在实施过程中，必须认真落实各项保护措施和要求，拍摄和演出活动结束后，应当及时拆除临时搭建和设置的布景棚、营地、舞台等构筑物，对生态环境进行恢复，并由所在地主管部门负责组织验收。

五、地方各级环保、建设、文物主管部门要加强对涉及自然保护区、风景名胜区、文物保护单位的影视拍摄和大型实景演艺活动的现场检查，督促责任单位落实各项污染防治和保护措施。未经许可，擅自在自然保护区实验区、风景名胜区核心景区以外范围、文物保护单位保护范围内进行影视拍摄和大型实景演艺活动的，由相关主管部门依法予以制止，限期恢复原状或采取其他补救措施，并处以罚款。造成环境污染和破坏，情节严重的，应依法追究有关单位和人员的责任。

国家环境保护总局
中华人民共和国建设部
中华人民共和国文化部
国家文物局

二〇〇七年二月七日

国家文物局关于颁发第二批文物保护工程勘察设计、施工单位甲、一级资质的通知

文物保发[2007]5号

各省、自治区、直辖市文物局、文化厅（局）、文管会：

根据《文物保护工程管理办法》、《文物保护工程勘察设计资质管理办法》、《文物保护工程施工资质管理办法》的有关规定，经过评审、公示，我局决定颁发第二批文物保护工程勘察设计、施工单位甲、一级资质证书（名单附后）。请你局（厅）根据国家有关规定加强相关管理工作。

国家文物局

二〇〇七年二月九日

授予文物保护工程勘察设计甲级资质单位、增加业务范围的勘察设计甲级资质单位名单（27家）

一、文物保护工程勘察设计甲级资质单位（25家）

1．北京清华城市规划设计研究院文化遗产保护研究所
业务范围：古建筑维修保护、近现代文物建筑维修保护、古文化遗址古墓葬保护、文物保护规划
2．北京市城市规划设计研究院
业务范围：文物保护规划
3．华南理工大学建筑设计研究院

业务范围：古建筑维修保护、近现代文物建筑维修保护、古文化遗址古墓葬保护、文物保护规划

4. 河北德和文物保护规划设计有限公司
业务范围：古建筑维修保护、近现代文物建筑维修保护、文物保护规划

5. 江西省文物保护中心
业务范围：古建筑维修保护、近现代文物建筑维修保护、古文化遗址古墓葬保护

6. 辽宁省文物保护中心
业务范围：古建筑维修保护、近现代文物建筑维修保护、古文化遗址古墓葬保护、石窟寺和石刻保护

7. 上海市房地产科学研究院
业务范围：古建筑维修保护、近现代文物建筑维修保护

8. 上海章明建筑设计事务所
业务范围：古建筑维修保护、近现代文物建筑维修保护、文物保护规划

9. 上海现代建筑设计（集团）有限公司
业务范围：古建筑维修保护、近现代文物建筑维修保护

10. 四川省文物考古研究院
业务范围：古建筑维修保护、近现代文物建筑维修保护、石窟寺和石刻保护

11. 云南省文物考古研究所
业务范围：古建筑维修保护、近现代文物建筑维修保护、古文化遗址古墓葬保护

12. 湖南省文物保护工程有限公司
业务范围：古建筑维修保护、古文化遗址古墓葬保护

13. 江苏省南京博物院
业务范围：古建筑维修保护、古文化遗址古墓葬保护、壁画彩画保护、石窟寺和石刻保护

14. 江苏省苏州市计成文物建筑研究设计院
业务范围：古建筑维修保护

15. 北京市颐和园管理处
业务范围：古建筑维修保护

16. 甘肃省文物保护维修研究所
业务范围：古建筑维修保护、古文化遗址古墓葬保护

17. 广州大学建筑设计研究院
业务范围：古建筑维修保护、近现代文物建筑维修保护

18. 贵州省文物保护研究中心
业务范围：古建筑维修保护

19. 南阳市古代建筑保护研究所
业务范围：古建筑维修保护

20. 内蒙古苏勒德文物古建筑设计有限公司
业务范围：古建筑维修保护

21. 西藏圣益建筑勘察设计有限公司
业务范围：古建筑维修保护

22. 中国建筑西北设计研究院
业务范围：近现代文物建筑维修保护、文物保护规划

23. 福州市规划设计研究院
业务范围：古建筑维修保护（限福州市“三坊七巷”范围内）

24. 北京国电水利电力工程有限责任公司
业务范围：古文化遗址、古墓葬、古建筑、石窟寺和石刻、近现代重要史迹及代表性建筑（限以上各类的岩土工程）

25. 中铁西北科学研究院有限公司
业务范围：古文化遗址、古墓葬、古建筑、石窟寺和石刻、近现代重要史迹及代表性建筑（限以上各类的岩土工程）

二、增加业务范围的文物保护工程勘察设计单位（2家）

1. 湖北省文化厅古建筑保护中心
增加的业务范围：文物保护规划

2. 浙江省古建筑设计研究院
增加的业务范围：古文化遗址古墓葬保护

授予文物保护工程施工一级资质单位、增加业务范围的施工一级资质单位名单（48家）

一、文物保护工程施工一级资质单位（47家）

1. 北京城建亚泰建设工程有限公司
业务范围：古建筑维修保护
2. 北京同兴古建筑工程有限责任公司
业务范围：古建筑维修保护
3. 北京市明十三陵建筑工程中心
业务范围：古建筑维修保护（限明十三陵范围内）
4. 北京东兴建设有限责任公司
业务范围：古建筑维修保护
5. 广东省潮州市建筑安装总公司
业务范围：古建筑维修保护
6. 广东省佛山市工程承包总公司
业务范围：古建筑维修保护
7. 广州市房屋开发建设有限公司
业务范围：近现代文物建筑维修保护
8. 广州市园林建筑工程公司
业务范围：古建筑维修保护、近现代文物建筑维修保护
9. 广东省罗定市第四建筑工程公司
业务范围：古建筑维修保护、近现代文物建筑维修保护
10. 海南献林建筑安装工程有限公司
业务范围：古建筑维修保护、近现代文物建筑维修保护
11. 河北省古代建筑保护研究所
业务范围：古建筑维修保护、近现代文物建筑维修保护、古文化遗址古墓葬保护、壁画彩画保护
12. 清西陵文物管理处
业务范围：古建筑维修保护（限清西陵范围内）
13. 长沙湖湘文物保护开发有限公司
业务范围：古建筑维修保护
14. 湖南省弘古建筑有限公司
业务范围：古建筑维修保护、近现代文物建筑维修保护
15. 常熟古建园林建设集团有限公司
业务范围：古建筑维修保护
16. 江苏省金坛市兴业古典建筑园林建设有限公司
业务范围：古建筑维修保护
17. 江苏省苏州计成文物建筑工程有限公司
业务范围：古建筑维修保护
18. 江苏省无锡市园林古典建筑有限公司
业务范围：古建筑维修保护、近现代文物建筑维修保护
19. 江苏天开景观工程有限公司
业务范围：古建筑维修保护
20. 辽宁省大连市古建园林工程有限公司
业务范围：古建筑维修保护、近现代文物建筑维修保护
21. 曲阜市园林古建筑工程有限公司
业务范围：古建筑维修保护
22. 曲阜市三孔古建筑工程管理处
业务范围：古建筑维修保护
23. 西安市古代建筑工程公司
业务范围：古建筑维修保护、近现代文物建筑维修保护、古文化遗址古墓葬保护
24. 成都市宏泰建筑有限责任公司
业务范围：古建筑维修保护、近现代文物建筑维修保护
25. 宜宾师来山文化产业有限责任公司
业务范围：古建筑维修保护
26. 拉萨市城关区哈达集团公司
业务范围：古建筑维修保护
27. 西藏轩辕文物古建筑保护工程有限公司
业务范围：古建筑维修保护
28. 剑川宏盛古建筑有限责任公司
业务范围：古建筑维修保护
29. 大理国光古建园林有限公司
业务范围：古建筑维修保护
30. 云南锦锐古建筑园林有限公司
业务范围：古建筑维修保护
31. 东阳市文物建筑修缮有限公司
业务范围：古建筑维修保护
32. 海宁市金隆古建筑有限责任公司
业务范围：古建筑维修保护
33. 上海住总集团建筑发展有限公司
业务范围：近现代文物建筑维修保护
34. 平遥县古建筑工程有限公司
业务范围：古建筑维修保护、近现代文

物建筑维修保护

35．承德市文物局古建处

业务范围：古建筑维修保护

36．内蒙古王府古建筑工程有限公司

业务范围：古建筑维修保护

37．韩城市秦鑫古建有限责任公司

业务范围：古建筑维修保护

38．云南大理州剑川古建筑公司

业务范围：古建筑维修保护

39．杭州市园林工程有限公司

业务范围：古建筑维修保护、近现代文物建筑维修保护

40．绍兴市古建园林建设有限公司

业务范围：古建筑维修保护

41．合肥市弘兴古建筑修缮有限公司

业务范围：古建筑维修保护

42．兰溪市诸葛古建筑修缮有限公司

业务范围：古建筑维修保护（限诸葛长乐村保护范围内文物本体保养性维修）

43．北京房地集团有限公司

业务范围：古建筑维修保护、近现代文物建筑维修保护

44．福州建工古今文物保护工程有限公司

业务范围：古建筑维修保护（限福州市“三坊七巷”范围内文物本体维修）

45．北京凯莱斯建筑艺术有限公司

业务范围：古文化遗址、古墓葬、古建筑、石窟寺和石刻、近现代文物建筑（限以上各类的岩土工程）

46．北京国电水利电力工程有限责任公司

业务范围：古文化遗址、古墓葬、古建筑、石窟寺和石刻、近现代文物建筑（限以上各类的岩土工程）

47．陕西普宁工程结构特种技术有限公司

业务范围：古文化遗址、古墓葬、古建筑、石窟寺和石刻、近现代文物建筑（限以上各类的岩土工程）

二、增加业务范围的施工单位(1家)

1．南京博物院

增加的业务范围：壁画保护、古文化遗址古墓葬保护

国务院关于开展第三次全国文物普查的通知

国发〔2007〕9号

各省、自治区、直辖市人民政府，国务院各部委、各直属机构：

为全面落实科学发展观，促进社会主义先进文化建设，提高我国文化遗产保护管理水平，根据《国家“十一五”时期文化发展规划纲要》，国务院决定从2007年开始开展第三次全国文物普查。现将有关事项通知如下：

一、普查的目的和意义

文物是国家不可再生的文化资源。文物普查是国情国力调查的重要组成部分，是确保国家历史文化遗产安全的重要措施，是我国文化遗产保护的重要基础工作。开展文物普查是为了全面掌握不可移动文物的数量、分布、特征、保存现状、环境状况等基本情况，为准确判断文物保护形势、科学制定文物保护政策和规划提供依据。开展文物普查，有利于合理、准确划定文物保护范围，完善文物档案管理，促进文物保护机构建设，提高文物保护管理整体水平；有利于发掘、整合文物资源，充分发挥文物在建设社会主义先进文化，促进经济社会全面、协调、可持续发展中的重要作用；有利于培养锻炼文物保护队伍，增强全民文化遗产保护意识。

二、普查的范围和内容

此次普查的范围是我国境内（不包括港澳台地区）地上、地下、水下的不可移动文物。普查的内容以调查、登录新发现的不可移动文物为重点，同时对已登记的近40万处不可移动文物进行复查。要了解不可移动文物本体及环境的基本情况，尤其是量化指标、保存状况和环境现状及其变化情况。县级以上地方各级人民政府要根据普查结果，编制普查档案和普查报告，及时公布本行政区域内的不可移动文物名录，并根据实际情况将其中重要的不可移动文物确定为相应级别的文物保护单位。

三、普查的时间安排

此次普查从2007年4月开始，到2011年12月结束，分三个阶段进行。普查标准时点为2007年9月30日。2007年4月至9月为普查第一阶段，主要任务是确定技术标准和规范，开展培训、试点工作；2007年10月至2009年12月为普查第二阶段，主要任务是以县域为基本单元，实地开展文物调查；2010年1月至2011年12月为普查第三阶段，主要任务是进行调查资料的整理、汇总、数据库建设和公布普查成果。

四、普查的组织和实施

为加强文物普查工作的组织领导，国务院决定成立第三次全国文物普查领导小组，负责普查工作的组织和领导，协调解决重大问题。领导小组办公室设在国家文物局，负责普查工作的日常组织和具体协调。各有关部门要各司其职、各负其责、通力协作、密切配合。县级以上地方各级人民政府要按照国务院的统一部署，设立相应的普查领导小组及其办公室，认真做好本地区文物普查的组织实施工作。

五、普查的经费

普查所需经费由中央和县级以上地方各级人民政府共同负担，并列入相应年度的财政预算。

六、普查资料的填报和管理

凡在我国境内使用和管理不可移动文物的单位和个人，都必须按照《中华人民共和国统计法》的有关规定和此次普查的具体要求，配合普查机构按时、如实地填报普查信息。任何地方、部门、单位和个人都不得虚报、瞒报、拒报、迟报，不得伪造、篡改普查资料。各级普查机构要通过实地调查准确填报普查信息，确保普查质量。普查机构及其工作人员要妥善保存普查数据和资料，对普查中涉及的国家秘密，必须履行保密义务。

二〇〇七年四月四日

国务院第三次全国文物普查领导小组人员名单

组　长：	陈至立	国务委员
副组长：	孙家正	文化部部长
	项兆伦	国务院副秘书长
	单霁翔	文物局局长
成　员：	张　茅	发展改革委副主任
	罗平飞	民政部副部长
	张少春	财政部副部长
	贠小苏	国土资源部副部长
	仇保兴	建设部副部长
	翁孟勇	交通部副部长
	周　英	水利部副部长
	林贤郁	统计局副局长
	祝列克	林业局副局长
	齐晓飞	宗教局副局长
	李维森	测绘局副局长
	童明康	文物局副局长
	谷俊山	总后勤部基建营房部副部长

领导小组办公室主任由文物局局长单霁翔兼任。

国家文物局关于颁发《文物保护工程监理资质管理办法》(试行) 的通知

文物保发〔2007〕14号

各省、自治区、直辖市文物局（文化厅、文管会）：

根据《中华人民共和国文物保护法》、《文物保护工程管理办法》等法律、法规的有关规定，经国家文物局2007年第4次局务会议审议并通过，我局决定颁发《文物保护工程监理资质管理办法》(试行)。请你局（厅）根据国家有关规定加强相关管理工作。

特此通知。

二〇〇七年四月十三日

文物保护工程监理资质管理办法（试行）

一、总　则

第一条　为加强文物保护工程监理资质管理，根据《中华人民共和国文物保护法》、《文物保护工程管理办法》等法律、法规的有关规定，制定本办法。

第二条　本办法适用于文物保护工程监理资质的管理。

第三条　文物保护工程监理单位应当按照本办法的规定申请资质，取得相应等级的资质证书后，在资质等级许可的范围内从事文物保护工程监理活动。

第四条　文物保护工程监理资质等级分为四级，即甲级、乙级、丙级、暂定级。

国家文物局负责审定、颁发甲级《文物保护工程监理资质证书》。

省级文物行政部门负责审定、颁发乙级以下（含乙级）《文物保护工程监理资质证书》。乙级资质审定结果应报国家文物局备案。

省级文物行政部门负责文物保护工程监理资质的日常管理及年检工作。甲级资质的年检结果报国家文物局备案。

二、资质等级标准

第五条　甲级资质标准：

一、单位负责人具有较强的文物保护意识并熟悉相关的法律、法规，接受过国家文物局规定的文物保护工程监理专业培训并取得合格证书。

二、单位技术负责人具有10年以上从事文物保护工程经历，或12年以上建设工程监理工作经历、并主持过5项以上一级文物保护工程项目，取得《文物保护工程监理工程师资格证书》。

三、持有《文物保护工程监理工程师资格证书》的固定工作人员不少于10人，其他监理员持有《文物保护工程监理员证书》。

四、相关专业工种人员配置齐全。

五、注册资金不少于100万元。

六、近三年内承担过5个以上单项投资额在200万元以上的一级文物保护工程的监理工作，或10个以上单项投资额在100万元以上的一级文物保护工程或二级文物保护工程的监理工作。

第六条　乙级资质标准：

一、单位负责人具有较强的文物保护意识并熟悉相关的法律、法规，接受过国家文物局规定的文物保护工程监理专业培训并取得合格证书。

二、单位技术负责人具有8年以上文物保护工程经历，或10年以上建设工程监理工作经历、并主持过3项以上一级或5项以上二级文物保护工程项目，取得《文物保护工程监理工程师资格证书》。

三、持有《文物保护工程监理工程师资格证书》的固定人员不少于6人，其他监理员持有《文物保护工程监理员证书》。

四、相关专业工种人员配置基本齐全。

五、注册资金不少于70万元。

六、近三年内承担过5个以上单项投资额在80万元以上的二级文物保护工程、或10个以上单项投资额在40万元以上的二级或三级文物保护工程的监理工作。

第七条　丙级资质标准：

一、单位负责人具有较强的文物保护意识并熟悉相关的法律、法规，接受过国家文物局规定的文物保护工程监理专业培训并取得合格证书。

二、单位技术负责人应当具有4年以上文物保护工程经历，或6年以上建设工程监理工作经验，并主持过3项以上二级或5项以上三级文物保护工程项目，取得《文物保护工程监理工程师资格证书》。

三、持有《文物保护工程监理工程师资格证书》的固定人员不少于3人，其他监理员持有《文物保护工程监理员证书》。

四、相关专业工种人员配置基本齐全。

五、注册资金不少于50万元。

六、近三年内承担过3个以上单项投资额在30万元以上的三级文物保护工程、或10个以上三级文物保护工程的监理工作。

第八条　暂定级资质标准：

一、单位负责人具有较强的文物保护意识并熟悉相关的法律、法规，接受过国家文物局规定的文物保护工程监理专业培训并取得合格证书。

二、单位技术负责人应当具有4年以上文物保护工程经历，或6年以上建设工程监理工作经历、并主持过3项以上二级或5项以上三级文物保护工程项目，取得《文物保护工程监理工程师资格证书》。

三、持有《文物保护工程监理工程师资格证书》的固定人员不少于3人，其他监理员持有《文物保护工程监理员证书》。

四、相关专业工种人员配置基本齐全。

五、注册资金不少于50万元。

第九条　业务范围：

甲级文物保护工程监理资质单位可以监理所有级别的文物保护工程项目。

乙级文物保护工程监理资质单位可以监理工程等级为二级及以下的文物保护工程项目。

丙级文物保护工程监理资质单位可以监理工程等级为三级及以下的文物保护工程项目。

暂定级文物保护工程监理资质单位可以监理工程等级为四级的文物保护工程项目。

三、资质申请与审批

第十条　申请甲级《文物保护工程监理资质证书》的单位，应向所在地省级文物行政部门提出申请。省级文物行政部门初审、汇总后，报国家文物局审批。

申请乙级以下（含乙级）《文物保护工程监理资质证书》的单位，应向所在地省级文物行政部门提出申请，由省级文物行政部门审批。

第十一条　申请《文物保护工程监理资质证书》，需提供下列资料：

一、文物保护工程监理资质申请表；

二、主管机关颁发的企业事业单位法人证书；

三、企（事）业单位章程；

四、单位负责人和技术负责人的工作简历、《文物保护工程监理工程师资格证书》等相关资料；

五、文物保护工程监理员的工作简历、《文物保护工程监理员证书》等相关资料；

六、已完成文物保护工程监理项目的合同及相关资料。

第十二条　文物保护工程监理单位申请晋升资质等级，除提供本办法第十一条所列资料外，还应当提供下列资料：

一、单位原资质证书；

二、经审计的前一年财务决算年报表；

三、《文物保护工程监理业务手册》及三年内完成的相应级别的工程监理合同及相关资料。

第十三条　新设立的文物保护工程监理单位只可申请暂定级资质。

已有监理资质的文物保护工程监理单位连续3年年检合格，且已达到上一个资质等级标准后，可以申请晋升资质等级。

第十四条　个人资质的申请与审批：

一、申请《文物保护工程监理工程师资格证书》的人员，应当从事文物保护工程十年以上，具有中级以上技术职称，并经培训、考试合格。

二、申请《文物保护工程监理员资格证书》的人员，应当从事文物保护工程三年以上，并经培训、考试合格。

四、监督管理

第十五条　《文物保护工程监理资质证书》只限本单位使用，不得涂改、伪造、转让、出借。不得超越资质等级或超业务范围承揽业务。

第十六条　《文物保护工程监理资质证书》分为正本和副本，由国家文物局统一印制。正、副本具有同等法律效力。

第十七条　文物保护工程监理资质年检按照下列程序进行：

一、文物保护工程监理单位在规定时间内向省级文物行政部门提交《文物保护工程监理资质年检表》、《文物保护工程监理资质证书》、当年的《文物保护工程监理业务手册》等相关资料。

二、省级文物行政部门做出资质年检结论。甲级资质单位年检情况报国家文物局备案。

第十八条　文物保护工程监理单位年检结论分为合格、不合格。

第十九条　有下列情形之一的，文物保护工程监理单位的资质年检结论为不合格：

一、在监理活动中发生监理责任事故者；

二、涂改、伪造、转让、出借《文物保护工程监理资质证书》，或者超越资质等级或超业务范围承揽业务者；

三、一年内没有监理业绩者。

四、未达到相应资质等级标准者。

第二十条　资质年检不合格，由审批部门审核、降低其资质等级。达不到最低资质等级标准的，取消其资质。

第二十一条　在规定时间内没有参加资质年检的单位，由审批部门取消其资质。

第二十二条　涂改、伪造、转让、出借《文物保护工程监理资质证书》或超越资质等级、业务范围承揽业务，由资质管理部门责令停业整顿。情节严重的，由资质审批部门降低其资质等级，直至吊销资质证书。

第二十三条　文物保护工程监理单位与施工单位有隶属关系或其他有碍监理公正利害关系者，不得承担该项保护工程的监理业务。已承担者，由资质管理部门责令退出。拒不退出的，由资质审批部门降低其资质等级或者吊销监理资质证书。

第二十四条　以欺骗手段取得《文物保护工程监理资质证书》的，由资质审批部门吊销其资质证书。

第二十五条　被取消资质的单位应立即停止其文物保护工程监理业务活动，若要恢复需在停止监理活动一年后按本办法规定重新办理资质申请。

第二十六条　文物保护工程监理单位变更名称、法定代表人、技术负责人、地址等，应当在变更之日起30日内，到资质审批部门办理变更手续。

第二十七条　文物保护工程监理单位破产、撤销、歇业的，应当将资质证书交回原发证机关予以注销。

第二十八条　文物保护工程监理单位遗失《文物保护工程监理资质证书》，应在全国(或全省)性媒体上声明作废后方可申请补发。

第二十九条　违反本办法的其他行为，依据《中华人民共和国文物保护法》和《中华人民共和国文物保护法实施条例》及国家的有关法律、法规处罚。

五、附　则

第三十条　本办法由国家文物局负责解释。

第三十一条　本办法自发布之日起施行。

国家文物局关于做好大运河保护与申报世界文化遗产工作的通知

文物保函[2007]395号

各有关省、直辖市文物局（文化厅）：

大运河是中国古代劳动人民所创造的伟大工程奇迹，是我国优秀的历史文化遗产。2006年5月，国务院将京杭大运河公布为全国重点文物保护单位；12月，我局将大运河列入重新设定的《中国世界文化遗产预备名单》，并将其列为《“十一五”期间国家大遗址保护总体规划》的重要项目。2006年全国政协就大运河保护和申报世界文化遗产工作进行了专题调研，在今年的两会期间，一些政协委员呼吁重视并加强大运河的保护和世界文化遗产申报工作。为进一步落实政协委员的建议，加强相关工作，国家文物局拟于2007年6月下旬召开大运河保护与申报世界文化遗产工作协调会，现将有关事项通知如下：

一、会同你省（市）的水利、交通等有关部门共同制定工作计划，组织辖区内各有关部门共同制定工作计划，组织辖区内各有关城市和专业单位开展大运河文化遗产调查工作。结合第三次文物普查工作开展相关专题研究，进一步明确大运河文化遗产的内涵和特性，为科学划定大运河的保护范围，编制大运河总体保护规划，开展保护工作以及申报世界文化遗产提供科学依据。

二、进一步重视并加强南水北调工程东线工程建设中涉及大运河文化遗产的保护工作。既要确保工程的顺利实施，又要保证大运河本体及其环境的整体保护，同时应尽快组织制定保护方案，逐步实施大运河重点地端保护示范工程和相关重要文物的抢救保护工作。

三、大运河作为仍具有使用功能的大型线形文化遗产，其申报世界文化遗产的工作需以由运河沿线单个城市牵头，其他城市协助的模式进行。各有关城市均应做好本辖区范围内大运河保护及环境整治工作，此外，牵头城市还应承担申报文本的准备以及沿线各城市之间的协调、互动等综合性工作。协助城市应在资料数据、人员和技术力量以及资金方面提供支持，并积极配合落实各项相关措施。

四、积极组织协调本省（市）内有关城市做好申遗的前期准备工作，制订工作方案。工作方案应包括该城市内大运河保存与保护现状、下一步工作计划、是否有意向牵头申遗及其自身优势等内容。请于2007年5月15日前，将经你局（厅）审核后的工作方案上报我局。

五、有关大运河保护与申报世界文化遗产工作协调会的具体事宜将另行通知。

特此通知。

二〇〇七年四月十三日

国家文物局关于发布《文化遗产保护领域国家科技支撑计划课题管理暂行办法》的通知

文物博发[2007]17号

各省、自治区、直辖市文物局（文化厅、文化局），文管会，各直属单位：

《文化遗产保护领域国家科技支撑计划课题管理暂行办法》已于2007年3月26日国家文物局第5次局长办公会审议通过，现予以发布，请遵照执行。

二〇〇七年四月十八日

文化遗产保护领域国家科技支撑计划课题管理暂行办法

第一章 总 则

第一条　为加强文化遗产保护领域国家科技支撑计划项目的规范化、科学化管理，保障支撑计划项目目标的完成，根据《国家科技计划项目管理办法》、《国家科技支撑计划管理暂行办法》、《国家科技支撑计划专项经费管理办法》和《文物保护科学和技术研究课题管理办法》，制定本办法。

第二条　本办法中的课题是指由国家文物局负责组织的支撑计划项目下属课题；本办法中的专题是指支撑计划课题下属专题。

第二章 课题组织管理

第三条　国家文物局是文化遗产保护领域国家科技支撑计划项目及课题的组织管理部门，其主要职责是：

（一）组织课题的评估评审，择优确定课题承担单位和项目最终技术或产品集成的负责单位，签订课题任务书；

（二）监督和检查课题的执行情况和经费使用情况，协调并处理课题执行过程中出现的有关问题；

（三）组织课题验收，对课题进行绩效考评。

第四条　课题承担单位为具有较强科研能力和条件、运行管理规范、具有独立法人资格的科研院所、高等院校及文物博物馆单位等，其主要职责是：

（一）按要求编写课题可行性研究报告和课题任务书；

（二）按照签订的课题任务书所确定的各项任务，组织研究队伍，落实配套条件，完成课题预定的目标；

（三）按规定管理课题经费；

（四）按要求编报课题年度计划、课题年度执行情况和有关信息报表，及时报告课题执行中出现的重大问题，提交课题验收的全部文件资料；

（五）监督各专题的执行情况和经费使用情况；

（六）按要求进行成果登记并对课题所形成的成果资料（包括技术报告、论文、数据、评价报告等）进行归档；

（七）在课题实施前与各参与单位签订协议，明确对课题执行中产生的知识产权及成果转化权属，按照有关政策法规，保护各方权益；

（八）接受国家文物局委托的第三方机构进行评估咨询。

第五条　课题参与单位由课题承担单位确定，其主要职责是：

（一）根据课题承担单位分配的专题研究任务，完成支撑计划课题中的专题预定目标；

（二）按规定使用和管理专题经费；

（三）及时与课题承担单位及其他课题

参与单位沟通专题的执行情况；

（四）配合课题承担单位编报课题年度计划、课题年度执行情况和有关信息报表。

第三章 课题立项管理

第六条　国家文物局遵循“公开、公平、公正”的原则，按照公开申报、择优委托的方式确定课题承担单位。

第七条　课题申报单位根据课题申请指南，有针对性地选择课题，填写《国家科技支撑计划课题申请书》及相关材料，报送国家文物局。

第八条　申报课题应满足以下条件：

（一）申报单位是中华人民共和国境内注册的法人单位，法人代表具有中国国籍，包括研究院所、高等院校、文物博物馆单位等；

（二）申报单位设立课题专门财务账户，实行单独管理，单独核算，并保证配套资金到位；

（三）课题负责人具有中华人民共和国国籍，年龄在60岁以下（含），具有高级专业技术职务，具有较高的学术水平、优秀的科研业绩和开拓创新能力，具有较强的组织协调能力，无不良科研行为，从事相关领域研究或技术开发五年以上；

（四）课题负责人用于课题研究时间不少于本人工作时间的60%。

第九条　经立项评估评审后通过的课题，由国家文物局与课题承担单位签订支撑计划课题任务书，由科技部业务主管司（局）核准后课题正式启动。

第四章 课题实施管理

第十条　课题承担单位在课题正式启动后的一个月内编制课题执行计划书，报送国家文物局备案。课题执行计划书应包括以下内容：

（一）课题现有的研究基础分析；

（二）课题的研究内容与任务分解；

（三）各专题拟实施的技术路线及课题的总体技术路线设计；

（四）课题和各专题拟解决的关键技术问题和主要技术难点分析；

（五）课题和各专题的主要创新点；

（六）课题和各专题的执行进度计划；

（七）课题和各专题执行期内各年度预期完成目标；

（八）课题和各专题的风险分析及对策；

（九）各专题的年度经费预算及课题年度经费预算；

（十）各专题及课题拟召开的年度学术会议计划；

（十一）课题组织实施方案。

第十一条　课题承担单位应当确定1–2名课题秘书，协助课题负责人进行课题的组织管理工作。

第十二条　支撑计划课题实行年度报告制度。课题承担单位按要求编制年度计划执行情况报告和有关信息报表，并于每年10月15日前上报国家文物局；执行期在当年度不足三个月的课题可在下一年度一并上报。

第十三条　实施周期三年以上的课题须进行中期评估。课题承担单位应在课题规定期限过半后一个月内向国家文物局提交中期报告。国家文物局组织专家对课题的执行情况进行中期评估。

第十四条　国家文物局实行第三方机构评估咨询制度。第三方机构对课题执行情况、组织管理、配套条件落实、经费管理、预期前景、课题绩效等进行独立的评估。

第三方机构咨询的管理办法，由国家文物局另行制订。

第十五条　课题在实施过程中出现以下情况的，应及时调整或撤销：

（一）技术情况发生重大变化，造成课题原定目标及技术路线需要修改；

（二）匹配的自筹资金或其它条件不能落实，影响课题正常实施；

（三）课题所依托的工程已不能继续实施；

（四）技术引进、国际合作等发生重大

变化导致研究工作无法进行；

（五）课题的技术骨干发生重大变化，致使研究工作无法正常进行；

（六）由于其它不可抗拒的因素，致使研究工作不能正常进行。

第十六条　需要调整或撤销的课题，课题承担单位应向国家文物局提出书面意见，并详细说明课题需要调整或撤销的原因，由国家文物局报科技部核准后执行。

第十七条　确定撤销的课题，由课题承担单位对已开展工作、经费使用、已购置设备仪器、阶段性成果、知识产权等情况做出书面报告，报国家文物局核查备案。

第十八条　对不按时上报年度报告材料或信息，以及不接受监督检查的课题，采取缓拨、减拨、停拨经费等措施，要求课题承担单位限期整改。整改不力的课题，视情节分别给予通报批评、追回已拨付经费、取消其参加支撑计划课题资格等处理。

第十九条　课题参与单位或专题负责人弄虚作假、剽窃他人科技成果，一经查出，课题承担单位或课题负责人应及时报国家文物局，经国家文物局核实后取消课题参与单位或专题负责人参加支撑计划课题的资格，追回已拨付经费，并向社会公开，五年内不得承担或参与支撑计划。课题承担单位或课题负责人故意隐瞒事实，一经查出，撤销立项，追回已拨付课题经费，并向社会公开，五年内不得承担或参与文化遗产保护领域支撑计划课题。

第五章　课题验收管理

第二十条　课题在规定执行期结束后两个月内组织验收。课题承担单位须向国家文物局提出书面验收申请；国家文物局在接到验收申请后一个月内组织课题验收。

第二十一条　课题承担单位在执行期结束后两个月仍未提出验收申请的，国家文物局将对有关单位或责任人进行通报。课题因故不能按期完成的，课题承担单位应提前三个月向国家文物局提出书面延期申请，由国家文物局报科技部批准后按新方案执行；如未能批准，课题仍需按原定期限进行验收。

第二十二条　验收形式主要包括：会议审查验收，网上（通信）评审验收，实地考核验收，功能演示验收等。国家文物局根据课题的特点和验收需要，选择其中一种方式或联合多种方式进行验收。

第二十三条　国家文物局组织专家组对课题的任务完成情况进行评估。专家组由9—13名相同及相关领域的专家组成。

第二十四条　验收专家在审阅资料、听取汇报、实地考核、观看演示、提问质询的基础上，独立提出意见，经专家组详尽讨论或由专家组长归纳汇总，形成验收结论意见，并在结论意见中提出成果今后的应用推广建议。

第二十五条　课题验收结论分为通过验收、不通过验收。

（一）课题计划目标和任务已按照考核目标要求完成，经费使用合理，为通过验收。

（二）凡具有下列情况的，为不通过验收：

1．课题目标任务完成不到85%的；

2．所提供的验收文件、资料、数据不真实，存在弄虚作假；

3．未经申请或批准，课题负责人、考核目标、研究内容、技术路线等发生变更；

4．超过课题任务书规定的执行年限半年以上未完成，并且事先未做出说明；

5．经费使用存在严重问题。

第二十六条　因提供文件资料不详、难以判断等导致验收意见争议较大，或课题的成果资料未按要求进行归档和整理，或研究过程及结果等存在纠纷尚未解决，为需要复议。需要复议的课题，应在首次验收后的半年内，针对存在的问题做出改进或补充材料，再次提出验收申请。若未再提出申请或未按要求进行改进或补充材料，视同不通过验收。

第二十七条　课题验收结论由国家文

物局书面通知课题承担单位。

第二十八条　未通过验收的课题，国家文物局将对有关单位或责任人进行通报。其中，因违反有关政策法规和科技计划管理制度未通过验收的，取消其五年内承担支撑计划课题的资格。

第二十九条　国家文物局组织专家组对课题成果进行后评价。在课题验收一年后，对其成果应用状况和效益进行综合评价。

第六章　经费管理

第三十条　课题经费是指在课题组织实施过程中与研究开发活动直接相关的、由国家科技支撑计划专项经费支付的各项费用。课题经费的开支范围一般包括设备费、材料费、测试化验加工费、燃料动力费、差旅费、会议费、国际合作与交流费、出版/文献/信息传播/知识产权事务费、劳务费、专家咨询费、管理费等。

第三十一条　课题承担单位应当严格按照下达的课题预算执行，一般不予调整，确有必要调整时，应当按照以下程序进行核批：

（一）课题总预算不变、课题合作单位之间以及增加或减少课题合作单位的预算调整，应当由课题负责人协助课题承担单位提出调整意见，经国家文物局审核同意后报科技部批准；

（二）课题支出预算科目中劳务费、专家咨询费和管理费预算一般不予调整。其他支出科目，在不超过该科目核定预算10%，或超过10%且科目调整金额不超过5万元的，由课题承担单位根据研究需要调整执行；其他支出科目预算执行超过核定预算10%且金额在5万元以上的，由课题负责人协助课题承担单位提出调整意见，经国家文物局审核同意后报科技部批准。

第三十二条　课题承担单位应当按照规定编制课题经费年度财务决算报告。课题经费下达之日起至年度终了不满三个月的课题，当年可不编报年度决算，其经费使用情况在下一年度的年度决算报表中编制反映。课题决算报告由课题承担单位财务部门会同课题负责人编制，于次年3月20日前报国家文物局审核。

第三十三条　在研课题的年度结存经费，结转下一年度按规定继续使用。课题因故终止，课题承担单位财务部门应当及时清理账目与资产，编制财务报告及资产清单，报送国家文物局审核后，由科技部组织进行清查处理。

第三十四条　预算执行过程中实行重大事项报告制度。在课题实施期间出现课题计划任务调整、课题负责人变更或调动单位、课题承担单位变更等影响经费预算执行的重大事项，课题负责人、课题承担单位应当及时报国家文物局批准。

第三十五条　课题完成后，课题承担单位应及时向国家文物局提出财务验收申请。

第三十六条　对于预算执行过程中，不按规定管理和使用专项经费、不及时编报决算、不按规定进行会计核算的课题承担单位，予以停拨经费或通报批评，情节严重的终止课题。对于未通过财务验收，存在弄虚作假，截留、挪用、挤占专项经费等违反财经纪律的行为，取消有关单位或个人今后三年内申请文化遗产保护领域科研项目的资格，并向社会公告。同时建议有关部门给予纪律处分。构成犯罪的，依法移送司法机关追究刑事责任。

第七章　知识产权与成果管理

第三十七条　课题取得的成果要按照《科技成果登记办法》等有关规定进行登记和管理。涉及国家秘密的，执行《科学技术保密规定》。课题形成的知识产权，其归属和管理按照有关知识产权的法律法规和政策规范性文件的规定执行。课题承担单位应当加强知识产权的产生、管理和保护工作。

第三十八条　课题承担单位在课题启

动实施前，应与各参与单位约定成果和知识产权的权益分配，不得有恶意垄断成果和知识产权等行为。如课题承担单位违反成果和知识产权权益分配约定，在五年内不得参与支撑计划课题。

第三十九条　课题形成的论文、专著、产品和技术的宣传推广必须标注“国家科技支撑计划资助”字样及项目编号，不做标注的成果，评估或验收时不予认可。

第四十条　课题承担单位应按照科技部有关科学数据共享和科技计划项目信息管理的规定，按时上报课题有关数据和成果。

第八章　附则

第四十一条　本办法自发布之日起实行。

国家文物局关于发布《文化遗产保护领域国家科技支撑计划课题第三方机构评估咨询管理暂行办法》的通知

文物博发[2007]16号

各省、自治区、直辖市文物局（文化厅、文化局），文管会，各直属单位：

《文化遗产保护领域国家科技支撑计划课题第三方机构评估咨询管理暂行办法》已于2007年3月26日国家文物局第5次局长办公会审议通过，现予以发布，请遵照执行。

二〇〇七年四月十八日

文化遗产保护领域国家科技支撑计划课题第三方机构评估咨询管理暂行办法

第一章　总 则

第一条　为规范第三方机构在国家文物局组织的文化遗产领域国家科技支撑计划（以下简称“支撑计划”）课题中的评估咨询工作，推动和保障支撑计划课题的顺利实施，根据《科技评估管理暂行办法》、《国家科技支撑计划管理暂行办法》和《文化遗产保护领域国家科技支撑计划课题管理暂行办法》，制定本办法。

第二条　本办法中的第三方机构是指具有法人资格，并受国家文物局委托，独立开展支撑计划课题评估咨询工作的机构。

第三条　本办法中的评估咨询是指第三方机构对支撑计划课题的执行情况、组织管理、配套条件落实、经费管理、预期前景和课题绩效等进行独立评估，并为国家文物局对支撑计划课题的管理决策提供咨询意见。

第四条　本办法中的课题是指国家文物局组织的支撑计划项目下属课题；专题是指支撑计划课题下属专题。

第二章　第三方机构的遴选

第五条　国家文物局依据公开申请、择优选择的原则，确定第三方机构。

第六条　第三方机构的遴选范围包括：科研院所、高等院校、文物博物馆单位和专门从事科技评估咨询业务的科技服务机构。

第七条　第三方机构须组建由专业技术人员、科技管理人员和财务管理人员组成的评估咨询专家支持系统。评估咨询专家应具备以下条件：

（一）具有良好的科学精神和职业道德，能够独立、客观、实事求是地提出评估咨询意见；

（二）主持或参与过国家科技计划项目或国家文物局文物保护科学和技术研究课题；

（三）在以往的科技评估咨询活动中无违反评估咨询专家行为规范或徇私舞弊、滥用职权及玩忽职守等行为；

（四）专业技术人员应具有高级专业技术职务或者具有同等专业技术水平，从事被评估课题所属领域或行业专业技术工作满5年以上，并具有较高的学术、技术水平，熟悉被评估课题所属领域或行业的最新科技发展状况，了解本领域或行业的科技活动特点与规律；

（五）科技管理人员应熟悉课题评估的基本业务，掌握课题评估的基本原理、方法和技巧；熟悉相关经济、科技方面的法律、法规和政策以及国家科技支撑计划有关管理规定。

第八条　国家文物局科研课题管理办公室（以下简称“课题办”）负责第三方机构遴选的组织工作，并按以下程序进行：

（一）国家文物局在“文化遗产保护领域科技平台”上发布第三方机构的遴选通知；

（二）第三方机构申请者在国家文物局发布遴选通知后的一个月内，选定拟评估咨询的支撑计划课题，填写《文化遗产保护领域国家科技支撑计划课题评估咨询机构资格认定申请书》，报送课题办；

（三）课题办组织专家会议对申请者进行资格审查，根据专家意见初步确定第三方机构，报国家文物局科技主管部门审定；

（四）国家文物局科技主管部门与审定的第三方机构签订评估咨询委托合同（以下简称“合同”），经双方签字盖章后生效；

（五）课题办在合同生效后五个工作日内以书面形式通知课题承担单位。

第三章　评估咨询程序和内容

第九条　第三方机构组织对课题的执行计划和执行情况进行评估咨询。每次评估咨询活动不超过3天。

第十条　第三方机构在合同签订后一个月内进行课题执行计划评估咨询，在被评估课题的执行期内每半年进行一次课题执行情况评估咨询。

第十一条　第三方机构在每次评估咨询活动前一个月，以书面形式通知课题承担单位，并对课题承担单位应做的准备工作提出明确的要求。

第十二条　第三方机构评估咨询专家通过审阅资料、听取汇报、实地考核、观看演示、提问质询等方式对课题的执行计划和执行情况进行评估咨询，每次参加评估咨询活动的专家应为3–7人。

第十三条　第三方机构主要从以下方面对课题的执行计划进行评估咨询，指出课题执行计划中存在的问题，分析其原因，并提出改进建议。

（一）课题的研究基础（包括相关研究工作的积累和已取得的研究成果，已具备的科研条件和缺少的科研条件）；

（二）课题的研究内容及任务分解；

（三）课题和各专题拟解决的主要技术难点和关键技术问题；

（四）课题和各专题拟采取的技术路线及技术措施；

（五）课题和各专题的主要创新点；

（六）课题和各专题的执行进度计划；

（七）课题和各专题设置的阶段性目标；

（八）课题和各专题的风险分析及对策。

第十四条　第三方机构主要从以下方面对课题的执行情况进行评估咨询，指出课题执行过程中存在的问题，考察和分析其原因，并提出调整或改进建议。

（一）课题和各专题的执行进度情况；

（二）课题和各专题阶段性目标的完成情况；

（三）课题和各专题执行计划的变更情况；

（四）课题和各专题技术路线的执行情况；

（五）课题和各专题技术措施的实施情况；

（六）课题和各专题主要技术难点和关键技术问题的解决情况；

（七）课题和各专题主要考核的技术指标（如形成的知识产权、技术标准、新技术、新产品、新装置、论文专著等数量、指标及其水平等）的完成情况；

（八）课题和各专题下一阶段主要的技术风险；

（九）课题和各专题的组织管理情况；

（十）课题和各专题的经费使用情况。

第十五条　第三方机构应在每次评估咨询活动结束后15日内，出具详细的评估咨询报告，报送课题办。

第四章　义务与责任

第十六条　第三方机构应当履行以下义务：

（一）按照科学、客观、独立、保密的原则开展评估咨询工作；

（二）跟踪了解课题的进展情况，发现重大问题及时向国家文物局汇报；

（三）定期组织专家开展评估咨询活动，并按合同要求提交评估咨询报告。

第十七条　课题承担单位和参与单位应当履行以下义务：

（一）积极配合第三方机构的评估咨询工作，按时参加第三方机构组织的评估咨询活动，并根据第三方机构的要求及时准确地提供相关资料和信息；

（二）及时通知第三方机构参加课题承担单位或参与单位组织的与课题有关的会议，并提供会议纪要。

第十八条　第三方机构若有以下行为的，由国家文物局给予通报批评、减扣或追回课题评估咨询经费、中止评估咨询委托等相应处理，情节严重的交由相关部门处理，追究其相应责任。

（一）未经国家文物局科技主管部门批准，转让评估咨询业务；

（二）未经国家文物局科技主管部门许可，将评估咨询报告的部分或全部内容以任何方式提供给他人或公开发布；

（三）未经国家文物局科技主管部门和课题承担单位的同意，将所评估咨询课题的有关文件和资料以任何方式提供予他人，或利用评估咨询活动得到的非公开技术秘密为本机构或他人谋取私利；

（四）故意损害国家文物局、课题承担单位、课题参与单位的相关权益；

（五）因工作失误造成重大损失。

第十九条　课题承担单位或参与单位若有以下行为的，国家文物局给予警告、通报批评等相应处理。

（一）不按第三方机构要求提供评估咨询的相关资料和信息；

（二）不配合或无故阻挠第三方机构的评估咨询工作。

第五章　附则

第二十条　本办法自发布之日起施行。

国家文物局关于落实国务院通知精神认真做好第三次全国文物普查的通知

文物保发[2007]18号

各省、自治区、直辖市文物局（文化厅、文管会）：

2007年4月4日，国务院发布了《关于开展第三次全国文物普查工作的通知》（以下简称《通知》）。《通知》对开展第三次全国文物普查的目的和意义、工作范围和内容、时间安排、组织和实施形式、经费来源、资料的填报和管理做出了明确要求。为全面贯彻落实《通知》，切实推进第三次全国文物普查工作，现将有关工作部署通知如下：

一、提高认识，认真学习《通知》。第三次全国文物普查是国情国力调查的重要组成部分，是确保国家历史文化遗产安全的重要措施，是我国文化遗产保护的重要基础工作。国务院适时做出开展第三次全国文物普查的战略决策，对于贯彻落实科学发展观，提高我国文化遗产保护工作的整体水平，促进国家经济社会的全面、协调和可持续发展，都具有十分重要的意义。同时，文物普查也是培养锻炼专业人员，提高文物保护队伍整体素质的重要机遇，是提升全民文化遗产保护意识的重要手段。

请你局（厅、会）组织本地区各级文物部门认真学习《通知》，将《通知》精神传达到各个基层文博单位，使广大文物工作者都能深入理解第三次全国文物普查的重大意义和文物部门承担的重要职责，统一思想，全力投入第三次全国文物普查工作。

二、加强领导，建立工作机构。为加强文物普查工作的组织和领导，国务院已经成立第三次全国文物普查领导小组，负责普查工作的组织和领导，协调解决重大问题。领导小组办公室设在国家文物局，负责普查工作的日常组织和具体协调。我局高度重视第三次全国文物普查，将其列为今后5年全国文物工作的重点，并成立了由局领导亲自负责的文物普查工作机构，抽调专门人员开展普查工作。

地方各级人民政府也要按照国务院的统一部署，设立相应的普查领导小组及其办公室，认真做好本地区文物普查的组织实施工作。请你局（厅、会）按照《通知》要求，及时报请同级人民政府成立相应的第三次全国文物普查领导小组及办公室，同时督促本地区各市（地、州）、县（区）人民政府成立相应的文物普查工作机构，切实发挥各级文物行政部门作为文物普查办公室的组织协调作用，做好本地区文物普查的具体组织实施工作。此项工作请于5月底前完成。

三、分步实施，制定工作计划。第三次全国文物普查从2007年4月开始，到2011年12月结束，分3个阶段进行；将全面调查我国不可移动文物本体及环境的基本情况，以新发现的不可移动文物为重点，并对已登记的不可移动文物进行复查。普查要编制普查档案和普查报告，公布不可移动文物名录和文物保护单位。我局已制订了文物普查的总体方案和各阶段工作方案，编制了相关的技术标准、规范，并将于近期研发完成相应的电脑软件和信息管理系统。

请你局（厅、会）根据本地区文物资源分布和人员力量的实际情况，制定切实可行的文物普查工作计划。合理配置现有人员，充分发挥各级文物考古研究所、古建研究所等业务单位的主力军作用，抽调一批专业人员充实到普查工作的第一线，通过实地调查准确填报普查信息，妥善保存普查数据和资料，确保普查资料的准确性和科学性。普查工作计划请于8月15日前报我局备案。

四、落实经费，确保及时到位。普查所需经费由中央和地方各级人民政府共同负担，并列入相应年度的财政预算，按时拨付，确保到位。

请你局（厅、会）积极争取同级人民政府对普查工作的领导和支持，主动协调有关部门，科学测算文物普查的经费需求，列入地方财政预算。在文物普查期间，适当压缩非急需的文物保护项目的数量和规模，集中人、财、物各种资源，优先保障普查工作的顺利开展。

五、加强宣传，动员社会力量。文物普查是我国当前最大的文物保护工程，也是将文物保护理念送进千家万户的文化工程、教育工程、民心工程。文物普查规模浩大，仅仅凭借文物部门的力量是不够的，必须广泛动员社会力量，依靠人民群众的经验和智慧，才能真正将普查工作推向深入，使普查工作的成果最大化。

请你局（厅、会）组织本地区各级文物部门以各种方式广泛宣传第三次全国文物普查工作。要充分发挥新闻媒体的重要作用，使文物普查家喻户晓，深入人心，得到全社会的共同关注和参与。要重视发挥业余文物保护员的重要作用，鼓励和吸收一些热心文物保护的志愿者加入普查工作，对有突出贡献或者提供重大文物线索的，予以表彰和适当的物质奖励。

六、结合试点，抓紧开展培训。我国地域辽阔，文物内涵十分丰富，各地文物特点差异很大。开展普查试点有利于及时发现和解决一些实际问题，总结经验，完善和细化普查工作方法。我局将于近期组织对各省、自治区、直辖市文物普查机构的专业技术人员和管理人员的培训。

请你局（厅、会）抓紧拟订本地区的普查培训工作方案，以“以试代训”的方式，结合试点工作，进行普查人员培训。普查培训工作方案请于5月30日前报我局备案。

二〇〇七年四月十九日

国家文物局关于加强乡土建筑保护的通知

文物保发[2007]19号

各省、自治区、直辖市文物局（文化厅、文管会）：

乡土建筑作为我国文化遗产的重要组成部分，不仅是传统杰出建筑工艺的结晶，也是探寻中华文明发展历程不可或缺的宝贵实物资料，蕴藏着极其丰富的历史信息和文化内涵。乡土建筑以其鲜明的地域性、民族性和丰富多彩的形制风格，成为反映和构成文化多样性的重要元素。

当前，我国正在全面推进社会主义新农村建设。充分利用新农村建设这一宝贵机遇，积极推动乡土建筑等农村地区文化遗产的保护工作，对于传承和弘扬优秀传统文化，促进各项建设事业，实现经济、社会的全面、协调和可持续发展，具有重大的现实意义和深远的历史意义。

为此，国家文物局特就加强乡土建筑保护的有关工作通知如下：

一、提高认识，将乡土建筑保护纳入新农村建设

各级文物行政部门应当充分认识乡土建筑保护工作的重要性和紧迫性，积极主动地同各有关部门加强协作，提前介入新农村建设的村庄整治工作。将乡土建筑保护作为新农村建设的重要内容，纳入新农村建设的总体规划，使乡村建设规划的制定和实施与当地文化遗产保护规划相协调，实现乡土建筑保护与当地经济社会发展的良性互动。

二、在第三次全国文物普查中做好乡土建筑调查

在第三次全国文物普查中，将乡土建筑作为重点内容。通过普查准确掌握乡土建筑的资源分布和保护现状，并对其予以登记认定，公布为不可移动文物。及时将普查中发现的具有重要价值的乡土建筑公布为各级文物保护单位，将乡土建筑资源丰富、保存较好的村镇公布为历史文化名村、名镇。

三、鼓励和引导农民群众自觉保护乡土建筑

农民群众的支持和参与是做好乡土建筑保护工作的关键因素。要积极探索和尝试按照责、权、利相一致的原则，以多种方式调动农民和村集体在乡土建筑保护上的积极性，引导他们在自愿基础上实现乡土建筑产权或使用权的转移，鼓励和扶助他们依靠自身力量维修保护乡土建筑。积极争取财政资金以一定比例补助属于私人和集体所有的乡土建筑保护维修费用，享受补助者应当在乡

土建筑的使用、管理、开放、展示和处分等方面履行相应的义务。

四、深入开展科学研究，加强人才培养和队伍建设

组织有关专业机构深入研究乡土建筑的特点和保护管理的科学规律，抓紧制订具有较强针对性和适用性的本地区乡土建筑保护技术标准、规范。充分发挥高校和科研单位的重要作用，进一步加强对乡土建筑保护相关专业的人员培养。扶持和培训民间维修队伍，重点支持在乡土建筑保护维修方面有特长的队伍，发掘和传承具有地方、民族特色的传统工艺、技能。

五、兼顾乡土建筑保护和合理利用

在有效保护乡土建筑的前提下，充分考虑农村地区的实际情况，引导农民群众通过房屋内部设施改造，使乡土建筑基本适应现代生活的要求，或者开辟为农民群众喜闻乐见的文化活动室和公共场所，继续发挥乡土建筑的功用和价值。在乡土建筑集中分布的古村落中，在不损害文物本体、格局和历史风貌的基础上，改善水、电、通讯等基础设施，为居民提供应有的生活便利，延续古村落的历史文化传统，避免因居民大量外迁造成的空壳化。

六、完善保护管理体制

按照建设服务型政府的要求，根据乡土建筑保护的实际需要，适当简化保护维修的行政审批程序，提高审批效率，使审批工作更加以人为本、切合实际、简便可行。通过改革和完善乡土建筑保护的管理体制，进一步提高管理和服务水平。

七、加强技术指导，积极开展保护维修试点工作

加强对乡土建筑保护维修的技术指导，深入基层帮助农民群众解决保护维修工作中的实际困难。积极开展乡土建筑保护维修的试点工作，有重点地选择一些乡土建筑分布密集、具有典型意义的村庄，集中技术力量帮助当地群众和村集体在乡土建筑保护维修中做出试点工程，使农民群众有样可循，有例可依，有效降低保护维修成本。在工作实践中提炼和总结出一套行之有效、在当地具有普遍意义的乡土建筑保护管理做法和经验。通过树立典型和经验推广，有力地带动整个地区的乡土建筑保护工作。

二○○七年四月三十日

国家文物局关于动员各地博物馆积极参与第三次全国文物普查工作的通知

文物博发〔2007〕28号

各省、自治区、直辖市文物局（文化厅、文管会）：

2007年4月4日，国务院发布了《关于开展第三次全国文物普查工作的通知》，正式启动第三次全国文物普查。我局随后印发《关于落实国务院通知精神认真做好第三次全国文物普查的通知》，将第三次全国文物普查工作列为“十一五”期间各地文物工作的重中之重，对开展第三次全国文物普查的目的和意义、工作范围和内容、时间安排、组织和实施形式、经费来源、资料的填报和管理提出了明确意见。为全面贯彻落实国务院《通知》和我局《通知》精神，充分发挥博物馆在切实推进第三次全国文物普查工作中的作用，现将有关要求通知如下：

一、博物馆是所在区域文化遗产保护的重要力量，也是此次文物普查工作的重要参与者和主力军。各地文物行政部门要组织各级博物馆认真学习国务院《通知》和我局《通知》精神，深刻理解开展第三次全国文物普

查的重大意义和博物馆承担的重要职责，统一思想，提高认识，明确分工，落实责任，积极参与所在区域的第三次全国文物普查工作。

二、各地在制订文物普查工作计划时，应根据本地区文物资源分布和人员力量的实际情况，统筹安排，合理配置，协调各级博物馆、文管所协同文物考古研究所、古建研究所等文博机构，充分发挥业务单位的主力军作用，抽调一批专业人员充实到普查工作的第一线，通过实地调查准确填报普查信息，妥善保存普查数据和资料，确保普查资料的准确性和科学性。

三、各级博物馆特别是省、市、县级博物馆，要把积极参与文物普查作为推进各项业务工作的一次重要机遇，系统地积累相关资料和信息，增进对所在区域文化遗产资源及保护状况的了解、认知，为今后开展相关保护、研究、展示、传播、社会教育和公众服务等业务工作奠定基础。同时，要通过文物普查培养锻炼专业人员，提高博物馆工作队伍的整体素质；要制订相关工作计划，采取有效措施和方式，充分发挥博物馆普及文物知识、宣传普查工作的窗口作用，适时组织咨询、讲座或举办普查成果展览，广泛动员社会力量关注、支持文物普查工作和文化遗产保护事业。

二〇〇七年五月三十日

国家文物局关于印发《文物出境审核标准》的通知

文物博发〔2007〕30号

各省、自治区、直辖市文物局（文化厅、文管会）：

根据《中华人民共和国文物保护法》、《中华人民共和国文物保护法实施条例》，《文物出境审核标准》已经2007年4月3日国家文物局第4次局务会议审议通过，现予公布，自公布之日起施行。1960年开始施行的《文物出口鉴定参考标准》同时废止。

二〇〇七年六月五日

文物出境审核标准

说明

一、为加强我国文化遗产保护，防止珍贵文物流失，根据《中华人民共和国文物保护法》、《中华人民共和国文物保护法实施条例》，制定本标准。

二、文物进出境审核机构在开展文物出境审核工作时，执行本标准。

三、本标准以1949年为主要标准线。凡在1949年以前（含1949年）生产、制作的具有一定历史、艺术、科学价值的文物，原则上禁止出境。其中，1911年以前（含1911年）生产、制作的文物一律禁止出境。

四、少数民族文物以1966年为主要标准线。凡在1966年以前（含1966年）生产、制作的有代表性的少数民族文物禁止出境。

五、现存我国境内的外国文物、图书，与我国的文物、图书一样，分类执行本标准。

六、凡有损国家、民族利益，或者有可能引起不良社会影响的文物，不论年限，一律禁止出境。

七、未列入本标准范围之内的文物，如经文物进出境审核机构审核，确有重大历史、艺术、科学价值的，应禁止出境。

八、本标准所列文物分属不同审核类别的，按禁止出境下限执行。

九、本标准由国家文物局负责解释并定期修订。

十、本标准实施后，此前国家文物局发布的其他规定与本标准不一致的，以本标准为准。

	审核类别	禁　限
1．化石		
	古猿化石、古人类化石以及与人类活动有关的第四纪古脊椎动物化石	一律禁止出境
2．建筑物的实物资料		
2.1 建筑模型、图样	建筑的木制模型、纸制烫样、平面立面图、内部装修画样及工程作法等	一九一一年以前的禁止出境
	具有重要历史、艺术、科学价值的	一九四九年以前的禁止出境
2.2 建筑物装修、构件	包括园林建筑构件	一九一一年以前的禁止出境
	具有重要历史、艺术、科学价值的	一九四九年以前的禁止出境
3．绘画、书法		
3.1 中国画及书法		一九一一年以前的禁止出境 一九一一年后参照名单执行
	肖像、影像、画像、风俗画、战功图、纪事图、行乐图等	一九四九年以前的禁止出境 属于本人或其亲属的肖像、影像、画像等不在此限
3.2 油画、水彩画、水粉画	包括素描（含速写）、漫画、版画的原作和原版等	一九四九年以前的禁止出境
	具有重大历史、艺术价值，产生广泛社会影响的	一九四九年后参照名单执行 一律禁止出境
3.3 壁画	宫殿、庙宇、石窟、墓葬中的壁画等	一九四九年以前的禁止出境
	近现代著名壁画的原稿、设计方案及图稿	一律禁止出境
4．碑帖、拓片		
	碑碣、墓志、造像题记、摩崖等拓片及套帖	一九四九年以前的禁止出境
	古器物拓片，包括铭文、纹饰及全形拓片	一九四九年以前的禁止出境
	新发现的重要的或原作已毁损的石刻等拓片	一律禁止出境
5．雕塑		
	人像、佛像、动植物造型及摆件等	一九一一年以前的禁止出境
	名家作品	参照名单执行
	具有重大历史、艺术价值，产生广泛社会影响的	一律禁止出境
6．铭刻		
6.1 甲骨	包括残破、无字或后刻文字及花纹的甲骨和卜骨	一律禁止出境
6.2 玺印		一九一一年以前的禁止出境
	名家制印	参照名单执行
	历代官印，包括玺、印、戳记等	一律禁止出境
	各类军政机构、党派、群众团体使用过的，以及其他有特殊意义的印章、关防、印信等；著名人物使用过的有代表性的个人印章	一九四九年以前的禁止出境
6.3 封泥		一律禁止出境
6.4 符契	包括符节、铁券、铅券、腰牌等	一九一一年以前的禁止出境
6.5 勋章、奖章、纪念章		一九一一年以前的禁止出境
	反映重大历史事件，有特殊意义的；颁发给著名人物的；有重要艺术价值的	一九四九年以前的禁止出境 属于本人或其亲属的不在此限

6.6 碑刻	历代石经、刻石、碑刻、经幢、墓志等	一九四九年以前的禁止出境
6.7 版片	书版、图版、画版、印刷版等	一九四九年以前的禁止出境
7. 图书文献		
7.1 竹简、木简	包括无字的	一律禁止出境
7.2 书札		一九一一年以前的禁止出境
	名人书札	一九四九年以前的禁止出境 属于本人或其亲属的一般来往函件不在此限
7.3 手稿		一九一一年以前的禁止出境
	涉及重大历史事件的或著名人物撰写的重要文件、电报、信函、题词、代表性著作的手稿等	一律禁止出境 属于本人的信函、题词、代表性著作的手稿等不在此限
7.4 书籍		一九一一年以前的禁止出境
	存量不多的木板书及石印、铅印的完整的大部丛书，如图书集成、四部丛刊、丛书集成、万有文库等	一九四九年以前的禁止出境
	有重要历史、学术价值的报刊、教材、	一九四九年以前的禁止出境 图册等
	有重大影响的出版物的原始版本或最早版本	一九四九年以前的禁止出境
	有领袖人物重要批注手迹的	一律禁止出境
	地方志、家谱、族谱	一九四九年以前的禁止出境
7.5 图籍	各种方式印刷和绘制的天文图、舆地图、水道图、水利图、道里图、边防图、战功图、盐场图、行政区划图等	一九四九年以前的禁止出境
	非公开发售的各种地图等	一律禁止出境
7.6 文献档案		一九一一年以前的禁止出境
	有重要历史价值的	一律禁止出境
	重大事件或历次群众性运动中散发、张贴的传单、标语、漫画等	一律禁止出境
	重要战役的战报及相关宣传品等	一律禁止出境
8. 钱币		
8.1 古钱币	各种实物货币、金属称量货币、压胜钱、金银钱等	一九一一年以前的禁止出境
8.2 古钞	宝钞、银票、钱票、私钞等	一九一一年以前的禁止出境
8.3 近现代机制币	金、银、铜、镍等金属币和纪念币	一九四九年以前的禁止出境
8.4 近现代钞票	具有重要历史、艺术、科学价值的	一九四九年以前的禁止出境
8.5 钱范	古代各种钱范和近代各种硬币的模具	一律禁止出境
8.6 钞版	各时期各种材质的钞版	一律禁止出境
8.7 钱币设计图稿	包括样钱、雕母、母钱等	一律禁止出境
9. 舆服		
9.1 车船舆轿	包括零部件	一九一一年以前的禁止出境
9.2 车具、马具	包括零部件	一九一一年以前的禁止出境
9.3 鞋帽		一九一一年以前的禁止出境

9.4 服装		一九一一年以前的禁止出境
9.5 首饰		一九一一年以前的禁止出境
9.6 佩饰		一九一一年以前的禁止出境
10．器具		
10.1 生产工具		一九一一年以前的禁止出境
	反映近现代生产力发展的代表性实物，如工业设备、仪器等	一九四九年以前的禁止出境
10.2 兵器		一九一一年以前的禁止出境
	中国自制的各种枪炮 名人使用过的或有记年记事铭文的	一九四九年以前的禁止出境 一律禁止出境
10.3 乐器	包括舞乐用具	一九一一年以前的禁止出境
	已故著名艺人使用过的	一律禁止出境
10.4 仪仗		一九一一年以前的禁止出境
10.5 度量衡	包括附件	一九一一年以前的禁止出境
10.6 法器	包括乐器、幡、旗等	一九一一年以前的禁止出境
10.7 明器	各种材质所制的专为殉葬用的俑及器物	一九一一年以前的禁止出境
10.8 仪器	包括日晷、罗盘、天文钟、天文仪、算筹等有关天文历算的仪器和科学实验仪器及其部件	一九四九年以前的禁止出境
10.9 家具	各种材质的家具及其部件	一九一一年以前的禁止出境
	黄花梨、紫檀、乌木、鸡翅木、铁梨木家具	一九四九年以前的禁止出境
10.10 金属器	青铜器	一九一一年以前的禁止出境
	金、银、铜、铁、锡、铅等制品	一九一一年以前的禁止出境
10.11 陶瓷器	包括具有历史、艺术、科学价值的残片	一九一一年以前的禁止出境
	官窑器、民窑堂名款器，有纪年、纪事或作为历史事件标志性的器物及残件	一九四九年以前的禁止出境
	名家制品	参照名单执行
10.12 漆器		一九一一年以前的禁止出境
	名家、名作坊或有名人款识的制品	参照名单执行
10.13 织绣品	各种织物、刺绣及其制成品和残片，包括附属于手卷、画轴、册页上的包首、隔水等所用织绣品	一九一一年以前的禁止出境
	地毯、挂毯等	一九一一年以前的禁止出境
	成匹的各种绸、缎、绫、罗、纱、绢、锦、棉、麻、呢、绒等织物	一九四九年以前的禁止出境
	织绣、印染等名家制品	参照名单执行
	缂丝、缂毛（包括残片）	一九四九年以前的禁止出境
10.14 钟表		一九一一年以前的禁止出境
10.15 烟壶		一九一一年以前的禁止出境
	名家制品	参照名单执行
10.16 扇子	包括扇骨、扇面	一九一一年以前的禁止出境
	名家制品	参照名单执行
11．民俗用品		
11.1 民间艺术作品	年画、神马、剪纸、泥人等各种类型的民间艺术作品	一九一一年以前的禁止出境

	具有重要艺术价值的	一九四九年以前的禁止出境
11.2 生活及文娱用品	灯具、锁具、餐具、茶具、棋牌、玩具等	一九一一年以前的禁止出境
	稀有的具有地方特色的代表性实物和民间文化用品	一九四九年以前的禁止出境
12. 文具		
12.1 纸	素纸，包括信笺及手卷、册页所附的素纸	一九一一年以前的禁止出境
	腊笺、金花笺、印花笺、暗花笺等	一九四九年以前的禁止出境
12.2 砚		一九一一年以前的禁止出境
	名家制砚或名人用砚	一九四九年以前的禁止出境
12.3 笔	包括笔杆	一九一一年以前的禁止出境
12.4 墨	包括墨模	一九四九年以前的禁止出境
12.5 其他文具	各种材质的笔筒、笔架、镇纸、臂格、墨床、墨盒等	一九一一年以前的禁止出境
	名家制品或名人用品	一九四九年以前的禁止出境
13. 戏剧曲艺用品		
	包括戏衣、皮影、木偶以及各种与戏剧曲艺有关的道具	一九一一年以前的禁止出境
	唱片	一九四九年以前的禁止出境
14. 工艺美术品		
14.1 玉石器	包括翡翠、玛瑙、水晶、孔雀石、碧玺、绿松石、青金石等各种玉石及琥珀、雄精、珊瑚等制品	一九一一年以前的禁止出境
	材质珍稀，工艺水平高，有一定历史价值和其他特殊意义的	一九四九年以前的禁止出境
14.2 玻璃器		一九一一年以前的禁止出境
14.3 珐琅器	掐丝珐琅、画珐琅等	一九一一年以前的禁止出境
14.4 木雕		一九一一年以前的禁止出境
14.5 牙角器	象牙、犀角制品	一律禁止出境
	车渠、玳瑁等其他骨、角制品	一九一一年以前的禁止出境
14.6 藤竹器	各种藤竹制品、草编制品等	一九一一年以前的禁止出境
14.7 火画	包括通草画、纸织画等	一九一一年以前的禁止出境
14.8 玻璃油画		一九四九年以前的禁止出境
	肖像画、风俗画	属于本人或其亲属的肖像画不在此限
	一般故事画、寿意画等	一九一一年以前的禁止出境
14.9 铁画	一九四九年以前的禁止出境	
15. 邮票、邮品		一九一一年以前的禁止出境
	珍贵的邮票、实寄封、明信片、邮简等	一九四九年以前的禁止出境
	邮票及未发行邮票的设计原图、印样	一律禁止出境
	邮票的印版	一律禁止出境
16. 少数民族文物		
16.1 民族服饰	包括各种材质的佩饰	一九六六年以前的禁止出境
16.2 生产工具	能够反映民族传统生产方式的工具	一九六六年以前的禁止出境
16.3 民俗生活用品	反映民族传统生活方式、具有民族工艺特点的	一九六六年以前的禁止出境

16.4 建筑物实物资料	具有代表性的民族建筑构件	一九六六年以前的禁止出境
16.5 民族工艺品	木雕、木刻、骨雕、漆器、陶器、银器、面具、唐卡、刺绣、织物、乐器等	一九六六年以前的禁止出境
16.6 宗教祭祀、礼仪活动用品	少数民族宗教祭祀及其他民族礼仪活动的用品	一九六六年以前的禁止出境
16.7 文献、书画、碑帖、石刻	包括以少数民族语言文字记录的、有关本民族的文献档案，文艺作品的刻本、抄本，绘画、家谱、书札、碑帖、石刻等	一九六六年以前的禁止出境
16.8 名人遗物	与重要历史事件、活动相关的	一律禁止出境

国家文物局关于表彰全国文化遗产保护工作先进集体和先进个人的决定

文物人发[2007]31号

各省、自治区、直辖市文化厅、文物局（文管会），各有关部委，各直属单位：

党的十六大以来，在党中央、国务院的正确领导下，全国文物系统干部职工认真学习邓小平理论和“三个代表”重要思想，全面落实科学发展观，深入宣传贯彻《文物保护法》以及党和国家的文物工作方针，为保护祖国文化遗产，弘扬中华民族精神，作出了卓有成效的努力。全社会各行各业广大干部职工大力支持、积极参与文化遗产保护工作，作出了无私的奉献。在文化遗产保护事业迅速发展的进程中，涌现出一大批先进集体和先进个人。

为了鼓励先进，树立典型，激励全国文物系统和各行各业干部职工积极投入、广泛参与文化遗产保护工作，国家文物局决定授予北京市周口店北京人遗址管理处等42个单位“全国文化遗产保护工作先进集体”称号；授予周洪福等120名同志“全国文化遗产保护工作先进个人”称号。希望受到表彰的单位和个人珍惜荣誉，再接再厉，锐意进取，在文化遗产保护各项工作中取得更大的成绩。

全国文物系统各单位和广大职工要以受表彰的集体和个人为榜样，紧密团结在以胡锦涛同志为总书记的党中央周围，高举邓小平理论和“三个代表”重要思想伟大旗帜，全面落实科学发展观，以崭新的精神面貌和饱满的工作热情，开拓创新、奋发向上，推进文化遗产保护事业的全面发展，为构建社会主义和谐社会做出新的更大的贡献。

二〇〇七年六月八日

全国文化遗产保护工作先进集体（42个）

◇ 北京市周口店北京人遗址管理处
◇ 天津市天津船厂北洋水师大沽船坞遗址纪念馆
◇ 河北省易县清西陵文物管理处
◇ 山西博物院
◇ 内蒙古自治区清将军衙署博物院
◇ 辽宁省文物保护中心
◇ 吉林省集安市文物局
◇ 黑龙江省侵华日军731部队罪证陈列馆
◇ 上海市松江区文化广播电视管理局
◇ 江苏省无锡市文化遗产局

◇ 浙江省温州博物馆
◇ 安徽省六安市文物管理局
◇ 福建博物院考古研究所
◇ 江西省萍乡市博物馆
◇ 江西省赣州市博物馆
◇ 山东省青岛市文物局
◇ 河南省文物管理局南水北调文物保护办公室
◇ 河南省登封市文物管理局
◇ 湖北省恩施土家族苗族自治州博物馆
◇ 湖南省衡阳市文物处
◇ 广东省开平市华侨博物馆
◇ 广西壮族自治区桂林市文物工作队
◇ 海南省三亚市文化出版体育局
◇ 重庆市中国三峡博物馆（重庆博物馆）
◇ 四川省渠县文物管理所
◇ 贵州省文物考古研究所
◇ 云南省博物馆
◇ 西藏自治区布达拉宫管理处
◇ 西藏自治区昌都地区文化局文物管理科
◇ 陕西省西安市文物局
◇ 甘肃省文物考古研究所
◇ 青海省都兰县文物公安派出所
◇ 宁夏回族自治区银川市文物管理处
◇ 新疆维吾尔自治区博物馆
◇ 新疆维吾尔自治区喀什地区叶城县文体广电局文物管理所
◇ 河南省国有登封林场
◇ 中国科学院研究生院人文学院科技史与科技考古系
◇ 河北省基础地理信息中心
◇ 北京海关现场业务二处外交物品监管科
◇ 北京鲁迅博物馆文物资料保管部
◇ 中国文物研究所文物保护修复培训中心
◇ 国家文物局办公室

全国文化遗产保护工作先进个人（120名）

北京市

◇ 周洪福　怀柔区文化委员会副调研员
◇ 祝自祥　密云县文物管理所所长
◇ 刘卫东　北京石刻艺术博物馆干部
◇ 高小华　昌平区十三陵特区办事处文物科长

天津市

◇ 王可有　北洋水师大沽船坞遗址博物馆馆长
◇ 岳　宏　天津博物馆历史部主任

河北省

◇ 谷同伟　河北省博物馆馆长
◇ 贾金标　河北省文物研究所文物保护办公室主任
◇ 李新威　蔚县文物事业管理所所长
◇ 杨卫东　涿州市文物保管所所长

山西省

◇ 李文艺　晋中市文物局党组书记、局长
◇ 乔云飞　山西省古建筑保护研究所副所长
◇ 范　临　新绛县福胜寺文管所文物看护员
◇ 赵乃仁　太原市文物局副局长

内蒙古自治区

◇ 王维国（蒙古族）　通辽市文化局文物科科长
◇ 范荣南　阿拉善右旗文物管理所所长
◇ 哈　斯（蒙古族）　兴安盟文物管理站副站长
◇ 乌力吉（蒙古族）　赤峰市文化局副局长

辽宁省

◇ 张忠勇　抗美援朝纪念馆副馆长
◇ 马宝杰　辽宁省博物馆馆长
◇ 邢启坤　新宾满族自治县清永陵

文物管理所所长

吉林省

◇ 李　强　延边州文物管理委员会办公室主任

◇ 景富国（蒙古族）　前郭县文物保护管理所所长

◇ 张殿甲　白山市文物保护管理办公室主任

黑龙江省

◇ 张凤礼　大庆市文物管理站站长、大庆市博物馆馆长

◇ 刘云才　哈尔滨市文物管理站站长

◇ 席洪礼　望奎县林枫同志故居纪念馆馆长

上海市

◇ 宋浩杰　徐汇区文物局副局长

江苏省

◇ 李银德　徐州博物馆馆长

◇ 陈丽华（女）　常州博物馆馆长

◇ 李洪波　连云港市文管会办公室副主任兼市重点文物保护研究所所长

浙江省

◇ 孟建耀　宁波市文化广电新闻出版局副局长

◇ 张振常　杭州南宋官窑博物馆馆长

◇ 厉仲云　磐安县文物管理办公室副主任

◇ 赵　丰　中国丝绸博物馆副馆长

安徽省

◇ 张敬国　安徽省文物考古研究所研究员

◇ 鲍广喜　寿县文化广播电视局局长

◇ 汪茂东　淮南市博物馆副馆长

福建省

◇ 王华洋　南靖县文体局局长

◇ 陈寅龙　浦城县博物馆馆长

◇ 杨小川　南安市文管办主任

◇ 胡大新　永定县博物馆馆长

江西省

◇ 文先国　进贤县文物管理所所长

◇ 何　俊　景德镇民窑博物馆馆长

◇ 胡　玮（女）　庐山会议旧址管理所所长

山东省

◇ 崔大庸　济南市考古所所长

◇ 于　勇　宁阳县博物馆馆长

◇ 张启龙　菏泽市文物管理处主任

河南省

◇ 刘海旺　河南省文物考古研究所研究室主任

◇ 赫玉建　南阳市文物考古研究所所长

◇ 张怀银　三门峡市文物局副局长

◇ 张有新　辉县市人大常委会副主任兼文物管理局局长

湖北省

◇ 姚天国　武当山旅游经济特区文物局局长

◇ 刘庆平　武汉市博物馆馆长

◇ 梁华平　辛亥革命武昌起义纪念馆（辛亥革命博物馆）馆长

◇ 李　斌　钟祥市显陵管理处处长

湖南省

◇ 朱汉民　湖南大学岳麓书院院长、岳麓书院文物管理处处长

◇ 吴顺东　湖南省文物考古研究所副主任

◇ 席道合　株洲市文物局局长

◇ 孙　杨　湖南省文物交流鉴定中心保卫科科长

广东省

◇ 陈松南　韶关市文化广电新闻出版局文物科科长

◇ 谭金花（女）　开平市碉楼研究所干部

广西壮族自治区

◇ 谢日万　广西博物馆副馆长兼文物

考古研究所所长
◇ 莫进尤　广西壮族自治区自然博物馆地学部主任
◇ 王伟昭　合浦县博物馆馆长

海南省

◇ 陈　涛　海口市海瑞墓管理处主任
◇ 叶　帆（黎族）　海南省博物馆保管部副主任

重庆市

◇ 杨成茂　重庆文物商店经理
◇ 袁东山（回族）　重庆市文物考古所副所长
◇ 戴月英（女）　南岸区文物管理所干部

四川省

◇ 王　毅　成都博物院院长、成都文物考古研究所所长、成都金沙遗址博物馆馆长
◇ 林品强　朱德同志故居纪念馆馆长
◇ 鲜继新　眉山市洪雅县文物管理所所长
◇ 冯庆川　峨眉山市峨眉山管理委员会党委副书记、常务副主任

贵州省

◇ 龙盛瑜（苗族）　黎平县文体广播电视局党组书记、局长
◇ 李　军　安顺市博物馆业务室主任
◇ 姚海英（女）　清镇市文物管理所所长

云南省

◇ 刘　旭　云南省文物考古研究所副所长
◇ 李景泰　通海县文物管理所所长
◇ 钟燕林（女）　云南省文物局副调研员
◇ 李东明　昆明市文化局文物处处长

西藏自治区

◇ 达娃卓玛（女，藏族）　阿里地区札达县文化局副局长
◇ 多布杰（藏族）　林芝地区文化局文物管理科科长
◇ 尼玛旦增（藏族）　罗布林卡管理处副处长
◇ 肖元春　拉萨市文化文物局局长

陕西省

◇ 周魁英　陕西省文物局文物保护处处长
◇ 任周方　宝鸡市文物事业管理局党组书记、局长
◇ 段国强　富平县文物旅游局局长
◇ 雷军利　咸阳市渭城区文物稽查大队大队长

甘肃省

◇ 施爱民　张掖市文物管理局文物科科长
◇ 王士忠　会宁县文化文物出版局局长
◇ 杨万荣　定西市博物馆馆长

青海省

◇ 何克洲　民和回族土族自治县博物馆馆长
◇ 李特尔（蒙古族）　海西州民族博物馆馆长
◇ 苏生雄（土族）　互助土族自治县文物管理所所长

宁夏回族自治区

◇ 王昌丰　银川西夏陵区管理处文物管理科科长
◇ 闫秀芳（女）　宁夏回族自治区文物保护中心主任
◇ 哈彦成　青铜峡市文物管理所所长

新疆维吾尔自治区

◇ 石德俊　新疆文物总店总经理
◇ 白克力·塞买提（维吾尔族）　伊吾县文管所文物干部
◇ 鲍自斌　新和县文物管理局局长
◇ 努尔旦·居马哈里（哈萨克族）　富蕴县文物局普查员

国土资源部

◇ 李俊德　山东省临朐县山旺国家级自然保护区管理局局长
◇ 杨　成　河北省泥河湾国家级自然

保护区管理处主任

海关总署

◇ 王　巍　海关总署缉私局侦查处副处长

◇ 孙　钊　天津新港海关综合业务处旅检科副主任科员

国家林业局

◇ 张厚宗　安徽省滁州市琅琊山国家森林公园管理处副处长

◇ 柳宝良　甘肃省庄浪县石桥林场场长

国家旅游局

◇ 窦　群　计财司规划处副处长

中国科学院

◇ 王昌燧　中国科学院研究生院系主任

国家测绘局

◇ 缪宏钢　甘肃省基础地理信息中心主任

◇ 赵有松　国家基础地理信息中心遥感部高级工程师

故宫博物院

◇ 梁金生　文物管理处处长

国际友谊博物馆

◇ 隋立新（女）　藏品管理部副主任

文物出版社

◇ 于炳文　第六编辑部主任

中国文物研究所

◇ 王　磊　古代建筑与古迹保护中心助理工程师

中国文物报社

◇ 李　卫　报纸编辑部主任

国家文物局机关

◇ 盛蔚蔚　办公室国际合作处处长

◇ 陆　琼（女）　文物保护司世界遗产处处长

◇ 郭立志　机关服务中心红楼管理处职工

国家林业局和国家文物局关于认真贯彻国务院通知精神积极做好第三次全国文物普查工作的通知

林场发[2007]160号

各省、自治区、直辖市林业厅（局）、文物局，内蒙古、吉林、龙江、大兴安岭森工（林业）集团公司，新疆生产建设兵团林业局、文化局：

2007年4月，国务院发出《关于开展第三次全国文物普查的通知》（国发〔2007〕9号），决定自2007年4月至2011年12月开展第三次全国文物普查。我国林区广袤，散布其间的众多文物，不仅是国家不可再生的文化资源，也是林业生态文化的重要内容。此次全国文物普查既是我国文化遗产保护的重要基础工作，同时也是我国林业生态文化体系建设的重要基础工作。为切实做好第三次全国文物普查工作，积极推进我国林业生态文化建设，现就有关事项通知如下：

一、认真学习，高度重视。文物普查是国情国力调查的重要组成部分，是确保国家文化遗产安全的重要措施。各级林业、文物行政主管部门要深入学习贯彻国发〔2007〕9号文件精神，充分认识开展文物普查的重要性和紧迫性。高度重视，落实要求，切实履行自身职责，积极推进文物普查工作。

二、加强领导，密切协作。为加强文物普查工作的组织领导，国务院成立了由国家林业局等相关部门为成员的第三次全国文物普查领导小组，领导小组办公室设在国家文物局。对各级地方人民政府设立的文物普查领导小组，县级以上林业行政主管部门也应积极争取其相关负责人列为领导小组成员，并争取专人作为联络员参与领导小组办公室的工作，配合文物普查小组开展好林区内文物的普查工作。要积极参与本地区文物普查实施方案的编制工作，将林区内具有历史研究和生态教育价值的建筑、设施、史迹等林业行业性质文物，列入普查重点，丰富文物保护类别，充实林业生态文化内涵。

三、积极参与，主动配合。各基层林业单位（包括国有林场、森林公园、自然保护区、国有苗圃等）应按照当地人民政府的统一部署，积极参与文物普查。要积极为文物普查小组提供林区内文物分布的线索，并为在林区内的文物普查提供工作便利条件，确保文物普查无遗漏，普查工作顺利开展。对文物数量较多的林业单位，还应选派专门人员，在当地文物部门的统一安排下参加文物普查培训，学习和掌握文物普查的专业知识，参与具体的普查工作。

四、巩固成果，加强保护。对林区的文物普查结束后，文物部门应同时将成果资料提供给文物所在地的林业单位，并由县级以上林业行政主管部门将文物名单汇总后，逐级报送至国家林业局。各级林业行政主管部门和各基层林业单位要在文物普查的基础上，进一步巩固林区内文物保护成果，积极配合文物部门落实具体的文物保护措施，深入挖掘文化内涵并利用多种形式加以展示和宣传，加强林区生态文化建设。

特此通知。

二〇〇七年七月十三日

民政部和国家文物局关于做好烈士纪念建筑物保护单位文物普查和附属可移动文物鉴定工作的通知

民发[2007]113号

2007年4月4日《国务院关于开展第三次全国文物普查的通知》(以下简称“国务院通知”)印发后，各级民政、文物部门密切配合，积极开展相关的准备工作，各项工作进展比较顺利。为进一步加强协作，共同做好烈士纪念建筑物保护单位文物普查和附属可移动文物鉴定工作，现就有关问题通知如下：

一、提高认识，高度重视

文物普查是国情国力调查的重要组成部分，是确保国家文化遗产安全的重要措施，是我国文化遗产保护的重要基础工作。做好烈士纪念建筑物保护单位文物普查和附属可移动文物鉴定工作不仅有助于提高烈士纪念建筑物管理保护单位的社会地位，而且将填补我国烈士褒扬事业的空白。各级民政、文物部门要深入学习国务院通知精神，充分认识开展烈士纪念建筑物保护单位文物普查和附属可移动文物鉴定的重要性和紧迫性，站在贯彻落实科学发展观的高度，以对国家和民族高度负责、对历史和未来负责的态度，切实履行自身职责，积极推进烈士纪念建筑物保护单位文物普查和附属可移动文物鉴定工作。

二、加强领导，密切协作

各级民政、文物部门要按照国务院通知要求，加强对烈士纪念建筑物保护单位文物普查和附属可移动文物鉴定工作的领导。各级民政、文物部门要由主要领导担任同级人民政府文物普查领导小组的成员，积极参与研究解决本地区烈士纪念建筑物保护单位文物普查和附属可移动文物鉴定的重大问题，并指定专人作为联络员参与领导小组办公室的工作，具体负责烈士纪念建筑物保护单位文物普查和附属可移动文物鉴定工作的组织实施。充分发挥文物普查领导小组和办公室的重要作用，加强民政、文物部门之间的沟通协调，及时解决烈士纪念建筑物保护单位文物普查和附属可移动文物鉴定工作中的实际问题。

三、制定方案、建立制度

各级民政、文物部门要认真参与制定本地区的烈士纪念建筑物保护单位文物普查和附属可移动文物鉴定工作方案，从各自职能角度，重点明确烈士纪念建筑物保护文物普查和附属可移动文物鉴定的技术路线、组织方式、实施步骤、成果利用和保障措施等内容，并建立健全相应的各项工作制度，使鉴定、普查工作规范化、制度化，为烈士纪念建筑物保护单位文物普查和附属可移动文物鉴定顺利开展奠定坚实基础。

四、加强宣传、广泛动员

各级民政、文物部门要将此次烈士纪念建筑物保护单位革命文物普查、鉴定作为宣传、普及和参与文化遗产保护，建设社会主义先进文化的重要机遇，通过各种有效形式，积极宣传烈士纪念建筑物保护单位文物普查和附属可移动文物鉴定以及文化遗产保护知识、理念。广泛动员本系统干部职工和社会公众主动支持、配合和参与烈士纪念建筑物保护单位文物普查和附属可移动文物鉴定工作，为普查、鉴定机构和人员提供必要的工作便利，按时、如实地填报普查信息。

烈士纪念建筑物保护单位文物普查和附属可移动文物鉴定工作专业性强、程序复杂、任务艰巨，各级民政部门要精心组织、统筹安排、积极投入。要协调烈士纪念建筑物保护单位依照有关规定积极做好烈士纪念建筑物保护单位文物普查和附属可移动文物鉴定的相关准备工作，努力争取借此次普查、鉴定的时机对烈士纪念建筑物保护单位文物进行一次全面的普查、鉴定，促进烈士褒扬事业的健康发展。

二〇〇七年七月十四日

国家测绘局和国家文物局关于积极做好第三次全国文物普查工作的通知

国测办字[2007]17号

各省、自治区、直辖市、计划单列市测绘行政主管部门、文物局，新疆生产建设兵团测绘主管部门、文化局：

2007年4月4日《国务院关于开展第三次全国文物普查的通知》(以下简称“国务院通知”)印发后，各级测绘、文物部门认真学习文件精神，密切配合，积极开展相关的准备工作，各项工作进展比较顺利。为进一步加强协作，共同做好第三次全国文物普查工作，现通知如下：

一、提高认识，高度重视

文物普查是国情国力调查的重要组成部分，是确保国家文化遗产安全的重要措施，是我国文化遗产保护的重要基础工作。各级测绘、文物部门要深入学习国务院通知精神，充分认识开展文物普查的重要性和紧迫性，全面贯彻落实科学发展观，以对国家和民族负责、对历史和未来负责的态度，切实履行自身职责，积极推进文物普查工作。

二、加强领导，密切协作

各级测绘、文物部门要按照国务院通知要求，加强对文物普查工作的组织领导。各级建设、文物部门要由负责同志担任同级人民政府文物普查领导小组的成员，积极参与研究解决本地区文物普查的重大问题；并指定专人作为联络员参与领导小组办公室的工作，具体负责文物普查的组织实施。要充分发挥文物普查领导小组和办公室的重要作用，加强测绘、文物部门之间的沟通协调，及时解决文物普查工作中的实际问题。

三、制订方案，建立制度。

各级测绘、文物部门要积极参与制订本地区的文物普查工作方案，按照各自职能，重点明确文物普查的技术路线、组织方式、实施步骤、成果利用和保障措施等内容，并建立健全相应的工作制度，使普查工作规范化、制度化，为文物普查的顺利开展奠定坚实基础。

四、加强宣传，广泛动员。

各级测绘、文物部门要将此次文物普查作为宣传、普及和参与文化遗产保护，建设社会主义先进文化的重要机遇，通过各种有效形式，积极宣传文物普查和文化遗产保护知识、理念。要广泛动员本系统干部职工和社会公众主动支持、配合和参与文物普查工作，为普查机构和人员提供必要的工作便利，按时、如实地填报普查信息。

五、测绘先行，全力保障

各级测绘行政主管部门要积极配合文物部门组织开展普查工作，加强统筹协调，提前部署，密切配合，全力保障。要提供航空照片、地形图、地理信息数据等测绘成果，为普查工作服务；要发挥技术优势，组织做好文物普查中的测绘支撑保障，重点配合文物部门抓好文物范围判识、定位及普查电子地图制作、文物普查信息系统开发及文物普查数字档案建设等工作。

特此通知。

二〇〇七年七月十七日

水利部和国家文物局关于积极做好第三次全国文物普查工作的通知

水建管[2007]288号

各流域机构，各省（自治区、直辖市）水利（水务）厅（局）、文物局，计划单列市水利（水务）局、文物局，新疆生产建设兵团水利局：

根据《国务院关于开展第三次全国文物普查的通知》（国发[2007]9号，以下简称《通知》）精神，全国将于2007年4月至2011年12月开展文物普查工作。为切实做好水利管护范围的文物普查工作，进一步加强协作，现将有关事项通知如下：

一、提高认识，高度重视。

文物普查是国情国力调查的重要组成部分，是确保国家文化遗产安全的重要措施。各级水利、文物部门要领会《通知》精神，充分认识开展文物普查的重要性和紧迫性，站在贯彻落实科学发展观的高度，以对国家和民族负责、对历史和未来负责的态度，切实履行自身职责，认真做好文物普查工作。

二、加强领导，密切协作。

各级水利、文物部门要按照《通知》要求，切实加强对文物普查工作的组织领导。各级水利、文物部门主要领导要出任同级人民政府文物普查领导小组的成员，积极参与研究解决本区域文物普查的重大问题。同时，要指定专人作为联络员参与领导小组办公室的工作，具体负责水利管护范围内文物普查工作的组织实施。各级文物普查领导小组及其办公室要加强同有关部门的沟通与协调，积极解决普查工作中的实际问题。

三、制订方案，建立制度。

各级水利、文物部门要认真参与制订本地区的文物普查工作方案，从各自职能角度，重点明确文物普查的技术路线、组织方式、实施步骤、成果利用和保障措施等，并建立健全相应的各项工作制度，使普查工作规范化、制度化，为文物普查工作的顺利实施提供保障。

四、加强宣传，广泛动员。

各级水利、文物部门要将此次文物普查作为宣传、普及和参与文化遗产保护，建设社会主义先进文化的重要机遇，通过各种有效形式，积极宣传文物普查和文化遗产保护知识、理念，广泛动员本系统干部职工和社会公众主动支持、配合和参与文物普查工作，为普查机构和人员提供必要的工作便利和条件，按时、准确地获取普查信息。

我国河湖众多、水利设施分别广泛，涉及的文物点多量大，有的水利设施本身就是重要文物，各级水利部门应高度重视、积极配合文物部门落实具体的文物保护措施，并以此次文物普查为契机，加强水利管护范围的文化建设和形象宣传。

特此通知。

二○○七年七月二十三日

国家宗教事务局和国家文物局关于积极做好第三次全国文物普查工作的通知

国宗函[2007]237号

各省、自治区、直辖市、新疆生产建设兵团宗教事务局、民宗委（民宗厅、民宗局）、文物局：

2007年4月4日《国务院关于开展第三次全国文物普查的通知》(以下简称“国务院通知”)印发后，各级宗教、文物部门认真学习文件精神，密切配合，积极开展相关的准备工作，各项工作进展比较顺利。为进一步加强协作，共同做好第三次全国文物普查工作，现通知如下：

一、提高认识，高度重视。

文物普查是国情国力调查的重要组成部分，是确保国家文化遗产安全的重要措施，是我国文化遗产保护的重要基础工作。各级宗教、文物部门要深入学习国务院通知精神，充分认识开展文物普查的重要性和紧迫性，站在贯彻落实科学发展观的高度，以对国家和民族负责、对历史和未来负责的态度，切实履行自身职责，积极推进文物普查工作。

二、加强领导，密切协作。

各级宗教、文物部门要按照国务院通知要求，加强对文物普查工作的组织领导。各级建设、文物部门要由负责同志担任同级人民政府文物普查领导小组的成员，积极参与研究解决本地区文物普查的重大问题；并指定专人作为联络员参与领导小组办公室的工作，具体负责文物普查的组织实施。充分发挥文物普查领导小组和办公室的重要作用，加强宗教、文物部门之间的沟通协调，及时解决文物普查工作中的实际问题。

三、制订方案，建立制度。

各级宗教部门要根据本地区文物普查工作方案制订本系统使用管理的不可移动的文物普查工作方案。重点明确文物普查的组织方式、实施步骤、成果利用和保障措施等内容，并建立健全相应的各项工作制度，使普查工作规范化、制度化，为文物普查的顺利开展奠定坚实基础。各级文物部门应当主动与宗教部门密切配合，提供专业技术支持，共同做好相关工作。

四、加强宣传，广泛动员。

各级宗教、文物部门要将此次文物普查作为宣传、普及和参与文化遗产保护，建设社会主义先进文化的重要机遇，通过各种有效形式，积极宣传文物普查和文化遗产保护知识、理念。广泛动员本系统干部职工和社会公众主动支持、配合和参与文物普查工作，为普查机构和人员提供必要的工作便利，按时、如实地填报普查信息。

宗教部门要将《国务院关于开展第三次全国文物普查的通知》传达到各宗教团体和宗教活动场所，引导宗教界对第三次文物普查工作切实引起重视。属于普查对象的宗教活动场所，要做重点宣传，要配合政府做好普查工作。对普查中不进行认真配合的宗教活动场所，要公开进行批评；对普查工作完成得好的宗教活动场所，要公开提出表扬。普查工作中的技术标准、具体事项，可与省级文物工作部门联系落实。

总之，文物普查工作是一项很重要的工作，各级宗教、文物部门要从自身工作特点出发，积极协调配合，确保高质量地完成这一重要工作。

特此通知。

二〇〇七年七月二十四日

国家文物局关于实施《文物出境审核标准》的补充通知

文物博发〔2007〕35号

各省、自治区、直辖市文物局（文化厅、文管会）：

2007年6月5日，我局公布实施《文物出境审核标准》，原《文物出口鉴定参考标准》同时废止。为确保《文物出境审核标准》的顺利执行，现将有关事项补充通知如下：

一、《文物出境审核标准》印发前，各地文物商店所存已按《文物出口鉴定参考标准》审核并加盖火漆印的文物，出境时一律按《文物出境审核标准》重新进行审核。

二、《文物出境审核标准》印发前，已为个人购买准备携运出境并持有正式税务发票的文物，出境时可按《文物出口鉴定参考标准》进行审核，时间截至2007年9月1日止。

特此通知。

二〇〇七年七月二十五日

国家文物局和国土资源部关于积极做好第三次全国文物普查工作的通知

文物普查发[2007]38号

各省（自治区、直辖市）文物局（文化厅、文管会）、国土资源厅（局）：

2007年4月4日《国务院关于开展第三次全国文物普查的通知》（以下简称“国务院通知”）印发后，各级文物、国土资源部门密切配合，积极开展相关的准备工作，各项工作进展比较顺利。为进一步加强协作，共同做好第三次全国文物普查工作，现通知如下：

一、提高认识，高度重视。

文物普查是国情国力调查的重要组成部分，是确保国家文化遗产安全的重要措施，是我国文化遗产保护的重要基础工作。各级文物、国土资源部门要深入学习国务院通知精神，充分认识开展文物普查的重要性和紧迫性，站在贯彻落实科学发展观的高度，以对国家和民族负责、对历史和未来负责的态度，切实履行自身职责，积极推进文物普查工作。

二、加强领导，密切协作

各级文物、国土资源部门要按照国务院通知要求，加强对文物普查工作的组织领导。各级文物、国土资源部门要由负责同志担任同级人民政府文物普查领导小组的成员，积极参与研究解决本地区文物普查的重大问题；并指定专人作为联络员参与领导小组办公室的工作，具体负责文物普查的组织实施。充分发挥文物普查领导小组和办公室的重要作用，加强文物、国土资源部门之间的沟通协调，及时解决文物普查工作中的实际问题。

三、制订方案，建立制度

各级文物、国土资源部门要认真参与制订本地区的文物普查工作方案，从各自职能角度，重点明确文物普查的技术路线、组织方式、实施步骤、成果利用和保障措施等内容，并建立健全相应的各项工作制度，使普查工作规范化、制度化，为文物普查的顺利开展奠定坚实基础。

四、加强宣传，广泛动员

各级文物、国土资源部门要将此次文物普查作为宣传、普及和参与文化遗产保护，建设社会主义先进文化的重要机遇，通过各种有效形式，积极宣传文物普查和文化遗产保护知识、理念。广泛动员本系统干部职工和社会公众主动支持、配合和参与文物普查工作，为普查机构和人员提供必要的工作便利，按时、如实地填报普查信息。

五、积极参与，共同工作

各级国土资源主管部门要安排精干的力量积极参与文物普查的培训，配合文物普查专业队伍重点针对矿冶遗址、与古人类遗迹共存的古生物化石遗迹、博物馆、地质公园和地质遗迹保护区内有关的文物进行调查，并在地质公园和地质遗迹保护区建设中做好文物的保护工作。

特此通知。

二〇〇七年七月二十七日

交通部和国家文物局关于认真做好第三次全国文物普查工作的通知

交规划发[2007]430号

各省、自治区、直辖市、计划单列市及新疆生产建设兵团交通厅（局），文物局：

2007年4月4日，国务院发出了《关于开展第三次全国文物普查的通知》（国发[2007]9号）（以下简称《通知》），决定自2007年4月至2011年12月开展第三次全国文物普查。为做好这次普查工作，现将有关事项通知如下：

一、对文物普查工作要高度重视。文物普查是国情国力调查的重要组成部分，是确保国家文化遗产安全的重要措施，也是我国文化遗产保护的重要基础工作。各级交通、文物部门要深入学习、贯彻《通知》精神，充分认识开展文物普查的重要性和紧迫性，对文物普查工作给予高度重视，切实履行职责，积极做好相关工作。

二、加强领导，主动配合。为加强文物普查工作的组织领导，国务院成立了由国家文物局等相关部门组成的第三次全国文物普查领导小组，交通部为成员单位，领导小组办公室设在国家文物局。请各级交通、文物部门按照《通知》要求，积极参与文物普查工作，由负责同志担任同级人民政府文物普查领导小组成员，研究解决本地区文物普查的重大问题；并指定专人作为联络员参与领导小组办公室的工作，具体负责文物普查的组织实施。要充分发挥文物普查领导小组和办公室的重要作用，加强交通、文物部门之间的沟通协作，做好本地区桥梁、车站等交通基础设施的文物普查工作。要积极为文物普查小组提供文物分布线索，如实填报普查信息，并为普查工作提供便利条件。

三、加强宣传，提高保护意识。各级交通、文物部门要将此次文物普查作为宣传、普及和参与文化遗产保护，建设社会主义先进文化的重要机遇，通过各种有效形式，积极宣传文物普查和文化遗产保护知识、理念，广泛动员交通系统干部职工主动支持、配合和参与文物普查工作，不断提高文物保护意识。

二〇〇七年八月六日

商务部、国家文物局关于积极做好商务领域文物普查工作的通知

商改发[2007]329号

各省、自治区、直辖市、计划单列市及新疆生产建设兵团商务主管部门、文物局、文化厅（局）、文管会：

根据《国务院关于开展第三次全国文物普查的通知》（国发〔2007〕9号，以下简称《通知》）要求，国务院决定从2007年开始开展第三次全国文物普查（从2007年4月开始，到2011年12月结束）。近年来，各级商务、文物主管部门密切配合，在商务领域文物保护方面积极开展合作，特别是按照《商务部、国家文物局关于加强老字号文化遗产保护工作的通知》（商改发〔2006〕554号）要求，对老字号企业参与文物普查进行了积极准备。为进一步加强协作，共同做好商务领域

文物普查工作，现将有关事项通知如下：

一、充分认识文物普查工作的重要意义

文物普查是国情国力调查的重要组成部分，是确保国家文化遗产安全的重要措施，是我国文化遗产保护的重要基础工作。在国内外贸易的长期发展过程中，各类工商企业不同程度地保存、传承着一些具有深厚文化底蕴、独特历史价值的文物资源。加强对这些文物资源的调查、发掘与保护，对弘扬诚信经营理念和优秀商务文化具有重要意义。地方各级商务、文物主管部门要深入学习《通知》精神，充分认识开展文物普查的重要性和紧迫性，站在贯彻落实科学发展观的高度，以对国家和民族负责、对历史和未来负责的态度，切实履行自身职责，积极组织做好有关文物普查工作。

二、积极做好文物普查工作的组织协调

地方各级商务、文物主管部门要按照《通知》要求，加强对文物普查工作的组织领导，由负责同志担任同级人民政府文物普查领导小组的成员，积极参与研究解决本地区文物普查的重大问题；并指定专人作为联络员参与领导小组办公室的工作，具体负责文物普查的组织实施。地方各级商务、文物主管部门要加强沟通协调，认真参与制订本地区的文物普查工作方案，从各自职能角度建立健全工作制度，密切合作，及时解决文物普查工作中的实际问题，确保普查工作缜密高效、规范有序地进行，为今后保护工作提供条件。

三、切实加强文物普查工作的宣传动员

各级商务、文物主管部门要将此次文物普查作为宣传、普及文化遗产保护知识，加强文化遗产保护，建设社会主义先进文化的重要机遇，通过各种有效形式，广泛动员本系统干部职工支持、配合和参与文物普查工作，并为普查机构和人员提供必要的工作便利，按时、如实、准确地填报普查信息和资料，摸清家底，全面掌握商务领域文物保护情况，使商务领域文物保护工作得到进一步加强。

四、认真组织老字号企业积极参与文物普查

地方各级商务主管部门要积极组织老字号企业对具有历史特色和文化内涵的历史建筑、生产设施、经营场所进行全面调查，了解保存现状、制订保护规划，尽快向当地文物主管部门报告。地方各级文物部门要加强对老字号企业文物的调查和分析，对符合条件的要尽快予以登记并优先确定为相应等级的文物保护单位。对商务部认定的“中华老字号”，符合条件的要优先申报全国重点文物保护单位。

请各地将商务领域文物普查工作的进展情况和存在的问题及时报商务部（商业改革司）和国家文物局（文物保护司）。

特此通知

二〇〇七年八月十三日

国家文物局关于建立第三次全国文物普查工作信息报送制度的通知

文物普查发[2007]44号

各省、自治区、直辖市文物局（文化厅、文管会），新疆生产建设兵团文化局：

国务院《关于开展第三次全国文物普查工作的通知》印发以来，各级政府和有关单

位给予了高度重视，成立机构，开展试点，组织培训，普查筹备工作进展顺利。为全面掌握普查工作开展情况，促进信息与经验交流，根据国务院第三次文物普查领导小组办公室印发的《第三次全国文物普查实施方案》，现就建立第三次全国文物普查工作信息报送制度通知如下：

一、充分认识建立信息报送制度的重要意义

第三次全国文物普查涉及部门多、普查地域广、技术手段新、持续时间长，新增的普查门类专业性强，既对文物普查组织与管理工作提出了严峻挑战，又为面向各级政府与社会公众开展文物保护宣传提供了难得机遇。

建立信息报送制度，能够为各级文物普查机构全面掌握普查进展情况、科学开展各项决策提供及时、准确的参考依据，能够及时发现、总结、推广好的经验做法，迅速处理工作中出现的新情况、新问题，从而促进普查工作水平持续提高，推动普查工作深入开展。

建立信息报送制度，点面结合地编制普查工作简报，及时将普查工作开展情况通报各级政府、普查工作成员单位与相关负责同志，有利于提高各级领导、各级政府的文物保护意识，有利于调动相关部门关心文物工作、参与文物普查的积极性。

建立信息报送制度，有利于及时发现亮点、树立典型、挖掘社会公众喜闻乐见的宣传点，充分掌握宣传素材，有效组织面向社会公众的文化遗产保护大宣传。

各部门、各单位要充分认识建立第三次文物普查工作信息报送制度的重要意义，要按照统一的工作要求，落实工作职责，认真做好相关工作。

二、规范信息报送内容

第三次全国文物普查工作信息报送，分“综合信息月报”和“专项工作简报”两种方式。

1、综合信息月报。各级文物普查机构，应每月汇总一次本级普查工作全面情况，报告上一级普查机构。省级文物普查机构月报内容，应全面介绍本省（区、市）文物普查工作月度进展情况，包括组织保障、制度建设、队伍建设、普查方法、技术创新、设备配置、经费投入、宣传动员、工作进度、质量控制等各个方面，于次月15日前报送我局。月报抬头为《××省第三次全国文物普查综合信息月报（××××年××月)》，报送工作自本月开始。

2、专项工作简报。鼓励各级文物普查机构沿用现行的工作简报制度，对普查工作中的具体事项实行一事一报和重大事项专报，将普查工作中出现的新情况、新问题随时报送，报送格式与内容自定。

在信息报送工作中，应始终对一线、基层的工作给予最大的关注，及时总结工作经验，发现宣传先进典型，客观反映工作中遇到的问题与困难，真正对普查工作起到促进与推动作用。

三、建立信息报送机制

1、专人负责。各级文物普查机构要充分重视信息报送工作，指定一名专（兼）职普查工作信息员，负责定期撰写、采编和报送文物普查工作信息。

2、内容审核。各级文物普查机构对报送的普查工作信息，应加强审核、确保准确。上报信息，须经普查工作机构负责人审批、盖章。

3、逐级报送。各省（区、市）应根据工作实际情况，与市、县普查机构建立相应的普查信息联系协调制度，以便形成上下贯通、覆盖广泛的信息渠道。

四、促进报送信息交流

1、信息发布。我局第三次全国文物普查办公室定期摘编各省区月报与简报内容，编制《第三次全国文物普查简报》，印发国务院第三次全国文物普查领导小组组长、副组长、成员，国务院办公厅，各省、自治区、直

辖市人民政府办公厅，各省、自治区、直辖市文物局（文化厅、文管会），提供中央有关新闻单位。中国文物报、国家文物局政府网站（www.sach.gov.cn）定期编发各地动态，第三次全国文物普查工作专网（pucha.sach.gov.cn）为各省区开辟专门频道，全文发布月报与简报内容。

2、报送排名。我局第三次全国文物普查办公室每月对各省区月报、简报报送情况进行统计，统计结果在国家文物局政府网站和第三次全国文物普查工作专网公开发布。

3、评比表彰。根据工作实际需要，组织开展第三次全国文物普查信息报送评比活动，对报送先进单位和优秀信息员进行表彰。

五、其他

1、各单位确定的信息员名单及其联系方式，请于9月10日前报我局备案。

2、各省（区、市）报送的信息月报和工作简报，应同时上报电子文件。月报、简报均可附加图表、数码图片与视频资料，以积累素材，方便统计、宣传。

3、联系方式：

联 系 人：赵永芬、姚丞

联系电话：（010）84651660

传　　真：（010）84626631

电子邮箱：puchaban@sach.gov.cn

二〇〇七年八月二十七日

财政部和国家文物局关于印发《第三次全国文物普查专项经费使用管理办法》的通知

财教[2007]154号

各省(自治区、直辖市)财政厅(局)、文物局：

为贯彻落实《国务院关于开展第三次全国文物普查的通知》(国发[2007]9号)，根据财政预算管理改革的要求，为规范和加强第三次全国文物普查专项经费的财务管理。提高资金使用效益，我们制定了《第三次全国文物普查专项经费使用管理办法》，现印发你们，请遵照执行。

二〇〇七年九月十四日

第三次全国文物普查专项经费使用管理办法

第一章　总　则

第一条　根据《国务院关于开展第三次全国文物普查的通知》，为加强第三次全国文物普查（以下简称普查）专项经费（以下简称普查专项经费）的使用管理，提高资金使用效益，进一步规范普查专项经费开支的范围，明确经费支出渠道，规范列支科目，合理安排预算，确保第三次文物普查的顺利进行，制定本规定。

第二条　普查的范围和内容：经国务院批准，普查从2007年4月开始，至2010年12月结束。对我国境内(不包括港澳台地区)地上、地下、水下的不可移动文物本体及环境的基本情况进行全面调查、登录，依法登记、建档和公布，并统筹制定相关保护措施。

第三条　普查专项经费是中央财政为开展第三次全国文物普查而设立的专项补助经费。

第四条　根据《中华人民共和国文物保护法》第三条“地方各级人民政府保护本行政区域内的文物”的规定，文物普查所需经费应主要由文物所在地政府解决。中央财政根据普查工作的需要，对地方财政给予适当补助，中央财政补助经费主要考虑各地文物分布情况和区域经济状况等因素统筹予以补助。

第五条 各级普查机构使用普查专项经费，必须接受财政、文物、审计等部门的监督和检查。

第二章 经费支出范围

第六条 普查专项经费主要用于以下支出：

（一）试点费：指组织对第三次文物普查方案进行试点工作所需的费用。

（二）培训费：指组织普查师资、普查组长、普查队员进行普查工作专业技术培训的各种费用。

（三）补助费：指支付给在野外调查、勘探、测绘的普查队员及无固定工资收入的普查员、录入员等人员的补助费。

（四）设备购置费：指普查队主要设备配置费用，如：笔记本电脑、数码照相机、GPS定位仪等。

（五）数据处理费：指普查数据采集、录入、统计分析等所需软件开发费用；购买电子地图、各种磁盘、光盘、纸张、档案装具等材料的费用。

（六）资料档案费：指收集整理普查资料、建立普查档案、编制普查报告以及资料、档案、报告的包装、运输、保管等费用。

（七）出版印刷费：指出版印刷普查报告、不可移动文物名录、普查登记表、过录表、指标解释、指导手册、工作手册、培训教材、资料汇编、文件等与普查直接有关的出版和印刷费用。

（八）公务费：指开展普查业务必须支付的办公费、电讯费、会议费等费用。

（九）其他费用：指普查工作必须的宣传费和上述（一）至（八）项未包括的普查工作必须支出的其他费用。

第三章 经费开支渠道

第七条 根据第三次文物普查的实际情况，中央与地方财政支出项目具体划分如下：

（一）中央财政补助地方普查经费内容包括：

1．培训费：对中西部248个地市和2165个县普查人员培训予以适当补助。

2．补助费：对中西部592个国家级贫困县予以适当补助。

3．设备购置费：对中西部2165个县予以适当补助。

4．数据处理费：对各地编报普查数据、立卷归档、编制名录、购买电子地图予以补助。

5．出版印刷费：对各地出版印刷普查报告、不可移动文物名录予以适当补助。

（二）以上未包括部分的经费，由地方财政部门根据实际情况分别负担。

（三）地方政府为了满足需要，扩大文物普查规模和内容以及地方进行普查试点而增加的费用，均由地方财政负担。

（四）为保证文物普查任务的完成，对县级财政特别困难的地区，省级财政可以给予适当补助。

第八条 第三次文物普查原则上不单设机构。所需工作人员应从有关单位职工中选调。被选调人员的工资、福利、交通费、伙食补贴等应由原单位负担。

第四章 经费使用与管理

第九条 开展第三次全国文物普查，需耗费大量的人力、物力和财力，各级财政在相应的普查年度应安排普查专项经费，并加强资金使用的绩效考核。

第十条 普查专项经费实行“统一领导，分级管理，分级负责”的原则。为便于经费管理和统筹安排，凡属中央财政安排的普查专项经费，均直接下达到各地财政部门，并抄送国家文物局、地方文物部门和财政部驻地方财政监察专员办事处。普查专项经费和各地拨付的普查专项经费由各地财政部门负责管理。

第十一条 各地财政部门在收到普查专项经费后，补助费须及时拨付用款单位，培训、设备购置、数据处理和出版印刷由省级普查机构按配置标准和政府采购程序统一组织、统一管理。同时，凡属地方财政安排的普查专项经费应抄报财政部。

第十二条 要加强国有资产管理，防止国有资产流失。用普查专项经费购置的固定资产，必须履行相关手续，登记入账。

第十三条 普查专项经费必须按规定用途，专款专用，不得挤占和挪用，不得用于基本建设，不得抵充行政、事业经费，不得用于本办法规定范围以外的项目。

第十四条 普查专项经费，统一列入“文物”经费“款”级科目下的“其他文物支出”的“项”级科目。

第十五条 年终决算，资金使用单位应将普查专项经费使用情况及说明，报各级文物、财政主管部门审核并批准。各级财政、文物部门要切实加强普查专项经费使用情况的监督。

第五章 附 则

第十六条 本规定适用于参加第三次全国文物普查工作的所有相关单位。

第十七条 本规定由财政部和国家文物局负责解释。

第十八条 本规定自印发之日起实施。

国家文物局关于转发财政部《中央级民口科技计划(基金)经费绩效考评管理暂行办法》的通知

办博函[2007]730号

各省、自治区、直辖市文物局（文化厅、文化局）、文管会，各有关单位：

财政部于2007年8月15日发布了《中央级民口科技计划(基金)经费绩效考评管理暂行办法》(财教[2007]145号)。为规范和加强中央级文化遗产保护领域科技计划经费绩效考评的组织和管理，完善绩效管理机制，提高经费的使用效益，现将文件转发你们，请遵照执行。

二〇〇七年九月二十八日

中央级民口科技计划(基金)经费绩效考评管理暂行办法

第一条 为了规范和加强中央级民口科技计划(基金)(以下简称科技计划)经费绩效考评的组织和管理，完善科技计划绩效管理机制，提高科技计划经费的使用效益，根据《国务院办公厅转发财政部、科技部关于改进和加强中央财政科技经费管理若干意见的通知》(国办发〔2006〕56号)、《中央部门预算支出绩效考评管理办法(试行)》(财预〔2005〕86号)和国家其他有关规定，制定本办法。

第二条 科技计划经费绩效考评遵循客观、公正、科学、规范的原则，运用一定的考核方法和指标及评价标准，对科技计划绩效目标的实现程度及其经费执行结果进行综合性考核与评价。

第三条 科技计划经费绩效考评的范围包括：来源于中央财政拨款，由国务院批准设立，以及按照国务院有关规定要求设置的各类民口科技计划、科学基金和相关科技专项的项目、课题。

第四条 科技计划经费绩效考评应根据基础研究、应用研究、技术研究与开发等不同科研类型和特点，设置绩效考评指标体系，并分类组织实施。财政部根据考评内容统一制定共性考评指标，科技计划主管部门

(以下简称主管部门)根据考评项目的特点商财政部确定个性考评指标。

第五条 科技计划经费绩效考评的主要内容是绩效目标完成情况及其成效。包括：绩效目标的合理性、组织实施和管理效能、项目的社会效益、项目的持续性影响、资金的使用效果、财务信息质量以及财务管理状况等。

第六条 财政部负责制定科技计划经费绩效考评的规章制度，指导和监督主管部门的科技计划经费绩效考评工作。

第七条 主管部门负责组织实施本部门的科技计划经费绩效考评工作。主管部门应根据科技计划的类型、特点和经费管理要求，结合实际情况，建立和完善绩效考评指标体系；根据财政部绩效考评工作总体部署和要求，制定本部门年度绩效考评工作实施方案，并组织实施。绩效考评的实施方案和组织实施形式应商财政部确定。

第八条 科技计划项目、课题的承担部门和单位应根据财政部、主管部门绩效考评的规定和要求，负责组织开展科技计划项目和课题经费的绩效自评工作。

第九条 科技计划的项目和课题应具有明确的绩效目标。科技计划项目、课题的承担部门和单位在申报科技计划项目和课题时，应根据科技计划总体目标，结合项目、课题任务和特点及其预算支出内容，对绩效目标进行量化。

第十条 主管部门应在编报年度预算时向财政部报送科技计划经费绩效考评计划，确定考评对象、内容、绩效目标等。科技计划项目、课题的承担部门和单位应在项目和课题验收工作完成后的30个工作日内，编制项目和课题绩效报告，报送主管部门审核。主管部门可结合项目执行情况开展阶段性绩效考评工作。

第十一条 科技计划项目、课题经费绩效考评工作原则上应委托相关考评机构具体实施。考评机构应通过招投标方式产生。涉密的或金额较小的科技计划项目和课题的绩效考评工作可由主管部门视情况组织开展。

第十二条 考评机构应为具备绩效考评相关资质和能力的独立的企业或事业法人，并符合考评规则对考评机构“第三方”地位的要求。承担科技计划及其项目和课题工作与科技计划有经费预算关系，以及参与科技计划项目、课题前期评估、过程管理及验收工作的机构，不得作为考评机构参与相关科技计划经费绩效考评工作。考评结束后，考评机构应当在规定的时间内向主管部门提交绩效考评报告。

第十三条 科技计划经费绩效考评根据考评范围、工作量和考评时间要求，一般可采取现场考评与非现场考评相结合的方式。绩效考评应采取定量与定性相结合的方法，具体技术方法主要有比较法、因素分析法、公众评价法、成本效益分析法和多指标综合评价法等。

第十四条 科技计划经费绩效考评结果应全面、真实地反映科技计划绩效情况。科技计划项目、课题的实际绩效和经费支出应与其绩效目标和预算具有一致性和相符性，实际绩效也应与经费支出相对应。

第十五条 科技计划项目、课题的承担部门和单位应根据考评结果，按照财政部和主管部门的意见要求，及时提出加强和改进科技计划项目、课题管理的具体方案，明确整改措施，并在规定时间内加以落实。

第十六条 财政部和主管部门按照国家科技资源共享的要求，建立和完善科技计划经费绩效考评与科技计划管理和财政预算管理信息的共享机制，充分发挥绩效考评的作用及效能。在不涉及国家和行业技术秘密的前提下，绩效考评结果应由主管部门向社会公布。

第十七条 对绩效考评中发现的绩效严重失实、数字虚假、重复立项套取科技计划经费、挪用和侵占科技计划经费等问题，应按照国家有关行政法规规定处理；涉嫌犯罪的，移送司法机关。

第十八条 本办法自发布之日起施行。

国家文物局关于博物馆登记年检工作情况的通报

文物博发[2007]48号

各省、自治区、直辖市文物局、文管会（文化厅、局）：

博物馆登记年检工作是《博物馆管理办法》的具体要求之一，是提高我国博物馆管理水平的重要措施。自2005年《博物馆管理办法》颁布以来，全国各级文物部门高度重视，及时结合本省实际情况，认真贯彻落实《博物馆管理办法》的精神，依法组织开展博物馆登记年检工作，全面了解和掌握博物馆管理信息的变化情况，取得了一定的成效。截至目前，已全部完成博物馆登记年检工作的有辽宁、安徽、河南、四川、西藏、甘肃、宁夏、新疆8个省份；部分完成博物馆登记年检工作的有北京、河北、山西、内蒙古、吉林、黑龙江、上海、江苏、安徽、福建、江西、湖北、湖南、广东、广西、重庆、贵州、青海18个省份；尚未开展登记年检工作的有天津、浙江、山东、海南、陕西5个省份。

上述情况反映，全国博物馆登记年检工作进展很不平衡，许多省、市、自治区的工作进度明显滞后于《博物馆管理办法》的要求，有的省份甚至未启动该项工作。而且，在具体操作中还存在着一些突出问题。一是部分省份的文物行政部门对该项工作认识不到位，重视程度不足，尚未将其列入年度计划，提上议事日程，致使登记年检工作没有得到具体落实。二是工作经费不足，人员素质不高，具体措施不到位。三是宣传动员不力，非文物系统博物馆在具体工作中不主动、不配合，不同程度地制约了登记年检工作的顺利开展。

为加强和改进博物馆登记年检工作，提高该项工作的时效性，针对当前存在的问题，特提出以下要求：

一、深入学习贯彻《博物馆管理办法》，提高对博物馆登记年检工作的认识。登记年检是博物馆规范管理的基础性工作，关乎博物馆事业的繁荣与发展。各级文物行政部门要认真学习理解《博物馆管理办法》及其关于博物馆登记年检的具体要求，统筹安排，精心部署，进一步强化法律意识和责任意识，指定专人负责本省博物馆登记年检工作，并列为基础工作提上议事日程，大力推动该项工作的有序开展。

二、建立健全制度措施，把博物馆登记年检的各项工作落到实处。各级文物行政部门要依据《博物馆管理办法》，结合本省实际，针对本单位和基层单位存在的重点难点问题，制订有效的工作制度和管理措施，加大指导、监管、检查力度，切实做到有章可循，执法必严，提高博物馆登记年检工作的规范化水平。为此，我局编制了博物馆登记年检基本要素（见附件），供各级文物行政部门参考。

三、制订工作计划，加强博物馆登记年检工作的时效性。时效性是博物馆登记年检工作的基本要求，各级文物行政部门要在确保工作完成质量的前提下，制定计划，加强宣传，注重培训，提高效率，力争于今年年底前完成2007年度本区域内所有博物馆的登记年检工作，并及时编写登记年检报告，报我局备案。我局将适时公布全国博物馆登记年检情况。

二〇〇七年十月十八日

博物馆登记年检基本要素

一、年检时间

二、博物馆基本情况

（一） 法人代表；（二）博物馆名称；

(三)博物馆详细地址、邮编;(四)联系电话。

三、博物馆年检情况

(一)博物馆名称、法人代表、馆址变化情况;(二)博物馆藏品数量、品级的变化情况;(三)博物馆重大安全事故发生情况:1.藏品安全事故发生情况;2.观众人身安全事故发生情况。(四)博物馆功能发生情况:1.基本陈列有无修改;2.陈列展览个数;3.博物馆年观众人数变化情况;4.博物馆开放天数。

文化部、国家文物局关于表彰全国文物工作先进县的决定

文物发[2007]46号

各省、自治区、直辖市文化厅(局)、文物局(文管会):

近年来,各地党委、政府坚持以邓小平理论和“三个代表”重要思想为指导,树立和落实科学发展观,深入贯彻《文物保护法》以及党和国家“保护为主、抢救第一、合理利用、加强管理”的文物工作方针,高度重视、大力支持文物工作,依法履行政府保护文物的职责,积极落实“五纳入”,组织动员广大人民群众热情参与文物保护工作,努力使文物保护的成果惠及人民群众,取得显著成绩,涌现出一批先进典型。

为了鼓励地方各级政府更加重视、关心和支持文物工作,激励各地文物部门和广大文物工作者团结进取、奋发向上,文化部、国家文物局决定授予北京市延庆县等36个县(市、区)为“全国文物工作先进县”。

希望受到表彰的全国文物工作先进县珍惜荣誉,再接再厉,再创新的业绩。同时号召全国各级文物部门和广大文物工作者在党的十七大精神指引下,高举中国特色社会主义伟大旗帜,以邓小平理论和“三个代表”重要思想为指导,深入贯彻落实科学发展观,继续解放思想,坚持改革开放,推进文化遗产事业科学发展,为全面建设小康社会作出更大的贡献!

二〇〇七年十二月五日

2007年全国文物工作先进县名单

◇ 北京市延庆县　◇ 河北省涿州市
◇ 河北省磁县　◇ 山西省柳林县
◇ 山西省泽州县
◇ 内蒙古自治区鄂温克族自治旗
◇ 辽宁省北镇市
◇ 吉林省前郭尔罗斯蒙古族自治县
◇ 黑龙江省东宁县　◇ 上海市松江区
◇ 江苏省常熟市　◇ 浙江省永康市
◇ 浙江省长兴县　◇ 安徽省寿县
◇ 福建省南靖县　◇ 江西省高安市
◇ 山东省平度市　◇ 河南省巩义市
◇ 河南省新县
◇ 湖北省荆州市荆州区
◇ 湖南省醴陵市
◇ 广东省佛山市顺德区
◇ 广西壮族自治区横县
◇ 海南省文昌市　◇ 重庆市云阳县
◇ 四川省双流县　◇ 四川省汶川县
◇ 贵州省遵义县
◇ 云南省巍山彝族回族自治县
◇ 西藏自治区比如县　◇ 陕西省扶风县
◇ 陕西省铜川市耀州区
◇ 甘肃省肃南裕固族自治县
◇ 青海省贵德县
◇ 宁夏回族自治区彭阳县
◇ 新疆维吾尔自治区库车县

综述篇

党建工作

【深入贯彻党的十七大精神】

国家文物局直属机关党委协同中国文物报社，在《中国文物报》上集中宣传十六大以来我国文化遗产事业取得的成就，宣传全国文物系统出席党的十七大代表的先进事迹，营造迎接十七大胜利召开的良好氛围。组织两期学习班，58名司局级干部参加了党的十七大精神学习；组织国家文物局机关和直属单位党支部书记十七大精神学习班，39名党支部书记参加了学习。加强了党的十七大学习宣传工作，印发了12期学习简报，并通过《中国文物报》报道学习情况。

【加强思想政治建设】

2007年5月8日，组织召开“创建和谐机关、争做人民满意的公务员”座谈会。局机关赵永芬、齐宝利两名同志被评为国家文物局“人民满意的公务员”并荣记三等功。五名同志在座谈会上交流了学习和工作体会。国家文物局党组书记、局长单霁翔同志在座谈会上对机关思想政治建设提出了要求，要求大家争做人民满意的公务员，把机关建设成为廉洁、勤政、务实、高效的机关。

开展主题党日活动。“七一”前夕，国家文物局直属机关党委印发《关于组织开展“迎接党的十七大胜利召开、保持共产党员先进性”主题党日活动的通知》，机关各党支部、各直属单位党组织都组织开展了主题党日活动，组织党员干部参观革命旧址、重温入党誓词、开展专题调研、参观党史展览、走访慰问老党员和困难党员等活动，以丰富多彩的活动，引导党员干部坚定理想信念，保持共产党员先进性。

【加强党的组织建设】

开展党内表彰活动。6月28日，国家文物局直属机关党委召开表彰大会，表彰了8个先进党支部、29名优秀共产党员、10名优秀党务工作者。

调整基层党组织设置，选配好基层党组织负责人。2007年度中国文物报社党支部改为党总支部。配合国家文物局党组分别为中国文物报社和国际友谊博物馆选配好党总支书记。

做好发展党员工作。2007年5月24日～28日，国家文物局直属机关党委举办入党积极分子培训班，46名入党积极分子参加了培训，张柏同志在培训班上讲课。每位学员都参加了考试，撰写了学习收获。2007年机关和直属单位共发展接受8名同志为中共预备党员，并有6名预备党员转为正式党员。

组织国家文物局直属单位党委（总支、支部）书记赴越南、柬埔寨、泰国考察文化遗产保护工作，并与这些国家文化遗产部门负责人在机构设置、人才队伍建设、文物保护和博物馆建设等方面进行了交流。

【加强党的作风建设】

在国家文物局党组领导下召开局系统党风廉政建设大会，认真学习传达胡锦涛总书记在中央纪委七次全会上的重要讲话和吴官正同志的工作报告，提出贯彻落实的实施意见。制定了《国家文物局2007年度党风廉政建设任务分工和工作要点》，明确了6个方面23项工作任务分工及负责单位、检查单位，做到责任到人，抓好落实。

加强干部廉洁自律工作。按照中央有关规定，组织党员领导干部认真开展报告个人有关事项工作和收入申报工作。国家文物局机关副处级以上党员领导干部、直属单位副局级以上党员领导干部共98人全部进行了个人申报工作。

【工会、共青团和妇女工作】

深入开展创建文明单位活动。国家文物局系统各基层党组织积极提升创建文明单位工作的整体水平。国家文物局机关、北京鲁迅博物馆、国际友谊博物馆、中国文物信息咨询中心、文物出版社、中国文物研究所、中国文物报社被评为“中央国家机关文明单位”。组织党员和干部职工90余人到八达岭长城，开展“爱我长城、保护长城”主题植树活动。

做好共青团工作。国家文物局直属机关团委举办重走长征路活动的专题汇报会，并与文化部团委联合举办讲座，请单霁翔同志向青年作了题为“城市文化建设与文化遗产保护”的报告。直属机关妇女工作委员会召开“三八”妇女表彰大会，表彰了21名优秀女干部。直属机关工会在春节期间组织慰问困难职工。在河南省洛阳市举办部分省市职工乒乓球比赛，同时举办国家文物局系统工会干部培训班。工青妇组织联合举办局系统第四届职工运动会，来自国家文物局机关、直属单位和局系统老干部的11个代表队参加了22个项目的比赛。

【定点帮扶贫困县工作】

2006年9月，国家文物局拨付资金30万元建设武山县温泉乡棋盘小学。棋盘文博希望小学于 2007年7月竣工。教学楼为二层，四间教室及辅助用房共400平方米，解决了5个自然村200多学生的就学问题。11月29日，国家文物局直属机关党委受局党组的委托，参加了文博希望小学落成仪式，并为学校配置了教学设备，为200多名同学制作了校服，同时还为钟锣湾教学点的22名小学生配置了校服、棉帽、手套和取暖设备，送去了文博系统干部职工对贫困县人民的关心和支持，在当地群众中引起了热烈的反响。

法规建设

2007年，我国文化遗产法制建设取得了长足的进步和发展，主要体现在以下各方面。

【重要会议】

全国人大教科文卫委员会、文化部、国务院法制办、国家文物局联合召开“《中华人民共和国文物保护法》修订实施五周年座谈会”，为进一步深入贯彻实施《文物保护法》明确了目标、任务和方向。会议要求进一步深入宣传贯彻实施《文物保护法》，推动全社会提高对文物事业重要性的认识，进一步树立保护文物的法律意识，促进各级政府依法保护文物。

召开首次“全国文物法制工作会议”，总结了五年来我国文化遗产法制工作的经验，提出了未来开展文化遗产法制工作的思路和重点。会议紧密联系文化遗产法制工作实际，分析了当前文化遗产法制工作面临的形势和任务，提出了加强文化遗产法制工作的指导思想，要求各级文物部门：切实加强管理，实现各工作环节的制度化规范化；紧密联系实际，实现思想和工作多方面的转变，实现法律框架体系的丰富和完善；加强行政执法工作，建立文化遗产安全保障长效机制。

【文物进出境审核管理办法】

制定并公布部门规章《文物进出境审核管理办法》，完善了文物出境许可制度，推动了文物进出境审核管理工作的科学发展。新颁布的《文物进出境审核管理办法》重点是对文物进出境审核机构和人员进行规范管理。在机构建设方面，提出明确要求：国家文物局负责文物进出境审核管理工作，指定文物进出境审核机构承担文物进出境审核工作。文物进出境审核机构由国家文物局和省级人民政府联合组建。省级人民政府应当保障文物进出境审核机构的编制、办公场所及工作经费。国家文物局应当对文物进出境审核机构的业务经费予以补助。在人员方面，强调对承担进出境审核工作的人员，进行资格管理。经国家文物局考核合格的，确定其文物进出境责任鉴定员资格，颁发证书，持证上岗。这些规定的贯彻实施有助于改变过去鉴定站机构性质不明确，体制不统一，一些鉴定站经费短缺，编制不足，人员缺额等问题。

【博物馆条例（送审稿）】

上报《博物馆条例（送审稿）》，为依法完善博物馆管理工作积极创造条件。《中华人民共和国文物保护法》和《中华人民共和国文物保护法实施条例》，对博物馆机构作了简要规定，对馆藏文物的保护和管理提出了明确具体的要求。为切实贯彻落实《中华人民共和国文物保护法》和《中华人民共和国文物保护法实施条例》，促进博物馆事业的发展，发挥博物馆的功能，规范对博物馆的管理，国家文物局在总结部门规章《博物馆管理办法》实施情况的基础上，组织起草了行政法规《博物馆条例（草案稿）》。该草案稿请各省级文物主管部门、主要博物馆和部分专家学者提出了意见和建议。国家文物局还书面征求了国家发展改革委、教育部、科技部、民政部、财政部、国家税务总局等68个国务院有关机构对草案稿的意见。通过对这些意见和建议进行反复研究和吸纳，国家文物局形成了《博物馆条例（送审稿）》并上报国务院法制办。

【编辑出版】

编辑出版了《国际文化遗产保护文件选编》和《中华人民共和国文化遗产保护法律文件选编》，为公众和专业人员提供了较为全面的文献资料。便于充分利用国际先进保护管理经验提高我国文化遗产保护的能力和水平，进而为推动文化遗产保护事业的国际合作做出贡献。

文物安全与执法督察

【文物行政执法专项督察】

为切实履行法律赋予文物行政部门的权利和义务，推进文物行政部门依法行政，落实行政执法责任制，巩固2005、2006年行政执法专项督察成果，依据相关法律、法规和国务院有关文件精神，国家文物局决定继续在全国开展年度行政执法专项督察工作。

2007年3月，国家文物局向全国文物系统发出通知，要求各地按照规定内容开展自查，并上报有关情况。依据督察方案，9月19日，国家文物局在京组织召开了督察组全体会议，研究实施2007年度国家文物局行政执法专项督察方案，确定了被督察地区，单霁翔局长、董保华副局长参加了会议并就专项督察工作提出了明确要求。

9月19日～10月22日，单霁翔、张柏、董保华、童明康四位局领导分别参加四个督察组赴北京、吉林、黑龙江、湖北、湖南、四川、云南、甘肃、青海等九省市共计78个世界文化遗产地、全国重点文物保护单位、博物馆等进行了专项执法督察。

督察组及时向当地文物行政部门反映了发现的问题，并完成了小组督察报告，对文物事业发展提出了具体意见。

2007年度专项督察工作，不但总结了以往的经验，严密制定了督察方案，还进行了周密的工作部署，并在北京召开了专题的督察工作行前动员会议，是进一步提高管理能力、推进依法行政、全面落实文物工作方针的具体体现。这次督察工作紧紧围绕第三次全国文物普查工作和国家文物局各项重点工作，抓落实，抓基础，抓管理，查问题，堵漏洞，突出重点，深入实际。督察实践表明，连续三年开展的文物行政执法专项督察工作，十分及时、必要，督察工作积极推动了文物行政部门依法行政进程，对文物法规进行了全面贯彻落实，深入实际进行调查研究。督察工作有力地纠正和震慑了文物行政违法和文物犯罪行为，有力地推进了文物行政机构的完善和各项规章制度的建立健全，有力地加强了文物行政执法、文物安全防范工作。

【督办、核查的重要违法案件】

2007年共督办、核查文物行政执法案件102件，采取的处理工作方式为：发出执法通知、现场督察、电话督办、联合执法等；对2006年国家文物局重点案件继续进行督察，落实整改。重点介绍如下：

1．甘肃省博物馆一级文物遭破坏案件

2007年6月26日，甘肃省博物馆展厅内多媒体系统发生故障，维修单位在维修时致使展柜上装饰用的玻璃脱落，将展柜内两件彩陶展品砸成碎片，经核查，遭损毁的文物1件为一级文物，1件未定级。事后，甘肃省博物馆隐瞒不报，并擅自对受损文物进行了修复。该案件是一起典型的重大安全事故，事发后甘肃省博物馆擅自采取不当措施，性质恶劣，影响极坏，后果严重。督察组依据先期国家文物局和甘肃省人民政府提出的处理意见，要求对该案件继续深入调查，严肃依法处理。

2．四川省江油市窦圌山云岩寺保护范围内违法建设案件

云岩寺位于江油市北25公里的窦圌山上，是第三批全国重点文物保护单位。始建于唐，兴盛于宋，明末毁于兵火。所存建筑中，除飞天藏建于宋淳熙八年（1181），其余均为清朝重建。占地26亩，建筑面积5051平方米。

督察中发现和了解到，云岩寺存在如下违法违规问题：一是江油市政府将云岩寺与窦圌山景区捆绑交由某企业经营管理；二是某企业在云岩寺保护范围内有数处未经报批的违法建设；三是未经批准，擅自将云岩寺开放为宗教活动场所。督察组现场指出，省、市文物行政部门应立即对云岩寺涉及的违法问题深入调查，确认违法事实；违法事实确认后，制订整改方案，报批后依法处理。

【文物安全】

2007年，国家文物局执法督查处对职能内的安全工作加强了协调和研究，接到报案，立即通报国家文物局有关部门，提出建议，形成安全工作齐抓共管的良好局面。重大案件立即通报公安部，提出建议。

2007年，国家文物局接到各地上报的涉及文物安全的案件和事故共42起，其中盗掘（捞）和盗窃（抢）文物案件33起，过失损

毁馆藏文物事故2起，火灾事故7起。与2006年相比，案件和事故总数增加3起，火灾事故则上升4起。

【安全防范设施试点情况】

为填补田野文物安全防范报警技术的空白，国家文物局近年来组织进行了科研项目调研和实验，特别是专利技术的地下拾音报警技术，适用田野文物的安全保卫，通过专家论证和专业机构的检测，技术已基本成熟，河南巩义宋陵、内蒙韩氏家族墓的实验工程已通过检测，并通过专家验收。

【文物安全与行政执法管理信息系统】

根据国家文物局领导指示精神，执法督查处委托中国文物信息咨询中心着手准备该信息系统建设工作，已经初步完成，进入了试运行验收、培训、推广阶段。系统的建设使用，对推进行政执法工作，提高效率，落实责任，加强督察都会产生积极影响。

文物保护

【应县木塔】

应县木塔内临时设施大部已经拆除，第一、二层的卸荷工作待复核评估后完成。已完成整体养护维修方案并着手实施。监测系统设计方案已开始编制，国家文物局文物处督促山西省文物部门尽快建立监测系统。

【西藏文物保护工程】

西藏三大工程和“十一五”期间将开展的十大工程的前期准备工作进展顺利。批复了拉加里王宫文物保护规划和科迦寺等七处文物保护单位保护维修工程设计方案，在方案审批上为十大工程的实施做了充分准备。

【晋东南早期建筑保护维修工程】

争取了发展改革委在国家“十一五”抢救性文物保护设施建设专项规划中安排4.02亿元中央补助资金用于晋东南项目的安全消防设施设备和环境综合整治工程。在确保文物安全的前提下，按照项目的轻重缓急，险情严重的优先安排，非急需的项目和工程规模适当压缩。

【柬埔寨、蒙古援外工程】

2007年1月，国家文物局文物处组织专家对柬埔寨吴哥窟保护一期工程周萨神庙的维修工程进行了全面检查，工程整体效果良好。蒙古博格达汗宫门前区保护工程已于5月份开工。

【涉台文物和三坊七巷保护】

组织专家组赴福建对涉台文物的界定、分类和保护状况进行深入调研，根据调研情况草拟了上报中央领导同志的相关报告，并委托有关专业单位着手编制涉台文物保护项目文本。批复了三坊七巷文物保护总体规划和六个维修工程方案。

【法规制度建设】

1．制订了《文物保护工程监理资质管理办法》(试行)，国家文物局于2007年4月13日颁布实施。

2．颁发了第二批文物保护工程勘察设计单位甲级资质和施工单位一级资质证书。

3.委托清华大学等有关单位开展了《文物保护工程竣工报告编写出版管理办法》、《文物保护工程竣工报告编写标准》、《文物保护工程南方地区定额》、《文物建筑雷电防护工程设计与施工资质管理办法》、《文物建筑雷电防护规范》、《文物保护工程个人资质培训、考试管理办法》、《文物保护工程个人资质培训大纲、基础教材》、《文物保护工程个人资质考试题库》的编制工作。

4．制订了《全国重点文物保护单位保护工程方案审批管理办法》稿，总的思路是要更加充分地发挥专业咨询机构、省级文物部门和专家的作用，以提高工程方案审批工作的质量和效率。

【第三次全国文物普查】

1．草拟国务院通知等相关文件

国家文物局文物处草拟了上报国务院的关于开展第三次全国文物普查的请示件和国务院通知稿，其间根据情况变化做了多次修改。2007年4月4日，《国务院关于开展第三次全国文物普查的通知》下发后，文物处草拟了《国家文物局关于落实国务院通知精神认真做好第三次全国文物普查的通知》，于4月16日印发各省级文物行政部门，对贯彻落实国务院通知精神，开展文物普查的有关工作提出了具体要求。

2．制订实施方案和标准规范

国家文物局文物处与中国文物研究所有关同志多次对文物普查实施方案和标准规范进行修改，反复征求了各地文物部门、试点地区、有关专家和国务院领导小组各成员单位的意见，形成了比较科学合理、切实可行的实施方案和标准规范稿，已上报领导小组。

3．联系各有关部门普查工作

国家文物局文物处会同局秘书处联络了文物普查工作涉及的十三个部委局和解放军总后勤部，确认了各单位参加国务院第三次全国文物普查领导小组及其办公室的成员。承担了领导小组第一次会议和办公室第一次会议的联络和文件准备工作。

4．组织普查人员培训

国家文物局文物处会同中国文物研究所举办了第三次全国文物普查培训班，对各省级文物部门的管理和专业人员以及解放军代表100余人进行了培训。6月26日，印发了《关于做好第三次全国文物普查人员培训工作的通知》，对普查人员培训计划、内容等提出了明确要求。按照国家文物局教育处提供的式样统一印制了普查员资格证书，发给各省级文物部门。

大遗址保护

2007年是“十一五”期间大遗址保护规划实行的第二年，大遗址保护工作在以往工作基础上继续推进，有序开展。

2007年，国家文物局先后批准了鸿山遗址、盘龙城遗址、信阳城阳城址、上林湖越窑遗址、李家山遗址、剑南春酒坊遗址、大窑龙泉窑遗址、郸城遗址、燕下都遗址等重要遗址保护规划；陆续批准了交河故城、高昌故城、台藏塔遗址、大明宫御道、丹凤门遗址、汉长安城四号、五号建筑遗址、直城门遗址、隋唐洛阳城天堂遗址、汉魏洛阳城灵台遗址、偃师商城宫城遗址、大城西城垣遗址、宝丰清凉寺汝官窑遗址、邛窑十方堂遗址等重要大遗址保护方案，有力地推动大遗址保护工程顺利开展。

2007年3月，国家文物局、河南省人民政府在洛阳联合召开大遗址保护工作洛阳现场会，同时，隋唐洛阳城定鼎门遗址区保护工程进行开工奠基，标志着洛阳大遗址保护工作全面启动。同时，汉魏洛阳城遗址阊阖门保护工程、偃师商城遗址大城西城垣保护工程也陆续启动。西安片区大明宫遗址、汉长安城遗址等重要遗址保护工程顺利实施，长城保护进展顺利，丝绸之路新疆段高昌故城、交河故城保护工程等重要项目积极推进。大运河保护和申报世界文化遗产工作初步启动。2007年6月，国家文物局在北京组织召开大运河保护与申报世界文化遗产工作协调会，来自全国政协、交通部、水利部以及大运河沿线8省市和24城市的代表参加了会议。会议以申报世界文化遗产为契机，启动大运河保护工作，研究确定申遗工作的协调机制，并部署下一步具体工作。至此，以西安片区、洛阳片区、长城、丝绸之路、大运河“三线两片”为核心的大遗址保护格局已初步确立，100处重要大遗址的保护工作均已全面启动，《“十一五”期间大遗址保护总体规划》部署的中期目标已基本实现。

2007年8月，国家文物局下发《关于做好大遗址保护中期评估前期准备工作的通知》，要求各省及时做好大遗址保护中期总结的准备工作，为2008年中期评估工作的开展奠定工作基础。

考古工作

【概况】

经国务院三峡建设委员会批准通过，共有1087项文物列入长江三峡工程淹没及迁建区文物古迹保护规划。2007年3月，国务院三峡建设委员会办公室与国家文物局联合对三峡工程文物保护情况进行检查、调研。结果显示，截至2006年底，国家累计下达三峡工程文物保护资金7.6亿元(动态资金，下同)，湖北省、重庆市完成投资5.29亿元。累计实施文物保护项目998处（湖北335处，重庆663处），尚剩89处，规划文物保护任务量已完成91%。其中地下项目开展637处，还剩86处；累计完成地下发掘面积146万平方米，占规划任务量的85%；地面项目开展361处，还剩3处，规划任务量已完成99%。根据最新统计资料，三峡库区地面文物保护项目开展361处，还剩3处，均不影响175米蓄水；完成发掘面积186万平方米，尚余6千平方米，预计2008年汛前可以完成全部发掘任务。2007年4月张桓侯庙东侧滑坡险情加剧后，党和国家领导高度重视，分别对应急处置工作做出了重要批示。国家文物局、国土资源部、国务院三峡办领导连夜赶赴现场，组织专家进行分析论证，研究落实抢险治理措施。会后，在有关部委的指导下，重庆市政府立即采取应急处置措施，对强变形区开展排危除险，对弱变形区进行地质勘查设计，并组织制订、实施了张桓侯庙东侧滑坡应急抢险治理总体方案。

2007年国家文物局继续积极协调南水北调工程中的文物保护工作。3月1日，国家发展改革委核定南水北调中线一期工程第二批控制性文物保护项目总投资30149万元。4月10日，国务院南水北调办批准南水北调东、中线一期工程控制性文物保护项目171项，核定总投资30149万元。其中河北省47项，核定投资为7470万元（其中，需扣除京石段已随工程投资下达的文物保护投资620万元），河南省65项，核定投资为13414万元，湖北省25项，核定投资为4485万元，山东省19项，核定投资为2612万元，江苏省15项，核定投资为2168万元。11月18日～20日，国家文物局组织对南水北调中线一期工程河南段的文物保护工作和考古发掘工地进行了专项检查。11月21日，国务院南水北调工程建设委员会办公室与国家文物局在京联合召开南水北调工程丹江口库区2008年文物保护项目专家审查会，审查通过了南水北调工程丹江口库区2008年文物保护项目。2007年南水北调工程考古工作基础扎实，成果丰硕。截至2007年底，南水北调东、中线一期工程文物保护工作进展顺利，中线京石段文物保护工作已全部完成，冀南段、河南段和丹江口库区以及东线山东段、江苏段文物保护工作进展顺利，累计已完成考古发掘面积近70万平方米，占总工作量的近1/3。其中，河南新郑唐户遗址、湖北郧县辽瓦店子遗址、河南荥阳关帝庙遗址、河北磁县东魏元祜墓及河南安阳固岸东魏北齐墓地荣获“2007年全国十大考古发现”殊荣。此外，中国社会科学院考古研究所主持发掘的河北磁县北朝墓群M63、M003荣获国家文物局颁发的2006～2007年度田野考古奖二等奖，郑州市文物考古研究院主持发掘的河南新郑唐户遗址、河南省文物考古研究所主持发掘的鹤壁刘庄遗址和荥阳关帝庙遗址荣获三等奖。同时，各省考古报告出版工作有序推进，出版了《郧县老幸福院墓地》和《徐水西黑山》，湖北省还编印出版了《湖北省南水北调工程重要考古发现Ⅰ》。

在考古管理工作方面，国家文物局组织开展“考古发掘项目检查、验收办法及标准”的制订工作，修订《考古调查、勘探、发掘经费预算定额管理办法》，开展大遗址管理机构评估和遗址博物馆的调研及研究工作，积极探讨新形势下考古管理工作的方法和措施。2007年1月，国家文物局举办了第二期考古发掘电子审批系统培训班，将考古发掘电子审批系统的项目申报权延伸至具有考古发掘资质的各单位，大大加快了考古发掘项目的审批速度。国家文物局2007年全年共审批考古发掘项目近700项，并组织专家对浙江杭州良渚古城址，湖北郧县辽瓦店子遗址、武当山遇真宫遗址，荆州熊家冢墓地，江西靖安李洲坳墓地，甘肃张家川马家塬墓地等考古工地进行了检查。9月，国家文物局组织召开了2006～2007年度国家文物局田野考古奖评审会，对各地上报的42个项目进行了评审，共评出获奖项目18项，其中二等奖4名，三等奖14名，有力地推动了各考古单位田野工作质量的提高。2007年，国家文物局对各地积压考古报告清理情况进行了通报，督促各地加大工作力度，采取有效措施保证此项工作能够如期完成。

【重要考古发掘项目】

在2007年的考古发掘项目中，有32项被列入国家文物局年度重要考古发现。天津蓟县东营房旧石器时代遗址出土石制品2000余件，具有中国北方旧石器工业的鲜明特点，对研究环渤海地区旧石器时代晚期以来人类生活的环境背景、文化内涵具有重要意义。安徽凌家滩遗址23号墓出土了丰富的随葬品，有玉、石、陶器330件，为探讨文明起源提供了新的资料。浙江莫角山良渚古城是长江下游地区首次发现的良渚文化时期城址，为认识良渚文化的社会发展进程，及良渚文化在中华文明起源中的地位和意义，提供了全新的资料。四川汉源麦坪遗址独具特色，代表了新石器时代晚期活动在大渡河中游的一支新的考古学文化。陕西韩城梁带村两周墓地2007年发掘工作又有新的收获，为深入认识周代芮国提供了重要资料。江西靖安李洲坳东周墓葬形制特殊，约200平方米的墓坑内发掘出土47具棺木，部分棺内发现有青铜器、漆木竹器、玉器、金器和丝织品，以及相对完整的人体骨架和脑组织。其“一坑多棺”的葬制，在中国考古史上属首次发现，对研究南方青铜文化具有重要意义。陕西西安张家堡墓群位于汉长安城以西，其中西汉晚期至新莽时期的墓葬随葬九鼎，反映出王莽改制对当时社会的影响。甘肃高台地梗坡魏晋墓中出现了用生土做成的仿木结构，显示出中原传统文化的影响。新疆库车发现的墓葬群，其墓葬形制及丧葬特点带有较多的汉文化因素，对研究魏晋十六国时期中原和西域间的交往具有重要价值。内蒙古辽代祖陵龟趺山建筑基址发现大量带文字的碑块，推定是文献记载的“辽太祖纪功碑楼”遗存。四川彭山正华村北宋石室墓保存完好，随葬品组合完整，为研究当时的社会生活提供了新的资料。2007年，南水北调工程中的考古工作顺利进行，并取得重要收获。

河南新郑唐户遗址，发现大面积的裴李岗文化时期居住基址。河南荥阳关帝庙遗址是商代晚期聚落遗址，居址、墓葬区、手工业作坊区、祭祀区布局清晰。河北磁县东魏元祜墓是磁县北朝墓群中仅见的未被盗掘的墓葬，年代和墓主身份明确，其墓葬形制和出土遗物可以作为北朝墓葬研究的标尺，具有很高的学术价值。河南叶县文集遗址的发现对研究中原地区金、元时期经济和社会生活具有重要意义。

【合作考古方面的交流与合作】

2007年国家文物局共审理中外合作考古研究项目13项，包括中日合作进行西南地区北方系青铜器及石棺葬研究项目、中日合作开展汉魏洛阳城遗址勘察与研究项目，并批复国内出土石器标本、青铜箭镞样品等赴美国、英国进行检测。4月，中肯两国政府就两国合作开展考古项目正式换文，中肯合作考古项目在我国援外合作的框架下稳步推进。中蒙合作考古工作进展顺利，考古队对胡拉哈山谷1号四方形遗址及外围墓葬群、浑地壕莱山谷3号四方形遗址和山谷入口处的墓葬进行了发掘，并对额尔浑河流域的一些遗址开展考古调查。5月，国家文物局组织相关考古专家和考古管理人员参加了在牙买加召开的第六届世界考古大会中间会议。通过参加此次会议，向国外介绍了我国基本建设中考古发掘的理论和实践，并以西沙群岛“华光礁Ⅰ号”沉船全面发掘为主要案例，介绍了中国水下考古工作的有关情况。

【水下考古工作】

2007年1月，“南海Ⅰ号”沉船整体打捞工程全面启动。经过相关部门和单位近一年的努力，“南海Ⅰ号”沉船沉箱于12月22日成功起浮，28日被拉移至广东海上丝绸之路博物馆水晶宫，转入室内考古发掘和文物保护阶段。

2007年，国家文物局继续组织开展浙江、山东等省沿海地区的水下文物普查工作，发现沉船遗址和水下文物遗存线索50余处，并对一些水下文物点进行了探摸和确认工作。同时，组织对西沙群岛“华光礁Ⅰ号”沉船遗址和福建平潭大练岛元代沉船遗址进行抢救性发掘。“华光礁Ⅰ号”沉船遗址出水文物近万件，以陶、瓷器为主，产地主要为福建和江西景德镇，陶瓷产品按照釉色分类主要有青白釉、青釉、褐釉和黑釉几种，器型主要为碗、盘、碟、盒、壶、盏、瓶、罐、瓮等，装饰手法和纹样丰富。福建平潭大练岛元代沉船遗址船体破坏严重，仅残留部分船体底部，首尾均残，残长约7米，残宽约5米；已采集、发掘出可复原瓷器标本约300余件。

6月～9月，国家文物局举办了“第四期全国水下考古专业人员培训班”。学员们进行了潜水理论、水下考古理论以及与水下考古相关的理论学科的学习，并结合山东青岛沿海水下文物调查进行专业实习。经考核，共11名学员成绩合格。同时，培训班为肯尼亚培训了两名水下考古专业人员。

【考古工作会议】

2007年1月，国家文物局召开考古发掘资质和考古发掘领队资格评审会。经批准，西藏自治区文物保护研究所和山西大学2家单位取得考古发掘资质，郭京宁等48人取得考古发掘领队资格。

2007年11月，由国家文物局主办的2006～2007年度全国考古工作会在北京召开。会上介绍了浙江、陕西、山西等考古单位在清理积压考古报告、建设考古工作基地、移交文物和加强考古发掘现场的文物保护工作等几方面的经验，介绍了科技考古、大遗址保护规划编制等方面的最新成果和相关要求，认真总结了两年来全国考古和大遗址保护工作取得的成绩，研究和部署了第三次全国文物普查、大遗址保护、考古资料整理和报告出版等几方面的重点工作任务。此外，会议还为58家考古发掘资质单位颁发了资质证书。

世界遗产

【概况】

2007年，世界文化遗产申报和管理工作继续稳步推进，在2007年的世界遗产申报项目，2008、2009两年项目申报世界遗产准备，推动系列、线性遗产申报世界遗产等方面都取得了较好的成绩。通过各方面工作的有序开展，促进了文化遗产保护工作的发展，加强了专业领域对外交流与合作，扩大了文化遗产保护工作的在社会、公众中间的影响，逐步树立起我国世界遗产大国的国际形象。

【世界遗产申报】

1．2007年7月，“开平碉楼与村落”在新西兰基督城举行的第31届世界遗产委员会会议上成功列入《世界遗产名录》，成为我国第35处世界遗产，同时也是广东省第一处世界遗产。在有关方面的共同努力下，“开平碉楼与村落”逐步建立、健全了保护管理机构、颁布了专项保护法规、编制了保护管理规划，建立了较完善的监测体系。“开平碉楼与村落”保护状况明显改善，保护管理水平显著提高。

2．国家文物局为福建土楼申报2008年世界遗产开展一系列准备工作。2007年8月～9月，圆满完成世界遗产委员会专业咨询机构——国际古迹遗址理事会(ICOMOS)的国际考察工作。考察专家对福建土楼的突出普遍价值、真实性、完整性、保护管理状况给予了较高的评价，同时提出了有待改进的意见和建议，国家文物局督促指导有关单位，认真听取专家意见，改进有关工作。

3．国家文物局经与教科文全委会、建设部等部门商讨，确定嵩山历史建筑群为2009年世界文化遗产申报项目，并组织开展现场调研，指导地方编写申报文本、颁布专项保护法律法规、健全档案资料库、建立保护监测体系等前期准备工作。

4．丝绸之路跨国联合申报世界遗产工作全面推进。2007年4月，丝绸之路跨国联合申遗第三轮国际协商会在塔吉克斯坦首都杜尚别召开，我国派代表与会。10月，国家文物局与国际古迹遗址理事会（ICOMOS）在西安共同主办丝绸之路联合申遗培训，并召开国际学术研讨会。国家文物局通过履行地方推荐、专家现场考察、专家评审等程序，确定了包括陕西省、河南省、甘肃省、宁夏自治区、青海省和新疆维吾尔自治区六省、区的48项遗产在内的丝绸之路中国段遗产预备名单。12月，国家文物局在兰州召开由丝绸之路沿线22个地州市分管领导参加的丝绸之路协调会议。

5．2007年6月，国家文物局在北京召开大运河保护与申遗工作协调会，运河沿线24个城市代表参会，正式拉开了大运河联合申遗的帷幕。同年9月，大运河联合申遗办公室在江苏省扬州挂牌成立。

【世界遗产管理】

1．国家文物局与国家测绘局合作，积极推进长城资源调查工作，完成了全国培训，出台了相关标准规范。在宁夏、辽宁和内蒙古召开了三次长城调查工作推进会。积极协商财政部门，争取调查经费。2007年，明长城资源调查工作在全国10个省、区全面铺开，进展顺利。

2．5月24日～28日，由国家文物局、联合国教科文组织世界遗产中心、国际古迹遗址理事会和国际文化财产保护与修复研究中心联合举办的东亚地区文物建筑保护理念与实践国际研讨会在北京成功召开。会议通过了关于东亚地区文物建筑保护与修复的《北京文件》，对于中国、东亚地区乃至世界文物建筑的保护与修复具有重要的指导意义。

3．11月中旬，全国世界文化遗产监测工作会议在敦煌召开，各世界遗产地积累整理保护管理的基础资料，对《世界文化遗产监测规程》讨论，国家文物局重点组织了对北京故宫、天坛、颐和园、八达岭、十三陵、山海关、承德避暑山庄、大足石刻、云冈石窟、苏州古典园林、沈阳故宫、敦煌莫高窟等世界遗产地进行监测和巡视。

4．根据第31届世界遗产委员会的决议，对世界文化遗产丽江古城和澳门历史城区提出了进一步加强保护和管理的要求，认真落实世界遗产委员会的决议。组织云南省文物局和地方政府，编写报送第32届世界遗产委员会会议审议的遗产地保护管理状况的报告；并督促有关地方政府，做好迎接联合国教科文组织世界遗产中心与国际古迹遗址理事会联合开展的反应性监测。通过这些国际监测活动，加强了对世界遗产地的监督和管理，使世界遗产地自觉履行对《世界遗产公约》的承诺。

5．2007年12月中旬至2008年1月中旬，国家文物局组织部分省级文物行政部门负责人和业内知名专家，分10组赴20个省份和澳门特别行政区，对全国25处世界文化遗产、4处世界文化与自然遗产的法规建设、管理体制、资金投入，以及遗产利用和保护等问题进行调研。在调研组工作基础上，形成了以遗产地为单位的调研报告。国家文物局对调研工作进行了全面总结，就世界文化遗产保护管理工作现状、存在的突出问题、应对措施等做了深入研究。调研工作取得明显成效。

6．山海关6000米长城保护修缮工程、云冈石窟保护工程、平遥古城墙维修工程等重大工程稳步实施。国家文物局组织建立了山海关古城墙保护工程办公室，由技术过硬、管理经验丰富的专业人员组成，全面负责施工现场的技术服务、施工管理、后勤保障等各项工作。工程办公室通过一系列的有效工作：如，成立专家咨询组，指导解决工程技术难题；在督促监理单位实施旁站式监理的同时，强化工程质量管理和监督检查；严格按照招投标法有关要求，对施工单位、监理单位及大宗材料的采购进行招标；加强资金监管，确保专款专用等。同时加强对相关工作的监督、指导和协调力度。工程实施期间，国家文物局领导及有关同志多次会同河北省政府、省文物局负责同志，组织专家赴山海关工地现场检查、指导工作，对工程中遇到的困难和问题及时予以协调、解决上述工作和措施有力地保障了工程的顺利实施和质量。

博物馆

【概况】

截止2007年底，文物系统共有博物馆1722个，比2006年增加105个。博物馆公用房屋建筑面积为676.3万平方米，比上年增长96.2万平方米，其中展厅294万平方米，文物库房65.8万平方米，分别比2006年增长41.6万平方米和6.7万平方米；馆藏文物1376万件套，比2006年增长73.5万件套。举办陈列展览7689个，比2006年增长1794个。观众25624.9万人次，其中未成年人观众9204.5万人次。涌现出“复兴之路”、“国家宝藏——中国国家博物馆藏品展”、“后土吉金　国宝荟萃——陕西宝鸡农民保护文化遗产成果展”等一大批引起社会广泛关注和反响的展览精品。

【大型博物馆建设】

2007年建成开放的重要博物馆有：

1．湖北省博物馆综合陈列馆

11月6日，湖北省博物馆综合陈列馆开馆典礼暨向社会免费开放启动仪式隆重举行。湖北省博物馆是湖北省唯一的省级综合性博物馆，全省最重要的文物收藏、研究和展示机构，馆藏文物20余万件，其中一级文物千余件。馆区内综合陈列馆、编钟馆、楚文化馆等仿古建筑三足鼎立，其中编钟馆、楚文化馆已分别于1999年1月、2005年12月对外开放。综合陈列馆是湖北省博物馆扩建工程的主体工程，也是湖北省博物馆建筑的主要部分。该馆占地面积15000余平方米，建筑面积25000平方米，总投资1.4亿元。馆内有10个展厅，展区面积约5000平方米，展线总长度1200多米。第八届中国艺术节期间，综合陈列馆精心推出了“书写历史——战国秦汉简牍展”、“秦汉漆器艺术展”、“土与火的艺术——古代瓷器专题展”、“明梁庄王墓珍品展”、“湖北省博物馆馆藏明清书画展”、“荆楚百年英杰展”等11个精品专题展览，并全部向社会观众免费开放。

2．内蒙古博物院

8月8日正式对外开放。其前身是1957年5月1日成立的内蒙古博物馆。2007年7月初，内蒙古自治区政府决定在即将完工的内蒙古博物馆新馆的基础上成立内蒙古博物院。内蒙古博物院建筑面积50000平方米，其中包括8个基本陈列展厅和6个专题陈列展厅。

3．成都金沙遗址博物馆

4月16日开馆。博物馆位于成都市区西北部，距离市中心约5公里，是在金沙遗址原址上兴建的专题性博物馆，建设总投资近4亿元，占地约30公顷，总建筑面积3.5万平方米。太阳神鸟金箔、金面具、青铜立人等上千件具有古蜀艺术风格的稀世珍宝，向观众们展示了一段三千年前辉煌灿烂的古蜀文明。

4．长沙简牍博物馆

11月8日开馆。1996年10月，长沙走马楼编号J22号古井遗址中出土的三国孙吴简牍数量达到14万余枚，超过二十世纪全国发现的简牍总和。该馆占地30亩，建筑面积达14100平方米，展厅面积近5000米，展出的文物、资料1000余件，不仅详尽地展示了中国简牍文化，也对长沙历史进行了简要陈述。

5．淮海战役纪念馆新馆

7月18日开馆。扩建后的淮海战役纪念馆投资一亿多，纪念馆主体建筑面积二万五千平方米，成为此前世界上最大的陆战博物馆。陈列现在分为战前形势、战役实施、战役胜利等七部分，共展出珍贵文物、照片、艺术品和制作品近三千件，比原先增加了近一千件。

6．同仁堂博物馆

4月9日开馆。同仁堂创建于清康熙年间，至今已有三百多年的历史，是中国中医药行业最具代表性的老字号，被列入首批国家非物质文化遗产。该馆由北京同仁堂集团出资建设，以近千件中医药历史文物、实物为载体，图文并茂地展示了传统中医药文化和同仁堂中医药文化的形成、发展。

7．北京人艺戏剧博物馆

6月12日开馆。该馆是国内第一家展示话剧艺术的专业博物馆，位于北京王府井大街首都剧场四层，建筑面积约1600平方米，集中展示了北京人艺半个多世纪的建院历史，以及曹禺、焦菊隐等剧院奠基人的生平和艺术成就，重点介绍了人艺所排演的近300部作品中的经典剧目。

8．无锡民族工商业博物馆

1月开馆。博物馆占地7000多平方米，依托原茂新面粉厂的麦仓等建筑，通过工业遗址复原陈列、历史图片和珍贵文物实物的展示，反映了无锡为代表的中国民族工商业从起步、创业、发展的历史。

9．上海汽车博物馆

1月17日，中国首家以汽车为主题的行业博物馆——上海汽车博物馆正式向公众开放。展览面积逾万平方米，共展出各种珍贵历史车辆8 0余辆，时间跨度逾百年。

【开工建设的重要博物馆】

2007年开工建设的重要博物馆有：

1．中国国家博物馆

3月17日动工扩建。规划中的国博新馆占地面积7万平方米，建筑面积由现在的6.5万平方米增加到19.2万平方米，将成为全世界建筑面积最大的博物馆。新国博分为地下2层、地上4层，高度为40.3米，基本与人民大会堂等高，南北长313米，东西宽184米。新馆预计2009年底基本建成，2010年上半年投入使用。

2．洛阳博物馆新馆

11月29日开工。洛阳博物馆新馆项目建设规模约300亩，建筑面积4.2万平方米，总投资3.5亿元，常设展品约1.5万件，计划于2009年洛阳牡丹花会期间正式投入使用。

3．中国文字博物馆

12月26日，在甲骨文故乡河南省安阳市奠基开工。这座以古汉字符号为独特视角、反映东方华夏文明与中国语言文字研究成果的专业性博物馆，集文物保护、陈列展示和科学研究为一体，总建筑面积33000平方米。

此外，中国华侨历史博物馆、中国民航博物馆、成都中国皮影博物馆、南京博物院二期工程启动筹备。

【法规和规划】

1．完成《博物馆条例》（草案）的起草工作

对国内外关于博物馆的法规资料进行了系统的收集、整理和分析，拟订了“条例”征求意见稿，经征求各地和有关专家意见，形成了《博物馆条例》（草案），经由文化部报送国务院纳入立法计划。

2．编制《重点博物馆陈列展示专项规划》

在深入调研和总结近年来博物馆展示服务工作经验的基础上，以全面提升我国博物馆陈列展示服务水平为目标，依托“十一五”期间的重点博物馆编制，涉及相关项目300个，总投入为4亿元。

此外，组织中国城市规划设计研究院拟订了博物馆建设用地指标研究报告和“博物馆建设用地指标（讨论稿）”及条文说明；组织中国文物信息咨询中心开展《博物馆陈列展示设计资格资质管理办法》系统调研，拟订了《博物馆陈列展示设计资格资质管理办法》（草案）；组织中国博物馆学会和民族文化宫博物馆开展民族文物鉴定、分类、定级研究，撰写了调研报告，起草了管理办法初稿；组织中国城市建筑研究院建筑物理研究所在《博物馆照明设计规范》基础上，研究拟订了《博物馆照明设计标准》草案；组织中国博物馆学会在2006年度生态博物馆调研课题成果的基础上，拟订了生态博物馆发展规划初稿。

【博物馆评估定级】

北京、浙江和四川博物馆评估试点工作顺利完成。在此基础上，组织中国博物馆学会、国际友谊博物馆拟订全国博物馆评估定级研究报告，制订全国博物馆评估定级的相关标准、办法草案，并召开了专家验收会。编制了全国首批博物馆评估工作的方案。评估定级定位于建立博物馆质量评价体系，重在考评博物馆的工作效益和软实力。评价体系、评价过程及结果应取得全社会的认同。

【博物馆向社会免费开放】

2007年11月6日，湖北省博物馆在中部地区率先向社会免费开放，引起中央领导同志高度重视和社会各界广泛关注。11月底，国家文物局博物馆司组织召开了全国部分省级博物馆馆长参加的“学习十七大精神，繁荣博物馆文化”座谈会，听取各地博

物馆对免费开放的意见和建议。12月11日～15日，国家文物局组成以单霁翔局长为组长的调研组，赴武汉对湖北省博物馆实行免费开放以来的工作进行了实地调查。调研组通过现场考察、问卷调查、召开座谈会等方式，深入了解湖北省博物馆免费开放的有关情况和成功做法，认真总结有关经验，进一步深化了对博物馆免费开放的认识。同时在总结国内外已免费开放博物馆经验的基础上，积极与中宣部、财政部、文化部沟通，制订了全国博物馆免费开放试点工作方案。

【重要会议】

1．全国博物馆管理工作研讨会

2007年8月9日～11日，国家文物局博物馆司在河北省承德市组织召开了全国博物馆管理工作研讨会，国家文物局博物馆司、部分省级博物馆馆长参加，就博物馆管理工作中的重点、难点问题进行了交流和讨论，形成了诸多共识。

2．全国博物馆文化产品研讨会

2007年9月13日～15日，国家文物局博物馆司在广东省惠州市组织召开了“博物馆文化产品研讨会”，来自全国的23家博物馆馆长及相关文化企业，就博物馆文化产品研发、营销及相关财税政策问题进行了交流和讨论，提出很多有价值的意见和建议。

【藏品保护】

1．文物调查及数据库管理系统建设

2005年度启动的湖北、湖南两省的项目推广工作，已基本完成。推进2006年启动的河北、浙江、陕西、四川、广西等5省份文物数据采集、登录、集成。同时会同中国文物信息咨询中心，梳理总结了项目开展以来一期四省试点、二期两省扩大试点和三期五省推广的工作情况，提出了提升已有数据质量，推进服务软件研发应用，加快资料整合、传输，向文博系统和广大公众提供查询服务的工作计划。

2．馆藏文物保存环境达标试点

2006年度确定的河南洛阳博物馆、浙江衢州博物馆、江西宜春博物馆、广东东莞博物馆、陕西法门寺博物馆5个馆藏文物保存环境达标建设单位均已按照有关要求，基本完成了试点工作的各项任务。2005年度试点单位四川绵阳市博物馆文物中心库房实现所属县市馆藏珍贵文物的集中保管和代管，共计文物5000余件套。

【展示宣传和社会服务】

1．第七届全国博物馆十大陈列展览精品评选

此次评选由中国博物馆学会、中国文物报社、西安市人民政府承办。张柏副局长担任评委会主任，强化了权威性和指导性，同时在评选办法上作了适当改进，增强科学性和社会参与度，即调整专家库，特邀热心和关注博物馆陈列展览的社会知名文化人士及公众代表参与终评；组织评委以外的专家作为独立报告人，现场考察入围终评的陈列展览，写出评估意见并于终评会陈述；开展网上投票。57个陈列展览参评，陕西汉阳陵考古陈列馆“汉阳陵帝陵外藏保护展示厅基本陈列”、“云南省博物馆滇国云南青铜文明陈列”、上海嘉定博物馆“科举陈列”、河北磁县磁州窑博物馆“黑与白的艺术”、山西省博物院“晋魂”、浙江湖州市博物馆“吴兴赋——湖州历史与人文陈列”、大庆油田历史陈列馆“大庆油田历史陈列”、安徽省博物馆“徽州古建筑陈列”、辽宁伪满皇宫博物馆“勿忘‘九·一八’日本侵略中国东北史实”、甘肃省博物馆“甘肃省博物馆基本陈列”等10个陈列展览获精品奖，中国人民革命军事博物馆“伟大壮举　光辉历程——纪念中国工农红军长征胜利70周年展览”、中国人民抗日战争纪念馆“伟大胜利——纪念中国人民抗日战争暨世界反法西斯战争胜利60周年大型主题展览”、四川朱德同志故居纪念馆“人民的光荣——朱德生平事迹展览”、

山西八路军太行纪念馆“八路军抗战史基本陈列”等4个陈列展览获特别奖，殷墟博物馆“殷墟珍宝展”、福建中国闽台缘博物馆“闽台缘”、扬州中国雕版印刷博物馆“扬州中国雕版印刷博物馆陈列”、首都博物馆“古代佛教艺术精品奖”、上海邮政博物馆“上海邮政博物馆主题陈列”、深圳市南山区南头古城博物馆“南头古城历史陈列展”、新疆博物馆“新疆民族风情陈列”、齐齐哈尔市博物馆“嫩江文明的述说——齐齐哈尔历史文物陈列”等8个陈列展览获单项奖，山东齐国故城遗址博物馆“齐国历史陈列”、河南博物院“天地经纬——汉代张衡地动仪、元代郭守敬观星台专题陈列”、湖北省博物馆“楚文化展”、南京市博物馆“龙蟠虎踞——南京历史文化陈列”等4个陈列展览获提名奖。奖项在5·18国际博物馆日揭晓并颁发，引起舆论关注，得到财政部等有关部门的好评。

2．5·18国际博物馆日纪念活动

2007年“5·18国际博物馆日”的主题为“博物馆和共同的遗产”。5月18日当天，中央电视台科教频道制作了4小时专题节目进行现场直播，由此拉开了“文化遗产博览月”大型媒体宣传活动的帷幕。遵照国家文物局发文部署，各地博物馆围绕主题，开展了一系列各具特色的宣传活动，普及了“文化遗产人人保护，保护成果人人享用”的理念。

3．筹备2010年国际博协大会

2007年3月，组建了由文化部部长孙家正担任主任，国家文物局局长单霁翔、上海市人民政府副市长杨定华、中国博物馆学会理事长张文彬、中国科协书记处书记程东宏、国家文物局副局长张柏为副主任，相关部门参加的大会筹委会，并召开了第一次会议，审批了总体筹备方案。7月，协调有关方面在上海召开大会执委会第一次会议，张柏副局长出席了该会。8月，协调有关方面组成我国代表团出席在维也纳举行的21届国际博协大会，会上上海市代表接过了22届大会会旗。

【重要的全国性展览】

1．“复兴之路”大型主题展览

中国国家博物馆、中国人民革命军事博物馆联合举办。国家博物馆从馆藏近现代文物中精心挑选了630件（套）珍贵文物，其中70件属于国家一级文物。展出的大量珍贵历史资料和文物，真实再现了自鸦片战争以来，中华民族为实现伟大复兴不懈奋斗所走过的波澜壮阔的历程。“复兴之路”大型主题展览自10月13日在北京中国人民革命军事博物馆开展以来，至年末观看人数已超过200万人次。

2．“后土吉金　国宝荟萃——陕西宝鸡农民保护文化遗产成果展”

为弘扬公众积极参与文化遗产保护的热情，促进形成“文化遗产人人保护，保护成果人人共享”的良好氛围，国家文物局协调中国文物交流中心、首都博物馆联合举办了文化遗产日特别展览“后土吉金　国宝荟萃——陕西宝鸡农民保护文化遗产成果展”，该展览成为文化遗产日活动中的一大亮点。

3．“国家宝藏——中国国家博物馆藏品展”

由湖南省博物馆与国家博物馆联合举办。2007年3月29日开幕。共展出50余件套文物，均为国家博物馆馆藏名品，如从湖南出土的四羊方尊、从四川出土的三星堆突目铜面具、从湖北出土的曾侯大铜尊、从河南出土的王子午鼎、从河北出土的金缕玉衣等。

4．“鼓声悠远——广西瓯骆文化遗粹”

浙江省博物馆、广西壮族自治区博物馆联合举办。于9月26日在西子湖畔浙江省博物馆聚珍馆隆重展出。此次展览共含文物精品141件，大多遴选自广西境内东周至三国时期的典型墓葬，其中一级品文物数量约占1/3，从多角度反映了瓯骆地区文明的发展轨迹和当地的民俗风情。展品展出时间为9月26日～12月26日。

5“走进皇家——大清宫廷珍宝展”

湖南省博物馆、南京博物院联合举办。展览于2007年12月31日开幕，展期为三个月。展品是从抗日战争时期故宫所藏南迁至南京博物院的大量宫廷文物中精选出来的，共计110余件(组)，主要包括“龙椅”、“珍宝”、“钟表”、“服饰”以及慈禧太后“大雅斋”瓷器等，使人们充分领略皇室生活的奢华、皇宫艺术的精致和宫廷文化的风雅。

6 “潘玉良画展”

首都博物馆、安徽省博物馆联合举办。于2007年8月16日～11月15日在首都博物馆举办，是历年来潘玉良画展中规模最大的一次。潘玉良是中国近代史上唯一一位迈向国际绘画舞台的女性艺术家，”潘玉良画展”展出油画、彩墨、版画、白描、速写共200件，生动表现了潘玉良的传奇人生及中国女性自强不息的品格和独具时代特色的绘画艺术。

社会文物管理

【概况】

2007年，在“保护为主、抢救第一、合理利用、加强管理”的文物工作方针指导下，根据国家文物局重点工作计划，社会文物管理工作以法规建设为重点，以服务社会、服务文化遗产保护事业为宗旨，进一步明确了工作思路，加强依法管理、宏观管理力度，在文物进出境管理、文物市场监管、国家重点珍贵文物征集、流失文物追索等方面开展了扎实有效的工作。

【文物进出境管理】

1．颁布《文物进出境审核管理办法》

2007年7月13日，《文物进出境审核管理办法》(以下简称《办法》) 正式颁布施行，《文物出境鉴定管理办法》同时废止。此前适用的《文物出境鉴定管理办法》制订于1989年，须依据新修订的《中华人民共和国文物保护法》及其《实施条例》规定，在分析、研究新情况、新问题的基础上进行修订、完善，以明确文物进出境审核机构的体制、工作机制，推进完善文物进出境审核制度。

《办法》特别明确了文物进出境审核机构是依法独立行使职权的文物行政执法机构的性质，对机构设置条件提出了明确要求，解决了文物进出境审核机构性质、定位长期以来模糊不清等问题，为文物进出境审核工作持续发展奠定了基础。同时，《办法》针对文物进出境审核工作中出现的新问题做出了相应规定，如改变权限管理模式，统一各地文物进出境审核机构职权；根据海关及文物进出境管理的实际需要，增加《文物复仿制品证明》；依照《文物保护法》的要求，取消原文物商店销售文物以“文物商品外销发票”加火漆印即可出境的规定；将《文物出境许可证》增加为一式三联等。

2．颁布《文物出境审核标准》

2007年6月5日，《文物出境审核标准》(以下简称《标准》) 正式颁布施行，对1960年颁布的《文物出口鉴定参考标准》(以下简称1960年《标准》) 进行了全面修订。1960年《标准》的制订有其特殊历史背景，确定1795年为审核文物出境的年限分界线，已不适应当前我国文化遗产保护工作的需要。

《标准》以1911年为文物出境审核的基本线，凡此前生产、制作的文物一律禁止出境。1949年为主要标准线，凡在此前生产、制作的具有一定历史、艺术、科学价值的文物，原则上禁止出境。同时，为加大少数民族文物的保护力度，《标准》将其禁止出境年限定为1966年，这个年限基本切合我国各少数民族地区经济社会变迁的特征和规律，体现了国家更加重视近、现代文物和民族、民俗文物保护，对文化遗产内涵有了更广泛、深入的认识。此外，《标准》将项目类别确定为16大项，具体细目为127项，较1960年《标准》更加完善。

3．贯彻落实《文物进出境审核管理办法》和《文物出境审核标准》

(1)召开全国文物进出境审核管理工作暨表彰会

2007年9月6日、7日，在辽宁沈阳召开全国文物进出境审核管理工作暨表彰会，17个国家文物出境鉴定站及所在地省级文物行政部门的负责人与会。会议要求各地按照《办法》的要求，落实机构性质，配齐专业人员，规范审核程序。会上，国家文物局首次对多年来在文物进出境审核工作中做出突出成绩的3个先进集体和10名先进个人进行了表彰。

(2)启动文物进出境审核机构资质核查工作

为全面调查核实各地文物进出境审核机构的现状，并在此基础上核定颁发文物进出境审核机构资质，启动开展了文物进出境审核机构核查工作。根据工作计划安排，国家文物局于2007年底印发通知，要求各省级文物行政部门对照《办法》规定，对文物进出境审核机构应具备的条件等认真开展自查工作，并准备有关申报材料。

(3)加强责任鉴定员培训考核工作

为促进文物进出境审核机构的人才培养。先后举办了少数民族文物、陶瓷文物鉴定培训班等活动，并在人事教育司支持下，委托复旦大学文博学院举办了文物进出境机构负责人培训班。委托中国文物信息咨询中心举办了文物责任鉴定员所有科目的考试，来自26个省（自治区、直辖市）的文物进出境鉴定机构及有关单位共148人报名参加。

【文物市场监管】

1．加强文物拍卖标的的监管

继续加强文物拍卖标的审核备案工作，重点监控出土文物和出水文物。据不完全统计，2007年，经各地文物行政主管部门审核要求，各拍卖公司撤拍的出土文物有583件，境外海捞瓷有285件。

2．召开全国文物拍卖管理工作座谈会

2007年11月14日，国家文物局首次召开全国文物拍卖管理工作座谈会，国家工商总局、商务部的有关负责同志、17个省市文物局文物市场管理工作的负责人、34家文物拍卖企业负责人到会。张柏副局长对十几年来文物拍卖管理工作进行了总结，深刻分析了当前文物拍卖发展过程中出现的热点、难点问题，提出了解决思路和措施，对文物拍卖管理工作提出了明确的要求。与会同志还就文物拍卖管理中的几个重点问题，如文物拍卖标的审核备案规程，企业联合拍卖、异地拍卖等发表了意见，探讨了解决办法。

3．举办申报第一类文物拍卖资质企业专业人员考试

2007年7月28日、29日，首次对申请第一类文物拍卖资质的拍卖企业专业人员进行法律、法规和业务考核，共有60家拍卖企业267位专业人员参加，其中39家企业的75人通过了考核。这次考核配合了文物拍卖企业一类拍卖资质的申报工作，检验了文物拍卖企业人员的文物专业知识水平，促使拍卖企业重视文物专业人员的培养。

4．协调解决文物商店的税率问题

在对国有文物商店经营特殊性认真研究的基础上，经与国家税务总局多次沟通，国家税务总局同意依照财政部、国家税务总局2002年3月13日下发的《关于旧货和旧机动车增值税政策的通知》（财税[2002]29号）要求对现有国有文物经营单位按4%的税率减半缴纳增值税，即将国有文物商店缴纳增值税率从原来的17%下调为2%。国家文物局通告各省市文物行政主管部门推动执行新税率政策，从而协助解决了多年未能解决的问题，促进了各地国有文物商店的经营发展。

5．继续拟订《民间收藏文物鉴定管理办法》

制定《民间收藏文物鉴定管理办法》的

目标是对社会上文物鉴定从业人员进行资格认证管理，规范民间收藏文物鉴定行为，促进民间文物收藏健康有序发展。为此，2007年，国家文物局与人事部、国家工商总局、国务院法制办等部门进行了沟通，召开了多方专家论证会，认为有必要在现有法规框架下，继续对此方面工作进行深入的调查研究，拟订相关管理办法。

【流失文物追索】

1．举办“中意打击文物走私研讨班”

为落实《中意防止盗窃、盗掘和非法进出口文化财产的双边协定》及谅解备忘录，2007年9月14日～24日，国家文物局邀请公安部刑事侦查局、海关总署缉私局以及国家文物进出境鉴定站相关人员组团赴意大利参加了中意打击文物走私研讨班，通过广泛交流，较全面地了解到意大利通过建立被盗文物信息数据库等手段成功追索流失文物、打击文物犯罪的成功经验。意大利设立文物宪兵机构，赋予其包括打击文物市场赝品等职能的做法，对我国的文物追索、文物进出境管理、文物市场管理都有借鉴意义。

2．促成圆明园马首回归

2007年8月，在得知香港苏富比有限公司拟拍卖圆明园海晏堂御制十二生肖铜像之一的马首铜像后，国家文物局立即与该公司联系，指出该铜像是西方侵略者从中国掠夺的珍贵文物，不赞成公开拍卖，希望促成以适当方式回归。苏富比有限公司对此表示理解，愿意促成此文物的回归。全国政协常委、港澳知名爱国人士何鸿燊先生获悉消息后，慷慨出资，经多方协调，最终与委托人达成马首铜像转让协议，并最终将其捐献给国家。

3．追索流失丹麦的中国文物

2007年4月，国家文物局获悉丹麦警方查扣一批非法入境文物，在组织专家对文物照片资料鉴定后，确定其中有一批中国出土文物。2007年8月，丹麦警方通告中方，因丹麦警方的证据不足，该案已由刑事法庭转到民事法庭。2007年9月，国家文物局成立了追索文物工作小组，召开了有关部门参与的协调会议，确定了追索工作方案，并及时将相关材料和追索法律依据提交丹麦法院，为丹麦将警方查扣的中国文物归还中国奠定了基础。

【国家重点珍贵文物征集】

国家文物局在总结2002年以来文物征集工作的基础上，继续探索国家重点珍贵文物征集工作内在规律，适时调整运行机制与体制，努力适应市场经济需要，初步形成了以国家重点珍贵文物征集为核心，专家鉴定评估和流失海外文物调查项目为辅助的运行模式，充分发挥征集资金的使用效益。2007年，成功征集了战国以酵踟帘惫庞错金铭文青铜复合剑及南宋《秋郊归牧图》（夏圭款）和《柳荫牧笛图》。

文物科技与信息

2007年，文博系统文物保护科技取得了长足的进步和发展，主要表现在以下方面：

1．重大科研项目创新管理，成效显著

为了加强文化遗产保护领域国家科技支撑计划项目的管理，确保各项目的顺利开展并取得好的预期成果，国家文物局制定颁布了《文化遗产保护领域国家科技支撑计划课题暂行管理办法》和《文化遗产保护领域国家科技支撑计划课题第三方机构评估咨询暂行管理办法》，并将现代项目管理（PMP）理念引入课题管理，指导各课题组制定重大科

研项目管理手册，设立专职“学术秘书”，行业科技跨地域、跨机构、跨学科的执行能力得以加强；10余家科研机构的近百名领域专家组成第三方评估咨询机构，成为支撑计划课题实施和管理的重要智囊团队。专家咨询工作由长期以来的“自然人行为”转变为“法人行为”。15项文化遗产保护领域国家科技支撑计划重点课题进展顺利，成效显著。

2. 标准化工作稳步推进，成绩斐然

技术标准规范是行业管理的重要组成部分，行业标准化建设工作得到了进一步重视。“全国文物保护标准化技术委员会2007年年会暨标准审查会”顺利召开。会议审议并通过《全国文物保护标准化技术委员会章程》和《全国文物保护标准化技术委员会秘书处工作细则》；《文物保护单位标志》等2项国家标准和《古代壁画现状调查规范》等9项行业标准即将发布。在国家标准化管理委员会和系统内外科研机构的大力支持下，《文物术语研究》列入国家标准化重点项目，5项标准列入2007年国家标准制修订计划、9项标准列入了行业标准制修订计划。

3. 实行资质管理，提高可移动文物保护质量

为规范可移动文物技术保护设计和修复工作，提高可移动文物保护质量，国家文物局制定颁布了《可移动文物技术保护设计资质管理办法（试行）》和《可移动文物修复单位资质管理办法（试行）》；国家文物局还组织召开“全国可移动文物保护工作座谈会”。资质申报工作得到了文博单位和社会有关机构的积极响应，全国共有89家机构申报了上述资质。

4. 建立行业重点科研基地评估制度，强化基地动态管理

为进一步加大科研基地的运行管理力度，切实落实科研基地“合理布局、总量控制、定期评估、优胜劣汰”的管理原则，国家文物局编制印发《国家文物局重点科研基地运行评估规则》，建立行业重点科研基地动态评估指标体系，并启动了首批科技基地的评估工作。

5. “指南针计划”进展顺利，基础性工作全面展开

为配合2008年奥运会“人文奥运、科技奥运、绿色奥运”的主题，国家文物局与中国科学技术协会共同组织中国文物交流中心、中国科技馆等单位开展“奇迹天工——中国古代发明创造文物展”的筹备工作。展览大纲编制、形式设计招标等工作业已完成，展览图录、科普丛书的编纂和展品的确定工作已全面启动。展览已列入2008年奥运会重大文化活动计划。“指南针计划”基础性工作全面展开，启动了农业、水利、人居环境等10个分专项规划的可行性研究工作。启动试点工作，以某项发明创造的起源和鼎盛时期为突破口，探索通过考古学、文献学、实验室检测分析等相结合的多重证据法方式，揭示古代发明与创造的产生的背景、工艺、原理和技术发展的脉络，并分别形成文化遗产科学价值数据库、复原模型、科普读物等一批成果；通过考古学、博物馆学与科技史、专门史及其他学科的交叉融合，获取文化遗产领域新的学科增长点；最新研究成果尽快应用到展览和科普工作的途径；借鉴重大项目的项目管理、经费管理、组织模式、绩效考核方式等方面的经验，为“指南针计划”专项的全面实施奠定基础。

6. 继续加强可持续创新能力顶层设计，完成系列科技专项的可行性研究工作

积极落实党中央、国务院领导批示精神，紧密围绕文化遗产的抢救、保护、管理

与利用等主要环节，结合国家重大工程和文化遗产保护中存在的重点、难点和瓶颈问题，将技术研发、人才培养、基地建设、装备升级、体制机制创新等5个方面进行统筹考虑，国家文物局组织完成《文化遗产保护技术创新工程》的可行性研究工作。项目可行性研究已通过科技部部务会讨论通过，计划优先启动。继续组织开展“文化遗产保护领域大型仪器设备共享平台建设”、“文化遗产图像信息资源整合平台建设”、“中国数字博物馆建设”等项目的立项可行性研究工作，上述项目已列入“十一五”期间科技部第二批启动的国家科技基础条件平台建设备选项目库。经与国信办沟通，“中国数字博物馆建设”项目拟列入《2008年国家信息化工作要点》。

7.加大科研课题执行力度，2007年度科研课题申报立项工作顺利完成

科研课题过程管理得以继续加强，13项国家文物局重点科技专项的年度检查，18项科研课题的中期评估，49项科研课题的结项验收工作完成。对未按时按质完成的科研课题提出了限期整改意见。《2007—2010年文化遗产保护科学和技术研究课题指南》、《1990—2006年文化遗产保护科学和技术研究立项课题汇编》编制完成；国家文物局科研课题管理系统完成升级，实现了科研课题从申请－专家评审－立项－中期检查－结项验收－成果管理的全程网络化管理，提高了工作效率和管理透明度。2007年度文化遗产保护科学和技术研究课题的申报工作顺利完成。共从174项课题申请材料中遴选出21个项目列入2007年度课题计划项目。此次课题申报显示，参与省份、系统内外科研单位的数量和质量明显提高，也显示出国家文物局通过政策和经费的引导，有效地调动了社会各类优质科技资源的积极参与；文化遗产保护多学科交叉融合的研究方式逐步形成，科研团队意识有所加强。

8. 完善行业重点科研基地布局，建设力度不断增强

第三批行业国家文物局重点科研基地的遴选工作业已完成，“空间技术在文化遗产保护中的应用研究国家文物局重点科研基地”等六家机构通过了专家评审。科研基地建设得到加强，政策与中央财政经费的导向作用日益凸显，甘肃、上海、陕西等省设立专项经费支持科研基地建设，其中砖石质文物保护国家文物局重点科研基地新科技大楼批准立项（投资5,800万元、建设面积近10,000m^2）、古代壁画保护国家文物局重点科研基地已列入科技部国家工程技术研究中心的考察对象。

9. “科技平台”升级改造业已完成，“共建、共享”行业科技服务平台初步构建

根据新形势下文化遗产保护科技工作的特点和需求，“文化遗产保护科技平台”完成了升级改造。“科技平台”已设置了“科技专题”、“图化文博”、“学习资源”、“科研博客”、“成果奖励”等13个频道；为充分发挥网络平台作用，平台的内容建设将采取系统内外科研机构“共建、共享”的运营机制，初步构建形成了行业科技服务平台。

对外交流与合作

【概况】

2007年，文物外事工作继续坚持以“服务外交大局、服务对外文化交流、服务文物

事业”为宗旨，坚持以邓小平理论、“三个代表”重要思想、建设社会主义和谐社会和党的十七大精神为指导，抓住机遇，乘势而上，开拓创新，在文物事业及国家对外交流中也发挥独特而重要的作用。

随着我国综合国力的提高和对外工作的开展，我国与国际社会建立起了更广泛、更紧密的联系，外交和内政的关联性进一步增强。

2007年，文物外事工作在外交部、文化部等部门的指导下，努力配合外交大局和对外文化交流，开拓进取，积极实施“走出去”和“引进来”战略，在我国从文化遗产大国向文化遗产保护强国的发展进程中发挥了积极的作用。全国文物外事工作者在配合我国整体外交、弘扬我国优秀传统文化、促进文物工作发展等方面努力工作，文物外事工作取得令人瞩目的成绩。

【政府间交流与合作】

1.以签署《防止盗窃、盗掘和非法进出境文物的协定》为重点，扩大政府间的交流与合作。打击盗窃、盗掘和非法进出境文物等违法活动是各国政府的共识，签署这一协定不仅表达了我国政府愿意承担起保护本国和世界文化遗产的决心，同时有利于有效遏制违法活动给文化遗产造成的破坏，为进一步扩大政府间的交流与合作奠定了基础。

2007年1月，国家文物局单霁翔局长率团访问了菲律宾，并代表中华人民共和国政府与菲律宾共和国政府签署了《中华人民共和国政府和菲律宾共和国政府关于防止盗窃、盗掘和非法进出境文物的协定》和《中华人民共和国国家文物局与菲律宾共和国国家文化艺术委员会关于文化遗产保护的协议》。

2007年，国家文物局积极与美国、希腊、西班牙、葡萄牙、塞浦路斯、斯里兰卡、墨西哥、委内瑞拉和智利等国家的文化遗产部门进行磋商，商讨签署双边协定，防止盗窃、盗掘和非法进出境文物，加强政府与部门间合作，保护文化遗产。

2.积极执行政府间交流计划，落实有关具体合作项目为目的的政府文化遗产代表团出访、来访活动不断，效果显著。

2007年，国家文物局派团对智利、秘鲁、哈萨克斯坦、乌兹别克斯坦、以色列、黎巴嫩、约旦和匈牙利等十余个国家进行正式友好访问。

3.2007年，国家文物局接待了突尼斯、肯尼亚、土耳其、韩国、菲律宾、斯里兰卡、突尼斯、拉脱维亚和巴林等国家的政府代表团。

通过政府间互访，中国与这些国家加深了相互了解，达成了共识，为双方在文化遗产领域进一步展开交流与合作奠定了基础、创造了条件。

4.国家文物局与意大利文化遗产部建立了密切的合作关系，2006年签署了两项合作协定。为落实双边协定的相关内容，2007年，国家文物局与意大利文化遗产部在罗马合作举办“中意打击文物走私研讨班”。公安部、海关部署等部门相关同志赴意参加了研讨。中意双方均精心组织，研讨班成效显著。

5.根据中西（西班牙）相关协议，国家文物局派员赴西班牙参加中西论坛第四次年会，为中西进一步交流与合作奠定了基础。

6.援助柬埔寨修复柬埔寨吴哥窟周萨神庙项目获得圆满成功，并出版《世界遗产 柬埔寨吴哥古迹——周萨神庙》。

2007年1月，鉴于我援柬专家的出色工作，柬方授予我援柬专家姜怀英、刘江“骑士级莫尼萨拉蓬勋章”（柬埔寨政府颁发的国家级高级勋章）。

应柬方要求，启动援柬修复吴哥古迹第二期项目——茶胶寺。

援助柬埔寨修复柬埔寨吴哥窟周萨神庙项目是我国承担的第一项重大文化遗产援外工程，该项目表明了中国积极履行国际义务的决心。该项目使中国的文化遗产保护理念、技术以及实践得到了国际同行的检验、认可和推广。

7.2007年10月，我国政府无偿援助蒙古国文化遗产保护项目——博格达汗宫博物馆门前区维修工程竣工。

该工程是中蒙两国在文化遗产保护修复领域进行的首次合作，也是四十年来博格达汗宫博物馆实施的规模最大的一次保护工程，有利于加强中蒙两国文化遗产保护领域的交流合作。此外，这项工程的圆满竣工增进了中蒙两国人民的传统友谊。

在竣工仪式上，蒙古国教育文化科技部部长恩和图布欣代表蒙古国政府，向中方施工单位、工程管理人员和技术人员分别颁发了国家级、部级奖章。

博格达汗宫位于蒙古国首都乌兰巴托市南郊的博格达汗山下，是蒙古国最高宗教领袖八世博格达·哲布尊丹居住和进行政教活动的场所。博格达汗宫始建于1893年，采用蒙藏文化风格与中国古代建筑相结合的方式建成，代表了当时建筑科学技术的水平，在蒙古国的建筑史上占有重要地位，具有较高的研究价值，是蒙古国最重要的历史古迹之一。1924年，博格达汗宫改建成国家博物馆，收藏博格达汗使用过的生活物品、宗教法器和17至20世纪部分蒙古国的传统绘画等珍贵文物。

8.根据中肯签署的《中华人民共和国国家文物局与肯尼亚国家遗产部关于在拉穆岛进行合作考古的协议》，派水下考古工作队赴肯进行考古工作。

【国际组织合作】

2007年，国家文物局国际合作处参与了国际组织的有关活动；组织、承办了有关国际会议；成为国际有关文物保护法规、管理措施和保护技术准则主要制定者之一。

2007年，广东开平碉楼及其村落成功列入世界遗产名录。我国连续三年成功申报澳门历史城区、河南殷墟遗址、广东开平碉楼及其村落三处世界文化遗产。自加入《保护世界自然和文化遗产公约》以来，中国列入“世界遗产”名录的文化和自然遗产已达35处，居世界第三位，其中文化遗产25处。

联合国教科文组织世界遗产中心发起的丝绸之路联合申报世界遗产项目。在我国的积极倡导下，丝绸之路沿线国家积极开展丝绸之路文化线路申报世界遗产的探索。

国家文物局派员参加了第三轮丝绸之路联合申遗国际协商会议，召开了西安国际申遗协商会议。

国家文物局积极参加联合国教科文组织促进文化财产归还原属国或返还非法占有文化财产政府间委员会大会、关于解决二战流失文物争端的政府间委员会大会、关于武装冲突情况下保护文化财产公约缔约国委员会大会等，表明我国政府对有关问题的立场和原则。

2007年5月，国家文物局派代表团参加了在牙买加召开的第六届世界考古大会，向国外介绍了我国基本建设中考古发掘以及水下考古工作的有关情况。

在外交部、文化部以及联合国教科文组织中国委员会等有关部门支持下，我国成功竞选联合国教科文组织世界遗产委员会委员国、国际文化财产保护与修复研究中心理事，提高了我国在国际组织中的地位和影响。

国家文物局与国际文化遗产领域三大国际组织——世界遗产中心、国际文化财产保护与修复研究中心、国际古迹遗址理事会在北京联合召开“东亚地区文物建筑保护理念与实践国际研讨会”。会议形成并通过了《北京文件——关于东亚地区文物建筑保护与修复》。这是由中国政府主管部门和相关国际权威机构和组织共同制定的第一个文化遗产保护领域的国际文件。专家一致认为，这是一份里程碑式的国际文件，对木结构文物建筑的保护维修实践具有重要的规范作用，不仅对东亚地区有指导意义，而且在世界范围内有参考价值。

国家文物局组织召开了“城市文化与文化遗产保护”国际论坛，来自20多个国家的200多位代表参加了研讨，30多位国内外著名专家、历史文化名城的书记、市长和文物部门负责同志在会议上发言。会议通过了《城市文化北京宣言》，呼吁加强关注和保护城市文化遗产，建设生态城市、宜居城市和文化城市。

【文物进出境展览】

2007年，在党中央、国务院的关心和外交部、文化部的具体指导下，文物出国（境）展览数量平稳增长，内容更加丰富，水平不断提高，影响日益扩大，全年共组织了51个出境文物展览赴多个国家和地区展出，成为中国对外活动中的中俄国家年、中韩交流年、中意文化年、中日友好年等国家交流活动中的亮点。

赴英国大英博物馆展览的“秦始皇：中国兵马俑”是中国兵马俑在国外展出件数最多的一次，是大英博物馆第一次举办以秦始皇为主题的大型展览，也是该馆历史上的展览盛事之一。英国首相布朗参加了开幕式。

赴菲律宾展览的“中国文物精华展”系国家文物局组织的“赴发展中国家文物展览经常性项目”的第一个展览。我国驻菲律宾大使、国家文物局副局长童明康和菲律宾外交部部长助理、菲律宾文化艺术委员会执行主任、马尼拉市市长及菲律宾文化艺术界100多人出席了展览开幕式。

赴韩“中国国宝巡回展”展品共计217件（组），一级品141件，分别来自国内多家博物馆及考古研究所等单位。

2007年，我国共引进了13个文物展览来华展出。引进的外国文物展览水准较高，以满足人民群众不断增长的文化生活需要。

“古代印度瑰宝展”2006年底在北京开幕，2007年分别在河南、重庆、广州三地展出，共吸引了30余万名观众参观。该展览是中印两国政府主管部门主办、委托专业机构承办，双方分担展览费用的新型办展方式的成功范例。

“庞贝末日——源自火山喷发的故事”系意大利中国年的结束活动，再现了庞贝在公元79年8月24日遭受火山爆发袭击后化为废墟的场景。在展览期间，中华世纪坛世界艺术馆还安排了多场系列讲座和相关互动活动。

【港、澳、台地区的交流与合作】

2007年是香港回归祖国十周年，作为香港回归十周年纪念项目，“国宝——十年考古新发现展”赴香港举办。

继“秦兵马俑展Ⅱ”在台中获得成功后，2007年5月在台北历史博物馆隆重开幕。

【教育培训】

国内文博单位与国外博物馆、科研院所、文物保护机构开展的馆际交流、考古研究、文物保护科技、文物保护工程、人员培训等合作项目，数量不断增长，范围不断扩大，呈现良性发展态势。

2007年，中日韩合作丝绸之路沿线六省区文物保护修复人员培训进入第二个实施年度；继续举办土遗址保护培训，举办考古发掘现场保护技术培训；实施中意文物保护修复培训项目（第二期）；与法国国家遗产学院的合作得到进一步扩展：举办中法合作文物保护夏季培训班，来自国内14个省市以及文物局系统的20名专业人员赴法参加了培训。

与美国盖蒂保护所第六阶段合作协议进展顺利。承德、敦煌项目按计划进行、派员赴美国盖蒂保护所培训、学习；与美国梅隆基金会合作选拔四名国内省级博物馆馆长赴美研修；与美国世界文物保护基金会合作开展故宫博物院倦勤斋和乾隆花园修复项目，进展顺利。

为配合第三次文物普查，举办了文化遗产调查培训班。

2007年6月，举办第四期水下考古专业人员培训班。来自肯尼亚的2位学员参加了培训。这是我国第一次为国外培训水下考古专业人员。

【建章立制、依法行政】

1．建立规章制度

完善了文物进、出境展览管理的工作规章。其中包括《文物出境展览工作规范》、《文物入境展览暂行管理办法》等。

建立了外事工作管理制度体系。以《国家文物局外事工作规则》为总纲，包括《国家文物局因公临时出国（境）人员管理办法》等多个实施细则。

2.依法管理

根据中纪委、中组部、外交部、公安部联合发出的《关于加强因公出国（境）团组境外纪律的通知》要求，严格审核、审批。通过开展出国团组行前教育等措施，有效加强了对因公出国（境）团组的管理。建立出访代表团回国书面报告制度，加强出访建议落实，注重访问成果。

2007年，国家文物局系统共派出143个团组476人次出访48个国家（地区），各出访团组均较圆满完成出访任务。

总结2007年国家文物局的出访情况，共有以下三个特点：

（1）增强了出访工作计划性；

（2）更加强调出访组织、纪律观念；

（3）更加注重访问成效及后续工作的跟进。

制度建设和依法管理进一步明确了程序、规范了行为，保证了进出境文物展览，组织国际会议，涉外考古申报和审批，中外签署双边合作协议以及外事接待等有关工作也因此可以有条不紊地开展。

【全国文物外事工作会议】

2007年7月，国家文物局召开了全国文物外事工作会议，总结过去三年的工作成绩，查找不足、分析形势、研究对策，全面部署新时期的文物外事工作。通过这次会议，全国文物系统统一了思想，认清了形势，明确了任务，外事工作和外事管理水平得到明显提高。

【其他交流活动】

国家文物局聘请秘鲁前驻华大使陈路先生为中国文化遗产保护国际顾问。

邀请部分驻华外交使节参加我国文化遗产日宣传活动、赴四川等地参观考察文化遗产地，使外国友人更多地了解我国文化遗产，愿意为我国开展对外交流与合作牵线搭桥。2007年文化遗产日活动，组织部分外交官赴河北宣化参观考察。2007年，组织驻华外交官赴四川考察文化遗产。

国家文物局先后10次将秘鲁丢失文物的有关信息通报相关单位。

【文物征集、翻译与出版】

中国积极开展对流失海外的中国重要珍贵文物进行追索和征集的工作。完成了战国越王亓北古青铜剑和南宋夏圭两幅册页的征集工作。

完成《中国国家文物局》简册的翻译、出版工作。

出版《国际文化遗产保护文件汇编》等。

教育培训

【省级文博系统专业管理干部培训】

2007年，国家文物局相继在西北大学、北京大学、复旦大学举办了省级考古所所长、省级文物局局长、省级博物馆馆长培训班，培训省级文物局局长19人，博物馆馆长

37人，考古研究所所长17人。经过五年的努力，培训干部406人，基本实现省级文博管理干部轮训一遍的目标。

【地市文博管理干部培训和全国重点文物保护单位保护管理机构负责人培训】

制订并印发了《地市文博管理干部培训试行大纲》，先后在云南、贵州、湖南、内蒙古、黑龙江、上海、湖北等省市自治区举办了地市文博管理干部培训班和全国重点文物保护单位保护管理机构负责人培训班。培训班由国家文物局和省、自治区、直辖市联合举办，国家文物局统一教学大纲，统一安排授课，统一补助经费，统一颁发证书。

【专业技术人员业务培训】

2007年5月18日～5月27日举办了中法合作文化遗产调查培训班；6月13日～6月19日在陕西韩城举办了考古发掘现场保护领队培训班；7月，在福建漳州市举办了第一期世界文化遗产保护（预备名单）管理机构负责人培训班；11月26日～12月7日在复旦大学举办了文物进出境审核机构负责人培训班；11月19日～12月30日委托中国文物信息咨询中心举办了全国文物系统博物馆专业人员古代玉器鉴定研究培训班。各培训班围绕文化遗产保护中心工作制定方案，安排课程，培训学员200余人，取得了很好的效果。

【涉外培训工作】

完成了与美国梅隆基金会合作中国博物馆馆长赴美研修年度计划，选派了4名同志赴美进行了为期3个月的培训。7月1日～15日与法国国家遗产学院合作举办了文化遗产保护夏季培训，来自15个省市和国家文物局直属单位的20名同志参加了培训。中国文化遗产研究院承担的中日韩合作丝绸之路文物保护与修复技术人员培养计划继续推进，2007年举办了土遗址保护、考古发掘现场保护和纸质文物保护三个培训班。中意二期合作项目培训阶段的任务顺利完成，举办了壁画保护、纸质文物保护、丝织品保护和古建筑保护四个培训班。中国文化遗产研究院还承担国家援外培训项目“亚非文化遗产保护官员培训班”和“阿拉伯地区文物修复技术人员培训班”，提高了我国文物保护工作的国际影响。

【文博高级职称评审】

在国家文物局党组的领导下，按照《国家文物局高级专业技术资格评定管理办法》，完成了文博系列、古建工程系列和文物编辑出版系列三个高级职称评审委员会的调整工作。张柏同志担任文博系列高级专业技术职务资格评审委员会主任，董保华同志担任文物编辑出版系列高级专业技术职务资格评审委员会主任，童明康同志担任古建工程系列高级专业技术职务资格评审委员会主任，召开6次评审会议，完成了2006和2007两个年度三个系列的高级职称评审工作。

2006年度职称评审会议评审情况：2007年3月20日～26日，国家文物局在北京召开了2006年度文博、古建工程、编辑出版三个系列高级职称评审会议。此次评审受理了符合参评条件的天津、山西、内蒙古、新疆以及民族文化宫和国家文物局直属单位的评审申请共35名。其中申报文博研究馆员资格的18名，申报文博副研究馆员资格的4名，申报古建高级工程师资格的1名，申报编审资格的4人，申报副编审的8人。经过评委会成员认真审读及讨论，并经过无记名投票，有25名同志获得高级专业技术职务任职资格。其中获得文物博物系列研究馆员任职资格的有雍继荣（民族文化宫博物馆）、张杰、周楠本（北京鲁迅博物馆）、曹建恩、郭殿勇、白劲松、刘冰、张海斌（内蒙古自治区）、艾尼瓦尔·乌不力喀斯木（新疆维吾尔自治区)；获得文物博物系列副研究馆员任职资格的有杜卫民、谢小铨（中国文物信息咨询中心）、李林辉（西藏自治区）；获得古建工程系列高级工程师任职资格的有（1人）查群(中国文物研究所)；获得编辑出版系列编审任职资格的有段书安、张广然、张庆玲、李红(文物出版社)；获得编辑出版系列副编审任职资格的有王霞、李飚、赵力华、王戈、郑彤、窦耀旭（文物出版社）、钱冶、孙秀丽(中国文物报社)。

2007年度职称评审会议评审情况：2007年9月13日、9月20日、12月10日～12日，国家文物局在北京先后召开2007年度编辑出版、古建工程、文博三个系列高级职称评审会议。本次评审受理了符合参评条件的天津、山西、内蒙古、云南、新疆、西藏以及中国邮票博物馆、中国电信博物馆和国家文物局直属单位的评审申请共55名。其中申报文博研究馆员资格的38名，申报文博副研究馆员资格的10名，申报古建高级工程师资格的2名，申报编审资格的1人，申报副编审的4人。经过评委会成员认真审读及讨论，并经过无记名投票，有25名同志获得高级专业技术职务任职资格。其中获得文物博物系列研究馆员任职资格的有刘幼铮(天津)、海金乐、李彦（山西）、连吉林（内蒙古）、张平、王建林、于志勇、涂均勇（新疆）、郭宏、荣大为(中国文化遗产研究院)、罗伯健、陈列(中国文物交流中心)；获得文物博物系列副研究馆员任职资格的有葛涛、姜异新（北京鲁迅博物馆）、窦一民、藤磊（中国文物信息咨询中心）、钱卫（中国文物交流中心）；获得编辑出版系列编审任职资格的有蔡敏（文物出版社）；获得编辑出版系列副编审任职资格的有张玮、王少华、杨新改、周小玮(文物出版社)；获得古建工程系列高级工程师任职资格的有顾军、袁毓杰（中国文化遗产研究院）。

人事工作

【直属事业单位人事制度改革】

1．岗位设置管理

为进一步深化事业单位人事制度改革，根据中央部署，国家文物局正式启动直属事业单位岗位设置管理工作，研究、制订了《国家文物局直属事业单位岗位设置管理实施意见》（文物人函[2007]1440号），经人事部批准，制定、印发了《关于印发<国家文物局直属事业单位岗位设置管理实施意见>的通知》（文物人发〔2007〕52号）。

国家文物局直属事业单位岗位设置管理工作，以建立岗位管理制度为内容，以实现直属事业单位人事管理由身份管理向岗位管理转变为着力点，力争建立符合社会主义市场经济体制要求和事业单位特点、充满生机和活力的事业单位人事管理制度。

2．机构设置

中国文物研究所改所建院。经中央编办批准，中国文物研究所更名为中国文化遗产研究院，财政补助事业117名，主要职责是：开展国家文化遗产资源的调查、登录工作；承担文化遗产科学的基础研究、专项研究，开展文化遗产保护应用技术研究，推广科学技术研究成果；承担国家重要文化遗产保护项目的有关具体工作；开展文化遗产保护科学技术的国际合作、学术交流和教育培训工作；承担国家文物局交办的其他事项。

接收北京新文化运动纪念馆。经商文化部、报请中央编办批准，将北京新文化运动纪念馆整建置从文化部划归国家文物局管理。

【表彰奖励】

1．根据中华人民共和国人事部、国家文物局《关于表彰2007年全国文物系统先进集体和先进工作者的决定》(国人部发[2007]

73号），表彰了以下单位和个人：

全国文物系统先进集体名单（34个）：北京市首都博物馆、天津市塘沽区文化局、河北省磁县文物保管所、山西省运城市文物局、内蒙古自治区鄂尔多斯博物馆、辽宁省营口市博物馆、吉林省伪满皇宫博物院、黑龙江省东北烈士纪念馆、上海市中共“一大”会址纪念馆、江苏省苏州市文物局、浙江省中国茶叶博物馆、安徽省文物考古研究所、福建省古田会议纪念馆、山东省济宁市文物局、河南省殷墟宫殿宗庙（王陵）遗址管理处、湖北省钟祥市显陵管理处、湖南省株洲市文物管理处（博物馆）、广东省中山市博物馆、广西壮族自治区自然博物馆、海南省陵水黎族自治县博物馆、重庆市潼南县文化广电新闻出版局、四川省凉山彝族自治州博物馆、贵州省大方县奢香博物馆、云南省保山市博物馆、西藏自治区山南地区文物局、陕西省汉阳陵博物苑工程指挥部、甘肃省敦煌研究院、青海省湟中县博物馆、宁夏回族自治区文物考古研究所、新疆维吾尔自治区阿勒泰地区文物局、故宫博物院资料信息中心、国家博物馆展览一部、中国文物研究所援助柬埔寨工作队、文物出版社第五图书编辑部。

全国文物系统先进工作者名单（19名）：吕生祉（山西省大同市文物局局长）、陈永志（蒙古族，内蒙古自治区文物考古研究所副所长）、崔玉宽（满族，辽宁省凤城市文物管理所所长）、傅佳欣（吉林省文物考古研究所抢救性考古办公室主任）、张敏（江苏省考古研究所所长）、康熙民（浙江自然博物馆馆长）、胡荣孙（安徽省黟县文物管理局局长）、杨琮（福建博物院院长）、宋爱华（女，山东省文登市革命遗址管理所所长）、宫嵩涛（河南省登封市文物管理局副局长）、陈建明（湖南省博物馆馆长）、韦爱桃（女，壮族，广西壮族自治区田东县文化和体育局副局长、右江革命纪念馆馆长）、李蔓莉（女，回族，海南省澄迈县文化广电出版体育局文物股股长）、张桂林（贵州省博物馆陈列部主任）、余剑明（云南省文物局副局长）、拉巴次仁（藏族，西藏自治区日喀则地区文物局局长）、董志强（藏族，青海省博物馆产业发展部主任）、艾尔肯米吉提（维吾尔族，新疆维吾尔自治区文物局副局长）、常兴照（中国文物信息咨询中心项目审核部副主任）。

2．根据国家文物局、国务院国有资产监督管理委员会《关于授予中国建筑设计研究院建筑历史研究所“文物保护特别奖”的决定》（文物人发〔2007〕21号）进行了表彰和奖励。

3．根据《国家文物局关于表彰全国文化遗产保护工作先进集体和先进个人的决定》（文物人发[2007]31号），作出了表彰奖励。

4．根据国家文物局《关于授予陕西省宝鸡市保护文物的农民群体“文物保护特别奖”的决定》（文物人发[2007]26号），表彰和奖励了以下个人：

陕西省宝鸡市保护文物的农民群体名单（31名）：

陕西省宝鸡市眉县马家镇杨家村农民：王宁贤、王明锁、王拉乾、王勤宁、张勤辉。

陕西省宝鸡市金台区长青村农民：侯启恒

陕西省宝鸡市陈仓区洪源村农民：罗红社

陕西省宝鸡市陈仓区虢镇南阳村农民：郭明贤、赵明科、李都堂、贾拉宝。

陕西省宝鸡市扶风县法门镇刘家村农民：刘文昌，岐山县京当乡贺家村农民：贺多文。

陕西省宝鸡市陈仓区新街镇新街村农民：王生贵、王来贵。

陕西省宝鸡市凤翔县城关镇小沙凹村农民：王焕堂

陕西省宝鸡市扶风县太白乡良峪村唐家沟村农民：唐东海、唐军怀、李军焕。

陕西省宝鸡市陈仓区新街镇庙川村农民：代西存。

陕西省宝鸡市眉县首善镇五坳村农民：杜天佑、张存新。

陕西省宝鸡市扶风县上宋乡红卫村农民：李军娃、张铁路、李雄辉。

陕西省宝鸡市扶风县城关镇五郡村农民：刘银科、刘东林、刘邦劳、刘锁乾、刘广后、刘东后。

根据国家文物局《关于授予全国优秀长城保护员“文物保护特别奖”的决定》（文物人发[2007]27号），表彰如下：

全国优秀长城保护员名单（15名）：

北京市：王长青（密云县古北口镇政府旅游办主任）、梅景田（延庆县八达岭镇石峡村农民）；

河北省：张鹤珊（抚宁县驻操营镇城子峪村农民）、孙振元（抚宁县驻操营镇董家口村农民）；

山西省：曹明礼（代县组织部内退职工）；

内蒙古自治区：蔡睿良（清水河县北堡乡政府干部）、落和平（固阳县金山镇居民）；

山东省：朱增顺（泰山风景名胜区管理委员会巴山管理区书记）；

河南省：董中峰（叶县科技局副局长）；

陕西省：王兴发（横山县横山镇王圪堵村农民）、党生福（合阳县杨家庄乡杜家塬村党支部书记）；

甘肃省：毛学彪（临洮县新添镇南坪村村委会主任）、姜有玉（山丹县老军乡农民）；

宁夏回族自治区：温宏武（盐池县高沙窝镇二步坑村党支部书记）；

新疆维吾尔自治区：艾山·牙合甫（维吾尔族，哈密地区白杨沟佛寺遗址义务烽燧保护员）。

5．根据《文化部、国家文物局关于表彰全国文物工作先进县的决定》（文物发[2007]46号）进行了表彰和奖励。

6．根据《文化部国家文物局关于授予西藏自治区公安消防总队拉萨支队布达拉宫大队“文物保护特别奖”的决定》（文物发[2007]43号）作了表彰。

【党政干部管理】

任命王军为国家文物局政策法规司司长，免去其国家文物局办公室巡视员、副主任职务；任命刘起富为国家文物局政策法规司巡视员，免去其国际友谊博物馆副馆长职务；任命关强为国家文物局办公室副主任，免去其文物保护司副司长职务；任命李培松为文物保护司副司长，免去其博物馆司副司长职务；任命刘荣为直属机关纪委办公室主任，免去其政策法规司政策研究处处长职务；任命陈培军为政策法规司政策研究处副处长（主持工作），免去其直属机关纪委办公室副主任职务；任命李学良为国家文物局博物馆司博物馆处副调研员、陈红为国家文物局办公室预算处副调研员。

任命张廷皓为中国文化遗产研究院院长、中共中国文化遗产研究院委员会副书记，孟宪民为中共中国文化遗产研究院委员会书记、中国文化遗产研究院副院长，荣大为、马清林为中国文化遗产研究院副院长，李战崎为中国文化遗产研究院院长助理。

任命彭常新为中共中国文物报社党支部书记（正局级）、中国文物报社副社长，免去其国家文物局政策法规司司长职务；任命张健为国际友谊博物馆馆长（正局级）、王良学为中共国际友谊博物馆总支部委员会书记、安来顺为国际友谊博物馆副馆长、郭俊英为北京新文化运动纪念馆副馆长（副局级、主持工作）；任命何洪为北京新文化运动纪念馆副馆长（副局级），免去其人事教育司副司长职务；任命李让为中国文物报社总编辑助理、张忠志为中国文物交流中心主任助理。

分述篇

国家文物局直属单位

北京鲁迅博物馆

【博物馆业务进展】

2007年,北京鲁迅博物馆在国家文物局党组的领导下,在国家文物局机关各部门的指导和大力支持下,认真学习贯彻党的十七大精神,注重发挥全馆职工的主观能动性,积极开展形式多样的业务活动,努力做好鲁迅精神的普及工作,博物馆的全面建设取得了较好的进展。

1.社会教育

以新的“鲁迅生平展”开放为契机,深入开展文明优质服务活动。北京鲁迅博物馆改造后的“鲁迅生平展”,于2007年1月1日进行了预展,并于3月25日正式向社会开放。

在新展览开放之前,北京鲁迅博物馆多次组织开放、接待等部门的人员在陈列厅召开现场会,要求各岗工作人员提出发现的问题、分析展览开放后可能出现的问题。在此基础上,组织讲解员对展览的内容、布陈的思路、观众最佳参观路线等进行了细致的探讨,以便把新展览更好地介绍给观众。由于准备工作充分,北京鲁迅博物馆的接待工作一直在有条不紊地进行,观众无投诉,安全无事故。

新展览开放后,很多早就计划前来参观的观众一下子涌入了北京鲁迅博物馆,有时一天就要接待三至四批集体观众,这给博物馆开放工作带来了很大的压力。为接待好每批观众,讲解员不辞辛苦,耐心地讲解,由于服务工作到位,多次获得观众的好评。

在日常开放工作中,北京鲁迅博物馆主要通过与观众进行直接交流、设立观众留言簿等形式收集观众的意见、建议。另外,在“5·18国际博物馆日”期间,发放了针对新展览的600份观众调查问卷,收集观众对新展览及服务工作的意见、建议,并及时进行整改,以便更好地为观众服务。

截止至2007年12月15日,北京鲁迅博物馆共开放308天,接待观众4.3万多人,其中免票参观人数为2.8万多人。

2.临时展览和流动展览

9月22日,北京鲁迅博物馆与北京作家协会联合举办的“第三届北京文学节·百名作家手稿展”在北京鲁迅博物馆隆重开幕。此次展览,共展出了131位知名作家的手稿,这是国内首次集中展示上百位在世作家的手稿。

北京鲁迅博物馆制作的“鲁迅的读书生活”流动展览,分别在河北省黄骅博物馆、河南省博物院、苏州市图书馆、西安贾平凹文学艺术馆、西安建筑科技大学、陕西师范大学等地进行了巡展，展览所到之处，观众涌跃参观，反响强烈。11月份，“鲁迅的读书生活”展、“王小波生平”展和“汪曾祺的一生”展在深圳展出。

5月18日，北京鲁迅博物馆与宋庆龄故居、郭沫若纪念馆、茅盾故居、老舍纪念馆、梅兰芳纪念馆、北京新文化运动纪念馆等6家名人故居（纪念馆）联合举办的“历史的记忆——文化名人与和谐文化”展览在北京古代建筑博物馆展出。

北京鲁迅博物馆把与北京6家名人故居（纪念馆）联合制作的“名人与文化遗产”展览送到北京市未成年犯管教所，用文化名人的精神之光，疗治少年服刑人员精神世界的疾病，300余名服刑人员有序地参观了展览。同时，北京鲁迅博物馆还为少管所的服刑人员捐赠了部分书籍。

“5·18国际博物馆日”期间，北京鲁迅博物馆还与北京鲁迅中学联合制作了“鲁迅与和谐文化”展览在该校展出。

3.义展义卖

为迎接2008年奥运会的召开，用行动实践“我参与，我奉献，我快乐”的人文奥运理念，5月12日，北京鲁迅博物馆与北京新源西里小学共同举办了“心系奥运会，奉献我真情”义展义卖活动。这次活动所得善款十万余元将全部捐赠给2008年奥运会残奥运动员，以表达北京少年儿童及社会各界人士对奥运的企盼和祝愿。

4.志愿者培训

北京鲁迅博物馆与北京师范大学学生志愿者协会——“白鸽协会”建立了长期合作关系，2007年又为该校培养了20多名青年志愿者。

5.奥运培训

2007年，北京鲁迅博物馆按照中央国家机关、文化部、国家文物局关于开展“迎奥运、讲文明、树新风”活动的要求和首都窗口行业奥运培训工作协调小组关于窗口行业奥运培训工作的要求，认真开展了窗口行业奥运培训工作。制定了北京鲁迅博物馆的奥运培训工作计划，并将《博物馆行业服务行为规范》、《奥林匹克运动会基础知识》、《博物馆服务礼仪手册》等北京地区博物馆奥运培训教材发至职工，人手一份，采取各部门组织学习与职工自学相结合的方式，在系统学习的基础上，组织了一次知识测验。通过这次培训，北京鲁迅博物馆职工在职业道德、服务规范、岗位技能、奥运知识等方面得到了一次较好的提升，职工的精神面貌发生了明显的变化。

由于北京鲁迅博物馆工作成绩突出，4月24日，在北京地区博物馆行业奥运培训工作总结表彰大会上，北京鲁迅博物馆被首都窗口行业奥运培训工作协调小组评选为“首都窗口行业奥运培训工作先进单位”。

【研究与出版】

鲁迅学术研究工作是弘扬鲁迅精神的窗口之一。为此，北京鲁迅博物馆坚持从基础工作做起，经常举办学术活动，不断提高社会影响力。

1.图书出版、编辑

2007年按时出版《鲁迅研究月刊》12期。与青岛大学联合编辑出版了《鲁迅研究年鉴》（2006年）和《多维视野下的鲁迅研究——新时期鲁迅研究二十年》（上、下卷）。完成了《鲁迅译文全集》（8卷）、《鲁迅藏品精选丛书》（5卷）和《鲁迅画传》的编辑工作。与日本仙台东北大学、芦原市政府联合编辑出版了《藤野先生与鲁迅》（日文版）。

2.学术活动

4月22日，李零新书《丧家狗：我读<论语>》出版座谈会在北京鲁迅博物馆举行，20多名专家、学者出席了座谈会。围绕“传统经典的不同读法”这个主题，以及当下的国学热、论语热，与会人员展开了认真的讨论。

5月18日，为纪念汪曾祺逝世10周年，

北京鲁迅博物馆与北京作家协会、北京文学杂志社、江苏高邮市委市政府联合，在北京鲁迅博物馆举办了“汪曾祺的一生”展、汪曾祺研讨会。中国作协主席铁凝，名誉副主席邓友梅等40多人出席会议。

10月28日，北京鲁迅博物馆与宁夏人民出版社、天津作家协会、中国诗酒文化协会联合，在北京鲁迅博物馆举办了纪念阿垅百年诞辰学术研讨会。

10月31日，北京鲁迅博物馆在江西省进贤县举办了鲁迅与书法学术研讨会。

北京鲁迅博物馆协助中央电视台10频道“探索·发现”栏目组拍摄的纪录片《先生鲁迅》，12月20日开始在该频道播出。

3.对外交流

3月23日、6月21日，北京鲁迅博物馆先后派人去日本参加在日本福井县芦原市藤野严九郎纪念馆、宫城县仙台市东北大学举行的藤野先生和鲁迅先生铜像揭幕仪式。这两次交流活动得到了日方的高度重视和日本媒体的关注，在日本国内引起了较好的反响。我国驻日大使馆也对此给予较高的评价。

9月25日，在纪念鲁迅先生诞辰126周年之际，北京鲁迅博物馆举行了藤野先生铜像落成揭幕式。铜像由藤野先生的故乡——日本福井县芦原市政府赠送。我国文化部副部长、中国鲁迅研究会会长郑欣淼，日本驻华使馆新闻文化中心主任道上尚史，日本芦原市市长桥本达也，日本东北大学副校长大西仁，鲁迅先生的长孙周令飞，日本东北大学教授及鲁迅医学笔记研究小组成员等出席了揭幕式。

另外，北京鲁迅博物馆与青岛大学联合培养研究生的工作也一直在进行中，2007年又有4名研究生毕业，全部获得硕士学位；新招收研究生2名。

北京鲁迅博物馆研究人员个人出版专著3部，发表论文约30篇。同时，还多次在高校、机关发表学术演讲，宣传鲁迅。

4.藏品征集与管理

经过努力，胡风的后人将胡风及其夫人梅志生前所用、所藏的3000多件文物资料、图书捐赠给北京鲁迅博物馆，博物馆为此特设立了胡风文库。另外，北京鲁迅博物馆还接收了姚锡佩、徐崇善、唐天然等人捐赠的300多件文物、资料。

5月9日~6月1日，香港浸会大学中文系教授黄子平先生应邀在北京大学以“文化研究：鲁迅作为方法”为主题作了8次演讲。北京鲁迅博物馆派人全程进行了录音、录像，制作成光盘作为馆藏资料进行保存。

实施了流通图书的条形码工程。图书借阅使用条形码管理，不仅方便快捷，而且准确可靠，节省人工。条形码数据库的对接，走线，购置设备，输入，都已完成。

2007年，北京鲁迅博物馆加强网站的编辑力量，更好地发挥网站作为宣传、了解北京鲁迅博物馆窗口的平台作用，共发布各类消息、告示、文章100多条。

2007年，由于北京鲁迅博物馆工作成绩突出，北京鲁迅博物馆文物资料保管部被评为全国文化遗产保护先进单位。

5.北京鲁迅旧居四有档案的建立

从3月份开始，北京鲁迅博物馆按照分散整理、集中归档的原则，制定了具体的工作方案。北京鲁迅博物馆先后4次召开会议进行分析、小结，3次请北京市古代建筑研究所的技术人员来馆进行业务指导，确保此项工作顺利进行，并于10月份圆满完成。

国际友谊博物馆

【概述】

国际友谊博物馆（以下简称“友博”）承担着收藏、保护、研究、展示和宣传新中国成立以来党和国家领导同志在外事活动中受赠的礼品的任务。截至2007年年底，友博已收藏来自世界170多个国家的礼品近2万件，大致分为30余类、上百个品种。这些礼品大多兼有双重性，既是外交礼品，又是外国工艺美术品，反映了世界各地异彩纷呈的人文艺术风貌。礼品来源的广泛性和独特性，决定了友博与其他博物馆截然不同的鲜明特色和风格。

【发展目标】

党的十七大召开后，友博按照国家文物局党组要求，统一思想，提高认识，认真组织开展十七大精神的学习贯彻宣传工作。友博干部职工理论联系实际，兴调查研究之风，以科学发展观为指导，认真剖析建设发展的关键问题，提出了用学习促观念转变，用行动推工作进步，按照“一手抓生存，一手抓发展，做好国礼文章，打造友博品牌”的工作思路，以“国礼神州行”系列展览为带动，以解决馆舍问题、藏品征集问题和博物馆发展定位问题等瓶颈问题，完善机制体制，加强文物保护和科学研究工作为促进，彰显国礼及其独特而丰富的文化资源优势的积极影响力，充分发挥友博在文化大发展大繁荣新时期中的作用，开创友博建设新局面的工作目标。

【制度建设】

工作中，友博各部门注重建立和落实部门会议制度，加强和完善内部沟通和研究工作的机制，提高了效率，促进陈列展览、文物保护、学术研究、资产核查等重点工作顺利开展。友博还开展了绩效考核方案的编制工作，按照人事管理规定，结合工作实际和事业发展需要，起草了对干部职工工作行为、表现及结果的考评方案。规章制度的制定和落实，进一步明确了事业发展方向，也针对工作中存在的问题，提出了明确的要求和解决办法，从而规范了友博的工作程序，规范了管理，显著增强了工作凝聚力，促使工作效率得到提高，有力地推动了事业发展。

【社会服务工作】

2007年，友博分别在黑龙江省哈尔滨市、浙江省湖州市、四川省成都市、江苏省徐州市以及北京举办了国礼展，展出了世界各地不同风格的礼品。展览有着较高的艺术价值和观赏价值，蕴含着深刻的教育意义。观众围绕它们，感知了世界文化艺术的丰富魅力，重温了历史，得到了启迪，体会了老一辈革命家的丰功伟绩，激发了民族自信心和自豪感。这些展览在配合各地开展教育活动，满足观众文化生活需要的同时，也显著提高了友博的影响力和知名度。

同时，友博根据“国际博物馆日”和“文化遗产日”宣传主题，与河北省黄骅市博物馆合作，开展了一系列积极有益的活动，进一步发挥了博物馆的宣教服务功能，为社会和观众做了实实在在的工作。5月18日，友博和黄骅市博物馆结为“友好博物馆”，并在黄骅市举办了“新中国国务珍贵礼品图片展”。展览用丰富的史料、深刻的教育内涵、厚重的人文艺术背景，阐述了一个个生动的故事，再现了波澜壮阔的新中国外交历程，展示了高瞻远瞩的伟人风采，让广大黄骅市民特别是中小学生领略了世界瑰宝，接受了爱国主义和革命传统教育。展览期间，还开展了“有奖征文活动”。许多中小学生参观展览后写下了质朴自然、发人深思的体会和感想。8月下旬，友博邀请获奖文章小作者赴京，观看升旗仪式，参观博物馆和文化遗产地，帮助他们增长知识，开阔视野，增强对文化遗产的认知和感受，培养了他们的求知欲和学有所成、奉献社会的历史使命感。

2007年6月27日，友博举行仪式，将1975年2月莫桑比克主席萨莫拉赠送给毛泽东同志的“伟人毛泽东权杖”的高保真仿制品分别赠送给韶山毛泽东纪念馆、中国人民革命军事博物馆等单位以及毛泽东亲属。这些艺术品材质优良、雕琢精美，有着深刻的内涵和象征意义，也极具艺术收藏价值。这是友博有效保护与合理利用文物藏品资源，更广泛、深入地为社会服务的一个重要活动。

【展览设计和学术研究】

友博认真落实国家文物局领导现场办公会精神，积极开展迎奥运展览准备工作，并提出既要把迎奥运展览当作国家文物局交给友博的一项重要任务来完成，也要把它当作“国礼神州行”品牌的重点项目来完成的总体要求。在干部职工的努力下，迎奥运展览准备工作有序开展，确定了展览主题，编制了展览大纲，并进行了专家论证，完成了馆内展品的鉴选和拍照工作，进行了相关历史、人文艺术资料的收集和整理工作，确定了展览场地、展期等事项。

为了改变过去临时展览重复设计，既费时费力，又难以把握统一标准的状况，友博不断加强展览研究，反复讨论确定不同的展览主题和展示内容，综合考虑气候、展厅环境等各种因素，仔细挑选展品，精心设计，最终编制完成了三套标准的临时展览方案，使临时展览更规范和完善，有力地支撑了“国礼神州行”品牌宣传活动。

为了进一步加强“国礼神州行”巡展中的文物保护工作，友博编辑了《巡回展览中文物保护文集》，并于5月份启动了“巡回展览文物保护规范”课题研究，就展品选择与布展、撤展、展品点交与出入库登记、展品取放、展品包装、展品运输、展品保养与修复、场地考察与安全防护等项目，结合巡展工作实际，进行了广泛而深入的研究。

近年来，随着学术研究工作的不断深化，友博逐步积累起一些有较高质量的研究成果。友博提出，要根据“国礼神州行”品牌宣传活动的特点，以开放的姿态继续深化研究，不断拓宽研究范围和领域，引进和吸收先进成果和经验，并将这些成果转化到实际工作中。同时，友博着手编辑了《走进国际友谊博物馆》、《国际友谊博物馆论文集》、《新中国国礼档案》、《国礼故事》及馆刊《国际友谊》等刊物。

【藏品管理和征集】

2007年，友博结合科研成果和巡回展览中发现的问题，对藏品管理系统做了进一步完善，并录入530余幅数字图片，使得该系统查询检索信息更加丰富、准确，提高了系统的实用性和可靠性，为各项业务工作提供了有效的文物信息保证。

友博还继续加强藏品征集工作，结合迎奥运展览和基本陈列设想，提出了征集工作计划，在《中国文物报》、国家文物局网站等媒体上刊登了藏品征集启事，在社会上产生了一定影响，收到了一定效果。

【资产核查】

友博按照财政部、国家文物局的有关要求和相关文件精神，提出目标，制定方案，认真开展资产核查工作。2007年6月底，友博清理资产、核对账目、登记建卡、统计制表等各项工作均按计划和要求完成，并向国家文物局上报了清查工作情况、积极配合审计单位对各类资产进行了严格审计。

【安全保卫】

友博重视经常性安全教育，督促职工强化责任意识和风险意识，把坚持制度、防微杜渐、确保安全的要求贯穿工作始终，取得了良好的效果。2007年，友博共组织4次安全大检查，进行了3次消防演练和教育培训，并对保卫人员和其他干部职工进行了安全知识和工作技能培训，使大家进一步熟悉了《博物馆安全保卫工作规定》、《突发事件应急预案》等规定、预案，促进了安全保卫工作进一步规范化、制度化、科学化，提高了保卫工作质量和水平。

中国文物信息咨询中心

（国家文物局数据中心）

2007年，中国文物信息咨询中心深入学习贯彻党的十七大精神，坚持以科学发展观为指导，以文化遗产保护事业发展的需要为目标，在国家文物局的正确领导和全体职工的共同努力下，积极事业、扎实工作，在很多方面取得了一定的成果。

【党建工作】

迎接党的十七大胜利召开，组织全体党员、职工集体收看十七大开幕式及会议实况。按照上级的统一部署，深入学习贯彻党的十七大精神，多次组织召开不同范围的学习讨论，结合文化遗产事业的需要和中心的职能任务，研究提出落实十七大精神的工作设想，认真完成专题调研报告。

推进创建学习型党支部，把对党员的教育、管理和服务有机结合起来。健全组织生活，开展多种形式的党建活动。积极培养入党积极分子，发展预备党员。

重视思想建设，坚持“积极事业、自主创新、务求实效、宽松和谐”的理念，凝炼、构建核心价值观，努力推进各项工作开展。

加强作风建设，多次组织学习中纪委《关于严格禁止利用职务上的便利谋取不正当利益的若干规定》，把规定精神传达到每一位党员及职工，自觉遵守相关规章制度。

【信息化建设】

信息技术是体现当代特点的先进科技手段。当今世界，信息技术广泛应用于政治、经济、文化、社会各个领域，信息化已成为促进生产力发展和社会文明进步的重要动力，正深刻地改变着人们的生产、生活和思维方式。推进文化遗产信息化建设、运用信息技术创新文化遗产保护方式，提升民族文化丰厚资源的挖掘和利用水平，对发展繁荣社会主义文化、保障人民文化权益具有重要意义。国家文物局党组对行业信息化工作高度重视，多次对加强行业信息化工作提出明确要求。中心紧密围绕“国家文物局数据中心”职能任务，立足行业发展，满足业务应用需求，从顶层设计、重点项目、长效发展、自主创新、提升服务等层面全面布局，取得长足进步。

1. 加强信息化顶层设计，制订相关工作方案

根据国家文物局指示，修改完善了《全国文物、博物馆事业信息化发展“十一五”规划》和《文化遗产保护领域信息化发展纲要》，并报送国家文物局。

根据行业信息化规划，积极配合局机关进行重大项目的研究与立项工作，完成《应用新技术开展第三次全国文物普查工作方案》、《长城资源调查》等重点项目的方案咨询工作。

2. 利用信息技术，保障重点项目

配合第三次全国文物普查工作，研究提出普查设备配置标准；联系国家测绘局商洽购置普查工作所需的电子地图数据，并按要求组织地图数据的配发工作；开发了《第三次全国文物普查数据采集软件》并投入实际普查应用；完成《第三次全国文物普查数据报送与接收软件》研发工作，并进入测试阶段；开展涉密数据机房建设，强化普查涉密数据管理。

推进文物调查及数据库管理系统建设。完成河北、浙江等五省（区）省级数据中心设备配置工作及馆藏文物巡回鉴定和分级工作；采集湖北省文物数据记录5.8万余条，影像照片8.6万幅，收集报表8.3万份，初步实现为局机关提供数据查询服务。

配合开展长城资源调查工作，提出相关工作方案。

【长效性工作】

加强数据库建设，重视成果转化与服务。完成第一至第五批国保单位记录档案、第一至第六批国保单位名录、内蒙等10省区第二次全国文物普查地图集的数字化工作；完成2005年国家文物局批复的文保工程方案数字化工作；初步建成“全国文物拍卖标的审核备案数据库”，积累了2002～2005年文物拍卖标的审核数据。

持续开展“博物馆藏品综合管理软件”的应用推广工作，促进行业软件应用。与天津博物馆、钓鱼台国宾馆、财税博物馆等单位协商合作，推进藏品信息化管理。

优化国家文物数据中心基础环境，新增设备，扩充数据存储容量，改善网络运行环境，增加了网络带宽。

探索、开展信息化理论研究，积极开展行业信息化标准规范建设工作，完成《博物馆智能化系统使用要求》国家标准送审稿的编订工作，按要求提交国家标准化委员会审定。

加强科研管理，定期编报月度重点工作计划和重点工作完成情况季报，及时掌握重点工作进展；组织申报2007年度文化遗产保护科学和技术研究课题。

【自主创新】

加强具有自主知识产权的软件研发。开发完成“第三次全国文物普查数据采集软件”并投入使用，完成“第三次全国文物普查数据报送与接收软件”研发工作并提交演示；完成“文物安全与行政执法管理信息系统”研发，并启动了软件测试和有关省市的试点培训工作；完成“文物保护科技成果应用管理系统”、“文物出入境审核管理信息系统”等软件的原型开发和应用推广工作。

【应用服务】

1. 服务局机关

加强国家文物局政府网站建设力量，对政府网站进行了改版，配合“5·18国际博物馆日”、第二个“文化遗产日”、纪念《文物保护法》修订实施五周年等活动，策划制作系列专题，展示文化遗产风采，宣传文化遗产保护，受到多方肯定。国家文物局考古发掘电子审批系统运行顺利。做好局机关办公自动化系统的日常维护工作，确保局机关电子政务顺利运转。

2. 服务行业

为了适应西藏文物保护事业信息化发展形势，满足推行政务公开、方便为民服务、宣传西藏遗产、建设网络文化的需求，协助西藏自治区文物局开展网站建设。该网站的开通，加强了西藏文物保护工作的宣传展示力度，成为西藏文物保护事业与外界沟通联系的又一桥梁和纽带。

与天津博物馆签订《博物馆数字化展览展示研究合作协议》，利用信息技术提升博物馆展览展示水平，探索开展博物馆信息化建设的有效途径。为中国财税博物馆提供藏品综合管理信息系统软件技术服务，提升藏品管理的信息化水平。

3. 服务公众

积极研究探讨“中国数字博物馆建设”，组织编制建设规划。落实十七大关于推动社会主义文化大发展大繁荣的要求，发挥信息技术优势，筹建“中国文化遗产网”门户网站，组织编写《中国文化遗产网建设方案》。该方案旨在运用信息网络技术创新文化遗产展示方式，繁荣中国特色网络文化，满足人民群众日益增长的精神文化需要，保障人民文化权益。

【核心业务】

1. 资质资格认证

在局机关领导和支持下，2007年度资质资格认证服务工作在资质资格考试认证、文物鉴定培训、拍卖标的复核等领域取得一定的突破。

承办了申报第一类文物拍卖经营资质企业专业人员考试认证工作；组织开展了“文

物鉴定修复师资格考试”、“文物进出境责任鉴定员资格考试”相关规程、大纲和题库的编写工作；完成“博物馆陈列展览工作规程和资质资格认证”调研及法规起草工作，并正式报国家文物局。

受国家文物局委托组织举办了“全国博物馆专业人员玉器鉴定研修班”，面向全国30余个省市招收学员，邀请国内权威的玉器研究、鉴定专家亲自授课指导，组织赴北京、山西、河南等地博物馆及有关文物收藏单位参观、实习，取得了理想的教学效果和良好的反响。

保质保量，按时完成了全国文物保护工程系列资质资格颁证及年检工作。组织国家文物鉴定委员会委员开展文物拍卖标的复核工作，按要求完成各项任务。

积极策划打造“中国传世文物大展”系列品牌，与统战部等部门和单位联合举办了“西藏佛教艺术展”。

2. 文物保护项目咨询评估

根据第六批全国重点文物保护单位公布后文物保护工程方案审核工作量成倍增长的新形势，改进、完善文物保护项目咨询评估工作。2007年共评审各地报局审批的文物保护、维修工程方案、规划近千份，召开专家会数十次，并多次赴外地组织现场审核，努力提高审核工作的质量。

在系统总结一年来文物保护项目评估工作情况的基础上，细化文物保护规划、保护工程以及安防、消防方案的评估标准，分类汇总，编制完成《2007年度文物保护项目评估年度报告》，为国家文物局机关和全行业提供翔实的工作资料。

【重点项目】

1. 国家重点珍贵文物征集项目

在国家文物局机关直接领导下，成功实施了南宋画家夏圭款《秋郊归牧图》、《柳荫牧笛图》书画册页等文物征集项目，顺利组织完成国家文物局委托的各项拟征集文物的鉴定咨询工作。以日本等亚洲国家和地区为重点，开展海外文物调查工作。以奥地利等国为突破口，将这项工作拓展至欧洲范围，尝试建立海外中国文物数据库。

2. 代局保管文物项目

克服不利因素，继续开展文物数字化与整理建档工作，全年完成近5000余件陶瓷二级品文物数字化，并打印帐目6万余件，核对文物总帐10万余条，在有限条件下改善了数百件铜佛一级品等文物的保管条件。在确保文物安全的基础上，积极开展文物利用工作，提供展品、教学观摩资料900余件次。积极策划打造“中国传世文物大展”系列品牌，配合完成赴菲律宾“中国文物精华展”相关筹备工作，取得了良好效果。

文物出版社

【概况】

2007年，文物出版社建社整整50周年。50年来，文物出版社从小到大，从弱到强，发展成为融图书、期刊、音像出版和文物复制为一体的全国著名出版机构，为我国的文化遗产保护事业、文化出版事业的繁荣发展作出了重要贡献，在新中国出版史上谱写了辉煌的篇章。

2007年，文物出版社继续深化以邓小平理论和“三个代表”重要思想为指导，认真贯彻落实党和国家的出版方针、政策、法律和各项管理规定，坚持正确的出版方向，坚持科学发展观，在国家文物局党组和局机关各司室的正确领导和鼎力支持下，在文博系统各兄弟单位的大力支持下，经过全社广大党员干部群众的辛勤努力，以优化图书出版结构、缩短图书出版周期、提高图书出版质量为目的，实现了出版社全面改革分三步走第三步的奋斗目标，整体建设上了一个新的台阶。

1．图书编辑出版再创历史新高

2007年，文物出版社继续以“出好书、多出书、快出书”、出精品图书和畅销图书、兼顾多种经营为工作的中心和努力的方向。在改革的推动下，全社广大编、印、美、校等人员的工作积极性、责任心不断提高，在保持所出图书“高、精、尖”的同时，出书周期进一步缩短、成书速度明显加快。全年共发稿365种，出书335种；出书总码洋1亿1千8百多万元，出书总册数153.9万册，总印张18557千印张，均比2006年增长25%以上。全年发稿、出书种数等均创文物出版社历史新高。

2．品牌意识、效益意识进一步增强，精品战略成绩显著

“树品牌、保精品、创效益、精益求精”，一直是文物出版社广大从业人员不断追求的目标。经过三年的深化改革，全体职工的品牌意识、效益意识不断增强，所出图书的社会、经济“双效益”明显提高。2007年编辑出版的《紫檀缘》、《中国古玉器图典》、《丽质华堂》、《世界遗产·柬埔寨吴哥古迹——周萨神庙》、《江川李家山》、《长沙走马楼三国吴简竹简[叁]》、《法门寺考古发掘报告》、《北福地》、《中国古代建筑·蓟县独乐寺》、《王冶秋传》、《梁庄王墓》、《陈炉耀州瓷精萃》、《鸿山越墓发掘报告》、《商周图形文字编》、《青少年书法入门》、《带你走进博物馆·陕西历史博物馆》、《额济纳汉简释文校本》、《辽宁省惠宁寺迁建保护工程报告》、《荆门左冢楚墓》、《曾国青铜器》、《圆明园流散文物》、《中国文化遗产保护成就通览》、《军都山墓地》、《汉长安城桂宫》、《昭化寺》、《河南文化遗产》、《秦始皇帝陵园考古发掘报告》、《西汉南越王博物馆珍品图录》（6种文版）等百余种图书，均实现了“社会效益与经济效益”的较好结合。

【对外礼品书】

新闻出版总署购买文物出版社出版的丝绸版《孙子兵法》10套作为礼品，赠送给参加世界期刊大会的重要外宾。另外，文物出版社向国务院新闻办公室提供国礼图书目录，国务院新闻办经过认真、细致筛选，最后选中《中国人物画经典丛书》，并购买1000套作为赠送驻外使领馆和国外图书馆的礼品书。文物出版社出版的图书在中国对外文化友好交流方面承担着一家中央级出版社应尽的责任。

【图书首发式】

2007年1月26日，《丽质华堂》一书在中国紫檀博物馆举行了隆重的新书首发式。3月9日，在新北京画廊举办了“清代紫檀家具精品展”。6月17日，举行《海上藏宝录》一书的首发式。

【先进与奖项】

2007年，文物出版社被新闻出版总署评为首届中国出版政府奖“先进出版单位”；被国家版权局评为“全国图书版权输出先进出版单位”（全国共36家出版单位获奖）；文物出版社第五图书编辑部被国家人事部、国家文物局评选为“全国文物系统先进集体”。

在参加由新闻出版总署组织的全国出版社青年编校技能竞赛中，文物出版社选派三人参加，三人均取得优异成绩，获得团体总分三等奖，是北京出版社中唯一一家获奖的出版单位，受到了新闻出版总署的肯定和表彰。

文物出版社编辑出版的《长沙东牌楼东汉简牍》荣获首届中国出版政府奖提名奖。《真宋本淳化阁帖》获优秀古籍图书一等奖，《长沙东牌楼东汉简牍》、《随州孔家坡汉墓简牍》获优秀古籍图书二等奖。《雷锋塔遗址》、《古代文明研究》、《博物馆的深思——苏东海论文选》、《大圣遗音——中国古代最美的艺术品》被评为全国文博考古十佳图书。《什邡城关战国秦汉墓地》被评为全国最佳考古发掘报告，《马鞍山文物聚珍》

被评为全国文博考古最佳图录，《红山文化研究——2004年红山文化国际学术研讨会论文集》被评为全国文博考古最佳文集。《带你走进博物馆》丛书被新闻出版总署列入“向全国青少年推荐百种优秀图书目录”。

【文物复制】

为了加大出版社多种经营投入力度，提高出版社全面发展水平，为不断提升出版社的文物复制在同行业中的竞争力，2007年文物出版社加大了对其的投入力度，有力地促进了文物复制的发展。其中，文物出版社文物复制中心创造性地成功复制了毁于第二次世界大战、法书大家王羲之的著名墨迹《游目帖》。12月3日，文物复制中心在中央美术学院美术馆举办《游目帖》新闻发布会，并举办国宝书画复制展，实现了复制作品零的突破。

【音像制品】

为了音像业务的蓬勃健康发展，文物出版社加强了与日本铁木真电视制片公司、中国敦煌研究院的合作关系，与它们合作制作了《中国石窟鉴赏——敦煌莫高窟》大型电视专题片，弘扬了中国传统文化，让世界人民更好地了解中国传统文化。

【广东乐从镇的文化建设】

文物出版社加强参与了广东乐从镇的文化建设，提高其文化底蕴。2007年初文物出版社与之建立了合作伙伴关系，赠送乐从镇名人字画和图书数千幅册。文物出版社先后组织了100余名当代著名书画家走进乐从镇，举办了“中国著名书画家走进乐从采风交流会”，并编辑出版了《乐从和谐来》书画作品集，有力地加强了乐从镇文化建设的水平，受到了书画界和乐从镇人民的广泛赞扬。

【交流与合作】

为了更好的促进祖国大陆与香港地区在中国传统文化方面的交流与合作，2007年，文物出版社在香港举办了“第六届中国书法史论国际研讨会”，参加了在广东举行的“全国书法艺术产业博览会”，取得了宣传文物出版社、占领普及读物市场的良好效果。

2007年，文物出版社先后组团参加了“法兰克福国际图书展”、“莫斯科国际图书展”、“香港图书展”等国际图书展览活动，达到了增长见识、开拓眼界，增进交流、扩大市场的目的。

【古籍图书出版补贴】

2007年，文物出版社《佩文斋书画谱》和《额济纳汉简释文校本》获得2007年度国家古籍整理图书出版补贴。文物出版社已连续多年获得古籍补贴，这表明文物出版社在国家古籍图书出版整理方面处于领先地位。

【出版社社庆】

2007年，文物出版社职工满怀激动的心情迎来了文物出版社建社五十周年华诞。为树立文物出版社的良好形象，更好的增进与全国文物、考古界的相互协作和友谊，进一步宣传文物出版社，扩大文物出版社在社会上的影响，举办了一系列的庆祝活动：

一是召开庆典大会。6月15日上午，文物出版社邀请全国政协副主席张思卿等全国政协、中宣部、文化部、新闻出版总署、中央统战部、国家文物局及全国各文博和考古单位的领导、专家学者及首都各新闻媒体200余人，在人民大会堂隆重举行了“文物出版社成立五十周年庆典大会”。庆典大会上，全国政协副主席张思卿，国家新闻出版总署副署长邬书林，文化部副部长、故宫博物院院长郑欣淼，国家文物局党组书记、局长单霁翔，中宣部出版局局长张小影等领导同志以及我国考古文博界的专家学者，发表了热情洋溢的讲话。在讲话中，各位领导对文物出版社50年来，传承和保护祖国悠久的历史文化遗产所做出的贡献，给予了充分的肯定和赞扬，也对文物出版社今后的发展提出了深切厚望。这次社庆，文物出版社共邀请有影响力的新闻单位10余家，有人民日报、光明日报、中华读书报、中国文物报等，共发新闻稿10余篇，中国文物报等报刊还专门做了整版报道，在学术界和出版界取得了良好的宣传效果。

二是召开了五个专家座谈会。邀请国家文物局及全国各文博、考古单位的百余名领导、专家学者，文物出版社印制厂的专家和文物出版社离退休老干部到出版社召开座谈会。大家畅谈文物出版社五十年为传承和保护祖国悠久的文化遗产、弘扬祖国优秀的历史文化所做出的贡献，为文物出版社的可持续发展、为文博事业再做新贡献献计献策，提出了许多中肯的意见和建议，达到了增强文物出版社的内部凝聚力和社会影响力，宣传文物出版社，增进与全国文博考古单位的相互了解和感情交流的目的。

三是举办图书展和文艺晚宴。利用自己现有的条件，在文物出版社多功能厅举办了建社五十年精品图书展，展示了文物出版社五十年来辉煌成就和生产实力，也为广大的读者和文博考古界人士更加信任和了解文物出版社提供了便利。6月15日晚，在国门饭店举办了盛大文艺晚宴。

中国文化遗产研究院

【概况】

中国文化遗产研究院始建于1935年，时名“旧都文物整理委员会”，1945年改名“北平文物整理委员会”，1949年成为新中国第一个文物保护管理机构——“北京文物整理委员会”，1956年更名“古代建筑修整所”，1962年保留原所名，增名“文物博物馆研究所”，1973年更名“文物保护科学技术研究所”，1990年与文化部古文献研究室合并为中国文物研究所。2007年8月更名为中国文化遗产研究院。

中国文化遗产研究院的总体发展战略是以文化遗产保护科学研究和技术应用为中心，以文化遗产保护重点科研课题和重大工程项目为依托，以人才培养为基础，加快现代科研院所制度建设，提高整体科技创新能力。发展目标是：建立三个体系，即文化遗产材料及环境评估体系、文化遗产保存状况评估及对策研究体系、文化遗产保护工程技术体系；在此基础上建立国家文化遗产保护工程技术中心、国家文化遗产保护分析测试中心、中国文物建筑结构安全国家重点实验室。

2007年，中国文化遗产研究院在职员工有高级职称者40名，具有博士学位者21名、硕士学位者25名。下设国家文化遗产登录中心、发展研究所、保护科学技术研究所、建筑保护研究所、岩土文物与遗址保护研究所、教育培训中心、图书馆7个业务部门和办公室、人事处、科研处、预算财务处、服务中心5个管理部门。

中国文化遗产研究院拥有一批先进的科研仪器设备，其中主要有：扫描电子显微镜、X射线衍射仪、RIX−1000X射线荧光光谱仪、红外光谱仪、离子色谱仪、便携式X射线荧光检测仪、物候环境试验箱、万能材料试验机、超软X射线仪、XGT荧光能谱、派拉纶气相真空沉淀等，各类修复、分析检测实验室占地面积约1700平方米。中国文化遗产研究院拥有第一至第五批全国重点文物保护单位记录档案八千余卷、全国馆藏一级文物档案四万六千余卷和文物保护规划、博物馆建设档案三万余卷（件）等。

2007年是中国文化遗产研究院全面开展“十一五”规划各项工作的关键性一年，中国文物研究所正式更名为中国文化遗产研究院，成为中国文化遗产保护科研机构发展史上的一件大事，为事业的发展注入了新的生机与活力，也使全院各项工作面临新的考验。

【重要专项和科研课题】

1. 西藏古建筑保护工程项目

2007年，中国文化遗产研究院继续承担西藏古代建筑保护工程项目，分别是阿里普兰县科迦寺维修工程方案设计、大昭寺维修工程施工图设计以及布达拉宫二期维修工程施工指导。

阿里普兰县科迦寺维修工程是“十一五”重点项目之一，项目由袁毓杰负责，刘忠平、颜华和王雪莹参加，维修工程方案于2007年4月通过国家文物局专家组的审批；同年，由杨新同志负责的 “十一五”重点项目大昭寺和小昭寺维修工程完成了施工图设计，大昭寺维修工程于2007年5月开工，中国文化遗产研究院技术人员赴现场进行施工前的准备工作；为配合布达拉宫二期维修工程，技术人员本着认真负责的态度，对于施工中发现的问题，及时进行现场施工指导。

2. 山西应县木塔养护及检测项目

受山西省文物局委托，中国文化遗产研究院承担了山西应县木塔养护及检测项目。中国文化遗产研究院参加人员分别承担了其中的各子项任务，其中由丁燕、颜华负责保养维护方案、永昕群负责卸荷方案、王林安负责监测方案。2007年9月应县木塔保养性维护设计、卸荷方案和监测方案完成，并一次通过国家文物局组织的专家论证。应县木塔保养性维护设计、卸荷方案和监测方案的顺利通过，为应县木塔保护工程下一阶段的设计和研究提供了条件和较为明确的思路，并解决了当前屋顶渗漏的问题。

3. 柬埔寨吴哥古迹保护工程项目

2007年8月，周萨神庙保护工程现场施工阶段完成，同时《周萨神庙竣工报告》开始编写，作为第一部援外文物保护工程的竣工报告，将为我国文物保护工程提供良好的借鉴作用。同年12月，援柬二期茶胶寺保护工程前期勘测工作开始进行。中国遗产研究院组团对茶胶寺进行再次考察，天津大学测绘工作组到茶胶寺现场勘察、编制明年的测绘计划。

1月19日上午，访问柬埔寨的中国人大副委员长李铁映在中国驻柬使馆张金凤大使和柬埔寨政府代表的陪同下，率领代表团视察周萨神庙维修工程，李铁映副委员长听取了张廷皓所长、姜怀英队长的维修工程情况介绍并参观工地。李铁映副委员长对工程效果非常满意，与文物代表团及工作队合影留念，并为周萨神庙保护工程题词：周萨重光。

1月14日～21日，国家文物局副局长董保华率领中国文物代表团及工程验收组对周萨神庙保护工程进行验收，验收组对周萨神庙保护工程的保护理念、工程做法、维修效果给予肯定；提出了加强研究、补充基础资料整理的建议。

1月17日，柬埔寨政府为姜怀英、刘江二人的举行授勋仪式，APSARA局班那烈局长为姜怀英、刘江佩戴勋章并颁发证书。

9月13日，在暹粒省负责人的陪同下，时任重庆市委书记汪洋率团参观周萨神庙。

9月17日，在张金凤大使及柬方官员的陪同下，中共中央政治局委员俞正声率中共中央代表团参观周萨神庙。

4. 山西平遥古城城垣保护工程

平遥古城墙是世界遗产重要组成部分，明清两代城垣先后修葺26次，但600余年来基本格局未变，基本完整保存了明清时期的原貌。2004年以来，连续三年平遥古城出现城墙垮塌等险情，中国文化遗产研究院组织专业人员，结合中国传统加固夯土技术和工艺，有效解决上述问题。

5. 长城资源调查项目

2007年，中国文化遗产研究院“长城资源调查工作项目组”按照《长城资源调查总体工作方案》开展年度工作。2007年3月9日～20日，由项目组组织承办了由国家文物局与国家测绘局共同主办的“全国长城资源调查培训班”。来自北京、天津、河北、山西、内蒙、辽宁、黑龙江、山东、河南、陕西、甘肃、宁夏、新疆十三个省（自治区、直辖市）长城资源调查工作机构的127名文物、测绘部门的技术人员参加了培训。2007年9月，项目组还具体承担了青海省长城资源调查培训工作的室内授课和野外实习任务。

项目组还先后多次赴宁夏、内蒙、甘肃、河北、山西、陕西、辽宁等省区检查、指导工作，并制定了《长城资源调查表范本》、《长城资源调查工作报告编写体例》、《长城资源调查资料管理制度》、《长城资源调查宣传计划》、《长城资源要素分类与代码》、《中国长城地图制作方案》、《长城资源调查数据检查验收细则》及《长城资料文献整理工作方案》等一系列技术文本、文件。协助完成“长城资源调查数据采集系统”的制作和《长城保护总体规划纲要》的编制工作。

6. 全国重点文物保护单位记录档案备案等项目

国家文物局委托的“全国馆藏文物腐蚀损失调查”、“科技资源调查”等工作得到进一步完善，已做好结项的各项准备工作。其中“全国重点文物保护单位记录档案备案”项目完成第1～5批国保单位全部档案的卷盒书写、上架归档及总目录的提取工作，建立了《全国重点文物保护单位档案目录数据库》，并编写结项报告。“全国馆藏一级文物记录档案建档备案”项目将2004～2005年已备案的全国馆藏一级文物档案46630份全部整理、编目、编号、上架，建立全国馆藏一级文物档案卷内目录系统。

7. 第三次全国文物普查

受国家文物局委托，完成《第三次全国文物普查实施方案》、《第三次全国文物普查不可移动文物登记表》及著录说明、《第三次全国文物普查消失不可移动文物登记表》及著录说明、《第三次全国文物普查不可移动文物信息采集规范》以及第三次全国文物普查不可移动文物相关标准等编制工作。2007年5月15日～25日“第三次全国文物普查培训班”在河南省郑州市举办，来自全国31个省、自治区、直辖市和解放军的102名学员参加了培训。中国文化遗产研究院组织了业务指导组，承担了大部分课程的授课任务。随后，业务指导组又到河南、广西、陕西、贵州等十几个省、自治区、直辖市帮助开展第三次全国文物普查培训，并承担教员工作。

【业务工作】

1. 科研工作

中国文化遗产研究院承担的科技部、财政部、国家自然基金委、国家文物局、本院基本科研业务费课题共32项，其中新增课题8项，延续课题22项，合作课题2项。承担的国家科技支撑计划重点课题“铁质文物综合保护技术研究课题”和“空间信息技术在大遗址保护中的应用研究——以京杭大运河为例”，都按照任务书和实施方案稳步推进，在课题实施中也取得了一定的管理经验。

中国文化遗产研究院承担的科技部、财政部、国家文物局的重点课题项目有《馆藏金属文物保护修复材料及应用的评测技术》（科技部）、《微生物在石质文物加固中应用研究》（国家文物局）、《青铜传统修复技术的科学化研究》（科技部）、《木结构古建筑勘察技术规范预研究课题》（国家文物局）等进展顺利。

此外，《出土稳定型高度矿化青铜器腐蚀特征与成因初步研究》、《殊像寺彩绘保护研究》、《宁夏灵武窑出土瓷器残片研究》三个院内自主课题，按原定研究计划完成了大部分研究工作，分别撰写了题为“甘肃于家湾西周墓出土青铜器的金相与成分分析研究”、“Scientific Study of Porcelain from the Lingwu Kiln of Xixia Dynasty in Ningxia，China”、“古代建筑彩绘中所用净油满的分析研究”三篇研究论文，其中两篇已在国际、国内的学术会议上发表，并收录在会议论文集中。在合作课题中完成了《木板壁画的保护修复研究》（北京科委课题）、《中国蓝和中国紫研究》（与陕西兵马俑博物馆合作）、《承德殊像寺彩画保护研究》（与美国盖蒂保护研究所合作）、《北京颐和园琉璃构件研究》（与颐和园管理处合作）等课题研究。

2. 古建筑维修、遗址保护工程及文物修复项目

2007年中国文化遗产研究院承担、参与的保护规划与工程项目设计共计60项，其中新开项目12项，完成了青海塔尔寺九间殿维修方案设计、内蒙古巴拉奇如德庙维修工程、黑龙江哈尔滨文庙抢险维修工程设计、甘肃武山水帘洞石窟群文物保护规划、福建昙石山遗址保护二期工程方案设计、河北邺城遗址保护规划、广西唐生智故居维修工程设计，完成新疆喀什艾提奈尔清真寺、阿帕和霍加麻扎墓维修工程设计的前期勘察工作，全面启动了河北承德避暑山庄及周围寺庙文物保护总体规划。在2007年承担的工程、规划中，加强了对关键性技术的科技攻关和预研究，如山西平遥古城保护方案、布达拉宫文物保护规划、青海塔尔寺文物保护规划、大足石刻文物保护规划、承德避暑山庄及周边寺庙文物保护规划、甘肃武山水帘洞石窟保护规划等一批重要工程项目，并取得了良好效果。

在文物修复项目方面，完成了山东淄博博物馆馆藏金属文物、北京中山公园石狮、北京西什库教堂壁画、江苏镇江焦山石刻、湖南永州祁阳浯溪石刻、山西省霍州市娲皇庙壁画、四川省泸州市博物馆馆藏纸质文物等保护修复方案的设计工作；完成浙江欧海出土西周晚期青铜器抢救性保护修复、湖南里耶古城遗址木构件防腐保护、北京市辽金城垣遗址博物馆木椁画保护修复、北京石刻艺术博物馆石刻文物保护修复等项目。

此外，中国文化遗产研究院还继续开展三峡库区地下文物保护和南水北调考古项目的监理工作。

3. 人才培训

在第一、二、三期“出土文献抢救、保护、整理、研究骨干培训班”的基础上，举办了第四期培训班。经文化部、国家文物局审批，招收国内学员12人，并首次以旁听形式招收台湾博士生、硕士生6人。本次培训班的成功举办不但促进了中国文化遗产研究院与台湾高校的学术交流，更加深了台湾大学生对祖国大陆文物工作的认识，联络了两岸人民的感情。至此，连续四年的培训班工作圆满结项。

全国考古领队发掘现场保护技术培训班是国家文物局为配合全国第一批考古领队资质认定工作，对来自全国各省的44名考古领队进行的一次资质培训。在培训中，共进行54个课时的专业理论强化学习，16课时的专业考察和现场学习。共有8名中国老师、1名意大利专家和1名日本老师对学员进行专业理论的教学。学员们从理论上较为完整系统地掌握了考古现场保护的理念、技术和方法。截止到6月18日结业，该班的44名学员已经完成了全部专业理论课的学习，并认真提交了学习总结，经考核合格后获得了国家文物局颁发的结业证书。

在商务部、国家文物局的支持下，亚非国家文化遗产管理培训项目对来自26个国家，44名亚、非国家的文化遗产官员开展了为期15天的教学研修活动，向亚非发展中国家的官员们介绍了世界、我国的文化遗产保护管理现状和宝贵经验，帮助他们增强了解决本国文化遗产问题的自主能力；同时通过文物保护和管理研修这个平台，使这些亚非官员们对中国文化、文化遗产保护管理、中国的对外政策、少数民族政策、宗教政策等都有了一定的认识，增进了中国和亚非各发展中国家的信任和友谊，培养了大批对华友好力量，成为推动我国和亚非各国关系发展的积极因素，有力地促进了我国的对外工作，维护了国家利益，使我国树立了良好的国际形象和大国风范，扩大了中国在世界的影响。

阿拉伯国家文物保护修复技术专家培训项目共有来自6个阿拉伯国家的13名工程师和专家参加。培训班历时30天，包括发展中的中国，现代检测技术在文化遗产保护中的应用等20多门课程；并组织考察了世界文化遗产地承德避暑山庄和外八庙、故宫博物院、长城、十三陵等，同时在北京大学红楼、历代帝王庙等进行了现场实习。这次阿拉伯国家文物修复专家培训班是我国文博系统首次针对阿盟国家举办的对外援助培训，取得了丰硕的成果，获得了圆满成功。

2007年5月，与北京大学文博学院、意大利罗马三大代表达成共同培养文物保护修复人才的合作意向，并起草了三方合作开展联合办学的框架协议。

与ICCROM达成合作举办国际预防性保护培训班意向，并完成培训计划的上报和前期筹备工作。

4. 资料整理与出版

2007年，完成院藏陈伯达收藏品古籍善本、碑帖及字画整理工作；完成院藏老照片抢救性修复及整理工作，并进行数字化处理，共整理照片218182张，底片12158张；完成院藏拓片抢救性修复、整理及数字化处理工作，共整理拓片1173种，33892张；建立了古籍善本图书数据库管理系统，采集录入2.3万多部古籍简目的数据信息；完成8000多部古籍详目的编写工作。

2007年，中国文化遗产研究院出版了《中国古代建筑——蓟县独乐寺》、《周萨神庙》、《文物科技研究》、《中国文物科学研究》、《文物保护科技发展国际研讨会论文集》等10部学术书刊，完成《新中国出土墓志》河南卷（三）和陕西卷（三）释文及校对工作，出版工作也已部分完成；《出土文献研究》第8辑已由上海古籍出版社于2007年11月正式出版；《长沙走马楼吴简》第二卷已经出版，第三、四卷的释文、排版、贴图、索引工作已经基本完成。发表学术论文56篇；积极参与全国“文化遗产日”活动，承办了“流淌的文明——大运河文化遗产特展”。

【管理、服务保障】

1. 制度建设进一步加强

2007年，中国文化遗产研究院结合实际工作，制定印发了《中国文物研究所政府采购实施管理办法》、《中国文物研究所政府采购档案管理办法》、《中国文物研究所因公出国（境）人员暂行管理规定》、《中国文物研究所业务库房管理办法》、《关于实施工作人员月度绩效小结制度的规定》、《中国文物研究所业务库房管理规定》、《中国文物研究所图书资料借阅管理办法》、《中国文物研究所业务工作登记制度》、《中国文物研究所在职教育培训管理办法（试行）》、《中国文化遗产研究院经费支出标准试行规定》、《中国文化遗产研究院差旅费管理试行规定》等11项院内规章制度，并狠抓各项制度的落实，加强科研管理工作。

2. 国有资产清查

完成了《中国文物研究所资产清查报告》，经财政部、国家文物局审核，截止到2006年底，中国文化遗产研究院资产总额15488.64万元，土地面积6090.33平方米，科研楼建筑面积29331.10平方米。全面摸清了国有资产的家底，规范国有资产管理，完善国有资产管理信息系统，为进一步有效管理、合理利用国有资产保值、增值奠定了扎实的基础。

3. 绩效考核与规范管理

为了加强绩效考核，形成激励和约束机制，2007年7月，中国文化遗产研究院颁布了《关于实施工作人员月度绩效小结制度的规定》，对全院职工实行每月考核制度，加强了部门领导负责制。

4. 科研课题的跟踪问效

实行业务工作登记制度，加强了对科研工作的监督和跟踪问效。对“铁质文物综合保护技术研究”和“空间信息技术在大遗址中的应用——以京杭大运河为例”、”指南针”等重大科技支撑项目进行实时跟踪问效，及时了解进展，解决问题。

此外，加强对行政、人事档案的管理。对全所行政文书、人事档案进行整理归卷，规范了档案管理工作；组织评选和推荐国家文物局、文化部、科技部、人事部等先进集体与个人，有3个集体、19名同志受到表彰。包括文化遗产保护先进集体奖，文化遗产保护先进个人奖，非物质文化遗产保护先进个人奖。根据奖励办法，对全院评选的先进集体和先进个人进行了表彰和奖励。

【国际合作与交流】

2007年，中国文化遗产研究院与美国、意大利、德国、日本等国的文化遗产保护机构进行了广泛的合作与交流，取得一定成果，中国文化遗产研究院继续开展援柬工作；举办了“中日韩古代建筑模型展”筹备会；与德国开展安岳石窟保护项目；与瑞士苏黎世大学无机化学研究所、德国慕尼黑巴伐利亚州文物保护局分别签订了合作意向书。新增国际合作项目3项，出访人员20批47人次，接待来访25次。

中国文物报社

【概述】

2007年，中国文物报社在国家文物局的领导下，一如既往坚定不移地遵循党的宣传工作方针，坚持正确的舆论导向，以大力宣传党和国家文化遗产保护的方针政策和法律法规、弘扬民族优秀文化为己任，围绕国家文化遗产保护的中心工作、重点工作开展各项采编业务活动。全年报社完成了编辑出版101期《中国文物报》、12期《文物天地》月刊、6期《中国文化遗产》双月刊、12期《文物工作》内部刊物以及主办中国文物信息网的任务，取得了较好的成绩，巩固了国家文化遗产保护宣传主阵地，有效扩大了文化遗产保护的社会影响。

【学习、宣传、贯彻党的十七大精神】

党的十七大是在我国改革发展关键阶段召开的一次十分重要的大会。中国文物报社对学习宣传贯彻党的十七大精神高度重视，组织广大党员群众收看十七大开幕式和闭幕式盛况，收听胡锦涛总书记报告，学习十七大报告的理论创新点和对文化工作、文化遗产保护工作的新要求，组织有关人员参加国家文物局组织的学习报告会和培训班学习，明确了各部门的学习第一责任人和学习任务，报社各部门也纷纷组织集中学习和业余学习。

中国文物报社的干部职工通过学习党的十七大精神，深刻认识到，十七大为中国特色社会主义指明了方向，也为文化遗产事业的发展指明了方向。十七大将“重视文物和非物质文化遗产保护”写入报告，作为全党全国的工作目标之一，更加坚定了文博行业人员的责任感、使命感。

2007年，国家文物局党组批准中国文物报社成立了党总支，使党的基层组织更具战斗力。

【中国文物报】

《中国文物报》经过22年的发展，已经成为融政策性、指导性、新闻性、专业性、知识性、可读性、趣味性和收藏性于一身的全国惟一文博考古全行业综合型权威报纸。22年来，《中国文物报》以近8000万的文字量，严肃、真实地记录了国家文化遗产保护事业各个方面的进展。在帮助全国文物工作者及时了解文物工作的政策方针、揭示文物珍宝的来龙去脉、透视文物领域的热点问题、展示文物知识信息、表彰文物战线先进事迹、拓宽文物事业的发展思路等各方面均发挥了不可替代的作用。

特别是近几年，我国文化遗产保护事业的发展进入一个关键时期。党中央和国务院高度重视，各级党委政府大力支持，广大人民群众积极参与，都为文化遗产保护事业提供了前所未有的发展机遇。但与此同时，文化遗产保护事业也面临着前所未有的冲击，出现许多新情况、新问题。在这样的背景下，中国文物报社最重要的媒体——《中国文物报》的宣传、报道任务相当繁重。

2007年，《中国文物报》的采编人员按照国家文物局的要求和部署，遵照报社的统一安排，发扬团结协作精神，努力工作，针对文博系统学习贯彻党的十七大精神、文化遗产保护的重要事件如重要会议、活动、实践、项目、成果、创新等等，推出了多层面、多视角、有声势、成系列的报道，在社会上产生了一定影响。

中国文物报社对第三次全国文物普查给予了高度重视。报社领导班子认为，中国文物报社在这项工作中必须走在整个系统的最前列。首先，指派总编辑助理参加国家文物局文物普查办公室宣传组，参与组织协调普查宣传报道工作。其次，主动与第三次全国文物普查办公室和国家文物局有关司室联系，建立沟通机制，并根据《第三次全国文物普查总体方案》和第三次全国文物普查领导小组工作会议要求，制定了中国文物报社的宣传工作方案。从2006年12月到2007年12月底，每一期《中国文物报》都对第三次全国文物普查工作进行了集中报道，一共刊登了132篇有分量的各种稿件，其中有关于国务院电视电话会议的报道、国家文物局局长专访、老领导和老专家访谈、试点地区文物主管部门领导的思考、各地相关工作的开展和进展等内容，对整个普查工作的启动和开展起到了非常好的促进作用。

《中国文物报》对全国博物馆、纪念馆免费开放工作也给予了极大关注，进行了预热宣传报道。

【文物天地】

经过3年的探索和实践，《文物天地》的发展之路逐渐清晰：作为以广大的文物收藏爱好者为目标群体的月刊。

2007年，在国家文物局的关注下，在中国文物报社的直接领导下，《文物天地》顶住期刊界生存竞争的巨大压力，遵照办刊方针，坚持宣传国家的文物方针政策、法律法规，及时报道文物考古及艺术品收藏界的重大新闻，追踪社会热点，积极引导文物艺术品收藏健康、理智、有序地发展。

《文物天地》竭力探索，将学术性文章以通俗化形式组织，在增加信息量的同时，注重知识和精神的传播。“关注”成为主打板块，更加注重报道的深度，每期推出一个专题，2007年先后作了2006年文物艺术品市场总结、古典家具、印章、元青花、当代艺术、影像艺术、清雍正瓷器、紫砂器、清嘉庆瓷器、佛教文物艺术品、铜胎珐琅器等收藏专题报道，从新闻报道、学术研究和收藏角度来观察、透视现象，力争深入、彻底，给读者提供全面、丰富的资讯。“鉴赏”板块则侧重于博物馆等公有文物收藏机构的精品推介，传播专家的意见，正确引导收藏者。“考古”板块聚焦重大考古中出土的器物，以新的形式和笔法，使枯燥的考古内容丰富、活泼起来。“收藏”板块力图构建一个普通收藏者展示收藏和进行学术交流的平台。“市场”板块对文物市场出现的现象和问题进行客观的评述，其中关于文物市场高层人士的专访，力求成为展示形象和剖析市场的平台，避免成为拍卖公司的传声筒。

【中国文化遗产】

2007年，《中国文化遗产》杂志坚持在创新中谋求发展，通过不断调整完善，无论在选题策划，还是在编辑制作方面，比前三年都有进步。

《中国文化遗产》杂志2007年第一期配合丝绸之路跨国申报世界遗产活动的启动，

推出了精心策划的《新疆专辑》，以新疆拟申报的丝绸之路申遗点为宣传重点，对丝绸之路新疆段沿线的文化遗产进行了全面的价值诠释，对中国政府为保护这些文化遗产所开展的工作进行了全方位的介绍，对新疆最近10年的考古成就、新疆博物馆馆藏珍宝作了全景扫描；第二期以“中国古村落：困境与生机”为主题，配合单霁翔局长在全国两会期间提交的《关于加强农村地区文化遗产保护工作》的提案以及国家文物局2007年4月召开的“中国文化遗产保护无锡论坛”，对新农村建设中的古村落保护问题给予了强烈关注；第三期推出了《开平碉楼专辑》，以“人类文化视野的新名片”为主题，从世界文化遗产的角度，对开平碉楼与古村落中西合璧的乡土建筑，从历史背景、环境、功能、类型、人文内涵等方面进行了解读；第四期面对社会普遍关注的“南海Ⅰ号”古沉船的打捞，抢先推出“南海Ⅰ号”专题，成为众多媒体特别是中央电视台直播节目的参考资料；第五期为云冈石窟专刊，请有关专家从云冈石窟的开凿、艺术、考古、保护等几个方面对云冈石窟进行了整体性介绍；第六期为配合国家重点文物保护维修项目推出了广西左江花山岩画专题，介绍花山岩画的历史与价值、保护状况以及此前国际上岩画的分布与研究新进展。

通过对相关媒体的认真分析，中国文物报社全体编辑人员更加明确了“充分发挥行业优势，力争做文化遗产保护领域权威性杂志”的办刊方针，进一步认清了形势，增强了责任意识，在规范编辑流程，逐步提高编校质量等方面取得了进展。

【文物工作】

《文物工作》（内刊）2007年共编辑出版12期，准确把握作为国家文物局的机关刊物的明确定位，着重突出其宏观指导性和政策性，积极与国家文物局有关司室联系，及时了解最新的文物保护工作进展，同时注意与各地基层文博工作者保持广泛接触和沟通，介绍文博工作先进经验，不断提高办刊质量，得到了广大文博工作者的认可和欢迎，已经成为一块重要的宣传阵地。为了能使基层文博单位看到《文物工作》，中国文物报社在做好发行工作的同时，逐步扩大基层的赠阅范围。

【中国文物信息网】

中国文物信息网的工作人员只有三位，但是他们在各种困难条件下，保障了中国文物信息网运行基本正常。

2007年，中国文物报社在国家文物局有关司处的支持下，投入10万元对网站再一次进行了改版。新版本实施后，成功地在网上展示了第七届（2005～2006年度）全国博物馆十大陈列展览精品评选候选展览的视频影像，开展的网上投票也有600万点击量。中国文物报社主办的第二届文化遗产日宣传口号征集活动，网站在收集公众投稿方面也发挥了作用。网站还制作了相关专题，配合第三次全国文物普查的宣传以及中国文物报社图书的销售。经过几次改版，中国文物信息网的定位已经逐渐清晰，那就是：打造文博行业权威资讯平台，同时建成联系媒体和读者的桥梁纽带。

【系列活动】

在完成“一报三刊一网”等主要任务的基础上，中国文物报社主办、承办一些在业内有影响的业务活动，一直是个传统，也是特色，得到了文博考古界和国家文物局的充分肯定。

2007年，中国文物报社在国家文物局的指导和支持下，规范有序地举办了第二个文化遗产日宣传口号征集、2006年度全国文博考古十佳图书评选、2006年度全国十大考古新发现评选、第七届（2005～2006年度）全国博物馆十大陈列展览精品评选以及中国文物报社首届“文化遗产保护”摄影大赛等多项活动并取得成功，有效扩大了文化遗产保护宣传的力度和影响范围。

1. 第七届（2005～2006 年度）全国博物馆十大陈列展览精品评选

全国博物馆十大陈列精品评选活动，社会影响越来越大，已经成为业内外公认的博物馆界最具影响力的活动。

第七届评选在认真总结前几届经验的基础上，根据当前我国博物馆建设和发展出现的新趋势、新情况和新问题，结合博物馆工作的实践，主要做了以下三点改进：

①对评委产生的办法进行了改进。在原有的主要由博物馆界专业人员组成的专家库以外，新建了一个由社会各界关注博物馆陈列展览的知名人士专家库，终评专家评委特邀了中宣部、社会知名文化人士、特级中学教师、中小学生等关注博物馆事业的社会各界人士。评选还增加了对评审结果进行认定的环节，评审投票结束后，结果通过国家文物局局长办公会议审议认定后予以公布。

②增加专家实地考察程序。专门组织实地考察专家组，对进入终评的项目进行了实地考察。实地考察专家组在终评会上除提交正式书面考察报告外，还要对考察项目作简要陈述，供评委参考。

③为吸引公众参与，在中国文物信息网上演示全部申报的陈列展览项目，以方便观众和评委随时浏览，同时启动网上投票活动，投票结果也提供给评审会作为参考。

作为评选活动的主要承办单位，中国文物报社的组织工作有了很大的进步。从下发通知、审核整理参评材料、初评，到拟定终评会和颁奖仪式的方案、议程和日程，启动网上投票，组织专家组赴实地考察，制定评审细则，筹备并举行终评汇报会、评审会和颁奖典礼，各项工作都严谨缜密、井然有序，得到了国家文物局和各有关方面的一致好评。

第七届（2005～2006年度）全国博物馆十大陈列展览精品评选结果如下：

获特别奖的展览有：“伟大壮举 光辉历程——纪念中国工农红军长征胜利 70 周年展览”、“伟大胜利——纪念中国人民抗日战争暨世界反法西斯战争胜利 60 周年大型主题展览”、“人民的光荣——朱德生平事迹陈列展览”、“八路军抗战史基本陈列”。

获精品奖的展览有：“汉阳陵帝陵外藏坑保护展示厅基本陈列”、“滇国——云南青铜文明陈列”、“科举陈列”、“黑与白的艺术”、“晋魂”、“吴兴赋——湖州历史与人文陈列”、“大庆油田历史陈列”、“徽州古建筑陈列”、“勿忘‘九·一八’——日本侵略中国东北史实”、“甘肃省博物馆基本陈列”。

“殷墟珍宝展”被评为最佳创意奖，“闽台缘”被评为最佳内容设计奖，“扬州中国雕版印刷博物馆陈列”被评为最佳形式设计奖，“古代佛像艺术精品展”被评为最佳制作奖，“上海邮政博物馆主题陈列”被评为最佳新技术、新材料奖，“南头古城历史陈列展”被评为最佳宣传推广奖，“新疆民族风情陈列”被评为最佳服务奖，“嫩江文明的述说——齐齐哈尔历史文物陈列”被评为最受观众欢迎奖，最佳安全奖和最佳综合效益奖空缺。

“齐国历史陈列”、“天地经纬——汉代张衡地动仪、元代郭守敬观星台专题陈列”、“楚文化展”、“龙蟠虎踞——南京历史文化陈列”被评为提名奖。

2. 2006 年度全国十大考古新发现评选

一年一度的“全国十大考古新发现”评选活动，自 1990 年由中国文物报社创办以来，产生了广泛的社会影响，极大地推进了考古学科的发展、考古知识的普及和文物保护意识的培养。

2007 年，“2006 年度全国十大考古新发现”的评选是从 2006 年通过审批的近 600 个项目中遴选出 2006 年年底结束发掘的 60 个重要考古项目，由全国十大考古新发现评选活动办公室组织专家初评出24项，最后由中国文物考古界权威专家和来自基层的中青年学者组成的评委会评选出结果。

被评为“2006年度全国十大考古新发现”的有：

云南富源大河旧石器洞穴遗址

广东深圳咸头岭新石器时代遗址

河南灵宝西坡新石器时代墓地

广东高明古椰贝丘遗址

山西柳林高红商代遗址

福建浦城管九村土墩墓

甘肃张家川马家塬战国墓地

甘肃礼县大堡子山遗址

安徽六安双墩墓地

上海普陀志丹苑元代水闸遗址

3．2006年度全国文博考古十佳图书评选

2006年度全国文博考古十佳图书评选活动，从2007年年初《中国文物报》发布有关通知后正式启动。

根据评选活动要求，2006年1月～12月全国（包括香港、澳门特别行政区和台湾地区）出版的文博考古类图书，含考古、文物、博物馆、文化遗产的研究报告、图录、专著、文集以及普及类著作等（不包括此时段内出版的重版书、重印书），凡在《中国文物报》做过介绍、评论者，均有参评资格。个人、学术团体、科研院所、教学单位和出版社均可推荐图书参评。

经过推荐申报、专家初评、读者投票、计票终评等阶段，有10种图书被评选为2006年度全国文博考古十佳图书，6种图书分别被评选为最佳论著、最佳文集、最佳图录、最佳考古发掘报告、最佳翻译作品、最佳普及类图书。评选结果如下：

①2006年度全国文博考古十佳图书（排名不分先后）：

《大圣遗音 中国古代最美的艺术品》 苏士澍、吴伟主编　文物出版社出版

《汉长安城遗址研究》中国社会科学院考古研究所汉长安城工作队、西安市汉长安城遗址保管所编 科学出版社出版

《发现中国：2005年100个重要考古新发现》 中国文物报社编 曹兵武、李卫主编 学苑出版社出版

《博物馆的沉思 苏东海论文选》（卷二） 苏东海著 文物出版社出版

《雷峰塔遗址》浙江省文物考古研究所编著 文物出版社出版

《文物保护工程典型案例》第一辑　中国文物信息咨询中心编　科学出版社出版

《唐韵胡音与外来文明》葛承雍著　中华书局出版

《古代文明研究》（第一辑） 中国社会科学院考古研究所、中国社会科学院古代文明研究中心编著　文物出版社出版

《中国文字学 陈梦家著作集》陈梦家著 中华书局出版

《汉碑全集》（1–6）　徐玉立主编　吕名军、汤保良、朱旗、张宁、武利华、黄学谦、贺惠陆、胡月、胡学元副主编　河南美术出版社出版

② 2006年度全国文博考古最佳论著

《明代帝王陵墓制度研究》刘毅著　人民文学出版社出版

③ 2006年度全国文博考古最佳文集

《红山文化研究——2004年红山文化国际学术研讨会论文集》赤峰学院红山文化国际研究中心编 文物出版社出版

④ 2006年度全国文博考古最佳图录

《马鞍山文物聚珍》马鞍山市文物管理所、马鞍山市博物馆编 王俊主编 文物出版社出版

⑤ 2006年度最佳考古发掘报告

《什邡城关战国秦汉墓地》四川省文物考古研究院、德阳市文物考古研究所、什邡市博物馆编著 文物出版社出版

⑥ 2006年度全国文博考古最佳翻译作品

《博物馆战略与市场营销》[美]尼尔·科特勒菲利浦·科特勒著 潘守勇等译　北京燕山出版社出版

⑦ 2006年度全国文博考古最佳普及类图书

《少儿版国宝之旅——国宝的故事》(1–4) 张德勤主编 李文儒副主编 齐吉祥编著 紫禁城出版社出版

这些活动的举办，在社会上产生了不小的影响，有效地扩大了文化遗产保护宣传力度，也为中国文物报社的品牌建设和效益创造做出了贡献。

全国博物馆十大陈列展览精品评选活动、全国十大考古新发现评选活动、全国文博考古十佳图书评选活动已经发展成为中国文物报社的三个重要品牌。

【提高中国文物报社各媒体质量】

2007年，中国文物报社在质量建设方面有两大举措：

一是为不断提升《中国文物报》的公信度、影响力和竞争力，进一步强化全体编校印发工作人员的质量意识，在国家文物局董保华副局长的提议下，与国家文物局政策法规司于年初共同召开了《中国文物报》评报议报暨新闻工作通气会。国家文物局各司室领导和部分省级文物部门的领导、部分媒体专家和读者代表和中国文物报社全体采编人员互相交流，就如何提高《中国文物报》的采编印制质量进行了研讨。一些好意见、好建议已经被中国文物报社采纳施行。根据工作需要举办一年一次的《中国文物报》评报议报暨新闻工作通气会逐渐成为报社的一个新的传统。

二是为提升《中国文物报》印制质量，在较大程度上改变报纸的面貌，报社决定改换印刷厂，从2007年9月5日起在软硬件条件更好的中国青年报社印刷厂印刷报纸，《中国文物报》的面貌因此焕然一新，图片的清晰程度有了明显提高。特别是刊登有《中国共产党第十七次全国代表大会在京开幕》重要消息的第1563期报纸和刊登有《中国共产党第十七次全国代表大会在京闭幕》和《党的十七届一中全会产生中央领导机构》、《胡锦涛等十七届中央政治局常委同中外记者见面》等重要消息的第1565期报纸，标题的色彩和图片的清晰度都与过去大相径庭，得到了国家文物局领导和广大读者的一致好评。

中国文物交流中心

【沿革】

1971年周恩来总理批准郭沫若提交的《关于到国外举办中国出土文物展览的报告》，随即成立了筹备小组。1973年经国务院批准，组织成立了中华人民共和国出土文物展览委员会，同时成立了出土文物展览工作组，后改称国家文物局出国文物展览工作室，1979年改称中国对外文物展览公司，1989年改组为中国文物交流服务中心。1992年正式更名中国文物交流中心。2001年并入中国历史博物馆。根据中央编制委员会“将中国文物交流中心事业编制从中国历史博物馆（中国国家博物馆）分离出来”的批复，2004年重组中国文物交流中心，仍由国家文物局管理。

【概述】

2007年2月14日中国文物交流中心在北京文博大厦举行挂牌仪式，重组后的中国文物交流中心直属国家文物局。下设机构：办公室、业务部。主要负责组织、协调和承办文物出境（含港澳台地区）展览和境外来华文物展览、出境文物展览归国汇报展览、境内文物展览；负责组织协调和承办国际合作交流项目，以及开展文物学术交流的相关工作，提供信息咨询；配合文物展览开发、经营文物复仿制品和纪念品等工作。此外，还承担出境及来华文物展览的初审工作，汇总编辑和印发《外事简报》，建设、管理和维护《文物出境展览审批系统》、办理签证、接待来访团组、采购外事礼品等一系列国家文物局委托交办的事项。

2007年是中国文物交流中心重组后正式挂牌开展工作的第一年。一年来，在国家文物局党组的领导下和中心全体员工的共同努力下，中心的思想政治工作、日常管理工作、业务工作等都有不同程度的进展。在庆祝建党86周年之际，响应局机关党委的号召，进行了《牢记革命历史，开创中心未来》的七·一主题党日活动，组织党员、入党积极分子去西柏坡学习参观，接受革命传统教育。日常管理工作方面，建立和完善了中心的各项规章制度，全年共制订了包括人事、行政、财务、业务在内的22项管理规章，为其后的工作开展提供政策保障和规范管理。全年业务工作也取得了可喜的成绩，共组织筹备各类文物展览26项，同时还圆满完成了国家文物局交办的一系列工作。

【文物展览】

全年筹办各类文物展览共26项。其中已经开幕的展览11项。

"西天诸神——古代印度瑰宝展"由中国国家文物局与印度考古局共同主办，中国文物交流中心和首都博物馆、河南博物院、重庆中国三峡博物馆、广州南越王博物馆等四地博物馆（院）承办。展览分别于2006年12月27日～2007年2月28日（北京）、2007年3月17日～5月10日（河南）、2007年5月23～7月23日（重庆）、2007年8月3日～10月10日（广东）先后在上述四地巡回展览。展品来自印度考古局下属的12家收藏单位及新德里国家博物馆的文物珍品共计100件（组），其中主要为公元前3世纪至公元18世纪的石质、青铜、陶质及木质等不同材质的古代雕塑艺术品。展览在各地开幕时均得到了两国政府的支持。展览期间，四地博物馆与当地报刊、电台及网络媒体合作对展览进行广泛宣传，并举办"宗教人士专场"、"下岗职工专场"、"学生专场"、"教师专场"以及绘画大赛、系列讲座等吸引观众，扩大展览影响。展览历时10个月，四地共接待观众约31.5万人次。

"大道流行——《道德经》版本文物展"由中华宗教文化交流协会、中国道教协会主办、国际道德经论坛香港组委会承办，于2007年4月26日～5月10日在香港文物探知馆展出。在香港的展览由中国国家图书馆、香港特别行政区康乐及文化事务署、中国文物交流中心、香港文物探知馆协办。5月18日～6月5日该展移师北京，由国家图书馆承办，并在该馆继续展出。展品不仅有考古发现的最早的战国竹简本《道德经》，还有历代各种版本、注本、现代汉语本及多种外文译本的《道德经》，此外还展出了一些与《道德经》相关的珍贵文物。展品共计104件（组），如此规模的《道德经》版本专题展览在世界尚属首次。

为迎接2007年度文化遗产日的到来，普及宣传《文物保护法》，由国家文物局、陕西省人民政府主办，宝鸡市人民政府、陕西省文物局、北京市文物局、首都博物馆、中国文物交流中心、宝鸡青铜器博物馆承办了"后土吉金，国宝荟萃——陕西宝鸡农民保护文化遗产成果展"，于2007年6月5日～15日在首都博物馆展出。展品主要为2003年以来陕西省宝鸡当地农民发现并保护的12批文物，共计36组164件。其中包括具有重大价值和影响的2003年1月在陕西眉县杨家村发现的西周窖藏青铜器。

为庆祝香港回归祖国十周年，国家文物局与香港康乐及文化事务署联合主办、香港历史博物馆与中国文物交流中心共同承办"中国考古新发现"展。该展是一个以重大考古发现为线索，以时间为序的大型综合性考古成果展览，于2007年7月24日～9月24日在香港历史博物馆展出。展览汇集了近年来全国九省、市20多个考古遗址发掘出土的

120件组文物，近五万观众观看了展览。

“中国考古新发现汇报展”在香港展出结束后，中国文物交流中心与西汉南越王博物馆合作，于2007年11月2日在广州西汉南越王博物馆开展。展览同时出版了介绍性科普读物《中国考古新发现》。

为纪念香港回归祖国十周年暨庆祝香港中文大学考古博物馆新馆建成，由香港中文大学中国考古艺术研究中心与中国文物交流中心、中国社会科学院考古研究所合作举办了“香港中文大学考古博物馆新馆建成开幕礼展”。展览在香港中文大学中国考古艺术研究中心新博物馆展出。包括中国社会科学院考古研究所在二里头遗址出土的牙璋在内的10件玉器参加了展览。展览2007年11月22日开展。

作为2007年我国在俄罗斯举办的中国文化年活动之一，受文化部和国家文物局委托，由中国文物交流中心与俄联邦文化电影署下属的国家博物展览中心“罗西佐”(ROSIZO)共同承办“佛祖归来——中国古代艺术集粹展”，展览于2007年10月16日在俄罗斯圣彼得堡市艾尔米塔什博物馆开展。该展展品主要为山东省青州龙兴寺遗址出土佛教造像、天津博物馆收藏的宋元明瓷器、绘画作品以及山东省博物馆收藏的画像砖等，共计72件。

为纪念中韩建交15周年，配合“2007中韩交流年”活动，中国文物交流中心与朝鲜日报、忠清日报、OLDAE株式会社在韩国首尔、大邱等地共同举办“中国国宝巡回展”。该展所选展品上起西汉，下迄隋唐五代，包括金银器、陶器、瓷器、铜器、玉石器、壁画、纺织品、玻璃器、漆木器等各类文物300余件，全国13个省、市、自治区39家文博单位参展，是一个综合性大型文物展。该展于2007年5月23日～8月26日在韩国首尔历史博物馆成功展出，之后在大邱市启明大学行素博物馆继续展出。

在中国文物交流中心成功举办“丝绸之路——天国的诞生”展览之后，应意大利卡隆德·卡拉雷兹博物馆及意大利特雷维索·斯基隆姆公司的邀请，由中国文物交流中心主办，委托内蒙古自治区博物馆牵头，并联合首都博物馆、宁夏回族自治区博物馆、河北省博物馆共同举办“辽宋夏金元文物展”。展览于2007年10月20日在意大利特雷维索市卡隆德·卡拉雷兹博物馆开展。展品包括辽、宋、夏、金、元时期各类文物132件组。观众人数达到近15万人。

“中国文物精华展”由国家文物局与菲律宾国家文化和艺术委员会主办、中国文物交流中心、菲律宾国家博物馆、马尼拉大都会博物馆共同承办。展览于2007年11月28日分两部分同时在菲律宾国家博物馆、马尼拉大都会博物馆展出。展出文物主要是来自中国文物信息咨询中心、天津博物馆收藏的玉器、瓷器、书画等古代艺术品，共计80件组。

为纪念孙中山先生诞辰140周年，筹划数年的香港孙中山纪念馆于2006年12月开馆，为配合该馆常设陈列，国家文物局与香港特别行政区政府康乐及文化事务署组织“孙中山纪念馆展览”，展览由香港历史博物馆、中国文物交流中心承办，于2006年12月11日孙中山纪念馆开馆当日开幕。展览自开幕以后，倍受香港市民欢迎，根据香港方面的要求，中心办理了部分展品的延展手续。

【其他】

2007年共完成国家文物局交办的文物出境及来华展览申报材料的初审67份。编辑、印发国家文物局《文物外事简报》18份，翻译国家文物局外事往来信函、文件约9万字。配合展览办理派出团组共计31个，人员131人次。为国家文物局148个出访团组办理签证492人次，接待来访团组10个。协调日本TBS电视台拍摄中国世界遗产事宜，并协助日方完成了在西藏布达拉宫、罗布林卡、大昭寺的拍摄工作。

各省、市、自治区

北京市

【概述】

北京是世界著名古都，至今已有三千多年的建城史和八百多年的建都史，中国历史上辽、金、元、明、清五个王朝先后在此建都。北京作为国家级历史文化名城，有着悠久的历史，灿烂的文化和为数众多的历史文化遗产，代表了中国高度发展的民族历史文化。截至2007年，北京市不可移动文物资源总量为3500余处，其中世界文化遗产6处，全国重点文物保护单位98处，市级文物保护单位224处，区（县）级文物保护单位627处；拥有各类博物馆141座，藏品总数329万件（套）。北京市政府每年投入文物修缮的专项经费超过1亿元。北京市文物系统平均每年举办展览600余项，接待观众约3000万人次。

【文物工作会议】

2007年1月16日～17日，2006年度北京市文物系统工作会议在北京会议中心召开。北京市文物局孔繁峙局长出席会议并讲话。会议对2006年工作作了全面回顾，分析了文博工作面临的形势，并部署了2007年工作。全市18个区县文委及2个特区办事处的主任、文物科（所）长，北京市文物局直属单位党、政一把手，局机关正、副处长约150人参加了会议。

【政策研究、法规建设】

组织召开了《北京市周口店北京猿人遗址保护管理办法》立法协调会，并与市法制办共同组织召开了立法论证会。组织编印了《2005–2007文物、博物馆法规规章文件汇编》，收录2005～2007年公布实施的法规、规章、规范性文件及文物工作所需的各类名单，向区县文化委员会和北京市文博系统各单位发放。

2007年11月1日，在首都博物馆组织召开“北京市区县文物执法人员颁证暨纪念‘文物法’实施五周年大会”。国家文物局、北京市政府法制办、北京市文物局领导为区县65名文物执法人员颁发了“文物行政执法证”，标志着北京市正式建立健全了区县文物执法专职队伍，文物行政执法工作得到进一步规范。

12月24日～25日，举办北京市区县文物行政执法人员法制培训班，对区县100余名文物行政执法人员开展了文物法、文物基本知识、行政处罚法及行政处罚文书制作等内容的培训，并进行了考试。只有考试成绩合格的人员，文物行政执法证年审才予以通过。

【文物保护进展】

1. 圆满完成“人文奥运文物保护计划”的收尾工作

2007年，安排了法源寺三期、中山会馆、万寿寺东路、皇姑寺、番字石刻保护、古崖居保护、田义墓等38项修缮和抢险加固工程，投入专项经费1.2亿元。据统计，从2000年市政府开始实施“3.3亿文物保护工程”至2007年，总计修缮市级以上文物保护单位139处，约占市级以上文物保护单位总数的43%，涉及文物保护单位总面积约100余万平方米，修缮面积达47.5万余平方米，计划所确定的“两线”、“五区”、“六景”的目标基本实现。八年来北京市政府投入专款9.3亿元，带动社会投入的保护资金累计超过50亿元，极大地推动了北京文物保护工作的发展。

2. 制定《北京市文物建筑修缮保护利用中长期（2008–2015年）规划》

在为期五年的“人文奥运文物保护计划”完成并取得巨大成果之际，北京市文物部门抓紧研究工作思路规划，确保文物保护工作长期可持续性发展。在征求多方意见的基础上，北京市文物局编制完成了《北京市文物建筑修缮保护利用中长期（2008–2015年）规划》并得到市政府批准。该规划与奥运前的“人文奥运文物保护计划”紧密衔接，确定了以后八年文物修缮的任务，对于全市奥运会后的文物保护工作具有重要的指导作用。

3．启动了北京市第三次全国文物普查工作

积极落实国务院、市政府要求，开展了第三次全国文物普查第一阶段各项工作，包括建立机构、举办培训、制定计划、动员部署、建立网站、落实经费、报送信息等。

【考古发掘研究】

1．奥运场馆考古发掘

配合奥运场馆建设，对北京体育大学大鹏馆及训练馆、城市公路自行车赛终点居庸关看台、老山小轮车工程、奥运村地区绿化隔离带、奥运森林公园3号地等工程进行了考古发掘工作，并撰写完成奥运场馆建设工程考古发掘报告。据统计，近年来北京市文物部门已先后对10余处奥运场馆及配套工程进行了考古调查勘探和发掘工作，勘探总面积达150余万平方米，清理发掘汉代至明清时期古墓葬700余处，出土可整理复原的文物1500余件。

2．基建考古

完成大兴区亦庄开发区10号地建设、密云大唐庄新景家园住宅区建设、圆明园湖水工程等考古发掘工作，配合京平高速、京承高速建设开展了考古调查、勘探工作，完成地铁6号线、8号线、大兴线、亦庄线、10号线等轨道交通项目的地上、地下文物调查工作。根据群众举报，抢救性地保护了一批墓葬。

【博物馆】

2007年，北京新注册博物馆7座，注册总数达到141座。向社会开放129座，其中中央级单位所属38座，市级单位所属38座，区（县）级单位所属30座，民办博物馆23座。公共房屋建筑面积232万平方米，馆藏文物、艺术品近329万件（套）。举办展览685项，年接待观众3352万余人次。

在北京市博物馆行业开展了迎奥运培训、环境整治、标识规范等工作。完成了年度培训任务，有8900名博物馆从业人员接受了不同内容的培训。为检验培训效果，举办了全市博物馆迎奥运演讲大赛。完成北京市文物局直属17家博物馆无障碍设施建设和改造工作。对北京市各博物馆环境和双语标识进行了检查，提出了整改要求。

博物馆评估定级工作结题。经过一年调研，根据北京地区博物馆的特点，制定了《北京市博物馆评估定级试点实施工作评分表》、《北京市博物馆评估定级试点实施工作评分细则》、《北京市博物馆评估定级工作实施办法》，并在部分博物馆进行了试评。

根据国家文物局法规要求，在全市范围内开展了“可移动文物修复资质”单位的申报审核及“可移动文物技术保护设计资质”单位的初审工作。经审核，故宫博物院、国家博物馆、中国农业博物馆、首都博物馆、中国文物研究所、中国社科院考古所、北京市文物研究所、北京大学、北京停云馆文化投资有限公司、北京鉴衡文物修复中心、中国书店等11家单位获得“一级可移动文物修复单位资质”并通过了“甲级可移动文物技术保护设计单位资质”初审，并报国家文物局备案。

【南水北调工程文物保护】

北京段考古勘探和发掘工作已于2006年基本结束。勘探总面积达272万平方米，共完成8处遗址16360平方米面积的发掘工作，保护了一批珍贵的文物，保证了南水北调工程顺利实施。

【全国重点文物保护单位】

根据国家文物局关于开展第七批全国重点文物保护单位申报准备工作的通知，北京市文物局组织成立了申报工作小组，落实了工作经费，开展了申报项目的遴选工作，提出了50项候选名单。长城资源调查工作取得阶段性成果，实地调查测绘长城200余公里。开展了延庆县长城保护规划编制试点工作。

【世界文化遗产】

参加了第31届世界遗产大会，汇报了故宫、天坛、颐和园等遗产项目保护工作情况。经审议，会议对北京市在世界遗产项目维修和增进遗产价值方面所做出的工作给予了肯定，并希望进一步加强在规划编制、彩画保护等方面的工作。

2007年，故宫、天坛、颐和园等六处世界文化遗产地用于文物建筑修缮和环境整治的经费近2亿元。继续开展故宫缓冲区管理办法的立法调研工作。在遗产项目申报方面，组织开展了大运河北京段调查工作，初步了解了其分布、历史沿革和沿线遗迹情况。

【社会文物管理】

2007年北京市新增文物拍卖企业12家，总数达到83家；新增文物商店5家，总数达到56家。全年共举办各种类型拍卖会183场次，审核拍卖标的117556件（套），总成交额首次突破百亿元，达到104.39亿元。

11月30日～12月4日，“首届北京中国文物国际博览会”在北京饭店金色大厅举办。此次博览会由北京贸促会、北京市文物局、北京日报报业集团、北京电视台共同主办。来自欧美、港台及大陆的30余家机构、文物藏家的140余件精美文物参与展览。博览会期间，主办方还邀请了参与博览会展览的海内外文物收藏家共同就文物收藏、文物交流等方面内容进行了座谈。

【执法督查与安全保卫】

严格按照制度规定开展文物巡视检查工作。对北京市98处全国重点文物保护单位进行了2次巡视检查，对78处市级文物保护单位进行了抽查，对全市70余处重点博物馆和文物收藏单位进行了检查，共查出问题和隐患200余处，责令各单位进行整改。完成了全市地下文物埋藏区的巡视检查。共调查处理群众举报82起，处理违法案件23起，罚款50万元，拆除违章建筑5000余平方米。组织对公检法部门涉案文物鉴定80次，共计鉴定涉案文物及复仿制品1000余件。

北京市文物建筑隐患整改工作取得阶段性成果。从2005年底至2007年初，北京市文物局共对34处文物保护单位的产权单位和管理实用单位依法制发了《责令限期改正通知书》，明确了整改内容、责任主体、整改期限，并通过媒体向社会各界公布，接受社会监督。在相关单位的共同努力下，5处单位完成了整改，2处正在组织搬迁腾退，其余27处单位的整改工作也有不同程度进展。据统计，这34处单位共采取各类隐患整改措施120余项，投入资金1000余万元，拆除违章建筑1200余平方米，清理易燃物50余吨。如，中国人民大学2006年投资30万对清陆军部旧址的灰1楼进行电气线路更新维护，2007年继续投资110万元对四座灰楼安防系统进行完善改造；北京卫戍区后勤部在庆王府院内拆除了1200余平方米的非文物建筑，建立了消防和疏散通道，投资3万余元添加压力泵等消防设施；中国图书进出口总公司投资4万元为孚王府古建筑安装了避雷设施。万寿寺、皇史宬等单位的整改工作都取得了突破性的进展，万寿寺东路居民搬迁工作已经进入实施阶段。

【文博科技】

2007年8月，经北京市编办批准，北京市文物局正式成立了考古科研处，并初步研究制定了《北京市文物局文化遗产保护科学与学术研究规划（2008—2010年）》（试行）及《北京市文物局文化遗产保护科学与技术研究课题指南（2008—2010年）》（试行）。10

月，在北京会议中心召开了局系统科研工作大会，全局科研人员共同讨论研究了科研规划和课题指南，并着手研究确定学术带头人和科研顾问。

【文博宣传出版】

1. 新闻宣传概况

2007年共组织新闻发布会30余场。接受国内媒体临时采访申请60余次，境外媒体采访申请16次。

2. 重要新闻宣传活动

2007年1月26日，北京市文物局与北京奥组委新闻宣传部、北京奥运新闻中心及北京市人民政府“2008”工程建设指挥办公室共同组织美联社、法新社、路透社、日本NHK、德国电视台等境外主流新闻媒体记者30余人，集体参观了位于奥运主场馆中心区、正在修缮中的北顶娘娘庙和龙王庙两处文物古建筑。北京市文物局孔繁峙局长介绍了配合奥运场馆建设工程进行的文物保护工作情况，北京市文物研究所宋大川所长介绍了配合奥运工程开展的考古发掘工作和出土文物情况，并就文物遗址保护与奥运场馆建设的关系等回答了记者提问。

12月5日，北京市文物局和2008北京奥运新闻中心联合在孔庙和国子监管理处举办“北京市文物保护情况新闻发布会”。北京市文物局孔繁峙局长向中外记者介绍了北京市近年来文物保护工作的成绩和进展情况。来自70多家中外新闻媒体单位的100多名记者出席了新闻发布会。

3. 重点图书出版

2007年4月，《北京文物百科全书》由京华出版社出版。全书设文物史、地域文物、不可移动文物、可移动文物、文博展馆、文物考古、文物管理7个分支，收790个条目，全方位介绍北京文物的时间分布、区(县)分布、馆藏分布、类别分布与级别分布；彩色图片900余幅。并收有《大事年表》、《条目内容分析索引》等。

北京市文物局“当代博物馆学前沿译丛”系列丛书《展览论》和《博物馆管理手册》正式出版。

《中国文物地图集北京分册》通过国家文物局专家组审核。

【文博信息化】

2007年，北京市文物局信息化建设步伐进一步推进，电子政务水平得到继续提升。完成了3项网上审批项目的编制工作，使市文物局网上审批项目增加到5项。完成了“北京市文物局中远期项目规划管理系统”的建设工作。5月17日，由北京市科协、北京市信息办和北京市文物局共同主办的“2007年北京数字博物馆研讨会”在北京科技活动中心举行。国内外近100位数字博物馆专家出席了会议。本次研讨会以“博物馆资源数字化开发与共享利用”、“数字博物馆的艺术表现与文化创意”、“数字博物馆展示平台和技术实现”为主要议题，40余位专家围绕着主要议题撰写并提交了论文。9月，在全国范围内首家开通了省市一级的“第三次文物普查”专题网站。

【对外交流与合作】

1. 文物出境管理

组织召开了“文物出境审核标准工作会”，对贯彻执行该标准提出了更高要求。全年鉴定出境文物87000余件，对9000件“回流”文物办理了暂时入境并复出境的相关鉴定手续。

2. 文物外展

9月21日，由北京首都博物馆和墨西哥蒙特雷历史博物馆联合举办的“中国古代观音菩萨造像艺术展”在蒙特雷历史博物馆开展。墨西哥总统、联合国教科文组织总干事和中国驻墨西哥大使等出席了开幕式活动，精美的中国文物吸引了墨西哥和来自世界各地的观众，展览受到极高评价。

3. 外国来华文物展览和港澳台地区

来内地的文物展览

2006年12月26日～2007年2月27日，作为“2006年中印友好年”一个重要的文化交流项目，由中国国家文物局和印度考古局主办，中国文物交流中心、首都博物馆、河南博物院、重庆中国三峡博物馆、西汉南越王博物馆共同承办的“西天诸神——古代印度瑰宝展”在首都博物馆举办。展出的文物主要为印度古代雕塑作品。

2007年4月12日～5月12日，作为“2007年中法文化交流之春”活动重要内容的“摄影的诞生——一项法国的发明”和“维利·罗尼眼中的巴黎”两项展览在首都博物馆举办。

6月1日～8月2日，由西班牙国家对外文化推广署和中国首都博物馆共同主办的“高迪的世界——建筑、几何和设计”展在首都博物馆举办。

6月27日～7月17日，“香港特别行政区成立十周年成就展”在首都博物馆隆重举办。该展览由香港特别行政区政府主办，香港特别行政区政府驻北京办事处、香港特别行政区政府新闻处和首都博物馆共同承办。胡锦涛总书记、温家宝总理、吴邦国委员长等党和国家领导人参观了展览。展览实际对社会开放17天，共接待观众117826人次。

8月11日～11月9日，由首都博物馆与法国卢浮宫主办的“卢浮宫珍藏展——古典希腊艺术”展览在首都博物馆举办，共展出130件精美文物。

10月18日～11月16日，作为“希腊文化年”主题活动之一，由希腊文化部、希腊驻华大使馆、希腊国家美术馆和中国首都博物馆共同举办的“现代希腊艺术的经典回忆”艺术展在首都博物馆举办，展品包括绘画、雕塑、综合材料等艺术作品共计63件。

4. 重要的涉外合作项目

2007年8月，通过美国驻华使馆文化处的协助，获得美国文化大使基金5.4万美元的资助，用于北京市文物局资料信息中心馆藏明代佛教典籍的修复工作。涉及佛经类古籍136种，181册。

【文博活动】

2007年，北京市举办的主要活动有：

1. 国际博物馆日活动

主要活动从3月20日开始，至5月19日结束，包括“我看博物馆——公益摄影大赛”、“香港国际博物馆日活动”、“第二届数字博物馆国际研讨会”、“5·18国际博物馆日专场晚会”、“讲座和鉴定活动”、以及“历史的记忆——名人与和谐文化”巡展等。首次举办的“我看博物馆——公益摄影大赛”吸引了众多参与者，在短短52天的活动时间内收到的摄影作品就有1600余幅，在活动期间组织的4次摄影交流，更是吸引了近3000余人次的参与。赴港宣传活动向香港市民介绍了北京和北京的博物馆，为北京2008年奥运聚集了人气，同时进一步加强了与粤、港、澳三地文物行政部门和博物馆的联系，也为北京地区博物馆的宣传开拓了新的途径。文物鉴定一直是传统项目，也是深受市民喜爱项目。2007年的鉴定活动得到广大市民的积极响应，预先发放的600个票号被市民连夜排队领走，其中不乏从其他省市专程赶来的文物爱好者，共鉴定了千余件各类物品。“国际博物馆日”当天，北京地区有60余家博物馆对公众免费或优惠开放，推出了近百项临时展览和讲座活动，受到了广大市民的热烈欢迎。

2. “文化遗产日”纪念及相关活动

活动由市委宣传部、北京市文物局、北京市文化局、北京市旅游局和北京市文物保护协会共同主办，各区县文化委员会、八达岭特区办事处、十三陵特区办事处及北京非物质文化遗产保护中心负责各项活动的组织实施。北京市确定的活动主题是“保护文化遗产、展示人文奥运”。

6月8日，人事部、文化部、国家文物局在北京人民大会堂隆重召开全国文化遗产保护工作表彰大会，为对我国文物保护和非物质文化遗产保护做出突出贡献的117个先进单位和340个先进个人分别授予国家级和省部级奖励。在此次表彰中，首都博物馆被人事部和国家文物局授予“全国文物系统先进集体”称号；周口店北京人遗址管理处被国家文物局授予“文化遗产保护工作先进集体”称号；怀柔区文委周洪福同志、密云县文管所祝自祥同志、北京石刻艺术博物馆刘卫东同志、十三陵特区办事处高小华同志被国家文物局评为“文物遗产保护工作先进个人”；密云县古北口镇政府旅游办公室主任王长青同志、延庆县八达岭镇石峡村农民梅景田同志被国家文物局授予“全国优秀长城保护员”称号。

6月9日遗产日当天，在太庙（北京市劳动人民文化宫）举行了隆重的主会场活动主要内容包括：太庙修缮工程竣工仪式，故宫、天坛等4处世界文化遗产5A景区授牌仪式，表彰北京市文物保护先进个人，近年来北京地区考古工作成果展，近年来北京地区文物修缮工作成果展，北京市非物质文化遗产展览，北京世界文化遗产图片展览等活动。国家文物局、市委宣传部、市政府等领导及数百名观众出席了主会场活动。遗产日当天，东城区和西城区还免费向公众开放了柏林寺、广化寺、张自忠故居等7处文保单位，受到了市民的欢迎。遗产日前后，北京市世界文化遗产单位和各区县纷纷开展各种形式的宣传活动，发放各种宣传材料5万余份，取得了很好的宣传效果。

在年底召开的全国文物局长会议上，延庆县被文化部、国家文物局授予“全国文物工作先进县”，太庙管理处获“2007年文化遗产日组织奖”。

【其他重要事件或信息】

3月27日，北京奥组委在首都博物馆发布北京2008年奥运会奖牌式样。北京奥组委执行副主席蒋效愚出席发布仪式并致辞。发布仪式由杨澜和孙正平主持。发布仪式上，奥运冠军许海峰、马燕红、刘璇、李小双、邢傲伟、高敏畅谈对奥运会奖牌的理解，并由北京奥组委执行副主席蒋效愚、国家体育总局局长助理蔡振华、奥运冠军邓亚萍分别揭幕北京2008年奥运会金、银、铜牌。

4月28日，在李大钊同志英勇就义80周年之际，北京市级文物保护单位李大钊故居修缮工程竣工并对社会开放。

5月14日，北京市政府、北京奥组委在首都博物馆举办第36届世界期刊大会招待会。国家新闻出版总署副署长李东东，国际期刊联盟执行主席唐纳德·库默菲尔德，北京市副市长刘敬民、孙安民，北京奥组委执行副主席蒋效愚出席了招待会。来自世界各地期刊出版界的精英、嘉宾和媒体代表近400人出席了招待会并参观了首都博物馆的展览。

12月1日，胡锦涛总书记视察首都博物馆。当晚19时45分，中共中央总书记胡锦涛同志在市委书记刘淇、中共中央办公厅主任令计划和市委秘书长李士祥的陪同下，视察了正在首都博物馆展出的“珍藏西藏——叶星生抢救、保护西藏民间文化遗产成果展”和首都博物馆馆藏瓷器展。在视察过程中，总书记对首都博物馆的建设给予了充分的肯定，指出“首都博物馆的建设起点很高”；“首都博物馆的展览一定要突出北京的特色”；“首都博物馆应该集中搞一个北京历史文化的精品展览，让外国的领导人到北京都来这里看看，明年有51个外国总统来京，由外交部安排都要到首都博物馆来参观，时间不长就可对中国悠久的历史文化有一个了解”。刘淇书记对博物馆的建设和开放工作也提出了具体要求。

12月6日，发行2008年北京地区博物馆通票。新版通票收入北京地区98家各具特色的博物馆和旅游文化景点，其中包括51家提供全免两人次门票优惠的馆点，门票减免总价值2600元以上。

12月19日，北京市规划委、北京市文

物局联合发布关于公布《北京市优秀近现代建筑保护名录（第一批）》的通知。名录共收入优秀近现代建筑71处。

上海市

【概述】

2007年，上海市文物管理委员会认真贯彻执行“保护为主、抢救第一、合理利用、加强管理”的文物保护方针，在努力保护、传承和积极弘扬中华历史文化的过程中，切实维护人民文化权益，推进上海市的文博事业又好又快发展。一年来，上海市文物博物馆事业各项工作得到了稳步推进，为全面完成“十一五”规划、着力推进上海市文化大发展大繁荣奠定了坚实的基础。上海已建成106座不同规模、各具特色的博物馆、纪念馆，藏品数量达2756166件（套），其中一级文物941件（套）。上海市文物管理委员会是上海市文物工作的主管部门，依法行使文物保护管理职能。市文管委主任由市政府分管副市长出任，副主任由市委宣传部分管副部长、上海博物馆馆长兼任。市文管委委员会主要由市规划、房地资源、工商、公安、海关、园林等相关部门的分管领导以及上海市文博专家若干名组成。市文管委在编人员47名，设一室一部三处，即办公室、考古部（上海博物馆考古部代行市文管委地下文物保护管理职能）、流散文物管理处、地面文物管理处、博物馆纪念馆管理处。各区县的文化局（文广局）、文管会、文保所（署）分别行使区一级的文物保护管理职能。

【文物工作会议】

1月24日～25日，上海市文管委在金山枫泾召开全市文物博物馆工作会议。会议传达了2006年12月18日在北京召开的全国文物局长会议、全国文化遗产工作会议、全国第三次文物普查会议、文物工作先进县表彰大会等会议文件精神；传达了国家文物局局长单霁翔同志的工作报告，全面总结了2006年上海市文物博物馆事业发展的现状，部署了2007年主要工作任务。

7月12日，上海市市文管委在松江区召开文物博物馆工作会议，进一步学习、贯彻、落实中央和上海市委、市政府对文化、文物工作的要求，总结“5·18国际博物馆日”、“中国文化遗产日”系列活动，回顾上半年工作，部署下半年任务。

7月13日，上海市召开第三次全国文物普查工作动员部署大会，部署下阶段的普查工作，标志着上海市第三次全国文物普查已在前阶段认真准备的基础上全面启动。副市长杨定华出席会议并讲话。市政府副秘书长李逸平主持会议。

9月17日，根据国家文物局通知精神，上海市政府在市政府会议厅召开了贯彻落实国务院第三次全国文物普查电视电话会议精神大会。

10月24日，上海市市文管委分别召开系统基层单位干部会议和职能部门会议，认真学习领会党的十七大会议精神，积极贯彻落实十七大提出的总体要求和各项任务目标，研究部署下一阶段的工作任务。

【政策研究、法规建设】

2007年，上海市21项文物行政许可项目的目录、程序、方式等政务公开手册已制定完成并公开发放，许可审批工作严格按照法律规定内容和程序进行。全年许可审批项目二百余次，没有行政相对人因行政许可争议而提出复议、诉讼等。

上海市文管委与文化市场行政执法总队以及各区县分队已初步建立了案件告知制度、行政处罚协作机制、定期协调会议制度，从而有效保障了文物行政管理职能得到依法、有序实施。

【文物保护进展】

上海市文管委协调市规划、房地资源等部门，在文物建筑和历史风貌区保护中，逐步建立了信息共享制度、行政管理的配合机制、文物保护的专家评估制度，积极参与、完善“上海市历史风貌区和历史建筑保护委员会”机制建设，有效提高了全市文化遗产保护管理水平。一年来，协调市规划、房地资源等部门，完成了全市12个历史文化风貌区保护规划审定工作。实施了上海市郊32处历史文化街区的复查和审定工作。新增区级文物保护单位20处。

上海市文管委统筹力量，重点推进了全国重点文物保护单位外滩建筑群的修缮工作，审核、指导了沙逊大厦、江中饭店、怡和洋行、江海关等建筑的整修工程，完成了上海宋庆龄故居纪念馆、兴圣教寺塔、龙华革命烈士纪念地等修缮工作。全年完成了7处全国重点文物保护单位、18处市级文物保护单位、27处区级文物保护单位的整治修缮工作，消除了文物建筑的安全隐患，达到了国家文物局规定的安全防范标准，促进了文物保护与市政工程和城市建设的和谐发展。此外，对全市文物建筑安全检查达到200多次，全年没有发生任何安全事故。

9月17日，上海市第三次全国文物普查领导小组组长、副市长杨定华，副组长、市政府副秘书长李逸平，副组长、上海市文管委副主任陈燮君等领导同志与领导小组成员单位的负责同志，各区县负责同志，以及文物普查培训班的同志等，在市政府集中收听收看了第三次全国文物普查电视电话会议，随后召开了上海市贯彻落实电视电话会议精神的大会，根据国家的工作部署，具体总结了第一阶段工作，布置了下一阶段的任务，并要求全市文物工作者和相关部门要统一思想、狠抓落实、积极宣传、加强培训。

10月8日，上海市政府第155次常务会议听取了陈燮君同志代表上海市第三次全国文物普查领导小组的工作汇报。会议指出，上海要按照国务院有关要求，各部门加强协调，形成合力，在组织保障、任务安排、人员培训、经费支持等方面采取措施，切实做好文物普查工作。

上海市第三次全国文物普查工作取得了阶段性的成果。全市19个区县召开了第三次全国文物普查动员大会；全市文物普查培训班80余人已顺利考核结业，为普查工作奠定了基础。普查组织实施、标准规范、GPS使用规程、信息采集录入等工作得到了强化和普及。在国家文物局的领导下，普查工作已科学、有序、有效展开。

6月5日，上海市政府正式批准了首批上海市非物质文化遗产名录，共有83个项目名列其中。上海市申报第二批国家非物质文化遗产名录的43个项目也已经审定上报文化部。6月6日，在鲁迅先生原葬地（原万国公墓，现宋庆龄陵园）举行鲁迅先生原葬地标志揭幕仪式。9月6日，“淞沪铁路天通庵站遗址”纪念性保护标志在天通庵路、同心路口落成。9月15日，上海市抗日战争纪念地——金山卫城南门侵华日军登陆处遗址二期扩建工程落成仪式举行。10月11日，上海市文管委、虹口区人民政府在东宝兴路、宝源路、轨道3号线交汇处，举行“中共‘四大’会址”纪念性保护标志落成典礼。

2月8日，金山区政府新颁布了位于枫泾镇的人民公社旧址、朱学范墓、廊下镇的山塘桥、朱泾镇的孙旭初宅、张堰镇的钱家祠堂为金山区文物保护单位。

徐汇区公布第一批区级非物质文化遗产名录，共计11项，其中“乌泥泾手工棉纺织技艺”已列入国家级非物质文化遗产名录项目。8月8日，徐汇区文化局、华泾镇政府联合举行刘三故居挂牌仪式。9月3日，徐汇区文化局、区教育局联合举行爱国老人马相伯旧居挂牌仪式。徐汇区公布了丁香花园等7处第三批区级文物保护单位和罗伯昭旧居等17处第二批区登记不可移动文物。徐汇区人民政府公布丁香花园等7处为第三批徐汇区文物保护单位，徐汇区文化局公布罗伯昭旧居等17处为第二批徐汇区登记不可移动文物。

嘉定区公布嘉定区第一批共十三项区级非物质文化遗产名录。嘉定区对区级文物保护单位六泉桥进行了抢修工作。区级文保单位六泉桥修缮工程竣工并通过了验收。嘉定区级文物保护单位高义桥、廖家墓修缮工程竣工并通过了验收。

卢湾区文化局公布巴金旧居、法国公园旧址、中华学艺社旧址、陕西南路63弄花园住宅、绍兴路54号花苑住宅等五处建筑为卢湾区第三批登记保护不可移动文物。

【考古发掘研究】

在上海市文管委考古工作者的努力下，志丹苑遗址考古发掘工作取得了突破性进展。整理、发表了考古发掘报告，深刻揭示了遗址的历史、文化、艺术价值，并与相关研究机构开展了水闸建造成因、废弃过程、整体保护方案等科学研究和论证。志丹苑遗址考古发掘取得的重大成果得到了国家文物局和国家权威部门的充分肯定，2007年4月，上海志丹苑元代水闸遗址入选2006年度中国十大考古新发现。

上海市文管委与中科院考古所、上海地矿探测中心等部门合作，利用航空遥感、卫星探测等信息技术手段与传统考古方法相结合，对上海明代老宝山城进行了多角度、立体面的考古勘探。全面深入了解了老宝山城的平面分布、城墙布局、地下结构，为制定和实施这一地区保护规划提供了第一手资料。这次成功探索，为新时期文物考古发掘工作开辟了新的领域，具有重要的引领作用。

4月29日，上海市青浦区曲水园工作人员在维修园地的过程中发现了几座古代墓葬。市文管委的考古人员赶赴现场，并对墓葬进行了挖掘、清理。

6月8日～12日，上海市市文管委考古部与嘉定博物馆对嘉定区江桥镇华江支路一建筑工地发现的明代李氏家族墓葬进行了抢救性考古清理。李氏家族墓葬的发现为研究上海地方史提供了重要的资料。

【博物馆】

在第七届（2005～2006年度）全国博物馆十大陈列展览精品奖的评选中，上海嘉定博物馆“科举陈列”获得精品奖，上海邮政博物馆“上海邮政博物馆主题陈列”获得最佳新技术、新材料运用奖。文化市场继续得到有序发展。

截至2007年，上海拥有博物馆106座，年度接待参观者约1000万人次。

2007年2月9日，“清代帝后御用珍品展”在松江博物馆对外展出。2月13日，“海上年俗——首届上海春节民俗风情展”在上海三山会馆开幕。3月1日～3月15日，“上海农民的艺术——上海市金山农民画获奖作品展”在嘉定博物馆展出。5月15日～6月14日，“水墨在途——2007上海新水墨艺术大展”在朱屺瞻艺术馆举行。

上海公安博物馆举行了“上海公安收藏鉴赏展”，共汇集展出了上海公安民警各类收藏5000余件。

6月29日，为了迎接2007年上海世界特殊奥运会，由中共上海市科教党委、上海市教委、上海市人民政府新闻办公室、上海市残疾人联合会、2007年上海世界特殊奥运会执委会新闻宣传部主办，2007年世界特殊奥运会青浦区执委会承办的“走近特奥、支持特奥”宣传图片暨智障人士艺术作品巡展在青浦博物馆举行。

7月30日，“辉煌历程，坚强柱石——纪念中国人民解放军建军80周年”展开幕式在青浦区博物馆举行。

8月1日是中国人民解放军建军80周年纪念日。为此，中共一大会址纪念馆举办“纪念中国人民解放军建军八十周年——人民的总司令朱德文物图片史料展”。

8月14日，由中共徐汇区委宣传部、区房屋土地管理局和区文化局共同主办的2007年“走近老房子”徐汇区优秀历史建筑和文物保护单位摄影展在徐汇区图书馆举行。

8月19日，专题展览“纤笔一枝谁与似——丁玲生平文物史料展”在上海鲁迅纪念馆揭幕。

上海市文广影视局、市文管委、中共一大会址纪念馆和上海东方宣传教育服务中心联合编印了《光辉的历程——中共一大至十六大图片》。9月27日，中共一大会址纪念馆举行了图片赠送暨图片展览开幕式。

9月27日，“首届‘福泉山杯’盆景赏石展”在青浦博物馆开幕。

9月28日，上海文庙管理处在藏书楼举办“《四书五经》古籍藏书专题展”。

9月28日，由松江区文广局、松江区文联主办，上海云间中国画院、松江区博物馆承办的“上海云间中国画院青年画师作品展”在松江区博物馆展出。

11月16日，“世博遗珍——历届世博会中国获奖工艺品汇展”在上海三山会馆开幕。

11月22日，由金山区博物馆和南汇区博物馆共同主办，金山农民画院协办的“芬芳泥土，浓郁乡情”——金山农民画精品展在南汇区博物馆开幕。

【社会文物管理】

审核各类文物拍卖会约115场次，标的物达6.1万余件；在文物征集工作也取得了显著成效，共征集境内外文物68件，其中西周的玉覆面、明嘉靖景德镇青花大盘等弥补了博物馆收藏的空白，有效保护了国家珍贵文物。

在文物进出境工作中，依法把好文物出境关，办理文物出境鉴定220人次计3622件文物，办理暂时进出境文物4343件，对上海文物商店、上海友谊商城等文物经营单位鉴定审核销售文物5963件。审核国内外文物展览交流项目12个。有效遏制了文物走私等违法行为，促进了文化交流。

【文博教育与人才培训】

上海市文管委在依法审核《文物拍卖许可证》的基础上，重点通过逐步开展拍卖行业中高级专业技术人员的培训，以提高从业人员的专业素质，培育文化产业发展。“文物经营人员专业认证”考试项目顺利实施，第三批学员已经通过考试取得了专业资格。“上海文博信息网”改版启动，推进市文管委公务网络工程建设。

【对外交流与合作】

在文物进出境管理中，上海市文管委着力依法把好文物出境关，严格检验邮寄包裹，有效遏制了文物走私等违法行为。

2月18日，“5000年中国艺术与文化：上海博物馆珍宝展”在美国加州橙县的宝尔博物馆隆重开展，77件由上海博物馆收藏的中国古代和近代珍贵文物吸引了众多的美国观众。

3月31日，“四川阿坝州藏羌民族文化艺术展”在南汇博物馆开幕。

4月2日上午，纪念“四保临江”胜利六十周年“陈云与‘四保临江’图片展”在陈云故居暨青浦革命历史纪念馆开幕。

4月13日，为配合扬州市“烟花三月”国际经贸旅游节活动，江苏省扬州市博物馆与上海中国科举博物馆共同合作举办的“中国科举文化展”在扬州博物馆开幕。

4月30日，“美国艺术三百年：适应与革新”特别展览在上海博物馆隆重开幕。

5月15日上午，由上海孙中山故居纪念馆、南京中国近代史遗址博物馆（总统府）、江苏省孙中山研究会联合主办的“弘扬中山精神，传承爱国情怀——纪念孙中山主题画展”揭幕仪式在南京“总统府”西花园举行。

8月24日，由上海市徐汇区文化局、江苏省南通市文化局共同主办的“江风海韵

——南通历史文化掠影”展览在上海市徐汇区图书馆开幕。

9月11日，“从提香到戈雅——普拉多博物馆藏艺术珍品展”在上海博物馆隆重开幕。

9月17日，“中国科举文化展”在福建三明市博物馆举行了开幕式。

9月28日，由上海博物馆和瑞典哥德堡罗斯卡博物馆联合主办的“瑞典银器五百年”展览在上海博物馆开幕。

11月2日，“伦勃朗与黄金时代——荷兰阿姆斯特丹国立博物馆珍藏展”在上海博物馆隆重开幕。

由故宫博物院和上海豫园管理处联合举办的“紫禁瑰宝——故宫博物院藏清宫赏玩展”在豫园听涛阁展厅展出。

11月27日，由中国工商银行和香港康乐及文化事务署主办，上海市银行博物馆和香港历史博物馆承办的“从钱庄到现代银行——沪港银行业发展”展览在香港开幕。

12月28日，“海上锦绣——顾绣珍品特展”在上海博物馆开幕。

【博物馆日和文化遗产日专述】

1. 5·18国际博物馆日活动周

为了进一步贯彻执行“保护为主，抢救第一，合理利用，加强管理”的文物工作方针，认真落实《国务院关于加强文化遗产保护的通知》精神，按照国家文物局《关于开展“5·18国际博物馆日”宣传活动的通知》要求，围绕2007年国际博物馆日的主题“博物馆和共同的遗产”，上海市文物管理委员会组织全市的博物馆、纪念馆积极开展“5·18国际博物馆日”宣传周活动。

为了扩大活动的影响力，提高活动的参与度，此次宣传周活动从5月12日延续至5月20日。在活动内容的组织上，上海市文物管理委员会积极协调全市各区县的众多博物馆，形成了“专题讲座”、“特色活动”、“特别展览”、“免费开放”与“征文竞赛”等五大类活动。在专题讲座方面，上海博物馆“保护我们的文化遗产”系列讲座分为“上海的考古”、“上海方言与上海文化”、“上海城市文明与文化遗产”、“博物馆和共同的遗产”等六个专题，吸引了将近800名观众踊跃听讲。在特色活动方面，上海博物馆的“沪剧鉴赏会”让观众在欣赏沪剧的过程中感受非物质文化遗产的内涵与魅力；宝山区淞沪抗战纪念馆和区文保所借助临江公园的地域优势，组织开展了展板展示和观众参与“博物馆和共同的遗产”长卷签名活动；嘉定博物馆推出了向当天第50名、100名、150、200名观众赠送纪念品的“争当5·18幸运观众”的活动。在特别展览方面有上海孙中山故居的“孙中山的追随者——杨庶堪文物史料展”，在青浦博物馆展出的“中国茶文化展”，在崇明县博物馆举办的“中国文化遗产图片展”，杨浦区部分博物馆专题文物联展以及上海邮政博物馆的专题邮展“中国世界遗产”和“中国古塔”等。在免费开放方面，组织了全市60余家博物馆、纪念馆在5月18日前后对社会公众免费开放，特别是在浦东新区的上海市银行博物馆、历道证券博物馆、上海中医药博物馆等六家文博场馆将免费开放的时间安排为5月15日～6月15日整整一个月；根据初步统计，5月18日当天，全市共有3万多名观众免费参观了相关博物馆、纪念馆。在征文竞赛方面，有长宁区的“我身边的文物”摄影比赛暨作品展、“静安区文物保护知识竞赛”、“我看崇明学宫”青少年征文比赛等。

作为2007年“5·18国际博物馆日”的创意项目，上海市文物管理委员会还特别编印了《巧用轨道交通线，轻松参观博物馆》宣传手册，以便公众轻松便利地参观博物馆。宣传手册汇集了上海轨道交通1号线、2号线、3号线、4号线相关站点可就近抵达参观的博物馆、纪念馆38家，在突出介绍每个馆展品特色的同时，详细罗列了各馆的开放时间、门票价格、具体地址、交通线路并配有场景照片和地理位置图。

5月18日上午，在静安区中华新村（康有为归隐处遗址）举行了由上海市文物管理委员会和静安区人民政府联合举办的“5·18国际博物馆日”宣传周暨静安名人名居文化游A线启动仪式，随后在静安公园正门、淮海路华亭伊势丹广场、徐家汇商业广场、浦东新区世纪广场、五角场万达商业广场等五个人流集中又便于疏散的繁华地段，举行了“观众寄语博物馆与宣传册赠送”活动，现场的观众纷纷写下自己对博物馆的感受、建议和美好祝愿，争先领取赠送的《巧用轨道交通线，轻松参观博物馆》宣传手册，据不完全统计，宣传手册的赠送发放超过了5000份。启动仪式和“观众寄语博物馆与宣传册赠送”将2007年的“5·18国际博物馆日”宣传周活动推向了高潮。

2. “文化遗产日”系列活动

2007年6月9日，是中国第二个“文化遗产日”。国家文物局将活动主题确定为“保护文化遗产，构建和谐社会”。为了认真贯彻落实国务院《关于加强文化遗产保护的通知》精神，上海市文物管理委员会在市委、市政府的统一部署下，针对文化遗产的多样性，围绕主题，结合实际，组织了精彩纷呈的“文化遗产日”系列宣传展示活动。

“文化遗产日”当天，上海市文管委与虹口区政府举行了“沈尹默故居修缮竣工暨开馆仪式”。上海市领导与市著名书法家及百名青少年书法爱好者挥毫泼墨，颂扬文化遗产保护主题，书法作品均捐赠给上海市文化遗产保护事业。与此同时，市文管委还与黄浦区政府组织了“外国友人看上海历史建筑活动”。20余名外国友人包括部分驻沪领事馆官员和历史建筑爱好者，与上海市历史建筑保护专家和市民代表，共同参观外滩经典建筑和外滩历史建筑，并就上海历史建筑保护的昨天、今天和明天进行广泛交流和座谈。当天下午，市文管委还将组织50余名上海市各界市民代表前往青浦区寻根溯源，探访福泉山、崧泽等新石器时代文化遗址。

为了进一步扩大宣传领域，提高宣传力度，上海市19个区县的文物部门以及相关部门分别组织了文物挂牌、文物展示、学术研讨、流动展览、广场宣传、文艺演出、专题讲座、征文竞赛、专家咨询等形式多样的活动。如上海市历史文化风貌区和优秀历史建筑保护委员会办公室和上海市建工集团联合举办的历史建筑保护工程技术研讨会；卢湾区和杨浦区公布第二批区级文物保护单位；徐汇区组织《徐汇文物保护工作手册》赠书仪式和黄道婆乡土教材首发仪式；静安区免费发放文化遗产日纪念封和组织名人故居文化游活动；崇明县举办“中国文化遗产大观”图片展；浦东新区举办文化遗产保护利用研讨会，以及组织文博专家进社区举办文物讲座等。

除了上述活动外，上海市文管委还于6月9日和6月10日两天，组织各区县部分文物建筑和博物馆、纪念馆共90处免费对公众开放，观众如流，充分体现了历史文物的魅力以及广大人民群众对文化遗产保护的关注和热情。

天津市

2007年，天津市文物、博物馆工作在市委、市政府领导下，全面贯彻党的十七大精神，认真学习贯彻胡锦涛总书记在天津考察工作时的重要讲话精神，落实市第九次党代会、市委九届三次全会部署，更加主动地推动文化大发展大繁荣，围绕全面建设小康社会，按照科学发展观的要求，与时俱进，开拓创新，依法加强对全市文物、博物馆事业的领导和管理，在文物保护、文物出境、文物市场管理、考古发掘及博物馆事业等方面取得了较为显著的成绩。

【法规建设】

2007年11月15日，天津市十四届人大常委会第四十次会议表决通过了《天津市文物保护条例》，2008年3月1日起开始实施。自2003年初，天津市文物局就启动了《条例》的立法调研工作，在形成草案后，召开了数十次不同层次、不同范围的立法讨论会、座谈会，广泛征求了文物专家、学者、法学专家以及有关单位的意见，经过反复修改后形成送审稿，上报天津市政府法制办。市政府常务会议通过后，上报市人大。市人大常委会经过三次审议后通过。立法原则是：在不违反上位法的前提下，对上位法规定进行细化或突破，体现天津的地方特色。《条例》共四十一条，就不可移动文物、考古发掘、馆藏文物、民间收藏文物、文物的利用等方面进行了规定。天津市范围内文物的保护、利用和管理适用该《条例》。

【文物会议】

2007年1月5日，天津市文物局组织召开了“天津市加强文物市场管理工作会议”。会上总结了2006年天津市文物市场的整体状况，部署了全国文物市场调研工作。

6月26日，天津市文物局组织国家文物出境鉴定天津站全体成员及部分文博界专家学者召开了“文物出境审核工作会议”；天津市文物局向国家文物出境鉴定天津站聘请的11位文博界专家学者颁发了兼职文物专家聘书，要求天津鉴定站专业人员和相关专家尽快学习、掌握、运用好国家文物局新颁布的《文物出境审核标准》，认真做好天津口岸文物出境审核鉴定工作；与会人员认真学习、讨论了《文物出境审核标准》。

12月，天津市文物局召开“2007年天津市文物市场总结工作会议”，天津市文物局领导和各文物经营单位、拍卖企业的负责人参加了会议。与会人员还学习了文化部和国家文物局颁布的《文物进出境审核管理办法》和《文物出境审核标准》。

【考古工作】

1.大港沈清庄金元至明代遗址

2007年4月～5月，因建设工程需要，天津市文化遗产保护中心对沈清庄遗址进行了考古发掘，发掘面积近1600平方米。根据考古发掘层位关系与出土遗物，可将该遗址初步分成金元和明代两个时期。金元时期遗存最为丰富，发现有灰坑、灰沟、水井、灶址等遗迹，出土遗物以生活器皿为主，包括瓷碗、盘、俑、枕、陶盆、瓮、罐、砚台、纺轮、骨篦等，还发现少量砖、板瓦等建筑材料。出土瓷器多属磁州窑系、龙泉窑系与钧窑系，出土的一方白釉黑花如意头形瓷枕，基本可复原，开光内残见墨书文字“一派水聲长在……山……”。在发掘区内没有发现这一时期建筑基址，据推测，遗址的居住区应位于发掘区的东部。明代遗存因平整土地大部分被削掉，仅在表土及个别灰坑中出土少量青花瓷碗等生活器皿的残片。另外，在沈清庄遗址发掘区东侧约15米处，发现一条古海岸线贝壳堤遗迹，由东北向西南延伸，从沈清庄村中穿过。经考古勘探与试掘得知，贝壳堤埋藏在地表下约1米深处，约30米宽，堆积以文蛤、毛蚶居多，也有蛏、螺、牡蛎。沈清庄遗址与贝壳堤的发现，为天津滨海地区海陆变迁和人地关系研究提供了资料。

2.东丽区牧场新村与朱庄村清代墓地

2007年4月，天津市文化遗产保护中心对东丽区牧场新村与朱庄两处墓地20座墓葬进行了考古发掘。牧场新村墓地位于牧场新村西北约200米，地势平坦，发掘墓葬8座，其中单人墓葬1座，双人合葬墓5座，三人合葬墓2座，均为土坑竖穴；出土物有陶钵、银簪、头饰、瓶形玻璃器、元宝形铜饰品和铜钱等。朱庄村墓地位于朱庄村东南约1500米处，原为耕地，有水渠穿过，发掘墓葬12座，其中单人墓葬2座，双人合葬墓6座，三人合葬墓2座，迁葬墓1座，瓮棺葬（使用黄釉双耳罐做葬具）1座，均为土坑竖穴；出土物有陶钵、银簪、头饰、铜帽饰、铜衣扣和铜钱等。

3.蓟县东营坊旧石器时代晚期遗址

2007年5月～7月，因建设工程需要，天津市文化遗产保护中心和中国科学院古脊椎动物与古人类研究所组成联合发掘队对该遗址进行了发掘。发掘分为A、B两区，面积200平方米，出土石制品2000余件。石制品原料主要为节理发育的劣质燧石，此外还有石英、石英砂岩、硅质岩、脉石英、白云岩等。石制品以小型为主，有石核、石片、碎屑、断块、工具等。工具复杂多样，有刮削器、尖状器、雕刻器、钻器等。工具相对较少，刮削器是主要类型，有单直刃、单凹刃、单凸刃、双刃及复刃等，其中单直刃数量最多。值得注意的是，存在一定数量的石片，是否为使用类石片，还需要通过微痕分析和残留物分析来验证。石核主要为锤击石片石核，包括单台面、双台面石核，以前者为主。剥片方法以锤击法为主，也有一部分使用了砸击法；修理方式以锤击法正向加工为主，反向加工、对向加工、错向加工等较少。工具毛坯以片状毛坯为主，块状毛坯较少。

4.蓟县上宝塔唐墓及明清墓葬群

2007年11月～12月，因建设工程需要，天津市文化遗产保护中心对城关镇上宝塔墓地继续进行考古发掘，清理唐代墓葬1座，明清时期墓葬119座。

唐墓为砖室，弧方形，南侧有短斜坡墓道，封门砖“人”字形垒砌，地面未见铺砖痕迹，墓室顶部已被破坏，未见葬具。墓室北侧、西侧有“刀把”形棺床，边缘为青砖垒砌。从残存的墓壁上见有仿木构砖砌建筑遗迹。共出土器物10余件，有陶罐、陶钵、器盖、六扳罐、杵臼、陶盆等，均为灰陶。从墓葬形制及随葬器物判断，该墓年代应为唐代晚期。上宝塔唐代墓葬的发现，为天津地区唐墓的分期及研究提供了难得的考古学资料。

5.南开区天津文庙明清建筑基址

2006年12月～2007年1月，因天津文庙维修工程，天津市文化遗产保护中心对天津文庙重点建筑的外围进行了考古发掘。根据古建筑的实际情况，在其外围重点位置进行考古发掘。发掘的地方有：府庙的崇圣祠、大成殿、大成殿西配殿、大成门、棂星门、泮桥、礼门、万仞宫墙、大成殿广场轴线位置；县庙崇圣祠、大成殿、西配殿、大成门、棂星门、泮桥、礼门、万仞宫墙等位置；明伦堂齐贤斋西配殿、明伦堂、齐贤斋西配殿、搜趣斋等位置。考古发掘面积近500平方米。

通过重点发掘，发现了明代甬路遗迹及明清时期建筑基址多处，并出土明清时期的建筑构件等文物。考古发掘证明：天津文庙始建于明代，清代经过多次修葺。这次考古发掘为天津文庙维修工程复原设计提供了科学依据。

6.塘沽区清大沽海神庙遗址

2007年12月，天津市文化遗产保护中心对海神庙遗址进行了抢救性考古发掘，考古发掘面积近1000平方米，发现清代海神庙甬道、山门、西配殿、御制碑亭及围墙建筑基址等遗存。考古发掘显示，清代海神庙坐南朝北，面向海河，方向北偏东45°。甬道由青砖铺砌，由主路与辅路组成，宽3.8米，清理长度近15米；甬路向南发现山门建筑基础，进深一间，面阔三间；在山门西侧发现西配殿一间；在山门南侧发现八角形碑亭基址一处，最大宽度约5米，碑亭内发现长方形汉白玉碑座一座；围墙建筑基址共发现两道，由条石砌就，由东北向西南延伸，宽度约为25米，清理长度近40米。出土文物包括清代御制海神庙汉白玉石碑1通、柱顶石5个，及其它重要石质建筑构建若干；出土了数量较多的清代黄琉璃、绿琉璃筒瓦、板瓦与瓦当；出土了带有“永通窑记”戳记的铭文砖及少量清代青花瓷片。御制碑与黄琉璃建筑构件等文物的发现，证实了大沽海神庙较高的建筑规制。

【博物馆】

2月10日，天津博物馆与湖北省博物馆、

宁夏博物馆联合主办的“荆楚之光——湖北出土文物精粹展”、“大漠上消逝的文明——西夏文物特展”开幕。

2月26日，“为中华之崛起——周恩来生平业绩展”在香港浸会大学揭幕。此次展览由周恩来邓颖超研究中心、外交部驻港特派员公署、香港满威利基金会、香港何东舜铭国际文化基金、香港浸会大学和大公报联合主办、周恩来邓颖超纪念馆承办，展期14天。

3月25日，为纪念和宣传“世界水日”、“中国水周”，天津自然博物馆与天津市水利局共同举办节水科普展。

3月28日，意大利大使馆主办的“意大利罗马摄影展”在天津博物馆开幕，天津市市长戴相龙出席开幕仪式。

4月29日，天津博物馆与辽宁省博物馆联合主办的“清宫散佚书画国宝展”开幕。

5月18日，“城市的华章——天津市博物馆巡礼”在天津博物馆展出。

6月9日，为配合文化遗产日活动，天津博物馆举办了“近代文明的支点——工业遗产及其保护与利用”和“传统文化的载体——天津的乡土建筑及其保护”展。

7月23日，平津战役纪念馆隆重举行了纪念中国人民解放军建军80周年、平津战役纪念馆建馆十周年暨“新征文物成果展”开幕仪式。

8月30日，天津博物馆与法门寺博物馆联合主办的“东方慧光——法门寺地宫珍宝展”开幕。

10月18日，澳大利亚大使馆主办的“澳大利亚图片展”在天津博物馆开幕。

12月31日，中共中央总书记、国家主席、中央军委主席胡锦涛在天津市委书记张高丽、代市长黄兴国的陪同下视察了周恩来邓颖超纪念馆。

为贯彻落实党的十七大精神和天津市第九次党代会、市委九届二次、三次全会要求，充分发挥公共博物馆、纪念馆在公共文化服务体系建设中的重要作用，更好地保障人民群众的基本文化权益，满足观众精神文化需求，推动文化事业繁荣发展，于2007年12月28日起，天津市文化局直属天津博物馆、周恩来邓颖超纪念馆、平津战役纪念馆、元明清天妃宫遗址博物馆及天津鼓楼等市级馆在全国率先永久免费向社会开放。

【藏品征集】

2007年11月，天津博物馆征集收藏汉代金缕玉衣一件。该金缕玉衣是台湾收藏家许武吉先生上世纪末在美国收藏到的，于2005年运回大陆进行修复，2007年7月，天津博物馆组织国内五位知名专家，对其进行了科学、系统的鉴定，专家一致认为具有很高的历史和文物价值，在已知残损的金缕玉衣中，保存最为完好，最具真实性和展示效果。2007年11月，天津市政府拨专款1000万元作为奖金征集此件文物，由天津博物馆永久收藏。

【文物出入境审核】

国家文物出境鉴定天津站受理从天津口岸进出境文物的审核。2007年度累计审核各类文物及文物复仿制品19065件。其中陶瓷3723件，玉器256件，铜器1468件，书画317件，杂项7402件，家具2940件，古旧图书8件，钱币2951枚。审核临时进境文物330件，复出境文物44件。经审核，禁止出境的文物有592件。

5月16日，天津海关将2006年度查没的263件文物移交天津市文物局，其后，天津博物馆入藏144件，天津自然博物馆入藏12件，天津市塘沽区博物馆入藏107件，这些文物丰富了各博物馆的馆藏。

9月3日，国家文物局在辽宁沈阳市召开了全国文物进出境审核管理工作暨表彰会，国家文物出境鉴定天津站荣获“全国文物进出境审核工作先进集体”荣誉称号，天津站张安鸽同志荣获“全国文物进出境审核先进个人”荣誉称号。这是建国以来国家文物局首次对文物进出境审核机构及人员进行表彰。

【文物市场管理】

截至2007年底，天津市有国家文物局审批的文物拍卖企业8个，天津市文物局审批的文物经营单位7个。文物拍卖企业除每年有春、秋两季大拍外，尚有数次小拍。天津市文物局对所有标的进行审核，对违反《文物保护法》和《文物拍卖管理暂行规定》等法律法规的坚决予以撤拍。

天津市文物局要求经营文物的三个文物市场在市场明显处竖立说明牌，注明：要在天津市购买文物的境外人员，必须到有关部门办理文物出境手续。

【对外交流】

1月2日，在解放军军事交通学院学习的来自东南亚和非洲等30多个国家的外军学员到平津战役纪念馆参观交流。

4月6日，应天津自然博物馆邀请，世界轮椅基金会主席、国际著名慈善家、美国野生动物标本收藏家肯尼斯·尤金·贝林先生一行专程来天津自然博物馆参观访问，洽谈捐赠野生动物标本事宜。市政协副主席蔡世彦会见了贝林先生一行。6月25日，肯尼斯·贝林先生捐赠世界野生动物标本（价值1000万美元）签约仪式在天津市文化局举行。9月24日，张俊芳副市长向肯尼斯·贝林先生颁授《天津市荣誉市民》证书和象征打开天津市大门的金钥匙。

10月16日，天津自然博物馆“中国恐龙化石展览”在荷兰Hortus植物博物园隆重开幕。

10月31日，瑞典歌德堡自然历史博物馆脊椎动物专家GRAN NILSON先生到天津自然博物馆参观恐龙、鸟类化石。

11月5日～7日，“欧亚自然历史博物馆高层论坛暨中国·天津生态城市及可持续发展研讨会”在天津市华夏未来国际会议厅召开。论坛由天津市人民政府主办，天津市文化局、天津自然博物馆、北京自然博物馆承办，中国博物馆协会、中国自然科学博物馆协会、天津市对外文化交流公司协办。来自欧洲和亚洲15个国家的24个博物馆、科研院所以及我国21个省市及地区的近40个博物馆、科研院所的98名专家学者出席了会议，会议发表了《天津宣言》。

2007年，涉外展览项目的具体信息如下表：

展览名称	展品数量(件)	出访国家	展览时间	性质
意大利罗马建筑摄影展	50	意大利	3.28–4.4	民间交流
韩国启明大学师生作品展	291	韩　国	4.20–4.30	民间交流
比利时画家个人展	50	比利时	9.5–9.15	民间交流
列宾美术学院著名油画作品	112	俄罗斯	07.11.7–09.1.31	民间交流
王晓慧摄影作品展	552	德　国	11.3–11.18	民间交流

【重要活动】

2007年1月7日，周恩来邓颖超纪念馆举办纪念周恩来总理逝世31周年文物捐赠仪式活动，天津市委副书记、市人大常委会主任刘胜玉，市委常委、宣传部部长肖怀远出席活动仪式，周恩来、邓颖超生前身边工作人员，包括原全国政协副秘书长赵炜，原中央警卫局副局长高振普，原武警指挥学院副院长纪东，原北京医院副院长韩宗琦，内务卫士姜贵春，厨师林清，服务员高云秀，中央文献研究室室务委员、第二编研部主任、周恩来邓颖超研究中心主任廖心文等共捐赠文物43件(套)。

5月10日，中央文献出版社向周恩来邓颖超纪念馆捐赠周恩来、邓颖超等老一代无产阶级革命家传记、年谱、画册和生平、思想研究著作等图书447册（套)。

“国际博物馆日”开展了博物馆一日游活动。5月19日，天津文博学会组织市民免费参观自然博物馆、梁启超纪念馆、天津戏剧文庙博物馆。

7月～9月，天津市文物局和天津电视台都市频道、科教频道共同举办“知家乡文化遗产，爱天津历史传承”大型主题活动，发动市民以海选的方式对天津市第四批不可移动文物保护单位进行评选。这是天津市首次大规模群众参与的文物评选活动，约有100万市民参加。全市104处古遗址、古藏墓、古建筑、碑刻、近现代重要历史史迹及代表性建筑等不可移动的文物通过层层遴选，北洋水师大沽船坞遗址、大港油田的发现井——港5井、福聚兴机器厂旧址、津浦铁路线静海站杨柳青站、蓟县旧石器遗址群、马可波罗广场意式花园住宅建筑群、塘沽火车站旧址、原四行储蓄会大楼、原天津印字馆、造币总厂旧址等10处被选为天津百姓最喜爱的不可移动文物。

7月28日，天津文庙博物馆大修工程开工典礼举行。

9月25日，天津戏剧博物馆在鼓楼广场举办了“海河升明月，珠江共此时——广东会馆、广东商会中秋‘月之光会’”联欢活动。

重庆市

【概述】

2007年末，重庆市有博物馆、纪念馆36个(其中国有博物馆32个，民间博物馆4个)，文物管理所39个，文物考古所1个，文物商店2个，文物拍卖企业3户；馆藏文物39万余件；文博系统从业人员1308人。重庆市已发现各类文物遗迹1.29万处，其中列入世界文化遗产名录的文物保护单位1处，列入世界文化遗产预备名录的文物保护单位1处，全国重点文物保护单位20处，市级文物保护单位148处，区县（自治县）级文物保护单位1131处。重庆市国家级历史文化名镇有9个，市级历史文化名镇20个，历史文化传统街区2个。三峡重庆库区迁建保护的传统风貌镇6个，亟待抢救的传统风貌镇和街区10个。

【文物工作会议】

2007年11月23日，重庆市第三次全国文物普查领导小组组长、市人民政府副市长谢小军主持召开会议，专题研究重庆市第三次文物普查工作实施情况。重庆市发展改革委、市经委、市民宗委、市公安局、市民政局、市财政局、市建委、市规划局、市文广局等21个有关部门和单位的负责同志参加了会议。

会议由市政府副秘书长张明树主持，与会同志听取了重庆市文广局关于第三次文物普查工作进展情况，普查试点工作暨抗战遗址调查和下一阶段工作计划的汇报。会议认为，第三次全国文物普查是一次对全市群众进行文化、文物保护、历史教育的绝佳机会，必须提高认识，统一思想，采取坚决有力的措施保障文物普查工作的顺利开展。会议主要内容有：

1．审议通过了《重庆市第三次全国文物普查方案》；

2．加强重庆市第三次全国文物普查工作的组织领导。领导小组各成员单位要将责任落实到人，建立长期有效的联络机制。建立市第三次文物普查领导小组办公室工作联席会制度，坚持每季度召开一次，会议准备要充分，议题要明确，要解决实际问题。

3．根据文物普查目标，制订普查经费

年度预算，督促重庆市各区县财政落实责任，保证各区县文物普查工作的顺利开展，市第三次文物普查领导小组办公室要指导各区县使用好普查经费。

4．按照重庆市政府要求，继续做好并完成普查试点扫尾工作，编写抗战遗址保护利用工作进展情况报告，编制全市抗战文物保护利用总体规划方案等。

5．重庆市、区县各级政府部门应积极支持、配合做好全市文物普查工作。要以科学的态度完成文物普查工作，任何虚报、瞒报资料数据的行为都属于严重违纪，一经查实将对其进行严肃处理。

6．加强重要文物普查数据的保密工作，重要文物信息资料的公布，需报重庆市第三次全国文物普查领导小组办公室同意。

7．坚持全面贯彻落实“保护为主、抢救第一、合理利用、加强管理”的方针，不能为了经济、文化产业、旅游业的利益，损毁文物。

【历史文化保护】

2007年初，重庆市申报第三批重庆市国家级历史文化名镇7个。6月10日，建设部、国家文物局正式公布第三批国家历史文化名镇，重庆市的綦江县东溪镇、江津区塘河古镇、北碚区金刀峡镇（原偏岩镇）等3个古镇入选，从而使重庆市历史文化名镇增至9个。重庆市文物局会同重庆市历史文化名城专委会有关专家对走马古镇、大昌古镇、罗田古镇等进行了现场指导咨询工作，九龙坡区聘请了市文物局及有关专家成立了走马古镇专家指导委员会，开展了走马镇关帝庙戏楼等乡土建筑修复工作。走马古镇保护规划已委托有关规划设计单位进行编制。涞滩古镇对老街两侧的历史民居进行整治工作。湖广会馆及东水门历史文化传统街区保护保护规划已着手编制。南岸米市老街、慈云老街等5个历史街区保护规划已通过评审，被纳入名城保护范畴。

【文物保护进展】

按照国家文物局要求，对湖广会馆、白帝城、杨氏民宅、潼南大佛寺、育才学校、涞滩二佛寺、西部科学院旧址等7处第六批全国重点文物保护单位开展了保护规划编制工作。完成了“中美合作所”集中营旧址、八路军重庆办事处旧址、龙骨坡遗址、高家镇遗址、湖广会馆等5处全国重点文物保护单位的保护规划编制工作，已通过初步审查，拟报国家文物局同意后组织规划评审工作。

组织制定并向国家文物局上报了5项文物保护维修方案，即中美合作所集中营旧址气象台维修设计、大足北山第168号窟顶板岩体加固设计、大足宝顶山大悲阁修缮工程设计、钓鱼城石照县衙保护维修工程设计、中国西部科学院旧址维修设计等重点文物保护维修工程。

【考古发掘研究】

2007年，积极配合国家基本建设项目，做好考古调查和抢救保护工作。组织开展了彭水电站库区、酉阳地区内的地下文物的考古发掘和勘探，共发现地下文物点28处，其中石器采集点5处、古遗址14处、古墓葬9处，分属新石器、商周、汉代、宋代、明清等各时代。确定重点勘探和考古发掘的地下文物共18处，其中石器采集点5处、古遗址10处、古墓葬3处。开展正式考古发掘，分两阶段对库区的重要地下文物点进行了考古重点勘探及抢救性发掘工作，共完成重点勘探面积32900平方米、发掘面积10099平方米；发现灰坑、灰沟、房址、墓葬、井、灶、冶炼炉、煤坑等遗迹，出土石器、陶器、青铜器、漆器、钱币、铁器、瓷器、反应罐等文物15000余件。

2007年，万州区新田盐井沟出土1具保存较完整的东方剑齿象化石，这是三峡重庆库区首次出土保存较完整的东方剑齿象化石。这具东方剑齿象化石仅象牙化石一颗门齿就长1.78米，骨骼长约3米，最宽处1.2

米，下颌骨保存较好，整个化石呈左侧卧式，初步判断化石年代约在距今几万年前。这具化石的发现对研究该地区几万年来的古动物、古地理、古气候具有重要价值。

2007年，重庆市文物考古所在长寿区江南镇进行文物调查时发现一处大型汉、六朝墓群——大湾湾田墓群。该墓群由大田堡、大湾湾田、大地坝、邓家湾等多处墓地组成。经踏勘，初步确认墓地分布面积5万平方米，分布于沿长江边的一系列山嘴上。调查发现3座已完全暴露于地表的墓葬均为汉墓，时代跨越西汉晚期至东汉，包括1座长方形竖穴岩坑和2座凸字形砖室墓。出土各种生活用器、冥器、模型器等，其中有熏炉、灯、盏、杯、釜、罐、甑、灶、钱、币、陶楼等随葬品40余件。专家认为，大湾湾田墓群是一处规模巨大的汉、六朝墓群，是重庆主城周边及渝西地区迄今发现的最大汉、六朝墓群。初步发掘的3座墓葬，对填补长寿区汉代考古学资料的空白，再现长寿地区汉代文化的辉煌，复原汉代长寿地区的人文历史，建立长寿地区的考古学文化序列有重要的学术价值。同时，丰富了重庆地区的汉代考古学材料，为研究当时的社会政治背景、工艺技术和文化艺术等提供了宝贵资料。

【博物馆】

重庆市按照“贴近实际、贴近生活、贴近群众”的要求，始终将社会效益放在首位，在开放接待中坚持以人为本，开展优质服务，提高陈列展览质量，树立良好的社会形象。各馆在原陈列展览部的基础上组建开放接待中心，进一步强化参观接待、讲解服务、票务管理、展览交流、经营服务、运行开放、对外宣传等方面的工作职能。

博物馆体系建设稳步推进，基层博物馆的管理水平、文物征集和宣传力度都上了新台阶。重庆市组织评审并向国家文物局上报了12项文物征集方案和4项馆藏文物技术保护修复方案。进展顺利，取得了阶段性成果。三峡博物馆、市文物考古所、江津区文管所、合川区文管所等4家单位上报的馆藏文物技术保护修复方案中，市文物考古所、江津区文管所方案符合要求，通过审批。在文物征集方面，完成了三峡博物馆、红岩革命纪念馆、歌乐山革命纪念馆、自然博物馆、铜梁县等12家区级博物馆的征集方案。

2007年，重庆市文物局对全市博物馆进行了年检。重庆市各博物馆2007年共接待观众477.5万人次。组建开放接待中心，重庆市博物馆承担市里的重要接待任务，先后接待各地前来参观的专家、学者198批，接待市委、市人大、市政府、市政协领导陪同参观的重要客人206批6848人次，积极履行服务社会职能。博物馆已成为城市形象的代表、城市文化的名片。2007年，重庆市各博物馆填写了《博物馆登记表》，提交了2006年度工作总结。重庆市文物局以抽查形式实地检查了三峡博物馆、自然博物馆、铜梁博物馆、钓鱼城古战场遗址博物馆、巫山博物馆、湖广会馆、重庆市民族博物馆等。经重庆市文物局检查、审核，重庆市各博物馆均达到合格标准。

2007年，“5·18”国际博物馆日活动的主题是“博物馆和共同的遗产”。重庆市的国际博物馆日活动的规模、方式比以往有较大改进，特别是按照重庆市文物局《关于开展“5·18国际博物馆日”宣传活动的通知》精神，重庆市各级各类博物馆紧紧围绕主题，结合自身优势，开展了各具特色、丰富多彩、个性鲜明的宣传活动。在整个活动中，增强了博物馆的使命感、责任感和自觉性，激发了公众的参与意识，建立了良好的互动关系。

重庆市又一项重大文化设施项目——重庆自然博物馆新馆工程正式发布征集文件，向海内外公开征集建筑设计方案。重庆自然博物馆是全国七大综合性自然博物馆之一，历史悠久、馆藏丰富。为了改善该馆落后的场馆条件，更好地发挥其在促进自然科学研究、科学普及教育、自然生态保护等方面的作用，重庆市政府决定重新建设重庆自然博物馆，使其集"科学研究、标本收藏、科学教育、生态园林、旅游服务"等多项功能于一体，馆址选在重庆北碚新城缙云山下，占地面积约216亩，主馆总建筑面积3万平方米，建设总投资估算约2.56亿元。

2007年6月26日，在重庆市规划展览馆举行了自然博物馆新馆工程建筑设计方案征集文件发布会，中国建筑设计研究院、北京市建筑设计研究院、西南设计研究院、中南建筑设计院、机械工业第三设计研究院、重庆大学建筑设计院、德国五合国际、法国PBA建筑设计、北方汉沙杨建筑设计有限公司重庆分公司、四川西南标办建筑设计院有限公司、重庆市设计院等十一家设计单位的代表和设计师出席了会议。设计单位需要结合项目特点、功能需求，将历史传承和创新设计有机结合，形成"融入自然、馆园结合"的项目特色，努力将重庆市自然博物馆塑造成中西部地区重要文化设施和对公众具有特殊吸引力的旅游景点，塑造成"人与自然和谐"的典范，做到"环境和谐、功能和谐、布局和谐、造型和谐、色彩和谐"，达到"绿色、环保、节能"的要求。

重庆自然博物馆"飞龙在天"展览赴香港地区展出恐龙等古生物化石16件，吸引香港市民踊跃参观，该馆还配合巴蜀中学首届科学节，将3具恐龙骨架、16盒植物标本、50盒320件蝴蝶标本带进学校办展，博物馆专家担任现场讲解，近万名师生参观展览。

【全国重点文物保护单位】

2007年，红岩革命历史博物馆完成了大量工作，如：

1. 创作了京剧《江姐》、话剧《小罗卜头》，出版了图书《魔窟》（重庆出版社），发表了论文《事业单位的管理与运作》；

2. 在重庆掌故上推出红岩系列人物解密讲座"江姐"、"刘国志"、"饶国模"、"绿川樱子"、"徐远举"、"罗广斌"、"小萝卜头"、"张露萍"，新招收了两批解说员和编研人员；

3. 编辑完成"中国抗战外交"和"中国抗战经济"和"抗战文化展览"等展览提纲；

4. 在中美合作所气象台旧址新开辟了"中美合作所史实"展览；

5. 完成渣滓洞、白公馆复原陈列展览调整，完成了两馆文物遗址的抢修、维修工作；

6. 完成红岩文化发展研究课题的申报工作并获得国家社会科学基金2007重点项目的批准；

7. 完成了歌乐山烈士陵园——红岩魂广场的建设工作；

8. 红岩魂展览在安徽合肥展出，红岩魂形象报告在自贡展演；

9. 完成原国家主席杨尚昆旧居展览，在浙江长兴和江苏常熟设立两个红岩文化室、对外承接福州林觉民展览、铜梁77128部队团史展、四川威远罗世文展览、沙家浜景区景画工程、西藏部队53旅旅史展览、重庆城市记忆展览、特园中国民主党派历史陈列馆展览、铜梁邱少云纪念馆展览；

10. 完成红岩村文物遗址监控系统，全年无安全事故发生。

2007年，涪陵白鹤梁题刻原址水下保护工程、石宝寨保护工程、云阳张桓候庙危岩滑坡治理工程、大昌古民居搬迁复建工程及地下文物保护的完成情况如下：

1. 涪陵白鹤梁题刻原址水下保护工程主体工程分为A、B、C三个标段，其中A标段工程已竣工并通过验收；B标段保护工程项目导墙及穹顶工程、上下游围堰工程、参观廊道制造、安装工程、上下游交通廊道及回填覆盖工程、外防水工程；水下照明系统、水下摄像系统的布线、灯位、机位安装、插拨件安装、穿舱件安装试压、循环水系统156米高程以下阀门试压、安装、长防堤斜坡恢复施工、斜坡廊道自动扶梯制定安装工程等工程施工已顺利完成。B标段导墙、穹顶、水平交通廊道回填覆盖已通过验收。

2. 石宝寨保护工程子项目危岩治理工程竣工并通过验收；陆地交通桥工程已于

2007年7月底完工；石宝寨保护围堤、护坡工程已完成工程总量的95%。

3．云阳张桓候庙危岩滑坡治理工程进展顺利。

4．大昌古民居搬迁复建工程于2006年3月正式全面动工，大昌古镇等30处古民居、两座寺庙和三座城门等已全部完成。

5．地下文物保护工作完成57个项目，完成发掘面积11.9万平方米，勘探面积47万平方米。

【执法督察与安全保卫】

2007年，重庆市文博系统警钟长鸣，全面加强和改进了文物安全工作，截至年底，馆藏文物无安全事故发生，野外文物安全形势基本平稳，零星盗掘古墓葬和遗址现象经过打击已得到有效遏制。

为全面分析总结文物安全工作的经验教训，探索全面加强文物安全工作的新思路和新途径，2007年期间，重庆市文物局安排委托具有一级资质的安全防范系统编制单位，编制完成了重庆自然博物馆中国西部科学院旧址、铜梁博物馆、红岩革命历史博物馆的“中美合作所”集中营旧址、中共中央南方局八路军办事处旧址以及钓鱼城古战场遗址等安全防范方案和消防方案，并上报国家文物局审批。进一步加强文物保护单位安全防范设施建设，中国西部科学院旧址、中共中央南方局八路军办事处旧址、钓鱼城古战场遗址等3个文物保护单位安全防范方案已经通过国家文物局的安防专家审批通过。

【文博教育与人才培训】

2007年5月～6月，派员参加国家文物局举办的全国第三次文物普查培训班。6月～7月，成立了重庆市第三次文物普查领导小组。领导小组由市政府副市长谢小军任组长，市政府副秘书长张明树、市委宣传部副部长易飞先任副组长、市文化广电局（市文物局）局长王洪华任常务副组长，市财政、民政、规划等相关部门负责人为成员，负责全市文物普查的组织和领导，协调解决重大问题。领导小组办公室设立在重庆市文物局，负责文物普查的日常工作。7月～8月，编制《重庆市第三次文物普查实施方案》。实施方案系统地总结了近年来开展的文物基础工作建设以及普查试点、培训工作的经验，广泛征求和吸收了各有关部门的意见。将文物普查内容和涉及的法律法规、文件资料汇编成《重庆市文物普查工作手册》。9月～10月，开展重庆市普查培训工作，一期培训和试点培训工作均已完成，各区县文化站人员培训工作业已展开。9月下旬至11月，启动抗战遗址调查试点工作，选择了在抗战遗址文化资源丰富的13个区县开展抗战遗址调查。同时购置文物普查设备以及调查所需地形图。

2007年9月11日～17日，重庆市第三次全国文物普查培训班在历史悠久的合川区成功举办。

重庆市文物局副局长程武彦、合川区副区长梁亚荣、中国文物研究所高级工程师顾军，全国文物普查项目组专家王绵厚、吴峰云等有关部门和单位的领导及专家十余人出席了开班仪式。全市40个区、县（自治县）、7个市属文博单位业务骨干以及部分高校学员，共136人参加了此次培训。

开班仪式上，梁亚荣副区长代表合川区四大班子，对培训班致以衷心祝贺和热烈欢迎，并对合川基本情况及文物遗存保护情况做了介绍。接着重庆市文广局（文物局）副局长，重庆市第三次全国文物普查办公室主任程武彦就培训工作做了动员报告。程局长主要从新时期下文物普查的特殊性和艰巨性、文物工作实际操作的重要性、文物普查宣传的必要性等方面深刻阐述了文物调查的重要意义和要求。他希望参加培训人员适时转换角色，发扬文物工作者吃苦耐劳、艰苦奋斗的光荣传统，认真学好知识，掌握三普的各项规范、标准，学以致用，全力做好重庆市第三次全国文物普查。其后，全体学员认真学习了国家文物局单霁翔局长在第三次全国文物普查培训班开班仪式上的讲话。

此次培训班历时7天，邀请了中国文物研究所、全国文物普查项目组、重庆中国三峡博物馆、重庆自然博物馆、重庆市文物考古所、大足石刻艺术博物馆、重庆市文物局等单位的领导和专家为学员们讲授了第三次全国文物普查实施方案，文物普查的规范、标准，重庆地区各类文物的基本概况以及新的技术和方法在文物普查中的应用等课程。在实习课程中，培训班分两组，一组赴合川区全国重点文物保护单位涞滩二佛寺摩崖造像进行现场测绘，另一组前往东城半岛草树土遗址进行田野调查，学员们以饱满的热情和积极认真的态度完成了全部学业，掌握了普查的基本知识和技能，为下一步开展普查工作打下了良好基础。

9月17日，组织全体学员收听收看了全国第三次文物普查电视电话会议。重庆市第三次文物普查培训班的圆满举办，标志着重庆市第三次全国文物普查工作进入了实施阶段。

2007年，川陕苏区城口纪念馆在重庆市城口县建成开放。城口县在重庆市县有“一个唯一和三个第一”的特点，即在土地革命战争时期是唯一成建制的革命老区，第一个迎来中国工农红军主力部队的县，第一个被地方红军解放县城的县，第一个打出地方红军旗帜的县。老一辈无产阶级革命家李先念、徐向前、王维舟、许世友等曾在此战斗过，有3000多名城口儿女参加红军和赤卫队，500多人参加长征。开放川陕苏区城口纪念馆是为了缅怀革命先烈，展示城口老区文化，对广大市民进行爱国主义和革命传统教育。纪念馆建筑面积1100平方米，展厅分为“星火撒巴山——创建川东游击军”、“浴血铸丰碑——红四方面军在城口”、“重整旧山河——城口苏区的建设和发展”、“军民鱼水情——城口人民对苏区的巨大贡献”、“英名垂青史——在城口战斗过的共和国元勋”5个单元，通过图片及文字说明、革命文物实物、场景制作、多功能影视厅等形式进行分类展现。

【文博宣传出版】

2007年，重庆市文博出版物有《魔窟》、《老重庆印象》、《巴渝丰碑——中国共产党历史图像1920–2006》等。

【其它】

2007年6月9日是我国第二个“文化遗产日”，重庆市按照文化部《关于做好2007年“文化遗产日”活动组织工作的通知》要求，结合重庆市实际和重庆直辖10周年的有关庆祝活动，在三峡博物馆前人民广场举办了活动内容为“保护文化遗产，构建和谐社会”文化遗产保护的宣传活动。为保证活动顺利进行，组建了以副市长谢小军为主任的重庆市“文化遗产日”活动领导小组，精心组织制定了重庆市“文化遗产日”活动方案、预警体系和应急预案。6月9日上午，在人民广场举行了文化遗产日启动仪式。举办了“解读重庆名片”、“走进国外博物馆”、“古生物化石”等7场内容丰富的专题讲座，以满足不同层次公众的需求。同时，隆重推出了“辉煌历程，美好未来——重庆直辖10周年大型图片展”、“重庆市文化遗产保护工作图片展”等9场展览，还举办了“保护文化遗产、构建和谐社会”走进社区宣传活动、征文比赛、故事会等贴近公众，大家喜闻乐见的活动，将文化遗产的宣传推向高潮。此外，利用媒体在电台、电视台、报刊开设专题、专栏等方式，介绍文化遗产和保护知识，大力宣传保护文化遗产，比如通过重庆移动、重庆联通，向全市10万个手机用户，发送“文化遗产日”的口号、时间、地点及活动内容的相关信息，广泛宣传文化遗产日活动。

河北省

【概述】

2007年，河北省文博事业突出重点工程项目，抓好基础工作，各项文物工作取得了显著成绩：山海关古城墙保护工程取得重大进展，长城资源调查取得阶段性成果，河北博物馆建设主馆封顶，文物普查、南水北调文物保护、文物调查及数据库管理系统建设等重大项目稳步推进，世界文化遗产保护工作得到加强，博物馆宣传展示作用日益明显，科技保护和课题研究迈出新步伐。2007年，河北省文物立法以及各项基础工作也取得了显著成绩，是全省文物事业任务繁重艰巨的一年，也是文物保护、利用、管理工作取得丰硕成果的一年，一定程度上促进了河北省经济社会的发展。

【文物工作会议】

2007年1月18日，河北省召开全省文物局长会议，深入学习贯彻党的十七大和省委七届三次全会精神，传达贯彻全国文物局长会议精神，总结回顾2007年的全省文物工作，安排部署2008年的工作，表彰2007年基层文物工作先进单位和重点项目先进个人，推进全省文物事业科学发展。河北省文化厅许宁厅长、省文物局张立方局长做了重要讲话，各设区市文物（文化）局长，有关市、县文博单位和省直各文博单位的负责同志以及省文物局机关全体同志参加会议。

2007年5月20日～21日，河北省省长郭庚茂实地考察了山海关古城保护工程，并在秦皇岛主持召开山海关古城保护开发现场办公会。在现场办公会上，郭省长在听取了山海关古城保护开发情况的汇报和省直有关部门的发言后指出，山海关古城保护开发对保护文化遗产、弘扬传统文化、传承中华文明、改善群众生活环境、促进社会和谐具有重要意义。副省长孙士彬就古城保护开发工作讲了具体意见。

6月14日，在河北博物馆新馆建设现场会议室召开了"河北博物馆工程全面建设动员会"，河北省文物局张立方局长、省社会公益项目建设管理中心刘彦朝主任分别做了动员讲话，要求各参建单位要站在讲政治的高度上对工程给予足够的重视，要从安全、质量、进度、文明施工等各方面全面把关，把工程建设成为精品工程、阳光工程。

6月26日，河北省文物局在北京召开了《河北省长城保护管理与执法情况调查研究报告》座谈会。谢辰生、黄景略、吴加安、张廷皓、成大林、王力军等全国知名专家和国家文物局有关领导出席。与会专家和领导对河北全面开展长城保护管理调查研究工作，组织撰写的《长城保护管理和执法情况调查研究报告》给予充分肯定，并就当前长城保护管理存在的问题进行了研究。

8月31日～9月1日，河北第三次全国文物普查动员会在北戴河召开，来自全省各设区市文物（文化）局主要负责人、文物管理处处长（文研所所长）、有关市、县、区博物馆馆长、文物（文化）局局长，省直各文博单位主要负责人，省文物局机关各处室负责同志，以及特邀的部分老文物工作者等，共80余人参加了会议。

9月17日，河北组织全省收听收看了国务院召开的第三次全国文物普查电视电话会议，并在会后召开河北省第三次全国文物普查电视电话会议，动员、部署河北省第三次全国文物普查工作。河北省政府副省长孙士彬出席了在河北会堂分会场的会议，并在河北省第三次全国文物普查电视电话会议上讲话。河北省财政厅左绍伟副厅长代表河北省第三次全国文物普查领导小组成员发言。

12月13日，河北省文物局在石家庄召开了河北省世界文化遗产监测工作会议。参加会议的有清东陵、清西陵、避暑山庄及外八庙、山海关长城、金山岭长城等三项五处世界文化遗产地及大运河（河北段）、元中都遗址、刘伶醉烧锅遗址等三处列入世界遗产预备名单的遗产地保护管理机构负责人、各遗产地具体负责遗产监测的同志。

【法规建设】

2007 年，《河北省实施<中华人民共和国文物保护法>办法》，分别列入省人大常委会和省政府立法计划。河北省文物局会同省政府法制办起草了征求意见稿，组织召开了多次立法协调会、论证会，并到邯郸、保定、秦皇岛等市进行了省内立法调研，反复修改，数易其稿，形成了正式草案。2007 年 7 月 19 日，《河北省实施<中华人民共和国文物保护法>办法》经省十届人大常委会第二十九次会议审议通过，于10月1日起正式实施。新实施办法共七章五十三条，既严格依据文物保护法，同时根据地方实际，突出地方特色。建立健全了文物保护责任追究的体制和完善了文物核查和档案制度，注重了文物收藏者的需求，文物执法更具操作性。至此，河北省初步形成了以综合性文物法规为基础，以文物保护专项法规为重点，以文物保护行业管理规范和管理制度为配套的文物保护地方法规体系。

【文物保护进展】

重视规划，规范要求，做好文物保护工程的组织、落实和检查。坚持“保护为主、抢救第一、合理利用、加强管理”的文物工作方针，突出重点工程项目，抓好基础工作。根据河北省文物局“十一五”规划内容和文物保护实际情况，按照文物保护的规范要求和国家文物局的批复意见，在推进重点工程项目的同时，落实了鸡鸣驿城、泊头清真寺、定州开元寺壁画加固、蔚州真武庙等一批全国重点文物保护单位维修工程。冉庄地道战修缮工程完成 33 座民房修缮，加固清理地道 210米。推进了中山古城遗址、封氏墓群、磁县北朝墓群、赵邯郸故城、承德避暑山庄及周围寺庙、泥河湾遗址群、涿州永济桥等全国重点文物保护规划编制工作。组织专家对宣化镇朔楼彩画、宣化清远楼彩画、时恩寺大殿维修、鸡鸣驿文物保护、涿州智度寺塔维修、冉庄地道战遗址保护和元中都宫殿遗址保护等十余处文物保护工程进行了检查、指导、验收。

山海关古城墙保护工程取得重大进展。山海关关城及东罗城 6000 米城墙保护维修工程，备受中央和河北省委、省政府领导关注，得到了国家文物局和有关部委的大力支持。5 月 20 日，郭庚茂省长实地考察了山海关古城保护工程，并主持召开了现场办公会，孙士彬副省长以及省直有关部门负责同志参加了有关活动，并提出了明确的指导意见。为保质、按期、安全完成保护工程，河北省文物局采取了一系列措施：一是从全省抽调 25 名专业技术人员组成山海关保护工程现场项目部，负责施工现场的技术服务、施工管理、后勤保障等工作；二是邀请北京市文物建筑质量监督站，对山海关保护工程进行质量监督；三是组成山海关长城保护工程专家咨询组，指导解决工程技术难题；四是严格按照招投标有关法规要求，对施工单位、监理单位及大宗材料的采购进行了招标；五是根据工程进度和工序要求，合理安排大宗材料进场，保证工程进度；六是强化监督检查，责成监理单位坚持现场旁站，全面巡视，确保工程质量和安全；七是积极争取资金，规范管理，做到专款专用。国家文物局将 2007 年山海关古城墙保护维修专项资金 1.5 亿元拨付到位，为顺利完成工程提供了保障。同时，与秦皇岛市和山海关区密切配合，及时协调解决工程中遇到的问题，经过工程项目部和各施工单位、监理单位的共同努力，2007 年已完成整个工程量的 80%。

加强专项经费管理。2007年实施的山海关古城墙保护工程、省博物馆新馆建设等项目预算总投资近 8 亿元。为提高资金使用效益，根据不同项目的工作特点，严格按照有关财政法规，制定了一系列可操作性强的管理制度，在配合上级审计部门进行审计的同时，加强了内部审计，对发现的问题及时进行整改；对基层专款使用单位财会人员进行培训，提高财务管理水平；为科学、公正地评价财政资金使用绩效，对清东陵景陵大碑楼维修项目开展了绩效评价；认真审核汇总各项目及各单位预算申报资料，按要求、高质量地完成经费申报工作；贯彻执行《政府采购法》，做好局机关固定资产采购工作。

【考古发掘研究】

基本建设工程中的文物保护工作成效显著。完成了府谷电厂输电线路、张石高速公路保定段、保阜高速公路、京化高速公路（土木至北京界段）、张集铁路、张承高速公路崇礼段、邯钢新区等25项基本建设工程中的文物勘探和考古发掘工作。勘探面积百万余平方米，发掘面积7000平方米。出土一大批文物。完成了石太、京九铁路专线、张承高速公路的调查工作。

【博物馆】

河北省的博物馆建设蓬勃发展、方兴未艾。截至2007年年底，河北省登记在册博物馆、纪念馆（含非文物系统）数量已达82座。

2007年，完成涿州文化遗产陈列馆、安国药文化博物馆、保定直隶总督署博物馆陈列大纲的论证和冉庄地道战纪念馆、正定博物馆建筑设计方案的论证；组织完成了武强年画博物馆展示提升项目。涿州市文化遗产陈列馆、安国市中药文化博物馆建成并对外开放。河北省磁县磁州窑博物馆的“黑与白的艺术”荣获2005～2006年度“全国博物馆十大陈列展览精品奖”，这是自1997年国家文物局启动该项活动以来，河北省第六次获此殊荣。

大型博物馆建设：河北博物馆建设工程进展迅速。河北博物馆建设项目是河北省重点文化工程，由省社会公益项目管理中心实行“代建制”。在省委、省政府和省市有关部门的关心支持和各参建单位的通力配合下，精心组织，合理安排，工程建设进展迅速，主馆已经封顶，工程进展顺利。在施工过程中，项目管理中心注重加强工程施工管理，健全各项管理制度，对每一个工序、每一个环节都严格把关，保证质量、保证工期、保证安全。省博物馆旧馆改造项目获得省领导和财政部门的原则支持，年中，编制完成可行研究报告并已通过省发改委委托进行的论证。

2007年7月，总投资2911万元，总建筑面积4623平方米的泥河湾博物馆在河北省阳原县正式开工建设。山海关长城博物馆二期扩建、冉庄地道战纪念馆迁建工程逐步实施。

【南水北调工程文物保护】

南水北调工程等基本建设中的考古工作取得了新进展，2007年全年完成考古勘探面积100多万平方米，发掘面积4万多平方米。完成了《南水北调工程河北段第二批控制性文物保护项目》文本制作及申报工作，并得到国务院南水北调工程建设委员会批准。落实了项目承担单位，组织实施了7处文物遗存点的考古发掘工作，南水北调工程考古工地出土文物6000余件。

磁县北朝墓群3号大型封土墓考古发掘工作结束，出土彩绘陶俑、青瓷器、墓志等文物160余件，发现了有确切纪年（北齐天平四年）的墓志及绘有墓主生活场景的壁画。该墓的发掘，为研究北朝时期墓葬的结构、墓主的生活方式以及当时的社会经济发展状况提供了重要资料。新发现了战国时期的秦人生活遗址和墓葬，出土了数百件反映秦人生活的陶器。这是河北省首次发现的战国晚期秦人生活器物及其墓葬，反映了秦人的生活状况及其埋葬习俗。填补了河北省这一时期考古研究的空白。

部署2007年河北段第二批南水北调工程文物保护工作，落实了项目承担单位，6处文物遗存点的考古发掘工作进展顺利。组织河北省电视台等新闻媒体对南水北调工程文物保护工作进行现场报道，并在中央电视台新闻联播中播出，扩大了南水北调工程文物保护工作的影响面。有效地宣传了河北省文物部门在南水北调工程文物保护工作中所做的工作。组织专家对南水北调工程北朝墓群工地进行验收工作。协调解决工程施工过程中发现的文物保护问题。加大对工地的检查力度，确保考古发掘工作质量。

【重点文物保护单位】

组织完成了第五批省级文物保护单位的审核及评定工作。组织专家对涉及考古、古建筑及石窟寺及碑刻、近现代及纪念建筑等386处申报材料进行评审，对全部上报材料进行了梳理，其中287余处顺利通过初评，补充提名30余处。

【世界文化遗产】

进一步加强世界文化遗产保护管理工作。积极争取清东陵、清西陵和承德避暑山庄及周围寺庙保护项目在国家立项，向国家财政部和国家文物局申报2007年的专项补助经费。国家文物局支持2007年度清东陵惠陵、清西陵昌西陵维修和避暑山庄及须弥福寿之庙安防经费270万元。按照国家文物局批复经费项目，落实承德殊像寺、清东陵大碑楼、清西陵昌西陵等世界文化遗产地的文物保护工程。

2007年6月7日，召开了河北省加强世界文化遗产保护工作座谈会，总结近年来河北世界文化遗产保护工作所取得的成绩，研究解决文化遗产保护中存在的问题及下一步采取的措施。根据国家文物局建立世界文化遗产监测机制和专家咨询机制，加强对遗产地的监督指导的要求，成立了河北省世界文化遗产监测小组，将河北省辖区内世界文化遗产地和列入预备名单的遗产地纳入世界文化遗产监测管理系统，组织遗产地管理单位完成了遗产监测自监报告，对亟待解决的事项提出整改要求和建议。

做好完成大运河河北段文物调查工作，为申报世界文化遗产做准备。完成了邯郸境内运河主河道及其支线河道的文物调查工作。至此，河北省大运河文物调查工作全部结束，共发现古遗址、古墓葬、城镇、衙署、驿站、码头、船闸等文物遗存点325处。根据国家文物局的要求和有关规定，组织编制了《大运河河北段保护管理及申报世界文化遗产前期准备工作方案》。2007年1月13日～14日，由河北省文物局主办、河北省文物保护中心承办的京杭大运河河北段文物资源调查汇报研讨会在沧州召开。国家文物局文物保护司副司长关强、考古处副处长闫亚林，中国考古学会理事长徐苹芳、国家文物局考古专家组专家徐光冀、天津文化遗产保护中心主任陈雍、北京市文物研究所副所长赵福生、北京大学教授唐晓峰、李零、中国文物研究所研究员乔梁、国家博物馆研究员张威、杨林等专家以及省文物局局长张立方、副局长谢飞等共计40余人参加了会议。

【第三次全国文物普查】

第三次全国文物普查是我国国情国力调查的重要组成部分，是实现新时期我国文化遗产保护的可持续发展的重要基础。按照国家文物局《关于开展第三次文物普查》的总体部署，河北省积极推进第三次全国文物普查工作，成立了省第三次文物普查领导小组，制定了普查工作方案，组织专业人员参加全国文物普查培训班，编制了文物普查相关资料。组成了文物普查核心工作组，具体负责河北省第三次文物普查的筹备和组织，包括普查装备、设备的采购、管理；有关资料的前期准备；普查队伍的组织、培训；普查任务的分解、工作进度的安排；专家组巡查、指导、审核、验收工作的组织、普查工作的宣传、后勤以及普查成果资料的收集汇总和初步整理等。

按照国家文物局统一要求，普查办公室相继购入了笔记本电脑、GPS设备、激光测距仪、数码照相机、望远镜及普查所需的各类设备器材。还为普查队员准备了探铲、手镐、测绘文具、工作服、睡袋等日常工作与生活用品，保障队员的工作和生活需求。

2007年10月9日～17日，河北省第三次全国文物普查首期培训班在石家庄成功举办，来自省直文博单位和各市县文物部门的业务骨干150余人参加了培训。国内及省内知名专家为学员分别讲授古民居和历史街区、文物普查标准、河北考古学文化、中国古代建筑、文物调查方法、GPS使用与维护、文物普查相关规范、普查日志及表格填写等内容。还专门安排了户外实习，让学员更好地理解和掌握普查的方法、步骤、各种设备的使用、资料的采集和记录等，做到理论与实践相结合。由参加培训的业务人员中精心挑选出39名文物普查领队和骨干为主体组建了河北省文物普查工作队，第一批普查队员于10月17日赴邯郸开展普查工作。开始了邯郸西部七个市、县、区（武安市、涉县、永年县、峰峰矿区、磁县、邯郸县、临漳县）的文物普查工作。10月19日，各普查队正式开始田野调查工作。截至2007年12月3日，河北省文物普查区域涉及邯郸市7个县区的50余个乡镇，共发现各类文物遗存点1570处，其中古遗址315处，古墓葬83处，古建筑689处，石窟寺及石刻273处，近现代重要史迹及代表性建筑199处，其他11处。

【长城资源调查】

根据国家长城调查总体要求和河北省长城调查工作的实际情况，制定了2007年长城资源调查的工作目标，年内完成1200公里明长城调查。为保证工作目标的完成，在总结2006年试点工作经验的基础上，对2007年度长城资源调查工作进行了精心准备和细致的安排，从河北省内抽调了25名业务骨干，组成河北长城资源调查队，对全体调查人员进行了为期15天的集中培训，聘请省内、外专家讲解了长城资源调查内容、野外测绘、地图识别、记录表格填写等相关知识的同时，还以正定古城为试点进行了现场实习，从而为长城调查的全面展开和顺利实施奠定了坚实的基础。

2007年河北长城资源调查工作自4月上旬开始，至11月15日结束，7个多月的时间内，全体调查队员们发扬艰苦奋斗、团结争先的战斗作风，克服种种困难，先后完成了保定、唐山、承德域内全部明长城及张家口市域内大部分明长城的调查工作，共完成长城墙体调查1350余公里、徒步行程约17000余公里，发现了大批的文化遗存，超额完成了预定任务。

【执法督查与安全保卫】

完成了西柏坡纪念馆的安防工程、正定隆兴寺消防安装工程的验收和弥陀殿进行消防设施的试点验收工作。已开工项目有：蔚县释迦寺消防、河北省文物研究所桥西库房消防、定川博物馆避雷工程、普陀宗乘之庙安防工程、张家口博物馆安防工程、曲阳定窑遗址安消防工程、河北省文物保护中心安防工程、保定大慈阁安防工程、承德须弥福寿之庙安防工程、避暑山庄博物馆二期工程等等。

向国家局上报消防、安防和防雷项目14个，有9个项目得到经费补助，包括定州博物馆消防、北岳庙安防、大慈阁安消防工程、保定直隶总督署防雷、易县清西陵三维声敏预警报警复合系统安全防范工程设计等。

【文博科技】

1．开展文物保护修复工作

完成湾漳壁画保护、涿州汉墓出土的30余件彩绘陶器保护修复、南水北调考古发掘出土20余件青铜器及部分拓片的修复，完成下八里辽墓出土木器修复、满城汉墓出土彩绘陶器修复。向国家文物局申报正定隆兴寺摩尼殿壁画抢救保护、赵州桥石栏板及望柱抢救性修复保护、燕下都馆藏龙卧虎及出土金属类文物修复保护方案。完成定州塔壁画保护、邯郸市博物馆金属文物保护修复、涿州双塔壁画保护等实施方案。

2．与有关部门合作开展课题研究

参与国家科技部重点课题《空间信息技术在大遗址保护中的应用研究》中的“河北运河课题研究”。参与并承担国家科技部沧州铁狮子科技保护课题研究，开展扫描、探测、分析和监控等工作。完成“河北北部辽金元城址调查、勘探与保护”课题研究。

3．督促、检查山海关文物局和河北省文研所完成各自所承担的国家局课题结题工作。

根据调查了解，河北省文物研究所承担的《河北北部辽金元城址调查、勘探与保护》2007年内可结题，山海关的《北朝长城东部遗迹综合考察与分析》课题结题困难较大，需进一步加强督促、协调。按照国家文物局通知，布置、督促省直有关单位积极做好了2007年国家文物局科研项目的申报工作。

【文博教育与人才培训】

2007年3月19日～23日，河北省文物局在石家庄市举办了“文物调查及数据库管理系统建设”项目馆藏珍贵文物影像拍摄培训班，标志着河北省“文物调查及数据库管理系统建设”项目馆藏珍贵文物影像拍摄工作全面启动。作为“文物调查及数据库管理系统建设项目”的推广省份，河北省针对文物收藏单位多，分布广的实际情况，按照国家文物局的要求，扎实推进全省馆藏文物数据库建设。一是加强人员培训，举办了两期馆藏文物影像拍摄培训班，培训影像拍摄人员74人次。二是及时督促指导，组织文物摄影专家赴全省11个设区市和省直文博单位进行检查指导，及时解决工作中遇到的问题。三是层层落实责任，采取目标责任管理制度，与各市签订责任书，明确职责任务。开展馆藏珍贵文物腐蚀损失调查工作，建立了省级馆藏珍贵文物科技保护资料库，已收录7大类1709件珍贵文物的资料。

3月29日～4月10日，河北省长城资源调查培训班在正定隆兴寺举办。来自全省各市的20多名学员参加培训。

10月9日～17日，河北省第三次全国文物普查首期培训班在河北省省会石家庄举办，来自河北省直属文博单位和各市、县文物部门150余名文物普查队员参加培训。

11月17日～23日，河北省文物局在石家庄市举办了第二期文物局（处）长、博物馆长培训班，全省各市以及文物大县（市、区）的文物（文化）局长、（处）长、博物馆长共50人参加了培训。

12月11日～14日，河北省文物局在石家庄市召开“2007年度文物事业统计年报会议暨举办财务管理培训班”，邀请河北省财政厅、审计厅的专家授课，各设区市文物（文化）主管部门、河北省直属文博单位、使用资金较多的文博单位财务负责人、会计及统计人员40余人参加了培训。

12月19日，河北省文物局召开全省文博系统法制培训班，全省各市、县文物部门的文物执法工作者180余人，参加了培训，国家文物局政策法规司何戍中副司长为学员做了专题报告，河北省文物局张立方局长出席开幕式并讲话。

【文博宣传出版】

加强文物宣传展示及社会服务工作。河北省各级博物馆、纪念馆在5月18日前后，围绕“博物馆和共同的遗产”主题，发放宣传品、接受观众咨询、进行问卷调查，邀请当地主要媒体进行宣传报道。

河北省博物馆承办了“新世纪、新河北、新成就”展览，总面积6000平方米。展出期间，省委书记张云川、省长郭庚茂等省领导参观展览，并给予充分肯定。河北省博物馆还举办了“辉煌60年——纪念石家庄解放60周年大型展览”等展览，新征集文物330件。

河北省民俗博物馆在利用四个固定展厅展示馆藏文物的同时，还推出了“河北当代书画作品展”等6个临时展览，并对观众免费开放。开展了“中国传统文化进校园”系列活动，受到学校师生们的欢迎。加强了民俗文物、民间工艺珍品的征集和民俗文化研究工作。

为学习宣传贯彻实施办法，河北省组织策划了一系列活动，在通过媒体广泛宣传的同时，下发宣传贯彻《实施办法》的通知，印发《实施办法》单行本，组织干部职工认真学习，深入理解，全面准确领会精神实质。8月29日，河北省人大常委会组织召开了学习贯彻《实施办法》座谈会，省人大副主任张群生做了重要讲话，省直相关部门负责同志做了发言。9月21日，河北省政协召开学习贯彻《实施办法》座谈会，省政协常委、委员30余人参加会议，省政协副主席刘健生同志做了重要讲话。9月30日，在石家庄市博物馆举办了河北省文博系统庆祝《河北省实施<中华人民共和国文物保护法>办法》书画展，200余幅作品参展。

第二届“文化遗产日”系列宣传活动丰富多彩。6月7日，河北省包括西柏坡纪念馆在内的70余家文物开放单位在《燕赵都市报》公告了“文化遗产日”减免费的情况，并制定了安全防范预案。6月8日，组织河北省电视台、河北日报、燕赵都市报、新华社等媒体记者，赴磁县北朝墓群进行现场采访，对考古发掘以及出土文物等情况进行了全方位的报道。6月9日是“文化遗产日”，河北省当天组织举办了一系列活动。在河北省博物馆广场的主会场介绍河北省文化遗产保护情况，向群众发放文化遗产宣传册等；通过影屏滚动播放文化遗产大型纪录片《历史的印迹》，向社会各界人士编发文化遗产日宣传短信；举办河北特色民间文化展演活动，邀请省内有关专家，就有关文物保护的法律、法规、文物鉴定、专业知识等现场答疑。河北省各设区市、县（市、区）都开展了丰富多彩的宣传活动，为增强人民群众的文化遗产保护意识，营造保护文化遗产的良好氛围起到了积极的推动作用。

扩大新华网等媒体宣传作用。将原设在新华网河北频道的“河北省文物局”网页设在新华网总网首页，并更名为“河北文物”频道。在原有基础上，增加专题，扩大版面，完善栏目，充实内容，细化任务。同时充分发挥河北省文物局机关文物信息的作用，年内编发文物信息100期，向报刊、广播电台、电视各级媒体提供宣传资料，及时反映文博工作动态，全面展示文博工作取得的成绩。

推进学术出版工作。出版了《昭化寺》、《泥河湾》、《易县北福地》、《珍瓷赏真》、《古玉集珍——河北省民俗博物馆藏玉器精品》、《文物保护工程设计方案集》、《河北考古文集〈三〉》等研究报告和相关著作。《文物春秋》杂志2007年出刊6期，共发稿106篇、75万字，发挥了文物学术研究阵地的作用。

【对外交流】

2007年6月2日，国家文物局组织50余名驻华使节到张家口宣化区参观考察，国家文物局单霁翔局长、张柏副局长及省文物局、张家口市等领导陪同，宣化城雄伟壮丽的钟楼、精美绝伦的辽代壁画等文物令外国友人赞叹不已。6月15日，河北省博物馆“金缕玉衣展”在芬兰坦佩雷市普瓦里克博物馆中心举行了盛大的开幕式，中国驻芬兰大使马克清、坦佩雷市市长和河北省文物局李恩佳副局长出席开幕式。展览展示了河北灿烂的古代文明。按照国家文物局的要求，完成赴意大利“辽宋金元文物展”、赴韩国“中国国宝巡回展”展品的调集工作，完成赴南非“华夏瑰宝展”的筹备工作。

山西省

【概述】

2007年是山西省文物事业加快发展的一

年。一年来，在山西省委、省政府的正确领导和国家文物局的大力支持下，坚持以邓小平理论和“三个代表”重要思想为指导，全面贯彻落实科学发展观，坚决贯彻落实党的十七大精神，始终不渝地坚持文物工作方针，按照年初的工作部署，狠抓落实，开拓奋进，全省文物工作的各个方面都取得了新的成绩。一年来，贾庆林、李铁映、陈至立等党和国家领导及省委、省政府主要领导视察山西省多处文博单位，对山西省文物事业的繁荣发展寄予了殷切期望，给予了巨大鼓舞。山西省文物系统涌现出来的先进集体和个人也给全年工作增添了亮丽的色彩。人事部、国家文物局授予运城市文物局“全国文物系统先进集体”荣誉称号，授予大同市文物局局长吕生祉同志“全国文物系统先进工作者”荣誉称号。代县退休干部曹明礼被国家文物局授予优秀长城保护员“文物保护特别奖”。山西博物院、晋中市文物局局长李文艺、太原市文物局副局长赵乃仁、省古建所副所长乔云飞、新绛县福胜寺文物保护员范临，分别获得国家文物局授予的文化遗产保护工作先进集体、先进个人称号。泽州县、柳林县被评为2007年“全国文物保护工作先进县”。山西博物院“晋魂”展、八路军太行纪念馆“八路军抗战史陈列”分别获得全国第七届博物馆陈列展览十大精品评选的精品奖和特别奖。山西省文物局获得国家文物局授予的“2007年文化遗产日组织奖”，山西省政府授予的2006～2007年消防安全工作先进单位。八路军太行馆扩建改陈工程夺得山西省建筑质量最高奖项——“汾水杯”奖。由山西省考古研究所主持发掘的“山西柳林高红商代夯土基址”、“山西曲沃北赵晋侯墓地1号车马坑”分别荣获国家文物局授予的2006～2007年度国家田野考古三等奖。山西省文物局副局长高可同志获省政府表彰的平遥古城申报世界文化遗产功臣荣誉称号。在山西省直属机关创建精神文明单位活动中，山西省文物局直属的山西博物院、省考古研究所获得了“文明和谐单位”称号。

【文物工作会议】

1. 全省文物局长会议在太原召开

2007年1月13日，山西全省文物局长会议在太原召开。山西省各市文物局和重点县文物局局长、受表彰单位主要负责人、山西省文物局机关全体公务员、直属单位的领导班子成员和部分单位员工300余人参加了会议。山西省文物局局长施联秀向大会作了工作报告。山西省委常委、省委宣传部长高建民，省政府副省长宋北杉出席大会并作了重要讲话。会议由副局长高可主持。

这次会议的主要任务是贯彻全国文物局长会议精神，总结2006年工作，部署2007年任务，表彰2006年全省文物保护工作的先进市、县和单位，激励和动员广大干部职工全力推进全省文物事业与经济社会的和谐发展。会议还表彰了山西省101个在文物保护行政执法、建筑修缮等方面的先进单位，57个文物安全金铠甲活动模范单位，通报了77处文物安全金铠甲工程第三批达标单位。

2. 山西南部工程专家组成立暨工程前期工作汇报会在北京召开

8月22日，山西省文物局在北京组织召开了“山西南部早期建筑保护工程专家组成立暨工程前期工作汇报会”。傅熹年、罗哲文等专家和国家文物局童明康副局长及文保司文物处有关负责人共25人参加了会议。会议由山西省文物局副局长高可主持，省文物局施联秀局长为十四位受聘专家颁发了聘书，张之平先生代表专家组作了表态发言，高可副局长向大会作了《山西南部工程前期工作进展情况汇报》，童明康副局长作了重要讲话。

随后，专家们对山西省文物局制订的《山西南部早期建筑保护工程管理办法》、《山西南部早期建筑保护工程资料管理规定》、《山西南部早期建筑保护工程招投标管理办法》、《山西南部早期建筑保护工程专项经费管理办法》等4项专项管理制度以及南部工程下一步工作等相关事宜进行了讨论，提出了指导意见。

3．山西省第三次全国文物普查动员大会召开

9月10日，山西省第三次全国文物普查动员大会在太原召开，省文物普查办公室成员、省文物局机关全体公务员、各市文物局局长、分管普查工作的副局长以及全省文物普查首期培训班的全体学员参加了动员大会。

会上，山西省第三次文物普查领导小组常务副组长、领导小组办公室主任、省文物局局长施联秀作动员讲话，领导小组办公室常务副主任、省文物局副局长宁立新宣布了山西省第三次全国文物普查实施方案，运城市文物局局长赵参军代表各市作表态发言，省文物普查领导小组办公室还与各市文物局签订了文物普查责任书。

【政策研究、法规建设】

1．依法行政

一是文物法制建设不断推进。山西省人大常委会批准的《太原市晋阳古城保护条例》于2007年1月1日正式施行。山西省人民政府出台了《山西省文物建筑消防安全管理规定》。配合山西省政府法制办对《长城保护条例》实施情况进行了调研；研究确定了山西省文物局重大行政处罚罚款备案标准；对现行的文物保护行政法规、政府规章、规范性文件进行了清理。二是行政审批服务不断完善。山西省文物局有关行政许可审批事项的管理制度进一步完善，充实了行政许可服务窗口。三是政务公开工作进一步规范。随着“山西文物网”的开通，山西省文物局依法应当公开的政务信息已全部上网。

2．文物建筑消防安全管理

1月17日，山西省政府召开第92次常务会议，审议并通过了《山西省文物建筑消防安全管理规定（草案）》，省文物局副局长宁立新参加了会议。

会议就全省文物建筑的保护工作提出了两点要求：一是切实加强文物建筑管理保护工作。文物行政管理部门要进一步研究加强对文物建筑防火灾、防盗窃、防破坏、防风化等方面的政策措施，抓住国家文物局对山西省南部早期木构建筑进行维修的契机，积极争取国家对山西省文物保护工作的关心和支持。山西省各级财政要根据本区域内文物保护工作的实际相应增加投入。二是进一步明确文物保护措施。山西省级以上的文物保护单位要明确提出相应的保护措施，配备相应的消防设施，对应该配备但不到位的，要严格按照规定予以处罚。对市、县级文物保护单位的保护设施，也要提出做好消防安全管理等方面的要求。

3．立法保护佛教圣地五台山

为了加强对五台山风景名胜区自然资源和历史文化遗产的保护，确保五台山“申遗”工作顺利进行，山西省人大常委会日前通过了《关于加强五台山风景名胜区保护的决定》。

该决定提出要从十一个方面切实加强对五台山风景名胜区的保护。即要按照申报世界自然和文化遗产的要求和国家有关规定，完善五台山风景名胜区的规划体系；加强文化遗产保护；加强地质遗迹保护；加强森林和野生动植物资源保护；加强“台顶”和极度脆弱生态区保护；严禁各类破坏生态环境的活动；加强宗教活动保护与管理；规范旅游秩序，提高服务水平；认真开展环境综合整治；创新经营机制，完善基础设施建设；建立高效有力的管理机构等。

【文物抢救保护进展】

1．地上文物抢救维修

2007年组织安排了国拨经费补助的高平游仙寺等4个续建工程项目和绛州大堂等2个抢险性项目。组织安排了山西省本级文物保护专项经费补助的新绛白台寺、泽州二仙庙等15个修缮工程项目。组织专家对芮城城隍庙、乡宁寿圣寺等8处国保单位的修缮设计方案进行了评审。完成了离石文庙、万荣李家大院等12处省级文物保护单位修缮设计方案的审批。组织完成了阳城开福寺、下交汤帝庙等19处文物保护单位修缮设计方案的编制、申报工作。组织专家对晋祠水母楼、芮城清凉寺大殿、太原明秀寺大殿等6处修缮工程进行了验收。按照大同古城棚户区改造工作计划，完成了大同古城内帝君庙等6处文物建筑的保护方案。组织完成了云冈石窟防水保护工程顶部防水总体设计方案和施工图设计方案、窟顶防渗工程监测系统设计方案、窟顶现场试验设计说明等方案，石窟顶部考古勘探和发掘方案，已经国家文物局批准。平遥古城总体保护方案的编制和报批工作已经完成，并获得国家文物局批准。完成了古城南墙、西墙的散水保护工程。

2．山西南部早期木结构建筑维修工程准备工作

在2006年完成外业调查测绘工作的基础上，2007年主要是组织了规划文本的编制和修缮方案的设计工作。先后3次组织召开了山西南部工程专家评审会，完成了21处文物保护单位保护规划和36处保护文本的评审，为南部工程顺利实施奠定了项目基础。为保证南部早期木结构维修工程健康有序进行，制定了《山西南部早期建筑保护工程专项管理办法》、《山西南部早期建筑保护工程招投标管理办法》、《山西南部早期建筑保护工程资料管理规定》、《山西南部早期建筑保护工程专项经费管理办法》等5个专项管理规定；聘请了罗哲文等14名国内知名专家组成了南部早期木结构建筑保护专家组，选定了平顺九天圣母庙、陵川龙岩寺、晋城玉皇庙等4处文保单位为修缮工程试点项目。为整体推进南部工程，推动临汾、运城、长治、晋城4个市文物工作上新台阶，山西省文物局分别致函4个市人民政府，从机构建设、方案编制、项目立项等方面提出具体意见，得到了4个市人民政府的积极响应。南部工程的前期准备工作基本就绪。

3．长城资源调查

根据国家文物局的安排，山西省从2007年3月开始，安排部署了全省长城资源调查工作，成立了山西省长城资源调查工作领导组；编制了《山西省长城资源调查与测绘实施方案》和山西省长城资源调查经费总预算和分年度预算；制定了《山西省长城资源调查资料管理暂行规定》、《山西省长城资源调查专项经费管理办法》、《山西省长城资源调查专项经费支出管理规定》、《山西省长城资源调查人员安全管理暂行办法》等管理制度；组建了长城资源调查队，举办了长城资源调查培训班。5月，山西省明代长城资源田野调查全面铺开。经过三个多月的努力，已完成山西40个县（市、区）763公里墙体及附属设施、901座烽火台、193座关堡的调查任务。8月上旬，召开了山西省明长城资源调查阶段性工作总结会议，国家长城资源调查项目组对山西省调查成果进行了审查验收，并给予了充分肯定。

4．五台山申报世界遗产工程进展顺利

2007年年初，邀请国内著名专家组成了五台山申报世界遗产文化遗产专家指导组，在2006年完成五台山核心景区20个寺庙调查测绘工作的基础上，编制完成了显通寺等10处文化遗产申报点的修缮保护及环境整治方案和可行性研究报告，组织完成了南台顶普济寺、北台顶林应寺的现状勘察与修缮设计方案，五台山省保以上文物保护单位维修整治和保护范围内违章建筑方案已全部完成并批复。成立了五台山文物建筑修缮整治指挥部，组织邀请河北、河南、陕西和山西省古建所采取分省包庙的办法进行修缮整治前期会战。确定了文化遗产申报点，原则确定了世界文化遗产专家考察路线。组织编制了《五台山文物保护总体规划》、《五台山文物保护管理办法》等制度。

5．应县木塔修缮保护工程

2007年4月，国家文物局在应县召开了应县木塔修缮保护工程座谈会，理顺了应县木塔保护工程的管理体制，明确了应县人民政府为应县木塔修缮保护工程的法人单位，确定了中国文物研究所为应县木塔修缮保护工程的技术牵头单位。年底，由中国文物研究所编制的《关于应县木塔监测体系设计方案》、《应县木塔保养养护方案》已经国家文物局批准，科学监测和养护工作已经展开。

6. 山西省成立第三次文物普查领导小组

为了加强对山西省第三次文物普查工作的组织领导，7月9日，山西省政府批准成立了省第三次文物普查领导小组。组长由副省长宋北杉担任，副组长由省政府副秘书长王洪岐、省文物局局长施联秀、省发展改革委员会副主任李宝卿、省财政厅副厅长石常明担任，小组由13个成员单位组成。领导小组下设办公室，办公室设在省文物局，施联秀兼任办公室主任。

【考古发掘研究】

1. 地下文物保护

2007年组织协调有关部门依法对太中银铁路、忻阜高速公路、省城奥体中心等14项大型建设项目进行了文物调查、勘探和发掘工作，共勘探面积490万平方米，发现东周以来各类墓葬368座、文化遗址5处，发掘面积约38500平方米，出土各类文物约12000件。围绕重大学术课题研究，对吉县柿子滩旧石器时代遗址群、绛县横水西周墓地、曲沃晋侯墓地车马坑进行了发掘，抢救保护了一大批珍贵的文物，进一步深化了对山西考古学文化的认识。

2007年6月17日～7月14日，山西省考古研究所联合山西省博物院、山西大学和吉县文管所对柿子滩遗址S12A地点进行了第四次发掘。共发掘2个原生层位，在第二原生层发现大量可鉴定动物骨骼和3处用火遗迹。此次发掘工作为研究旧石器时代向新石器时代过渡提供了丰富的资料，进一步研究可以揭示2万年～1万年间人类生活方式、栖居方式等多种行为信息，而且还可能显示了当时的地质、地貌情况。

自2005年3月开始的绛县横水西周墓地发掘工作已接近尾声，实际发掘面积35000余平方米，发掘墓葬1293座，其中西周墓葬1265座，汉代墓葬3座，宋金墓葬25座。共发现车马坑33座，墓地出土各类文物共14218件（组套），其中青铜容器277件，陶器1359件，玉石器546件套。对绛县横水西周墓地的全面揭露，不仅证实了传世铜器中倗伯的存在，而且全面了解了史无记载的西周封国倗国的文化面貌。晋侯墓地车马坑的发掘，不仅首次发现用青铜铠甲装饰的战车，而且发掘出的车、马数量证明了这座车马坑是我国商周时期随葬车辆最多的车马坑。

从2006年2月开始，对曲沃北赵晋侯墓地一号车马坑的车坑的发掘工作已近尾声，已经清理出土西周车辆48辆，车型包括漆绘礼车、战车、生活用车等，其中装有青铜铠甲片的战车是西周时期首要发现，是此前我国商周时期随葬车辆最多的车马坑。

2. 山西省黎城县被证实为西周时期古黎国所在地

经过有关专家一年多的研究论证，山西省黎城塔坡古墓群出土的十余件珍贵文物被鉴定为商周文物，墓地为古代黎国墓地。

黎城塔坡古墓群最初发现于2005年下半年，山西省文物局组织省考古研究所多名经验丰富的专家从2006年开始对该古墓群进行探测和试掘。据考古人员介绍，在约40亩面积的发掘范围内，已探明的墓葬92座，大型墓4座，中型墓14座，其余为小型墓。目前所有墓口均开口于扰土层下，距地表不足50厘米，根据发掘的情况分析，墓口不同程度地受过扰动，叠压其上的扰土中，包含物最早的有春秋晚期的陶片。

黎城塔坡古墓群的发掘证实了黎城在西周时期为古黎国的说法，出土文物上的铭文对研究长治商周时期的历史以及古黎国具有重要意义。

3. 大同发现北魏时期仓储遗址

2007年初，在山西省大同市操场城东部一住宅区建设工地发现北魏时期夯土建筑遗址。由山西省考古所与大同市考古所组成联合考古队，于6月11日～10月10日，对该遗址进行了抢救性考古发掘，共发掘面积3000余平方米。

经发掘，该遗址为地上地下两层相结合的圆形建筑，中间有数根石柱础相连，上部为夯土，下部为沙层，建筑四周用砖或土坯垒成墙壁，墙壁外围及基址底部都贴有木板条。相同结构的建筑在发掘现场共有四个，自西向东整齐排列，只是尺寸略有差异，在其中一个建筑的底部残存有2.7立方米的碳化谷粒，考古专家据此推定，该遗址为北魏太官粮储遗址。这是此前国内发现的北魏时期唯一一处仓储遗址，具有很高的研究价值，可以引证和弥补史书记载之不足。

因该仓储遗址下部地处第四纪沙砾层，仓储土坯墙壁多处已坍塌，破坏严重，长久展示性保护难度极大，成本极高。评审专家最后确定以回填保护和展示保护相结合的方式对这一遗址进行妥善保护。

【博物馆建设】

1. 文博开放单位的社会服务

以馆藏道教文物为特色的山西省艺术博物馆、以"千秋孔子"为主题的山西省民俗博物馆先后对社会开放。新落成的阳泉市博物馆着手开展陈列设计。大同市博物馆新馆建设改造工程进入陈列布展阶段。太原市博物馆重新确定了馆址，完成了土地预审和建筑方案的初步设计，完善了可研报告和陈列内容设计。运城市博物馆建设已经山西省发改委批准立项。

由山西博物院、太原市文物局、省考古所等单位组织的"山西考古大发现"、"霜红之韵·傅山诞辰四〇〇周年书画大展"；由八路军太行纪念馆主办的"八路军总部在太行"大型巡展；由山西省艺术博物馆主办的"馆藏道教文物展"、"珐琅漆器精品展"、"历代金铜佛造像艺术精品展"；由省民俗博物馆主办的"千秋孔子展"和"山西国学大讲堂"等一系列展览和讲座，取得了较好的社会效益。2007年全省共举办展览120个，接待观众2220万人次，门票收入达4.2038亿元。

山西省文物局组织对全省文物市场现状及存在的问题进行了调查，完成了反映山西省文物市场现状的《民间收藏文物调查及发展规划》。对全省非国有的各类民办博物馆进行了登记注册。组织专家对晋宝斋、晋通等拍卖公司7298件文物拍卖标的依法进行了审核鉴定。配合司法机关，依法对1655件涉案文物和一批古墓葬进行了鉴定，有效打击了文物犯罪。

2. 阳泉市文化中心正式落成

4月26日，历经16个月的紧张施工，集博物馆、图书馆、展览馆为一体的山西省阳泉市文化中心正式落成并剪彩。该文化中心于2005年12月28日开工奠基，占地面积21762平方米，总建筑面积30566平方米，其中博物馆建筑面积7000平方米，展厅面积2948平方米，总投资近亿元。中心主体建筑分南馆和北馆，南馆呈"回"字型院内式布局，共五层，其中一、二层为博物馆，三至五层为图书馆；北馆为展览馆。整体建筑风格体现了"天地人合"的基本理念，将时尚简约的现代气息同传统建筑深邃宏大的形态特征有机融合在一起。

3. 抗日纪念馆建设

9月18日，山西省乡宁县华灵庙抗日纪念馆正式开馆，乡宁县及周边县3万余名干部群众聚集乡宁关王庙乡，参加开馆暨公祭仪式。抗日战争时期在该县抛洒热血的国民党士兵，成为这座特殊纪念馆的纪念对象。民革中央发来贺信，台北市山西同乡会代表团向纪念馆赠送了刻有"碧血千秋"的牌匾。

【执法督查与安全保卫】

1. 文物安全长效机制的建设

2007年春、冬两季，山西省文物局组织安排了两次大规模的安全检查，各市文物局高度重视，迅速行动，配合省局的安全检查活动，对辖区内的各级文物保护单位和文物存放场所，逐县、逐处进行了认真排查，针对存在问题，下达了安全隐患通知书，提出了整改意见。有关单位立即采取措施进行了整改，堵塞了漏洞，排除了隐患，提高了安全防范能力。

4月份，山西省文物局联合省消防局对贯彻落实情况进行了督察。晋中、大同、临汾、运城等市组织开展了以消防安全为主要内容的防火防盗实兵演练。山西省文物局对省级以上文物保护单位的保护机构、消防设施和保护人员状况进行了专项调研，并向省政府作了《关于加强山西省文物建筑消防安全工作的报告》。山西省政府批准了消防设施经费按省、市、县7：2：1的原则共同负担，分三年予以解决的方案。

按照国家文物局的要求，在山西省开展了文物行政执法专项督察工作，依法对五台山炸山开矿损坏文物建筑、大同市新荣区违法建筑和破坏长城等15个重点违法违纪案件进行了督察。

运城、朔州、晋中等市分别开展了打击文物犯罪专项斗争，有力地震慑和遏制了文物犯罪。特别是运城市在全市开展了为期半年的打击文物犯罪专项斗争，效果明显。文物安全“金铠甲”达标工程取得新进展。经过一年的艰苦努力，2007年山西省又有44个文博单位达标，大大提高了达标单位的安全防范能力。

2. 运城市开展打击文物犯罪专项斗争

为了严厉打击各种文物犯罪活动，运城市委、市政府决定从7月5日～12月31日，在全市范围内开展为期半年的打击文物犯罪专项斗争。7月20日，运城市委、市政府召开打击文物犯罪专项斗争动员会，市委宣传部长、分管副市长、各县分管公安、文物的副县长、宣传部长以及市县两级的公安局长、文物局长参加了会议。经过半年的努力，全市破获文物犯罪案件23起，抓获犯罪嫌疑人24人，抓获逃犯2人，上网追逃22人，取得了阶段性成果。运城市政府拿出10万元资金，表彰在专项斗争中做出贡献的单位和个人。运城市文物局还组织专业文艺团体编排了宣传文物保护的专场文艺节目，在全市13个县巡回演出40余场，观众达10万余人次。

3. 第一家文物专用消防站建成

为了确保平遥古城内古建筑的安全，切实增强古城抗御火灾的能力，由平遥县政府牵头，在晋中市消防支队和平遥县消防大队的大力支持下，山西省第一家古建筑消防站建成使用。消防站总投资145万元，占地面积1000多平方米，落实消防部队编制10名。它的建成使用为确保古城这一世界文化遗产的安全和旅游事业的科学发展提供了保障。

【文博教育与人才培训】

1. 文物保护行政执法培训班

为了提高全省文物行政执法人员的执法能力和执法水平，2007年，山西省文物局分期分片对全省文物保护执法人员进行了执法培训。8月9日，山西省第一期文物行政执法培训班在大同举办，11月16日，第二期培训班在运城市举办，来自全省各市文物局主要负责人、分管领导、具体负责行政执法工作的人员，部分县级文物行政部门的负责人以及省文物局机关有关人员，共计130余人参加了培训。

2. 首届全省博物馆馆长培训班

为了进一步贯彻落实国务院《关于加强文化遗产保护的通知》和国家文物局《关于加强和改进博物馆工作意见》的精神，切实提高全省各级各类博物馆馆长的管理水平，8月12日～18日，山西省文物局在山西大学举办了首届全省博物馆馆长培训班，来自全省各市文物局分管博物馆工作的副局长、市级博物馆馆长和部分县（市）博物馆馆长共37人参加了培训。省文物局局长施联秀、副局长刘正辉，山西博物院院长石金鸣、山西大学历史文化学院院长李书吉出席了开班仪式和结业典礼，并为受训学员颁发了结业证书。

【文博宣传出版】

1．新闻发布会

在我国第二个文化遗产日到来前夕，山西省政府新闻办公室在太原召开新闻发布会，通报山西省新世纪以来文博事业十大成就和文物保护十大突出贡献人物，并公布了违反文物保护法十个警示案例。新闻发布会由山西省政府新闻办公室主任王建武主持，省文物局局长施联秀就有关情况作了通报。山西省文物局机关全体公务员，直属单位领导班子成员，省城50余家新闻媒体的记者参加了新闻发布会。

2．《中国文物地图·山西分册》出版

6月3日，山西省文物局与中国文物地图集总编委会联合在北京故宫博物院举行了《中国文物地图集·山西分册》首发式暨新闻发布会。这部专业性地图集是在吸收第二次全国文物普查成果的基础上于1988年开始编撰，1993年形成初稿，后经几次复查、补查和修改，正式定稿并交付中国地图出版社出版。该书为16K本，共分上、中、下3册，主要内容由概述、序图、专题文物图及其说明、市区县文物分布图、重点文物图、文物单位简介和文物单位索引等部分构成。全书约300万字，各类地图319幅，总条目为18642处，子目则多达20585处，其中古遗址和古墓葬8621处、古建筑7223处、石窟寺石刻类1234处、近现代重要史迹1342处、其他222处。

【其它】

1．山西省“5·18国际博物馆日”主会场活动在运城举行

5月18日，山西省文物局在运城市盐湖区博物馆举办了主会场宣传活动。省文物局副局长刘正辉及运城市有关领导参加了宣传活动。

活动当天，中小学生用传统的文化艺术形式表演了主题为“我们共同的遗产”一系列节目，文物鉴定专家免费为群众鉴定文物，运城市文物局用形象生动的流动图片展，省文物局印制了3000份《博物馆政策法规汇编》向有关单位和个人发放，来凸显我国文化遗产的多样性及保护的紧迫性和重要性。

2．第二个文化遗产日

6月9日，围绕山西省2007年“文化遗产日”活动的主题“关爱乡土——文化遗产保护百村行”大型活动，在全省各地轰轰烈烈，全面铺开，共同唱响了人民大众保护文化遗产、文化遗产服务人民大众的主旋律。

当天上午10时，山西省文物局与晋中市委、市政府联合主办的“中国文化遗产日山西省主会场——走进静升古镇”大型主题活动，在全国历史文化名镇灵石县静升镇隆重举行。山西省、市、县三级有关领导、干部、职工及静升镇村民、学生等3000余人参加了活动。主题活动由山西副省长宋北杉主持，山西省委常委、宣传部长高建民作重要讲话。晋中市市长张璞、灵石县委书记郭燕平分别就做好新农村建设中的文化遗产保护作了发言，静升镇向全省广大农村发出了做好新农村建设中的文化遗产保护倡议书。会后进行了“保护文化遗产，建设文明家园”万人签名活动，与会领导参观了静升镇西街古民居维修保护工程。

遗产日当天，太原、晋中、临汾、吕梁、朔州等市党政主要领导或分管领导，分别在当地党报发表了文化遗产保护署名文章和电视讲话。太原市在阳曲县青龙镇、临汾市在襄汾县丁村、晋城市在沁水县湘峪村、长治市在平顺县车当村、朔州市在山阴县广武村等，分别举办了“关爱乡土——文化遗产保护百村行”大型活动。大同市结合市情，组织了“文化遗产保护与资源型城市转型”研讨会，活动期间，各级文物部门组织在全省广大城镇和乡村张贴了10万张文物保护漫画宣传挂图。

3. 平遥隆重纪念古城申遗成功十周年

12月3日，平遥县庆祝古城成功申遗十周年纪念大会在古城云锦成演艺中心隆重举行。国家建设部副部长仇保兴、国家文物局副局长董保华，山西省政协主席刘泽民，省委常委、副省长梁滨，省委常委、宣传部长高建民等领导出席了纪念大会。

纪念大会上，山西省政府授予郑孝燮、罗哲文、阮仪三、王景慧、郭旃、曹昌智、高可等7位为古城申遗做出突出贡献的专家“申遗功臣”的荣誉称号，并为他们颁发了纪念牌。

内蒙古自治区

【概况】

截至2007年底，内蒙古自治区共有全国重点文物保护单位79处，自治区级重点文物保护单位313处。此外，还有 700余处旗(县)、市级重点文物保护单位，3个自治区直属文博单位，12个盟市都建有文物、博物馆机构；拥有58座博物馆，馆藏文物50万件（套）。其中国家一级文物1562件。

内蒙古作为全国重要的文物大省区，文物古迹不仅丰富多彩，而且具有浓郁的地域特色和民族风格，令世人瞩目。主要体现：一是内蒙古考古学家在大窑、兴隆洼、红山、赵宝沟、朱开沟、夏家店等发现的十余种中国考古学界命名的原始文化遗址，充分证明，在内蒙古这块土地上自距今70万年至5000年前，就一直有先民们在此劳动、生息、繁衍。我国著名的考古学家苏秉琦先生称内蒙古是“文明的太阳升起的地方”，充分肯定了内蒙古早期文明的影响和重要地位；二是中国古代北方游牧民族，如东胡、匈奴、鲜卑、突厥、契丹、女真、蒙古等诸多民族，都从内蒙古大草原崛起，不但在欧亚大陆创建了功勋，而且在内蒙古草原上留下了丰富的文化遗产；三是近现代少数民族文物遗产独具民族特色和地方风格，特别是蒙古族、达斡尔族、鄂伦春族、鄂温克族的民族民俗文物非常有影响。内蒙古文物的上述特点和丰富性，使得内蒙古的文物在全国有着特殊的地位和优势，并为国内外所关注。

此外，内蒙古还拥有3万余幅古代岩画，有1.2万余公里长的历代长城，是全国各省、市、自治区中，岩画最多、长城里程最长的省市区。

【博物馆事业】

1. 发展概况

内蒙古自治区的博物馆事业在建区60年来获得了很大的发展。已由最初的1座博物馆发展到50余座博物馆。近年来，相继新建了一批重点博物馆，主要有内蒙古博物院、呼伦贝尔民族博物馆、鄂尔多斯博物馆新馆、兴安盟民族解放纪念馆。此外，相继落成和改扩建的博物馆还有通辽科尔沁博物馆、包头博物馆、鄂尔多斯青铜器博物馆、成吉思汗陵蒙古历史文化博物馆、乌海博物馆等。仍在规划筹建的博物馆有：赤峰博物馆新馆、乌兰察布博物馆新馆、巴彦淖尔市博物馆。文物和经济基础较好的旗县级博物馆也在蓬勃发展，甚至涌现了一些乡、苏木级的博物馆。随着内蒙古自治区一批名牌企业的涌现，由这些企业投资创办的行业博物馆也开始在自治区博物馆系统中出现。还有一批大学、职业中专也在兴办专题博物馆，与此同时，随着社会的稳定和艺术品收藏事业的发展，以及经济收入的提高，内蒙古自治区由收藏家个人创办的小型博物馆也开始出现。

根据文化部《博物馆管理办法》，内蒙古自治区文物局从2007年初开始开展全区博物馆注册登记工作。截止到2007年年底（统计时间应截止至2007年底），全区已注册登记的各级各类博物馆为47座，其中，自治区级国有博物馆3座（含纪念馆1座）；盟市级国有博物馆8座；旗县级国有博物馆21座；乡镇国有博物馆2座。另有行业博物馆8座；民办博物馆5座。

2. 内蒙古博物院

为了更好地发挥内蒙古自治区直属文博单位的整体优势，进一步发展内蒙古自治区的文物博物馆事业，推进民族文化大区的建设。自治区人民政府决定对内蒙古博物馆、内蒙古文物考古研究所、内蒙古将军衙署博物院三个自治区直属文博单位进行资源整合，共同组建成为内蒙古博物院。经自治区人民政府办公厅批文，成立了内蒙古博物院筹备领导小组，组长由内蒙古自治区文化厅副厅长、文物局局长刘兆和同志担任，副组长由内蒙古文物考古研究所所长塔拉研究员担任。

历时三年建成的内蒙古博物院，于2007年7月31日上午，举行了隆重的落成典礼。新建的内蒙古博物院使用面积为5万余平方米，其外形具有现代与传统相结合的特色，并且融合了草原、穹庐、太空等要素，与附近新落成的内蒙古乌兰恰特大剧院相呼应，如盛开的并蒂莲花，又如白天鹅展开了双翅，共同迎接着海内外嘉宾。

在内蒙古博物院展厅设有《草原的史诗》大型浮雕长卷，重点刻画了从古生代历经原始社会、新石器时代、草原青铜器时代、草原游牧时代、明清时代，直到近现代的草原历史的发展。

内蒙古博物院包括14个展厅，设有“内蒙古地质资源”、“内蒙古现生动物”、“内蒙古古生物”、“航天神舟与内蒙古”、“内蒙古民族历史文物”、“内蒙古少数民族风情”、“内蒙古古代游牧民族”、“内蒙古革命斗争”、“内蒙古民族艺术品”等陈列展览。此外，在内蒙古博物院的广场上，还安放着中央人民政府赠送给内蒙古自治区各族人民群众的“民族团结宝鼎”。

3. 内蒙古包头博物馆

2007年7月5日，内蒙古包头博物馆隆重开馆。该馆面积约1万平方米，设有“燕家梁考古成果陈列”、“岩画陈列”与“包头历史文物精品陈列”及“包头60年建设成就展”等。

4. 内蒙古警察博物馆和内蒙古将军衙署博物院

由内蒙古自治区公安厅筹建，自治区文物局协助的“内蒙古警察博物馆”，经过一年多的努力，于2007年10月15日上午举行了隆重的开馆仪式。

此外，经内蒙古自治区机构编制委员会批复，内蒙古文物交流中心与将军衙署博物院合并，共同组建内蒙古将军衙署博物院。

5. 民族团结宝鼎

2007年8月8日上午，在内蒙古博物院、乌兰恰特剧院广场，隆重举行了中央人民政府赠送“民族团结宝鼎”的揭幕仪式。中共中央政治局常委、中央书记处书记、国家副主席、中央代表团团长曾庆红和内蒙古自治区党委书记储波共同拉动大红绸布，为中央人民政府赠送内蒙古自治区的宝鼎揭幕。其后，中央代表团成员、文化部副部长周和平同志视察了新落成的内蒙古博物院，对博物院建设工程和陈列展览给与了高度评价。

6. 内蒙古自治区成立60周年大庆

为了迎接内蒙古自治区成立60周年大庆，通过展示内蒙古的文物考古成果，庆祝自治区各族人民的节日，自治区文化厅、文物局编辑出版了《内蒙古宝藏》大型文物图录、《内蒙古文物概览》画册等著作。由于内蒙古自治区文物局和文博工作者的共同努力，得以圆满完成60周年大庆的展览和接待任务，在内蒙古自治区党委政府召开的表彰大会上，内蒙古博物院荣获先进集体，自治区文物局有关同志也受到表彰。

广大博物馆工作者抓住六十周年大庆的有利时机，及时地收藏保护了一批文物。其中绝大多数是改革开放以来的新发现，避免了这些文物的损坏和流失。同时，利用这些文物开展展览工作，对广大群众认识、了解、保护文物起了很好的作用。

【第三次全国文物普查】

从2007年7月～9月，由内蒙古自治区文物局举办了第三次全国文物普查培训班。

此项培训共举办三期，其中内蒙古自治区东部盟市两期，西部盟市一期。东部盟市在赤峰市于7月～8月集中培训。西部7盟市于8月～9月，在包头及呼和浩特市市区集中培训。此次培训工作，按照国家、自治区部署，由内蒙古自治区第三次全国文物普查领导小组办公室全面负责。据统计，到8月下旬已总计培训220名文物普查队员，并且经考试合格，领证上岗，准备开展大规模的自治区第三次文物普查。

内蒙古自治区副主席罗啸天听取自治区文物局汇报并部署全区第三次全国文物普查工作。

为纪念自治区第三个草原文化遗产保护日，2007年9月6日下午，内蒙古自治区副主席、全区第三次全国文物普查领导小组组长罗啸天同志，在政府办公厅认真听取了自治区文物局刘兆和局长关于开展第三次全国文物普查工作的汇报。

在听取汇报后，罗啸天副主席对开展第三次全国文物普查的前期工作予以充分肯定，并就下一步的工作予以明确指示。

国务院于9月17日，在国务院小礼堂召开第三次全国文物普查电视电话会议，内蒙古自治区在自治区人民政府设主会场及在各盟市设13个分会场，共有1702人参加了此次会议，盛况空前。

【长城资源调查】

2007年4月20日上午，内蒙古自治区文物局、测绘事业局联合举行了内蒙古长城资源调查工作启动仪式。

内蒙古的长城，涉及战国、秦、汉、西晋、北魏、隋、唐、金和明等多个时代，既有诸侯国之间的防御工事，也有中原与草原民族的对峙，还有许多长城，是一个游牧民族为了防御另一个游牧民族而兴修的，如北魏（拓跋鲜卑）长城之防御柔然，金（女真）界壕之防御蒙古等。内蒙古境内的长城分布在东起呼伦贝尔市西至阿拉善盟，总计长度约13000公里，在全国13个长城分布省、自治区、直辖市中，是里程最长的地区。

依据《全国长城资源调查工作总体方案》的要求，内蒙古自治区的长城资源调查工作，按照明长城、秦汉长城和其他时代长城的顺序分阶段展开：2007年4月20日前，完成了人员培训、组队工作；2007年5月～2008年4月，完成明长城的田野调查及室内资料整理工作；2008年4月～2009年4月，完成秦汉长城的田野调查及室内资料整理工作；2009年4月～2010年12月前，完成其他长城的田野调查及室内资料整理工作。同时，建立起完善的长城记录档案和长城资源信息系统，划定长城的保护范围和建设控制地带。

2007年4月12日～20日，长城资源调查学员培训班在呼和浩特市举办。培训班的培训学员来自各有关地区文博单位的业务人员，及内蒙古自治区测绘事业局的有关人员，培训内容主要涉及长城资源调查的规范与标准；长城资源调查的技术与方法；相关设备的操作、运用；野外实习等多个科目。

自治区文物局、国土资源厅联合成立了长城资源调查工作领导小组和长城资源调查项目管理办公室，制定了《内蒙古自治区长城资源调查总体工作方案》。

2007年8月30日，全国“明长城资源调查阶段性部分省区工作会议”在自治区首府呼和浩特召开。这次会议是明长城资源调查进行到关键阶段的一次重要会议。会议在总结剖析前一阶段实地调查中存在的问题的基础上，提出解决办法和要求，并统一规范各地各调查队的工作，以确保高质量完成长城资源调查工作。

2007年完成了内蒙古自治区明代长城资源调查工作，全区明代长城总里程为1000公里，比原来初步统计调查的800公里多了200公里。9月，全国明长城资源调查经验工作交流会，在内蒙古自治区隆重召开。

【调查勘探和考古发掘】

在配合基本建设项目中，如京呼高速公路、110国道、莫力达瓦尼尔基水电工程、宁城三座店水库、正蓝旗元上都电厂、长庆—呼市输气管道等工程建设及其他生产建设中，依法发掘清理了一些文化遗址，保护了不少重要文物。同时，在开展科学研究和打击犯罪分子盗掘古墓斗争中，发现并保护了一大批文物。重点配合公安部门，查处了清水河县破坏长城等一批违法案件。

内蒙古自治区文物考古研究所对郭地壕遗址进行了抢救性发掘，发现了大量商周时期的文物，为内蒙古中南部地区商周时期考古提供了丰富详实的资料。

内蒙古文物局处理临策铁路建设，要求临策铁路有限责任公司在全国重点文物保护单位居延遗址保护区立即停工并改线。

2007年12月，文物普查人员在通辽市扎鲁特旗道老杜苏木，发掘了一处新石器时代遗址——内蒙古扎鲁特旗南宝力皋吐新石器时代晚期墓地遗址。遗址面积大约有6平方公里，为新石器时期的富河文化时代，是地方属地类型，在现场采集了16件文物，包括红陶罐、石斧、石镞、石磨、石核、石球、骨、蚌器等等，还有细石器打制品。

【大遗址保护】

把保护大遗址和古代建筑作为文物保护的重点工作，先后对黑城、辽上京遗址、敖伦苏木遗址、应昌路遗址以及汇宗寺、喀喇沁亲王府、呼和浩特公主府、乌兰夫故居、“五一”会址等重要文物和古代建筑进行了保护和维修。

为保护内蒙古的珍贵文物遗产，在国家文物局资助下，自治区文物局在奈曼旗开展了“运用拾音报警系统，保护草原文物的专题试点工作”。在2005～2006年试验的基础上，2007年进一步在全国重点文物保护单位——通辽市奈曼旗辽代萧氏陈国公主墓地，开展了保护古代墓群的试点，取得了可喜的成果。

2007年7月11日，“中国大遗址保护研讨会”在呼和浩特市召开。

10月13日，全国重点文物保护单位——内蒙古应昌路遗址保护规划顺利通过了专家论证。该项保护规划由北京建工学院设计，规划期25年。与会专家认为，元代应昌路遗址保护规划具有较强的可操作性，符合国家、自治区文物政策法令，包括了对文物本体的保护，考古研究与生态建设等多项内容，科学合理，对于保护应昌路遗址具有十分重要的促进作用。

【文物科研与人才培养】

举办了文物研究生班，2007年毕业50名研究生；新招收30名研究生，受到了国家文物局的高度重视。国家文物局有关领导认为，内蒙古把人才培养作为战略方针的做法值得全国文物界学习。同时，国家文物局又资助内蒙古自治区举办了两期文物行政人员高级培训班，共培训文物行政人员109名。

【依法行政，严格执法】

进一步加强文物保护法制建设和队伍建设，加强行政执法和行政督察的力量。在内蒙古自治区建立、健全了各级文物行政管理机构，加强文物保护行政执法能力建设和组织机构建设，培养和锻炼出一支精通文物政策法令，在宣传贯彻国家、自治区文物保护法规方面十分得力的文物保护行政执法队伍，提高了全区文物保护管理工作的水平和社会影响。

【先进与表彰】

2007年，托克托县人民政府被评为全国文物保护先进县。该县于2006年拨出100万，扩建了托克托县博物馆。

2007年6月8日，国家文化部、文物局在人民大会堂召开了全国文化遗产保护工作表彰大会，内蒙古自治区被表彰的先进集体2个；先进工作者1名、先进个人4名、优秀长城保护员2名。

辽宁省

【概述】

辽宁省蕴藏着丰富的文物资源，已发现各类文物遗迹11300余处，其中世界遗产地6处，列入世界文化遗产预备名单的项目2处，全国重点文物保护单位53处，省级文物保护单位296处，市、县（区）级文物保护单位1530处，国家级历史文化名城1处，省级历史文化名城7处，国家级历史文化名镇1处，省级历史文化名镇（村）4处；全省各类博物馆共有114座，文物考古研究所、文管所等文物单位68个；全省文博单位文物藏品达28万余件，其中国家一级文物1275件。

2007年，在省委、省政府、国家文物局的关心和支持下，辽宁省文物系统认真学习贯彻党的十七大精神，全面落实科学发展观，以贯彻《文物保护法》和全国文物工作会议精神为中心，坚持“保护为主、抢救第一、合理利用、加强管理”的文物工作方针，在法规建设、文物保护、考古发掘、博物馆建设等方面开展了一系列卓有成效的工作，推动全省文物工作科学化、规范化、有序化发展，取得了令人瞩目的成绩。营口市博物馆被人事部、国家文物局评为“全国文物系统先进集体”，崔玉宽同志被评为先进个人；省文物保护中心被国家文物局评为“全国文化遗产保护工作先进集体”，张中勇、马宝杰、邢启坤同志被评为先进个人。抗美援朝纪念馆荣获“全国十大红色旅游景区”荣誉称号。北镇市被文化部、国家文物局授予“全国文物工作先进县”荣誉称号，至此，辽宁省已经有5个县迈入了全国文物工作先进县行列。

【文物工作会议】

2007年1月11日，辽宁省文物局在沈阳召开了“2007年全省文物工作会议”。辽宁省直属文博单位领导班子成员和全省14个市文物主管部门负责同志参加了会议。会议传达、学习了全国文物局长会议精神，总结了2006年全省文物工作，部署了2007年各项工作任务。与会代表听取了题为《把握机遇　务实创新　奋力推进全省文物事业协调发展》的全省文物工作报告。

《报告》从认真学习，贯彻落实国务院《关于加强文化遗产保护的通知》精神；稳步推进，扎实有效做好文物基础性工作；立足全局，积极做好基本建设中的考古发掘工作；整合资源，充分体现博物馆“宣传展示，服务社会”职能；规范程序，注重提升文物保护工程总体水平；依法行政，有序推进文物执法监督工作等六个方面对2006年全省文物工作进行了总结。《报告》同时指出，当前工作中仍然存在许多不足，对文物工作如何适应市场经济条件下的要求、实现可持续发展缺乏理性思考和应对举措；对文化遗产保护的重要性、紧迫性认识不足；地方性文物保护法制建设不够完善；文化遗产管理和保护专业队伍人才相当匮乏，中坚骨干断层，拔尖人才奇缺；文物安全设施比较落后，安全形势依然十分严峻，这些问题还有待解决。

《报告》分析了2007年辽宁省文物工作面临的形势，提出了2007年全省文物工作的总体思路，并从深入学习贯彻落实《通知》精神，抓紧抓实全省第三次文物普查和长城资源调查试点工作，注重打牢人才和队伍建设基础，着力提升世界文化遗产的保护、管理、服务和展示水平，扎实有效开展文物行政执法工作，不折不扣地做好不可移动文物保护工作，切实加强全省博物馆建设，深化课题研究和对外学术交流，努力完成第七批省级文物保护单位申报工作，坚持不懈做好文物安全工作等十个方面对2007年全省文物工作进行了部署。

【文物基础性工作】

在辽宁省公布第七批65处省级文物保护单位名单后，辽宁省省级文物保护单位达到了240处。

填报了《长城保护总体规划大纲》基础数据统计表，为国家编制《长城保护总体规划大纲》提供了基础数据。配合省发改委，落实了清永陵和赫图阿拉故城保护设施建设项目。配合省建设厅，对辽阳、葫芦岛、凌源等城市总体规划提出了文物部门的意见和建议。

【文物保护进展】

开展了第一批文物保护工程甲级监理资质单位和相关个人资质申报工作。组织甲级勘察设计单位和一级施工单位技术负责人参加了“全国文物保护工程管理及修缮理念研讨班”。

编制了抚顺战犯管理所旧址保护规划并通过国家评审；完成了中前所城、金牛山遗址、辽阳汉魏壁画墓群保护规划的初稿编制；启动了清永陵、九门口长城、奉国寺、广济寺古建筑群等全国重点文物保护单位保护规划的编制工作；完成了元帅林和永陵南城址等省级文物保护单位保护规划立项。

制定并上报了抚顺战犯管理所旧址复原工程、兴城古城部分建筑维修、凤凰山山城北门西段维修等全国重点文物保护单位保护维修方案；完成了清永陵方城缭墙及启运门台明、营口西炮台遗址等全国重点文物保护单位维修保护工程；启动了沈阳故宫东大墙及戏台、佑顺寺大殿、张学良旧居等全国重点文物保护单位维修保护工程。

完成了上海瑞昌成旧址、盖州钟鼓楼、赫图阿拉故城驸马府和城隍庙遗址、黑山阻击战遗址等省级文物保护单位维修保护工程。完成了鞍山驿堡、彭公馆、中国人民志愿军十三兵团遗址等省级文物保护单位的方案编制和审批工作。编制了元帅林墓穴防水、方尖塔及石刻保护方案，完成了部分散落石刻的迁移和编号工作。

继续实施辽塔保护工程。对辽塔保护项目方案进行了科学论证和批复。组织专业测绘队伍对大城子塔、海城银塔等进行了本体测绘并编制了工程实施方案。

【考古发掘】

考古发掘和大遗址保护有新推进。开展了哈尔滨至大连铁路客运专线、大连红岩河核电厂、阜新至北票引白工程等15处基本建设中的考古调查、勘探和发掘工作，总面积达220万平方米，取得了一批价值较高的考古资料。

对抚顺哈塘沟石盖石棺墓群等3处古墓葬进行了抢救性考古发掘，清理墓葬20座。辽宁省文物考古研究所与日本奈良文化财研究所签订了“朝阳地区隋唐墓葬整理研究”的合作协议，启动了双方合作开展资料整理和科学研究项目。继续对喇嘛洞铁器进行保护处理。

稳步推进高句丽遗址保护后续工程。继续对永陵南城址、凤凰山山城等4处遗址进行了考古发掘。完成了对永陵南城址、凤凰山山城、上古城子墓群3处遗迹进行全面测绘的前期工作。

高度重视牛河梁遗址的大遗址保护工作，多次与朝阳市政府沟通协调，形成了关于牛河梁大遗址保护工作的总体思路和工作设想，并得到了省委、省政府领导的认可。专程赴京向国家文物局汇报了牛河梁遗址保护工作设想，得到了国家文物局的帮助指导。

辽宁省文物考古研究所继续与日本奈良文化财研究所开展友好合作交流，签订了新的五年合作计划，项目名称为《朝阳隋唐墓葬整理与研究》。

【博物馆】

博物馆的建设工作取得了新成绩。贯彻落实《博物馆管理办法》，启动了全省博物馆、纪念馆年检工作。鼓励和支持非国有博物馆发展，加强业务指导，严格建馆审批程序。

各级博物馆基础设施建设进展顺利。沈阳新乐遗址博物馆维修改造工作进入施工招标阶段，沈阳二战盟军战俘营纪念馆、沈阳民俗博物馆启动筹建工作。旅顺博物馆完成主馆塔楼维修工程，文物库房改扩建工程列入国家“十一五”规划；旅顺日俄监狱旧址博物馆实施设施改造，根治了主楼墙面长年渗水的问题。鞍山市博物馆完成了新馆功能规划设计。抚顺平顶山惨案遇难同胞纪念馆改造扩建工程完成并试开馆。本溪市博物馆新馆主体工程封顶，进入陈列设计实施阶段。抗美援朝纪念馆国防教育园区建设初具规模。丹东市博物馆基建工程开始动工，陈列大纲已初步完成。辽阳市博物馆、建平县博物馆、阜新蒙古族自治县博物馆完成新馆建设。

中小博物馆提升展示服务水平成果得到巩固和发展。营口市博物馆以社会舆论引导人、敬业精神感动人、丰富内容吸引人、优化服务感染人、多样形式影响人，创新展览服务方式，发挥了提升展示服务水平的典范作用。该馆2007年改造二楼展厅500多平方米，举办专题展和流动展17次，免费向社会开放，全年接待观众近10万人次。

发挥博物馆爱国主义教育基地功能，重视未成年人教育。2007年，全省55家博物馆、纪念馆对儿童实行免票参观，全额拨款的国有博物馆对未成年人集体参观实行免票。辽宁省各级、各类博物馆、纪念馆举办展览100余个，接待观众近700万人次，其中免费参观近400万人次。

【三大品牌】

完成了《打造世界文化遗产品牌》、《打造省博馆藏书画品牌》、《打造辽河文明研究品牌》实施方案，并在落实中取得新突破。

关于打造世界文化遗产品牌。不断加大宣传力度，先后在《中国文化报》、《中国文物报》及省内各主流媒体刊发专版和访谈，提高了辽宁世界文化遗产地的知名度。利用“5·18国际博物馆日”的契机，围绕“博物馆与共同遗产”的活动主题，由中央电视台和俄罗斯电视台合作，选择北京故宫、沈阳故宫、克里姆林宫，向全球现场直播了知名遗产举办纪念活动的盛况。围绕贯彻全国世界文化遗产工作会议精神，举办了第二届辽宁省世界文化遗产地年会、辽宁省世界文化遗产高峰论坛。辽宁省各遗产地启动了相关本体保护工程，千方百计改善服务设施，提高服务质量。

关于打造辽宁省博物馆所藏书画品牌。成立了“中国古代皇帝与名臣书画”、“清宫散佚书画”等研究课题组，出版了《丹青溢彩 翰墨留香》、《清明上河图研究汇编》等大型图录，发表专业论文、译文10篇。加大了内外展览力度，举办了“清代关东名家书画作品展”、“中国古代皇帝与名臣书画精品展”等阵地展16个，赴北京、天津、浙江、江苏举办了特色展览11个，扩大了辽宁省博物馆精品书画在国内外的影响。发挥辽宁省博物馆的人才、阵地和资源优势，举办了“千年奇画——说不完的清明上河图”、“宋徽宗赵佶书画艺术赏析”等10余个专题讲座，进一步从研究层面扩大了辽宁省博物馆所藏书画的知名度。

关于打造辽河文明研究品牌。对“辽河文明展”进行了从内容到形式的全面改陈。该展览整合了全省的馆藏文物资源，是打造辽河文明研究品牌的重要内容，得到国家文物局领导、有关专家学者和社会各界的好评。举办了“唐代科举概说”、“清代服饰与满族风俗”、“纵谈‘辽河文明’与‘辽海文明’”等讲座，扩大了辽河文明在社会的影响力。

【世界文化遗产】

对世界文化遗产的保护、管理、服务、展示和安全工作情况进行了专题调查和重点检查，及时整改了“重申报、轻管理”等方面的问题。

上报了沈阳故宫戏台、清永陵启运门台明维修方案和清永陵消防工程方案，编制了九门口长城保护规划方案，得到了国家文物局的批准。

文化遗产地展示取得良好的社会和经济效益。2007年，五女山山城、沈阳故宫、关外三陵、九门口长城六处世界遗产地累计接待观众224万人次，门票收入1000余万元。

【社会文物管理】

社会文物管理工作得到了新规范。辽宁省文物总店面向重点客户增设了店际交流销售室，加强了日常收购和外省、市文物商店的协作交流，建立了新的客户群体，进一步扩大了市场份额。为提高市场占有率，努力转变经营观念，以公益性活动推动文物店品牌建设，在文博会分会场——沈阳皇寺庙会成功举办了首次专家免费鉴宝活动。

拍卖企业管理进一步加强。严格审批程序，依法对省内拍卖行进行监督管理。规范辽宁省文物拍卖行为，对从事文物拍卖企业进行的10场拍卖会所涉及的4011件文物拍卖标的进行了严格审核并依法备案，防止了违拍、超拍行为。

依法对出入境文物和涉案文物进行审核、鉴定。配合海关查验出境物品39次，查验物品13万余件，查获禁止出境文物3070余件。配合司法部门进行涉案鉴定38次，鉴定物品749件。辽宁省文物保护中心承办了“全国文物进出境审核管理工作暨表彰会议”。

【执法督察与安全保卫】

为加强依法行政，规范文物行政执法行为，进一步推进全省文物行政执法工作开展，2007年统一印发各类执法文书近30种，举办了全省文物行政执法培训班。

调查处理了文物违法案件。对东港市擅自改变文物管理体制，将文物保护单位交给企业运作等问题进行了处理，对违法主体单位“大孤山国家森林公园管理处”进行了行政处罚，并责令进行整改。对朝阳佑顺寺擅自维修文物本体、在保护范围内违法建筑问题进行了调查和处理，下达了《违法建设停工通知书》。朝阳市政府对违法建设工程提出的整改意见，已由辽宁省文物局上报国家文物局。严肃处理了非法采矿破坏牛河梁遗址事件。省文物局两次派员赴牛河梁遗址现场调查，与文物保护专家组有关专家论证评估非法采矿对遗址造成的破坏程度和影响，向朝阳市政府和有关部门提交了执法督察意见和专家结论。朝阳市政府对牛河梁遗址非法采矿问题高度重视，已抓捕犯罪嫌疑人20余名，整治工作取得明显成效。

完成了地方立法的前期准备工作。根据辽宁省政府《关于切实加强文化遗产保护的通知》要求，全面收集资料，积极配合有关部门，完成了制定《辽宁省文物保护条例》的准备工作，为做好辽宁省文物立法工作奠定了基础。

积极开展文物行政执法督察工作。抽调四个市文化局主管局长组成文物执法督察组，分赴沈阳、大连、抚顺、丹东、锦州、营口、朝阳、葫芦岛市，围绕落实文物保护法规、文物安全防护和文物法制建设等方面，开展了文物行政执法督察，认真梳理相关问题，明确了文物行政执法检查、督察的重点，督促有关问题进行整改。

加强了安全制度和设施建设。博物馆风

险等级达标成绩明显，启动了锦州市博物馆、凌海市博物馆、建平县博物馆等文博单位的安防工程建设。沈阳故宫安防工程通过国家文物局组织的验收。对辽宁省重点文博单位和重点部位进行了安全检查，落实了安全责任制度和值班、值宿制度，再次实现了馆藏文物安全年。

【文博宣传出版】

充分发挥了文博单位的社会功能。积极组织开展纪念“5 · 18”国际博物馆日系列宣传活动，当天免费接待观众30余万人次。辽宁省文化系统所属的各级博物馆、纪念馆自觉坚持“三贴近”原则，以融入社会、惠及百姓为己任，举办集知识性、趣味性和教育性于一体的各类展览60多个，接待观众近600万人次，其中免费参观近400万人次。

遗产日当天，举办了“2007年辽宁省世界文化遗产地年会”，六处世界遗产地代表就世界文化遗产保护、管理等相关问题进行了广泛交流。辽宁省内具备开放条件的文化遗产地、文物保护单位、博物馆、纪念馆对社会公众免费开放，各级文博单位都在显著位置张贴了“文化遗产日”宣传画，悬挂庆祝“文化遗产日”的标语口号，各市也结合实际情况，采取多种形式，举行了纪念第二个“文化遗产日”活动。

落实了金牛山遗址、牛河梁遗址、姜女石遗址等六部考古发掘报告的责任单位和责任人，制定了详细的整理和编写出版计划。

【文博科技】

加强文物科研工作，辽宁省博物馆的“中国东北与东北亚古代交通史”等项目通过国家评审和立项，“法库叶茂台辽墓出土纺织品”、“辽宁省博物馆馆藏金属器”两个文物科技保护项目得到国家文物局批准。张氏帅府博物馆成立了张学良研究中心。

【长城资源调查】

长城资源调查取得阶段性新成果。根据国家文物局和国家测绘局的工作部署和安排，先后完成了编制工作方案、成立组织机构、组建调查队伍、参加国家培训、组织省内培训、落实工作经费、购置和配备调查设备等多项前期准备工作。

野外调查工作开展以来，32名一线调查队员克服了重重困难，发挥了主力军和突击队的作用，高质量地完成了2007年度野外调查工作任务，使辽宁省长城资源调查工作取得了阶段性成果，实现了预期工作目标，得到国家文物局和国家长城资源调查项目管理组的充分肯定，并在辽宁省召开了有关会议。截至2007年11月底，调查队员经过半年多的徒步调查，初步确认明长城墙体约1256公里，有效墙体约723公里。辽宁省已率先启动了明长城资源调查后期资料整理、档案编制和报告编制等项工作。

【第三次全国文物普查】

国务院下发了《关于开展第三次全国文物普查的通知》后，辽宁省政府成立了由滕卫平副省长任组长的辽宁省第三次全国文物普查领导小组和省文化厅第三次全国文物普查领导小组，并分别组建了办公室。依据国家文物局的工作规范，各市成立了第三次全国文物普查工作队，各县（区、市）成立了第三次全国文物普查工作组。国务院第三次全国文物普查电视电话会议之后，省“三普”领导小组及时部署落实，使得这项工作稳步推进。

辽宁省文化厅“三普”办制定并下发了《辽宁省第三次全国文物普查实施方案》、《辽宁省第三次全国文物普查宣传方案》、《辽宁省第三次全国文物普查数据采集与报送设备配置最低标准》，编制了《辽宁省第三次全国文物普查经费预算》，落实了省级普查经费，采购并向40个县配置了普查设备。举办了省、市文物主管部门行政领导及100

个县（市、区）文物管理部门人员参加和全省文博系统141名业务人员参加的两期培训班，在朝阳县十二台乡的14个村、龙城区七道泉子镇的12个村、双塔区他拉皋镇的10个村进行了实地普查。组织并指导铁岭、鞍山、营口、丹东、大连5个市先后举办了“三普”培训班。通过逐级培训和实地普查，为全省正式开展文物普查工作奠定了坚实的基础。

吉林省

【概况】

吉林省位于我国东北的中部，东南部属长白山地，海拔一般在1000米以上，间有河谷低地分布，龙岗山脉以东区域隔朝鲜、俄罗斯与日本海相望，是环太平洋文化圈的有机组成部分。吉林省地跨内蒙古草原、松嫩平原和长白山区，地理环境自西向东的差异，使得历史上许多不同经济形态的古代民族在这里生息繁衍，在漫长的游牧、农耕、渔猎中，创造出了缤纷的古代文化，展现了多民族融合的历史风情。肃慎作为东北地区古老的民族，其族系源远流长。鲜卑、契丹、女真、蒙古、满族等曾在这里兴起并在中国历史上产生过重大影响，扶余、高句丽、渤海等均以吉林省为主要地域受封为国，东夏割据，后金崛起……。近代以来，吉林是抵抗沙俄、抗击日本帝国主义侵略的战斗前沿，还是缔造新中国战略反攻开始的地方，因此保存有大量的近现代史迹。吉林省的文物保护工作具有民族性、边疆性、政治性等特点。吉林省的不可移动文物共有6015处，公布为各级文物保护单位834处，其中世界文化遗产1处，全国重点文物保护单位33处，省级文物保护单位272处，市、县级文物保护单位529处。

2007年全省文物工作的总体要求是：在吉林省委、吉林省政府的领导下，紧紧围绕全省文物工作的实际和吉林省文化厅党组的工作部署，明确重点，加快发展，从加强文化遗产保护、继承和发扬民族优秀传统文化的战略高度，为推进社会主义文化大发展大繁荣做出贡献。2007年全省文物保护工作认真贯彻落实“保护为主、抢救第一、合理利用、加强管理”的方针，积极推进把文物保护纳入地方经济和社会发展计划，纳入城乡建设规划，纳入财政预算，纳入体制改革，纳入各级领导责任制的“五纳入”工作，以改革创新精神，开拓新思路，实施新举措，推进全省文物事业不断迈上新的台阶。

【文物工作会议】

2007年1月，吉林省文物局组织专家对各市（州）文化局推荐的第六批省级文物保护单位文本进行评审。通过论证，专家共确定165处不可移动文物保护单位，预备清单已报请省政府。专家组讨论了第一至五批省级文物保护单位由于自然损坏、迁移和地方政府保护不力等原因引发的文物保护工作的问题，以及如何建立省级文物保护单位撤消、濒危机制等问题。

3月26日～28日，由吉林省文物考古学会主办，吉林省文物考古研究所承办，吉林大学边疆考古研究中心、白城市文物保护管理所、白城市博物馆协办的全省第六届考古学会第一次学术年会在白城市召开。辽宁、黑龙江及省内的考古专家、学者和考古工作者共120余人参会。国家文物局文物保护司司长顾玉才，市政府副市长刘劲翔、省文化厅纪检组长、监察专员翟利国出席会议。顾玉才司长在讲话中肯定了吉林省近年来在文物保护工作中作出的贡献。他说，就文物资源来说，吉林省在全国算不上是文物大省，但吉林的考古发掘项目屡屡获得全国“十大”考古发现，这表明吉林省的考古工作做得比较好；吉林的考古报告出版速度快，成果比较多；在考古发现后，吉林遗址的保护工作做得比较好，尤其是吉林对高句丽遗址的发掘及后续的保护工作，在全国成为典范。此次学术年会的主题是文物保护和“四有”建设。与会的考古专家和考古工作者围绕这一主题展开交流、探讨，总结经验，力求研讨出吉林省考古在“十一五”期间新的发展思路，为下一步工作打下坚实基础。

10月12日～18日，吉林省第三次全国文物普查培训班在通化市柳河县举办，来自全省各市（州）、县文物部门及省直文博单位的140多名业务骨干参加培训。国家文物局文保司司长顾玉才出席开班仪式，作了重要报告，并对吉林省第三次文物普查工作提出四点建议。培训班为期七天，课程内容丰富多彩，授课形式灵活多样，在理论、技术、操作等各个层面都作了周密部署。不仅邀请国内及省内知名专家讲授吉林省各个时期田野考古学概要，而且邀请GPS公司资深工程师现场指导具体操作。此次培训培养和锻炼了吉林省文物普查工作的骨干力量，提高了吉林省文博系统工作人员的专业知识、技能和水平，标志着吉林省第三次全国文物普查工作全面启动。

【法规建设】

2007年5月24日，《吉林省文物保护条例》经省十届人大常委会第三十五次会议审议（二审）并通过，即日起实施。原1986年吉林省第六届人民代表大会常务委员会第二十次会议审议通过的《吉林省文物保护管理条例》（2002年吉林省第九届人民代表大会常务委员会第三十四次会议修改）同时废止。中共吉林省纪委、省监察厅驻省文化厅纪检组长、监察专员翟利国列席会议。

【文物保护】

2007年3月，吉林省文物局组织编制大遗址保护规划、文物征集方案、博物馆安防方案；同月，会同省财政厅完成文物保护专项经费及大遗址保护经费申报工作。

第二个遗产日之前，根据《中华人民共和国文物保护法》、《中华人民共和国文物保护法实施条例》、国务院《关于加强文化遗产保护的通知》(国发〔2005〕42号)、新修订的《吉林省文物保护条例》相关规定，为了进一步加强文物保护工作，针对不同文化遗产的特点，采取切实可行的保护方式，科学规划，妥善处理文化遗产保护与经济发展、人民群众生活条件改善的关系，认真做好文物保护单位的保护、管理和合理利用工作。吉林省人民政府核定公布第六批省级文物保护单位165处和保护范围及建设控制地带，其中近现代重要史迹及代表性建筑20处，古建筑及石刻18处，古遗址113处，古墓葬14处。此次公布的省级文物保护单位比前五批的总和还多，省级文物保护单位已达272处。

11月，长春市十二届人大常委会第三十八次会议通过了《长春市人民代表大会常务委员会关于加强历史建筑和历史文化街区保护的决议》，划定了历史建筑和历史文化街区的核心保护区、建设控制区，任何单位和个人不得擅自调整和改变，“紫线”范围内的建设活动不得危害或危及受保护的历史建筑和传统格局。文物保护修缮要按照《中华人民共和国文物保护法》“不改变文物原状”的原则，保存全部历史文化信息。

9月，为全面落实科学发展观，促进社会主义先进文化建设，提高吉林省文化遗产保护管理水平，吉林省人民政府办公厅向各市（州）人民政府，长白山管委会，省政府有关部门印发《关于成立吉林省第三次全国文物普查领导小组的通知》（吉政办函〔2007〕156号）文件，决定成立吉林省第三次全国文物普查领导小组，由副省长陈晓光任组长，省政府副秘书长冯巍和省文化厅厅长周维杰任副组长，成员包括省文化厅副厅长尹俊明，省发展改革委副主任彭永林，省民委副主任李明辉，省民政厅副巡视员兰亚明，省财政厅副厅长张永田，省国土资源厅副厅长刘保威，省建设厅副厅长褚民华，省交通厅副厅长王树森，省林业厅副厅长乔恒，省水利厅副厅长车黎明，省文化厅纪检组长、监察专员翟利国，省统计局副局长程建华，省测绘局副局长张凤赞，省军区政治部副主任王泽等。领导小组办公室设在省文化厅，负责领导小组日常工作。办公室主任由尹俊明兼任。

【考古发掘】

2007年4月，吉林省双辽市发现距今6000年至5500年的古墓群。双辽市境内东辽河右岸的后太平青铜文化遗址群（包括东岗子遗址，后太平遗址，盘山遗址，七棵树遗址，打靶沟遗址，大金山遗址及后太平墓地）分布集中，包含新石器早、晚期、商周、春秋、战国、两汉、辽代等各时代文化遗存。其中，春秋早期文化遗存初步判定为白金宝文化的一个新类型，是迄今所知白金宝文化的南部边缘。该古墓群的发现，对考古研究有重要意义，省政府已将其公布为第六批省级文物保护单位。

【博物馆】

2007年5月，吉林省博物院新馆在长春市净月开发区奠基，吉林省通钢板石矿业公司国家矿山博物馆开工建设，长春伪满皇宫博物院被评为5A级旅游景区。

2005年，通钢板石矿业公司作为吉林省内惟一的推荐单位，参加了国土资源部首次组织的国家矿山公园评审并通过，取得了首批国家矿山公园建设资格。矿山博物馆是国家矿山公园建设的重要组成部分，也是国家矿山公园验收的必备硬件之一，集科普、科研、观赏、旅游等多种功能于一体。板石国家矿山公园博物馆由吉林省关东建筑设计院策划设计，中国第四冶金建设公司承建，通化市诚信监理有限责任公司负责工程监理。工程总投资529万元，建筑面积2550平方米。

伪满皇宫博物院创建5A级旅游景区通过国家终评，正式被确定为全国首批5A级旅游景区。此次全国共评出5A级旅游景区66家，国内文博系统仅有故宫博物院、承德避暑山庄、秦始皇兵马俑博物馆、伪满皇宫博物院4家。伪满皇宫是中国末代皇帝溥仪充当伪满洲国傀儡皇帝的宫廷遗址，景区总面积20万平方米，是国内现存比较完整的宫廷遗址之一。2001年，伪满皇宫博物院确立了“三年恢复伪满皇宫原貌”的工作目标。经过几年的“修旧如旧”，核心保护区等4个功能区10余个大项目陆续建成开放，开放的景点达30多处，推出各类原状陈列、基本陈列和专题展览50余个，已架构起独具特色的陈列展览体系，年游客量达到65万人次，旅游收入连续几年保持了30%以上的增长速度。2007年2月，长春伪满皇宫博物院“勿忘‘九一八’——日本侵略中国东北史实”专题展览获得全国十大文物精品展览。

2007年9月27日，在“英雄城”四平市，四平战役纪念馆新馆正式开放。原吉林省省长、全国人大法律委副主任委员洪虎，省委常委、省委秘书长马俊清，省人大常委会副主任杨庆才，省政府副省长金振吉，四平市委书记王克成，市委副书记、市长李福升，市人大常委会乡任陈永江，市政协主席苑光伟，原市级老领导，驻平部队首长及曾参加四战四平的老首长的子女林晓霖、李亚彬、李亚宁、刘卫兵、邓青青、邓英、邓穗、周晓斌；包括曾参加四战四平的指战员代表郝建岳、张连顺、董仁、王凤阁、吴连和、李洪瑞6名老战士在内的2000余人出席开馆庆典。四平战役纪念馆新馆建筑面积5158平方米，主体建筑顶部结构呈弧形，主体偏轴位置呈圆形，象征着四平战役中人民军队的功绩和先烈们的英灵与日月同光；馆两侧略向内环抱，象征着纪念馆欢迎来自四面八方的参观游客。在解放战争中，由于四平战略位置极其重要，从1946年3月到1948年3月，中国共产党领导的人民军队与国民党军队先后四战四平，其中四平保卫战、四平攻坚战以作战时间长、投入兵力多、伤亡数量大、影响范围广著称。

2007年12月，吉林省文化厅根据《博物馆管理办法》，审核批准设立丰满水电博物馆。吉林市丰满发电厂是我国第一座大型水力发电厂，已累积了70年的水电工业文化，是我国水电发展史的缩影。为了及时抢救工业文物和保护历史文化遗产，充分展示中国水电事业发展的艰辛历程和新中国建立以来我国水电事业取得的辉煌成就，丰满发电厂已建成我国第一座以水电为主题的博物馆，但冠名使用“中国丰满水电博物馆”名称还需按照相关规定另行向中编办履行报批手续。

2007年12月19日～23日，由吉林省文联、吉林日报社主办、吉林省博物院、北京泉林艺苑文化公司、李苦禅纪念馆、李苦禅艺术馆、山东泉林纸业集团承办的“情系白山松水——李苦禅画展”在吉林省博物院隆重举行。吉林省人大常委会副主任张恩祥，副省长陈晓光，省政协副主席魏敏学和主办单位吉林日报社社长蒋力华等领导出席开幕式并剪彩。李苦禅先生（1899–1983）是近现代中国画绘画大师，原名李英杰，后改名李英，号励公，山东高唐县人。他出生在一个贫苦的农民家庭，曾考取北京国立艺专，接受过系统的美术院校教育。李苦禅先生早年拜齐白石为师，先后在杭州艺专、北京艺专任教授，他的画作来自生活、田园小景，尤其喜欢画大型鸟类，雄鹰、苍鹭，也偶画山水。他的中国技法画深得清代大画家石涛、八大山人以及吴昌硕之精髓。

12月12日上午，由吉林省档案局（馆）主办的“百年记忆——吉林档案珍藏展”，在省博物院拉开帷幕。此次展览为期4天，向公众免费开放。吉林省委副书记王儒林、省人大常委会副主任朱忠民、省文化厅厅长、党组书记林君、省文化厅副厅长尹俊明及省直有关部门负责同志参加了开幕式。据悉，此次展览是建国以来吉林省最大规模的一次档案珍品展览。展品以全省各级综合档案馆馆藏重点档案为主，特邀中国第一历史档案馆、第二历史档案馆参加并展出珍贵档案。其中部分原件和文献手迹，是第一次向社会公开展出。展览以档案的视角，向广大观众展示百余年来，勤劳勇敢的吉林省各族人民推翻封建统治、抵御外敌入侵、建立人民政权、建设美好家园、全面振兴吉林的奋斗历程和源远流长的地域文化。

【执法督查与安全保卫】

2007年4月，由国家文物局、吉林省公安厅、吉林省质检站、吉林省博物院组成的安全技术防范工程审核小组对吉林省博物院近现代史博物馆安防系统工程进行验收。经过综合检查，该工程正式通过了国家级验收。

10月19日～20日，吉林省在柳河县举办全省文物行政执法培训班，来自各市（州）、县文物部门及省直文博单位的140多名业务骨干参加了培训。国家文物局副局长董保华出席开幕式并为学员上了第一课。吉林省人民政府法制办主任王启业和中共吉林省纪委、省监察厅驻省文化厅纪检组长、监察专员翟利国为学员讲授文物行政执法课程。

【宣传出版】

2007年4月，吉林省制定方案，部署全省第二个遗产日活动，宣传文物法及文化遗产；12月，吉林省文物考古研究所出版考古发掘报告《西古城》。

【其他】

2007年4月，吉林省文物局会同人事厅推荐“全国文物系统先进集体”和“全国文物系统先进工作者”，会同厅人事处推荐“全国文化遗产保护工作先进集体”和“先进个人”。长春伪满皇宫博物院被人事部、国家文物局评为“全国文物系统先进单位”；集安市文物局被国家文物局评为“全国文化遗产保护工作先进集体”；吉林省文物考古研究所付佳欣被人事部、国家文物局评为“全国文物系统先进工作者”；延边州文管办李强、白山市文管办张殿甲、前郭县文管所景富被国家文物局评为“全国文化遗产保护工作先进个人”。吉林省前郭县被文化部、国家文物局评为“全国文物工作先进县”。

2007年5月，吉林省文物局认真答复了吉林省十届人大五次会议代表提出的《关于整修恢复爱国主义教育基地——白山市石人血泪山的建议》（第55号建议）、吉林省政协九届五次会议委员提出的《关于新农村建设中应注意保护身边的古村落的提案》（第28号提案）、吉林省政协九届五次会议委员提出的《关于在伪满皇宫博物院建立“伪满洲国”穹幕电影的提案》（第39号提案）、吉林省政协九届五次会议委员提出的《关于吉林省城市建设中加强文物保护和博物馆建设的提案》（第42号提案），并对人大代表和政协委员对文物保护事业的关心和支持表示感谢。

黑龙江省

【概况】

截至2007年底，黑龙江省共发现各类文物遗址4700余处，公布文物保护单位600余处，其中全国重点文物保护单位29处，省级文物保护单位191处，市（县）级文物保护单位400余处，国家级历史文化名城1座，省级历史文化名城3座（原呼兰县、阿城市撤县、市变区，并入哈尔滨市，故减少2座）。经过几代文物工作者的不懈耕耘，黑龙江省已勘察到的文化遗产从新石器时代直到近现代遗存丰富，历史链条清晰，其中一大批各时代文物遗存，在国内外享有很高知名度，有很多已成为地区和城市的名片。

【文保工程管理】

黑龙江省文化厅文物保护处对桦川县瓦里霍吞城址、集贤县滚兔岭城址、宝清县炮台山城址、绥滨县奥里米城址防洪工程，齐齐哈尔市碾子山区建设遗址公园、哈尔滨市呼兰区萧红故居维修、宁安市宁古塔将军府遗址维修、渤海上京遗址5个保护工程、甘南县阿伦河城址、哈尔滨市阿城区金上京遗址等13项文物保护单位保护规划和保护工程进行论证与批复；并对3个申报乙级文物保护工程勘察设计和施工资质的单位进行了论证与批复。

【文物保护经费情况】

黑龙江省文化厅积极向国家和省财政争取资金，开展文博基础工作。组织了省直及地市县文博单位完成2007年度文物遗址保护、安全消防、藏品保护、库房维修、文物征集方案及专项资金申报工作。与省发改委联合完成“十一五”期间大庆市博物馆中心库房及三江平原汉魏时期凤林城址抢救性文物保护设施建设国债投资申请报告，组织有关专家对其可行性研究报告中文物保护设施建设方案进行认真论证，形成文物部门审核意见，上报国家发改委、国家文物局，得到批准。从国家文物局、省发改委、省财政厅、省委宣传部等部门争取到第三次全国文物普查、长城资源调查、文物征集、馆舍维修等文物保护专项经费共计1150余万元，为黑龙江省文物工作的发展提供了更为广阔的空间。

各市县也积极争取政府投入，加强文物保护单位维修保护工作。齐齐哈尔市向社会融资136万元，进行了省级文物保护单位“五教道德院”和市级文物保护单位“于驷兴故居”修缮工作。孙吴县政府拨款5万元，对省级文物保护单位“侵华日军七三一细菌部队——孙吴六七三支队”和县级文物保护单位“伪满发电厂”进行了保护维修；五常市拨专款3万元，专门用于文物保护工作；集贤县利用国家专项经费，完成了滚兔岭防洪护坡工程任务。

【哈尔滨文庙维修】

哈尔滨文庙主体及附属建筑自1929年建成以来，基本未进行过大修。2007年，重点对二院东、西庑进行维修方案的审定、工程招标、建筑施工工作，东、西庑屋顶、彩画修复和新建西坛门及围墙土建等各项工程已基本完工。委托中国文物研究所制定的《哈尔滨文庙保护规划立项报告》、《哈尔滨文庙大成殿、乡贤祠和围墙的抢救性维修方案》获国家文物局批准。

【考古发掘】

2007年，黑龙江省文物考古研究所配合基本建设，开展哈尔滨磨盘山水库供水二期管线工程调查勘探遗址10处、考古发掘3000平方米，大庆油田泰来地区考古发掘2000平方米，出土文物标本100余件，中俄石油管线考古调查与勘探32处，渤海上京遗址皇城南门址发掘1300平方米；对鸡讷公路方正于家屯，通河太平村2处遗址及拉林至舒兰公路五常马家屯遗址进行发掘，对哈大客运铁路建设及宁安渤海镇住宅楼考古开展调查与勘探，取得丰硕成果。

【博物馆】

1. 概况

黑龙江省的博物馆事业是国内起步较早、发展较快的省份之一。截至2007年底，拥有馆藏历史文物和自然标本168692件，一级文物277件（套），实际数量294件，二级文物1396件，三级文物14844件。馆藏文物大部分集中在黑龙江省博物馆、东北烈士纪念馆、黑龙江省民族博物馆及黑龙江省文物考古研究所，藏品量占全省的80%以上。各级各类博物馆、纪念馆共有100余座，其中隶属文物部门的博物馆57座，行业博物馆23座，私人博物馆29座。黑龙江省的各级各类博物馆已经成为具有鲜明地方特色的文化品牌，在开展精神文明建设，推动地方经济社会发展中，发挥了重要窗口作用。

2. 文博系统博物馆业务管理

博物馆阵地宣传作用得到加强。黑龙江省直及地市各博物馆坚持基本陈列常年对外开放，并注重对未成年人等特殊群体免费开放。东北烈士纪念馆进一步完善基本陈列《黑土英魂》，黑龙江省博物馆《邓散木艺术陈列》重新修改后隆重推出。黑龙江省民族博物馆延长开馆时间，结合馆舍文庙特点，举办“开蒙礼”、“成丁礼”、“状元桥上送状元”等，并将此类活动作为基本陈列补充的一部分，长期坚持下来。各地市结合地方文物资源特点，举办了各种形式的展览。齐齐哈尔市政府投资300万元，推出《嫩江文明的诉说》、伊春市政府投入500万元重新对伊春恐龙博物馆设计布展，提高了可视性和观赏性，受到社会的欢迎和赞许。

特色展览丰富多彩。黑龙江省博物馆“至尊国礼——中华人民共和国国礼巡展”、东北烈士纪念馆为配合中国俄罗斯年举办的“中国国家展·红梅花儿开”、哈尔滨文庙大型祭孔活动，以及各博物馆的小分队巡展活动，都在提高可视性观赏性和服务水平上下功夫，受到社会的欢迎和赞许，扩大了博物馆在社会中的影响。

行业博物馆指导力度不断加大。近年来，黑龙江省行业和民营博物馆发展较快，规范、有效地管理行业和民营博物馆是一个重要研究课题。发挥公益型博物馆以外的收藏力量，鼓励和扶持行业博物馆和民营博物馆拓展文物收藏渠道。黑龙江省文化厅多次组织专家对大庆油田历史陈列馆、黑龙江大学博物馆等行业博物馆的基本陈列大纲及相关工作进行论证，提升了这些行业博物馆的专业水准和业务管理层次。

博物馆陈列精品不断推出。黑龙江省文化厅博物馆处组织专家重点对齐齐哈尔市博物馆的“嫩江文明的诉说”、大庆油田历史陈列馆的“大庆油田历史陈列”等进行内容和形式论证，对其参评全国十大陈列展览精品进行策划和业务指导。大庆油田历史陈列馆“大庆油田历史陈列”、齐齐哈尔市博物馆“嫩江文明的诉说”分获国家文物局举办的全国十大陈列展览精品奖和最受观众欢迎奖。这是黑龙江省首次行业博物馆的陈列参评获得的最高奖项。

3. 大型博物馆建设

2007年5月，黑龙江省文化厅完成黑龙江省博物馆新馆陈列大纲的最后修订工作，为建筑设计部门提供新馆功能区划分及特殊功能需求任务书。省发改委正式批复：同意省博物馆新馆立项申请。同月，黑龙江省发改委会同省文化厅组织完成省博物馆新馆建筑方案设计招标资格预审工作。根据黑龙江省政府第34次常务会议关于“省博物馆新馆由省和哈尔滨共同建设”的决定，黑龙江省文化厅会同省发改委，与哈尔滨市政府多次协商。9月6日，哈尔滨市人民政府市长办公会议决定：由松北区政府负责回购抵押给建行的月亮湾土地使用权，并按黑龙江省博物馆要求划拨12万平方米，作为新馆建设用地。黑龙江省博物馆新馆建设用地测量工作11月份已完成。

【第三次全国文物普查】

2007年7月6日，黑龙江省政府下发《黑龙江省人民政府关于开展第三次文物普查的通知》（黑政发[2007]49号），成立了以副省长程幼东为组长的第三次文物普查领导小组，各有关厅局负责人担任普查领导小组成员。8月17日，黑龙江省文化厅下发《黑龙江省文化厅关于组建第三次全国文物普查机构的通知》，组建了“黑龙江省第三次全国文物普查领导小组办公室”和“黑龙江省文化厅第三次全国文物普查办公室”。自上而下组建了普查机构和普查队伍，全省及多数地市举办了第三次全国文物普查启动仪式及培训班，共培训文物普查专业人员200余人。根据调研及多方咨询，制定了符合黑龙江省省情的普查实施方案。黑河、牡丹江、大庆三个试点市分别举办了文物普查培训并开始了普查试点工作。其中，牡丹江市林口县政府非常重视，拨出6万元专款率先开展了田野调查工作。在9月10日～10月20日的文物普查期间，新发现不可移动文物遗址共18处。黑龙江省的普查工作启动后，又以信息月报和工作简报的形式，及时向国家文物局普查办上报普查信息。

【长城资源调查】

黑龙江省齐齐哈尔等地的金长城（金界壕遗址）和牡丹江等地的牡丹江边墙被国家列入长城资源调查及保护工程项目。任务下达后，黑龙江省文化厅迅速召开长城沿线的市、县文化、文物部门动员会议，分解任务指标，并会同省测绘局制定《黑龙江省长城资源调查工作实施方案》，建立长城资源调查工作领导机构和议事协调机构；与内蒙文物局沟通协商，达成了两省为界的金长城由黑龙江省调查测绘的协定；编制了2007～2010年长城调查的经费预算。按照黑龙江长城分布特点，组建了3支调查队伍，其中金代长城（金界壕遗址）调查工作队伍2支，牡丹江边墙调查工作队伍1支。每支队伍由考古、文物保护、绘图、摄影、摄像等人员组成。8月16日～23日，举办了全省长城资源调查培训班。10月～11月开展金长城田野调查。全年金长城调查完成碾子山区段和龙江县部分段落30公里的调查任务，新发现关堡1座，烽火台1处，并发现一处长度为300米左右的第三道界壕，采集到许多金代遗物，获取了长城沿线两侧一定范围内的基础地理信息数据和专题要素数据，完成了6处关堡的绘制工作。

【社会文物管理】

1. 概况

为扩大博物馆馆藏，省内各博物馆积极倡导流散文物征集工作，并取得成效。大庆市博物馆开创集东北第四纪古生物化石征集、研究和修复制作工作于一体的综合文物征集工作，该馆征集的古生物化石种类齐全，石化程度高，在全国东北第四纪古生物化石的保护、研究和展示方面独树一帜。瑷珲历史陈列馆是全国唯一一处全面反映中俄东部关系史的大型陈列馆，近年来，以此为内容的文物征集工作成果显著。牡丹江市文管站与市委宣传部联合对辖区内的近现代文物进行调查，将在普查中一批保存较好，价值较高的近现代文物登记在册；望奎县林枫故居纪念馆积极发掘地域文化优势，将北皮影戏代表性人物谷宝珍的早年作品征集入馆。

2. 文物鉴定管理

对大庆市文物管理站、尚志市文物管理所、哈尔滨平房春和博物馆近千件文物进行鉴定并指导其按规范建立藏品档案。大庆铁人博物馆、大庆油田历史陈列馆、黑龙江大学博物馆等行业馆，完成基本陈列所需的数千件文物的征集工作，经鉴定，三级以上文物达数百件。

【执法督查与安全保卫】

2007年，黑龙江省加强对文物执法工作的指导和对大要案的查处。

黑龙江省文化市场稽查总队成立了文物执法科，开展执法工作。黑龙江省、哈尔滨市文物部门相互配合，对阿城巨源镇出土古铜钱哄抢事件等进行及时处理，黑河市对各市县相关执法人员开展了执法学习考核工作，建立了执法人员档案。并由文物稽查支队对全市重要遗址进行了执法督查，对发现的问题及时进行了处理。

1月，哈尔滨市文物部门对宾县新立屯辽金－明清城址、方正于家屯汉魏城址遭违法施工毁坏事件责任单位进行了行政处罚，并对当事人进行了处理。

3月，宾县文体局文管所接到举报，在滨洲镇文化路广明废品收购站依法查获收缴古钱币十六袋，黑龙江省文化市场稽查总队文物执法科指导当地文物行政部门按照行政执法程序，依法开展工作。后来当事人向法院对宾县文体局提起行政诉讼。因违法事实清楚，法律依据充足，执法程序健全，最终宾县文体局胜诉。此次文物行政执法在当地引起很大反响，树立了文物行政部门的威信，也使当地群众保护文物的意识有所增强。

7月，呼兰河故道民工挖沙过程中，发生哄抢近代沉船事件，哈尔滨市文物部门对此事进行了处理。同月，国家文物局2007年度文物行政执法专项督察组对哈尔滨市、牡丹江市、宁安市、双鸭山市、宝清县、友谊县、虎林市进行督察，听取汇报并实地检查。

【文博教育与人才培训】

8月16日～23日，黑龙江省文化厅和省测绘局在齐齐哈尔市联合举办了全省长城资源调查培训班，对来自齐齐哈尔市、牡丹江市、龙江县、甘南县、齐齐哈尔市碾子山区、宁安市的文物和测绘部门的长城资源调查队员进行了培训。

9月20日～26日，黑龙江省第三次全国文物普查领导小组在哈尔滨市举办了第三次全国文物普查启动仪式及全省文物普查人员培训班。13个地、市的主管市长和主管文物的局长，31个国保县的业务骨干共计100余人参加了为期7天的培训。

11月15日～27日，国家文物局、黑龙江省文化厅联合举办全省地市文博管理干部培训班，对13个地市及农垦部门文化局主管局长、文物管理站站长、博物馆馆长和省直文博单位班子成员共计80位学员进行了为期两周的培训，使学员接受了系统全面的文物法律法规、文博管理、文博专业技能等方面的学习，提高了管理水平和专业技术能力。结业前闭卷考试，为合格者颁发了国家文物局、黑龙江省文化厅联合盖章的岗位培训证书。

【文博宣传出版】

东三省唯一的文博期刊《北方文物》杂志出版4期，发稿86篇共68万字。出版《东北亚考古资料译文集》第七集，收录俄、日、朝、韩四国论文22篇共40万字。《黑龙江省文物志》（1986～2005年）修订工作全面展开。

【5·18国际博物馆日】

2007年5月18日，是第31个国际博物馆日，主题是“博物馆和共同的遗产”。黑龙江省文化厅与哈尔滨市文化局联合组织市区30余家博物馆、纪念馆、陈列馆及文物收藏单位，在哈尔滨建筑艺术馆广场设立中心讲台，开展系列宣传活动。黑龙江省各地市也纷纷组织了各具特色的展览宣传活动。

【中国文化遗产日】

2007年6月9日，由黑龙江省文化厅、哈尔滨市文化局共同主办的黑龙江省暨哈尔滨市第二个“中国文化遗产日”集中宣传活动在哈尔滨市中央大街举行。省、市领导出席了开幕式，省委常委、宣传部长衣俊卿发表了重要讲话。来自省直、哈尔滨市直的20余家博物馆、纪念馆及省非物质文化遗产保护中心和文化厅机关等数百人参加了宣传活动。通过近千块展板、海报、彩旗标语、空中宣传条幅、宣传单等形式开展了丰富多彩的宣传活动，重点展示了各级领导视察黑龙江文化遗产、重要考古发现、全国重点文保单位和省级文保单位的概况、全省长城资源调查等内容。同时，通过专家现场鉴定文物、解答咨询、可触摸文物、“东北二人转”的专场演出等活动形式，拉近了与观众交流的距离。现场气氛十分热烈，吸引了大批观众驻足观看。各地市均以不同的主题宣传活动，特别是结合第三次全国文物普查工作，开展了本地文化遗产的集中宣传活动，引起社会各界的广泛关注。

【表彰与荣誉】

黑龙江省东宁县被文化部、国家文物局公布为全国文物工作先进县。侵华日军第七三一部队罪证陈列馆被国家文物局授予全国文化遗产保护工作先进集体；东北烈士纪念馆被国家文物局授予全国文物系统先进集体；哈尔滨市文物管理站获国家文物局颁发的2007年文化遗产日组织奖；哈尔滨市文物管理站站长刘云才、大庆市文物管理站站长暨博物馆馆长张凤礼、望奎县林枫故居纪念馆馆长席洪礼被国家文物局授予全国文化遗产保护工作先进个人。

江苏省

【概况】

2007年，江苏省文物工作贯彻落实科学发展观，以倡导和谐理念、培育和谐精神、营造和谐氛围、维护和谐社会为目标，坚持“保护为主，抢救第一，合理利用，加强管理”的文物工作方针，按照“突出重点，狠抓难点，锐意创新，注重实效”的工作思路，大力推进全省文物保护事业科学发展、和谐发展。全省现有各级文物保护单位3000余处，其中全国重点文物保护单位120处，总数位居全国第七位。省级文物保护单位645处。全省现有国家级历史文化名城8座，国家级历史文化名镇10座，国家级历史文化名村2座，省级历史文化名城6座，省级历史文化名镇17座，省级历史文化名村4座。全省现有各类博物馆、纪念馆180多家，馆藏文物约90万件，其中一级文物1818件(套)。

【文物工作会议】

2007年1月25日，江苏全省文物工作

会议在镇江召开。江苏省文化厅党组书记、厅长章剑华，江苏省文化厅副厅长、省文物局局长王慧芬，镇江市人民政府副市长王萍等领导出席会议。全省各市、县（市）和部分区文化（文物）局分管局长，各市文化（文物）局文物处处长或文管办主任、博物馆馆长共130人参加会议。会议传达学习国家文物局召开的4个会议的主要精神，回顾总结2006年全省文物工作情况，全面部署2007年全省文物工作任务，研究如何充分把握全面建设社会主义和谐社会的战略机遇，使文物工作更好地融入经济社会发展大局，积极推进全省文物事业的和谐发展。江苏省文化厅厅长章剑华做重要讲话，省文化厅副厅长、省文物局局长王慧芬作题为《注重实效，锐意创新，全面推进全省文物工作的和谐发展》的工作报告。

2007年9月26日，江苏省人民政府在南京召开全省文化遗产保护工作会议，回顾总结“十五”以来江苏文化遗产保护事业的成就、经验和存在问题，全面部署江苏省“十一五”文化遗产保护事业发展规划及工作意见。省委书记李源潮、省长梁保华专门为会议作出批示。文化部党组成员、国家文物局局长单霁翔作题为《城市文化建设与文化遗产保护》的专题报告。省政府副省长张桃林发表讲话。会议由省政府副秘书长唐建主持。国家文物局文保司司长顾玉才，江苏省文化厅党组书记、厅长章剑华，省政府办公厅副主任何国平等出席会议。江苏省人事厅纪检组组长刘中宣读《关于表彰全省文化遗产保护工作先进集体和先进个人的决定》；省文化厅副厅长、省文物局局长王慧芬宣读全省从事文化遗产保护工作满30年的同志名单。江苏各市、县（市、区）政府分管文化遗产工作的市、县（市、区）长，各市文化（文物）局、建设局、公安局局长等出席会议。周恩来纪念馆等10个单位被评为全省文物系统先进集体，施展等10名同志被评为全省文物系统先进工作者并受到表彰。为从事文物工作满30年的91名人员颁发荣誉证书。

【文物法制建设】

2007年，江苏省文物局积极开展文物行政执法工作，在全国率先推进文物行政执法体制创新和文物行政执法责任制，以常州市为试点，完成文物行政执法“三定”方案，将文化遗产保护行政执法工作纳入文化行政综合执法范畴。加强文物违法案件查处力度，依法查处一批文物违法案件，通过新闻媒体向全社会宣传文物保护工作。

【文物行政执法制度、机构建设】

推进文物行政执法体制创新。江苏省文物局重视文化执法体制改革工作，提出建立文化综合行政执法机构的设想，并将文化遗产行政执法纳入文化行政综合执法范畴，创新和突破中央及江苏省建立“文化市场综合行政执法机构”方案的要求。会同省编办联合出台《关于在文化体制改革中加强文化遗产保护行政执法队伍建设的意见》，以常州为试点，指导形成《常州市文化行政综合执法支队职能配置、内设机构及人员编制方案》，核定编制为30人，该方案将在全省推广。由江苏省文物局申报的“创新文化遗产行政执法机构建设”项目，在省政府法制办组织的制度创新奖评比中，荣获“法制工作创新奖”。

推进文物行政执法责任制。贯彻落实国务院办公厅《关于推行行政执法责任制的若干意见》和江苏省政府办公厅《关于全面推行行政执法责任制的实施意见》，要求各级文物行政部门逐步建立完善相关配套制度，在全省推行文物行政执法责任制。按照《行政许可法》的规定和要求规范文物行政许可的受理和审批行为，制定行政审批流程，明确审批时效，并通过网络等方式向社会公示。进一步完善文物行政执法评议考核机制和文物行政执法监督机制，将执法机构、岗位和人员的具体职责，执法流程、时限和责任等，通过网站和设置公告栏等方式向社会公示，接受社会监督。

【文物法制宣传】

组织召开全省文物法制工作会议，举办江苏全省文物法制成果图片展览，对文物法制培训先进单位进行表彰和奖励。江苏省文物局和《江苏文化周讯》联合发行第二期文物法制专刊，广泛宣传文物法制建设工作。编印《文化遗产保护依法行政实用手册》，收录已公布实施的与文化遗产保护相关的法律、法规及有关文化遗产保护的文件，普及文物保护法律知识。

【文物行政执法】

2007年，江苏省举办十期文物法制培训班，开展全省三年文物法制培训评比活动，苏州、常州、扬州等市获优秀组织奖，淮安、徐州、镇江、连云港等市获组织奖。10月，江苏省文物局召开全省文物法制工作会议，举办“江苏省2005—2007年文物法制建设成果展”。与江苏省公安厅联合开展文物行政执法检查工作，推动全省文物、公安部门的文物执法工作。指导高邮市文物局立案查处农民发现文物隐匿不报、非法买卖国有文物案，新沂市文化局依法查处省级文物保护单位小徐庄遗址遭开发性破坏案，宿迁市文物局依法查处擅自破坏市级文物保护单位通汇桥案。大丰市文化文物部门主动执法，追回春秋战国时期古钱币郢爰21枚，中央电视台《经济与法》和《人与社会》栏目专门作了报道。2007年共组织35场（次）文物标的鉴定审核工作，接受公检法系统的涉案鉴定委托15起，鉴定涉案物品617件，其中三级文物4件，一般文物337件。

2007年5月，江苏省文化厅、省文物局会同省编办联合下发《关于在文化体制改革中加强文化遗产保护行政执法队伍建设的意见》，明确要求各级机构编制和文化（文物）行政部门加强文化遗产保护行政执法队伍建设，要求在重组文化行政综合执法机构时，将文化遗产保护行政执法工作纳入文化行政综合执法范畴。《意见》得到文化部和国家文物局的重视，文化部在《文化政策法规通讯》上全文刊登，国家文物局向全国转发。

【文物保护概况】

以加强名人故居、古民居等历史文化资源的保护为重点，加快实施文物保护抢救工程。强化历史文化名城、名镇（村）管理。按照文化部部长孙家正提出的“世界一流的遗产，世界一流的保护、管理和服务”的标准，做好世界文化遗产保护工作。抓好第三次全国文物普查工作，完成普查计划的制定和普查试点等工作。

【文物保护基础工作】

推进第六批省级以上文物保护单位记录档案编制工作，苏州、常州、淮安等市第六批省级以上文物保护单位记录档案编制工作已经完成。

江苏省文物保护单位保护规划编制工作取得进展。2007年，江苏省文物局加大对全省全国重点文物保护单位保护规划编制工作力度，确定南京城墙、南朝陵墓石刻等为重点督查对象。《丹阳南朝陵墓石刻保护规划》编制完成并上报国家文物局。

江苏省级以上文物保护单位保护范围和建设控制地带划定工作稳步推进。苏州市在全省率先完成省级以上文物保护单位保护范围和建设控制地带划定工作，南京、南通、无锡、徐州等市省级以上文物保护单位保护范围与建设控制地带划定工作接近尾声。

【名人故居（纪念馆）、古民居抢救保护工程】

2007年，江苏省委宣传部、省文物局启动“江苏省名人故居（纪念馆）、古民居抢救保护工程”，并确定无锡阿炳故居等10个保护工程项目。4月，江苏省委宣传部、省财政厅联合下发《关于下达2007年第一批省宣传文化发展专项资金资助项目及资金的通知》，确定资助金额1000万元。9月3日，在如皋市集贤里民居广场举行工程启动仪式，江苏省委常委、宣传部长孙志军出席启动仪式。至2007年底，已完成无锡阿炳故居、徐州李可染故居、苏州张凤翼故居、高淳吴氏宗祠、扬州胡笔江故居等5个维修项目。

【世界文化遗产申报、保护与管理】

2007年1月，按照国家文物局的要求，江苏省文物局完成对南京城墙等5项世界文化遗产预备项目的文字简介和英文翻译工作，并上报国家文物局。1月，江苏省文物局下发《关于贯彻落实世界文化遗产保护管理办法，加强我省世界文化遗产保护管理的意见》。12月，首次召开“江苏省世界遗产地保护管理工作会议”，对全省世界文化遗产保护工作进行回顾总结，对下一步工作提出要求。为加强大运河江苏段保护规划编制工作，江苏省文物局组织召开大运河江苏段保护规划编制工作会议，在广泛征求意见的基础上拟订《大运河江苏段保护规划编制技术规范》，以进一步推进大运河江苏段的保护工作。2007年9月，扬州市被国家文物局确定为中国大运河联合申报世界文化遗产牵头城市，9月26日，国家文物局、江苏省人民政府在扬州市举行“大运河联合申遗办公室”挂牌仪式，国家文物局局长单霁翔、江苏省人民政府副省长仇和为“大运河联合申遗办公室”揭牌。

【文物保护工程管理】

2007年，江苏省文物局共论证审核批准省级以上文物保护单位维修及保护方案90余项，全省共有155处各级文物保护单位得到维修保护，其中镇江焦山炮台遗址、淮安苏皖边区政府旧址、宿迁财神庙等文物保护工程项目相继竣工并通过验收。

为规范文物维修工程管理，继江苏省文物局公布一批资质单位后，国家文物局又公布一批文物保护工程设计甲级和施工一级资质单位，江苏省有7家单位入选，其中勘察设计甲级资质单位2家：南京博物院，苏州市计成文物建筑研究设计有限公司；施工一级资质单位5家：常州古建园林建设集团有限公司，金坛市兴业古典建筑园林建设有限公司，无锡市园林古典建筑有限公司，苏州市计成文物建筑工程有限公司，江苏天开景观工程有限公司。截至2007年底，江苏省共有文物保护勘察设计资质单位29家，文物保护施工维修资质单位38家。

【历史文化名城、名镇（村）保护】

2007年2月，江苏省文物局会同省建设厅召开全省名城名镇保护工作座谈会，对全省历史文化名镇名村保护提出要求。省建设厅会同省文物局上报第三批中国历史文化名镇、名村申报名单，无锡市被国务院公布为国家历史文化名城，南通市被江苏省人民政府公布为省级历史文化名城。为加强历史街区保护，江苏省政府办公厅转发省建设厅、省文物局《关于加强历史街区保护工作的意见》。

2007年5月31日，建设部、国家文物局联合下发《关于公布第三批中国历史文化名镇（村）的通知》，正式公布第三批中国历史文化名镇（村）名单，全国共有41座名镇和36座名村入选。江苏省淳溪镇（高淳县）、千灯镇（昆山市）、安丰镇（东台市）等3座古镇，明月湾村（苏州市吴中区西山镇）、陆巷村（苏州市吴中区东山镇）等2座古村入选，入选数量位居全国前列。至此，江苏省共有中国历史文化名镇10座、历史文化名村2座。

2007年12月20日～21日，全国文物工作先进县表彰大会在北京召开，文化部、国家文物局授予北京延庆县等36个县（市、区）为“全国文物工作先进县”。江苏省常熟市荣获“全国文物工作先进县”称号，常熟市副市长钱向宏作为先进县代表发言。

常熟市是江苏省县（市）中唯一的国家历史文化名城，拥有文物保护单位116处，其中全国重点文物保护单位3处、省级文物保护单位18处、市级文物保护单位95处，历史保护街区4个，崧泽文化、良渚文化等古文化遗址66处。常熟博物馆馆藏文物15000余件，藏品质量和数量居全省前列，其中国家一、二级文物百余件。该市按照文物工作“五纳入”要求，将历史文化名城及其文物保护工作纳入全市国民经济和社会发展计划，编制了文物保护“十一五”规划、古城保护详规和历史文化街区保护规划，不断加大对文物保护的财政投入，将文物管理工作纳入法制化、规范化、科学化的轨道。

【第三次全国文物普查工作】

江苏省人民政府成立江苏省第三次全国文物普查工作领导小组，下设办公室，负责普查日常工作。江苏省文物局确定南京市、苏州吴中区和徐州邳州市为全省文物普查试点单位，在镇江召开试点单位工作会议，组织试点单位有关人员赴全国文物普查试点城市浙江省宁波市参观学习，为试点单位配发普查器材，进行现场野外演示。7月7日，江苏省政府下发《省政府关于做好我省第三次全国文物普查工作的通知》。召开领导小组第一次全体成员会议。11月，召开省普查办公室成员、文物普查业务指导小组成员联席会议。举办全省文物普查培训班，1100余人参加培训。下发《江苏省第三次全国文物普查实施方案》、《江苏省第三次全国文物普查宣传方案》。9月底，全省第三次全国文物普查第一阶段工作全面完成，10月，正式进入第二阶段实地调查工作。

【博物馆】

2007年，江苏省博物馆、纪念馆结合博物馆社会服务提升工程，举办一系列高水平的展览，业务管理与社会服务水平得到提高。

1．博物馆陈列展示

2007年，江苏省文物局策划并成功举办“全省馆藏精品文物巡回展览”，其中“六朝青瓷展”、“江苏历代书画名家精品展”、“大风歌——两汉文明展”、“吴国青铜器展”等，陆续在南京、镇江、常州、南通、连云港等地展出；南京博物院、南京市博物馆、扬州市博物馆分别举办考古成果专题展，包括“大越之风——无锡鸿山越国贵族墓出土文物展”、“藏龙卧虎——南京考古新发现展”和“今月照古人——扬州蚕桑汉墓考古成果汇报展”等。江苏内外馆际交流展览得到加强。2007年年底，江苏省文物局组织全省博物馆优秀陈列展览评选活动，共评选出精品陈列展览8个，内容创意优秀展览4个，形式设计优秀展览4个，综合效益优秀展览5个。在第七届全国博物馆十大陈列展览精品评选中，扬州中国雕版印刷博物馆的“中国雕版印刷陈列”获得最佳形式设计奖，南京市博物馆的“虎踞龙蟠——南京历史文化陈列”获得提名奖。

2．博物馆建设与管理

常州博物馆、淮安博物馆、侵华日军南京大屠杀遇难同胞纪念馆、新四军江南指挥部纪念馆、苏皖边区政府纪念馆等一批新建和改扩建的博物馆、纪念馆对外开放。徐州淮海战役纪念馆、溧阳新四军江南指挥部纪念馆开馆。完成江苏全省博物馆、纪念馆登记和博物馆的年检工作。组织专家论证审核镇江焦山碑刻博物馆等15家单位的安防方案。经国务院批准，无锡民族工商业博物馆、南通审计博物馆、南通珠算博物馆冠以“中国”名称。组织对全省博物馆、纪念馆免费开放情况进行专题调研，为推进博物馆、纪念馆对全社会免费开放提供依据。完成《2006年中国博物馆年鉴》、《中国博物馆志》江苏部分撰写任务并上报。配合江苏省妇联做好中国妇女儿童博物馆文物征集工作。

3．江苏省馆藏精品系列巡回展

为贯彻落实“三贴近”的工作方针，整合江苏馆藏文物资源，提高博物馆展览陈列水平，2007年，江苏省文物局启动“历史的回顾——江苏省馆藏精品系列巡回展”，包括“江苏史前文明展”、“吴国青铜器展”、“两汉文明展”、“六朝青瓷展”、“历代书画名家作品展”、“江苏考古成果展”等系列项目，2007～2009年期间，分期、分批在全省各市（含部分县）博物馆巡回展览。其中，由南京市博物馆承办的“六朝青瓷展”，是对该馆藏的三国、东晋、南朝期间南方烧造的青瓷精品的集中展示；南京博物院、苏州博物馆、常熟博物馆承办的“江苏历代书画名家精品展”系统展示江苏历史上各主要艺术流派名家的书画精品和代表作；南京博物院承办的“大越雄风——鸿山越国贵族墓精品展”首次展出2004年度“中国十大考古新发现”之一的无锡鸿山越国贵族墓出土的精品文物；徐州博物馆承办的“大风歌——两汉文明展”以江苏考古出土的汉代珍贵文物为主，以鲜明的时代风格和地方特色反映出江苏地区汉代文明的发展水平。2007年，以上展览已在南通、南京等地完成巡回展出。

【考古发掘】

抓好田野考古发掘和考古报告清理工作，完成南水北调一期控制性项目考古发掘工作。制定《江苏省抢救性考古发掘暂行管理办法》，进一步加强全省抢救性考古的管理。编制完成南水北调二期控制性文物保护规划和实施方案，审核32项考古发掘项目，对江苏省8项基本建设项目进行前期考古调查勘探。启动“十五”以来江苏省考古报告的清理工作，重点抓好“十五”期间130项考古发掘、3大工程建设及10个十大考古新发现积压报告的清理工作。

南水北调一期控制性项目考古发掘工作全面完成。在江苏省文物局的统一组织下，完成淮安鸭州汉唐墓地等8个项目的考古发掘工作，共完成勘探面积109320平方米，发掘面积8100平方米。发现汉至清代古墓葬107座，宋元时期居民点一处，清代古代粮仓遗址一处。出土各时代文物、标本600余件。

“江苏金坛、句容土墩墓”考古是江苏省多年来规模最大的抢救性发掘项目。2005年4月～9月，为了配合江苏宁常、镇溧高速公路建设，江苏省文物局调动全省和在宁高校120多名专业人员，组成10支考古队对沿线46座土墩墓进行为期四个半月的抢救性考古发掘。该发掘项目被国内、省内专家和领导誉为“我国基本建设工程中考古工作的样板”、“江南土墩墓考古的里程碑”。“句容、金坛土墩墓考古”继2006年被评为“全国十大考古新发现”和“中国社会科学院六项重要考古”之后，2007年又获得“国家田野考古二等奖”（一等奖空缺）。此外，“溧阳神墩遗址”和“南京江宁上坊孙吴大墓”考古入围“2006年十大考古新发现”。

【社会文物管理】

加强文物市场规范化管理，引导市场健康有序发展。配合国家文物局对江苏省的文物商店、文物拍卖企业、收藏家协会、民间收藏者情况和民间文物、艺术品的收藏情况进行调查和汇总。组织拍卖企业参加申报一类文物拍卖资质专业人员考试。指导拍卖公司规范、合法经营，协助工商行政管理部门制止、查处3场违法文物拍卖活动。

【文物宣传概况】

积极开展文化遗产保护重大活动。配合国家文物局组织“中国文化遗产保护无锡论坛——乡土建筑保护”。策划并组织“第二个文化遗产日暨江苏省第三届文物节”活动，召开江苏省文化遗产保护大会。与江苏省文化厅、南京图书馆举办纪念朱偰先生诞辰一百周年座谈会。扬州市组织世界运河名城博览会。盐城市举行新四军成立七十周年纪念活动。

【第二个“文化遗产日”暨第三届江苏省文物节系列活动】

2007年6月3日，江苏省文化厅、省文物局在南京博物院举行新闻发布会和新闻媒体采访团启动仪式，拉开“第二个文化遗产日暨第三届江苏省文物节”系列活动序幕。6月9日，“第二个文化遗产日暨第三届江苏省文物节”系列活动开幕仪式在南京图书馆隆重举行，活动的主题是：保护文化遗产，构建和谐社会。江苏省委、省人大、省政府、省政协有关领导和意大利、韩国、英国等外宾以及有关方面的负责同志近千人出席开幕式。活动期间，组织文化遗产保护专题文艺演出和天籁的交响——国家非物质文化遗产展演艺术大典；组织“新闻媒体采访团”赴南京、苏州、常州、扬州、徐州对文化遗产保护进行专题采访；发行《人文江苏——江苏省全国重点文物保护单位图集》、《江苏省第一批国家级非物质文化遗产要览》、《人文遗韵——江苏省第一批非物质文化遗产诗意解读》；制作文化江苏，智慧遗存——江苏首批列入国家非物质文化遗产的37个项目的专题片；举办第二届中国非物质文化遗产保护·苏州论坛和江苏省文物保护与利用论坛；组织中外专家文化遗产保护知识讲座和非物质文化遗产保护知识讲座；举办“江苏历代书画名家精品展”、“鸿山遗址考古成果展”、“六朝青瓷展”、以及非物质文化遗产——“江苏省工艺美术精品展”；组织了文物保护法律咨询和文物藏品义务鉴定活动等。江苏省各地按照省文化厅、省文物局统一部署，结合地方实际，采取不同形式，开展丰富多彩的活动。扬州博物馆被国家文物局授予“文化遗产日组织奖”。有关活动的各类新闻报道达250多篇。

【文物人才培训概况】

江苏省着眼于人才总量增长和人才素质提高，制定落实人才队伍建设规划，拓宽培训工作的领域和渠道，形成培训形式的多样化、制度化。2007年，江苏省举办全省第三次全国文物普查、全省文物法制、全省博物馆讲解员和文物项目经费管理培训班，共有355人参加培训，其中文博人员172名，行政领导183名。江苏省各地亦加强培训工作，组织文物普查等各类培训班，有1000多人参加培训并取得普查资格证书。

【文博理论研究与科研工作概况】

组织开展江苏省文博优秀论文评选活动，各市上报参评论文120多篇，评选并出版《2007年度江苏省文博优秀论文集》，苏州、南京、无锡等市获论文评选优秀组织奖。评审各地上报科研课题47项，其中上报国家文物局13项，有1项被国家立为“指南针”计划，有8项被立为省级文物科研项目。完成《中国文物地图集·江苏分册》编辑工作，并通过国家文物局的评审。江苏省文物局编印的《人文江苏·江苏省全国重点文物保护单位图集》在第二次全省优秀档案编研成果评选中获得一等奖。

【文物保护专项经费管理】

江苏省文物局与省财政厅制定下发《江苏省文物保护专项补助经费使用管理办法》，规范文物保护专项补助经费使用管理。无锡市探索多渠道多元化筹集资金方式，成立国内首个文化遗产保护基金会，募集资金2400多万元。

【对外合作交流】

接待参观访问江苏的韩国文化财厅代表团及韩国外宾，与韩国忠清南道进行文化文物交流探讨。接待考察江苏三国文化的日本代表。接待考察江苏、扬州的大运河保护的联合国教科文组织世界文化遗产保护专家英国亨利一行。第二个文化遗产日暨第三届江苏省文物节期间，意大利、韩国和英国外宾应邀出席活动开幕式。与意大利就保护与利用无锡工业遗产项目合作如何进一步延伸，以及邀请无锡泥人和宜兴陶艺赴意大利展览等问题进行磋商。邀请英国伦敦大学塔布教授来江苏就欧洲国家的文化遗产保护中的法律等有关问题作专题讲座。组织江苏省文博代表团赴西班牙、埃及和土耳其等地考察交流文化遗产保护工作。

浙江省

【概况】

2007年，浙江省顺利开展第三次全国文物普查，全面实施历史文化遗产保护工程，行政执法工作开始步入制度化轨道，考古工作取得历史性突破，世界文化遗产申报工作迈出坚实步伐，博物馆展示教育、服务社会工作迈上新台阶，成绩喜人。

根据国务院文件部署，浙江省各市、县（市、区）全面展开第三次全国文物普查。各地基本完成了第一阶段工作任务。

浙江省继续深化文物行政执法责任制，加强文保事项的事前监管，以确保文物本体安全及环境风貌完整为重点，加强文物流通和文物库房、安全技防工程的管理，文博风险单位安防达标率75.73%，继续保持全国领先。

2007年，浙江省、市、县三级文物执法监察机构上下联动，积极配合公安、海关等部门打击各类文物违法犯罪活动，加大文物执法巡查和违法案件查处力度，共查处文物违法行为100多起，行政处罚35起。

在不可移动文物与历史文化名城（街区、村镇）方面，浙江省确定实施第一批文物保护利用示范预选项目，并继续做好历史文化名城（街区、村镇）的保护管理，金华公布为国家级历史文化名城，绍兴东浦、宁波前童、义乌佛堂、江山廿八都、桐庐深澳及永康厚吴入选第三批中国历史文化名镇（村）。

世界文化遗产申报积极开展中，确定了杭州西湖、良渚遗址为近年申遗工作重点，其中杭州西湖为率先申报项目。

考古工作取得重大突破，良渚文化古城遗址的发现被誉为继殷墟之后的又一重大成果。田螺山遗址发掘荣膺2006～2007年度“田野考古奖”三等奖。

浙江省的博物馆网络体系建设积极推进，博物馆业务管理和展示服务得到切实提高，第一批陈列展览精品项目得以实施。“庞贝末日——源自火山喷发的故事”展、“归去来兮——赵孟頫书画精品回家展”等一大批重点展览赢得了社会的广泛关注和高度赞誉。“吴兴赋——湖州历史与人文陈列展”荣获第七届全国博物馆十大陈列展览精品奖。

课题研究有新成果，国家文物局委托的博物馆评估定级课题研究和试点工作如期完成，《民间收藏文物调查及发展规划编制》课题研究基本完成相关报告的撰写。京杭大运河（浙江段）的基础调查、研究、保护工作已开展。中国丝绸博物馆的《中国古代传统刺绣工艺的研究与保护》、浙江大学的《<营造法原>的数字化工具研究》被列为2007年度文化遗产保护科学和技术研究课题。中国丝绸博物馆成为《指南针计划——中国古代发明创造的价值挖掘与展示》专项中“古代纺织品发明创造文化遗产科学价值研究试点”的中标单位。浙江省文物考古研究所《浙江新石器时代木制器物材质特点的研究》课题通过结项验收。浙江省博物馆“出土饱水木质文物的真空冷冻升华脱水研究”和浙江大学“基于传统材料科学化的濒危石质文物加固材料研究”被确定为浙江省首批文物科技保护项目。

宣传与信息化工作取得新进步，“文物调查及数据库管理系统”建设取得阶段性成果。《浙江文物》刊物和浙江文物网建设进展显著。国家文物局政府网站信息员工作座谈会暨第三次全国文物普查网络宣传工作研讨会在杭召开，第三次全国文物普查宣传信息工作得到全省普遍重视。浙江省、市、县各级文物执法监察机构也加大了有关法律法规的宣传力度。国际博物馆日和文化遗产日期间，浙江省各地纷纷举办了形式多样、行之有效的活动。

此外，浙江省积极开展人员培训，一批先进单位和个人受到不同级别的表彰。

【文物工作会议】

2007年1月，2007年度浙江省文物工作座谈会在杭举行。会议围绕抓住发展大好机遇，全面推进浙江省文物工作这一主题展开讨论。

5月28日，浙江省历史文化遗产保护管理委员会召开2007年度全体会议，听取了物质和非物质文化遗产保护工作情况及提请省政府审议事项的汇报，原则通过了关于开展第三次全国文物普查工作的方案、第二批浙江省非物质文化遗产代表作名录、申报第二批国家级非物质文化遗产代表名录及浙江省2007年“文化遗产日”的活动方案。

7月18日，“2007年上半年浙江省文物行政执法工作座谈会”在杭召开。会议通报了浙江省文物行政执法机构上半年的工作情况，指出了存在的问题，提出了下半年要开展的工作和意见。

8月10日，浙江省第三次全国文物普查动员大会在杭召开。会议就浙江省开展第三次全国文物普查工作进行了动员和部署。

9月11日，浙江省第三次全国文物普查领导小组第一次全体会议召开。会上，相关人员对浙江省第三次全国文物普查前期准备工作进展情况进行了汇报，并就相关事宜进行了讨论。

9月17日，浙江省召开第三次全国文物普查电视电话会议。会上对浙江省第三次全国文物普查进行了动员和部署，绍兴市介绍了试点工作情况。

10月18日，浙江省第三次全国文物普查工作会议在杭举行。会议就浙江省第三次全国文物普查由第一阶段转入第二阶段的相关情况进行总结。

【政策研究、法规建设】

2007年，浙江省政府发出《关于在浙江省开展第三次全国文物普查的通知》，就浙江省开展第三次全国文物普查的重要意义、工作要求、时间安排和组织、经费、宣传等方面的保障进行了明确。浙江省各地依据相关要求，制定、采取了一系列政策和举措。

经浙江省政府法制办、省编委办审核，省全面推进依法行政领导小组办公室确认，浙江省文物局被确定为省级文物行政许可实施主体，确认31项行政许可项目并对外公告。浙江省文物局继续完善行政许可制度，组织制作了行政许可格式文书（试行），制定了《浙江省文物保护行政许可事项技术审查工作规程（试行）》；并继续完善政务公开和专家咨询制度，规范行政决策机制。因成绩突出，浙江省在全国文物法制工作会议上做了先进经验交流发言。

2007年，由宁波市人大通过并经省人大批准的《宁波市文物保护点保护条例》正式颁布。这是宁波市在现行法律法规对文保点的界定和保护未作出专门规定情况下，在国内率先实行立法的地方性法规，填补了国内文物保护法律的空白，也为全市尚未公布为文保单位的不可移动文物的保护提供了法律保障。

2007年，浙江省经批准、明确文物行政执法职能并增挂牌子的部门已达72家，占浙江省的81%。为推进文物执法监察工作的制度化建设，浙江省文物局先后出台《浙江省文物行政执法日常巡查办法（试行）》、《浙江省文物行政执法责任制督查办法（试行）》、《浙江省文物违法事件、安全事故报告制度（试行）》等文件。浙江省文物监察总队还将承担的36项执法监察职责印发市、县参照执行。浙江省、市、县三级文物执法监察机构上下联动，开展大规模巡查，2007年共出动5000余人次，检查文保单位、博物馆等2000余处。

【文物保护】

1. 概况

2007年，浙江省加强文物保护单位基础工作，基本完成了第六批国保单位及第四批省保单位的记录档案建档工作；并继续开展省级以上文保单位保护范围和建设控制地带划定，还配合国家文物局开展了文保单位保护范围和建设控制地带划定标准的制定。浙江省文物局以实施文物维修项目管理制为重点，加强了对文物保护工程立项、设计、施工、验收等环节的指导和监督，认真实施《浙江省文化保护工程》确定的文物保护利用示范预选项目的申报、评估、审定和实际操作，充分发挥重点项目的示范、带动作用，以国保单位和省保单位为基本对象，首批确定了杭州飞来峰造像等六项文物保护利用示范预选项目，在资金、技术等方面予以重点扶持。

相关部门继续依法实施文物保护工程，加大对涉及文物保护的建设工程的事前监管力度，以确保文物本体安全和环境风貌完整为重点，加强对文物保护单位异地迁移、保护范围与建设控制地带内建设生产活动等事项的管理，同时积极推进大遗址保护和展示利用工作。

此外，浙江省做好历史文化名城（街区、村镇）的保护管理，金华成为国家级历史文化名城，绍兴东浦等6处村镇入选第三批中国历史文化名镇、名村，使浙江省国家级历史文化名城增至6座，中国历史文化名镇、名村达14个。

2. 文物保护规划

2007年，浙江省积极开展文物保护单位保护规划的编制，依法加强对浙江省文物保护单位维修方案、保护规划的审查，先后召开泰顺廊桥等文保单位的保护规划论证会，全年共参与二十余处历史文化街区、村镇保护规划的论证和审查，同时主动介入城市总体规划及其他相关规划的审查，认真做好监督，从严控制风貌协调区的建设，有效推进传统街区的保护整治。

3. 文保工程质量标准

浙江省制订了《浙江省〈文物保护工程管理办法〉实施细则》（试行）、《浙江省文物建筑保护利用管理办法》、《宁波市文物保护点保护条例》等规范性文件，并已进入征求意见阶段。在文化遗产保护标准化建设方面，浙江省古建筑设计研究院、浙江省古典建筑工程监理有限公司联合承接了《文物保护工程档案规范》行业标准这一课题。

4. 文保工程管理

浙江省高度重视文保工程规范化管理，审查了几十处省级以上文保单位的维修方案，实施了一批文保单位维修工程和滩坑水电站库周文物抢救性保护工程，并对一批省级以上文保单位的修缮工程进行了检查或初步验收，进一步推进省级以上文物保护单位专项保护规划编制工作，论证、审查了一批文保单位的保护规划。

相关部门继续做好文物保护勘察设计、施工资质的认证，根据国家文物局要求，完成首批文物保护工程监理资质单位的初审和上报，并依法授予3个单位文物保护工程勘察设计乙级（含乙级）以下资质，5个单位施工二级（含二级）以下资质，使浙江省文物保护工程资质单位总数达53家，勘察设计资质单位15家、施工资质单位37家、监理资质单位1家。

5. 文物保护经费情况

2007年，国家重点文物保护专项补助经费补助浙江省15项文物保护项目，共计740万元；国家大遗址保护专项经费补助浙江省大遗址保护项目3项，经费1000万。浙江省各级政府投入文物保护的资金有较大幅度增加，省财政用于文物保护的资金投入为4700

万元/年。文物部门还积极引导社会资金进入保护领域，兰溪、义乌、东阳等市、县注意筹集民间资金，用于宗祠等公共文物建筑的维修。

【考古发掘研究】

2007年，浙江省配合大型基本建设项目，有重点地开展实施了杭长高速公路等20项考古发掘项目，并配合国家博物馆水下考古中心启动浙东沿海水下考古调查。余姚田螺山遗址考古发掘获2005～2006年度田野考古奖三等奖。

2006年6月起，浙江省文物考古研究所组织实施了良渚遗址莫角山周边的考古勘探，经过18个月的努力，取得重大成果，在莫角山四周发现良渚文化时期的完整古城墙基址。良渚古城总面积290多万平方米，是长江下游地区首次发现的良渚文化时期城址，也是目前所发现的中国同时代城址中最大的，堪称“中华第一城”，可谓继殷墟之后中国考古界的又一重大发现。它的发现改变了良渚文化文明曙光初露的原有认识，标志着良渚文化已经进入了成熟的史前文明发展阶段，为探索良渚文化在中华文明起源中的地位和作用提供了全新的资料，将极大推动中国文明史研究进程和考古学发展。

2006年9月～2007年1月，余杭镇南湖进行试掘，收集到大批遗物并发现了几处遗迹。

2006年12月～2007年5月，安吉县高禹镇五福村一岗地上的四座春秋至西汉初期的封土墓葬进行了抢救性发掘，从而为研究越地楚式墓葬的形制特点、墓葬习俗及器物演变提供了宝贵资料。

2007年4月～7月，田螺山遗址继续进行发掘，出土了极丰富的文化遗存和自然遗存，为更全面、准确地了解田螺山人的生存状况及自然环境创造了条件。

6月，长兴县小浦镇光耀村石头山废弃石矿中发现了一处旧石器时代洞穴遗址——合溪洞遗址，出土了近千件动物化石和数件有人工痕迹的骨制品。这是浙江省首次发现有人类文化遗物的洞穴遗址，对研究旧石器时代晚期的古人类演进和文化内涵有着极重要的意义。

10月，德清亭子桥原始瓷窑址进行考古发掘，已取得重大阶段性成果：出土了大量器物及仿青铜礼、乐器，揭露了多处龙窑窑床遗迹，在窑床底部发现成组器物，并在地层中出土大量各式垫具（其中乐器和窑具均为浙江省首次出土），为探索中国瓷器烧造技术的成熟与发展，研究宫庭用瓷的生产与管理提供了具有极高价值的实物资料。

【博物馆】

1. 概况

2007年度，浙江省大力推进博物馆网络体系建设，至年底，浙江省各级各类博物馆总数已达201座。

同时，各地共举办陈列展览项目近600个，接待观众逾1000万人次，推出了一大批重点展览。湖州市博物馆“吴兴赋——湖州历史与人文陈列”荣获第七届全国博物馆十大陈列展览精品大奖。这也是浙江省非省会城市博物馆首获这一最高奖。“浙江省陈列展览精品项目”实施工作取得成效，13个陈展项目获奖，浙江省欠发达地区的12个陈列展览项目获得经费补助。

除举办陈列展览外，浙江省各博物馆先后赴省内十个市、县，开展义务为民鉴宝系列活动；中国茶叶博物馆在国庆黄金周期间特别推出茶文化咨询、中小学生学茶艺等活动，均受到广泛关注和欢迎。

为积极发挥博物馆的社会教育功能，浙江省各文博单位在平时注意充分发挥爱国主义教育作用，2007年共有18处文博类单位被评为第六批省级爱国主义教育基地。

浙江省文物局多次组织专家对新建博物馆及其文物库房进行讨论、评审，并加强文物保存环境达标工作，推进了文物保存环境的改造；还评定了一批博物馆的等级。

2．文博系统博物馆业务管理

在用好用足2007年度浙江省直属博物馆600万文物征集经费的基础上，浙江省文物局积极争取省财政支持，获追加经费290多万，为各省直博物馆补充布展急需的缺环文物创造了条件。2007年浙江省总计征集文物（标本）3700余件（套），超额完成年度征集工作。

"陈列展览精品项目"专题工作会议的召开，进一步推进了浙江省博物馆陈列展览的交流协作和藏品资源的整合利用，形成了打造精品展览、提升展示教育水平的共识，有效推进陈列展览精品项目的实施。

浙江省文物局及时审批、上报修复方案，确保德清县博物馆等四家单位的可移动文物保护修复项目有效实施；并审定浙江省博物馆、中国丝绸博物馆为修复一级资质单位，宁波市文物保护管理所为修复二级资质单位；还完成了浙江省博物馆、中国丝绸博物馆甲级设计资质的推荐上报，组织开展浙江省内博物馆的登记工作。

3．大型博物馆建设

2007年2月，筹备近3年的"沃土嘉禾——历史时期的嘉兴"陈列展在嘉兴博物馆开幕。陈列分为"秀水如歌"等六大部分，详细记录了嘉兴的发展历程，反映了江南文化和嘉兴人文精神。

4．博物馆间的交流与合作

2007年，浙江省各博物馆大力整合国内文物资源，积极举办精品展览。浙江省博物馆先后从贵州省博物馆、江西省博物馆、广西壮族自治区博物馆引进"霓裳银装——贵州少数民族服饰展"、"赣鄱吉金——江西新干大洋洲商代青铜王国展"、"鼓声悠远——广西瓯骆文化遗粹展"等极富地域文化特色的文物大展；还赴河北省博物馆、江西省博物馆、贵州省博物馆、甘肃省博物馆、贵阳美术馆等处，举办了"黄宾虹作品展"、"吴昌硕作品展"。杭州历史博物馆与铜川耀州窑博物馆联合举办"陕西铜川耀州窑陶瓷精品展暨药王山珍贵拓片展"，湖州市博物馆引进国际友谊博物馆"至尊国礼——中华人民共和国'国礼'巡展"，嘉兴市蒲华美术馆（嘉兴画院）参与在南昌举行的"八一"建军节全国知名画家书画展，镇海口海防历史纪念馆与安徽省博物馆、浙江省博物馆联合举办"中法战争镇海之役珍品展"，绍兴鲁迅纪念馆和常州瞿秋白纪念馆联合举办"戎马书生——瞿秋白生平展"。

为开展海峡两岸交流，浙江省博物馆举办为期一个月的台湾逢甲大学"浙江省博物馆实训基地"教学活动。

5．重要的全国性文物展览和其他展览活动

2007年，浙江省博物馆"栝苍所产良足爱——龙泉窑青瓷展"、浙江自然博物馆"火眼金睛特展"浙江省巡回展、浦江博物馆"万年浦江——上山文化陈列展"等一大批重点展览，赢得了社会大众的广泛关注和高度赞誉。

9月28日～10月17日，在故宫博物院、上海博物馆、辽宁省博物馆、浙江省博物馆等单位通力协作下，湖州博物馆成功举办"归去来兮——赵孟頫书画精品回家展"。这是建国以来赵孟頫书画真迹数量最多、规模最大、规格最高的一次集中展示，也是这些国宝级馆藏文物首次在一座地市级城市汇集展出，开了浙江省内市级博物馆举办高规格专题展览的先河。

【全国重点文物保护单位】

2007年，浙江省基本完成第六批全国重点文物保护单位的"四有"档案工作，并积极推动浙江省文化保护工程的实施，确定杭州飞来峰造像等6处国保单位为文物保护利用示范预选项目，加强了对文物的本体保护、环境整治、设施改造和适度开发，树立了浙江省文物保护工程的新标尺。同时，有关部门积极开展国保单位保护规划的编制，依法加强审查，做好国保单位保护工程的规范化管理，实施、验收了多项保护工程。

【世界文化遗产】

2007年，浙江省完成被列入《中国世界文化遗产预备名单》六大项目的报联合国教科文组织世界遗产中心备案材料填报工作，开展申遗项目基础调查，确定将杭州西湖作为浙江省近期申遗首选项目。为此，杭州市成立西湖申遗领导小组和相关机构，组建专家组，召开专题会议，强力启动申遗基础工作，并邀请国内外部分权威申遗专家实地考察。

【社会文物管理】

2007年，浙江省文物鉴定中心根据安排，对温州、丽水的博物馆馆藏书画进行定级确认，并继续对浙江省博物馆的馆藏文物进行鉴定。此外，中心还组织专家对多家博物馆的各类待征集文物进行初鉴，协助省妇联做好选送中国妇女儿童博物馆文物的征集鉴定。

2007年，浙江省文物鉴定中心承担起国家文物局《全国民间收藏文物调查及发展规划编制》课题中“全国民间收藏文物管理工作规划”的分课题研究任务，按时完成了《全国民间收藏文物管理工作规划研究报告》的专家论证稿。

截至2007年年底，浙江省内各文物拍卖企业举办文物拍卖活动58场，审核各类文物拍卖标的24732件，撤拍涉嫌出土文物284件。12月，浙江南北拍卖有限公司与北京雍和嘉诚拍卖有限公司、金懋国际拍卖有限公司联合在杭举办的“2007年秋季艺术品拍卖会”（陶瓷、玉器）因涉嫌违法违规，被国家文物局发文紧急叫停。

【执法监督与安全保卫】

1．打击文物盗窃、走私犯罪活动情况、大案要案查处情况

2007年以来，浙江省各地加大查处力度，处理文物违法行为100余起（作出行政处罚35起），及时处理了杭州省保单位北山路近代建筑群（新新饭店西楼）违法建设等行为。特别是嘉善县对擅自拆除县保单位蚕种场旧址的违法单位，做出了罚款50万元的行政处罚，是浙江省对文物案件做出的最高额度罚款。

除依法直接查处外，文物部门还积极配合公安、海关等部门打击文物违法犯罪活动，截止2007年12月底，共鉴定涉案文物99起、1303件（套），其中珍贵文物129件（套）；2007年鉴定涉嫌盗掘的古墓葬、古遗址案件40起，勘察盗洞75处，确认古墓葬、古遗址71处（2006年为29处），涉及具有重要历史、艺术、科学价值的古墓葬、古文化遗址4处。

此外，浙江省各地海关先后查获涉嫌文物走私的案件16起、文物579件，禁止186件古旧家具出境。

2．文博系统安全保卫情况

2007年，浙江省印发了《关于重申加强安全技术防范工程设计、施工管理工作有关问题的通知》。浙江省严格安防工程的审批和验收，狠抓工程质量，共有6项新建、改造工程的安防设计方案通过审批，7项工程实施建设，14项工程通过验收。截至2007年年底，浙江省文博风险单位安防达标率达75.73%，继续保持国内领先水平。

【文博科技】

2007年，浙江省完成国家文物局委托的博物馆评估定级课题研究和试点工作，承担起《民间收藏文物调查及发展规划编制》课题研究，初步完成《全国民间收藏文物现状与对策》、《全国民间收藏文物管理工作规划》、《全国非国有博物馆发展现状分析和政策研究》（讨论稿）的撰写和论证。浙江省博物馆的“出土饱水木质文物的真空冷冻升华脱水研究”、浙江大学的“基于传统材料科学化的濒危石质文物加固材料研究”等被确定为首批浙江省文物科技保护项目。浙江省文物考古研究所承担的《浙江申报世界遗产研究》课题在“浙江省社会科学界联合会首届社会科学研究优秀成果奖评奖”中，获对策类一等奖。

浙江省博物馆“浙江省文保科研基地”建设取得进展，完成了部分馆藏饱水木质文物、出土佛像、青铜钱币、陶瓷器、书画文物的保护修复，继续开展熏蒸灭菌剂三甲基硼在文物上的应用研究及黑漆古腐蚀机理研究。

中国丝绸博物馆“中国古代纺织品鉴定保护中心”完成了国家文物局《纺织品保护技术规范研究》、《Curator体制：中国博物馆改革的思路之一》，浙江省文化厅《提花四经绞罗的复制与研究》的课题研究；参与国家社科基金项目《敦煌丝绸与丝绸之路——历史、技术和艺术的综合研究》研究，完成了其中敦煌丝绸技术品种部分的编写；并参与“浙江文化研究工程”课题《浙江丝绸文化史》研究，完成“民国的浙江丝绸”、“浙江历代蚕桑丝绸著作”两个部分的编写。同时，中心完成了安吉楚墓纺织品文物的现场揭取和清洗，内蒙古泰和博物馆元代丝织服装的清洗和平整，北京保利博物馆缂丝缘大袖袍等元代丝织品的清洗和修复，及绍兴市文物考古所葛云飞牺牲时所穿营装披挂的修复。

浙江省文物考古研究所完成“浙江史前农耕遗迹的考古研究”课题的探查分析，并主动开展旧石器时期考古调查，使浙江省旧石器地点增至58处。

此外，中国丝绸博物馆《中国古代传统刺绣工艺的研究与保护》、浙江大学《〈营造法原〉的数字化工具研究》被列为国家文物局2007年度文化遗产保护科学和技术研究课题。中国丝绸博物馆《馆藏丝织品保护修复档案编写规范》、《馆藏丝织品保护修复方案编写规范》和浙江省古建设计研究院《文物保护工程档案规范》被国家文物局列为2007年度文物保护行业标准研究制订计划项目立项。中国丝绸博物馆的“古代纺织品发明创造文化遗产科学价值研究试点”被列为国家“指南针计划”推荐试点项目之一。浙江省博物馆的《大型饱水木质文物的真空冷冻脱水研究》被省科技厅列为重大科技项目。中国丝绸博物馆承担的国家文物局重点课题《纺织品保护技术规范研究》顺利结题。浙江省文物考古研究所承担的国家文物局文物保护科学和技术研究课题《浙江省新石器时代木制器物材质特点的研究》，通过国家局课题结项验收。

浙江省文物局开展京杭大运河（浙江段）的基础调查、研究和保护，组织编制了《浙江省十一·五期间大运河文物资源普查工作实施计划》；积极支持、配合清华大学等单位开展《空间信息技术在大遗址保护中的应用研究（以京杭大运河为例）》课题研究，配合省财政厅制定完成了《浙江省廊桥保护专项资金管理办法》。

【新建文博机构介绍、文博教育与人才培训】

1. 新建文博机构

2007年，浙江省省直博物馆和设区市综合性博物馆建设取得新进展，县（市、区）博物馆和非国有博物馆建设取得新成绩：嘉兴市博物馆二期陈列、绍兴县博物馆及国内首家专业摄影博物馆——丽水摄影博物馆建成开放，绍兴越文化博物馆等一批非国有博物馆也纷纷对外开放。

2. 文博教育、人才培训

2007年3月，为配合第六批全国重点文物保护单位，第四、五批省保单位记录档案的编制，浙江省文物保护培训班在杭举行。4月，第一期文物藏品信息指标采集培训班在杭举行。5月，浙江省爱国主义教育基地讲解员培训班在杭举行。浙江省文物局自10月起，无偿为西藏自治区文物系统培训了8名宣教讲解员（比协议规定多培训2人）。

【文博宣传出版】

2007年，浙江省文物系统重要信息交流平台《浙江文物》双月刊进行全新改版，浙江文物网自创信息量大增，出色完成了向国家文物局政府网站报送信息的工作。学术期刊《东方博物》与全国23家文物、历史类书刊编辑部建立固定的相互交流关系。浙江省还结合实际，开展了各种形式的宣传活动：中国丝绸博物馆举行为期一个月的“丝绸之路跨国申遗万里行采风活动”，浙江省博物馆组织了青少年暑期走进庞贝有奖系列活动；浙江省自然博物馆在旧馆休馆前，举行“感恩·回报”系列活动回报社会；并推出网上虚拟陈列。各级文物执法监察机构也通过分发文物保护宣传品等形式开展宣传。

浙江省各地在国际博物馆日和文化遗产日期间，围绕相关主题，开展了包括关注外来务工人员子女的“阳光行动”等在内的系列宣传活动；还利用科普宣传周、法制宣传周、法制宣传日等平台，开展行之有效的宣传活动

2007年11月，浙江省文物宣传工作座谈会在杭召开。会议就2006年度浙江省文物系统宣传工作情况进行了回顾、总结，对文物信息的宣传、写作进行了指导，还表彰了一批年度文物信息报送先进个人。

2007年，浙江省文博系统先后编印出版了《丝国之路——5000年中国丝绸精品展》等配套展览图录，出版了《中国茶艺》(英文版)等一系列书刊，配合相关会议编印了《绍兴历史文化丛书》(30卷)等资料，总计四辑40部48册的《温州文献丛书》全部出版。“书香天一”出版计划又添新成果：《天一阁藏科举录选刊·会试录》38种影印出版，《别宥斋藏书目录》整理付印。“天一阁藏珍本丛书”——《天一阁藏范氏奇书》出版发行。中国丝绸博物馆赵丰主编的《中国丝绸通史》(2005年出版)获2007年首届中国出版政府奖(国家图书出版最高奖)。曹锦炎等主编的《甲骨文校释总集》获2007年度全国优秀古籍图书二等奖。《雷峰塔遗址》被评为2006年度全国文博考古十佳图书。

【文博信息化】

2007年，浙江文物网建设取得长足进展。9月，国家文物局政府网站信息员工作座谈会暨第三次全国文物普查网络宣传工作研讨会在杭召开，浙江省在大会做了典型交流发言。此外，浙江文物网开通了浙江省第三次全国文物普查网络工作交流平台，构建起覆盖浙江省的信息交流网络。

浙江省文物局制定下发《浙江省文物调查及数据库管理系统建设项目实施方案》、《浙江省馆藏文物信息录入表》，并及时进行指导，馆藏文物的数据采集工作进展顺利，“文物调查及数据库管理系统”建设已取得阶段性成果。

【对外交流与合作】

1. 对外交流与合作

2007年，浙江省先后举行“第二届弘一大师研究国际学术会议”、“2007中国慈溪·日本佐贺徐福文化交流会”、“2007年国际越文化研究专家论坛”、“湖州市·岛田市缔结友好城市二十周年交往展”、“东瀛学子文房四宝之旅”、《西泠印社·日本天溪会书法交流展》、“纪念秋瑾就义100周年中日书法联展”，以及有300多名台湾大学生参加的“相约绍兴、同祭禹祖”等活动；并积极开展对外技术交流。中国丝绸博物馆选派专业骨干参加了在新加坡举办的“中国7000年创新”展览，派人赴日本参加“第二届东亚文物保护会议”，与东亚各国文物保护专家进行业务交流；还邀请意大利、葡萄牙、法国、俄罗斯的文物保护修复师及同行访问中国，不断提高专业人员的业务水平。

2. 文物出境管理

2007年，文物出境审核仍以古旧家具出口为主，共办理古旧家具出境审核293批次、84000余件，禁止出境186件。浙江省私人

携运文物出境数量大幅减少，2007年共办理审核5起，允许出境文物69件（套）。文物临时进境审核登记77起，共782件（套），次数和数量均有较大增加。文物复出境许可12起，共90件（套），批次和数量与往年大致相当。

3. 文物外展

作为俄罗斯“中国年”人文活动的重要展览项目，中国丝绸博物馆“丝国之路——5000年中国丝绸精品展”在俄罗斯巡回展出，引起强烈反响。为庆祝日本名古屋港开港100周年，浙江自然博物馆赴日参与联办了“恐龙大陆”大型恐龙化石展。浙江省文物考古研究所、福建博物院和美国夏威夷州檀香山毕士普博物馆在檀香山联合举办“相遇太平洋——中国海洋文明的发端”主题展览，良渚文化博物馆在瑞典举办“良渚文化——东方文明之光”展览，中国茶叶博物馆赴澳门举办“清朝中国茶叶外销展”、浙江省博物馆与西泠印社赴澳门举办“与古为徒——吴昌硕逝世八十周年书画篆刻特展”，浙江省博物馆赴澳大利亚举办“千峰翠色——浙江青瓷风韵”展。

4. 外国来华文物展览和港澳台地区来内地的文物展览

6月6日～8月31日，意大利大型文物考古展“庞贝末日——源自火山喷发的故事”在浙江省博物馆展出。该展览是“2006中意文化年”文化交流活动之一，也是此前浙江省引进的规模最大、档次最高的国外大型文物考古类展览，共展出各类文物483件，全面、生动地再现了庞贝古城的风貌和古罗马的创造力。浙江省委、省政府对此高度重视。为配合展览的举行，浙江省博物馆除实行免费凭票参观外，还进行了力度空前的全方位宣传，引起强烈社会反响，得到观众的普遍好评，87天展期内共有20余万人次参观，场面火爆。

5. 重要对外出访

1月4日～18日，浙江省文物考察团一行赴法国、西班牙，就文化遗产保护工作进行考察交流。12月13日～21日，浙江省文物局局长鲍贤伦率团赴印度，考察当地历史文化遗产保护情况。

6. 接待重要来访

2007年，浙江省文博单位先后接待了中国国民党荣誉主席连战及夫人、蒙古国前总统那·巴嘎班迪、苏丹第一副总统萨尔瓦·基尔·马亚尔迪特、法国前总理让-皮埃尔·拉法兰暨夫人、联合国秘书长特别顾问、前联合国副秘书长里德大使暨夫人、俄罗斯副总理亚历山大·茹科夫、美国驻华大使馆特命全权大使雷德、美国驻上海总领事季瑞达、乌拉圭国家大法官罗德里格斯·高尔西、斯里兰卡文化部长、台北市文化局副局长以及北非17国代表团、第七次中日战略对话代表团、来我国参加“发展中国家城镇政府管理研修班”的34个发展中国家的60多名政府官员等团体和个人。

7. 重要涉外合作项目

5月18日，由上海东华大学（原中国纺织大学）、英国大英博物馆、维多利亚阿伯特博物馆、大英图书馆及中国丝绸博物馆合作出版的《敦煌丝绸艺术全集·英藏卷》（英文版）在伦敦大英博物馆国王图书馆举行首发式。多卷本《敦煌丝绸艺术全集》是国家“十一五”重点出版项目，计划和英、法、俄、印等国机构进行合作，以系统、全面、科学地整理、研究莫高窟出土的历代纺织艺术品。

【其他】

2007年，浙江省文物系统又涌现出了一大批先进集体和个人：中国茶叶博物馆和浙江自然博物馆馆长康熙民分别被评选为全国文物系统先进集体与先进工作者，温州市博物馆和4名文物工作者被评为全国文化遗产保护工作先进集体与先进个人，永康市、长兴县荣获2007年度“全国文物先进县”称号，浙江文物鉴定中心（国家文物出境鉴定浙江站）荣获“全国文物进出境审核管理工作先进集体”称号，乐清市文物馆获2007年度“文化遗产日组织奖”。浙江省博物馆副馆长赵雁君被中宣部、人事部、中国文联评选为第二届“全国中青年德艺双馨文艺工作者”，被文化部评选为优秀专家。浙江省17个文物系统先进集体、20名先进工作者受到省人事厅、省文化厅、省文物局的表彰。

安徽省

【概述】

2007年，安徽省文化遗产保护事业得到蓬勃发展。在省委、省政府的高度重视下，在国家文物局的精心指导下，在省文化厅党组的坚强领导下，全省文物系统广大干部职工开拓进取、顽强拼搏，在文物保护、考古发掘、博物馆事业、对外交流、政策法规建设、文物安全等各方面工作均取得了优异成绩。

至2007年底，安徽省已有国保单位56处，省保单位454处，市县保单位约2000处，世界文化遗产2处，国家历史文化名城5座，中国历史文化名镇名村9座，省级历史文化名城9座，省级历史文化名镇名村39处。全省有各类博物馆62座，经批准备案的民办博物馆7座，在隶属文物部门的43座博物馆中，省级博物馆1座，市级博物馆 18座，县级博物馆24座。馆藏文物55万余件，其中国宝级文物11件（套），一级文物1600多件（套）。全省建立文物保护管理机构86个，其中省级1个，市级17个，县（市、区）级68个，基本形成省、市、县三级文物保护管理格局。

【文物工作会议】

2007年1月11日，安徽省文物局召开全省文物局（处、所）长会议，安徽省文化厅厅长杨果发表重要讲话，省文物局局长陈建国做工作报告。会议回顾总结了安徽省“十五”期间文物工作取得的成绩和存在的不足，部署2007年重点文物工作，提出“十一五”期间安徽省文物工作的指导思想及工作目标。

安徽省人民政府于2007年5月成立了由分管省长为组长的省文化遗产保护领导小组，成功召开第一次成员单位会议，确定了领导小组的工作目标和运行机制，研究了全省第三次文物普查和“文化遗产日”活动安排等重要内容。决定同时成立省第三次文物普查领导小组，与省文化遗产保护领导小组合并，即两块牌子，一套人马。

2007年9月17日，国务院第三次全国文物普查领导小组召开电视电话会议，进一步总结第三次全国文物普查准备工作，动员、部署第三次文物普查工作。安徽省人民政府组织省直机关相关部门和全省各市、县区政府相关部门在各地分会场参加第三次全国文物普查电视电话会议，省政府副省长任海深、副秘书长牛弩韬及省第三次文物普查领导小组成员单位领导、省直文博单位有关同志参加省政府分会场会议。安徽省第三次全国文物普查领导小组组长、副省长任海深对安徽省第三次全国文物普查作进一步动员和部署。

【政策研究、法规建设】

为进一步加强法制建设，安徽省文物局积极争取省人大对文物工作的支持，配合省人大教科文卫委员会赴宣城、池州、亳州和宿州四市进行文物执法调研，协助省人大形成《当前文物工作需要研究解决的几个问题》调研报告。该报告反映了全省文物保护工作的现状，文物工作所面临的形势，存在的主要问题及解决问题的对策思路。省人大常委会常务副主任黄岳忠、省政府常务副省长孙志刚、副省长任海深分别作出了重要批示。

为加强对安徽省非国有博物馆的管理，

根据《安徽省实施〈中华人民共和国文物保护法〉办法》规定，针对民间收藏文物、民办博物馆等社会关注的热点问题，起草了《安徽省非国有博物馆管理暂行办法》(征求意见稿)。

高度重视普法宣传，加大文物法规宣传工作力度。在各考古工地上悬挂宣传标语。在“国际博物馆日”、“文化遗产日”及“全国法制日”当日，均搭设咨询台，向观众散发资料，宣传法律知识，增强人们的法制观念。2007年10月28日是修订后的《中华人民共和国文物保护法》颁布实施五周年纪念日，要求各地结合实际开展普法宣传月活动。2007年10月间，省文物局举办了安徽省第三次全国文物普查培训班，课程安排上专门设置了文物法律法规的课程。

【文物保护进展】

安徽省博物馆陈列展览大楼、江淮大戏院主体建筑、六安汉代王陵墓地被安徽省政府批准公布为省级文物保护单位。圆满完成安徽省政府年度文物维修目标任务，共完成濉溪淮海战役总前委抢险加固等文物维修工程16处。审批报批文物保护维修设计方案、大遗址保护规划、博物馆陈列设计、文物库房安全技防等方案40多项。协助中国文物信息咨询中心对安徽省10多处文物维修方案集中会审，这在安徽省尚属首次。落实省领导调研蚌埠双墩1号汉墓、禹墟遗址发掘和六安双墩汉墓的指示精神，努力做好相关工作。指导、协调六安双墩汉墓、含山凌家滩遗址、蚌埠双墩墓葬等重要考古发掘的保护问题。

安徽省文物局多次与合武铁路等有关方面协调，积极向省政府、国家文物局汇报、争取，多次召开专家论证会，制定六安双墩汉墓原址保护方案和规划，新建了两座保护大棚，对出土文物和汉墓原址进行妥善保护。在国家文物局高度重视指导下，经省政府多方有效协调，铁路部门从保护文化遗产大局出发，重新调整合武高速铁路设计方案，正式为六安汉墓让道，六安王陵实现了原地保护。参加寿县历史文化名城、池州历史文化名城保护规划论证会及“九华山自然与文化遗产地保护设施建设项目可行性研究报告”评审会，参与决策，提出文物保护意见。指导督促黟县抓紧编制西递、宏村保护规划并按程序报批。安徽省上报的《寿春城遗址保护规划》、《繁昌窑遗址保护规划》和一期保护工程设计方案已获国家文物局批准，尉迟寺遗址保护规划已进入审核程序。协调中国建筑研究院建筑研究历史所编制宣城广教寺双塔保护规划。编写安徽省大遗址现状及保护管理材料，并上报国家文物局。

做好文物维修保护工作。维修中加强工程管理，严把方案审批关、检查督促关、竣工验收关，制订了《安徽省文物保护工程管理办法》(试行)。召开全省文物保护工程专题会议，进一步规范文物维修工作。

安徽省文物专项经费有了较大幅度增长。在安徽省文化厅领导的重视下，省文物局加大了文物经费的争取工作，文物专项经费实现了较大幅度增长。2007年，安徽省文物经费累计达到4578.6万元，其中人员经费672.4万元，公用经费110.2万元，专项事业经费3796万元。在专项事业经费中，省财政投入1583万元，国家文物局和财政部、国家发改委支持2213万元。省财政投入与2006年的1438.3万元相比，增加927.3万元，增长64%；国家投入与2006年的1265万元相比，增加948万元，增长75%。

【考古发掘研究】

安徽省考古发掘取得重大成果。以配合基本建设为主要内容的考古发掘工作成绩斐然。据统计，安徽省2007年共开展考古发掘项目14个30多处，发掘古遗址8000多平方米，古墓葬800多座，出土文物3000多件。

圆满完成六安双墩1号汉墓考古发掘任务。该项发掘受到国家文物局、省委、省政府的高度重视，吸引了社会各界及海内外媒体的广泛关注，产生重大影响，被评为2006年度“全国十大考古新发现”。含山凌家滩遗址第五次发掘获得重大成果，出土大量精美玉器，引起考古界的高度关注。固镇垓下遗址的考古发掘发现了安徽史前城址，是安徽省考古的重大成果。蚌埠双墩1号坑的发掘内涵丰富，墓制独特，对认识淮河流域在中华文明史中的地位意义重大。组织开展对含山凌家滩、蚌埠双墩、六安开发区等遗址等多处重点考古发掘工地的检查。

凌家滩第五次考古发掘取得重大成果，特大玉猪出土轰动海内外。蚌埠双墩墓地考古发掘取得阶段性成果，一系列神奇的墓葬形制引起我国考古界的广泛关注。禹墟考古发掘工作取得重要收获。宿州大运河遗址发现石构码头建筑遗址和大量瓷器等文物，是安徽省近年来隋唐运河考古的重要收获，为我国申报隋唐大运河世界文化遗产提供了重要的实物资料。

【博物馆】

安徽省博物馆建设以政府投入为主导，鼓励社会、企业等机构和组织兴办博物馆，积极引导高校、各行业兴办有特色的各类专题博物馆、纪念馆、科技馆、艺术馆、陈列馆。

随着安徽省经济社会的发展，各级政府高度重视博物馆发展，不少地方把博物馆建设作为政府任期目标。安徽省博物馆完成了老馆维修改造工程，以崭新的面貌对社会开放；新馆建设于2007年1月16日举行了奠基仪式，被列为省政府的重点工程。黄山市徽州文化博物馆已竣工并对公众开放；马鞍山市博物馆已进入陈展设计和布展阶段；六安市、宿州市和界首市博物馆已开工建设；安庆市博物馆建设经政府批准立项，已完成设计方案正进入施工招标阶段；亳州华佗中医药文化博物馆设计方案已通过省级专家论证；桐城市利用名人故居规划建设桐城文化博物馆群，项目已通过专家论证，进入建设方案设计阶段。安徽省各市建设博物馆积极性大为提高，“十一五”期间，力争达到市市都有博物馆。

安徽省根据国家文物局的总体部署，扎实做好博物馆各项基础工作，完成了一级文物的鉴定确认工作，全省馆藏一级文物1663件（套），各博物馆及文物收藏单位认真编制了一级文物藏品档案1172份，并依法上报国家文物局备案。

安徽省各博物馆不断推出内容丰富、形式多样、应用高科技的专题陈列和展览，年均举办陈列展览近百个，接待观众百万人次。第二个“文化遗产日”期间，安徽省文化厅、省文物局、省博物馆、省考古研究所共同隆重推出“安徽省建设工程考古成果展”、“孙大光同志捐赠文物二十周年纪念展”、“安徽省非物质文化遗产展”。为隆重纪念人民解放军建军80周年暨新四军成立70周年，举办了“铁的新四军”大型图片展览，该展览于2007年12月赴武汉展出，取得了很好的社会效果。

【全国重点文物保护单位】

安徽省重点加强国保单位的保护管理，完成了刘铭传旧居围濠清淤及整治工程、李氏庄园抢险加固、渡江战役总前委参谋处旧址、淮海战役总前委抢险加固4处全国重点文物保护单位维修任务。安徽省文物局与黄山市徽州区人民政府联手合作的潜口民宅“清园”工程正式建成，并与“明园”一起同时对外开放。

高度重视第七批“国保”单位的申报，按照“多报、报好、争取多批”的工作目标，及时转发国家文物局通知，要求各市、县文物部门认真做好申报的各项准备工作。

【世界文化遗产】

安徽省文物局向国家文物局上报了入选《中国世界文化遗产预备名单》的棠樾村、大运河（安徽段）的申报资料，经国家审核后，已报至联合国教科文组织世界遗产委员会。陪同全国政协、国家文物局领导赴淮北、宿州调研大运河保护管理情况，代省政府起草安徽省大运河保护管理情况汇报材料。陪同国家文物局专家组赴西递、宏村和黄山对世界文化遗产保护管理情况进行调研，并写出专题报告。参加"全国世界文化遗产监测工作会议"，在会上介绍了安徽省世界文化遗产保护管理与监测工作情况。

【社会文物管理】

安徽省社会文物管理得到加强。2007年审核拍卖活动2场，文物竞卖活动1场，审核文物拍品1000余件，审核出境文物127件。审核并制止了诚信拍卖公司违规拍卖文物活动。安徽省文物总店成功举办了"第四届安徽省文物艺术品展销会"，取得经济和社会效益双丰收。2007年年底，已基本完成安徽省市、县级博物馆等文物收藏单位藏品鉴定工作，共鉴定馆藏文物9.5635万件（套），其中珍贵文物3万多件。开展社会文物鉴定，免费为社会收藏爱好者鉴定收藏品，举办文物鉴赏专题讲座。

【执法督察与安全保卫】

安徽省文物局加大了对文物违法案件的处查力度。积极支持、指导桐城市文物部门诉讼涉及文物知识产权保护的司法案件。继续配合国家文物局做好国保单位宣城广教寺双塔违法建筑处理工作，抓紧开展整改评估及方案编制。认真落实省领导批示，积极配合省联合调查组做好凤阳明中都皇城午门维修局部倒塌事故相关调查处理工作。

2007年，安徽省共破获各类文物案件30余起，追缴涉案文物300余件，其中珍贵文物80余件。定远县公安部门通过一起盗墓案的侦破摧毁了一个跨省的盗掘古墓犯罪团伙，20余名犯罪分子受到严惩。安徽省文物系统安全防范工程建设继续稳步推进，2007年实施技防、消防工程建设7处，文博系统的基础设施建设和安全防范条件得到进一步改善和提高。

【文博科技】

为加强和改善安徽省馆藏文物科技保护力量和条件，实现科技创新，在国家文物局的大力支持下，安徽省博物馆兴建了科技楼，成立了文物科技保护中心，专职从事文物保护、科学研究等技术性工作，并指导和帮助省内市、县级博物馆编制文物保护项目方案、并由此得到国家重点文物保护专项经费补助。安徽省省级财政也增加了对馆藏文物科技保护和文物鉴定专项经费的投入，一批亟待抢救性保护的馆藏珍贵文物得到了及时修复和技术保护。

文物库房建设得到普遍重视，安徽省共建有文物库房2万多平方米，合肥市建成全省首家恒温恒湿现代化文物库房，各市中心文物库房建设已列入"十一五"发展规划，藏品保存条件改善工作得到充分重视。安徽省文物局组织省直文博单位及中国科技大学、安徽大学等高校申报国家文物局2007年度文化遗产保护科学和技术研究项目，有五项课题获准通过。

安徽省博物馆在做好各项基础工作的同时，积极开展文物的复仿制技术，取得较好效益。指导基层文博单位编制申请全国重点文物保护专项经费项目方案11个，重点是馆藏文物修复及科技保护方案。聘请国家博物馆文物科技保护专家到安徽省指导工作，对绩溪胡适故居文物的保护、巢湖放王岗汉墓保护、安徽省博物馆的潘玉良作品保护进行了指导，提出保护意见。

【文博教育与人才培训】

2007年1月，安徽省文物局举办了全省文物执法培训班，近170人经考试取得行政执法资格，加强了基层文物执法力量。至此，全省已有近500人取得文物行政执法证件，为以后扎实有效地开展文物执法工作打下了坚实基础。

6月，安徽省文物鉴定站举办了“第四期全省文物鉴定培训班”，来自省、市、县博物馆、文物管理所等24个单位50多位学员参加了培训。培训班邀请了国内、省内专家讲授玉器、隋唐宋元陶瓷器鉴定和文物法律、法规知识。安徽省文物总店提供了35件玉器实物资料供学员鉴定实习。

10月，在黄山市举办了安徽省第三次文物普查培训班，来自安徽省17个地市72个县(区)的200余名文博工作者参加了培训。培训班特别邀请了国家局领导、国内和省内的文物保护专家授课。学员以市、县为单位进行分组，使课堂纪律、学习态度与结业考试挂钩，争取使学员们基本掌握第三次文物普查的相关技术标准，具备带领普查队、普查组开展实际调查工作的能力。培训后期，还安排学员赴歙县、休宁、黟县等地开展文物普查实习工作。

【文博宣传出版】

2007年6月5日，召开“文化遗产日”活动安排新闻通报会，20多位新闻记者出席会议。会上介绍了安徽省物质文化遗产与非物质文化遗产保护工作进展情况、近期文物工作及遗产日当天活动安排情况。

组织评选2006年度“安徽文物十大新闻”，与六安市政府联合举办“六安双墩1号汉墓揭幕仪式”，与含山县政府联合召开“凌家滩第五次发掘新闻通气会”，扩大了文物保护的宣传和影响。开辟《中国文物报 · 安徽专版》、《安徽日报》“国宝巡礼”等专栏，系统宣传、推介安徽省的文化遗产，组织媒体系列报道安徽省重大考古发现等，对宣传安徽省文物资源，提高安徽省文化品位，扩大安徽省对外影响发挥了重要作用。开展安徽省妇女儿童文物进京宣传活动，国家文物局网、中国妇女网、新华网，《中国文物报》、安徽电视台等多家新闻媒体进行报道和采访。制定了报送文物信息制度。截至2007年年底，省文物局已向国家文物局网站报送140条信息，采用率近90%。2007年在《中国文物报》、《安徽日报》、《新安晚报》、《安徽商报》等国家和省级报刊发表新闻报道和各类研究性文章约300余篇。

先后出版《江淮遗珍——安徽省全国重点文物保护单位巡礼》、《凌家滩》、《巢湖汉墓》、《朱然家族墓地》、《双墩遗址》等系列专著。《安徽文物工作》如期刊发。

【文博信息化】

加大对安徽省博物馆馆藏文物的鉴定工作，确保安徽省馆藏文物数据库建设工作如期实施。调查摸清了安徽省文博机构基本情况，制作下发了全省博物馆基本情况统计表、县级博物馆陈列展示调查表、全省博物馆建设情况调查表、各市、县文物机构基本情况一览表。这些调查工作产生了明显效益，先后为国家文物局六个课题研究提供了基础数据和信息，为安徽省博物馆办展提供文物信息近100条。对安徽省文物博物馆系统一级风险单位图像信息管理系统建设情况进行了调查统计。网上填写、上报安徽省59个单位的“博物馆系统一级风险单位图像信息管理建设情况调查表”。

【对外交流与合作】

2007年8月，安徽省“潘玉良画展”赴北京首都博物馆展出，在北京引起很大的社会反响。“黄秋园画展”与江西省博物馆的“明藩王墓出土文物展”进行互展交流。“红岩魂——白公馆、渣滓洞革命烈士事迹展”于12月6日～22日在安徽省展出。1997年该展来安徽省展出时曾引起轰动，接待观众达30余万人次。此次展览同样受到社会各界的欢迎，对广大青少年，尤其是中小学生具有深远的爱国主义教育意义。

【文物普查】

召开安徽省第三次文物普查专题会议。研究成立第三次全国文物普查安徽省文物普查执行办公室，成立安徽省第三次文物普查专家指导组，制订完成安徽省第三次文物普查实施方案和工作计划并上报国家文物局。

全面部署安徽省第三次文物普查工作。安徽省政府高度重视第三次全国文物普查工作，成立安徽省第三次文物普查领导组，文物普查工作全面展开。安徽省文物局积极主动地开展工作，制定了全省第三次文物普查实施方案和培训计划，组建了第三次文物普查办公室，组织安徽省参加第三次全国文物普查电视电话会议。与省财政厅会商落实文物普查专项经费。与水利厅、国土资源厅、宗教局等联合发文，布置各系统文物普查工作。选派人员参加国家文物局举办的全国文物普查培训班。多方筹资、垫资，为安徽省各市、县普查办发放手提电脑、数码相机、GPS定位仪等普查设备，学习掌握统一的技术标准和工作规范。截至2007年年底，安徽省大部分市、县、区人民政府按照国务院和省政府的要求，相继成立了由分管领导担任组长、各相关部门负责同志为成员的第三次文物普查领导小组。同时制定了地区详细的文物普查工作计划(实施方案)和宣传方案。向国家局报送了安徽省第三次文物普查第一阶段总结和第二阶段工作计划。印发了一至七期《安徽省第三次文物普查简报》。

【文化遗产日】

2007年，安徽省文化厅、省文物局高度重视，及早着手、精心谋划，狠抓落实，开展的活动项目达10多个。以“5·18国际博物馆日”宣传活动为序幕，在5月18日～6月16日之间开展了丰富多彩的宣传活动。

2007年6月9日是我国第二个“文化遗产日”，安徽省本着“政府主导、社会参与、群众受益”的原则在遗产日期间开展了一系列形式创新、内容丰富的宣传庆祝活动，取得了明显的社会效果，受到了各级领导的充分肯定和各界群众的广泛称赞。

遗产日当天庆祝活动达到高潮。9点整，安徽省文化厅副厅长李修松宣布庆祝活动仪式正式开始，省委、省政府、省人大、省政协领导及省文化遗产领导小组成员单位的领导参加了庆祝仪式。安徽省人民政府副省长任海深在会上发表了热情洋溢的讲话，他充分肯定了保护文化遗产的重要意义和安徽省在文化遗产保护工作中所取得的成绩，希望继续扎实做好安徽省的文化遗产保护工作，为建设文化强省、构建和谐安徽做出更大的贡献。

紧接着举行《江淮遗珍》的首发式，省领导为省直四家文博单位的负责人授书；接着为安徽省第一批非物质文化遗产省级名录授牌；公布全省十大文化先进社区和十大省级文化产业示范基地授牌；公布一批安徽民间艺术之乡和民间艺术传承人并授牌。授牌之后，李修松副厅长宣布“安徽省建设工程考古成果展”、“孙大光捐献文物20周年纪念展”、“回望历史 礼赞文明——安徽省非物质文化遗产展”、“全省17个市文物图片展”四大展览开幕。庆祝仪式结束后，安徽省直属文物部门举办了免费为群众鉴定文物活动。全省17个市都开展了形式多样的庆祝活动。

福建省

【概述】

2007年是继续抓住机遇，努力开拓进取，积极推动福建省文物事业又好又快地向前发展，以优异成绩庆祝党的十七大胜利召开的重要年份。根据年度的工作计划安排，福建省2007年的各个项目都取得可喜成绩。根据年初提出的“十一五”期间全省文物工作方面的九项主要任务，逐步完成目标，2007年的重点是加强与建设海峡西岸经济区、构建和谐社会、建设文化强省的战略部署相适应的海峡西岸文化遗产保护工作。福建省委卢展工书记、省长黄小晶等领导专程走访文化部、国家文物局，与文化部孙家正部长、国家文物局单霁翔局长等领导就全面加强海峡西岸文化遗产保护工程进行深入探讨，就加强海峡西岸文化和文物工作达成高度共识，有力促进了文化强省建设；在福建省涉台文物专题调查基础上，福建省文物局疏理出全省现有涉台文物点1076处，编就了《海峡西岸文化遗产保护工程——涉台文物部分》的文本；完成了由福建省政府、国家文物局、台盟中央主办，福建省文化厅、台盟省委承办的“海峡西岸文化遗产保护论坛”组织筹备工作，保障了论坛的成功召开并取得可喜成果。2007年福建省涌现出了“全国文物先进工作者”1名，“全国文物进出境审核先进个人”1名，“全国文化遗产保护先进个人”4名、“全国文化遗产保护先进单位”1个，“全国博物馆最佳陈列体裁奖”1项，“全国十大考古新发现”1项。

【文物工作会议】

由福建省政府、国家文物局、台盟中央主办，福建省文化厅、台盟省委共同承办的“海峡西岸文化遗产保护论坛”2007年4月在福州召开。台盟中央主席林文漪、福建省长黄小晶、国家文物局局长单霁翔出席论坛并作重要讲话。论坛的重点是确定了将福建省涉台文物作为一个物质文化遗产理念，与非物质文化遗产一起，包装成一个具有福建特色的“海峡西岸经济区涉台文化遗产保护利用工程”，使海峡西岸经济区涉台文化遗产得到有效保护和合理利用，为祖国统一大业发挥文化遗产所特有的重要作用。

【政策研究、法规建设】

按照福建省人大常委会和省政府的年度立法安排，认真配合福建省人大常委会开展《福建省文物保护管理条例》重新修订的调研活动，深入基层开展执法检查与调研，形成了《福建省文物保护管理条例》修改稿，提交省政府审定。在吸纳各方意见的基础上修改《福建省文物保护管理条例》草案，提请福建省人大常委会审议通过并颁布实施。

【文物保护进展】

认真组织开展第三次全国文物普查工作。根据国务院决定从2007年4月～2011年12月开展第三次全国文物普查及其分三个阶段的工作要求，福建省文物局随即在全省范围内进行具体安排。一是提请福建省政府转发国务院《关于开展第三次全国文物普查的通知》，做出具体部署，并成立由省政府领导担任组长、厅领导担任副组长的福建省第三次全国文物普查领导小组，要求各地比照办理；二是制定了一系列标准规范和方案，如《福建省第三次全国文物普查工作方案》、《福建省第三次全国文物普查培训工作方案》、《福建省第三次全国文物普查标准规范》、《福建省第三次全国文物普查经费预算》、《福建省第三次全国文物普查培训教材》、《福建省第三次全国文物普查文件汇编》等，共印了1600多册；三是举办了福建省第三次全国文物普查培训班，先后分五期培训了近500名参加福建省第三次全国文物普查工作的骨干分子；四是积极组织在福州的马尾区和三明的永安市、泰宁县开展文物普查试点工作，并于12月20日在永安召开全省文物普查试点工作会议，以点带面，全面加以总结、交流、推广。

加强新农村建设中的文化遗产保护。提请建设部和国家文物局核定公布了晋江市金井镇福全村、武夷山市兴田镇城村村、尤溪县洋中镇桂峰村为第三批中国历史文化名村。同时，经请示福建省政府同意，与省建设厅一道启动了第三批省级历史文化名镇（村）的申报、评审工作，并提请省政府核定公布。按照国家文物局的统一标准，启动了第七批全国重点文物保护单位的申报推荐工作，继续抓紧做好各级文物保护单位的“四有”工作，特别是保护碑志的树立和建档工作，集中培训了各市、县、区从事文物保护单位记录档案建档备案的业务骨干100多人。

持续做好文物调查研究和不可移动文物保护规划的制定、保护维修方案的编制工作，规范文物保护工程管理，加强工程的监督管理力度。相继完成了福州三坊七巷文化遗产保护工程、南安蔡氏民居建筑群、莆田木兰陂、连城四堡书坊建筑群、漳州文庙、南靖田螺坑土楼群、南靖和贵楼、厦门胡里山炮台等重点文物保护规划的编制，组织进行了福州三坊七巷古建筑群的维修保护，泰宁尚书第、龙海白礁慈济宫、龙岩后田暴动旧址、福州古田会馆等全国重点文物保护单位和省级文物保护单位为重点的文物保护维修工程。

【考古发掘研究】

积极运用法律手段开展了对晋江的沙丘遗址、福建省农林办公大楼工地、南安丰州南朝墓群、松溪元朝壁画墓等重要濒危文物的保护和抢救性考古发掘，着手进行了福厦高速公路拓宽、永武高速公路、泉三高速公路、温福铁路、福厦铁路、厦漳铁路、龙厦铁路、向莆铁路等大型基本建设区域的文物调查和抢救性考古发掘，最大限度地落实文物保护措施，努力达到既对基本建设有利、又对文物保护有利。受国家文物局委托组织国家博物馆水下考古中心、福建博物院考古所、福州市考古队等专业人员组成联合考古队，开展平潭大练岛海域元代沉船的水下考古发掘，进展顺利。

【博物馆】

认真贯彻落实《博物馆管理办法》，建立、健全福建省博物馆、纪念馆管理体系。继续抓紧抓好昙石山遗址保护和博物馆建设工程，2007年7月底完成主体结构封顶及砌体工程，力争年底主体工程与综合楼工程一并竣工，陈列布展、安防技防、环境绿化等正同步进行，确保2008年春节能够对外陈列开放。福建博物院成功举办了“国家宝藏——中国国家博物馆馆藏精品特展”、“院藏文物精品展”、“新四军图片展”等展览；中国闽台缘博物馆自2006年5月27日在泉州开馆以来，至2007年底，已累计接待观众75万人次，其中台湾同胞达6万多人次，均收到良好效果。

【世界文化遗产】

继续做好“福建土楼”、“海上丝绸之路:泉州史迹”申报世界文化遗产工作。重点完成了“福建土楼”申报列入世界文化遗产名录的文本编写，并顺利通过了联合国教科文组织世界遗产委员会的审定；组织进行“福建土楼”申报世界文化遗产范围内的文物单体的维修保护，不断加强周边环境的整治，广泛宣传“福建土楼”申报世界文化遗产的意义与所具有的宝贵价值，建立、健全相关制度，严密关注可能出现的“福建土楼”申报世界文化遗产范围内新建筑物回潮的现象，积极创造条件，使“福建土楼”申报世界文化遗产工作圆满通过国家文物局组织的专家现场勘察验收，通过了联合国教科文组织世界遗产中心委托的专家狄丽玲教授2007年8月29日～9月3日的现场考察评估认定，为“福建土楼”列入《世界文化遗产名录》奠定了坚实基础。10月，福建省文物局又根据国家文物局的函请，组建了“福建省文物保护考察团”，专门赴法国巴黎联合国教科文组织总部协助做好中国竞选世界遗产委员会委员国的工作，经过多方努力，在10月24日召开的第十六届《保护世界文化与自然遗产公约》缔约国大会上，中国以105票（最高票）成功当选为保护世界文化和自然遗产政府间委员会21个委员国之一。

“海上丝绸之路：泉州史迹”顺利列入中国的世界文化遗产预备清单。此后，福建省文化厅又会同宁德市政府等，在寿宁县召开“第二届中国廊桥国际学术研讨会”，会上福建省的寿宁、屏南、周宁、古田与浙江的泰顺、庆元等十县（市）政府代表共同签署了“中国廊桥申遗”寿宁宣言，将该项目作为闽浙两省的区域文化合作项目共同努力申报。

【社会文物管理】

截至2007年10月底，共为司法部门鉴定涉案文物37起、654件（其中三级文物35件、一般文物462件、文物标本36件、工艺品121件）。为私人申请办理携带出境文物29人次（含进境复出境17人次）、鉴定文物与工艺品共584件，发现14件属于禁止出境文物不办理。办理文物暂时进出境16人次、592件（其中三级文物19件、一般文物54件、工艺品519件）；为文物拍卖行进行标的许可鉴定51场次，鉴定文物艺术品896件，新工艺品16335件。

【执法督查与安全保卫】

坚持有法必依、执法必严、违法必究的原则，进一步依法加强全省文物保护管理工作。根据国家文物局关于开展2007年度文物执法检查工作的安排，福建省文物局及时向全省文化文物部门发出通知，明确要求各地必须认真组织进行、举一反三抓整改，确保文物安全，并会同漳州市文化出版局组织查处了漳州莲花池山抢救性考古工地依法保护问题，积极依法加强督促检查和具体落实。

【对外交流与合作】

2007年初，通过组织福建博物院与浙江省考古所共赴美国与夏威夷毕士博博物馆一道举办“相遇太平洋：中国海洋文明的发端”专题展览，籍以扩大福建文物对外交流活动的范围与内涵，收到了良好的效果。与此同时，积极组织厦门郑成功纪念馆赴台湾举办“国姓爷足迹文物展”；以福建省考古博物馆学会名义牵头于6月～7月间在晋江市博物馆举办“闽台文物交流展”；积极支持厦门为加强涉台文物保护举办“海峡两岸闽南建筑遗产保护论坛”；由福建省文化厅、省台办、省台盟和永安市政府联合成功举办了“福建战时省会永安：国共合作与闽台关系学术报告会”，这些都进一步密切了闽台之间的文化交流。

【文化遗产日】

认真学习和贯彻落实《国务院关于加强文化遗产保护的通知》精神和各项要求，紧紧围绕国家提出的“保护文化遗产、构建和谐社会”的“文化遗产日”活动主题，组织具有地方特色的庆祝活动。在物质文化遗产方面的活动主要有：6月9日的《福建土楼》申报列入世界文化遗产文本首发式、“土楼风采”图片展览和“历史的对话——德化古今陶瓷艺术展”；6月11日的第二届“博物馆馆长论坛”；6月16日的“闽台文物交流展”、6月20日的“土楼人家——福建土楼申报列入世界文化遗产名录专题展览”等活动在福建省各地的精心策划下有声有色地开展。福建省具备开放条件的各类博物馆、纪念馆、文化遗产地、文物保护单位、古迹遗址都根据实际情况有计划地免费（或优惠）向公众开放，各地还组织专家为公众提供文物收藏咨询、鉴定、鉴赏服务，开办学术讲座、论坛等。新闻媒体对“文化遗产日”活动进行了系统报道。

江西省

【概述】

2007年是江西省文物事业推进发展、全

面丰收的一年。全省文博系统认真落实科学发展观，以发展为主题，以加强文物保护利用与发展博物馆文化为主线，以法制建设为突破，进一步夯实基础，开拓创新，保持了江西文物事业较快发展的良好势头。文物法制建设进一步加强，文物保护基础进一步夯实，博物馆建设进一步发展，文物宣传特色活动进一步开展，文物行政执法工作全面启动，新农村建设中的文化遗产保护工作得到各方认可，博物馆建设和管理工作进一步规范，展览展示工作再创佳绩等。

2007年，江西省文博事业以"三个代表"重要思想和科学发展观为指导，以加大文物宣传为主线，以和谐文化建设为主题，以文化遗产保护为目的，抓重点，促亮点，攻难点，显特点，促进全省文物事业健康持续发展。主要采用了以下政策：一是以倡导和谐文化为重点，促进全省文物保护事业科学、和谐发展；二是以依法行政为重点，用法制手段保障文物工作；三是以全面部署开展第三次文物普查工作为重点，加强文物保护的各项基础工作；四是以重要纪念活动为契机，推进博物馆建设工作。江西历史悠久，人文荟萃，地上地下保存有丰富的古代文物和近现代文物。全省有世界文化景观2处（庐山、三清山），全国重点文物保护单位51处、省级文物保护单位336处、县（市）级文物保护单位2300余处；国家级历史文化名城3座（南昌、景德镇、赣州），省级历史文化名城4座（吉安、瑞金、井冈山、九江）；中国历史文化名镇（村）8个，省级历史文化名镇（名村）45个。江西文物资源特色鲜明，革命文物和陶瓷文物最具优势，堪称中华第一；青铜文物、宗教文物、客家文物、书院文物和历史名人文物在全国也占有重要地位。

至2007年止，江西省有文物机构150余个，其中博物馆（纪念馆）95座，文物管理所42个，考古研究所2个，文物商店8个。江西省文物行政主管部门为省文化厅，内设正处级建制的文物保护处、博物馆处、文物执法处，行政编制12名，在任9人。江西省文化厅直属单位包括省博物馆、省文物考古研究所、省文物商店、省文物保护中心、省文物保护执法队、井冈山革命博物馆、南昌八一起义纪念馆、瑞金中央革命根据地纪念馆、安源路矿工人运动纪念馆等9个单位。设区市中，景德镇市、上饶市、赣州市成立了文物局，其它市文化局为地方文物行政主管部门，均内设了文物科，如南昌市、九江市、萍乡市、鹰潭市、新余市、吉安市，一般人员编制1～2人；一部分专门成立事业单位性质的文物博物管理所，如抚州市、宜春市，人员编制7～8人左右。近两年，一些县（市）也陆续成立了文物局，如九江县、万年县、吉水县、樟树市、婺源县、高安市、兴国县、弋阳县等。

2007年，江西省考古发掘资料整理进程进一步加快，基层文博考古队伍的培训得到重视。江西省级文物行政部门组织各地认真学习贯彻执行《博物馆管理办法》，并着手加强和改进博物馆工作，以确保江西博物馆事业可持续发展。全省各级博物馆、纪念馆落实"三贴近"要求，一是努力改善服务条件，提高服务质量，向未成年人等特殊群体实施减免费开放政策；二是外引内联整合资源，创新办展思路，一批精品展览"走出去，引进来"；三是充分利用文物资源的独特优势和阵地优势，广泛宣传"文化遗产日"和"5·18国际博物馆日"，江西省各地高度重视，上下联动，通过广播、电视、报纸、网络等各种媒体和演出、展出、群众签名等多种方式，深入宣传文化遗产保护法律法规，展示文化遗产保护成果，引起了社会公众对文化遗产保护的广泛关注。据统计，2007年共推出展览展示项目300余个，接待观众600余万人次，其中免费接待未成年观众约240万人次，社会效益显著。

各地利用文物资源，突出优势探索具有文化底蕴的特色活动，努力扩大文化遗产保护事业的社会宣传。如景德镇市精心准备2008中国景德镇国际陶瓷博览会文化活动，召开景德镇古陶瓷学术研讨会。特别是

“2008·江西红色旅游产品博览会”在南昌隆重开幕，全面展示了革命文物的魅力，打响了红色品牌，进一步推动了红色旅游发展。

【文物工作会议】

2007年2月，江西省召开2007年全省文物工作会议。会议传达学习了全国文物局长会议精神，全面总结了“十五”期间全省文物工作情况，并对此后的文物工作进行了部署。会议由江西省委宣传部副部长、省文化厅党组书记、厅长李玉英主持。副省长孙刚作了重要讲话，对2007年全省文物保护工作提出了新的要求。江西省文化厅副厅长曹国庆作了工作报告。全省11个设区市文化局分管文物的领导、文物科（所）长、博物馆馆长，厅直（省属）文博单位党政负责人以及在昌文博单位中层以上干部共130余人参加了会议。

会议指出：“十五”期间，江西省文物工作成绩显著，突出表现在：以“五纳入”为抓手，文物保护工作有了新动力；以文物普查为契机，文物工作地位有了新提高；以精品展为突破口，博物馆文化有了新活力；以配合基本建设为中心，考古工作有了新突破；以红色旅游为龙头，文物利用有了新飞跃；以科技创新为理念，文博队伍有了新气象；以正面宣传为导向，文物宣传有了新局面；以预防为主，文物安全工作有了新进展；以依法行政为准绳，文物法制建设工作有了新成效。副省长孙刚在讲话中充分肯定了“十五”期间江西文物工作成绩，并对做好以后的文物工作提出了明确要求。他指出，新形势下要把文物工作提高到事关全局、事关国家文化安全、事关民族国家形象、事关未来发展的高度来认识，进一步增强保护文化遗产的责任感和紧迫感；树立和落实科学发展观，坚持以人为本，依靠人，成果为人所享；科学筹划“十五”期间文物事业发展格局；加强建设中的文物保护工作，正确处理文物保护与经济建设、城乡建设、旅游发展与宗教事务之间的关系；突出重点，强化文物保护基础工作；在社会主义新农村建设中注重历史文化名村名镇的保护，千方百计将有历史文化价值的古镇、古村、古塔、古庙、祠堂、古民宅以及红军标语、漫画等保护下来；规范文物市场，引导民间收藏向健康方向发展；努力建设一支高素质文博专业队伍；依法行政，加强文物法制建设；加强领导，营造保护文物的良好氛围。

会议指出：“十一五”期间，江西文物工作将在文化遗产保护、博物馆建设、文物旅游业发展等三个方面作重点推进。

首先，建立和完善世界文化遗产地、各级文物保护单位和古建筑及博物馆的综合防范体系。大力推进全省第三次文物普查的成果转化。全面完成省级以上文物保护单位规划制定和“四有”工作。改进和完善重大建设工程中的文物保护工作。加强历史文化名城（街区、村镇）的保护工作。清理整顿文物流通市场，加强文物市场的调控和监管，规范文物经营和民间文物收藏行为。严格依法行政，加大打击文物违法行为的力度。

其次，贯彻执行《博物馆管理办法》，努力形成以国有博物馆为主体，民办博物馆为补充，各行业和专题博物馆全面发展的博物馆体系。每年推出5～10个以红色文化、特色文化为主题的专题文物精品展览。积极推动数字化博物馆建设，建立全省博物馆馆藏文物数据库。

最后，以发展红色旅游为重点，加强文物旅游景区景点文物维修、陈列展览和硬件设施建设，提高服务质量和水平，推出多条文物旅游精品线，形成以文物为依托的江西文物特色旅游业。争取到2010年，实现文物旅游收入在现有基础上翻一番。

【政策研究、法规建设】

1. 文物法制建设

经四年多修订，《江西省文物保护条例》于2006年9月22日由省人大常委会第二十三次会议通过公布。该条例凝聚了全省文物工作者的心血，曾被省政府列入2003、2004、2005年的立法调研计划和2006年的立法计划，历经座谈、调研、论证、协调等诸多过程，新《条例》共分七章五十五条，比原《江西省文物保护管理办法》有大幅度的增加和补充。《江西省文物保护条例》于2007年1月1日开始实施，标志着江西省文物法制建设向前迈进了一大步，成为江西省文物工作持续、健康发展的重要法律保障。

2007年，江西省文化厅继续加大以文物保护法为核心的文物保护法律法规的宣传力度。要求各地以文化遗产日等重大节庆为契机，多渠道、多方位地宣传文物保护法律法规，加强全社会尤其是各级领导干部的文物保护意识。同时要求对各级领导班子，尤其是一把手进行文物保护法律法规宣传，务求到位，让他们充分认识到，文物事业可以在经济和社会发展以及对外开放中作出独特贡献，文物部门在其中可以扮演重要角色。

2. 文物行政执法情况

2007年，江西省文物保护执法队加大了文物执法的力度，按照省文化厅印发的《关于加强全省文物行政执法工作的通知》，提出了加强文物行政执法工作的具体要求，正式启动江西省文物行政执法的“自查、检查、巡查、督查”工作机制。江西省文物保护执法队在文物执法的过程中，依法行使文物行政执法工作职能，全省各地也在2007年陆续加强文物执法队伍建设。2007年，江西省文化厅指导全省各级文物单位认真贯彻落实文化部令《博物馆管理办法》和国家文物局《关于加强和改进博物馆工作的意见》的精神，要求国有博物（纪念）馆的建设工程设计方案和基本陈列方案必须经省文物行政部门组织有关专家论证，做到博物（纪念）馆功能优先、陈列大纲设计与博物（纪念）馆建筑设计同步进行；严格实行博物（纪念）馆设立、年检与终止制度，推进博物（纪念）馆管理工作的法制化与规范化。

【文物保护进展】

1. 文物保护概况

按照“保护为主、抢救第一、合理利用、加强管理”的文物工作方针，切实加强文物保护工作：积极筹措资金，对大量受到严重破坏和濒临消亡的文物保护单位进行抢救性维修保护工作，一批年久失修的文物保护单位得到及时保护维修；以第三次全国文物普查为契机，将历史文化名村（名镇）以及其他有历史文化价值的古镇、古村落、古塔、古庙、古祠堂、古民宅等建筑列入第三次全国文物普查范围，保护级别和保护水平进一步提升，2007年5月，鹰潭市龙虎山风景区上清镇、高安市新街镇贾家村、吉水县金滩镇燕坊村、婺源县江湾镇汪口村4个村荣获第三批中国历史文化名镇名村称号；各地陆续出台新农村建设中加强文化遗产保护措施，着力加强对古村古镇整体形态风貌保护，加强对古民居、古祠堂、古塔、古书院、古戏台、古桥、古树名木等文物古迹的原物保护，特别是加强对革命旧址、革命标语的保护，使新农村建设中文化遗产得到有效保护。

2. 文物保护规划

按照国家文物局和相关部门的要求，江西省加强了文物保护规划编制工作。重点做好大遗址和全国重点文物保护单位规划编制工作，景德镇御窑厂遗址、洪州窑遗址和樟树吴城遗址保护规划通过省级专家评审，湖田窑遗址、李渡烧酒作坊遗址等一大批全国重点文物保护单位的保护规划已开始编制。

3. 文物保护工程管理

按照《文物保护工程管理办法》的规定，严格做好文物保护工程管理工作。文物保护工程必须遵守不改变文物原状的原则，全面地保存、延续文物的真实历史信息和价值；按照国际、国内公认的准则，保护文物本体及与之相关的历史、人文和自然环境。承担文物保护工程的勘察、设计、施工、监理单位必须具有国家文物局认定的文物保护工程资质。

江西省对文物保护工程质量主要抓好以下几个环节：一是抓好方案编制和审批工作，凡是保护工程，都必须事先由有资质的单位进行勘察并编制方案，经相应文物行政部门组织专家审查通过后才可实施；二是抓好工程招投标工作，三十万元以上的文物保护工程，都必须进行招投标，中标单位必须符合《文物保护工程施工资质管理办法》的资质要求；三是抓好工程施工过程管理，要求施工单位必须遵守国家有关施工法律、法规和规章、规范，购置的材料应符合工程质量的要求，严格按照设计文件，编制施工方案进行施工，作好施工记录、统计，确保工程质量，收集相关资料，以备立卷存档；四是抓好监理工作，所有文物保护工程，都必须要有监理单位；五是抓好工程验收工作，工程完工后，根据文物保护单位的级别，由相应的文物行政部门组织专家、财务和监察部门进行综合验收。

4.文物保护经费情况

2007年文化遗产保护经费投入达2885万元，其中大遗址保护专项经费600万元，红色旅游补助经费405万元，抢救性文物保护设施建设项目经费380万，国家重点文物保护专项补助经费1200万元和省级文物保护专项补助经费300万元。

【考古发掘研究】

1.概况

2007年，江西省以做好靖安水口乡李洲坳东周墓葬考古发掘工作为重点，考古发掘与科学保护并举，创新发掘新思路，考古工作取得丰硕成果。圆满完成吉州窑、瑞赣高速公路、高安七星堆古墓群以及抚州、九江、景德镇、黄金埠、赣州华能等电厂工程考古调查、钻探和发掘任务，阶段性完成牛城城址考古调查与试掘任务，取得一批重要收获。靖安水口乡李洲坳东周墓葬入选2007年度全国十大考古发现。

2.重点文物发掘

从2007年1月6日～2007年10月25日，按照“边发掘、边保护”的原则，江西省文物考古研究所对靖安县水口乡李洲坳东周古墓葬进行抢救性考古发掘。在考古发掘的同时，加大文物保护力度，邀请国内多学科多领域保护专家具体指导并参与文物保护工作，使一批重要出土文物及时得到抢救和保存。该墓葬葬俗特殊，清理出的47具棺木同葬一坑，为国内首次发现。47具棺木中，有22具发现有人类遗骸，主要包括人体骨骼和脑髓组织，12具骨骼中发现有绿色结晶体。共出土650余件文物，其中竹木器144件，漆器12件，玉器13件，青铜器30件，原始青瓷器7件，金器1件，金属器5件，以及纺织品300余件。主要随葬品有小型手工加工工具如刀、削、凿等，以及木质纺织工具绕线框、梭、打纬刀、陶纺轮、漆勺等，少数随葬原始青瓷器、青铜鼎等。该墓葬是此前国内考古发掘所发现的时代最早、葬制最奇特、出土棺木数量最多的一坑多棺墓葬。

3.重要发掘文物

金质族徽1件（G47：1），由内圈的圆形金质饰物和外圈的双环形陶圈组成，总体直径48厘米。圆形金质饰物直径30厘米，厚约2毫米。以模具捶揲技法装饰出里、中、外三圈龙形纹饰。三圈纹饰以环形锯齿状纹饰间隔。内圈为三组简体龙纹，相向环绕，也酷似涡纹。中圈为五组卷尾龙纹由右向左相向依次环绕。龙的卷尾、龙身、眉毛、上下颚、眼睛等清晰可辨。外圈为七组卷尾龙纹，装饰特点与中圈一致。金质饰物外围环以双层陶制装饰，其上刻有精美云雷纹饰。整组棺饰装饰在主棺东侧外棺头部。这组器物造型独特，工艺考究，是此前国内发现的同期体量最大、构图最严谨、最程式化、装饰最为繁复。

纺织品300余件，品种有桑蚕丝和麻两种。桑蚕丝织物，有各种不同密度纱、绢、绮、织锦、刺绣及经编织物——组带。其中G11出土的一块184厘米133厘米方孔纱是中国纺织品文物出土最早、面积最大的整幅拼缝织物。出土了中国最早织锦实物，由朱砂矿物颜料染线织造花纹，这是中国第一块密度最高织锦实物，每厘米织物经线240根，花纹有各式几何纹和动物纹样。出土了中国最早的服装。还出土了几种复杂纺织新品种，可以改写中国纺织织造历史。

出土的竹器品种有竹笥、竹席、竹扇、竹勺等。便面（竹扇），长37厘米，用精细竹篾编成，保存完好，为我国出土最早最完整扇类实物证据，堪称中华第一扇。发现并成功取出3床竹席，长约180、宽约80厘米，织法讲究，保存相当完好。出土竹笥有方形和圆形，有的四周衬以丝织物，有的四角包裹金属附饰。圆形竹笥，用0.4毫米竹丝编织成，制作极其精巧，美轮美奂。

出土的漆器有漆勺、漆盒、彩绘漆剑、漆盘等。漆勺，扁腹、曲柄，造型奇特，数量较多，长约40厘米。异形漆盒，长17厘米，高6厘米，保存完好，造型奇特，表面装饰规整的凹凸弦纹，髹黑漆；在黑漆表面刻划有精细刻饰线纹，刻饰线纹等距，间距1毫米，深浅如一。在中间凹形方框内还镶嵌有极其精巧箭镞状饰物，堪称髹漆制品精品佳作。彩绘木剑，长约50厘米，保存完好，通体饰彩，鲜艳夺目。

出土的木器有纺织用具、木盒、木梳等。

青铜器出土多件，造型简单，没有装饰纹样，属越系青铜器制作风格。

原始青瓷器制作较精美，有越系青瓷造型特点，其瓷胎、釉色有具有强烈本地文化特色。

棺木内普遍有人类遗骸发现，并有保存完好的脑髓组织或头骨、牙齿、头发等。这一发现，填补了中国南方地区先秦人类遗骸研究的一项空白，意义重大。许多人体骨骼内长满翠绿色磷酸铁盐类结晶物，这些物质晶莹剔透，折射出翡翠般的光芒，是科技考古界极其罕见的发现。头骨上遗存的发辫对于我国早期服饰研究具有重大价值。

从考古学层面分析，李洲坳墓葬出土文物与江西贵溪崖墓出土同类器物基本一致；与湖南地区越人墓葬随葬品组合也相似，反映了南方越人集团所具有的特殊文化现象。同时，从墓葬结构、漆器文物某些特点分析，又具有某些早期楚文化因素。因此，它所代表的是一支具有深厚越文化因素，又受到某些楚文化风格影响的新型青铜文化，也反映春秋时期在赣西北地区可能还存在过一支具有高度青铜文明成果大型政治集团。经过与江西地区出土的春秋战国时期的器物相互比较，初步可以判定，李洲坳墓葬的年代当在春秋中晚期，距今约2500年左右。

【博物馆】

1.概况

2007年是江西省博物馆事业发展史上的一个里程碑。全省文博工作者以馆藏文物为载体，突出地方特色，以服务人民、教育群众尤其是加强和改善未成年人思想道德建设为己任，努力提高陈列展览等文化产品的知识性、趣味性、观赏性、互动性。全省总计向社会推出陈列展览300多个，接待观众600余万人次。这一年，以隆重纪念八一南昌起义、秋收起义和井冈山革命根据地创建三个“八十周年”为契机，江西博物馆建设与时俱进，硬件环境条件显著改善，陈展水平显著提升，率先免费开放全国爱国主义教育基地反响强烈，全省博物馆、纪念馆显现勃勃发展生机。

2.业务管理

2007年，江西省文物局进一步规范博物馆行业管理，推动全省博物（纪念）馆的规范化、制度化和标准化建设。要求各地开展博物馆基本情况调查与填报工作，加强对地方博物（纪念）馆的监管，并组织博物（纪念）馆馆藏二、三级文物的登记、建档和备案工作。

3.大型博物馆建设

2007年，一大批重点馆新（扩）建工程相继立项奠基或竣工启新，这些建设项目投资规模大、规划设计起点高，陈列展示手段先进，倍受社会瞩目，为江西省的“八十周年”纪念活动画上了浓墨重彩的一笔。

5月18日，总投资为3100万元、占地近37亩、建设面积13900平方米的萍乡市博物馆奠基。

7月28日，改扩建后的南昌八一起义纪念馆正式对外开放。该工程启动于2006年9月，包括维修总指挥部旧址、新建陈列大楼、修建园林广场和地下停车场等，总投资1.53亿元。新馆作为纪念馆的陈列部分，充分运用等声幻影成像、进入式场景、多媒体同步地台模型、150度多信道环幕投影等多种现代陈列手段，生动再现了南昌起义和人民军队发展的全过程。

10月27日，井冈山革命博物馆新馆隆重开馆。这是党中央决定兴建的全国三大爱国主义教育示范基地“一号工程”之一，于2005年9月开始动工建设，总投资1.95亿元。占地面积1.782公顷，主体建筑为四层框架结构，总建筑面积20030平方米，其中展厅面积8436平方米。整个展览突出了对井冈山精神的诠释和井冈山道路的叙述，并通过多媒体立体画演示、大型体验式场景、真人比例幻影成像等现代化的展览手段和丰富的表现形式，集中形象地宣传、展示井冈山革命斗争时期的大量珍贵文物、图片、资料，令人耳目一新。

11月18日，占地800多平方米、建筑面积11617平方米的贺子珍纪念馆在永新县开馆。

11月29日，有中国县级“第一馆”之誉的婺源博物馆开馆，新馆总投资3980万元，占地约100亩，总建筑面积10800平方米。

江西省文物局还陆续组织召开了分宜县、赣州市、抚州市、广丰县博物馆新馆建设专家评审会。可以说，江西历史上从未有过如此集中的博物馆建设项目，新馆建设及相关基础设施的改善，为博物馆各项业务工作的开展提供了良好的条件，为全省博物馆事业的可持续发展注入了新的活力。

4．一级文物的管理

江西馆藏文物总数达302763件，其中一级文物1266件，二级8891件，三级41832件。江西省高度重视一级文物藏品的管理，督促各地抓好博物馆馆藏文物建档工作，全面完成馆藏珍贵文物的建帐、建档和卡片的填写和文物档案、目录分级备案工作，同时健全了设区市文物鉴定机构，开展馆藏珍贵文物的鉴定工作。

5．博物馆间的交流与合作

各地按照“走出去、引进来”、“联强做强，联大做大”的办展思路，分系列、按特色整合资源，采取联合与分散相结合的方式，突出优势和特色，打造能够出省、出国的精品陈列，进一步提高了陈列展览质量和水平。第一是引进来，江西省博物馆先后与浙江省博物馆、贵州省博物馆、青海省博物馆和广州博物馆在南昌联合推出了“画之大者——黄宾虹书画艺术展”、“霓裳银装——贵州少数民族服饰展”、“雪域明珠——藏传佛教文化艺术展”和“海贸遗珍——清代广州外销艺术品特展”，极大地丰富了江西群众的文化生活。第二是走出去，江西省博物馆赴浙江省博物馆展出“江南文明之星——新干大洋州出土商代文物精品展”；赴浙江省舟山市博物馆展出“朱元璋皇子王妃奇珍异宝展”；“景德镇珠山出土永乐官窑瓷器展”在首都博物馆展出；景德镇陶瓷馆在北京举办“珠山八友”陶瓷精品展；吉安市博物馆与中国科技大学联合举办“吉州窑陶瓷展”；“泥与火的文明——九江馆藏陶瓷精品展”赴广东省东莞市博物馆展出。

6．重要展览

由于新馆投资大，在展陈手段、陈列形式、新材料、新工艺的运用等方面进行了大胆创新，大大增强了陈列展览的感染力和吸引力。如井冈山革命博物馆展厅面积达8436平方米，整个展览突出了对井冈山精神的诠释和井冈山道路的叙述，并通过多媒体立体画演示、大型体验式场景、真人比例幻影成像等现代化的展览手段和丰富的表现形式，集中形象地宣传、展示井冈山革命斗争时期的大量珍贵文物、图片、资料，令人耳目一新。南昌八一起义纪念馆新馆充分运用等声幻影成像、多媒体同步地台模型、150度多信道环幕投影等现代陈列手段，布置“南昌起义”和“中国人民解放军光辉历程”两大陈列内容，生动再现了南昌起义和人民军队发展的全过程。纪念活动也直接引发了新一轮改陈，秋收起义的三大策源地江西萍乡、修水和铜鼓在秋收起义八十周年纪念活动中，安源路矿工人运动纪念馆、秋收起义铜鼓纪念馆、秋收起义修水纪念馆三馆陈列得到全面改版，焕然一新迎游客，一批新建的纪念性景点和经过修缮的革命旧址也正式对外开放。

【全国重点文物保护单位】

1.管理

按照《中华人民共和国文物保护法》及其《实施条例》等法律法规的规定，加强了全国重点文物保护单位的管理：对白鹿书院、筑卫城遗址、吉州窑遗址等一批全国重点文物保护单位进行维修保护；要求编制保护规划；要求制定具体保护措施；加强“四有”建档工作；依法打击破坏文物行为。

2.遴选

在第三次全国文物普查过程中，要求各地对全国重点文物保护单位必须逐一进行复查。同时，要求各地对价值比较高的文物普查新发现必须边普查边保护，为遴选申报第七批全国重点文物保护单位打下坚实基础。

【世界文化遗产】

1.管理

庐山是江西唯一的一处世界文化遗产。2007年，江西有关单位和部门为加强庐山文化遗产管理，从各方面做了大量卓有成效工作。公布20处近代别墅、遗址和墓葬等为庐山风景名胜区管理局第二批文物保护单位，完善措施，建立健全各项管理制度，加强文物资源整合与管理，文物保护工作取得明显成效；以水环境污染治理为重点，进一步加强污染防治和生态保护，建成污水收集管网并实施水体生态修复，如琴湖流域的污水处理率从50%增加到了70%以上；完善森林防火监控中心硬件建设，实现全天候监测；利用“文化遗产日”等重大节庆日，通过展示文化遗产照片，发放文化遗产保护资料等多种形式，大力开展文化遗产保护宣传活动；承办“环境保护与教育”为主题的第二届国际地质公园发展研讨会，就地质遗迹保护、恢复地质生态、普及地球科学知识、弘扬地球科学文化、支援地方经济建设、创造新的就业机会等课题进行广泛深入探讨；召开《庐山风景名胜区总体规划(2006—2025)》评审会，对庐山风景名胜区利用保护作出总体规划；继续加大环境整治力度，营造优美的自然环境，交通环境、卫生环境、生态环境得到明显改善。

2.管理制度

根据《世界文化遗产管理办法》、《保护世界文化和自然遗产公约》、《中国文化遗产监测巡视办法》和《中国文化遗产专家评审办法》的规定，江西省坚持科学发展观，坚持保护第一、统一管理、合理开发、永续利用的原则，把庐山世界文化景观保护管理工作落到实处，加强遗产资源保护。2007年，为切实保护好庐山这一世界文化遗产，江西有关单位和部门建立健全了一系列文化遗产管理制度，编制印发庐山防汛应急预案和地质灾害防灾预案；建立一次性塑料餐具、塑料包装袋和含磷洗涤剂（粉）整治长效机制和森林防火领导责任制等，并在全山范围内组织开展严厉打击破坏森林资源违法犯罪专项整治行动，严格进行生态保护和自然环境保护，保护生物多样性，维持生态平衡，不断提高景区景点环境质量；采取人防、物防、技防相结合措施，确保文物安全；严格进行文物古迹保护，严格保护其真实性与完整性，保存其历史文化信息与价值。

【对外交流与合作】

2007年江西文物外展创造新辉煌，“白色的金子——中国瓷器精品展”作为俄罗斯“中国年”系列展览的开幕展，在莫斯科特列恰科夫国家画廊精彩亮相，中国文化部副部长孟晓驷、俄罗斯联邦文化电影署副署长戈鲁特瓦等出席开幕活动。江西省博物馆和景德镇陶瓷馆馆藏的百余件瓷器精品以其特有的温润光泽吸引了许多俄罗斯人的视线，媒体赞誉不绝，引起国际注目。

山东省

【概况】

2007年，是山东文物保护事业发展进程中不平凡的一年，山东省文物局的重新建立和山东省博物馆新馆建设工程的全面开工，标志着山东文物事业的发展进入了一个新的发展时期。

【机构建设】

1. 山东省文物局

12月29日，山东省文物局举行揭牌仪式，原山东省省委书记李建国和国家文物局副局长张柏为文物局揭牌，张柏副局长和黄胜副省长为文物局挂牌。新建文物局为副厅级机构，隶属于省文化厅管理，内设四个处室。

根据文化部、国家文物局和劳动人事部在第二个“文化遗产日”开展表彰活动的决定，山东省组织开展了“全国文物系统先进集体和先进个工作者”、“全国文化遗产保护先进集体和先进个人”的推荐工作。文登市天福山起义纪念馆馆长宋爱华作为全国文物工作者唯一代表在表彰大会上介绍了先进事迹，受到国务院领导和全国文物界的极大好评。

2. 山东省博物馆新馆

山东省博物馆新馆工程，是山东省“十一五”重大建设工程。2006年5月11日，山东省政府第67次常务会议确定2007年开工建设山东省博物馆新馆，写入了2007年山东省政府工作报告。选址燕山立交桥以东，经十东路以北，毗邻东二环路近郊的区域，建筑面积8万平方米。为做好建设工作，山东省成立了新馆建设领导小组，专门组建了基建办公室，开展了紧张的筹备工作。通过发布新馆建筑设计方案招标公告，采取国际招标方式，吸引了国内外81家设计单位的积极参与，最终有9家国内外设计公司进入设计投标。2007年10月中旬，评出3个优秀方案和6个合格方案，在深化设计的方案中遴选出4个方案，于8月21日～9月10日向社会公示，广泛征求意见。公示期间还组织了最佳方案评选活动。齐鲁电视台《开讲930》栏目也进行了面对面交流。20余家省、市媒体的记者参加了新闻发布会，得票数最多的2号方案最终被确定为新馆设计方案外型。这一方案的设计理念归纳为十六个字：趵突腾空、壁立如钢、穹柱璧连、天圆地方。建筑汲取中华传统文化中天圆地方、天人合一、人与自然和谐发展的理念，寓意齐鲁文化博大精深，体现了齐鲁儿女开放、沉稳的个性和昂扬向上的活力。泉水是山东省省会济南的象征，以趵突喷涌为代表的泉水、泉韵、泉文化，生生不息，源远流长，寓意着山东经济的腾飞，文化的大发展、大繁荣。建筑每侧的立柱挺拔高耸，并向上延伸，环绕成穹，寓意全省各地市在省委、省政府的坚强领导下，万众一心，迈向光辉灿烂的明天。2007年12月29日，新馆工程举行了开工奠基仪式，正式拉开了建设的帷幕。

在山东省博物馆新馆建设的同时，一些尚未建设博物馆或博物馆设施已不能发挥原有功能的地区，当地政府开始列入规划，或新建，或改造，兴起了新博物馆建设热潮。各级各类博物馆按照“三贴近”要求，推出了一批群众更加喜闻乐见的展览，如省博物馆《山东文物精品大展》受到了社会各界的高度评价，齐国故城遗址博物馆《齐国历史陈列》获第七届全国博物馆十大陈列展览精品提名奖。继临淄齐国故城博物馆之后，青州博物馆、单县博物馆作为全国县级博物馆提升试点单位各项工作正在有序展开。全省博物馆结合“4·18”国际古遗址日、“5·18”国际博物馆日和中国“文化遗产日”，组织开展了一系列丰富多彩的活动。

【文物保护进展】

山东省2007年相继开展了全国重点文物保护单位记录档案备案、全国博物馆一级文物藏品建档、全国重点文物保护单位保护状况调研和全国馆藏文物腐蚀损失调查、文化遗产资源调查建档等工作；编制了文物调查及数据库管理系统建设规划；开展了第六批全国重点文物保护单位记录档案备案工作。经过一年多的扎实工作和反复论证，完成了第三批省级文物保护单位290处的材料组织、审核工作，并提请省政府公布，全省省级文物保护单位总数达到687处。完成了全国《文物保护“十一·五”规划及项目库》山东部分的补充编制工作。与有关部门密切配合，完成了全省历史文化名城街区“十一五”保护规划方案文本制订和备案。山东境内大运河文物调查作为国家级课题《空间信息技术在大遗址保护中的运用》的子课题正式启动，调查工作已开始。编制完成齐长城调查工作方案并经国家文物局和国家测绘局批准。

【考古发掘】

2007年，为配合国家和省重点基本建设项目，山东省开展了一系列文物考古发掘工作，取得一批重要发现：

1．沂源扁扁洞遗址发现新石器时代早期遗址

在山东沂源县东南部山区扁扁洞，山东省考古所和中国科学院古脊椎动物与古人类研究所发现一处十分重要的古代文化遗址，获得一批遗物。洞穴遗址的地点位于土门镇黄崖村附近，与著名的旧石器时代晚期洞穴遗址上崖洞南北相对。北京大学年代学实验室对洞内采集的人头骨碎片和兽骨进行了检测，碳14校正后在距今11000年至9500年，证明该遗址属于新石器时代早期，为探索山东新石器时代文化的起源提供了重要线索。

2．广饶南河崖制盐遗址群

早在2002年，北京大学与山东省所在鲁北莱州湾和胶东进行了一次全面的考古调查，发现多处商代晚期至西周时期的盐业遗址，并确认这一地区普遍存在的盔形器为专用制盐器具。2007年上半年，北京大学中国考古研究中心与山东省文物考古研究所联合重点考察了山东广饶南河崖遗址，新发现60余处古遗址，这是此前所知鲁北沿海地区最大的制盐遗址群之一。广饶南河崖制盐遗址群的发现为探索鲁北沿海商周时期的制盐业的规模、生产方式、海岸线的变迁以及商周时期的社会经济、政治等问题提供了重要资料。

3．山东运河调查和南旺枢纽发掘

山东运河位于京杭大运河中段，北连京冀，南通江浙，全长570余公里，占京杭运河总长度的三分之一。山东运河沟通南北，维系了国家的统一，养育了两岸千万百姓，构筑了独具特色的运河文化遗产。为做好山东运河文化遗产保护工作，山东省文化厅启动了山东京杭运河资源调查工作。此项调查工作是国家科技支撑计划重点课题“空间信息技术在大遗址保护中的应用研究（以京杭大运河为例）"的重要组织部分。2007年8月，山东省文化厅在济南召开了沿线德州、聊城、泰安、济宁、枣庄五市文化（文物）部门参加的工作会，组织专业人员对运河进行地面考古调查，涉及到运河沿线的闸口、桥涵、码头、堤坝、古建筑、古街区和村镇。初步统计，发现文物点190余处，其中与运河功能相关点50余处，与运河历史相关点90余处。在此基础上，有关部门已着手编写《山东京杭运河考古调查报告》。调查工作期间，清华大学、中国文化遗产研究院、中国科学院遥感应用研究所和中国水利水电科学研究院先后三次组织专家对运河山东段进行重点考察，对考古发掘工作给予了充分肯定。

【第三次全国文物普查】

2007年，根据国务院的统一部署，山东省全面启动第三次全国文物普查工作。对于文物普查工作，省政府高度重视，7月30日，山东省政府第99次常务会议专门听取了文化厅关于国务院开展第三次全国文物普查的情况汇报。山东省成立了以黄胜副省长为组长的领导小组，以省政府名义下发了关于开展第三次文物普查的通知，召开了全省电视电话会议。山东省普查办分别在烟台和荷泽举办了两期培训班，共培训普查专业人员239人，达到市、县（市、区）百分之百覆盖。山东省各地按照省政府统一部署，分别制定了文物普查实施方案，狠抓落实，积极推进，陆续开展了文物普查培训和普查试点工作。截止2007年底，山东省各地基本完成了文物普查第一阶段工作任务。

【文物保护重点工程】

一年来，全省文物保护工作认真贯彻2006年石家庄全国文物保护工程会议精神，严格执行国家有关文物保护工程法规规定，不断提高规范化管理水平，加强文物保护工程的立项、招投标、勘察设计、施工、监理、验收等方面规范化管理，狠抓重点工程管理质量；建立了文物保护工程的方案审批、经费使用等管理办法，坚持专家论证制度，有效地保证了工程质量。

京沪高速铁路、济青高速铁路、胶东输水等国家重点建设工程中的文物保护进展顺利，配合国务院南水北调办和国家审计署完成了山东南水北调文物保护项目调研和审计任务，编制完成2007年度国家文物保护专项经费计划和申报，临淄齐国故城大遗址保护、曲阜颜庙落架大修、蓬莱水城城墙大修及环境整治等重点项目进展顺利，开展了全省革命旧址、革命文物保护与利用情况调查，完成了景阳岗遗址博物馆选址方案、泰安灵应宫和烟台山规划、蓬莱水城古船博物馆设计方案、曲阜"三孔"及外围重点景区安放系统改造工程设计方案等审核论证，对青岛八大关总体规划和重点改造项目进行了调研和论证。在文化遗产管理方面，临淄齐国故城及王陵、大运河山东段、"三孔"扩展项目均被列入国家世界遗产预备清单。完成了蓬莱史迹列入"海上丝绸之路"项目的初步申报工作。

【文物回归】

14年前，博兴县文管所石刻菩萨造像（北魏—东魏时代）失窃，后流失到日本，并由日本神慈秀明会及其所属美秀博物馆购藏。经外交部、国家文物局和山东省文物部门多方努力，神慈秀明会及其所属美秀博物馆无偿捐还此文物，石像已入藏山东省博物馆。以无偿归还的方式解决国家之间合法拥有、但证明是失盗或走私的文物，在当时是世界第二例，因此协议签订后，在国际社会引起了很大的震动，日本各大媒体均以较大篇幅作了报道。国家文物局认为，这一问题的解决，提供了在无法适用有关国际公约的情况下，成功追索境外我国被盗文物的先例。

河南省

【概况】

2007年，河南省突出重点，强力推进，全面提升文物工作水平，取得显著成绩：世界文化遗产申报工作积极推进，第三次全国文物普查工作全面开展，大遗址保护工作取得了显著成效，南水北调等重点项目建设中的文物保护工作成绩喜人，博物馆公共文化服务功能得到增强，文物法制建设积极推进。

2007年6月初，河南在全国率先成立了省级文物普查领导小组，孔玉芳副省长担任组长；随之市、县两级政府也成立了相应组织，各县(市、区)均成立了文物普查队。经过一系列周密准备，全省1500余名文物普查队员已按期全面开始了田野调查工作。

2007年3月，河南省政府和国家文物局联合召开了洛阳大遗址保护工作现场会，5月，河南省政府专门下发《关于加强大遗址保护工作的通知》。经过一年的努力，在列入“十一五”期间国家重点保护的河南省14处大遗址中，有9处完成了保护规划的编制，其中4处已获国家文物局同意；完成了13项保护展示方案的制定，其中7项已获国家文物局批准。至2007年止，汉魏洛阳故城阊阖门遗址保护展示项目工程量已经过半；隋唐洛阳城定鼎门遗址、偃师商城大城西城垣遗址保护展示工程前期发掘工作基本结束；同时，郑州商城遗址公园、内黄三杨庄汉代庭院建筑遗址二号坑保护大棚工程已经开工，宝丰清凉寺汝官窑遗址中心烧造区的居民拆迁已经开始。

文物安全工作进一步加强。逐级落实文物安全目标责任制，进一步建立完善文博单位安全制度，推进文物收藏单位技防达标工作，开展文物安全检查，坚持执行文物安全周（日）报告制度和文物案件报告制度，继续推行文物保护员登记备案，对102名优秀业余文物保护员进行了表彰奖励。和河南省公安厅按照联合打击文物犯罪工作机制，召开联席会议，研究部署文物案件侦破工作。通过严厉打击，河南省盗窃文物案件的发案率明显下降，已发案件基本做到有案必破。洛阳市公安局刑侦支队等5个单位在打击文物犯罪中成绩突出，受到了河南省文物局和公安厅的联合表彰。通过各方面共同努力，河南再创“全省馆藏文物安全年”。

课题研究有新成果。由河南省文物考古研究所等单位承担的灵宝西坡遗址考古发掘项目，被评为2006年度“全国十大考古新发现”，使河南获得年度全国十大考古新发现的项目达到27个，总数量继续保持全国第一。许昌灵井旧石器时代遗址经过三年坚持不懈的发掘，终于发现“许昌人”头盖骨化石，不仅是河南旧石器时代考古学研究的重大突破，而且是中国考古学和古人类学研究的重大成果，为世界所瞩目。洛阳市博物馆开始实施《市级博物馆馆藏文物保存环境达标》，洛阳市文物工作二队取得了《邙山陵墓群调查与勘测》课题研究的阶段性成果，开封市文物工作队开展的《北宋东京城汴河故道遗址考古调查和勘测》研究和商丘市文物局开展的《隋唐运河故道商丘段考古调查勘探》成果显著，安阳市文物局的《安阳殷墟大遗址保护与展示综合研究》成功申报2007年度国家文物局重点课题，河南省文物考古研究所的“动物考古”入围国家文物局重点科研基地申报初选项目。

社会各界对文物事业的关注程度日益提高。河南省文物系统在国际博物馆日和“文化遗产日”前后，举办系列活动，广泛宣传文物保护成就，普及文物知识，取得了良好的社会效果。文化遗产日期间，全省文物系统免费或优惠开放的单位达到120处，共接纳观众33万人次。河南省文物局策划组织的“河南文化遗产老照片征集活动”，在一个月内面向社会收集符合主题的老照片700多张，并在省政府网站、大河网、河南文物网上发布，成为遗产日活动的一个亮点。各文博单位通过形式多样的载体，将文物宣传推向了新的广度和深度，社会公众共同支持文物事业发展的良好环境正在形成。

【文物工作会议】

2007年3月11日，河南省文物工作会议在洛阳举行。会议总结了2006年河南省文物工作取得的成绩，并安排部署了2007年的各项工作任务。会议上表彰了2006年度河南省文物工作先进单位、2006年度河南省优秀业余文物保护员、2005～2006年河南省优秀陈列展览，通报2006年全省文物安全经济奖惩情况。

3月21日，为总结大遗址保护工作经验，安排下一步部署，推进大遗址保护工作，国家文物局和河南省人民政府联合召开“大遗址保护工作洛阳现场会”。国家文物局局长单霁翔在讲话中指出，我国大遗址保护工作面临着前所未有的良好的社会环境和宝贵的发展机遇。做好洛阳片区大遗址的保护工作，不仅对洛阳、对河南经济、社会和文化建设具有重要意义，而且对大遗址保护战略的实现具有决定性意义，对全国文物工作也具有重要的指导和示范意义。要在大遗址的保护管理上创造出新的“洛阳模式”，带动河南省和全国的大遗址保护工作。孔玉芳要求各地、各有关部门结合实际，认真抓好落实，努力推动河南省文物工作特别是大遗址保护工作上新的台阶。

6月14日，河南省人民政府在郑州召开了河南省第三次全国文物普查动员会议。会议就河南省实施第三次全国文物普查的总体要求、内容和范围、原则、实施步骤、数据和资料管理、宣传、总结与表彰等方面作了说明。河南省委常委、宣传部长、副省长、河南省第三次全国文物普查领导小组组长孔玉芳同志强调，要以对国家文化遗产保护事业负责，对历史和子孙后代负责的态度，认真做好第三次全国文物普查工作。各级各有关部门要树立大局观念，在省文物普查领导小组的统一领导下，认真履行职责，加强协作配合，形成整体合力，确保文物普查工作顺利进行。

7月14日，由河南省文物管理局主办，省文物考古研究所承办的“动物考古国际学术研讨会暨《华夏考古》创刊20周年座谈会”在郑州拉开帷幕。来自美国哈佛大学、维瑟学院、澳大利亚拉楚布大学、加拿大蒙特利尔大学、中国社会科学院考古研究所、北京大学、吉林大学等国内外50多名专家、学者，《中国文物报》、《考古》、《中原文物》等20多家考古类期刊报纸的编辑、记者参加大会。

9月17日，国务院召开的第三次全国文物普查电视电话会议结束后，河南省接着召开了电视电话会议，就贯彻落实国务院会议精神、做好河南第三次全国文物普查工作进行安排部署。河南省第三次全国文物普查领导小组副组长、办公室主任、省文物管理局局长陈爱兰同志就河南省文物普查试点工作情况、当前进度和下一步打算向会议做了通报。

9月20日，河南省文物管理局在郑州召开全省文物经营管理工作座谈会，集中学习了文物流通市场管理方面的法律法规及有关规定要求，通报了2006年度文物经营资质年检情况。与会人员还围绕加强和改进河南文物流通市场管理工作进行了热烈讨论。

9月20日，由河南省文物管理局、郑州市人民政府主办，河南省文物考古学会、新郑市人民政府承办的纪念裴李岗文化发现30周年暨学术研讨会召开。来自省内外的数十位知名考古、历史、地质学专家和当年参与裴李岗遗址发掘的亲历者齐聚新郑，隆重纪念裴李岗文化发现30周年。这次会议总结了裴李岗文化发现30年来的研究成果，一致认为新郑是中华文明的发源地之一，裴李岗文化在中华文明进程中具有非常重要的作用，它的发现对于探讨农业起源、家畜起源等国际性课题具有很大作用。

9月21日，河南省文物管理局在郑州召开了河南省文物鉴定委员会工作会议，会议全面总结了近两年来省文物鉴定委员会工作情况，通报了新一届省文物鉴定委员会组成成员，讨论通过了《河南省文物鉴定委员会涉案文物司法鉴定管理办法》，委员们就文物定级标准尺度的把握发表了各自意见、交换了看法，统一了思想，并就进一步加强委员会各项工作提出了意见和建议。

11月17日～19日，为深入学习贯彻十七大精神，推动河南博物馆事业繁荣发展，河南省文物局在洛阳召开了全省博物馆工作会议。当时在河南访问的美国新奥尔良博物馆馆长约翰·布拉德作了题为《现代博物馆的经营与管理》的报告；美国肯塔基大学艺术系主任、终身教授比尔·布斯作了题为《以"中国古代马展"为个案的文物展览的策划与实施》的报告；新奥尔良博物馆馆长助理兼亚洲艺术部主任丽萨·R——麦康德对新奥尔良博物馆所收藏中国文物的保存现状、来源方式进行了介绍。河南博物院等7个单位就博物馆工作"三贴近"、博物馆展陈、运营、文物保护、文物外展等内容作了典型发言。

12月26日～27日，河南省文物局在郑州召开全省考古工作会议，会议就全面贯彻全国考古会议精神，谋划全省文物考古事业繁荣发展作了讨论和部署。

【政策研究、法规建设】

2007年5月20日，河南省人民政府下发了《关于加强大遗址保护工作的通知》(豫政〔2007〕41号)，要求各省辖市人民政府、省人民政府各部门充分认识大遗址保护工作的迫切性和重要意义，切实加强河南大遗址保护工作。《通知》的出台，为河南大遗址保护工作的开展营造了一个良好的社会环境，也为河南省大遗址保护工作深入开展带来了新的契机。

2007年9月27日，河南省第10届人民代表大会常务委员会第33次会议审议通过了《河南省新乡潞简王墓保护管理条例》。《条例》共23条，从立法角度明确了政府保护的责任；明确了潞简王墓的管理体制；强调了新乡市有关部门的职责；制定了保护潞简王墓及周边环境的奖惩制度；明确了潞简王墓保护、维修经费和资金的来源。新乡潞简王墓是明代神宗皇帝朱翊钧之弟朱翊镠及其次妃赵氏的墓葬，为第四批全国重点文物保护单位。2006年12月8日，潞简王墓作为世界遗产"明清皇家陵寝"的扩展项目正式被列入中国申报世界遗产预备项目名单。

2007年12月3日，河南省第十届人民代表大会常务委员会第34次会议表决通过《郑州市嵩山历史建筑群保护管理条例》。该条例共32条，规定登封市人民政府全面负责嵩山历史建筑群的保护管理工作。禁止在嵩山历史建筑群保护范围内进行与文物保护无关的建设工程。嵩山历史建筑保护范围和建设控制地带内已有或在建的建筑物、构筑物及设施，不符合规定的，由登封市人民政府依法组织拆除或迁出。还规定，拍摄电影、电视剧（片）或专业录像、专业摄影，需拍嵩山历史建筑群外景或局部景观，以及测绘、复制、拓印嵩山历史建筑或其单体文物的，应当持有国家或省文物行政部门的批准文件，并在文物行政部门的监督下进行。

【文物保护】

1.概况

2007年，河南省文物保护工作再上新台阶。嵩山历史建筑群被正式列为我国2009年申报世界文化遗产项目，申遗的各项准备工作进展顺利。丝绸之路河南段的巩义石窟寺、汉魏洛阳故城、隋唐洛阳城、白马寺、汉函谷关与崤函古道等5处遗产被国家文物局正式纳入2010年提交世界遗产委员会审议的丝绸之路申报项目推荐名单，涉及申遗工作的保护规划和申报文本的编制、文物本体保护、环境整治等各项工作正在积极稳步地向前推进。同时，河南境内大运河申遗和保护工作逐步启动，新乡市潞简王墓的保护维修和申遗准备工作顺利进行。文物保护重点工作成绩突出，南水北调文物保护成效卓著，大遗址保护效果初现，文物行政执法力度加大，文物安全保卫稳步前进，顺利实现了“全省馆藏文物安全年”。文物利用力度进一步加大，为经济社会发展作出了新贡献。

2.河南省人民政府调整省文管会成员组成

3月17日，河南省政府下发了《关于调整河南省文物保护管理委员会成员的通知》（豫政文〔2007〕45号）。省政府根据工作需要和人员变动情况，决定由省委常委、宣传部长、副省长孔玉芳同志任省文物保护管理委员会主任，省长助理孙泉砀、省委宣传部巡视员王岭群、省文化厅厅长郭俊民、省公安厅副厅长孙世海和省文物管理局局长陈爱兰任委员会副主任。同时，对省文管会成员单位委员也做了调整。

3.郑州商城遗址公园项目开工

2007年12月28日上午，商城遗址公园项目开工仪式在东大街商城遗址南广场举行。主要建设内容是对商城遗址东南城垣本体及两侧20米的区域进行保护展示和环境整治。

4.宋陵安全技术防范工程开工

1月23日，国家田野文物保护试点工程宋陵安全技术防范工程正式开工。该项工程是国家文物局在河南省安排的一项重点工程，也是近年来实施的全国规模最大的技防工程，该工程作为我国田野文物保护的试点工程，不仅将开创宋陵安全保护新局面，同时将为我国田野文物保护探索经验，为全国文物保护工作产生积极的推动作用。

【考古发掘研究】

河南省考古发掘工作概况：南水北调工程河南段全年开工实施了28个文物保护项目。完成了郑州至西安铁路客运专线等40余个大型基本建设项目中的文物保护工作。完成了120余项配合基本建设考古发掘项目的审核、报批工作。2007年配合重点项目和基本建设进行的文物保护工作取得了丰硕的考古成果，考古发掘质量进一步提高。在国家文物局2006～2007年度田野考古奖评选中，河南的新郑唐户遗址、鹤壁刘庄遗址、荥阳关帝庙遗址等三个考古发掘项目获三等奖。灵宝西坡遗址考古发掘项目入选2006年度“全国十大考古新发现”。

2006年8月～2007年8月，河南省文物考古研究所在市县文物部门的配合下，对沙门城址进行了抢救性的考古发掘和勘探工作，初步确认和探明了城址的时代、内涵、范围等概况。此次考古发掘发现的宋元时期的主要遗迹有城墙、道路、房基、水井、农田、灰坑、墓葬等。发掘清理出土的宋元时期各类遗物非常丰富，大致可分为瓷器、陶器、釉陶器、石器、玉器、骨器、铜器、铁器及建筑遗物、冶炼遗物、动物骨骼（含加工过的骨器废料）等。这是对中原地区宋元时期中小城址的第一次考古发掘，其发掘成果将为研究宋金元时期社会经济的发展状况、渡口城市的建筑布局与防御、手工业和农业的发展水平及黄河河道的变迁等提供丰富翔实的实物资料。

洛阳市文物工作队和焦作市文物工作队组成联合考古队，自2006年8月起对河南焦作徐堡新发现龙山文化遗址进行了考古发掘，发现了龙山文化城址一座，揭露各时期房址、窖穴、陶窑、灰坑、水井、墓葬等各类古代遗迹200多处，出土大批陶、铜、石、骨、蚌、玉质器物以及动、植物遗骸。焦作温县徐堡龙山文化城址的发现，是我国新石器时代考古的又一重要发现，它是此前全国所发现的龙山文化中规模较大的城址之一，在豫西北地区属首次发现，填补了豫西、豫西北、晋东南地区没有龙山文化城址的空白，具有重大的学术价值。也为研究龙山文化向夏文化过渡，史前城址聚落形态、我国文明起源、国家的形成、筑城技术等诸多问题提供了重要的实物资料。

自2006年8月至2007年底，受河南省文物局委托的山东大学考古队在河南省西北部的博爱县西金城村发现一座4000多年前的龙山文化城址，并首次发现了大量小麦炭化遗存。这是河南境内龙山文化遗址中首次发现小麦遗存，对研究小麦在中国的出现和传播路线，具有重要价值。

2007年12月17日，河南省文物考古研究所在对河南许昌灵井旧石器时代遗址进行的考古发掘中，在第四纪晚更新世早期地层，发现了距今8～10万年左右的较完整的古人类头盖骨化石。“许昌人”头盖骨的发现对于研究东亚古人类演化和中国现代人的起源具有重大学术价值。

为配合国家南水北调工程，2007年，河南省文物局组织郑州市文物考古研究院对唐户遗址实施考古发掘，共发现了裴李岗文化时期的房屋遗址60余座以及大量的灰坑、排水沟等遗迹。发掘表明，唐户遗址是国内迄今为止所发现的面积最大、发现房屋遗址最多的一处裴李岗文化时期聚落遗址。该遗址所发现的丰富考古信息对于深入研究新石器时代早期裴李岗文化的社会组织结构和家庭聚落形态及裴李岗文化的性质、分期等都具有非常重要的学术意义。

为配合国家南水北调工程，2007年，河南省文物局组织河南省文物考古研究所对关帝庙遗址实施考古发掘，共发现灰坑1100多座、灰沟11条、房基26座、墓葬200余座、水井18眼、陶窑16座、祭祀坑13座，出土大批包括青铜、陶、石、骨、蚌、角、铁、瓷等质地的文化遗物。发掘表明，关帝庙遗址是一处商代晚期聚落遗址，这是我国考古学界在商代考古发掘中首次发现保存如此完整的商代晚期小型聚落，对于探讨商代晚期的聚落结构、社会形态等，具有重要的学术意义。

为配合国家南水北调工程，2007年，河南省文物局组织河南省文物考古研究所对安阳固岸墓地实施考古发掘，共清理出从西汉至清代的古墓葬150余座，出土器物900多件。固岸墓地纵跨时间长，涉及朝代多，墓葬形制丰富，出土文物种类繁多，研究价值极高。特别是北周墓在这一区域尚属首次发现；大量纪年明确的墓志砖的出土，为研究北朝晚期的墓葬提供了分期断代标准；而这一墓地发现的东魏、北齐墓葬等级分明，排列有序，内涵丰富，随葬器物组合完整，家族性质特别明显，为全面揭示东魏、北齐社会埋葬制度、墓葬分布规律、墓地布局提供了丰富的实物资料，具有非常重要的科研价值，填补了这一领域的空白。同时在墓地出土的一座围屏石榻是此前河南省发现唯一完整的一座，也是我国此前唯一一座以二十四孝子为题材的围屏石榻，具有很高的考古价值、文物价值和艺术价值。

【博物馆】

1. 概况

2007年，河南全省博物馆建设掀起高潮。中国文字博物馆主体工程于11月26日破土动工。信阳市鄂豫皖革命纪念馆建成开放。新乡、平顶山、漯河、南阳、信阳、商丘、永城、灵宝等市、县博物馆新馆正在积极筹建。河南博物院继续做好功能提升工程，全年共接待国内外观众50万人次，达到历史新高。同时，成功组织举办了建院80周年系列活动，进一步提高了河南博物院的社会影响力。舞阳、渑池、光山县等作为国家第三批县级博物馆展示服务提升工作试点单位，基本完成了服务提升工作。全省博物馆进一步树立精品意识，推出一系列精品陈列，使人民群众共享文物事业发展成果。河南博物院“天地经纬”和殷墟博物馆的“殷墟珍宝展”在“全国十大陈列展览精品”评选活动中分别获得特别奖和最佳创意奖。河南省文物局也开展了2005～2006年度河南省优秀陈列展览评比活动，评选出一批优秀陈列展览。

2.大型博物馆建设

2007年12月26日，备受社会各界瞩目的中国文字博物馆奠基仪式在河南安阳隆重举行。河南省委书记徐光春，河南省政协主席王全书，国家文物局副局长董保华，河南省委常委、常务副省长李克，河南省委常委、秘书长曹维新，国家文物局博物馆司司长宋新潮，安阳市委书记靳绥东，安阳市政府市长董永安等领导和国家、省、市有关部门，各界专家、学者以及安阳市干部群众近4000多人参加了奠基仪式。

2007年11月29日，洛阳博物馆新馆在洛阳新区开工建设。洛阳市现有馆藏文物近40万件，可供陈列展览的文物约3.5万件，在全国地市级博物馆中名列前茅。洛阳博物馆新馆建设项目建设规模占地约300亩，建筑面积4.2万平方米，总投资约3.5亿元。

3.重要的全国性文物展览和其他展览活动

9月20日，由河南博物院和台北历史博物馆共同举办的“三千大千世界——张大千书画艺术展”在河南博物院主展馆大厅隆重开幕。这是台北历史博物馆第一次在河南举办的展览，展出的66件书画精品是从台北历史博物馆收藏的140余件张大千作品中精选出来的，其中不仅包含了山水、人物、花卉以及书法等各类不同的主题，展现了泼墨、泼彩、写意、工笔设色等各种风采，还展出了极少展出的大幅创作及册页精品连作，将张大千先生丰富多元的画风，较完整地呈现了出来。

11月15日，由河南省委宣传部主办，河南省文物局承办的中原文化天津行之河南古代文明图片展在天津市博物院隆重开幕。河南古代文明图片展精选具有代表性的河南古迹和出土文物的图片，撷取河南古代文明之精华，展示我们民族共同的文明卷帙，如一部浓缩的河南文明发展史，在反映河南悠久灿烂的古代文明的同时也反映了中华民族文明发展的历史。

【世界文化遗产】

嵩山历史建筑群被正式列为我国2009年申报世界文化遗产项目，各项准备工作进展顺利。《郑州市嵩山历史建筑群保护管理条例》已由省人大常委会审议通过，申遗文本和总体保护规划的编制工作基本完成，文物本体保护和环境整治工作正在紧张有序地进行。截止2007年底，已完成1300多户居民的拆迁安置工作。

丝绸之路河南段的巩义石窟寺、汉魏洛阳故城、隋唐洛阳城、白马寺、汉函谷关与崤函古道等5处遗产被国家文物局正式纳入2010年提交世界遗产委员会审议的丝绸之路申报项目推荐名单。河南省政府致函国家文物局表示全力支持并做好丝绸之路联合申报世界遗产工作。郑州、洛阳、三门峡和相关县（市）政府均对申遗工作表示出极高的热情和积极态度。洛阳市政府拟利用洛阳博物馆老馆建立丝绸之路博物馆。涉及申遗工作的保护规划和申报文本的编制、文物本体保护、环境整治等各项工作，以及河南境内大运河申遗和保护工作逐步启动和推进，新乡市潞简王墓的保护维修和申遗准备工作顺利进行。

【社会文物管理】

1.文物市场管理

2007年9月，河南召开全省文物经营管理工作座谈会，对2006年度全省文物经营管理工作进行全面总结，对加强和改进文物经营管理工作做了安排部署。对2007年1月1日前取得文物经营资质的单位进行了年度检查。完成郑州嘉信诚（郑州）拍卖有限公司申报文物拍卖许可证工作，批准成立郑州中州文物艺术品有限公司、周口市文物商店。配合国家文物局对全国文物流通市场进行了调研，并将河南省有关情况汇总后上报国家局。会同工商部门，依法查处了河南大唐拍卖有限公司在郑州擅自举办的文物拍卖活动。指导省文物交流中心成功举办了“河南省第八届全国文物艺术品展销会”。全年组织河南省文物鉴定委员会专家鉴定审核文物商品9000余件。

2.涉案文物鉴定工作

2007年8月，根据人员变动和工作需要，对河南省文物鉴定委员会成员进行了调整。召开全省文物鉴定委员会工作会议，全面总结了近两年来省文物鉴定委员会工作情况，通报了新一届省文物鉴定委员会组成成员，讨论通过了《河南省文物鉴定委员会涉案文物司法鉴定管理办法》，邀请省高级人民法院司法鉴定处负责人就涉案文物司法鉴定过程中注意的问题和事项作了专题讲座。重新审定了文物鉴定文书样本。2007年组织专家进行司法鉴定47起，鉴定文物900余件。对2006年以来河南省涉案文物鉴定、接收情况进行了调查，在调查基础上，积极协调河南省公安厅督促未移交涉案文物的公安机关及时移交。

【执法督察与安全保卫】

1. 打击文物盗窃、走私犯罪活动

2007年，河南召开两次全省打击文物犯罪领导小组工作会议，分析全省文物安全形势、犯罪特点和发展态势，通报重大文物被盗案件，研究部署案件侦破工作。对于发生的文物案件，均在第一时间通报河南省公安厅；对安阳灵泉寺大留圣窟石佛被盗案、杞县竹林乡庄林村老党寨汉墓被盗案、新乡唐王法明造七级浮图塔被盗案、嵩县“两程故里”匾额被盗案等10余起重大文物案件，及时会同河南省公安厅赴现场督促侦破或挂牌督办。河南省文物局和河南省公安厅联合下发《关于奖励侦破文物案件成绩突出单位的决定》，对在打击文物犯罪工作方面作出突出成绩的洛阳市公安局刑侦支队等5个单位予以了表彰奖励。济源市、永城市、新郑市、潢川县、叶县文物部门和公安机关密切协作、周密部署，连续破获10余起田野文物被盗案件，共抓获近40名犯罪嫌疑人，追缴一批涉案文物和作案工具，有力震慑了文物犯罪。

2. 文博系统安全保卫情况

截至2007年底，河南省170余个文物收藏单位、120余处全国重点文物单位、160余处省级文物保护单位设立了专门保护机构，专职保护人员数量近1800名，人员大都经过一定的考试录用程序，具有岗位所需的专业知识和技能；未设置专门保卫机构的省级以上文物保护单位，基本建立健全了群众性文物保护组织，业余文物保护员数量达6000余名，人员来自于社会各个方面，其中农民占90%；有文物公安派出所8个，专职民警近80名，这些民警大都经过专业化教育和培训，整体素质高、业务技能强。上述专职保护机构和文物派出所绝大多数有固定的人员编制和经费保障，基本建立了严格的工作责任制，各项规章制度健全完善，教育培训工作系统规范。

2007年初，河南省文物局在对河南省2006年文物安全保卫工作中做出突出成绩的单位进行表彰奖励的同时，又与18个省辖市、5个扩权县(市)和5个省直文博单位签订了“2007年度文物安全经济奖惩责任书”，并要求各省辖市文物行政部门与各县（市）文物部门、文博单位签订目标责任书。通过层层抓落实，进一步明确了各级、各单位安全职责，调动了各地和各文博单位做好文物安全保卫工作的积极性。

【新建文博机构介绍、文博教育与人才培训】

1. 文物公安派出机构

河南省共有任务明确且主要履行文物保护职责的文物公安派出机构10个，其中经公安厅正式批准的有洛阳市公安局文物派出所、信阳市公安局城阳城址派出所、叶县公安局文物派出所、淮阳县公安局太昊陵派出所、浚县公安局浮山派出所，经当地政府或公安部门批准的有郏县公安局文物派出所、郏县公安局三苏坟景区文物派出所、三门峡市公安局文物派出所、三门峡市公安局虢国文物派出所和济源市公安局文物治安室。在这10个文物公安派出机构中，洛阳市公安局文物派出所、叶县文物公安派出所、郏县公安局文物派出所、三门峡市公安局文物派出所、济源市文物治安室履行全市（县）的文物保护职能，其他文物公安派出所的主要职能是对指定文物保护单位的防护。

2．文博教育、人才培训

4月20日～26日，河南省文物局长培训班在登封市河南省招生考试学术交流中心举行。5月16日～25日，由国家文物局主办、中国文物研究所承办、河南省文物管理局协办的第三次全国文物普查培训班在郑州举办。来自全国31个省、市、自治区文物系统和全军环保绿化委员会办公室的学员共103人参加了培训，标志着第三次全国文物普查已正式进入实施阶段。由河南省文物局主办，河南省博物馆学会社教委员会承办，于2007年11月～12月，在郑州连续举办了三期全省讲解员培训班，对全省文博系统400多名讲解员进行了集中培训。河南省文物管理局对经过培训考核的讲解员颁发了讲解员证，在全省文物系统实行了讲解员持证上岗制度。

【文博宣传出版】

1．新闻出版

出版了一批文物考古专著或知识读物。河南的《郑州商城》等4部考古学专著荣获我国考古学界最高奖项"夏鼐考古学研究成果奖"，是全国获得奖项最多的省份。河南省文物局编辑出版了《河南文化遗产——全国重点文物保护单位》。河南博物院出版了《河南博物院建院80周年论文集》、《史海荡舟——许顺湛学术文集》等学术著作。河南省文物考古研究所出版了《登封王城岗考古发现与研究（2002～2005）》、《考古遗址出土动物骨骼测量指南》等文物考古专著、译著。河南省古代建筑保护研究所出版了《鸿庆寺石窟及其保护研究》、《文物建筑（第一辑）》等，《重庆湖广会馆保护修复项目研究》获得建设部评选的"科技创新二等奖"。各市文物部门也出版了《妯娌与寨根》、《楚长城》、《中华第一龙》、《焦作市考古论文集》、《三门峡向阳汉墓》等一批文物图书。为促进学术交流和研究，河南省文物局先后主办了"动物考古国际学术研讨会"、"湘、鄂、豫、皖楚文化研究会第十次年会"和"纪念裴李岗文化发现30周年暨学术研讨会"等学术会议。

2．重要宣传活动

2007年5月18日是第37个国际博物馆日，主题是"博物馆与共同的遗产"。当天，《大河报》、《郑州晚报》、河南文物网、河南文化网等媒体对国际博物馆日的来历、意义、河南省著名的博物馆以及博物馆的相关知识进行了宣传，使广大观众对国际博物馆日有更深入的了解。河南博物院在国际博物馆日当天门票半价，并选择资深讲解员对观众进行深层次的义务讲解，还在大厅内安排青铜、玉器类专家直面观众，鉴定、解答。郑州市博物馆精心编排情景短剧《博物馆不眠夜》，深入学校与孩子们互动表演。开封市博物馆组织开封市朱仙镇木版年画走进校园启动仪式和"家乡的年画棒极了"少儿百米长卷绘画活动，对青少年进行民族传统教育。南阳市汉画馆在军事博物馆举办了汉画像石拓片展，鹤壁市博物馆举办了"鹤壁市书画艺术精品展"。南阳市博物馆邀韩国民间艺术访问团到南阳武侯祠进行文化交流活动。洛阳市文物局组织市区各博物馆讲解员成立文物宣讲团赴不同行业和部门进行宣传。洛阳古墓博物馆职工把不同时代壁画中的服饰收集整理并设计、制作数十套古代服饰，在周王城广场举行了"汉风唐韵"古代服饰表演。济源市、焦作市、安阳市、平顶山市等市在博物馆日也举行了不同形式的宣传活动。

2007年6月9日是我国第二个文化遗产日。4月20日，河南省文物管理局面向全国征集所有和河南的文化遗产相关的老照片，拉开了河南省庆祝第二个文化遗产日活动的帷幕，整个活动收到良好成效。6月9日、10日，河南省庆祝第二个全国文化遗产日的系列活动达到高潮。河南各地各类庆祝活动精彩纷呈，郑州市在商城遗址广场组织志愿者用特制的3600个商鼎造型拼成文化遗产日标志的形式来参与文化遗产日的活动，宣传“保护文化遗产，构建和谐社会”的主题，感受郑州3600年古都文明。安阳市殷都区小屯村的村民在殷墟宫殿宗庙遗址内，为全国各地的游客献上了一场仿殷乐舞“大秀殷商”，让游客感受安阳历史积淀的厚重。南阳、驻马店、周口市、新乡市、焦作市、商丘市等各地文物部门都举办了各种不同形式的宣传活动。文化遗产日期间，河南省文博单位和文物景点免费或优惠开放120处文物景点，共接纳观众33万人左右。

【对外交流与合作】

1.对外交流与合作

河南省举办了赴香港“夏商周社会生活展”、赴比利时“中国屋檐下——来自河南博物院的古代建筑明器展”。在比利时的展览共展出河南文物119件（组），引起当地社会各界极大轰动，我国驻比利时大使章启月出席了开幕式并发表讲话。河南省还参加了国家文物局组织的赴韩国“中国国宝巡回展”。河南省与国外文博界人士的交流和合作进一步密切。欧洲博物馆协会主席奥德、欧洲中华艺术保护协会主席高美斯等先后来河南省就文博工作进行访问，为加强今后的合作奠定了良好基础。河南省已初步议定了2008年赴日本的“黄冶唐三彩窑考古新发现展”、赴西班牙的“河南珍宝文物展”、赴澳大利亚的“中国青铜器展”及2009年赴日本国立博物馆的“河南珍宝展”和2009～2010年赴美国的“华夏文明之源展”等外展项目。

2.文物外展

2007年2月14日～5月14日，作为“中原文化香港行”的重要组成部分和对香港回归10周年的庆贺，河南省“礼仪之邦——夏商周社会生活展”在香港历史博物馆展出，展出夏商周时期的文物共118件（组）。该展览是继庆祝香港回归五周年河南推出“华夏文明之源展”之后又一次规模较大的展览。这一展览重点反映中原地区夏商周时期的社会生活和文化面貌，在香港引起了很大反响。

河南独立举办的“中国屋檐下——来自河南博物院的古代建筑明器展”于2007年9月28日～2008年4月20日在比利时布鲁塞尔皇家艺术和历史博物馆展出，展出文物119件（组）。此次展览成为中比两国继成功举办“中比传统绘画五百年展”、“玛格丽特作品展”、“瓦布聚焦中国”等大型展览后，共同推出的又一文化盛事。中国古代建筑明器在欧洲展出尚属首次。

3. 重要涉外合作项目

6月23日，中国和意大利合作“洛阳文化遗产保护与利用发展战略研究”课题结题报告会在洛阳市举行。中意合作洛阳文化遗产保护与利用发展战略研究，始于2004年，分成意大利小组、北京小组和洛阳小组同时开展工作，是借助国外和北京专家探讨加强和改进洛阳文化遗产保护的一项积极的尝试。报告会上，课题组的各位专家分别发表了自己的研究成果，从宏观和微观的不同角度对洛阳文化遗产保护发展建言献策，形成了广泛的共识。该项研究工作的开展和所取得的成果，对今后洛阳文化遗产的整体保护和利用工作将会起到重要的作用。

湖北省

【概述】

2007年，在湖北省委、省政府和国家文物局的关心支持下，湖北省文物工作坚持以“三个代表”重要思想为指导，积极落实科学发展观，解放思想，锐意改革，坚持“保护为主、抢救第一、合理利用、加强管理”的文物方针，抓住第八届中国艺术节在湖北省举办的大好机遇，真抓实干，不断创新，各项工作成绩斐然，有力推动了湖北省文化遗产保护事业健康、持续发展：文物法制工作得到加强，配合湖北省人大组织了全省文物执法检查，通过了《省人大常委会关于加强文物保护的决议》；文物保护基础性工作取得新进展，第三次文物普查工作全面启动，馆藏文物调查及数据库管理系统建设项目顺利推进，又有368处文物被省政府公布为省级文物保护单位；博物馆事业有了新突破，湖北省博物馆免费开放工作受到中央政治局常委李长春同志的高度赞扬，配合第八届中国艺术节举办的各类文物展览深受观众喜爱；文物维修取得新成绩，中共五大旧址等一批重点文物得到维修保护；考古发掘取得新收获，荆州熊家冢楚墓、谢家桥汉墓出土了一批玉器、丝绸、竹简等珍贵文物；大遗址保护工作有了新进展，武汉盘龙城遗址总体规划通过了国家文物局审批，潜江龙湾遗址保护实施工程已经启动；三峡湖北库区考古发掘工作全部完成，屈原祠仿古新建工程顺利推进，配合南水北调工程的第二批控制性文物保护项目高质量完成；文物科技工作取得新成绩，设在湖北省的出土木漆器保护国家文物局科研基地承担了全国各地的木漆器文物保护任务；文物行政执法能力进一步提高，破坏文物的违法案件得到严肃查处；文物安全状况显著改善，湖北省实现了馆藏文物安全和文物消防安全年；人才培养和队伍建设进一步加强，文物教育和宣传取得了新的成绩；文物先进县创建活动深入推进，荆州区被文化部、国家文物局评为全国文物工作先进县。

【文物行政执法】

转发了国家文物局《关于开展2007年度文物行政执法专项督察工作的预通知》，督促湖北省各市、州、神农架林区文化局、文物局及省直属文博单位按照国家文物局的要求，认真进行文物行政执法工作自查，及时整改存在的问题。9月下旬配合国家文物局行政执法督察组对湖北省博物馆和武汉市、随州市、十堰市、武当山、荆州市的4个博物馆、1处世界文化遗产、4处全国重点文物保护单位、1处省级文物保护单位和1处考古工地开展了执法督察工作，执法督察组对湖北省的文物保护工作给予了充分的肯定和高度的评价。

【第三次全国文物普查】

根据国务院第三次全国普查领导小组的统一部署，湖北省第三次文物普查领导小组办公室狠抓落实，精心组织，全省文物普查方案制定、领导机构建设、人员培训等各项前期准备工作基本完成，部分地区的田野调查工作按计划稳步推进。

【考古发现研究】

荆门龙王山遗址发掘面积1700平方米。共清理墓葬203座，出土玉器、石器、陶器等各类器物9000余件。该遗址面积约20万平方米，时代相当于大溪文化晚期至屈家岭文化时期，为长江流域新石器时代文化研究提供了新的重要资料。武汉市富士康工业园和佛祖岭工业园区的发掘，对明代皇族“楚昭王”朱祯家族后裔及其他贵族的墓葬共26座进行了清理，出土各类文物252件，以各类瓷器品种尤为精美重要，其中1件蓝釉执壶，保存完好，世间罕见，填补了明代瓷器史研究中的某些空白，这批墓葬资料为研究明代中后期王室阶级的身份、葬制、葬俗等提供了重要的资料。荆州谢家桥一号墓发掘，发现了汉代精美的丝织品和竹牍，具有很高的历史价值。荆州熊家冢墓地发掘，现场规模宏大，采取了先进测绘手段和航拍手段获取地理信息资料，发掘过程中有考古、文物保护等多学科人才参与，尝试边发掘边保护的模式，具有理论探索意义。墓地布局已探明，墓地以主冢为中心，北为陪冢，西边为车马坑，主冢南面和陪冢北面都有殉葬墓；另在车马坑一带和主冢南北两侧都发现了大量的祭祀坑，各种迹象显示，该墓地很可能是楚国王族墓地。

【博物馆建设】

2007年，湖北省各类博物馆、纪念馆、陈列馆共有131座（包括其他行业）。湖北省博物馆扩建工程竣工并开馆，十堰等中等城市博物馆建设步伐进一步加快，云梦等重点特色县级博物馆建设呈现强劲发展势头。湖北省以省直属博物馆为龙头，以重点市州博物馆为骨干，以特色县级博物馆为补充的博物馆体系逐步形成。湖北省博物馆通过不断加大投入，改善环境，加强管理，提高服务，为弘扬历史文化，传播精神文明，发挥了不可替代的重要作用。

【文物调查及数据库管理系统建设】

组织召开湖北省"文物调查及数据库管理系统建设"项目工作会议，全面总结部署项目工作；重视和开展信息化人才队伍培养，举办湖北省县级博物馆文物信息管理系统软件操作技术培训班。通过进一步加强人才队伍培养、业务监督与指导、项目规范制度建设、基础信息设备建设、项目宣传报道等，湖北省项目工作扎实稳步推进。除湖北省博物馆、荆州博物馆等个别文物量极大的单位还在持续进行文物信息采集外，全省17个市州中黄冈、孝感、咸宁、随州、恩施、荆门、鄂州、十堰等14个市州，以及武汉大部分文博单位、荆州大部分县市、黄石部分县市，基本完成馆藏文物信息采集任务，采集的所有文物信息进入湖北省文物信息中心机房进行审核和动态管理。编印《全省数据库项目阶段性成果资料汇编》，对于全面准确地反映湖北省项目成果、总结项目经验及指导下一步工作具有重要意义。

【李长春视察湖北省博物馆】

2007年9月5日，中共中央政治局常委李长春在中共中央政治局委员、时任湖北省委书记俞正声，时任文化部部长孙家正，湖北省委常委、宣传部长张昌尔，湖北省委常委、省委秘书长李明波等陪同下视察湖北省博物馆。在视察过程中，李长春同志要求湖北省在中部地区带头，率先实行博物馆免费开放。湖北省委、省政府对长春同志的指示十分重视，对做好免费开放工作提出明确要求。10月18日，在湖北省财政厅、省文化厅、省文物局等部门的共同努力下，湖北省博物馆开始免费开放试运行；11月6日，正式宣布博物馆向社会免费开放。

【湖北省博物馆综合陈列馆开馆并免费开放】

2007年11月6日，湖北省博物馆综合陈列馆开馆典礼暨向社会免费开放启动仪式隆重举行。文化部党组书记、副部长于幼军，文化部副部长陈晓光，全国人大常委、教科文卫委员会副主任委员蒋祝平，中国文联名誉主席周巍峙，国家文物局副局长童明康，湖北省政协主席王生铁，省政府常务副省长周坚卫，省委常委、宣传部长张昌尔，省人大副主任鲍隆清，省政协副主席王少阶，武汉市市长李宪生等领导出席并剪彩，典礼由湖北省政府副省长李春明主持。湖北省博物馆是全省唯一的省级综合性博物馆，全省最重要的文物收藏、研究和展示机构，馆藏文物达20.54万件。综合陈列馆建设是总投资2.33亿元的湖北省博物馆扩建工程的主体工程。根据中共中央政治局常委李长春同志指示精神，湖北省博物馆在综合陈列馆开馆当天开始向社会实行免费开放。免费开放后，在国内外引起了广泛影响，受到了广大人民群众的热烈欢迎。参观群众络绎不绝，排队场面蔚为壮观。11月6日，观众超过9000人次，7日、9日至11日的日参观人次更是突破了1万，创造了历史最高记录，有媒体用

"井喷"、"爆棚"来形容此空前盛况。据初步统计，免费开放最初的两个月参观人次达30多万。湖北省博物馆在全国中西部省级博物馆中，率先向社会公众免费开放，是湖北贯彻落实党的十七大关于"坚持把发展公益性文化事业作为保障人民基本文化权益的主要途径"精神的具体行动，是文化惠民的重要举措，它极大地丰富了社会公众的文化生活，满足了人民群众的精神文化需求，使更多的人民群众走进博物馆，实现了公共文化资源人民群众共享。免费开放实施后，中央领导同志作出批示，湖北的做法很好，在全国产生了很大影响，要很好地总结经验，以利在全国推广。文化部、国家文物局对此也给予了充分肯定和高度评价，认为湖北省博物馆为全国博物馆全面、顺利推行免费开放进行了有益的尝试和积累了宝贵经验。

【中等城市博物馆建设工作步伐加快】

十堰市博物馆暨湖北省南水北调博物馆、中共五大会址纪念馆于2007年7月、11月先后落成并对外开放。黄石市博物馆、随州市博物馆基建工程完成进入布展阶段。鄂州市博物馆、黄冈市博物馆新馆建设项目立项。2007年7月1日，湖北省文物局在十堰市组织召开了全省中等城市博物馆建设工作座谈会。湖北省文化厅副厅长、省文物局局长沈海宁作了题为《提高认识，总结经验，进一步加快全省中等城市博物馆建设的步伐》的重要讲话，全面回顾和总结了全省中等城市博物馆建设所取得了成绩和存在的问题，并就如何进一步提高认识，总结经验，加快全省中等城市博物馆新馆建设步伐，改善软硬件条件，完善社会服务功能，提出了具体工作要求。

【中共五大会址纪念馆落成开放】

为隆重纪念中国共产党第五次全国代表大会召开八十周年，武汉市人民政府投资6500余万元，历时一年兴建中共五大会址纪念馆，并对中共五大会址紧邻的武昌农讲所、武昌毛泽东旧居及周边环境进行综合维修整治。2007年11月30日，中共五大会址纪念馆落成典礼在武汉举行，中央党史研究室主任李景田，湖北省委书记、省长罗清泉，国家文物局局长单霁翔，湖北省委常委、武汉市委书记苗圩等领导出席，武汉市委副书记、市长李宪生主持典礼。

【单霁翔到湖北省博物馆调研免费开放】

2007年11月30日，国家文物局局长单霁翔、博物馆司司长宋新潮一行到湖北省博物馆调研免费开放工作。单霁翔一行参观考察了湖北省博物馆11月6日对外开放的综合陈列馆，听取了湖北省博物馆免费开放工作专题汇报。在听取汇报后，单霁翔指出，党的十七大关于"兴起社会主义文化建设新高潮"、"建设中华民族共有精神家园"的论述，把文化建设放在一个特别高的位置，给予文化工作很大的期望，为文化事业发展指引了前进的方向，在当前推动社会主义文化事业大发展大繁荣的新时期，党和政府高度关注民生，关注人民群众享受文化权利的实现与保障。湖北省博物馆的免费开放，是湖北省委、省政府贯彻落实党的十七大关于"坚持把发展公益性文化事业作为保障人民基本文化权益的主要途径"精神的具体行动，它有效保证和满足了人民群众的公共文化鉴赏权和精神文化需求，为把湖北建设成文化强省，促进湖北省社会经济的全面发展作出了积极的贡献，必将在中国博物馆发展史上写下重要的一笔。单霁翔还对湖北省博物馆积极采取措施、切实做好免费开放工作给予高度评价。他说，湖北省博物馆从免费开放试运行到正式免费开放，尽管各方面还不是很充分，但湖北省文化厅、文物局以及湖北省博物馆站在为人民服务的高度，积极应对，努力探索，既充分保障人民群众入馆参观，又不降低服务管理水准，取得了值得借鉴的宝贵经验，为全国博物馆实行免费开放工作的顺利推进作出了贡献。他要求博物馆不但要做好免费开放的宣传、展示、服务工作，还要统筹兼顾，发挥博物馆业务职能，扎实做好文物藏品的征集、保管、研究等工作。同时，博物馆人应有更加博大的胸怀，不仅仅站在自身的角度，而应站在社会发展、城市繁荣、社区建设的角度，通过实行免费开放，使更多的人走进博物馆，潜移默化地受到博物馆文化氛围的影响和教育，努力使博物馆成为推动社会主义文化大繁荣大发展的积极力量。

【武当山道教流散一级文物回归湖北】

在陕西、湖北两省各级文物行政部门的高度重视与大力支持下，2007年6月21日，抗战时期流散、在外漂泊长达69年的6尊武当山道教铜像从陕西安康运抵湖北十堰，由十堰市博物馆收藏，铜像中有3尊真武坐像、1尊灵官像、1尊周公站像、1尊桃花站像，均属国家一级文物。

【启动实施湖北省博物馆登记备案工作】

根据《博物馆管理办法》（文化部第35号令）的规定和国家文物局文物博函[2006]1224号文件精神，2007年6月12日，湖北省文物局启动实施全省博物馆登记备案工作，要求全省凡2006年1月1日前已批准设立的博物馆（包括行业博物馆）必须填报由国家文物局统一制定的《博物馆登记表》报省文物局登记备案。

【武汉区域博物馆馆际交流与合作】

7月26日，“8+1武汉城市圈博物馆馆长论坛”在武汉木兰湖举行。武汉及其周边的黄石、孝感、黄冈、咸宁、鄂州、仙桃、潜江、天门等9座城市博物馆馆长和文化（物）局有关负责同志参加。论坛共收到武汉城市圈各博物馆及湖北省地质博物馆、铁道部武汉“二七”纪念馆等单位提交的学术论文20余篇。

【审批确定首批可移动文物修复资质单位】

2007年11月12日，湖北省文物局批准确定湖北省博物馆等有关文博单位获可移动文物修复资质。其中，湖北省博物馆、荆州文物保护中心、湖北省文物总店为可移动文物修复一级资质，武汉市博物馆、襄樊市博物馆、鄂州市博物馆为可移动文物修复二级资质。同时，推荐湖北省博物馆、荆州文物保护中心向国家文物局申报可移动文物技术保护设计资质。

【南水北调文物保护工作】

继续按照国家下达的第二批控制性项目计划开展抢救性考古发掘工作，共实施发掘项目43处，累计完成勘探面积372.72万平方米，发掘面积9.7万平方米，出土各时期不同质地的珍贵文物16000余件。有很多考古成果在当地属首次发现，如郧县双树旧石器点的地层中发现的一批时代准确、工艺精美的手斧；在青龙泉遗址系统揭示的仰韶、屈家岭、石家河三叠文化层；在大寺遗址发现的仰韶文化丛葬坑；在乔家院墓群发现的春秋时期人殉墓葬和楚国年代最早的玉剑；在辽瓦店子遗址发现的丰富的夏、商时期文化遗存和商代最大的陶鬲；在北泰山庙墓群发现的一批高规格战国时期墓葬；在丹江口莲花池墓地发现的秦巴风格交融的墓群；在郧县龙门堂遗址发现的汉代地方豪强的庄园建筑遗迹和前房遗址发现的规模庞大的崖墓群等等。其中郧县乔家院墓群被国家文物局列为“2006年重要考古发现”，郧县辽瓦店子遗址发现的丰富的夏商周时期的遗迹、遗物已经引起考古界的广泛关注，被评为“2007年度十大考古发现”。国家文物局领导对湖北省南水北调文物保护工作取得的成绩给与了充分肯定，认为湖北省为确保该遗址的发掘质量，安排省文物考古研究所与武汉大学对郧县辽瓦店子遗址采取联合发掘、联合研究的工作模式，有利于提高发掘质量，值得总结。2007年5月召开了2006年度考古工作汇报会，并开展“南水北调工程湖北库区重要考古发现、优秀考古工地及优秀领队”的评选工作。启动湖北南水北调文物保护科研课题申报评定工作，编辑出版了《湖北省南水北调工程重要考古发现Ⅰ》，该书选编了郧县乔家院墓群、辽瓦店子遗址、北泰山庙墓群等35个考古发掘项目的第一手资料和最新研究成果，这是南水北调中线工程中第一本重要考古发现，也为全面掌握湖北省库区历史文化脉络提供了依据。

【三峡文物保护工作稳步进行】

为确保国家2007年三峡提前蓄水到165米的要求，湖北省文物局与武汉大学、武汉市考古所、荆州市博物馆等20个项目承担单位签订了考古发掘任务，严格按照协议和田野考古工作规程施工，完成了年度4.05万平方米的考古发掘任务，至此，三峡湖北库区地下考古发掘工作量已全面完成。扎实开展地面文物复建区环境整治工作。秭归凤凰山环境整治成效显著，已基本完成了周边绿化以及水、电、道路等基础设施建设，并逐步进行古民居内部设施建设和陈列布展工作；完成巴东县地面文物复建区内道路、场平等土建工程、完善美化了台阶、护栏等防护措施，增添了必要的景观效果；启动宜昌市望家祠堂配套设施建设。重点工程屈原祠仿古新建工程进展顺利。2007年，湖北省文物局领导多次召开现场工地会议，针对工地检查中发现的问题，提出严格按图施工，严格监理工作确保工作质量等要求，并安排专门人员驻场指导、监督，同时组织设计、监理和施工单位现场办公，协调解决施工难题和施工方案的调整等。科研报告再添新成果。2007年三峡湖北库区新出版了《秭归土地湾》和《湖北库区考古报告集（四）》两本报告，同时完成《秭归卜庄河》、《巴东李家湾》和《巴东雷家坪》的报告编写、审稿工作。

【重点文物建筑维修保护】

全国重点文物保护单位明楚王墓、怡亭铭摩崖石刻保护规划，武汉国民政府旧址附楼、龙港革命旧址之鄂东南游艺所旧址维修方案，荆州城墙杂树根除工程勘察设计方案获得国家文物局批复。实施了世界文化遗产武当山古建筑群玉虚宫碑亭、金殿须弥座，明显陵双茔城；全国重点文物保护单位荆州城墙、红安七里坪革命旧址；省级文物保护单位中共五大会址、三间书院等维修保护工程，消除了一大批重点文物安全隐患，确保了文物安全。

【革命史迹保护】

配合中央开展的红色旅游和进一步加强革命文化遗产保护工作，开展了革命史迹“四有”保护工作(有保护范围、有标志说明、有记录档案、有专门机构或者指定专人负责管理)、保存状况、维修工作安排等项目调研。在此基础上，按照“保护为主、抢救第一、合理利用、加强管理”的原则，确定重点项目，集中财力，2007年共投入1000余万元，相继完成了红安七里坪红二十八军军部旧址、大悟新四军第五师党委办公室旧址、阳新龙港彭德怀旧居等数十处革命文物的维修工作，全国重点文物保护单位的保护状况明显改观。

【三镇一村列入中国历史文化名镇名村】

建设部、国家文物局共同组织评选的第三批中国历史文化名镇(村)名录揭晓，洪湖瞿家湾镇、监利程集镇、郧西县上津镇被评为“中国历史文化名镇”，恩施市崔家坝镇滚龙坝村被评为“中国历史文化名村”。这是继监利周老嘴镇、红安七里坪镇、黄陂大余湾村之后，又一批名镇名村获此殊誉。至此，湖北省共有五镇、二村被列入中国历史文化名镇名村。

【世界文化遗产监测】

湖北省进一步完善全省遗产地监测制度，健全了监测体制，使得监测手段更具有操作性，更加得力有效，为遗产的保护管理起到了积极的推动作用。武当山文物局针对建筑群分布面积广，遗产数量众多的特点，专门制订了《武当山古建筑群日常监测工作管理制度》，对武当山古建筑群内各单体遗产的监测责任主体、监测内容、监测要求等作出了明确的规定，并按照不同的监测内容设定了文物建筑日常监测、遗产地自然人文监测、游客量监测等六个分类表格。钟祥明显陵管理处依据监测指标制定了两个实施方案：一是游客承载量的监测。以不损害文物原状，有利于文物管理为前提，借鉴《风景名胜区规范》（GB50298－1999）的相关预测办法，采取环形线路法，确定了显陵最大日环境容量控制数。二是文物灾害监测。监测检查记录主要内容：对可能发生变形、开裂、移位和损坏部位的仪器监测记录和日常直观形象记录；对消防、避雷、防洪、固坡等安全设施定期检测的记录；游人和其他社会因素对文物古迹及其环境影响的观察记录等。

【社会文物管理】

加强社会流散文物的管理，组织做好湖北省外（内）销文物、文物及艺术品拍卖标的、涉案文物、出国(境)展览交流文物的鉴定审核工作。审核武汉大唐拍卖有限责任公司申报拍卖的两批书画拍卖标的共256件和武汉中信拍卖有限公司申报拍卖的书画拍卖标的共303件，同意其申报的拍卖标的参拍，并将审核材料报送国家文物局备案。审核湖北翰瑞拍卖有限公司申报“2007迎春艺术品拍卖会”和“2007秋季艺术品拍卖会”的拍卖标的共385件，提出按规定不能参加拍卖的书画作品共有20件。组织查验武汉市博物馆赴冰岛举办“中国武汉文物特展”的出境展览文物及展览回归文物。

【执法督察与安全保卫】

联合湖北省公安厅下发《关于切实加强2007年元旦、春节期间文物安全工作的通知》，会同省公安厅到随州市、襄樊市、老河口市、枣阳市、红安、英山和蕲春等地进行了文物安全检查，督促进行安全隐患整改。转发了国家文物局《关于开展文物博物馆系统一级风险单位图像信息管理系统建设情况调查的通知》、《关于征求对文物行政处罚案卷评分标准（征求意见稿）意见的函》、《关于全国重点文物保护单位东山古建筑群川主宫发生火灾事故的通报》、《关于加强汛期文物安全工作的紧急通知》和《关于切实做好国庆节和党的十七大会议期间文物安全工作的通知》，要求湖北省各文物部门按照通知精神认真做好文物安全保护工作，并将相关落实情况报送国家文物局。

湖南省

【概况】

2007年，湖南文物工作者深入学习贯彻党的十七大精神，坚持“一个方针”，即“保护为主，抢救第一，合理利用，加强管理”；落实“两个《通知》精神”，即《国务院关于加强文化遗产保护的通知》和《省人民政府关于切实做好文化遗产保护工作的通知》精神；实施一个《规划》，即《湖南省文物事业发展“十一五”规划》；围绕“三个目标”，即不断提升文物保护管理水平，不断提升文物合理利用效率，不断提升文物工作对经济社会发展的贡献率；突出和加强“五个重点”，即加强基础工作，加强管理工作，加强文物行政执法工作，加强队伍培训工作，加强文物合理利用的机制体制创新工作。各项工作稳步推进，取得了较大的成绩。

【湖南省博物馆的改革经验】

湖南省博物馆与国家博物馆共同举办的“国家宝藏”展览于2007年7月1日在长沙圆满结束。展览取得了很大的成功，得到各级领导、社会各界和广大观众的一致肯定，赢得了同行的广泛赞誉。在3个月的展期内，共接待观众233146人，约占长沙市区人口的十分之一，创造了湖南省博物馆临时展览的最高记录。

由中共湖南省委宣传部、湖南省文化厅、湖南省军区政治部、湖南省文物局和中共长沙市委联合主办，湖南省博物馆承办的“坚强柱石　光辉历程——纪念中国人民解放军建军80周年展览”免费接待观众124860人，讲解500多批次，得到观众好评。

由于湖南省博物馆认真贯彻中央和省委省政府关于推进文化体制改革的精神，解放思想，转变观念，创新机制，努力提高公共文化服务水平，取得了显著的社会效益和经济效益，为公益性文化事业单位的改革和发展提供了有益的借鉴。中央文化体制改革工作领导小组专题印发了《湖南省博物馆转变观念，积极探索面向市场的公共文化服务新机制》的简报，在全国推广湖南省博物馆的成功经验和做法。这在湖南文物工作历史上是第一次。

【科技考古】

在稻作农业和环境考古的研究中，湖南省考古所依托多年文物考古发掘成果，对水稻硅质体研究、现代水稻和遗址碳化稻米的对比研究、古遗存中的植物、微体螺类研究等科技考古做了大量工作，取得了可喜的成果，获得国内外同行的好评。在文明探源工程的科技考古课题研究中，湖南省考古所主持和参加了两个子课题的研究即《3500BC－1500BC中国文明形成与早期发展阶段的技术和经济》的子课题——《湖南3500BC－1500BC中早期发展阶段的技术与经济》、《澧阳平原3500BC－1500BC文明形成与早期发展的环境研究》，研究成果显著。

【第三次全国文物普查】

2007年10月9日，在长沙召开了湖南省第三次全国文物普查转段动员大会。全省122个县级文物行政部门的负责人、全省14个市（州）文物局（处）的正副局（处）长和省直文博单位的负责人共160人参会。动员会上，湖南省文物局要求全省文物战线充分认识开展第三次全国文物普查的重要性和紧迫性、增强普查的紧迫感和责任感，并组建了16支普查主力队伍，举行了授旗仪式。

【高规格专业培训】

10月11日～21日，国家文物局在湖南举办湖南省“地市级文博管理干部培训班”。来自全省14个市（州）的文物局（处）长、14个市（州）的博物馆馆长以及凤凰县、南岳区、桃花源风景名胜区的文物机构负责人参加了培训。培训内容涵盖了管理学与文化遗产学的各方面，授课老师都是国内知名专家学者。国家文物局副局长董保华亲赴长沙为学员授课。

6月9日～14日，国家文物局、湖南省人事厅、省文化厅、省文物局在第二个“文化遗产日”活动期间联合举办了“全国重点文物保护单位管理专家培训班”。湖南省59处“国保”单位负责人参加了学习培训，该班聘请国内知名专家授课，并由国家文物局颁发结业证书。

【“文化遗产日”活动】

2007年6月9日是我国的第二个“文化遗产日”，湖南举行了一系列的活动：全省文化、文博单位统一上街宣传咨询并发放宣传品，由省文物局统一设计宣传板面，统一制订宣传口号、宣传品；全省所有文博单位张挂宣传横幅，有条件的单位悬挂宣传彩球；全省具备开放条件的文博单位当日向公众免费开放一天；省文物交流鉴定中心与湖南都市频道合作推出文物鉴赏栏目，在介绍文物鉴赏知识的同时，宣传文物法律法规。整个活动期间，气氛浓厚，广大群众反映热烈。宁远县文物局获得国家文物局“文化遗产日组织奖”。

【大型报道】

湖南省文化厅、省文物局与三湘都市报联合主办大型系列文化报道《根与源——历史文化名人湖湘之旅》，即湖湘文化寻根溯流之旅。该报道从5月下旬开始，在《三湘都市报》每周一期，每期均以两个整版篇幅和醒目的通栏标题，并配发若干相关摄影艺术图片隆重推出。报道从屈原开始，推出从先秦至宋代一共15位在湖湘文化中颇具代表性的历史文化名人。每期内容包括探源溯流、追踪寻迹、询物访人、后人评说、名篇解读、开发建言，还有人物小传、相关链接等等。报道图文并茂，文采飞扬，既具文学性与学术性，又具史料性与知识性。激发湘人对湖湘文化的自豪感、认同感，增强湘人的文化自觉和自信。对此，周强省长作出重要批示予以肯定赞扬。

从10月上旬开始，为配合全省第三次全国文物普查工作的开展，湖南省文物局与省内有关媒体联合组织启动了“湖南发现之旅”实地考察论证报道活动。10月11日～14日，省直文物普查一队与省会新闻媒体一道，开展了的第三次全国文物普查“湖南发现之旅”实地考察论证活动。为期4天的“湖南发现之旅”活动，各大报纸都在主要版面发表了随行记者采写的文章及拍摄的照片；各家电视台均在现场进行了深度全面的采访和连续播报。全国主要网络媒体对以上报道进行了大量转载。

【文物合理利用】

2007年，湖南省各级文物保护单位和各级各类博物馆、纪念馆、爱国主义教育基地，全年接待观众和游客人数超过了2006年统计数，其中湖南省博物馆达到108万人次。凤凰古城在文物利用机制方面的探索引起国家文物局领导的重视，要求总结经验，进一步完善机制，力求合理、合法、长效、惠民。

【业务工作】

1．规划编制工作。2007年，完成宁远舜帝陵庙遗址保护规划的编制，并上报国家文物局；启动江永上甘棠村古建筑群、桃花源古建筑群、通道坪坦河风雨桥群等国保单位保护规划编制工作；启动长沙窑遗址保护展示方案的设计工作；完成平江起义旧址的保护方案和规划、南岳忠烈祠保护规划的修改和报审。

2．文物维修工程。邵阳水府庙戏楼主体落架大修峻工、里耶古城遗址本体文物保护一期工程的初步验收、完成省级文物保护单位——白云岩的维修方案、审定了省级文物保护单位麓山寺观音阁、省级文物保护单位芷江文庙、省级文物保护单位刘大厦墓维修方案。

3．博物馆工作。韶山“一号工程”组织完成了韶山毛泽东纪念馆文物征集方案（初稿），完成了韶山毛泽东遗物馆形式设计方案的评审和修改，完成了韶山毛泽东遗物馆文物库房设备制作方案和展柜方案设计的初审和修改；完成了炎陵县红军标语博物馆建筑设计方案的论证和修改；完成了刘少奇生平业绩陈列内容大纲的评审、宋时轮将军生平陈列方案的修改和评审；举办了文物调查及数据库管理试点项目的软件培训班。

4．考古工作。配合建设工程全省全年完成了公路、水电与火电厂、湖南电力高压线路及变电站等共计36项抢救性文物保护工程项目的文物考古调查、勘探任务，先后涉及并完成了86处古代文化遗址遗迹的抢救性考古发掘任务，其中完成古遗址发掘面积18000平方米、古墓葬200余座。通过依法行政、按章办事、积极协调、加强宣传等工作方式，使政府各级部门和工程建设单位的文物保护意识得到增强，建设工程中文物保护的主动性也大大增强。同时，加大了出土文物考古资料整理工作力度，湖南省考古所完成了《澧县城头山》和《里耶考古报告》两部考古发掘报告的整理出版。

5．行政执法工作。为制订《湖南省文物保护单位管理办法》，结合湖南实际情况，湖南省文物局与省政府法制办一起先后在永州、岳阳、株洲以及陕西、甘肃、宁夏等地进行调研。在此基础上，修改稿已提交省政府法制办。发出《关于开展2007年度文物行政执法专项督察工作的通知》，要求各地进行行政执法自查等。完成了常德临澧县九里墓群被盗案件和张家界慈利县石刻文物倒卖案件的司法鉴定工作。

6．项目评估工作。9月，完成国家大遗址保护项目中期评估，湖南有三处大遗址保护项目（里耶古城遗址、城头山古城、铜官窑遗址）列入项目。完成了湘西苗疆边墙（南方长城）勘探调查材料的整理汇编，已上报国家文物局，积极争取将其列入国家长城保护项目。

广东省

【概述】

2007年，广东省文物事业稳步发展，全省共有全国重点文物保护单位66处，省级文物保护单位252处，县市级文物保护单位2253处（新增36处）。国家级历史文化名城6座，省级历史文化名城16座，国家级历史文化名镇5个，国家级历史文化名村8个。共有博物馆153座，其中非国有博物馆13座。广东省文物、博物馆的行政管理机构是广东省文物局，为广东省文化厅内设机构，人员编制为8名，职能为：拟定并实施文物博物馆事业发展规划，参与草拟相关地方性法规并监督实施；依法管理文物保护工作，协调解决文物保护工作中的重大问题；依法审核、核准或审批文物保护工程、文物保护工程资质、考古发掘、考古发掘资质、文物经营资质、文物拍卖标的、文物修复、文物安全技术防范工程、文物的调拨、交换与借用、文物拍摄、博物馆的设立等；组织、协调和指导文物保护和博物馆方案论证、文物资源开发利用、文物考古调查与勘探、文物普法与宣传、文物普查、文物建档、文物鉴定、文物征集、文物捐赠、文物收藏、文物交流、文物科研和博物馆业务建设等工作；承担省文物管理委员会办公室日常工作。指导、审核、协调全省世界文化遗产项目的申报及中国世界文化遗产地的管理工作。承担文物行政执法的指导、监督和重大执法任务及跨区域执法的组织协调工作。

【文物工作会议】

2007年1月，广东省文物局与省博物馆、省文物考古研究所、省文物鉴定站、省文物总店等厅属文博单位的领导班子召开2006年广东省文博工作总结会。2月2日，广东省文博专家春茗会在广州召开，来自广东省文物保护专家委员会和广东省文物鉴定委员会的近60位专家学者参加了会议。11月，广东省文物局根据国家文物局的要求组织开展第一批文物保护工程监理资质单位和个人资格的申报工作，并于11月25日～26日组织召开专家评审会。

为研究部署第三次全国文物普查工作，

8月8日，广东省第三次全国文物普查办公室与省博物馆、省文物考古研究所、省文物鉴定站、省文物总店等厅属文博单位的领导班子召开座谈会，部分广东省文物保护专家委员会专家出席会议。8月15日，广东省文博系统第三次全国文物普查动员大会召开，来自全省各地级以上市文化局文物工作负责人或直属文博单位的代表参加了会议，与会人员逾140人。会议阐明了第三次全国文物普查的重要性和必要性，明确了普查的任务、目标和特点，对普查工作的组织、实施、阶段、步骤进行了周密部署，并根据省情对广东省第三次文物普查实施方案作了介绍，对如何编制第三次文物普查不可移动文物名录和工作报告进行了说明。9月17日，国务院召开第三次全国文物普查电视电话会议后，广东省紧接着召开全省第三次全国文物普查电视电话会议，各地级以上市以及有条件的县（市、区）均设分会场，收看收听全国、全省会议。各级文物普查领导小组成员和普查办人员分别在省、市、县会场参加会议，与会人员约2750人。

【政策研究、法规建设】

广东省文物局积极推动《广东省文物保护管理条例》的立法工作，向省人大、省政府法制办提交了《条例》的必要性和可行性论证，对省人大、省政府法制办提出的意见逐条进行了文字调整和修改，拟写了立法指引和说明。7月，广东省人民政府第117号令发布《广东省开平碉楼保护管理规定》。《广州市南越国遗迹保护管理规定》也在进一步完善当中。广东省文物局不断强化文物保护单位保护规划编制工作，会同省建设厅先后组织完成了深圳大鹏所城、虎门炮台旧址（东莞部分）、曲江马坝－石峡遗址、叶剑英故居、蕉岭石寨土楼、广州公社旧址、广州农讲所旧址等全国重点文物保护单位和省级文物保护单位的保护规划评审工作，加强文物保护的规范化管理。

6月、7月国家文物局和文化部先后公布了《文物出境审核标准》、《文物进出境审核管理办法》，广东省文物鉴定站迅速组织学习、贯彻、宣传，并把两个新法规印成汇编，分送海关、文物商店、拍卖公司及携运文物出境者。

【文物保护进展】

2007年，佛山市顺德区被评为“全国文物先进县”。中山市博物馆被人事部和国家文物局评为“全国文物系统先进集体”。广东省开平市华侨博物馆被评为“全国文化遗产保护工作先进集体”，韶关市文化广电新闻出版局文物科科长陈松南和开平市碉楼研究所干部谭金花被评为“全国文化遗产保护工作先进个人”。在全国首次文物进出境审核管理工作暨表彰大会上，国家文物局授予广东省文物鉴定站“全国文物进出境审核工作先进集体”荣誉称号，站长单小英被评为“全国文物进出境审核工作先进个人”。

广东省文物局严格审核文物保护工程维修方案，认真组织维修方案证论，加强质量监督，完成了满堂围中围一期工程、南雄许村塔、仁化县双水塔、张九龄家族墓地、广州圣心大教堂、人境庐民居——恩元第、荣禄第等21项文物保护维修工程的验收工作，保证了文物维修工程的顺利开展。

广东省建设厅会同省文化厅开展了第一批省级历史文化名镇（村）评审工作，对报送的32个村、10个镇和6个街区（街道）的相关材料进行了整理汇总，并组织专家参加了省建设厅召开的评审会议，遴选了3个镇、5个村作为广东省第一批历史文化名镇（村）报省政府审定。同时，按照建设部和国家文物局的要求，开展第四批中国历史文化名镇（村）的组织申报工作。

【考古发掘】

“南海I号”整体打捞是我国重大的水下考古发现项目，为保证项目顺利实施，广东省文化厅指派专人负责相关业务和协调事宜，加强对整体打捞过程中文物安全的监控力度，按照省政府要求，多次召开“南海I号”整体打捞及保护项目指挥部会议，印发会议纪要，协调阳江市政府、交通部广州打捞局、公安边防等相关单位，完成打捞任务，保证了“南海I号”按时出水。12月28日，“南海I号”安全移入“水晶宫”，开创了全新的水下考古和文物保护方法，实现了水下考古和海洋打捞工程的完美结合。

2007年5月，在广东省汕头南澳海域发现了“南海Ⅱ号”古沉船。广东省文化厅迅速报告国家文物局，申请考古发掘经费，报批发掘方案，并协调省公安厅、汕头市政府、南澳县委、县政府和公安边防部门，加强文物的安全保卫工作。广东省文物考古研究所及时开展了抢救性考古调查工作，完成了外围散落文物的采集和沉船主体的测量、水下摄像、摄影、绘图工作，初步掌握了沉船的基本状况、保存状态和文物种类，制定了沉船水下发掘工作方案。

广东省各考古研究机构配合路桥建设和基建工程开展了多项考古调查、勘探发掘工作，如广深港客运专线广深段铁路建设、韶关电厂一期改建工程项目用地、广惠东延线高速公路、广贺高速公路广宁互通建设工程项目铀鼓岗周代遗址、阳江核电站、广州市长塘街南汉宋代城墙遗址、广州市恒发广场宋明清遗址、中山大学附属第一医院工地古遗址古墓葬等，为加强不可移动文物保护做出巨大的努力。

深圳咸头岭遗址和高明古椰鲤岗遗址均被评为“全国十大考古新发现”和“田野考古奖”二等奖（一等奖缺）。

【博物馆】

广东省博物馆新馆和广东海上丝绸之路博物馆建设工程进展顺利。

2007年4月，作为《广东省公共文化服务体系创新与实践》项目内容之一，“广东省流动博物馆”荣获第二届文化部创新奖特等奖。截至2007年12月，“广东省流动博物馆”参加单位已达57个，制作展览30个，巡回展出93场，参观人数250多万人次，公共教育作用不断增大。

广东省国有博物馆馆藏二、三级文物建档工作稳步推进。广东省文物局审批了江门博物馆、海丰博物馆、广东省博物馆等单位馆藏文物修复、保护方案；完成广东省博物馆借用、借展和横岭山文物调拨的审批工作；办理了多项文物拍摄的审批工作；完成《国家文物局组织开展文物考古研究所库房及考古发掘品保存现状调查工作》和广东省“革命旧址、革命文物保护与利用情况调查表”的填报，以及“博物馆陈列展览规程及资质管理办法调查问卷”的填报及报送工作；按照2006年新颁布的《博物馆管理办法》要求，完成全省博物馆的登记年检工作。

各类博物馆发挥博物馆历史文化资源收藏、展示的优势，对广大人民群众特别是青少年进行历史知识教育、爱国主义教育、革命传统教育。享受省财政支持的各级各类博物馆、纪念馆、纪念建筑物、名人故居等认真贯彻《中共中央、国务院关于进一步加强和改进未成年人思想道德建设的若干意见》和省委、省政府有关要求，继续向未成年人免费开放。各地博物馆进一步更新服务理念，了解服务对象，适时推出各类展览，丰富民众精神生活。全省大部分地区的博物馆已建立起博物馆与学校共建互动机制，为学校的理论教育提供了实习、实践的平台。

围绕2007年“国际博物馆日”主题“博物馆和共同的遗产”，广东省文物局与省文博学会、广东美术馆联合制作了专题展览，重点介绍开平碉楼、广东省“全国十大考古发现”项目的情况，向群众发放《博物馆导游册》，免费鉴定文物，开设相关讲座，宣传文物保护法律法规。在“中国文化遗产日”，依托博物馆对文化遗产工作开展宣传，提高群众对文化遗产的保护意识。

【世界文化遗产】

2007年2月，国家文物局重新核定《中国世界文化遗产预备名单》，广东省的开平碉楼与村落、南越国遗迹仍然被列入名单。广东省政府、省文化厅、开平市政府、广州市文化局依照《世界文化遗产保护管理办法》的有关规定，加强对这些文化遗产的保护管理，划定保护范围（核心区）和建设控制地带（缓冲区），组织编制保护规划，制定专门的法规，加强对文物本体的保养维护，加大环境整治力度，深入开展对文化遗产普遍价值的分析研究。

2007年是开平碉楼与村落申报世界文化遗产的冲刺阶段。广东省文物局加强业务指导，推进碉楼维修保护工作，积极协调，理顺管理体制、保护经费等问题，提请省政府审议修改《广东省开平碉楼保护管理规定》。6月28日，在新西兰召开的第31届世界文化遗产委员会会议上，开平碉楼与村落被列入《世界文化遗产名录》，这是广东第一处世界文化遗产。

7月中旬，广东省文物局代表、开平市碉楼办代表和南越国遗迹申遗办的代表参加了由国家文物局举办的第一期世界文化遗产（预备名单）保护管理培训班，并全部通过了结业考核。

【社会文物管理】

广东省文物鉴定站发挥文物出入境审核职能，至2007年11月份办理私人携带文物出境审核87宗689件，入境审核134宗701件，协助海关、公安等执法部门鉴定查扣文物72宗2129件，其中禁止出境文物70件，并为广东省博物馆、深圳博物馆、广州南越王墓纪念馆、东莞博物馆、广东鸦片战争博物馆等单位征集馆藏文物1122件（套）。

广东省文物总店充分发挥国营文物商店职能，利用征购民间珍贵文物的有利渠道，为省内外有关博物馆提供文物藏品共509件，包括陶瓷、书画、木雕、古钱币等。广东省文物总店主动适应国内文物艺术品市场变化，调整经营结构，超额完成年度经营目标，纯利比2006年增长138%。广东省文物总店还与省古玩协会合作成立了省民间藏品交流中心，为文物收藏爱好者提供了良好的交流平台。

【执法督察与安全保卫】

广东省文物局加大文物安全的宣传、检查力度，加强沟通协调，会同省公安厅落实博物馆、文物保护单位的安防工作，先后组织对省博物馆新馆、佛山祖庙、佛山市博物馆临时文物库房、中国海关博物馆广州分馆、顺德区博物馆等安防方案进行论证，并根据国家文物局批复意见，对三元古庙、孙中山大元帅府旧址、广州公社旧址、广州农讲所旧址纪念馆等安防系统深化方案组织了论证，验收了佛山市博物馆临时文物库房、三元古庙、广州美术馆等系统工程，向国家文物局上报了广州博物馆镇海楼展区、黄埔军校旧址、始兴满堂围等安防、消防方案。

广东省文物局坚持广东省打击文物犯罪领导小组联席会议制度和联络员制度，密切配合公安、边防等部门，快速侦破了多起文物犯罪案件：一是2006年11月，潮州市潮安县彩塘镇金一村全国重点文物保护单位从熙公祠门口屋檐下2块石雕构件被盗。广东省文物局配合省公安厅，派人到现场联合督办，于2007年1月侦破，被盗的2块石雕构件被追回，同时查获汕头市被盗木雕一批。二是2007年4月，在侦办流失美国恐龙蛋化石案件中，省文物局配合省公安厅，派人赴河源、韶关等地对恐龙蛋化石埋藏地进行安全检查，在韶关南雄破获一起盗窃恐龙蛋化石案件。三是2007年6月，广东省文物保护单位罗定文塔内的2件清代铁钟被盗，接到情况报告后，省文物局配合省公安厅，迅速派人赶赴现场，联合督办案件，迅速侦破此案。案件的侦破，震慑了犯罪分子，有力地打击了文物犯罪活动。

2007年，广东省各级文物行政部门尽一切努力制止破坏文物的行为。2006年11月，始兴县地方公路管理站未经报批，擅自在全国重点文物保护单位——满堂围的建设控制地带内进行桥梁建设工程，被制止后，向国家文物局履行了报批手续。但在2007年，施工单位在施工中又擅自修改了方案。广东省文物局先后两次派人到现场，向当地村民、有关部门和施工单位反复强调，要按照《文物保护法》的有关规定执行，及时制止了破坏文物的行为。2007年4月，全国重点文物保护单位——沙面建筑群的法国东方汇理银行旧址，因租户擅自装修而遭受严重破坏。广东省文物局协调广州市文化局和广州市文化市场综合执法总队迅速行动，查实情况，收集证据，并向国家文物局报告了有关情况。广东省政府已按国家文物局要求，责成广州市政府依法进行了处理。由湖北省大冶市殷祖古建园林工程有限公司设计、浙江省临海市古建筑工程公司施工的龙川学宫大成殿维修工程竣工仅8个月便发生屋面正脊崩塌、瓦面大面积下滑脱落的严重质量事故，影响恶劣。广东省文物局组织调查组赶赴现场调查，基本查清了事故发生原因，并迅速报请国家文物局撤销了上述两个公司的文物保护工程资质，通报全国。

【文博科技】

中国文物研究所、广东省文物局、浙江省文物局分别派员组成“明清海防遗存保护前期研究”课题项目组，前往山东青岛、威海、烟台、大连等地进行海防遗存的考察。

广东省博物馆组织科研人员先后参加了中外关系史学会组织的“明清中外关系研讨会”、“南越国遗迹暨古都学会研讨会”、“全国第三届科举与科举学研讨会”、炎黄文化研究会组织的“香山文化研讨会”、中山大学历史系组织的“清代港口城市研讨会”、香港中文大学艺术考古研究中心组织的“古代香港与东亚研讨会”、“广东省民俗博物馆建设学术研讨会”等学术交流活动。

广东省文物考古研究所结合“南海I号”整体打捞和保护工作，分别向省科技厅和国家文物局标准化委员会申报了《“南海I号”文物保护综合研究》科研课题和《水下考古调查与勘探、发掘行业标准》项目。

广东省文物鉴定站进一步推进科技鉴定工作，完善热释光实验室硬件，在实验中摸索积累解决仪器故障的经验，开展出水陶瓷器的热释光鉴定研究，对外提供科技鉴定服务，同时根据新发布的《文物出境审核标准》对电子文物鉴定管理系统进行了第三次升级，运行良好。

【新建文博机构介绍、文博教育与人才培训】

为加强对世界文化遗产开平碉楼与村落以及当地文化遗产资源的保护管理，广东省开平市成立了文物局，人员编制为3名。

为加强对第三次全国文物普查工作的组织领导，广东省政府于2007年9月成立第三次全国文物普查领导小组。

2007年3月～4月，广东省文物局先后派员参加了广东省财政厅组织召开的2007年省直部门单位财政支出项目绩效自评工作布置会议和广东省文化厅组织的财政支出项目绩效自评培训，并于6月完成了2005年获得中央财政和省财政专项文物保护补助经费的项目的绩效自评工作。省财政厅对这些项目的绩效评价等级为良。5月，省文物局派员参加国家文物局组织的第三次全国文物普查培训班，学习掌握普查工作组织实施、标准规范、信息采集录入等技术。6月末，省文物局派员参加广东省文化厅组织的档案工作培训，并于10月完成2006年度省文物局的文书档案移交工作。8月初，省文物局全体成员参加了由省人事厅举办的公共危机管理培训，并全部通过考核。12月，省文物局组织省内具有文物保护工程甲级勘察设计资质单位和一级施工资质单位的专业技术负责人参加全国文物保护工程管理及修缮理念研讨班。

广东省文化厅选派专业干部赴肇庆庆云寺为省民宗委、省佛教协会联合举办的“广东省百名佛教人员培训班”讲授文物保护法及文物保护业务知识。

2007年下半年，广东省第三次全国文物普查办公室集中精力开展普查培训工作。于2007年8月举办广东省第三次全国文物普查第一期培训，省普查办、省直文博单位负责人及全省21个地级以上市及2个文物普查试点县的文化（文物）行政部门负责文物工作的副局长、文物科科长和普查业务骨干约80多人参加了培训。之后，文物局又以各地普查办、普查队员和文博业务骨干为对象，分片在韶关、揭阳、肇庆、阳春举办了四期文物普查员培训班，并选派人员先后赴江门、东莞、佛山、深圳举办的文物普查培训班授课，就文物的认定和调查，以及文物点《登记表》的录入、GPS使用、测绘和拍照等方法进行详细的讲解，同时选取不同文物类型，开展普查实习活动。广东省组织的普查培训时间长、内容多、讲解细、参加人数多，截至2007年12月，全省20个地级以上市和县（市、区）870多人参加了普查培训。

广东省博物馆积极发挥博物馆的教育功能，配合展览应邀为大学、少年宫及黄埔区党校等举办相关讲座，如“文物鉴定知识基础”和“中国佛教文化”、“博物馆陈列与设计”等。

广东省文物鉴定站7月、9月、10月先后派出专家为广州海关总署、拱北海关讲授陶瓷、书画、玉器鉴定课，于5月、10月组织了二批海关人员前往文物大省河南、四川等地进行文物业务考察。此外，省文物鉴定站利用省博物馆“明清佛教造像”展的机会，与省博联合举办了“中国明清佛像鉴定”培训班；根据贯彻执行《文物出境审核标准》的需要，举办了“明清家具鉴定”培训班，既培训了该站专业人员，也为市县区博物馆专业人员提供了学习机会，两期培训班参加人数达120人。

【文博宣传出版】

广东省文物局完成了《广东省志·文物志》终审印发工作和《广东文物》编辑印发工作，并根据国家文物局要求拟写了2006年度的《广东年鉴·文物工作》，完成了《文物法规汇编》的共计90多万字的编写付印工作，同时继续组织《广东县域历史文化资源》佛山、东莞、中山卷的招标、编辑出版工作。按照国家文物局要求，收集了广东省第六批全国重点文物保护单位共20处的文字和照片资料，报送文物出版社编辑出版。省文物局积极参加省文化厅“民声热线”电视电台直播节目，编写了文物工作的相关资料，坚持以灵活多样的形式向民众宣传文物工作法规条例。第三次全国文物普查启动以来，广东省第三次全国文物普查办公室共编印普查工作简报11期，并向省文物普查领导小组成员和学员发送了《文物保护法规汇编》、《文物普查手册》、《广东省文物保护单位》等书册，便于学员掌握全省文物状况，宣传普查工作。各县市级普查办公室也开展了多渠道、多层次的普查宣传工作。

广东省博物馆编辑出版了《瓷苑珍品——南京博物院藏清代皇家御用瓷器展览图录》、《啸风合璧——刘藕生区桂婵陶艺作品集》、《刘藕生画集》等一系列展览图录，继续开展国家清史纂修主体工程中广东省博物馆清史图录项目工作，完成了1140张图片及表格，另外，还完成了《2006年中国博物馆年鉴》广东部分的资料搜集和编辑工作，并尽力协助省、市地方志办公室完成《广州大典》《广东历代方志集成》的编写工作。

广东省考古研究所继续推进曲江石峡遗址、东莞村头遗址、肇庆康乐中路古墓葬的考古报告编写出版工作，并积极参与《中国出土瓷器全集》和《中国出土音乐文物》（广东卷）的撰写工作。

广东省文物鉴定站出版了纪念建站10周年特辑《文物鉴定与研究（三）》，收录了该站专业人员及省内外文博单位、高校专家学者的学术文章20篇。

【文博信息化】

2007年9月，广东省文物局和广东省普查办派员参加国家文物局网站信息员工作座谈会暨第三次全国文物普查网络宣传工作研讨会。会后省文物局着手筹划建立广东文物网，并拟订全省文物信息员培训计划。

【对外交流与合作】

2007年秋季，广州艺术博物院赴日本德岛县文学书道馆举办“广州艺术博物院藏明清书法展纪念——广东-德岛友好条约十周年纪念展”。

广东省文化厅在召开粤港澳文化合作会议基础上，邀请香港、澳门参加广东省举办的“国际博物馆日”和“文化遗产日”活动，发放相关的宣传图册，并选送佛山市的博物馆参加香港“国际博物馆日”展览活动，向香港民众宣传佛山的文化遗产保护情况。

广西壮族自治区

【概况】

广西共有各级文博机构124个，其中：博物馆、纪念馆59个、文物管理所（站）58个、文物工作队 2个、考古所1个、文物商店4个，已经形成全区覆盖面100%的三级文物保护管理机构网络。

广西登记在册的地上地下不可移动文物有1万余处，已公布的各级文物保护单位共1948处，其中全国重点文物保护单位42处200多个点，自治区文物保护单位235处，县（市）级文物保护单位1671处。国家级历史文化名城2座（桂林、柳州）；2007年5月31日，建设部、国家文物局公布了广西昭平县黄姚镇、阳朔县兴坪镇为中国历史文化名镇、灵山县佛子镇大芦村、玉林市玉州区城北街道办事处高山村为国家历史文化名村；自治区人民政府核定公布155处全国重点文物保护单位、自治区文物保护单位保护范围和建设控制地带；宁明花山岩画、兴安灵渠入选国家重设的“中国世界文化遗产预备名单”。

截止2007年底，全区文博单位业务用房15.5万平方米，其中陈列展览用房总面积6.1万平方米，文物库房总面积1.8万平方米。全区文博系统在职职工1197人，其中获得高级专业技术职称人员71人，中级专业技术职称人员212人。现有各级各类博物馆、纪念馆、文物管理所（站）收藏各类文物30.29万件(套)，其中一级文物333件，二级文物4229件。据统计，2007年举办和引进各类陈列展览256个，对外开放的文博单位共接待观众309.4万人次，门票收入428.2万元，其中接待青少年参观68.4万人次。

【文物工作会议】

2007年3月2日，广西壮族自治区文物局在南宁市召开全区文物行政管理工作会议，来自全区14个市文化局分管文物工作的局长和文物科（社文科）科长、区直文博单位的领导、自治区文物局的全体工作人员共50多人参加会议。广西区文化厅党组成员、副厅长陈映红同志出席会议并作重要讲话，传达2006年全国文物局长会议等会议的主要精神，总结2006年全区文物工作，对2007年全区文物工作提出要求。自治区文物局局长覃溥同志主持会议，并对2007年全区文物工作作了全面部署，提出了具体的措施和要求。

会议认为，在自治区党委、自治区人民政府和国家文物局的重视和支持下，在全区文博干部职工的共同努力下，2006年广西文物工作取得较好成绩。自治区编制办批准成立广西文物局，对加强全区文物保护管理工作和发展文博事业具有深远的影响和意义；兴安县灵渠、宁明县花山岩画列入国家重设的申报世界文化遗产预备名单和广西民族博物馆动工建设，宁明花山岩画保护项目前期工作进展顺利，馆藏文物调查及数据库管理系统建设项目列入国家试点并已取得初步成果；2006年是国家和自治区历年投入自治区文博事业发展资金最多的一年；文物保护单位“四有”档案建档工作完成较好；文物执法督查发现和处理数起文物失盗和在文物保护范围内违法建设事件；南宁至百色高速公路等重点考古发掘项目收获很大；人才培养有起色，广西自然博物馆、广西民族博物馆2个自治区文化系统人才小高地建设成效显著。同时，通报了2007年全区性的六项文物保护基础性工作、六项重点文物保护工作、两项重要文物宣传活动工作、四项自治区直属文博单位重点工作、五项自治区文物局将进行一系列调研活动、两项人才队伍建设工作。并以加强文物行政管理工作的五项具体措施保证各项工作的有效落实。

为学习贯彻党的十七大会议精神，传达全国文物局长会议精神，总结2007年全区文物、博物馆工作和第三次全国文物普查广西第一阶段工作，研究部署2008年全区文物博物馆工作和第三次文物普查工作，2007年12月26日～29日，广西壮族自治区文化厅、广西壮族自治区文物局在南宁市召开全区文物工作暨第三次全国文物普查第一阶段总结会议，来自全区14个地级市文化局分管文物工作的局长和文物科（社文科）科长、80多个县（自治县、市）文化局分管文物工作的局领导、近120个文博馆（所）长、民族生态博物馆馆长、自治区文化厅直属文博单位的领导、自治区文物局的全体工作人员260多人参加了会议。

自治区文物局覃溥局长在会上传达了全国文物局长会议精神，并从八个“新”全面总结了2007年的广西文博工作，即一是在“三普”声势浩大启动、国家试点项目——全区馆藏文物调查及数据库管理建设项目工作有效推进、桂林博物馆标准库房建设顺利完成、合浦博物馆展示提升项目建设得到各级高度重视全面开展的一系列工作带动下，全区文博事业在前所未有的资金支持下取得新的长足发展；二是广西文博走向社会、走出广西、迈出国门，文物展示服务社会、服务国家大局工作取得新突破；三是近现代文物藏品成为博物馆收藏的新资源，文物征集工作取得新收获；四是课题研究紧跟配合基本建设抢救性发掘，考古工作取得新成果；五是基础工作扎实促进文物保护顺利启动一批新工程；六是馆校结合，人才培训与队伍建设工作开辟新途径；七是审时度势，文物对外交流工作抓住“东盟”合作与交流新主题；八是“国际博物馆日”和“文化遗产日”活动不断创新形式，文博宣传工作有新亮点。覃局长在总结的基础上，就2008年全区文博工作提出了围绕自治区成立五十周年大庆积极策划、推动一系列项目的实施和完成，以全面展示五十年来广西文物保护和博物馆建设成就；重中之重抓好第三次文物普查第二阶段内容的铺开和深入进行；抓好质量，完成全国第一至六批重点文物保护单位记录档案备案、文物调查及数据库管理建设、文物保存环境达标与县级博物馆展示服务提升试点的收尾工作；启动宁明花山岩画保护和“连城要塞”保护与发展总体规划编制两项重大工程；按照《世界文化遗产保护管理办法》，切实履行相关要求、原则与任务，做好宁明花山和兴安灵渠申遗的前期工作等12个方面的意见。

谢日万副局长从“各级政府积极组织部署，为普查提供有力的组织保障、各级普查办制订工作方案和规章制度，发挥了积极作用、开展普查培训和试点，普查人员掌握普查专业知识和方法、各地编报普查经费计划，努力争取落实经费设备、开展普查宣传，动员社会参与和支持普查工作”五个方面总结了广西开展第三次全国文物普查第一阶段工作，部署第二阶段工作，并就“三普”的相关技术性工作和“三普”专项资金管理提出了具体要求。

会上，南宁、柳州、梧州等市的代表就本辖区2007年文物工作进行了总结，重点介绍了开展第三次文物普查第一阶段工作的亮点之处。陈远璋副局长主持会议，并宣读了《文化部、国家文物局关于表彰全国文物工作先进县的决定》和《国家文物局关于颁发2007年文化遗产日组织奖的决定》，覃溥局长向柳州市文化局转授了国家文物局表彰的文化遗产日组织奖牌。

【政策研究、法规建设】

2007年全区文物工作着重抓了文物法制建设，根据自治区政府的统一部署，自治区文物局、各市文化行政部门认真对文物行政部门的行政审批项目逐一进行了清理，完成了18项行政审批项目和8项非行政审批项目的行政审批操作规范和审批流程图，并报自治区人民政府审核，向社会进行了公布，并公开服务承诺时限，从而规范了文物依法行政范围。

【文物保护进展】

1．2007年，广西壮族自治区完成了容县经略台真武阁、临贺故城开建乡祠、观音楼、刘永福旧居第一期、北海关大楼旧址、双孖楼旧址等15处全国重点文物保护单位和陆川谢鲁山庄第一期、桂平东塔等30处自治区文物保护单位维修工作。南宁、柳州、桂林、北海等市和横县、武宣、隆安等县财政投入资金对本地文物保护单位进行了维修保护，如南宁市维修了邕宁电报局旧址、越南中央学舍区（广西南宁育才学校）总部旧址、柳州市维修了解放纪念碑、刘蕡墓、桂林市维修了国民党抗日将领阚维雍等三将军及八百壮士墓、苏联陆军步兵中校巴布什金墓、玉林市维修粤东会馆、北流市维修大成殿、合浦县东山寺大雄宝殿、中共合浦中心县委机关旧址等等市（县）级保护单位。

2．根据国家文物局《关于宁明花山岩画保护工程脚手架搭设方案的意见》（文物保函〔2007〕368号）精神，2007年6月26日～28日，自治区文化厅在南宁组织召开了广西宁明花山岩画脚手架搭设方案设计初评会，甘肃铁科地质灾害防治技术工程公司根据专家的意见修改了《宁明花山岩画搭建脚手架设计方案》，并上报国家文物局审批。10月18日，国家文物局下发了《关于花山岩画保护规划的意见》（办保函〔2007〕771号），已协调中国文物研究所根据该意见进行修改、完善。

3．对2002～2007年度国家、自治区重点文物保护专项经费项目进行清理，督促实施，下拨文物维修、博物馆馆舍维修、安全消防等国家、自治区文物保护专项补助经费共1106.7万元。截止2007年12月，已有85%的文物保护专项资金下拨到使用单位。一批积压多年的项目得到实施，发挥重点文物保护专项补助经费的效益。

4．4月13日，根据国家文物局《文物保护工程管理办法》、《文物保护工程勘察设计资质管理办法》、《文物保护工程施工资质管理办法》的有关规定，自治区文化厅对全区14个地级市文化行政部门报送申请文物保护工程勘察设计资质、施工资质单位的有关材料进行了审核，并下发决定，授予广西文物考古研究所、南宁市孔庙管理处、桂林市文物工作队、都安瑶族自治县宏华建设公司和崇左市土木建筑工程有限责任公司5家单位文物保护工程勘察设计、施工单位资质证书。

此外，南宁、桂林、贵港等市核准公布了一批市级文物保护单位。7月，“李宗仁公馆”被桂林市人民政府公布为桂林市文物保护单位；贵港市人民政府公布了第一批贵港市7处重点文物保护单位。南宁市人民政府于11月公布了南宁古城墙、越南中央学舍区（广西南宁育才学校）总部旧址、广西土改工作团第二团团部旧址等3处为南宁市第九批市级文物保护单位。

【考古发掘研究】

广西壮族自治区文物部门积极配合国家基本建设项目，做好考古调查和抢救保护工作。配合靖西铝工业基地、北海科红制革有限公司、贺州华润火电厂、湘桂铁路改扩能工程（全州至柳州段）、南宁至柳州铁路客运专线、贵阳至广州快速铁路，河池至宜州、筋竹至岑溪高速公路等15个基本建设项目进行文物调查；配合西江航运干线二线船闸工程、马江至梧州高速公路建设等5处建设项目用地进行考古勘探；配合工程建设进行了合浦金泰花园用地古墓、百色东笋资源综合利用火力发电厂东怀旧石器时代遗址、扶绥山秀电站库区崇左市冲塘贝丘遗址、何村贝丘遗址及旧车渡窑址、柳州明代外城留照门（破城门）遗址、灵泉寺遗址等11个抢救性发掘。配合厦门大学2005级考古专业学生实习，发掘了合浦草鞋村汉代窑址。完成国家文物局补助经费的防城江山半岛遗址发掘项目。这些考古项目，抢救保护了一批珍贵文物，发现一批重要的遗迹，考古资料整理和研究取得一批新成果。出版《广西考古文集（第3辑）》、《广西先秦岩洞葬》、《百越研究》、《广西文物考古发掘研究十大精品》、《广西博物馆文集》。11月11日～16日自治区文物局和北京大学主办、广西文物考古研究所承办“中国西部地区考古协作会第四届年会”和12月9日～13日自治区文化厅、中国百越民族史研究会主办，广西博物馆、广西民族博物馆、广西文物考古研究所、广西民族研究所联合承办“中国百越民族史研究会第十三届年会暨百越文化国际学术研讨会”，取得良好的效果。

【博物馆】

1. 博物馆建设

广西民族博物馆建设工程2007年3月动工，已完成了主楼工程，进入装修工程和陈列展览形式设计（概念设计）方案深化设计修改阶段。组织修改广西民族文化陈列“五彩八桂”和大型东盟10国风情文化展示“东盟文化展——国花的讲述”展览内容和形式设计。广西博物馆完成向广西民族博物馆清点移交5243件馆藏民族文物。

继续开展广西民族生态博物馆建设“1+10工程”项目工作。4月13日贺州客家生态博物馆在贺州莲塘镇白花村正式揭牌对外开放，那坡达文黑衣壮生态博物馆、灵川长岗岭商道古村生态博物馆已开工建设，东兴京族博物馆暨京族生态博物馆、环江毛南族博物馆馆址及设计方案已确定。

博物馆是一个地方对外宣传和文明发展的窗口，广西壮族自治区各市建设博物馆方兴未艾，总投资6300多万元的柳州市博物馆新馆于7月20日建成开馆。该馆占地面积17000平方米，建筑面积12860平方米，展厅面积6200平方米，收藏文物6万余件（套），设“柳州历史文化”、“柳州民族风情”、“古代青铜艺术”、“古代扇面书画艺术”、“生命之旅——古生物化石”等基本陈列。该馆已成为广西壮族自治区市级博物馆之首，是市级博物馆发展的模范。11月24日，投资999.8万元、建筑面积7351平方米的河池市革命纪念馆建成并对外开放。该馆陈列由革命篇、建设篇、展望篇三部分组成，同时附设“河池民族博物馆”、“河池铜鼓博物馆”。玉林市编制完成了《玉林市博物馆建设项目可行性报告》和《建设用地（选址）城市规划综合技术论证报告》，并报相关部门批准，确定了市博物馆项目用地地址。南宁市编制完成了《南宁艺术博物馆项目建设书》和《南宁艺术博物馆可行性研究报告》及项目立项、陈列方案编写工作。崇左市委、政府决定投入资金3300万元建设崇左市壮族博物馆，并于12月28日举行了开工仪式。八路军桂林办事处旧址及抗战文化运动旧址景区建设项目获得了国家发展和改革委员会项目建设经费2070万元，编制完成了《建设桂林抗战文化博物馆》方案。此外，桂林博物馆完成了国家文物局“馆藏文物保存环境达标试点”项目建设工作。

2. 文物征集

协助自治区妇联在全区范围内开展为中国妇女儿童博物馆征集文物工作，各地推荐报送175件（套）文物，其中有二级文物10件（套），其中拟推荐一级文物3件（套）；三级文物36件（套）；一般文物56件（套）；文物资料73件（套），有力支持了中国妇女儿童博物馆的建设。广西民族博物馆征集大批民族类文物，接近2000多件套，为丰富馆藏和举办陈列展览打下了基础。柳州市博物馆花巨资（约1000万元）征集古生物化石等文物，并为这批化石标本举办专题陈列。南宁市邓颖超纪念馆征集与邓颖超有关的文物、资料一批，完成了邓颖超纪念馆的陈列。八路军桂林办事处纪念馆为充实馆藏，先后征集到八路军、国民党士兵、美国援华飞虎队及侵华日军使用过的臂章、望远镜、子弹箱、军用刺刀和防毒面具等抗战文物。广西壮族自治区自然博物馆征集古生物化石31件、采集广西蛇类动物标本和北部湾海洋动物标本1300多件。2007年安排专项经费抢救征集西林县汉代铜棺墓葬随葬品青铜器，贺州市、县的31件古钟等文物。通过不断征集各类文物，不断丰富馆藏，举办各种形式的展览，为各级博物馆的完善和发展注入了活力。

3. 文物展览

广西壮族自治区博物馆与桂林市博物馆在元旦、春节期间分别在广西博物馆和桂林博物馆共同举办了“李培庚桂林山水油画展”、“广西博物馆馆藏书画精品展”；广西博物馆与文物商店联合举办了“迎春吉祥文物特别展”。9月26日～12月26日，广西博物馆组织“鼓声悠远——广西瓯骆文化遗粹展”赴浙江省博物馆展出，展出文物141件。该展览是继广东、陕西、北京等地展出后的又一次省外展出。广西自然博物馆恐龙展览作为流动博物馆随自治区十五厅局组织的“文化惠民工程”下乡巡回展览，为大众共享文化成果提供服务，开创了自然类文物标本陈列展览的新形式。李宗仁文物管理处增设了“归乡——李伦捐助李宗仁遗物展”。八路军桂林办事处纪念馆举办了“不能忘却的历史——‘七七事变’与抗战全面爆发70周年图片展”。桂林博物馆为丰富市民文化生活，相继举办了“走近画坛巨匠——中国近600年名家名作特展”、“翰墨芬芳 文化桂林——桂林榕湖饭店移交字画工艺品部分作品展”等10个展览，其中“中国近600年名家名作特展”展出了明清、近现代44位著名画家作品八十余幅，展览在桂林引起巨大反响，被市民称之为“一次文化盛宴”。

4. 博物馆、纪念馆登记和年检

为贯彻落实《博物馆管理办法》，加强博物馆管理工作，促进博物馆事业的发展，完成了2006年1月1日前已批准设立的文物系统、非文物系统博物馆、纪念馆、陈列馆及其他含博物馆性质的机构的58个博物馆登记工作和年检工作。

5.“5·18国际博物馆日”、“文化遗产日”宣传活动

5月18日～6月30日期间，广西壮族自治区各地紧紧围绕“博物馆和共同的遗产”、“保护文化遗产，构建和谐社会”活动主题，除制作版面、文物政策法规咨询，发放宣传资料，悬挂标语横额等宣传方式外，结合本地实际，开展了内容丰富、形式多样的宣传活动。柳州市文化局协调文物系统各相关单位积极组织、协调、策划、实施“文化遗产日”大型宣传活动。活动期间，大力宣传推介国保单位和高沙锣鼓、猫狮等非物质文化遗产，组织“保护文化遗产，构建和谐社会”万人签名活动。加强了和各新闻媒体的合作，与柳州日报社举办了“保护文化遗产守护精神家园”征文活动，配合电视台做了文化遗产保护系列节目，加强了和各新闻媒体的交流与互动。与“柳州晚报”合作，推出“探索发现”专题栏目，每周五一版。百色市在“5·18国际博物馆日”举办了文物法规宣传活动，辖区各县(区)通过横挂宣传标语、制作临时版面、发放文物法规资料等方式开展活动。田东县博物馆深入到田东中学、县城农贸市场、思林镇等进行宣传。6月9日，百色市文化局在百色市森林广场举办第二个“国家文化遗产日”大型宣传活动，活动内容有民俗文艺表演、民俗手工艺品现场制作展示、民间文物收藏、文物鉴定等活动，吸引各界群众近万人。来宾市的宣传活动得到了各级党委、政府的支持，市财政安排专项经费。市领导亲自参加宣传活动，分发宣传资料，亲自回答群众提出的问题，观看了来宾市“非物质文化遗产保护”专场文艺演出，邀请了壮族师公戏、客家纸马戏等民间传统剧种的节目到现场展示。组织金秀的瑶族民间老艺人和忻城壮族民间老艺人到现场进行瑶带、壮锦的制作表演，观众可以参与活动亲自体验传统工艺的制作方法。

【世界文化遗产】

2007年1月16日，国家文物局从全国申报世界文化遗产的129个项目中，精心遴选出35个项目列入《中国世界文化遗产预备名单》予以公布。广西申报的宁明花山岩画、兴安灵渠名列其中。2007年6月1日～7日，应广西壮族自治区文物局的邀请，国家文物局遗产处巡视员、国际古迹遗址保护理事会副主席郭旃，国际古迹遗址理事会世界遗产评估报告员、保护规划与建筑师Jukka Jokilehto（尤嘎·尤基莱托博士）、MEHR-AZAR SOHEIL-JOKILEHTO（美哈－阿扎尔·索尔－尤基莱托博士）3人先后考察了宁明花山岩画、兴安灵渠，并在桂林市召开了座谈会。会上尤嘎·尤基莱托博士对两处遗产地的真实性、完整性以及所具有的突出普遍价值给予充分肯定，并建议立即启动广西的世界文化遗产的申报工作。

【社会文物管理】

2007年，广西文物鉴定委员会为全州、岑溪、防城港等7个市县公安、海关、边防检查站等单位鉴定涉案物品355件（套），其中三级文物27件，一般文物147件。

【执法督察与安全保卫】

1. 文物行政执法专项督察

根据国家文物局《关于开展国家文物局2007年度文物行政执法专项督察工作的预通知》（文物政函【2007】417号）的部署和要求，向全区下发了《关于开展全区2007年度文物行政执法专项督察自查工作的通知》，要求各市文化行政部门按照督察内容对本辖区各级文物保护单位，特别是已列入全国重点博物馆名录和第六批全国重点文物保护单位的依法保护、文物及藏品安全等有关情况开展自查工作。桂林市对全州、恭城、阳朔等县及市直文博单位的文物安全落实情况进行了检查；百色市对靖西壮族博物馆和十二道门炮台、那坡感驮岩遗址和弄平炮台等五个重点督察单位进行了专项检查，确保了文物保护单位和博物馆的安全。

2. 查处破坏文物事件

依法处理了桂林大酒店改建过程中涉及宋代城墙文物保护、桂林岑毓英墓陵前石刻被破坏、大化县土司楼被违法拆除、柳城窑址被破坏等事件。河池市人民政府对造成土司楼被拆这一违法事件的相关单位和相关责任人进行了通报批评。柳城县政府对相关责任人给予记大过处分和免职。

3. 处理文物保护与经济建设的矛盾

随着各地经济建设的迅猛发展，建设项目用地涉及文物保护单位保护范围、建设控制地带的情况日益增多，如永福县农民建房涉及自治区文物保护单位永宁州城建设控制地带、灵川县路莫村物资转运站保护范围内村民改建房屋等。针对这些问题，文物管理部门深入现场调查，并依照《文物保护法》的有关规定和审批程序，提出妥善处理意见，得到业主单位的理解和支持。

4. 消防、防雷等安全设施

全区各文博单位和文物保护单位高度重视技防、消防和防雷工作，除了定期检查和维护外，加大了对文物技防、消防和防雷设施建设资金的投入，如自治区文物局投入42万元完成了田东、博白等县博物馆技防、消防设施的安装；八路军桂林办事处纪念馆投入3万元完成了“八办”旧址、城工委旧址建筑防雷设施的安装工作；恭城瑶族自治县投入11万元对文庙、武庙的电源线路进行全面整改。贵港市博物馆落实经费完成了文物库房防盗、防火设施的安装工作。同时，柳州市博物馆文物安全技术防范系统工程通过国家文物局组织验收。

此外，根据国家文物局的要求，完成了全区文物博物馆系统一级风险单位的图像系统建设、经费投入及使用、基础设施和管理维护部门的基本情况调查、报送工作。

【文博科技】

2005年广西民族博物馆申报的《广西民族生态博物馆模式与可持续发展研究》课题获得国家文物局文物保护科学和技术研究课题评审通过。为了继续完成该课题的中期报告，2007年广西民族博物馆课题组业务人员深入各民族生态博物馆，实地了解各民族生态博物馆建设以来的工作开展情况及存在问题，撰写了课题研究工作情况报告和《广西民族生态博物馆建设管理规范研究报告》、《广西民族生态博物馆建设研究报告》上报了国家文物局，中期报告顺利通过审查，获得了第二次课题经费。5月9日，由自治区文化厅推荐，广西民族博物馆等单位完成的《广西民族文化遗产保护与传承的希望田野——广西民族生态博物馆建设‘1+10工程’》项目参加第二届文化部创新奖评审，进入终评，获得了文化部创新奖评审委员会颁发的证书。

贺州市博物馆与桂林旅游专科学校、贺州市科技开发公司合作完成了自治区科技厅下达的《新材料在客家民居维修工程中的运用》课题的第一、二期研究工作。

【文博教育与人才培训】

5月27日～6月1日，自治区文化厅、自治区文物局在南宁市召开“2007年全区文物工作会议暨第三次文物普查领导干部培训班”，参加此次会议及培训的人员来自全区14个地级市文化局分管文物工作局领导、分管文物的科室负责人及106个文博单位近300人。会议及培训内容包括文物政策法规、世界文化遗产申报、保护和管理与利用工作、第三次全国文物普查工作培训等。邀请国家文物局政策法规司彭常新司长、世界遗产处郭旃巡视员授课。国家文物局单霁翔局长作了题为“中国文化遗产保护发展趋势和第三次全国文物普查”的主题报告。期间，单霁翔局长在自治区政府吴恒副主席、宋晓天副秘书长和自治区文化厅容小宁厅长等领导的陪同下，与全区各市文博馆所长一道出席仪式活动，亲自为广西第三次文物普查工作领导小组办公室和广西区文物局揭(挂)牌。

着力打造和建设“区直文化系统文化艺术人才小高地——生命演化科学人才基地”载体和“区直文化系统文化艺术人才小高地——生态博物馆研究人才基地”载体，两处人才小高地分别由广西壮族自治区自然博物馆和广西民族博物馆承担，两馆在人才培养和科研课题研究等方面都取得了显著成绩。12月，广西师范大学、广西壮族自治区博物馆、广西文物考古研究所联合培养硕士生基地在广西壮族自治区博物馆正式挂牌，自治区博物馆、广西文物考古研究所的部分专家被聘为该校兼职教师，该馆、所将作为该校培养硕士生实习基地，这是广西壮族自治区高等院校和文博单位实现强强联合，发挥各自优势，共同培养文博人才的有效途径。

【文博信息化】

广西是“文物调查及数据库管理系统建设”项目国家文物局推广省（区）之一，该项工作自2006年开展，2007年全区各文博单位、各市文化行政部门组织人员对本单位、本辖区各单位上报的文物基本信息录入表进行了录入与核对，做到严格把关，层层审核，逐项核实，使实物与帐薄相符，信息表与帐薄相符，保证上报数据的质量。全区共采集一、二、三级文物56928件（套），信息表录入共58251份。在完成单位基础业务的条件下，采取了市与市互相帮助的工作方式，柳州市组织考古队、博物馆、白莲洞洞穴科学博物馆专业人员赴来宾市协助做好该市的文物信息采集工作，既锻炼了队伍，又提高了业务能力。除自治区本级财政安排了全区“文物调查及数据库管理系统建设”工作费80万元外，桂林、梧州、玉林、贵港、钦州、来宾、百色等市和柳州市博物馆都落实了电脑、数码相机等设备购置、培训经费。

【对外交流与合作】

由广西博物馆和越南国家历史博物馆共同举办的“中国广西文物精品展”于2007年3月9日～5月15日在越南国家历史博物馆展出，越南文化通讯部副部长陈战胜、中国驻越南大使馆文化处参赞郑国进、广西文物局局长覃溥等出席了展览开幕剪彩。展出文物80件，其中一级文物16件。期间，还组织专业人员赴越南与越南国家历史博物馆的同行开展学术交流。2007年10月26日，由广西博物馆和越南国家历史博物馆共同举办的“传统与特色——越南国家历史博物馆青铜展览”在南宁开展，展出文物115件（套）。广西民族博物馆组织专家赴泰国、新加坡、马来西亚、印度尼西亚等8国考察，筹备东盟10国“东盟文化展——国花的讲述”展览，缅甸等东南亚有关国家派员回访，洽谈建立交流合作机制，迈出了规划建立“10+1”东盟国家博物馆联盟的重要一步。

4月27日，在南宁市举办了由日本神奈川大学河野通明、柳泽和也教授、蔡文高教授和云南大学尹绍亭等两位教授主讲的“比较民俗报告会”，内容涉及考古学、民族学以及民族文化生态保护等相关领域。来自全区各市、县（自治县）博物馆、民族生态博物馆及民族生态博物馆所在地的文化行政部门等35个单位近118人参加了报告会。

9月12日～29日，自治区文物局组织来自广西博物馆、广西民族博物馆和广西文物考古研究所的5名成员组成广西文物博物馆考察团赴加拿大、香港进行访问交流，考察团考察了加拿大国家美术馆、加拿大文明博物馆、加拿大McCord历史博物馆、UBC人类学博物馆以及香港历史博物馆和香港艺术馆等多个具有世界水准的博物馆，增进了对西方先进博物馆管理方法和展陈理念的认识。同时，还与加拿大渥太华大学跨文化交流中心就《一个发展的项目——中国广西原住民博物馆学培训》达成了共识，共同向加拿大国际发展署及自治区文化厅提出申请。

10月10日，台湾国立台南艺术学院、台湾博物馆学会常务理事徐纯教授及其助手一行三人专程抵达广西，考察贺州八步区莲塘客家生态博物馆、三江侗族生态博物馆、南丹里湖白裤瑶生态博物馆，并就广西民族文化保护与传承问题与广西的同行进行探讨，徐教授等国内外客人对广西着力建设民族生态博物馆“1+10工程”的探索深表敬佩和肯定。10月15日下午，由广西壮族自治区博物馆吴伟峰馆长和广西民族博物馆莫志东副馆长共同主持的“当前博物馆的发展对策”座谈会在自治区博物馆召开。会上，徐纯教授与来自广西各文博单位的部分专家进行了广泛而深入的讨论，内容涉及当代博物馆发展、博物馆产业发展、民族文化保护策略、非物质文化遗产的保护和开发、大陆生态博物馆与台湾文化园区的异同等问题。

广西壮族自治区自然博物馆副馆长陈运发由中华人民共和国文化部选派于4月赴驻坦桑尼亚使馆文化处工作，任二秘（外交职衔），这是广西文化系统第一个驻外大使馆文化外交人员。

【第三次全国文物普查】

1．组织部署普查工作

国务院普查文件下发后，2007年4月26日，广西壮族自治区文化厅和文物局领导向自治区人民政府吴恒副主席汇报第三次文物普查工作计划和思路，此后按照吴副主席指示和自治区人民政府办公厅的会议纪要开展相关工作。5月28日～31日自治区文化厅和文物局在南宁举办了“2007年全区文物工作会议暨第三次文物普查领导干部培训班”，进行第三次文物普查工作动员部署。5月30日，国家文物局单霁翔局长和自治区吴恒副主席出席“广西第三次文物普查工作领导小组办公室”和“广西壮族自治区文物局”挂牌仪式。7月24日，自治区人民政府下发《自治区人民政府关于开展第三次全区文物普查工作的通知》（桂政发【2007】24号），全面启动广西壮族自治区第三次文物普查工作。9月17日，协助自治区人民政府组织各市人民政府及有关部门参加全国电视电话会议，并在会后同时召开广西壮族自治区的电视电话会议及自治区领导小组第一次会议，部署第三次文物普查工作。9月28日～29日，自治区文化厅和文物局组织召开“全区第三次文物普查领导小组办公室主任会议”，总结第一阶段文物普查工作和安排第二阶段工作。会后，积极督促各市成立领导小组和办公室，设立普查机构，开展培训和试点，落实经费和做好普查宣传工作。

2．组织普查培训

5月28日～31日，自治区文化厅和自治区文物局在南宁市举办了“第三次文物普查领导干部培训班”；7月23日～28日在北海市举办了“广西第三次文物普查培训班”，指导和支持各市开展市级普查人员培训班，自治区和市级组织培训普查人员共1258人。

3．组织普查试点

8月10日～9月10日，组织广西文物考古研究所、北海市文化局和当地文博单位联合进行北海市普查试点，对北海市海城区和合浦县廉州镇采取拉网式调查，共调查不可移动文物129处，其中新发现72处，复查57处。

4．组织普查宣传

9月27日，在南宁举行“广西第三次文物普查新闻发布会”，中央、自治区和南宁市的30多家媒体出席发布会。组织制作《开展文物普查　守护精神家园》专题片光碟和贺年卡、组织编写普查知识挂图、传单和文物常识。开通网站普查专栏，编印工作简报，上报普查信息，交流普查工作经验和成果。结合普查工作情况组织媒体进行普查宣传，指导各市开展宣传工作。

5．建立健全普查机构，制订工作方案和工作制度

自治区第三次文物普查领导小组成立挂牌后，抽调人员充实第三次普查领导小组办公室，组成专家组、业务辅导组等工作组，制订了领导小组成员单位工作职责及例会制度、成员单位联络员工作例会制度、办公室工作职责及例会制度、办公室各工作组职责等5个制度和3个职责，印发普查工作方案、宣传工作总体方案、信息报送制度、普查工作督查制度等。与区财政厅联合制订第三次文物普查专项经费使用管理办法。督促各市县成立普查机构，组建普查队伍，完善工作方案和制度。

6．积极申报落实普查专项经费

争取国家三普办和自治区财政厅的支持，已落实国家财政部、国家文物局2007年文物普查专项经费补助293万元，自治区财政厅追加2007年自治区本级文物普查专项经费200万元，专项用于普查培训、试点、宣传和设备购置。

【获奖情况】

广西自然博物馆和田东县文化和体育局韦爱桃同志被人事部、国家文物局分别评为"全国文物系统先进集体和先进工作者"。桂林市文物工作队、龙州县红八军纪念馆被评为"全国文化遗产保护工作先进单位"，广西自然博物馆莫进尤、广西文物考古研究所谢日万和合浦县博物馆王伟昭被评为"全国文化遗产保护工作先进个人"。柳州市文化局因在2007年度"文化遗产日"活动中的突出贡献而获得国家文物局2007年度"文化遗产日"组织奖。横县获得文化部、国家文物局"全国文物工作先进县"称号。

海南省

【概述】

1996年、2001年、2006年国务院批准公布海南省国家级文物保护单位有14处：中共琼崖第一次代表大会旧址、美郎双塔、丘浚故居及墓、五公祠、东坡书院、儋州故城、落笔洞遗址、西沙甘泉岛遗址、北礁沉船遗址、藤桥墓群、海瑞墓、秀英炮台、蔡家宅、陵水县苏维埃政府旧址。1994年省人民政府批准公布的省级文物保护单位有文昌学宫、宋氏祖居、云龙改编旧址等28处。各市县人民政府审批公布的县级文物保护单位276处。在发改、财政、建设部门的支持下，海南省的文物保护单位，已有计划、有步骤地开展了修缮和保护工作。

【文物保护工作】

西沙群岛华光礁沉船遗址发掘项目经国家文物局批准，海南省文物保护管理办公室与国家博物馆签订了合作协议，于3月15日～5月8日开展该项水下考古工作，圆满地完成了华光礁Ⅰ号沉船遗址第一阶段的发掘工作任务；海南省第二批省级文物保护单位申报材料整理工作已完成，省级文物保护单位保护范围的确定工作也已开始。海南省编制完成了东坡书院安全防范系统工程设计方案，根据国家文物局的意见对中共琼崖第一次代表大会旧址、蔡家宅、丘浚故居、海瑞墓、丘浚墓等4处保护单位的安全防范系统工程设计方案进行了修改补充，并上报国家文物局审批。蔡家宅、东坡书院、美郎双塔文物保护规划与方案的编制已开始。完成中共琼崖第一次代表大会旧址维修工程的招投标工作，于2007年8月开始动工；琼山学宫修缮工程的招投标工作已开展；编制完成了《国家重点文物保护专项补助经费申报书》，上报国家文物局、财政部。三亚市崖城镇被公布为中国历史文化名镇。

海南省完成了2006年国家重点文物保护专项补助经费、省级重点文物保护专项补助经费的下拨工作。2006年国家重点文物保护专项补助经费包括：东坡书院保护规划经费20万元、五公祠安防设施经费40万元、中共一大旧址维修经费50万元、儋州故城保护规划经费40万元、蔡家宅保护规划和方案编制经费40万元、海南民俗文物征集经费50万、《西沙水下考古》出版报告整理、出版经费30万元。2006年省级经费包括：蔡家宅维修方案编制13万元，儋州故城维修方案编制9万元，海瑞墓日常维修3.5万元，胡氏宗祠、王氏宗祠维修方案编制10万元，第六批9个国保单位标志碑制作、安装4.5万元，文昌孔庙大成门维修方案编制5万元。

【考古调查与发掘】

2007年1月～2月，海南省完成了华能海南西部电厂建设用地的考古钻探工作；7月～8月，完成新建海南东环铁路沿线文物调查工作；8月，参与"华光礁一号"沉船文物在广东阳江的整理；9月，完成海口市龙华区安久村古墓葬的抢救性发掘工作；10月，完成陵水县光坡镇移辇村古遗址的抢救性发掘；11月～12月，完成海口市丘浚墓园的考古发掘工作；12月，完成昌江县燕窝岭旧石器地点考古发掘及调查工作，完成文昌市文城镇湖美村明代钟氏古墓的清理工作。

【博物馆】

2007年，海南省博物馆（海南省文物考古研究所）强化文物库房值班制度，继续修改和完善《临时文物库房处置突发事件预案》，成立领导机构，明确人员分工和职责，加强对人员的培训工作，常抓不懈，确保馆藏文物安全，全年未发生文物安全事故。除做好馆藏文物的登记工作，海南省博物馆（海南省文物考古研究所）完成了绝大多数馆藏文物的建档工作；配合博物馆建设工程，围绕“海南历史陈列”、“海南少数民族”、“海南非物质文化遗产与保护”、“海南文物精品”等陈列框架配合、协助有关部门完成形式设计及施工，确保形式与内容的完美衔接，同时，完成了景墙设计，确定了锦绣织贝公司黎锦景墙的施工设计方案；加大文物征集工作力度，利用有限的资金，在近现代重要文物、民族文物的专项征集中收获颇丰。为开馆陈列之需，海南省博物馆（海南省文物考古研究所）派员赴上海与上海市徐汇区文管办互助征集到黄道婆改进的棉纺织工具若干件，同时还多次派员前往昌江、东方、白沙、三亚、保亭、五指山、琼中和乐东等民族市县，征集到民族生产、生活和宗教用具近三百件，为少数民族陈列奠定了基础，并大大丰富了馆藏。

2007年，海口市博物馆接待观众约30万人次，门票收入约120万元，基础性工作取得突破性进展。3月，国务院批准公布海口为历史文化名城。海口市博物馆以此为契机，成立了名城联席会议办公室，统筹协调历史文化名城保护、管理和建设工作；召开多次座谈会，探讨名城保护和建设；制定名城保护管理办法，编制名城保护规划，使名城的保护建设走上法制法、规范化的轨道；设立名城保护基金，拓展名城保护融资渠道；承担市委、市政府成立的骑楼街区项目策划领导小组办公室日常工作，全面启动历史文化街区保护和修缮工作；完成全国名城年会、研讨会、名城展示展览、20周年纪念大会等参会参展工作；协助提供有关名城资料，配合推进名城保护规划编制工作；海口市乡村文物古迹和碑、碣、匾、铭、额普查工作已按计划全面完成；完成丘浚墓详规和中共琼崖一大旧址规划的编制、市级申报工作，已上报省里审批；完成丘浚墓考古发掘工作，找到享殿基址；组织开展遵潭镇安久村24座古墓抢救清理工作；开展耆年硕德坊的调研和修缮工作；开展府城鼓楼的抢险加固修缮和环境卫生清理工作，并编制修缮方案；开展秀英炮台、海瑞墓规划编制工作，加大保护管理力度；完成红城湖分洪工程穿越五公祠报批工作，严格依法保护国保单位的权益；完成博物馆文物库房立项报建工作，加强文物库房文物架改造工作；完成对4处国保单位（丘浚故居、丘浚墓、海瑞墓、中共一大旧址）安防方案的修改、完善工作，通过省级评审并报国家文物局审批。

【海南省第三次全国文物普查工作】

2007年9月17日，海南省组织全省各有关单位和人员参与第三次全国文物普查电视电话会议，设分会场19个，参加会议人员近300人。11月，海南省人民政府办公厅印发了《关于做好第三次文物普查工作的通知》，标志海南省第三次文物普查工作正式启动。编制海南省第三次全国文物普查2008年经费预算上报省财政厅。12月，海南省政府办公厅下发了《关于成立全省第三次全国文物普查工作领导小组的通知》，成立了省第三次全国文物普查领导机构。

【获奖情况】

2007年，文化部、国家文物局授予文昌市“全国文物工作先进县”称号，人事部、国家文物局授予陵水黎族自治县“全国文物系统先进集体”称号，国家文物局授予三亚市文化广电出版体育局“全国文化遗产保护工作先进集体”称号，人事部、国家文物局授予文体厅文化处闫桂君同志“全国非物质文化遗产保护先进工作者”称号，人事部、国家文物局授予澄迈县文化广电出版体育局李曼莉同志“全国文物系统先进工作者”称号，国家文物局授予海瑞墓管理处陈涛同志、海南省博物馆叶帆同志“全国文化遗产保护工作先进个人”称号，国家文物局授予海口市文物局“文化遗产日组织奖”。

【文化遗产日】

2007年6月8日，海南省在海口环岛泰得大酒店召开“中国文化遗产日”座谈会，参会人员有省文化遗产保护领导小组成员单位的领导、各市县文体局的局长等。会上，周文彰常委作了重要讲话，对海南省文化遗产的保护工作提出的具体的意见。

2007年6月9日，海口市文物局在海口明珠广场举办经念“中国文化遗产日”暨广场非物质文化遗产音乐、歌舞、技艺专场展演、文物法宣传咨询和鉴宝活动。

四川省

【概述】

四川是一个文物大省，截至2007年，全省共有世界遗产地5处，其中文化遗产1处（青城山－都江堰），文化和自然双遗产1处（峨眉山和乐山大佛）；全国重点文物保护单位128处；省级文物保护单位578处；县级文物保护单位3035处；各级各类博物馆、纪念馆96处，馆藏文物130余万件，其中珍贵文物20余万件。国家级历史文化名城7座；省级历史文化名城26座；文博系统爱国主义教育基地41处。

四川省省级文物行政主管部门1个，为四川省文物管理局，是隶属四川省文化厅的副厅级单位；市级文物行政主管部门2个，副处级，分别为：绵阳市文物管理局，甘孜州文物局；县级文物主管部门5个，副科级，分别为：都江堰市文物局、邛崃市文物局、安岳县文物局、广汉市文物局、泸定县文物局。全省21个市（州）有18个市（州）的文物工作由当地文化部门主管；181个县（区、市）中有72%设立了文管所。

2007年，四川省各级文博管理机构和单位深入贯彻《中华人民共和国文物保护法》，始终坚持 “保护为主、抢救第一、合理利用、加强管理”的文物工作方针，在法制建设、文物保护、考古发掘、博物馆建设、文物科研、人才培养等多方面均取得了较为丰硕的成果。

2007年，按照《四川省文物保护“十一五”规划》的内容，重点抓好各级文物保护单位保护规划的编制，完成各级文物保护单位保护规划编制12处；维修抢救保护全国重点文物保护单位8处、省级文物保护单位15处、市县级文物保护单位13处；安全消防设施改造10处；重点博物馆（文物中心库房）馆舍维修3处；馆藏文物技术保护500余件、文物征集近1200件；抢救性考古发掘3项。

加强对全省博物馆的依法管理，认真贯彻落实中央关于未成年人参观博物馆减免费制度。组织开展了2007年度博物馆年度检查，馆藏文物数据库管理系统建设项目、博物馆评估定级试点、绵阳市博物馆中心库房建设及珍贵文物集中代管、全省博物馆安消防工程设计、眉山和德阳等地馆藏文物修复方案设计、仪陇朱德同志故居纪念馆等单位文物征集方案编制、全省可移动文物修复资质和可移动文物技术保护设计资质的审批和上报等。

加强社会文物管理，国家文物出境鉴定四川站依法开展了拍卖标的、涉案、出境、馆藏文物的鉴定工作。对外文物交流活跃，四川文物赴新加坡和香港的对外文物展览取得了圆满成功，并顺利完成了国家文物局交办的重要文化交流任务。

【政策研究、法规建设】

2007年，加强全省文物行政执法工作，在省人大颁布实施《四川省〈中华人民共和国文物保护法〉实施办法》以后，编辑了四川省《文物法规及规章制度选编》印发全省，为广大文化遗产工作者开展文化遗产保护工作提供了更全面、更系统的法律依据。

【文物行政执法】

按照国家文物局执法督察通知第06号（2007年6月3日）的要求，2007年7月20日～21日，国家文物局执法督察检查组（文保司文物处处长许言和国家文物局专家组成员、广西文保中心主任张宪文）会同四川省文物管理局副局长王琼等对全国重点文物保护单位“三苏祠”和“陈子昂读书台”违法建设、违法修缮事件进行了实地调查，并与当地文物主管部门的主要领导和建设单位、施工单位的有关人员进行了座谈，就其违法事实以及如何整改等方面交换了意见。

1．眉山市三苏祠违法建设事件

2007年4月16日，“三苏祠”的管理使用单位三苏祠博物馆在未履行任何报批手续的情况下，在三苏祠保护范围内西面靠近纱縠行南段一侧开始实施环境改造、整治工程，对原有的200余米围墙进行拆除，部分树木进行移栽砍伐，填埋并占用园内荷花池进行建设。4月20日，四川省文物管理局通知三苏祠博物馆停工，等候处理。5月9日，四川省文物管理局派出执法督察组对三苏祠违法建设事件进行了现场执法检查，指出其四方面的违法或违规事实，并提出具体要求，令其整改。6月18日，四川省文物管理局以书面形式依法正式向眉山市三苏祠博物馆下发了《违法建设停工通知书》，要求立即停止该违法建设工程。6月25日，四川省文物管理局下发了“关于全国重点文物保护单位‘三苏祠’违法建设的通报”（川文物保发[2007]62号），对此事件进行通报，并抄报国家文物局和四川省人民政府。7月20日，国家文物局执法督察检查组提出相关意见和建议。9月，《三苏祠保护规划》和《三苏祠纱縠行环境整治方案》通过国家文物局专家组的评审。

2．射洪县“陈子昂读书台”违法修缮事件

2007年1月，射洪县子昂故里文化旅游区开发建设管理委员会以“陈子昂读书台”出现险情为由，组织招标准备实施陈子昂读书台维修工程。2月，射洪县子昂故里文化旅游区开发建设管理委员会委托当地一家不具备国家文物局文物保护施工资质的单位开始实施维修、改造项目。

4月20日，四川省文物管理局在接到遂宁市文化局的报告后，通知射洪县文化局立即停止该修缮工程，等候处理。

5月31日，四川省文物管理局派出调查小组对“陈子昂读书台”违法修缮事件进行了实地调查。调查中发现，施工仍在进行，拆除的部分建筑构件被堆放在工地，围栏及台基已完工，部分建筑的门、窗已油饰完毕。对此，调查组现场令其立即停工；并指出其违法违规行为，提出立即停止工程建设，重新上报设计方案，等候处理等相关要求。5月，国家文物局正式批复四川省文物局上报的《陈子昂读书台抢险加固设计方案》，明确提出了该方案设计深度不够、另行报批的要求。6月18日，四川省文物管理局向子昂故里管委会下发了《停止侵害通知书》。6月25日，四川省文物管理局下发了“关于全国重点文物保护单位‘陈子昂读书台’违法维修的通报”（川文物保发[2007]61号）。7月21

日，国家文物局执法督察检查组提出相关意见和建议。9月，《陈子昂读书台总体修缮方案》已修改完毕，将上报国家文物局审定。

3．绵阳市三台星源房地产开发有限责任公司违法事件

2007年11月19日，绵阳市文物管理局依据《中华人民共和国文物保护法》的有关规定，对四川省三台星源房地产开发有限责任公司在开发建设工程中损毁古墓葬的行为，做出行政警告并处罚款的行政处罚。这是绵阳市文物管理局对此类违法事件开出的第一张罚单。

11月1日下午，三台星源房地产开发有限责任公司在绵阳市游仙区五里堆路芙蓉山庄建设项目施工中发现古墓葬。绵阳市文物管理局闻讯后，随即派出工作人员赶赴现场，对古墓葬损毁情况拍照取证，并告知现场施工人员该墓葬属于受国家保护的文物，要求施工单位保护好现场，配合文物部门进行抢救性考古调查勘探。同日16时30分，绵阳市文物管理局向施工单位下达了《绵阳市地下文物调查勘探试掘停工通知书》。但施工单位负责人拒绝接受停工的决定，也拒绝告知开发商负责人的联系方式，并继续施工，结果在当晚的施工中将该处古墓葬完全损毁。

事件发生后，多家新闻媒体对此事件进行了报道。绵阳市规划局和市建设局也积极介入，配合市文物管理局对该事件依法进行查处，最终使开发商认识到损毁文物的严重错误，并配合调查，接受了处罚意见。11月16日，开发商向市文物管理局做出书面检讨，表示愿在以后的建设工程中吸取教训，遵守《中华人民共和国文物保护法》。

【文物保护进展】

1．文物保护规划

2007，四川省128处全国重点文物保护单位中已有36处完成了保护规划的编制工作，有28处已开始编制工作，其中有15项保护规划已得到国家文物局的批准。四川省第一至第五批全国重点文物保护单位的维修记录档案填报工作已于2007年12月全面完成；同时还完成了尚未核定为文物保护单位的6081处不可移动文物的公布统计工作。

2．文保工程

2007年重点实施了4处全国重点文物保护单位和8处省级文物保护单位的维修工程；全省已有近40%的全国重点文物保护单位和近30%省级文物保护单位得到了有效的维修。

由四川省文物管理局和宜宾市人民政府、屏山县人民政府等联合成立了向家坝水电站文物搬迁保护指挥部，负责整个水库淹没区的文物搬迁和保护工作。

继续推进大遗址的保护工作。2007年，在三星堆遗址、金沙遗址、邛窑遗址、成都古蜀船棺合葬墓被被国家列入“十一五”大遗址保护行动计划之后，三星堆遗址、金沙遗址的保护和建设已经初具规模；完成了《邛窑遗址保护规划》的编制，《邛窑遗址河堤及窑包抢险保护方案》已得到国家文物局的批准。

3．文物保护经费

2007年，中央在四川投入文物保护资金4785万元，在2006年的基础上有大幅度的增长，创历史新高；省级文物保护专项资金从2003年的400万元，持续大幅度增长。四川省政府专门安排了400万元文物保护资金，作为财政部和国家文物局在“十一五”期间文物保护专项配套资金，用于全省革命文物中全国重点文物保护单位的抢救、维修保护工作。

【考古发掘研究】

2007年，为配合汉源瀑布沟水电站等基本建设工程和进行课题研究，先后对成都金沙遗址、宣汉罗家坝遗址、邛窑十方堂遗址、茂县下关子遗址、射洪沱牌酒厂泰安作坊遗址、汉源背后山遗址、金钟山遗址、摆鱼村

遗址、麦坪遗址、石棉海尔遗址、成都君平街唐宋遗址、蒲江铁牛冶铁遗址、昭觉金马厂遗址、新津柳河村遗址、彭山县正花村宋墓、泸县方洞镇明代墓葬、大邑县兔儿墩墓地、双流华阳镇河池村四组汉宋墓地、成都凤凰山明代墓葬等进行考古发掘，抢救保护了一大批珍贵文物。

【博物馆】

1. 概况

2007年，四川省已备案的博物馆共96家。新增加的博物馆有都江堰博物馆、成都双剑鞋文化博物馆、成都金沙遗址博物馆。批准同意“东郊工业文明博物馆”更名为“成都工业文明博物馆”，“遂宁市博物馆”更名为“四川宋瓷博物馆”。成都财富古代雕刻艺术博物馆依法终止。认真落实了中央关于未成年人参观博物馆减免费制度的措施，按照《博物馆管理办法》，四川省文物管理局进一步加强了对全省博物馆的依法管理，开展了博物馆年度检查。

2. 业务管理

2007年，四川省文物管理局完成了国家文物局委托开展的博物馆评估定级试点工作。在此基础上，选择了成都、自贡等地区的十余家博物馆开展试评；10月，完成并向国家文物局提交了博物馆评估定级报告。

3. 博物馆建设

4月16日，占地456亩，耗资3.9亿元修建的成都金沙遗址博物馆顺利开馆。成都金沙遗址博物馆陈列馆建筑面积16000平方米，展览面积5000平方米，主题陈列“走进金沙”，5个展厅在形式上各具特色，全面展示了金沙文明的辉煌与灿烂。2007年度，观众参观50万人次，门票收入已超过2000万元，取得了良好的社会效益和经济效益。

2007年上半年，四川博物馆主体建设工程基本完工，进入陈列布展和二期工程建设阶段。2007年11月2日，四川博物馆的文物搬迁工作在四川省文化厅、四川省文物管理局的领导下，在成都市公安局和华协国际珍品货运服务有限公司的协助下，经过25天的紧张搬迁工作，于11月26日，26万件文物及文物资料顺利搬往新馆文物库房。

2007年12月4日上午，四川博物馆二期工程建设领导小组在省文化厅召开工作会议。省文化厅副厅长、省文物管理局局长徐荣旋同志转达了厅党组对四川省博物馆克服困难、圆满完成文物搬迁工作的充分肯定，同时对下一步的工作提出了具体要求：四川省博物馆在圆满完成文物搬迁工作后，要迅速着手安排文物开箱上架工作，首先要制定文物开箱、上架、文物账本编制、安全措施等工作的具体实施方案。要做好新馆开馆前的各项准备工作，坚持硬件、软件一起抓，特别是要抓好软件建设；要立即着手开展人员岗位培训、技能培训，构建新的机制和平台，落实三项制度改革。

4. 一、二级文物藏品的管理

按照国家文物局统一部署，认真开展馆藏珍贵文物数据库建设工作。截至2007年底，全省采集文物数据5.3万余条，除四川省博物馆正在开展新馆建设工作外，各地基本完成了珍贵文物数据采集。

开展文物征集、文物修复等工作。组织编制并上报的文物征集方案有成都博物院庙画文物征集方案、朱德同志故居纪念馆文物征集方案、叙永县木雕石刻及革命文物征集方案、茂县羌族民俗文物征集方案等。组织编制并上报的文物修复方案包括茂县博物馆青铜器修复方案、眉山三苏祠馆藏纸质文物技术保护方案、德阳市馆藏文物技术保护方案等。绵阳汉代木椁墓出土饱水漆木器文物脱水加固保护实施方案获得国家文物局论证通过。

5. 重要的文物展览

在博物馆陈列展览方面，成都杜甫草堂博物馆举办了舒乙画展。四川宋瓷博物馆完成了基本陈列的改展，面貌焕然一新。2007年5月，“第七届（2005～2006年度）全国博物馆十大陈列展览精品评选活动”揭晓。朱德故居纪念馆“人民的光荣——朱德生平事迹陈列展览”喜获“全国博物馆十大陈列展览精品特别奖”。

【世界文化遗产】

1. 文化遗产调研

2007年9月11日～15日，全国政协副主席张思卿率领部分全国政协委员和国家发改委、财政部、建设部、国家文物局相关人员组成的全国政协“文化遗产保护”调研组，先后赴成都宝光寺、都江堰、青城山、金沙遗址博物馆、水井坊遗址和峨眉山进行了为期6天的考察调研。调研组对四川省文化遗产保护情况有了进一步的了解，对四川在世界文化遗产保护、管理方面所做的工作给予了充分的肯定并提出了殷切的希望。

2. 第三届“外交官走进中国文化遗产”活动

为增进我国与各国的友谊，促进文化交流，2007年10月20日～10月25日，国家文物局组织了第三届“外交官走进中国文化遗产”活动。叙利亚、蒙古、菲律宾等9个国家的驻华大使、公使、总领事等17人参加了该项活动，赴四川省考察了部分世界文化及自然遗产地和博物馆。

10月20日晚，四川省人民政府副省长张作哈、副秘书长陈保明在成都会见并宴请了来访外交官，国家文物局副局长董保华参加了当晚的会见。张作哈副省长向外交官们介绍了四川的自然资源、经济社会发展状况以及文化、文化遗产的基本情况；董保华副局长向外交官们介绍了中国以及四川近年来在文化遗产保护领域取得的可喜成就。

各国外交官在四川参观考察了乐山大佛、峨眉山、都江堰、成都武侯祠博物馆、成都金沙遗址博物馆、广汉三星堆遗址博物馆、四川宋瓷博物馆、阆中古城、沱牌酒厂泰安作坊遗址以及成都大熊猫繁育基地等。外交官们高度赞扬了中国在文化遗产保护与管理、博物馆建设等方面所做出的努力和取得的成就。外交官们表示，要加强本国与中国的文化、文物交流，把中国和四川的文化遗产介绍给本国，让更多的人了解中国、了解四川，并到中国观光旅游。

3. 申报世界文化遗产

为认真落实省政协主席秦玉琴和省政府副省长张作哈有关四川省申报世界文化遗产工作的指示精神，加快申报世界文化遗产工作进度。2007年11月17日～18日，四川省文物管理局邀请国际古迹遗址理事会副主席郭旃先生来川，就四川省列入《中国世界文化遗产预备名单》的古蜀文化遗址、中国白酒酿造古遗址、藏羌碉楼与村寨申报世界文化遗产工作进行指导。在听取了四川省文物管理局和有关单位的汇报后，郭旃副主席针对国内外申遗形势、申遗所符合的标准、申遗文本制作规范等进行了介绍。同时对四川省古蜀文化遗址、中国白酒酿造古遗址、藏羌碉楼与村寨申报世界文化遗产所具备的优势、特点、价值等方面给予了极高的评价，并提出相关意见和建议。郭旃副主席在川期间，还就列入《中国文化遗产预备名单》的丹巴碉楼的建筑历史、建筑价值和碉楼的有效保护、合理利用等问题，与援助丹巴碉楼保护的法国友人弗德瑞克·达瑞根女士进行了座谈交流。

为切实做好四川省文化遗产保护工作，加快四川省世界文化遗产申报进程，2007年12月18日上午，四川省人民政府在成都召开了“四川省推进世界文化遗产申报工作会议”。四川省人民政府副省长张作哈作了重要讲话，会议由四川省人民政府副秘书长陈保明主持，四川省文化厅厅长郑晓幸出席了会议。参加会议的有成都市、泸州市、德阳市、阿坝州、甘孜州人民政府和有关县（市、区）人民政府的分管领导以及相关市、州、县的文化局局长。

会上，四川省文化厅副厅长、省文物管理局局长徐荣旋首先对申报世界文化遗产的标准和四川省列入《中国世界遗产预备名单》的三处遗产地的价值、特点、优势等方面进行了分析，并对各地申遗工作的方向、思路、基础工作完成时间等方面提出了具体的要求。成都市、泸州市、德阳市、阿坝州、甘孜州人民政府分管市（州）长针对本地区申报世界文化遗产已做的工作、思路和此后的打算等方面做了汇报。

【社会文物管理】

1. 非国有文博单位负责人座谈会

2007年9月5日上午，四川省文物管理局在成都召开了四川省非国有文博单位负责人座谈会，共商非国有文博事业发展大计。四川省文化厅党组书记、厅长郑晓幸出席会议并作了重要讲话。省文化厅副厅长窦维平，省文化厅副厅长、省文物管理局局长徐荣旋出席会议。省文物管理局、省文化厅市场处、产业处、成都市文化局，四川省建川博物馆等10多家非国有博物馆、古玩艺术品经营商等单位负责人共40余人参加了座谈。会议由省文化厅副厅长、省文物管理局局长徐荣旋主持。

会上，徐荣旋副厅长首先介绍了当前四川省文博事业的发展状况。近年来，四川省博物馆事业持续、快速、健康发展。博物馆的收藏、保护、研究等基础工作日趋完善，其文化遗产保护功能得到明显加强，陈列展览和社会服务水平也不断提高。四川省对外文化交流活跃，尤其是在配合国家重大外交活动中的对外文物展览，对树立四川良好的国际形象、扩大四川省乃至中国的影响发挥着重要作用。更可喜的是，四川省非国有博物馆发展迅速，古玩艺术品市场日渐繁荣，已成为四川省文博事业发展的重要组成部分，省文化厅、省文物管理局理应进一步加强对非国有文博单位的指导和服务。

参会的各非国有文博单位负责人围绕“如何将四川省非国有文博事业做得更好、实现四川省由文化资源大省向文化强省跨越”这一主题展开了热烈的讨论。

窦维平副厅长在听取了代表们的意见后表示，不仅要在政策等方面给予非国有文博单位与国有文博单位同等的待遇，而且在有些方面还应给予适当的倾斜。他说，省文化厅应加强对非国有文博单位的服务，要搭建一个平台对非国有文博单位进行大力的宣传。针对艺术品市场问题，他希望各古玩艺术品经营者遵照国务院即将出台的相关条例，做到合法、诚信经营，进一步规范交易市场。

厅党组书记、厅长郑晓幸同志充分肯定了此次会议的重要性，并作了题为“整合四川文博资源，促进文化旅游互动，推进四川文化、旅游跨越”的重要讲话。郑厅长在讲话中指出，要实现四川省由文化资源大省向文化强省的跨越，一要增强文化自信，充分认识和挖掘四川丰厚的文博资源，特别是民间文博资源。二要提高文化自觉，紧紧抓住四川文博事业和艺术品市场发展的重要战略契机。三要整合文化资源，努力把成都打造成“博物馆之都”、“中国最活跃的古玩艺术品市场”。四是省文化厅、省文物管理局要加强与有关部门的协作，消除所有制歧视，消除所有制壁垒，开放互动，实现不同所有制共赢。五要进一步培育文化市场，发展和完善文化领域的经纪、租赁、评估、鉴定、推荐、咨询、拍卖等中介机构，提高文化产品、文化服务的市场化程度。六是省文化厅、省文物管理局要转变管理职能，蕴管理于服务之中。尽快结合四川省文博事业的发展现状，制定相应的发展规划和产业政策，引导国有文博单位和非国有文博单位、文化与旅游的互动；要加强分类指导，加强扶持非国有文博单位的力度。最后，他要求各部门、各单位要切实地为非国有文博单位服好务，使四川省非国有文博事业迈上一个新台阶，努力实现四川省由文化资源大省向文化强省的跨越。

2. 文物鉴定管理

四川省文物管理局不断加强对社会文物

的管理，文物鉴定工作开展顺利。2007年，完成拍卖标的鉴定5次，鉴定拍卖标的1000余件；涉案文物鉴定37次，鉴定文物427件；出境文物鉴定5次，鉴定物品1673件；在2006年的基础上完成了宜宾、雅安、达州、内江等5个地区的馆藏文物鉴定工作，鉴定文物6280件。同时还对5个文物收藏单位征集的2000余件文物进行了鉴定。

国家文物出境鉴定四川站负责人苏欣获国家文物局"文物进出境鉴定工作先进个人"称号。

【文博科技】

1．重要科研项目立项和验收

2007年6月，成都中医药大学《指南针计划专项——古代医疗技术及诊疗保健器材发明创造项目》获"指南针计划——中国古代发明创造的价值挖掘与展示"立项；2007年底，成都文物考古研究所《成都·中国皮影博物馆馆藏皮影文物的保护研究》获"文化遗产保护科学和技术研究课题"立项。

2．重点科研成果介绍

按照国家文物局的要求，四川绵阳博物馆文物中心库房馆藏文物保存环境达标建设试点项目，经过精心组织和近半年的施工改造，已全部按实施方案要求顺利完工。2007年3月23日经上海博物馆文物保护与考古科学实验室专家的初步验收，该项目基本达到文物保存环境各项指标要求。

为使珍贵文物集中代管顺利进行，根据文物中心库房的特点，绵阳市文物局制定了《安全保卫管理办法》、《藏品分类管理和日常维护办法》、《藏品档案管理办法》、《藏品出入库管理办法》、《藏品定期核查管理办法》、《库房参观管理办法》《清洁卫生管理办法》等管理办法。为科学、规范地集中代管好珍贵文物，拟定了《全市珍贵文物集中代管实施意见》，提出了代管的原则、范围、方式和步骤。绵阳市还专门召开了由市政府分管副秘书长和各县（市）分管副县（市）长参加的全市珍贵文物集中代管现场协调会，会上与各县（市）签定了《珍贵文物代管协议》，明确提出了代管双方的权利、义务，拟定了《代管文物管理办法》，明确了代管文物的保管场地、档案制作、出入库、提用、养护、安全和使用管理等具体办法。

2007年4月25日，四川省"馆藏文物保存环境达标暨中心库房建设"经验交流会在绵阳市召开。绵阳博物馆"馆藏文物保存环境达标暨中心库房建设"项目，是四川省市级博物馆建设的重点项目。该项目在实施过程中，得到国家文物局的高度重视和大力支持。经过一年多建设，绵阳博物馆已成为四川省乃至西南地区第一家以市级博物馆为依托的馆藏文物保存环境达到标准的文物中心库房。来自成都、泸州、内江、宜宾、遂宁、巴中、广元、广安、眉山9个市的文化（文物）局部分博物馆负责同志，以及绵阳市属各县文管所、博物馆负责人共40余人参加会议，与会代表实地参观了绵阳博物馆中心库房。会议由省文物管理局局长助理赵川荣同志主持，绵阳市文物局局长王锡鉴介绍了绵阳博物馆"馆藏文物保存环境达标暨中心库房建设"项目的情况。国家文物局副局长张柏、博物馆司副司长李培松，四川省文化厅副厅长、省文物局局长徐荣旋，绵阳市政府副市长黄正良出席会议并讲了话。

国家文物局张柏副局长在讲话中对绵阳博物馆中心库房建设给予了充分的肯定。他说：绵阳博物馆中心库房是西南首个馆藏文物环境达标库房，一个行政市将区域范围内所有国有文博单位的珍贵文物进行集中代管，这在全国还是首例。绵阳博物馆中心库房硬件与软件建设都很好，包括库房各项管理制度、珍贵文物代管实施办法、文物移交程序以及档案制作等都很规范，符合要求。绵阳博物馆中心库房建设是高质量的，它不仅仅是一座房子，更重要的是提升了对文物的保护、展示和管理的水平。召开现场会学习和推广绵阳建设中心库房的经验，是个很好的做法，很有必要。

四川省文物管理局徐荣旋局长在讲话中强调，绵阳博物馆文物中心库房是四川第一家“文物银行”。文物保存环境达标及中心库房建设，符合我国国情和四川省情。绵阳博物馆充分发挥区域性中心库房作用，把不具备收藏条件的馆藏文物实行集中代管，弥补了四川省市、县级文物收藏单位馆藏文物保管条件不成熟和条件差的缺陷，效果非常好。绵阳博物馆馆藏文物保存环境达标及中心库房建设，为四川省馆藏文物保护工作探索了一条切实可行的路子，其经验很值得总结和大力推广。

【文博教育与人才培训】

根据国家文物局《关于发放使用文物行政执法证的通知》的要求，为进一步提高四川省各级文物行政主管部门的文物行政执法水平及业务管理能力，2007年5月22日～25日，四川省文物管理局会同四川省人民政府法制办在成都龙泉驿区共同举办了“四川省文物行政执法培训班”。国家文物局执法督察处处长刘铭威、四川省文化厅副厅长、文物管理局局长徐荣旋、副局长王琼在开班仪式上讲话。

此次培训班，国家文物局执法督查处处长刘铭威、四川省人民政府法制办主任邢泸生、四川省人大法工委处长江建民、北京市文物局安全督察处处长郝东晨、四川省宗教局副局长余孝恒、四川省文物管理局局长徐荣旋、副局长王琼、局长助理赵川荣及省文物管理局的相关工作人员，从行政处罚、行政许可、文物处罚暂行规定、宗教与文物保护、文物保护法的学习及在实践中的应用、博物馆工作与行政执法、如何依法实施文物保护工程、基本建设中文物行政执法应注意的问题等方面，对来自全省20个市、州的文化（物）局、县级文博单位及部分县级文物局的近90名学员进行了文物行政执法培训。通过考试，有84名学员获得由四川省人民政府法制办和四川省文物管理局颁发的由国家文物局统一制式的中华人民共和国文物行政执法证。

【文博宣传出版】

2007年1月31日～2月1日，《中国文物地图集·四川分册》终审会在北京青蓝大厦举行，国家文物局党组副书记、副局长、《中国文物地图集》总编室主任张柏、国家文物局博物馆司司长宋新潮出席了终审会，会议由《中国文物地图集》总编室副主任黄景略先生主持。会上，来自国家文物局、《中国文物地图集》总编室的领导、专家在充分肯定四川工作取得成绩的同时，从编写体例、概述、专题图和重点图等方面对《中国文物地图集·四川分册》的下一步工作提出了许多宝贵的意见和建议，并一致表示，《中国文物地图集·四川分册》原则通过终审。

在此次终审会上，专家们认为，《中国文物地图集·四川分册》的材料比初审时有了较大的改进，材料内容极为丰富多彩，基础工作十分扎实，基本体现和反映了2006年以前四川文物工作的情况。但是，在编写体例、语言表达、概念性提法、专业表述、重点文物照片选择及反映四川地方特色等方面还有所欠缺，在下一步的工作中，应抓紧时间修改完善，争取早日出版。张柏副局长代表国家文物局在肯定四川工作的同时，对下一步的工作提出了具体要求。

在终审会上，四川省文化厅副厅长、四川省文物管理局局长、《中国文物地图集·四川分册》编委会主任徐荣旋表示：虽然《中国文物地图集·四川分册》通过了国家文物局和总编室的终审，但接下来的工作还有很多，一定要按照国家文物局、《中国文物地图集》总编室的要求，认真吸取、消化专家们提出的宝贵意见和建议，在拟定的时间内，尽快完成修改任务，争取出一部高质量、高水平的《中国文物地图集·四川分册》。

【对外交流与合作】

2007年1月16日～4月15日，应新加坡亚洲文明博物馆的邀请，四川省文物管理局与新加坡亚洲文明博物馆在该馆共同举办了“神秘的面具王国——中国四川三星堆特展”。6月6日～9月9日，为配合香港回归祖国10周年活动，四川省文物管理局和香港康乐及文化事务署在香港文化博物馆联合举办了“三星闪烁　金沙流彩——古蜀文明展览”。

两个展览均取得了圆满的成功，参观人数均在10万人次左右。同时，四川学者参加了在两地的学术交流，顺利完成国家文物局交办的重要文化交流任务。

9月8日～10日，伊朗文化遗产手工业旅游局副局长赛义德·塔哈·哈西米博士为团长的文化代表团访问都江堰、广汉三星堆博物馆等。

10月20日～25日，四川省文物管理局协助国家文物局开展了“外交官走进中国文化遗产”活动，叙利亚等10个国家的大使、公使等17名外交官来川访问，在成都金沙遗址博物馆、沱牌酒厂泰安作坊、阆中古城等地进行了文化交流。

【省保单位】

2006年6月，四川省文物管理局在全省范围内开展了第七批省级文物保护单位申报工作。在各地积极推荐申报的基础上，四川省文物管理局组织有关专家对申报单位进行实地调研、考察，多次组织召开专家评审会。历时一年多时间，从申报的400余处文物保护单位中遴选出了342处具有重要历史、艺术、科学价值的文物保护单位，报请四川省人民政府公布为第七批省级文物保护单位。

2007年5月18日，四川省人民政府第118次常务会议审议通过了四川省文物管理局上报的342处文物保护单位为第七批省级文物保护单位。

在这次申请公布的文物保护单位中，除了重视对“古代文物”、“近现代史迹”等的保护外，还特别注意了对优秀近现代文物、工业遗产、乡土建筑和民族文物的保护，如成都量具刃具厂大楼、嘉阳小火车·芭石窄轨铁路、俄亚大村、福源灏民居、张坝桂园林等这次也榜上有名。

【第三次全国文物普查工作】

2007年7月25日，四川省人民政府下发了《关于成立四川省第三次全国文物普查领导小组的通知》。

《通知》明确了普查领导小组和普查领导小组办公室的职责及普查领导小组人员组成情况。四川省人民政府副省长张作哈担任普查领导小组组长，四川省人民政府副秘书长陈保明、四川省文化厅厅长郑小幸、四川省文物管理局局长徐荣旋担任副组长；普查领导小组成员单位由省发展改革委员会、省民政厅、省财政厅、省国土资源厅、省建设厅、省交通厅、省林业厅、省统计局、省宗教局、省测绘局、省水利厅、省文物管理局、成都军区联勤部基建营房部组成。普查领导小组办公室主任由徐荣旋同志兼任。

7月31日，四川省第三次全国文物普查领导小组办公室召开了落实第三次全国文物普查工作会议，决定召开四川省第三次全国文物普查工作动员会，并举办四川省第三次全国文物普查工作培训班。

8月14日，四川省第三次全国文物普查工作动员会在成都召开。全省21个市、州文化（文物）局分管领导以及四川省文物考古研究院的有关领导参加了会议。

四川省文化厅副厅长、四川省文物管理局局长、四川省第三次全国文物普查领导小组办公室主任徐荣旋同志作了动员讲话。四川省文物管理局副局长、四川省文物管理局普查办公室主任王琼同志作了工作部署。

王琼同志按照第三次全国文物普查的统一安排，结合四川省的实际情况，对四川省第三次全国文物普查工作进行了分期部署。

第一阶段，成立普查机构、制定普查实施方案、组织培训。第二阶段，进行田野调查，对普查数据资料进行采集、审核、建档。第三阶段，对普查资料进行汇总，形成普查成果以及建立数据库。

9月17日，在国务院第三次全国文物普查电视电话会议之后，四川省接着召开了四川省第三次全国文物普查电视电话会议。

四川省人民政府副省长、省第三次全国文物普查领导小组组长张作哈，省人民政府副秘书长、省普查领导小组副组长陈保明出席了会议。会议由省文物管理局局长、省普查领导小组副组长徐荣旋同志主持。四川省第三次全国文物普查领导小组成员单位，四川省文物管理局全体人员，省、市文物考古研究院（所）有关人员等52人参加了会议。四川省21个市、州和181个县都分别设立了分会场，全省共有4000余人在第三次全国文物普查电视电话会议各市、州、县分会场参加了会议。

会上，四川省人民政府副省长张作哈同志作了重要讲话，他要求全省各地及有关部门要认真贯彻落实国务院第三次全国文物普查电视电话会议精神，充分认识开展第三次全国文物普查的重要意义。进一步明确开展四川省第三次全国文物普查的任务和要求，精心组织、扎实推进、确保四川省第三次全国文物普查工作的顺利进行。同时要通过此次文物普查摸清四川省文物资源的家底，为推进四川省实现文化资源大省向文化强省跨越奠定坚实的基础。

9月，四川省文物管理局按照第三次全国文物普查办公室的要求先后分三次对全省21个市、州，181个县(市、区)普查办工作人员及普查队技术骨干进行了培训，三期培训班共培训人员1050人。

培训期间，国家文物局局长单霁翔莅临第三次全国文物普查培训班，做了题为《关于开展第三次全国文物普查的几点思考》的重要讲话，并对四川省开展第三次全国文物普查的阶段性工作给予了充分肯定。

10月，四川省文物管理局第三次全国文物普查办公室正式成立，办公室设在省文物考古研究院。随后以四川省文物考古研究院为主抽调专业人员成立四川省文物管理局第三次全国文物普查办公室督导组，21个市、州成立了21个督导组，各督导组成员到各市、州、县（市、区）进行授课，辅导培训各级文物普查骨干逾千名。

12月6日，四川省文物管理局第三次全国文物普查办公室召开了第三次全国文物普查第二阶段工作动员大会。四川省文物考古研究院领导及四川省文物管理局第三次全国文物普查办公室督导组各小组全体成员及相关人员参加了会议。

2007年度，四川省财政先期安排普查经费50万元用于全省三普培训工作，50万元用于文物普查设备购置。

贵州省

【概述】

2007年，贵州省文物保护事业坚持以十七大重要精神为指导，以科学发展观为统领，大胆创新，奋力开拓，努力将文化遗产事业纳入经济社会发展的总体框架，切实加强研究和实践，大力发挥文物保护在构建和谐社会当中的作用。在基础工作、机构建设、人员培训、文物普查、文物利用方面迈上了新台阶。

【基础工作】

1. 文物保护机构建设迎来新时期

20世纪80年代，随着贵州省文物管理委员会和省文化厅文物处的建立，贵州省各地在短短的5年内，相继成立了文物管理机构，文物保护管理体制初步形成。2007年2月，成立贵州省文物博物学会，贵州省博物馆馆长李黔滨研究员任首任理事长，全省学会会员单位100余个，会员300余人。2006年，经贵州省委、省人民政府批准，贵州省文物局升格为副厅级局，2007年6月文物局领导班子到位，全省再次进入机构建设的新时期。毕节地区、黔东南州、铜仁地区成立了文物局，安顺市、黔西南州文物局也已挂牌，黔西南州、贵阳市也在积极申请成立文物局。镇远县、赫章县成立了正科级的文物局，铜仁市、大方县等近10个县（市、区）也成立了副科级文物局。全省文物保护机构逐步健全。

2．稳步开展文物“四有”工作

贵州省继第一至第五批全国重点文物保护单位，第一至第三批省级文物保护单位（共计288处）文物“四有”工作基本完成后，2007年全面推动第六批全国重点文物保护单位和第四批省级文物保护单位“四有”工作开展。9月，贵州省文物局与各市（州、地）文化（物）局签订了划定保护范围及建设控制地带责任书，论证并下发了《贵州省文物保护单位保护范围和建设控制地带划定及管理工作规程（试行）》。

2007年底，安排了文物保护记录档案建立和备案工作，并召开督查会，以会代训，系统地检查和讲解了保护范围及建设控制地带划定和文物档案建立、备案工作。贵州省多数单位竖立了全国重点文物保护单位保护标志及说明牌，专门的保护机构建设工作也在加紧进行。

3．继续推进文物保护法规体系建设工作

继《文物保护法》、《文物保护法实施条例》及一系列文物保护规章制度公布实施后，贵州省重新修订和颁布了《贵州省文物保护条例》（2005年9月），同年贵州省文化厅颁发了《贵州省文物保护工程施工资质管理办法》（试行）和《贵州省文物保护工程设计资质管理办法》（试行）。2007年，贵州省围绕《文物保护法》制定了立法计划，《贵州省建设工程文物保护条例》通过几轮修改，已经列入贵州省立法项目；《中国世界文化遗产预备名单民族村寨保护办法》和《贵州省文物保护专项经费使用管理办法》已起草完毕，有待征求有关部门和专家意见。

4．文物保护专项经费有所增长

2005年前，贵州省文物保护专项经费一直在低位徘徊。2005年省级财政用于文物保护的经费为400万元，2006年为550万元，2007年为600万元。同时，积极争取中央财政对贵州省文物保护经费的投入。2005年，贵州省文化厅与省发改委联合编制的《十一五文物抢救保护设施建设项目规划》得到国家发改委和国家文物局批准，并得到陆续实施。从总体而言，中央和省级文物保护专项经费逐年有所增加。

贵州省各级地方财政安排的文物保护资金也有所增长。其中，贵阳市、安顺市、遵义市、毕节地区、黔东南州、六盘水市以及镇远县、大方县等，都拨出专项经费用于文物保护事业。

【文物保护进展】

1．文物保护重点项目建设基本完成

按照《贵州省“十一·五”文物保护专项规划》的部署，贵州省各级文物保护单位保护和维修工作顺利开展。2007年，完成了赤水复兴江西会馆、道真万天宫、万山刘氏宗祠等15个文物保护方案审查工作；完成了赫章可乐遗址、镇远青龙洞保护规划评审并报国家文物局审批；积极组织东山古建筑群、遵义海龙屯、安顺云山屯等保护规划编制工作；完成了地坪风雨桥、毕节大屯土司庄园、安顺圆通寺等维修工程。完成2007年度申请国家文物保护专项经费补助项目。在各地上报项目的基础上，初步拟定了2008～2010年文物保护项目。

2．村落文化景观保护和可持续利用取得重要进展

在文化遗产概念的内涵和外延不断扩

大，我国文化遗产保护不断与国际接轨的前提下，贵州省根据文化遗产资源的状况，从2006年底开始，提出了村寨类文化遗产保护既要保护文化遗产，又要使生活在文化遗产地的人民群众享受现代文明的成果的新构想，引入了村落文化景观的概念，强调村落文化景观的保护和可持续利用。2007年，通过邀请国内外专家学者实地调研，村落文化景观的保护和发展思路更加明晰。在联合国教科文组织北京办事处、北京大学文博学院等著名机构的支持下，贵州省文物局积极为村落文化景观的工作提供条件，以保证研究工作的展开。2007年12月，贵州省文物局和有关单位在北京大学召开2008年村落文化景观国际学术研讨会第一次筹备会。

3．有力推进文物合理利用

文物合理利用是中央提出的“十六字”方针的内容之一。在过去很长一段时期，文物工作存在“重保护、轻利用”的情况。为切实改变这一状况，贵州省提出了文物保护要融入地方经济建设之中，促进当地经济社会发展的思路。文物的合理利用既是现实的需要，也是长远的谋划，更是文物保护事业发展的根本。文物合理利用不仅体现在就业、对地方经济的拉动等经济效益上，而且体现在对教育及环境的影响以及文化成果为人民所共享等社会效益上。贵州省力求文物保护与合理利用相结合，尝试推进文化遗产产业。先后确定了黄平飞云崖、镇远天后宫、安顺武庙、石阡万寿宫古建筑群、青岩古镇等为贵州省文物保护和利用的重点项目，探索文物保护与利用的新模式。

4．第三次全国文物普查

根据国务院《国务院关于开展第三次全国文物普查的通知》的要求，贵州省积极开展第三次全国文物普查准备工作，在全省文物工作会议上，明确了从2007年开始至2011年12月止，贵州省文物工作的重点是全面开展第三次文物普查。贵州省及时成立了普查领导机构和执行机构，积极申请普查专项经费，举办文物普查培训，制定《贵州省第三次全国文物普查工作实施方案》和信息报送制度、工作例会制度、文物普查督查制度、文物普查宣传制度等。会签转发了国家文物局和各有关部委局文件。组织参加国务院召开的第三次全国文物普查电视电话会议。会后，省政府召开了贵州省第三次全国文物普查电视电话会议，各市（州、地）、县（市、区）政府（行署）在当地设立会场。同时，为了解决各市（州、地）普查人员经验不足和人才缺乏的现状，省文化厅、文物局主持召开了老文物工作者重阳茶话会。号召老文物工作者发挥自己的力量，为文物普查提供经验，培养新人。

贵州省各市（州、地）也根据国务院、国家文物局和省政府的要求，积极做好各地第三次文物普查各项准备工作。

【博物馆事业】

经贵州省发改委批准，贵州省博物馆正式立项，并进入项目可行性研究阶段。博物馆选址基本确定。全省各级各类博物馆、纪念馆、陈列室积极推进“三贴近”工作，倡导博物馆展览进学校、进社区，举办展览近百个，接待观众近2000万人次。贵州全省有10多个博物馆、纪念馆和陈列室被确定为爱国主义教育基地。通过调查和研究，提出加快生态博物馆建设本土化建设步伐，建设真正服务于文化主人、真正为社区所认同的生态博物馆范例。贵州省各类博物馆、纪念馆正在成为传播先进文化、树立社会正气、塑造美好心灵的生动课堂。

【考古发掘研究】

组织完成了《罗甸双河口水电站墓葬发掘简报》、《国道主干线贵阳绕城公路西南段工程建设用地文物考古报告》等报告的审查（审批）；安排和实施了水电站、公路、变电站等建设工程用地范围内的文物调查、勘探及文物保护工作，协调彭水水电站新发现文物保护措施及经费；与贵州省移民办签订《北盘江光照水电站文物古迹保护处理包干协议》。2007年，共完成各类项目49个，比2006年增长了172%，调查面积57平方公里。对考古工地进行了质量控制和经费监察，保证基本建设文物工作的正常开展。各地对建设工程中文物保护工作高度重视，配合基本建设文物保护成为贵州省文化遗产保护事业重要的工作内容。

【文物安全与执法】

2007年初，全国重点文物保护单位铜仁东山古建筑群的组成部分——川主宫被大火焚毁，造成不可挽回的损失。火灾发生后，贵州省政府和有关部门十分重视，要求各级文物行政部门及各文博单位从火灾事故中吸取教训，引以为戒，警钟长鸣，文物安全工作必须常抓不懈，严防死守，确保文物安全。2007年6月，贵州省文物局新班子到位后，把文物安全作为全局文物工作的重中之重，列入文物工作的重要议程。2007年9月上旬召开贵州全省文物工作会议，省文物局与各市、州、地文化（文物）局，博物馆、考古所签订了《文物安全责任书》，要求各地落实责任，集中治理，加强火、电及易燃物品的使用和管理。贵州省文物局加大文物安全资金投入，及时开展文物安全检查，切实消除火灾隐患，严防文物安全事故的发生。12月，省文物局对黔东南州天柱、锦屏、黎平、丹寨等县的文物保护单位进行防火安全督察工作。

2007年3月，威宁自治县中水镇中水遗址（墓群）被盗掘，贵州省文物局联合毕节地区行署、公安厅等部门，展开对案件的调查，查处犯罪嫌疑人4人，追缴部分盗掘出土文物。

【人才培训】

2007年，贵州省大力加强人才培训工作，先后举办了第三次文物普查培训、全省文物保护规划培训；与同济大学共同举办了文化遗产保护研讨班；受国家文物局委托，与云南省共同举办了云贵两省市（州、地）级文物局长、博物馆长、文管所长管理干部培训、全国重点文物保护单位管理机构负责人培训等。派员参加了北京文化遗产游客管理培训、第三次全国文物普查培训（郑州）、法国文化遗产保护高级管理干部培训（北京）、全国文物保护理念与管理培训（石家庄）等。据统计，2007年，贵州省受到培训的人员达到200人，培训力度前所未有，成效喜人。此外，各地根据文物普查工作的需要还举办了14个不同层面的培训班，参训人数将近800人。

云南省

【文物行政执法】

根据国家文物局通知要求，云南省文物局于2007年9月22日～26日配合国家文物局童明康副局长一行对昆明、大理、丽江的博物馆和文物保护行政执法进行了专项督察。督察重点为：贯彻落实第三次全国文物普查工作的有关情况，各级文物保护单位的“四有”建设情况和管理、利用情况，世界文化遗产地、全国重点文物保护单位和重点博物馆及其他文物保护单位的安全保卫情况等。督察组认为云南的文物保护工作情况良好，没有发现大的违法案件，同时对存在的一些问题提出了整改要求，极大地促进了云南省的文物保护工作。配合全国人大、省政协对行政执法情况和历史名人故居保护利用情况进行督察，查处了违规行为，加强了依法管理。

【文化遗产保护工程】

云南文化遗产丰富多彩、弥足珍贵，在全国占有十分重要的地位。为提高云南省文化遗产保护利用水平，促进文化遗产产业发展，继承和弘扬优秀传统文化，云南省文化厅于2007年12月制定了文化遗产保护工程实施方案，决定用3年时间，在全省开展文化遗产保护工程。

通过开展第三次文物普查工作，力争使云南省不可移动文物由5300处增加至10000处，全国重点文物保护单位由76项增加到100项，省级文物保护单位由243项增加到300项，州县级文物保护单位由1503项增加到3000项，云南省各级文物保护单位的数量达到全国中等水平；拟每年重点安排20余个国家级和省级文物维修工程，使云南省全国重点文物保护单位得到全面维修和合理利用，80%以上的省级文物保护单位得到修复，重要的文物建筑基本无险情。拟评选和申报一批省级和国家级历史文化名城，使云南省的历史文化名城（村、镇）的数量由47处增加到60处；拟修复各类文物5000件，让60%的馆藏珍贵文物得到有效保护和修复；拟建立东南亚考古研究中心，以推动与东南亚邻国的区域性考古调查研究。计划将博物馆、纪念馆由50个增加至60个，年均举办文物陈列展览150个、参观人数超过1000万人次；一级风险单位50%达标，二、三级风险单位30%达标；一级文物由537件增加至1000件，二级文物由1000件增加至10000件，三级文物由3100件增加至30000件；计划完成新云南省博物馆建设项目。规划和建设民族文化保护区50个，省级民族民间文化艺术之乡50个，培养非物质文化遗产传承人300名。争取各级政府加大对遗产保护工作的年度资金投入；争取成立云南省文物建筑研究保护中心和馆藏文物修复保护中心，完善文物保护机构建设；加强文物维修工程管理，定期开展文物维修设计、施工技术人员资质培训；加强文物行政执法队伍建设，建立健全各级文物执法基本队伍；策划和开展好“中国文化遗产日”和“5·18国际博物馆日”系列活动等措施，使文化遗产保护工作迈上新台阶，基本建成具有云南特色的文物史迹网络和非物质文化遗产抢救、保护、开发、利用体系。

【文物保护单位】

云南省已完成第六批省级重点文物保护单位标志说明碑的树立、保护范围的划定及公布、记录档案电子文档的建立等工作；编辑出版第一至五批省级文物保护单位保护范围平面图；继续开展第一至六批全国重点文物保护单位、省级重点文物保护单位记录档案信息数据库的建立工作。

【文博管理干部培训班】

为了提高文博管理干部的行政能力和管理水平，根据国家文物局人事教育司2007年培训计划，2007年7月3日～18日，由国家文物局、云南省文物局和贵州省文物局主办、云南大学民族考古研究中心承办的云贵两省地市文博管理干部培训班在昆明开课，来自云南、贵州两省地、州、市级文化局、文物管理所、博物馆的领导及部分县级文博单位的62人参加了培训。培训班结业后，云贵两省学员相互到对方省最具民族特色、文化遗产保护最丰富的地区进行了为期一周的实习考察。

【中国云南青花暨边疆地区青花学术研讨会】

由云南省文物局和中国古陶瓷学会共同举办，云南文物产业集团、云南民族村承办的“2007年中国云南青花暨边疆地区青花学术研讨会”于11月20日～26日在昆明成功召开，英国、法国、日本、韩国及各省区100人参会，包括著名陶瓷鉴定家耿宝昌先生。研讨会对提升云南古代青花在中国陶瓷史上的地位起到了积极作用。

【第三次全国文物普查】

2007年4月4日，国务院发出《关于开展第三次全国文物普查的通知》，决定自

2007年4月～2011年12月开展第三次全国文物普查。云南省人民政府下发了《贯彻国务院关于开展第三次全国文物普查文件的通知》，成立了以省政府领导为组长，省政府办公厅、省文化厅和省文物局领导为副组长，省发改委、财政厅、建设厅等13个厅局为成员单位的领导小组。根据国家文物局和省人民政府的统一安排部署，云南省文物局研究制定了《云南省开展第三次文物普查工作实施方案》，组建了由15位同志组成的普查办公室，落实工作经费105万元，于10月14日～24日在通海县举办文物普查州市级骨干培训，并进行普查试点工作。来自云南省文物普查领导小组办公室和全省16个州市及部分县区的70名文博战线的同志参加了培训和普查试点，标志着云南省第三次文物普查工作在全省范围内得到实施和展开。10月27日，云南省文物局成立了“云南省第三次全国文物普查专家组”，负责对全省各州市、县区的文物普查工作进行业务指导。

【文物维修重点保护项目】

云南省组织编制、审批（审核）了相关文物保护项目规划方案和维修方案，积极落实中央和省级财政经费，做好文物维修和开发利用工作。云南省在落实2006年国家级财政和省级财政文物保护专项经费1620万元的基础上，完成国家级、省级文物保护单位维修工程25项，开展5个大遗址和古建筑村落保护规划编制工作，论证审批并新开工文物保护维修工程31项，使云南省国家级文物保护单位得到全面维修，省级文物保护单位维修率由75%增加到85%。

【世界文化遗产】

云南省组织编制了世界文化遗产丽江古城环境整治详细规划并上报国家文物局和世界遗产中心备案。通过对丽江古城的民居维修和环境整治及上报有关材料，其商业气息过浓的反应性监测通过了2007年6月23日在新西兰召开的联合国世界遗产大会的审查。丽江古城维修管理工作成效显著，获得联合国颁发的“2007年亚洲太平洋地区文化遗产保护进步奖”。云南省文物局邀请省政协领导组成考察团参加“2007年中国沈阳世界文化与自然遗产博览会”开幕式，并对沈阳世界文化遗产地进行考察，与世界遗产中心的官员进行交流。云南省文物局与红河州政府积极申报哈尼梯田为世界文化遗产，成立哈尼梯田管理局，每年安排申报经费100万元，并开展哈尼梯田景观价值的对比研究、保护规划的修编和民居改造工作。

【历史文化名城】

云南省文物局与建设厅报经省政府新公布15项省级历史文化名村（镇）、1项历史文化街区，报经国务院批准公布3项国家级历史文化名村（镇），使云南省各级历史文化名村（镇）由原来的31项增加到47项，数量位居全国前列。

【中国文化遗产日】

2007年6月9日是我国第二个“文化遗产日”。为做好 “文化遗产日”宣传活动，云南省文化厅、省文物局部署并精心制定了全省联动的“文化遗产日”宣传活动方案，取得了良好的效果。“文化遗产日”当天，云南省各地开展了丰富多彩的宣传文化遗产保护成果的活动。省、市、县各级新闻单位同时在这一天，根据自身媒体的特点，对“文化遗产日”和保护文化遗产的重要意义等方面作了充分的宣传、报道；全省各地结合自身特点，举办了民间文物艺术品展示和展销、民族歌舞表演、民间工艺展演、文物保护宣传图片展览以及文物鉴定、法律咨询、发放宣传品等活动，文化遗产保护理念得到了很好的宣传、推广，营造了全社会共同参与文化遗产保护的良好氛围。

【博物馆建设】

云南省博物馆新馆建设项目建议书的报批程序已经完成，建设用地征用进展顺利，项目可行性研究报告的编制、博物馆选址地环境、地质等的评价报告及新馆陈列大纲（草案）的编制工作已经启动。德宏、普洱、昭通、曲靖、临沧博物馆的建设工作也已开始。

由国家文物局主办，西安市政府、中国文物报社、中国博物馆学会承办的第七届“全国博物馆十大陈列展览精品奖”评选及颁奖典礼在西安举行。云南省博物馆“滇国——云南青铜文明陈列”在此次评选中荣膺“十大精品奖”。评选活动从全国2400多家博物馆近万个展览中精挑出58个展览，最后有26个展览进入终评。此奖是中国博物馆界的最高奖项。这是云南省的博物馆陈列展览第一次获得“十大精品奖”。

【云南省文物产业集团】

根据中共中央、国务院《关于深化文化体制改革的若干意见》和云南省委、省政府关于《云南省2005～2006年深化文化体制改革和推进文化产业发展实施意见》中关于“打造一批有活力、有实力的文化产业集团”的精神，为推动云南省文物产业的发展，发挥文物事业在建设民族文化大省中的重要作用，2007年6月由云南省工商局注册成立了云南文物产业集团。

【对外交流与合作】

由云南省博物馆出借给瑞士苏黎世李特博格博物馆的11件文物与流失到英国、日本的滇文化藏品一起在瑞士“滇王国青铜文物大展”上展出，在当地引起轰动。2007年6月，云南省博物馆组织118件（套）藏品赴新西兰辛普利茅斯市图书博物馆举办“云南民族风情展览”。6月20日～8月20日，云南民族博物馆在俄罗斯莫斯科、圣比得堡参加“中国少数民族服装服饰和手工艺品展”。6月，楚雄州禄丰县博物馆组织3副恐龙化石赴美国迈阿密举办展览。7月，楚雄州博物馆组织6副恐龙化石在日本名古屋市举办展览，楚雄州禄丰县博物馆组织4副恐龙化石赴香港科学馆举办展览。

【援藏项目】

2006年7月17日，云南省文物局与西藏自治区文物局签订了《云南省文物局帮助西藏自治区文物局修复十三世达赖两辆轿车的项目协议书》，承担帮助修复西藏罗布林卡管理处所藏十三世达赖的两部轿车的任务。经过一年的精心修复，于2007年8月21日，在罗布林卡举行了隆重的文物移交仪式，西藏方面对这两辆文物车的修复效果十分满意，给予了较高的评价。国家文物局以“办秘[2007]724号文”对云南省文物局克服种种困难，圆满完成援藏项目给予了通报表扬。

【考古调查与发掘】

云南省完成了澜沧江里底电站、金沙江阿海电站、澜沧江苗尾水电站和澜沧江古水电站淹没区以及省道201线昭通至彝良、楚雄元双高等级公路、龙陵至瑞丽高等级公路、昆明南连接线高速公路、昆明新机场搬迁安置区“十字路”及新村建设用地和新机场320国道改移工程、呈贡新昆明建设区、云南开远电厂二期扩建工程、国道214线剑川过境公路、沾益至六盘水铁路增建二线云南段、大理至保山铁路、成昆铁路昆明至广通复线、省道228线六库至丙中洛一期工程建设用地等16项文物调查和勘探工作。

配合基本建设工程完成了威信金竹墓地、糯扎渡水电站淹没区3个文物点发掘、凤庆石佛地古墓群、青龙桥桥墩发掘、元阳南沙淹没区绿蓬火葬墓地发掘、广南县黑枝果乡牡宜村汉墓发掘和向家坝水电站淹没区3个文物点考古工作发掘等12项考古发掘工作。云南省对元谋雷老古猿化石地点进行了考古发掘；完成了元阳南沙水电站库区镇江王庙迁移保护工程，并顺利通过验收。

【富源大河遗址考古发掘】

云南省文物考古研究所主持发掘的富源大河旧石器遗址入选"2006年度中国十大考古发现"，这是继1992年"江川李家山墓地"，1999年"官渡羊甫头遗址"之后，云南省考古发掘项目第三次获此殊荣。富源大河遗址的发现表明旧石器中晚期东西方的文化联系在中国南方产生的时间要早于中国北方，同时弥补了东亚旧石器时期考古的空白，对研究史前东西方文化关系具有十分重要的意义。

西藏自治区

【概述】

西藏自治区有各类文物点2300多处，各级文物保护单位329处。其中全国重点文物保护单位35处，自治区级文物保护单位112处，县（市）级文物保护单位182处。其分布为：自治区文物局下属单位有全国重点文物保护单位2处；拉萨市有全国重点文物保护单位6处，自治区级文物保护单位29处，县（市）级文物保护单位3处；日喀则地区有全国重点文物保护单位8处，自治区级文物保护单位26处 县（市）级文物保护单位26处；山南地区有全国重点文物保护单位12处，自治区级文物保护单位23处，县（市）级文物保护单位28处；林芝地区有全国重点文物保护单位1处，自治区级文物保护单位5处，县（市）级文物保护单位18处；昌都地区有全国重点文物保护单位2处，自治区级文物保护单位13处，县（市）级文物保护单位52处；那曲地区有全国重点文物保护单位1处，自治区级文物保护单位5处，县（市）级文物保护单位53处；阿里地区有全国重点文物保护单位3处，自治区级文物保护单位11处，县（市）级文物保护单位2处。全区有历史文化名城3座，即拉萨市、日喀则市和江孜县；世界文化遗产一处三个点，即布达拉宫及其扩展项目大昭寺和罗布林卡。

全区现有各级文物保护管理机构12个、博物馆2个、文物科研机构1个、文物总店1个和文物鉴定机构1个。西藏自治区文物局隶属自治区文化厅，为自治区人民政府的副厅级全区文物行政管理部门，内设机构有办公室（计划财务审计处）、文博处（考古管理处）、宣传保卫处（安防技术管理处），统管全区的文物保护和管理工作。到2007年底，自治区文物局下属有布达拉宫管理处、罗布林卡管理处、西藏博物馆、自治区文物保护研究所4个县级事业单位和西藏文物总店、文物鉴定组2个区级事业单位。拉萨市设有副县级文物管理局，日喀则和山南地区设有正区级文物管理局，昌都、那曲、阿里、林芝地区在地区文化广播影视局内设有文物科；在县级政府机构中，扎达县、江孜县设有正区级文物局。

西藏现有从事文物工作的人员270名，其中藏族占76%。专业技术人员约100人，占总人数的37%；其中获得文博副研究员的13人，文博馆员30人，合计为43人，共占专业技术总人数的43%。

【文物工作会议】

2007年，西藏自治区文物工作会议于2月10日在拉萨召开，自治区副主席尼玛次仁同志出席会议并作了重要讲话；自治区人民政府办公厅等13个部门的分管领导应邀参加了会议；各地市文化（文物）局的分管领导及文物科长和区直文博单位的领导以及自治区历年全国文物工作先进县的领导参加了会议。会议传达学习了全国文物局长会议精神，尼玛次仁局长作了题为《转变思路，更新观念，狠抓落实，努力促进文物工作在建设和谐西藏中的作用》的主题工作报告；同时，对在2006年中文物档案建设成绩突出的山南地区文物局、日喀则地区文物局、昌都地区文化局和文物信息工作成绩突出的布达拉宫管理处、山南地区文物局、西藏博物馆以及贯彻落实《2006年度文物安全责任书》成绩突出的山南地区文物局、昌都地区文化局、罗布林卡管理处进行了表彰奖励，并与区直文博单位和各地市文化（文物）局签订了《2007年文物安全责任书》。

【政策研究、法规建设】

1.重要法规的制订情况

2007年7月27日，《西藏自治区文物保护管理条例》经西藏自治区第八届人民代表大会常务委员会第三十二次会议第二次修订，8月3日，《西藏自治区文物保护条例》由自治区人民代表大会常务委员会[2007]8号公告公布实施。另外，《布达拉宫保护管理办法》的修订也已开展。

2.文物普法工作，文物保护法宣传情况

为了学习好、宣传好、贯彻好《西藏自治区文物保护条例》，2007年11月28日～12月4日，西藏自治区文物局与自治区行政学院联合举办了由各地市文化、文物、民宗、公安、消防、海关等部门领导及业务人员共50多人参加的《西藏自治区文物保护条例》暨文物法规培训班，收到了良好的效果，达到了预期的目的。邀请民宗部门共同对西藏自治区全国重点文物保护单位开展实地文物法规宣传和咨询活动，向广大僧尼发放各种宣传资料，介绍文物保护和安全防范知识。

2007年6月9日是我国第二个“文化遗产日”。按照国家文物局《关于做好2007年“文化遗产日”活动组织工作的通知》精神，西藏自治区文物局向全区文化文物部门下发了《关于在全区范围内组织开展我国第二个“文化遗产日”宣传活动的通知》，并制定了“文化遗产日”宣传活动方案。6月8日～9日，自治区和各地市文化文物部门紧紧围绕“保护文化遗产，建设和谐社会”的中国“文化遗产日”主题，在全区范围内开展了形式多样、内容丰富的宣传咨询活动，共发放各类宣传资料5万多册（张），为进一步营造全社会共同参与文物保护工作起到了很好的促进作用。

平时，充分利用节假日和各地的物交会、拉萨的雪顿节、日喀则的珠峰文化艺术节、山南的雅砻文化艺术节、昌都的锅庄节、林芝的杜鹃花节、那曲的羌塘赛马节等时机，在人员流量较多的主要街道设立文物宣传咨询点，向过往的广大干部群众和学生等散发《文物法》宣传单，讲解文物保护的相关知识。同时，还利用自治区寺教办每年举办的“全区寺庙民管会主任培训班”的机会，向学员讲述《文物保护法》、《西藏自治区文物保护条例》、《西藏自治区文物单位消防安全管理办法》及文物保护管理和安全防范知识。

【文物保护进展】

1.三大重点文物保护维修工程

西藏三大重点文物保护维修工程作为全区文物保护工作的重点，西藏自治区文物局自始至终坚持从人力、物力、组织协调、文物安全等方面给予全力配合。2007年共开工15个子项目，竣工6个子项目，完成投资2401.4万元。截至2007年底，三大文物工程已累计开工134个子项目，竣工验收129个子项目，完成投资25672万元，占工程总投资的77%。

2.自治区“十一五”重点文物保护工程

为了促进全区文物事业的发展，西藏自治区文物局本着“轻重缓急”的原则，申报并经国务院批准，西藏自治区15处重点文物保护单位和7处历朝历代中央政府有效治理西藏的文物点为自治区“十一五”重点文物保护项目，中央决定投资5.7亿元（国家发改委投资2.8亿元，财政部投资2.9亿元）实施西藏自治区“十一五”重点文物保护工程。自治区召开了全区“十一五”重点文物保护工程协调领导小组第一次全体会议，专门对重点文物保护工程建设进行了研究部署。哲蚌寺、色拉寺、乃宁寺、古格王国遗址、夏鲁寺等保护维修方案和大昭寺、桑耶寺、扎什伦布寺、藏王墓保护维修工程的可研报告已基本完成。

3.保护经费的投入与文物单位的抢救性保护

2007年，西藏自治区财政安排1106万元专项资金，用于昌都向康大殿、日喀则日吾其金塔、山南邓萨提寺等文物单位的抢救性保护维修工作；自治区文物局从事业基金中拿出235万元，分别对昌珠寺、吉如拉康、藏王墓、扎塘寺、强准寺、向达寺、拉加里王宫、敏珠林寺等文物单位进行了抢救性维修保护。

4.第三次全国文物普查

按照《国务院关于开展第三次全国文物普查的通知》和《西藏自治区人民政府关于西藏自治区组织开展第三次全国文物普查的通知》精神，为加强全区文物普查的领导和协调工作，自治区和各地市成立了相应的文物普查工作领导小组及其办公室；领导小组办公室结合西藏实际，制定了自治区第三次全国文物普查工作方案、实施细则和普查试点工作方案，先后组织召开了自治区第三次全国文物普查工作动员大会和试点工作动员大会，编印了全套培训教材，举办了西藏自治区第三次全国文物普查培训班。组建了由各地市专业人员参加的37人普查队，于9月5日赴林周县开展了为期45天的普查试点工作，对林周县的10个乡、4512平方公里的面积进行了文物调查，到达率100%，覆盖率100%，全面摸清了该县文物的现状和藏量，检验了普查方案，积累了丰富的普查工作经验，为在全区全面开展第三次全国文物普查工作奠定了很好的基础。各地市也按照国务院和自治区的统一部署，积极主动组织工作组深入到基层摸清家底，为迎接全面普查做了大量工作。山南地区加查县为做好县域内的文物普查工作，成立了由县长亲自挂帅、相关部门主要负责人参加的文物普查工作领导小组及其办公室，并专门召开会议决定从2008～2010年每年安排6.5万元资金用于文物普查；同时，还为普查办配置了必需的普查设备，解决了2.5万元专项启动资金。

5.布达拉宫雪城保护利用

按照张庆黎书记“恢复好、管理好、利用好雪城”的重要指示精神，在西藏自治区党委、政府的坚强领导下，在自治区文化厅党组的直接领导下和有关部门的配合支持下，自治区文物局扎扎实实、卓有成效地开展了雪城保护利用工作。充实了雪城保护利用工作组；修改、完善了《雪城保护利用工作总体方案》；自治区投入资金700余万元，共征集文物900余件、购置实物279件、复仿制实物430件；借调实物348件；收集各类图片400余张，起草、翻译各类文稿5万余字；完成了雪城概况、导览图、旅游指南、游客须知、各点简介牌和指示牌的制作任务；完成了雪巴列空等11个点的陈列布展工作和游客服务中心演播项目的制作任务；招录聘用了20名讲解员和20名安全保卫人员，成立了雪城管理科；2007年5月31日，组织召开了雪城展区开馆仪式，确保了雪城展区共12个点于6月1日正式对外开放。开馆5个月以来，共接待游客和群众78625人次（其中，接待全国人大代表团、全国政协代表团、中央和国家各部委赴藏考察团等重要客人461人次；游客6804人次；群众66917人次，占85.6%；免费接待部队官兵、中小学生、离退休干部职工等4443人次），日平均接待524人次。受到了国内外游客和社会各界的普遍好评。

6.重要历史和革命文物调查保护

按照自治区重要历史和革命文物领导小组的安排部署，各地市组织专业人员对现存重要历史和革命文物进行了调查，已调查登记重要历史和革命文物80多处，已开始编制图录。自治区投入534万元的拉萨关帝庙、吉隆大唐天竺使出铭和亚东嘎举寺这三处保护维修工程已竣工验收；自治区文物局投资20万元对拉萨北郊藏热汉族墓地祠堂及附属设施进行了维修；按照中央和自治区领导对“红色遗迹”保护工作的批示，积极配合“红色遗迹”办公室开展工作。

7.贝叶经的调查和建档

按照西藏自治区贝叶经保护工作领导小组的统一部署和要求，自治区文物局协助该领导小组办公室并参与制订了《贝叶经保护工作实施方案》，组织业务骨干在全区范围内开展了贝叶经的调查和建档工作。布达拉宫、罗布林卡、西藏博物馆馆藏贝叶经的整理造册和建档工作已完成；拉萨市文物局对哲蚌寺和那林扎寺所藏的14部贝叶经进行了登记和建档；日喀则地区文物局在开展贝叶经调查和建档工作中，在萨迦县白玛曲林寺新发现一部（400页）完整的贝叶经（包括夹经板），并对其作了详细的登录；山南地区文物局对雅砻历史博物馆收藏的11部贝叶经进行了登记和建档。

8.第三次全国文物援藏资金和项目的落实

第三次全国文物援藏工作会议后，西藏自治区文物局陆续与14个省级文物部门、8家文物单位签订了援藏项目、资金和人才培养协议书，协议资金和项目折合718万元，部分资金已到位。由云南省文物局援助修复的罗布林卡管理处收藏的原西藏地方政府的两辆轿车也已交付罗布林卡管理处。由浙江省文化厅（文物局）、中国文物信息咨询中心分别无偿为西藏自治区培训的8名讲解员和5名数据库建设人员的工作已经得到落实。

9.第四批自治区级文物保护单位的申报和公布

为加大县级以上文物单位保护和管理力度，促使部分县级文物单位的保护和管理工作再上新的台阶，自治区文物局对部分县级以下文物保护单位的基本情况和现状作了调研，对符合或基本符合自治区级文物保护单位评选条件的拉萨关帝庙等64处文物单位作为第四批自治区级文物保护单位上报自治区人民政府审核批复，向全区下发了《关于公布第四批自治区级文物保护单位名单的通知》，并安排专项资金、部署各地市文化（文物）部门认真做好新公布的第四批自治区级文物保护单位的“四有”工作。

10.文物建档

布达拉宫管理处完成了3276件文物的登记、建档和2040部经书的整理编目、补损上架以及雪城游客服务中心数字演播系统的配制与演示片的制作任务，完成了雪城展区222张（枚）钱币的借调和登记工作，对6200件文物进行了拍照，搬迁唐卡文物60多箱、经书文物1526部，整理经书夹板2万多块；罗布林卡管理处完成了1461件文物和所藏贝叶经的建档工作；西藏博物馆完成了3675幅唐卡和396件佛像的登记、造册工作，对1719件丝织品进行了分类、拍照和建档，为布达拉宫雪城展区借调了20余件文物展品。各地市文化（文物）部门也积极开展文物建档工作，据不完全统计，各地市全年共完成近2万件文物的登记建档工作。

【考古发掘研究】

西藏自治区完成了藏木水电站工程建设中文物的调查研究工作，撰写了专题调查报告；完成了国家基本建设中藏中电网应急电源厂址和扎曲水电站规划工程的文物考古调查、勘探工作。

【博物馆】

西藏博物馆为进一步提升知名度，丰富拉萨广大市民的业余文化生活，从2007年初起，每周星期五在《拉萨晚报》上刊登一件陈列的重要文物介绍文章并设置一道问答题，读者通过拨打热线电话进行回答。对给出正确答案的前5位读者，该馆发给优惠票并提供免费参观服务。截至2007

年底，西藏博物馆共举办文物介绍和有奖征答活动47期，社会各界人士广泛参与并予于认同。

积极落实“三贴近”要求，进一步发挥博物馆爱国主义教育基地作用。按照中央宣传部等六部委《关于开展“寻找美丽中华”社会教育活动的通知》，西藏博物馆专门安排了一间展厅作为“青少年活动室”，开设了四个专题知识讲座，丰富了广大中小学生的课外知识，受到了教育部门的充分肯定。西藏博物馆为进一步弘扬时代主旋律，先后举办了“西藏廉政文化建设书法美术摄影展”、“庆祝党的十七大胜利召开　拉萨、武汉书画作品联合展”、“第六届澳门、辽宁、西藏摄影作品展”、、“透明之局——原弓当代艺术西藏邀请展”等四个临时展览，受到了社会各界的一致好评。认真贯彻落实中共中央关于进一步加强和改进未成年人思想道德建设的意见，积极贯彻落实向未成年人免费开放政策，全年免费接待30153人次，其中免费接待未成年人近2万人次。

【全国重点文物保护单位】

为进一步加强西藏自治区全国重点文物保护单位的保护和管理工作，自治区文物局对布达拉宫等32处全国重点文物保护单位的保护范围和建设控制地带进行了调研和划定，呈报自治区人民政府审定并批准，向全区下发了《自治区文物局、建设厅关于公布布达拉宫等32处全国重点保护单位保护范围和建设控制地带的通知》。

【世界文化遗产】

《布达拉宫保护管理办法》的修订工作已列入政府法制办立法规划当中，修订稿已上报政府法制办。

西藏自治区文物局分管副局长随中国代表团参加了新西兰第31届世界遗产会议。中国代表团的成员本着“以我为主，于我有利”的原则，对故宫、布达拉宫等6处我国世界遗产的保护状况、新申报的自然和文化遗产的价值、保护状况等进行了耐心细致的宣传、说明与解释，得到多方的认可和支持。会议一致同意，决定对北京故宫、西藏布达拉宫等6处世界遗产的保护状况免予提交该届大会审议讨论。本届会议决议草案称：已经检查和回顾了第29届世界遗产会议通过的决议执行情况，对中国政府及地方政府为改善遗产的保护状况所做出的努力给予了充分肯定，特别是在扩大遗产缓冲区范围以及发展布达拉宫、大昭寺和罗布林卡保护范围方面所取得的进展表示肯定和赞许。按照第31届世界遗产会议的要求，西藏自治区组织开展了编制世界遗产布达拉宫及其扩展项目大昭寺和罗布林卡的保护规划以及缓冲区的信息补报工作；开展了编写布达拉宫历史建筑群保护状况报告等世界文化遗产的相关工作。

【社会文物管理】

1.文物征集工作

2007年，西藏自治区共投资305余万元，征集和收购各类文物1326件。其中，布达拉宫雪城投资65余万元，征集各类文物900件；西藏博物馆投资160余万元，征集各类文物286件；山南地区投资20余万元，接收捐献和征集各类文物200件；西藏文物总店投资60余万元，收购各类文物40件。征集和收购的文物进一步充实、丰富了馆藏和陈列内容。

2.文物鉴定工作

西藏自治区相关部门完成了江孜县帕拉庄园112件文物的鉴定工作；昌都地区对所辖11个县、101处重要文物点及其馆（寺）藏文物进行了调查，共鉴定各类文物1847件。

【执法督察与安全保卫】

在2007年全区文物工作会上，西藏自治区文物局对贯彻落实《2006年文物安全责任书》成绩突出的进行了表彰奖励，并与区直文博单位和各地市文化（文物）局签订了

《2007年文物安全责任书》，各地市文化（文物）局也相继与所辖各县和文物单位签订了《年度文物安全责任书》，强化责任意识、岗位意识、法人负责的工作格局。全区各级文化（文物）部门和重点文物保护单位始终把安全工作作为文物工作的生命线，坚持“人防为主、技防为辅”的安防原则，健全各项制度，做到了有章可循、上下联动的安全防范机制。同时，在重大节日和日常防范中积极主动地会同公安、消防等部门组成专项检查组重点对三级文物单位的值班情况、制度建设和防范措施的落实情况等方面进行安全大检查，及时消除安全隐患、规范不安全行为。另外，西藏自治区文物局还加大了安全防范硬件设施建设的力度，编制了色拉寺、哲蚌寺、小昭寺、扎什伦布寺、夏鲁寺5处全国重点文物保护单位的安防系统设计方案。

各地市和文物单位也加大了文物安防经费的投入力度：拉萨市投资3万元，对哲蚌寺的文物库房进行了加固，制作了消防宣传栏；投入一定资金对小昭寺的供灯房进行了改建。昌都地区投资15万元，对13处安全设施简陋、火灾隐患较重的文物点安装了“三铁”；投资17万元，修建了昌都县肖达寺文物库房。全国重点文物保护单位白居寺和自治区级文物保护单位雍布拉康分别自筹资金26万元和3万元安装了电视监控系统。这些措施，有力地提高了文物的安全系数。

【文博教育与人才培训】

为进一步提高在职人员的业务和管理水平，西藏自治区文物局举办了“《西藏自治区文物保护条例》暨文物法规培训班”、“山南地区文物业务技能培训班”；全区共派出15人次参加了国家文物局举办的各类专业知识培训班；邀请古建专家15人次进藏，利用传、帮、带的形式与自治区专业人员共同开展了西藏文物保护和制定文物保护维修工程总体方案的各项工作，不仅促进了自治区的文物工作，而且使部分专业人员的业务水平得到了提高。同时，自治区文物局还召开了首次全区文物保护工程勘查设计资质和文物保护工程施工资质颁发座谈会，向自治区获得2家勘查设计资质单位和7家施工资质单位颁发了资质证书。这表明自治区文物保护工程勘查设计和工程施工方面的技能在不断提升。

【文博宣传出版】

西藏自治区文物局出版《西藏文物》（半年刊）两期，每期印刷500册，向全区各级文化文物部门和文物保护单位无偿发行500册；根据自治区地方志办公室的要求，积极组织专业人员开展并完成了《西藏自治区志·文物志》补充、完善工作。

【文博信息化】

2007年5月1日，西藏文物总店网站正式开通。7月30日，西藏自治区文物局网站（国家文物局二级域名）正式开通，西藏自治区的文物信息可以通过网站上报国家文物局。

截至2007年10月底，西藏自治区各级文化（文物）部门报送信息292条；其中，自治区文物局撰写、报送信息75条，被国家文物局采用43条、区党委办公厅《业务通讯》采用4条、区政府办公厅《内部情况通报》采用11条。这些文物信息的报送和采用，为各级领导了解自治区文物发展态势、指导自治区文物保护工作发挥了积极作用。

【对外交流与合作】

在文物外事交流合作工作中，西藏自治区文物局始终坚持“以我为主，于我有利”的外事工作方针，积极探索，充分发挥独特的宣传作用，努力推进自治区文物外事工作的发展。“中国西藏——寺殿藏珍”在德国埃森市和柏林近两年的展览反响很好、宣传效果显著，约有25万人次参观了展览。展览任务于5月28日圆满结束，142件（组）文物展品于6月7日已全部运回拉萨，于6月13日完成了文物展品的点交、移交和归库工作。在2007年的展览期间，自治区文物局共派出三批工作组到现场检查、指导展览工作和开展文物移交工作。

经国家文物局和西藏自治区涉外项目领导小组批准，自治区与瑞士贝奇文化基金会合作开展的阿里托林寺壁画保护维修工作进展顺利。

配合自治区外办完成了国外15个重要团体（280人次）在藏考察的接待任务。

【2007年大事记】

1月11日，拉孜县被文化部和国家文物局评为2006年全国文物工作先进县。

1月28日，自治区级文物保护单位乃宁寺一尊合金手持金刚佛像丢失。

2月10日～11日，全区文物工作会议在拉萨召开。自治区副主席尼玛次仁出席会议并作了重要讲话，自治区政协副主席扎门·赤列旺杰出席会议。区党委宣传部等13个部门领导参加了会议，各地市文化文物局局长（书记）、科长和区直文博单位的副科级以上干部以及高级职称专业技术人员共130人参加了会议。自治区文物局局长尼玛次仁作了题为《转变思路，更新观念，狠抓落实，努力促进文物工作在建设和谐西藏中的作用》的工作报告。

3月9日，自治区文物局局长尼玛次仁考察拉萨市重要历史和革命文物调查保护工作。

3月初，西藏自治区文物保护研究所获“考古发掘团队领队”资格证书。

3月12日～13日，山南地区文物局召开文物安全培训会议。

3月13日，拉萨关帝庙保护维修工程开工。

3月15日，山南地区文物局对向拉隆寺捐献文物者进行表彰。

3月16日，自治区文物局局长尼玛次仁和拉萨市副市长计明南加一起对拉萨市尼木县的文物工作进行调研。

3月21日，昌都地区行署领导莅临向达寺开展文物安防调研工作。

3月31日，自治区文物局局长尼玛次仁、拉萨市副市长计明南加前往大昭寺，对大昭寺的保护、旅游接待工作进行检查调研。

4月5日，吉隆大唐天竺使出铭保护维修工程开工；全国重点文物保护单位扎什伦布寺维修工程施工图设计勘测工作圆满结束。

4月6日，自治区副主席甲热·洛桑丹增在自治区财政厅、文物局、拉萨市政府等部门领导陪同下视察大昭寺文物保护工作。

4月12日～26日，自治区文物局开展查杰玛大殿维修测绘工作。

4月16日，山南地区顿布曲科寺特大文物盗窃案成功告破。

4月17日，中国文物研究所专家前往大昭寺开展壁画保护调研工作。

4月19日，拉萨市计明南加副市长主持召开藏热汉族墓地保护协调会议。

4月29日，全国重点文物保护单位朗赛林庄园保护维修工程举行屋顶封顶仪式，标志着该工程主楼土建修缮基本完工。

5月14日，拉萨藏热村汉族墓地附属建筑维修工程开工。

5月18日，西藏博物馆组织开展“5·18国际博物馆日”宣传活动。

5月21日，自治区级文物保护单位扎西岗寺发生佛像被盗案件。

6月4日，区党委副书记张裔炯、自治区副主席尼玛次仁在区党委常务副秘书长高扬、副秘书长胡为民、自治区文化厅党组书记马如龙、区文物局局长尼玛次仁、自治区贝叶经保护工作领导小组办公室主任次旺俊美的陪同下视察西藏博物馆馆藏贝叶经的保护工作。

6月7日，布达拉宫管理处在德央夏举

行文物捐赠仪式，四川省甘孜藏族自治州甘孜县冲贡布先生将个人收藏的21件文物（经自治区文物鉴定组鉴定，国家二级文物1件，三级文物17件，一般文物3件）无偿捐赠给布达拉宫收藏保管。

6月9日，西藏自治区文物局组织开展第二届“中国文化遗产日”宣传活动。

6月12日～18日，国家发改委副主任张茅考察西藏文物保护工作。

6月22日，全国重点文物保护单位吉如拉康释迦佛堂抢险维修工程顺利完工。

6月26日，全国重点文物保护单位昌珠寺乃登拉康维修工程竣工验收。

7月15日～22日，财政部、国家文物局专家调研组赴藏调研西藏“十一五”重点文物保护项目。

8月1日，自治区文物局组织专家赴尼木县如巴寺开展文物鉴定工作。

8月11日，布达拉宫管理处查处2名倒卖布达拉宫门票“购票凭证”嫌疑人。

8月21日，罗布林卡管理处与云南省文化厅、文物局举行文物修复交接仪式。

8月23日，江孜县文物管理局正式成立并举行挂牌仪式。

9月4日，自治区第三次全国文物普查工作领导小组办公室召开文物普查试点工作动员大会。

9月7日，自治区文物局召开新闻媒体座谈会。向新闻媒体通报《西藏自治区文物保护条例》颁布情况。

9月10日，亚东噶举寺保护维修工程竣工。

9月12日，布达拉宫管理处在对主体建筑白宫内实施勘查作业时，新发现一处“带病”的直角地垄。

9月13日，全国重点文物保护单位卡若遗址非保护建筑拆除工程正式开工。

9月22日，山南地区县级文物保护单位热麦寺发生文物被盗案件。

9月21日，西藏自治区“十一五”重点文物保护工程协调领导小组召开第一次全体成员会议。

9月29日，西藏博物馆举行“寻找美丽的中华青少年”活动室开放仪式。

10月1日，保养维修后的布达拉宫正面夜景投光灯正式启用。

10月19日，自治区文物局召开文物保护工程勘察设计施工工作座谈会。西藏自治区第三次全国文物普查试点工作圆满结束。

11月4日，千年古刹强准寺抢险维修工程正式开工。

11月25日，布达拉宫全年接待游客和朝佛群众首次突破百万人次。

11月27日，山南地区措美县人民政府向西藏博物馆无偿捐献4部(77页)苯教文献、3部（66页）佛教文献、1部（7页）桦树皮经文和91页各种文献散页残片及1幅释迦牟尼唐卡等珍贵文物。

11月28日～12月4日，自治区文物局组织举办《西藏自治区文物保护条例》暨文物法规培训班。来自自治区有关部门和各地市文化、文物、建设、民宗部门的领导以及专业人员、全国文物工作先进县的领导50多人参加了此次培训。

12月13日，布达拉宫管理处查获两名无证携带枪支人员。

12月20日，布达拉宫管理处查获一名无证携带枪支人员。

陕西省

【概述】

2007年，陕西文物工作认真贯彻文物工作方针，坚持“依法行政、科学管理、目标责任”的工作思路和“用制度管人、按制度办事”的工作要求，落实目标责任，高标准地完成了全年的工作任务。陕西省文物保护基础工作、博物馆建设、法规建设、文物安全、对外交流和党的建设、党风廉政建设、人才培养等方面得到了全面加强，各项工作稳中有进，全省文物事业呈现出良好发展态势，为陕西经济社会发展起到了积极的促进作用。

【政策法规】

2007年，陕西省修订了《陕西省文物复制品生产和销售管理办法》；举办了陕西全省文物系统文物行政执法培训班，国家文物局副局长董保华专程到陕出席了开班仪式并授课；对陕西省文物商店、文物复制厂家、文物拍卖公司的法人代表进行法规知识培训，增强了法人依法经营的意识；对陕西省各文物市场和文物复制品生产市场进行了检查和整顿，清理了全省范围内非法经营文物的黑市、旧货市场、集贸市场，有效地遏制了非法经营活动。陕西省文物局与陕西省律师协会成立了文物法专业委员会，聘请10余名省内知名律师组建文化遗产保护工作法律专家组，帮助代理行政诉讼、为疑难案件提供法律咨询。

【文物保护与科技】

2007年，陕西省制定了《砖石质文物保护国家文物局重点科研基地管理办法》；完成了陕西省政府重点科研课题《陕西省大遗址保护利用与对策研究》的调研工作；组织科研单位申报了多项科研课题，其中《大遗址价值取向与管理体制关联性研究》、《中国大遗址保护管理模式研究》、《基于多源遥感的古墓葬遗址信息提取研究》等课题经国家文物局批准立项。编制了“一号工程”延安13处革命旧址的保护规划上报国家文物局审定，开工维修工程8项，其中枣园、杨家岭、凤凰山、王家坪4处旧址保护维修项目和辅助陈列通过验收。

陕西省文物局与陕西省档案研究所、陕西师范大学、西安建筑科技大学、西北大学、陕西遥感测绘局等科研教学单位联合，成立了陕西航空遥感考古中心陕西分中心、陕西历史文化遗产保护规划研究中心、陕西历史文化遗产保护科学研究中心等科研机构。《汉阳陵祭祀建筑遗址保护工程方案》获得“国家文物局十佳文物保护工程勘察设计奖”；“风化褪色的古代壁画、文物彩绘、建筑彩绘的恢复与保护”项目通过了国家级鉴定，并获国家文物局文物保护科学和技术创新二等奖；“秦俑博物馆二号坑遗址三维数字建模”项目通过国家文物局专家组验收。

【考古发掘与研究】

2007年，陕西省向国家文物局申报考古发掘项目46项、获批准38项，全年共发掘古墓葬2000余座、其它遗迹100余处，发掘面积约2.5万平方米，出土各类文物2.5万余件（组）。组织完成了汉茂陵、唐贞陵和崇陵的考古调查和勘探及唐贞陵、建陵、崇陵陵园建筑遗址的考古发掘任务。茂陵勘探面积约150万平方米，发现150座陪葬坑和50余座大、中型陪葬墓；唐贞陵、建陵、崇陵调查面积33平方公里，勘探面积70万平方米，发掘面积400平方米，新发现各类石刻77件，基本搞清了以上3座帝陵陵园的遗存分布、范围、建筑型制和结构等问题，为唐陵研究和大遗址保护提供了新的科学资料。

完成梁带村两周遗址2座大墓及34座中小型墓葬的考古发掘，清理西周至春秋早期的芮国墓葬36座及马坑2座。出土青铜器、玉（石）器、陶器等各类文物500多件（组）。其中M502出土的本墓地第一组较完整的陶器组合将芮国活动于韩城的历史向前推了百年左右，而墓室四角出土国内发现的最早木俑填补了西周考古的空白，为研究我国雕刻艺术史具有重要的考古和研究价值。

签订考古勘探协议248项、实施勘探面积136万平方米，对彬长煤电化项目、新建地方铁路榆横煤化工专用线工程、十堰至天水联络线陕西境内安康至汉中高速公路等15

项大型建设项目进行了文物调查和评估，向建设单位提交了文物保护评价报告；完成了榆横铁路专线、西咸机场高速公路、商漫高速公路等大型建设工程的考古勘探工作，为陕西基本建设中的文物保护工作提供了充分的资料依据。根据工程建设和文物保护需要对工程建设中面临破坏的遗址和墓葬进行抢救性发掘。

西安市文物局配合西安地铁项目建设，积极组织实施对钟鼓楼现状实测、地铁振动影响评估等工作，有力地促进了该项目建设。延安市文物局与市计委、土地局、环保局联合发出了《关于在基本建设中加强文物保护工作的通知》，配套出台了《延安市建设工程中文物考古调查勘探工作暂行规定》，对有关县区和单位的落实情况进行检查督促。咸阳市文物局制定了《咸阳市文物勘探管理办法》，投资45万元对秦咸阳城保护范围进行了大规模的文物勘探，将秦咸阳城的保护范围由原来的72平方公里调整为22平方公里。

完成了《法门寺》、《秦始皇陵2003年考古发掘报告》、《旬邑下魏洛》、《花石浪》4部考古发掘报告的出版工作和《西安南郊明墓》、《西安北郊汉墓》、《汉阳陵》3部考古发掘报告的整理、编写工作。

【博物馆】

2007年，陕西省各类博物馆、纪念馆共接待中外游客1110万人次。博物馆、纪念馆等单位坚持对未成年人集体参观实行免票，对中小学生、残疾人、军人等社会特殊群体实行减免门票政策，2007年免票接待未成年人和特殊群体参观240万人次。陕西各博物馆、纪念馆等对外开放文博单位举办了众多集学术性、专业性、知识性、趣味性、观赏性为一体的临时展览，弘扬了传统优秀文化，成为爱国主义、革命传统教育的重要课堂。

陕西省文物局与省教育厅联合下发了《关于将博物馆教育纳入国民教育体系的实施意见》，决定将全省文物系统的博物馆、纪念馆向中小学生实行集体预约无限次免费开放；将博物馆建设成中小学校日常教学实习和综合实践基地；将博物馆教育列入中小学校教学计划，将相关历史知识编入地方教材和校本教材。此举在全国属首创并引起广泛关注，受到社会各界的高度评价，国家文物局已在全国进行推广。陕西省各级文物部门和文博单位研究具体实施办法和落实措施。西安碑林博物馆针对实施办法制定出台了《关于博物馆教育纳入国民教育体系的实施办法》，合编了相关校本教材，设立了针对中小学生的传统文化体验室。延安市文物局指导文博单位开辟了一些能够使未成年人充分参与的互动性展陈方式，编写了中小学生易于接受、生动活泼的讲解词。八路军西安办事处纪念馆以“我是小八路，磨练不怕苦，英雄出少年，立志展宏图”为主题，在青少年中开展了“当一天小八路”活动；西安市革命公园举办了西安近代史和革命公园历史图片展，展出图片297幅，免费向游客宣传讲解。

完成了陕西省省级馆藏文物数据库中心机房装修、设备采购招标、采集设备购置和配发工作，投资近500万元的中心机房已建成并将投入使用；制定下发了《陕西省馆藏文物数据库文物采集工作规范》和《关于进一步加强文物数据库文本采集工作的意见》，完成了全省11.5万份馆藏珍贵文物的文本信息采集和70余万张照片采集及60%信息录入工作。陕西省各市成立了文物调查及数据库管理系统建设领导小组，制定了工作方案，确保了该项工作的顺利展开。

2007年，完成了陕西历史博物馆“陕西古代文明”基本陈列改造工作，该陈列改造总面积4851.64平方米，总造价2669.5万元，展出文物1903件组、共3002件，于12月28日试开放，国家文物局单霁翔局长视察后给予高度评价和充分肯定。西安博物院建成对外开放，馆内收藏文物逾13万件，其中珍贵文物1万余件，是一所集文物收藏、科学研究、古迹保护、科普教育、文化交流、城市休闲为一体的园林式博物院，在全国博物馆（院）中独树一帜。自开馆以来，已接待了贾庆林、曾培炎等5批党和国家领导人以及外国国家元首，正成为古城西安旅游的新亮点。西安半坡博物馆、乾陵博物馆、武功苏武纪念馆等7个文博单位完成了陈列设计方案，并组织专家进行了评审；咸阳博物馆、昭陵博物馆、旬邑大象馆等9个文博单位的陈列已经完成。

【重点项目】

2007年，秦始皇陵遗址公园建设完成了移民拆迁安置区977亩的征地任务和铺设部分道路、给排水管网、用电线路等基础设施；完成了秦陵遗址公园工程施工总图和总体绿化景观设计，通过公开招标确定了施工单位；修编了《秦始皇陵保护规划》，经专家评审后报国家文物局审批；编制了《秦陵铜车马博物馆项目建议书》，已报国家发改委审核立项；完成了《秦始皇陵总平面消防设计》并获得陕西省消防局批复同意；完成了秦陵遗址公园重点项目稽查工作和游客服务中心售票口、检票厅建设工程；秦俑馆二号坑展示厅屋面维修设计方案及二号坑遗址临时保护设计方案评审和招标工作已完成并开工实施。

完成了汉长安城未央宫四、五号宫殿遗址保护展示工程，通过了验收并对外开放；汉长安城遗址保护中心土建工程已完工；《汉长安城保护规划》经过多次论证和反复修改完善后定稿；编制的《直城门遗址保护方案》、《未央宫遗址道路工程方案》获得国家文物局批复同意。唐大明宫遗址保护工作进展顺利，已编制了《含元殿御道遗址保护方案》和《丹凤门遗址保护方案》，国家文物局已批复，建议修改完善。组织完成了麟德殿遗址保护工程并通过了验收，遗址周边环境整治工程已完成。

陕西历史博物馆唐墓壁画馆建设已完成了地面、吊顶、墙体、混凝土、钢筋的拆除；完成了空调风管的制作、安装以及电缆铺设、消防和安防系统；完成了地面防水、石材铺设、干挂石材、墙体等70%的工作量；意大利贷款的设备采购国际招标工作已完成。西安碑林博物馆新石刻艺术馆建设进行了前期准备及办理相关手续，已完成了施工图设计方案和建筑规划许可证的报审工作。

【文物普查和长城资源调查】

9月21日，陕西省政府举行“第三次全国文物普查陕西省普查启动仪式”，赵德全副省长向全省12支文物普查工作队授旗，陕西省文物局副局长郭宪曾代表省第三次全国文物普查领导小组进行工作动员，省文物普查成员单位和各市文物行政管理部门领导、文博相关单位和文物普查培训班学员参加仪式。

陕西省政府专门下发了《关于开展第三次全国文物普查的实施意见》，对全省文物普查做出了全面部署，成立了以赵德全副省长为组长的“陕西省第三次全国文物普查领导小组”，负责组织和领导全省的文物普查工作。

陕西省政府要求，陕西省文物局负责制定文物普查的实施方案、技术标准和操作规范，以设区市为单位组建省市联合普查队、县（区）组建普查分队，逐乡逐村开展田野普查，每处不可移动文物点都必须进行文字登记和数字化信息数据采集。这次普查工作以陕西省文物系统为主，宣传、文化、发改、民政、财政、国土、建设、交通、水利、林业、统计、宗教、测绘、工交、部队等相关部门密切配合，组织动员广大人民群众共同参与。

同时，要求各级政府及时成立文物普查专门机构，由政府主管领导同志负责，组织领导本行政区域的文物普查工作。积极为文物普查提供充分的人力、物力和经费保障，确保普查工作顺利开展。陕西省各级政府、各有关部门切实加强文物普查宣传工作，广播、电视、报刊、互联网等各类媒体积极参与，广泛宣传这次文物普查的意义、目的和内容，积极引导公众参与普查活动。

在三原、蒲城县开展了先期普查试点工作，并完成了两县的田野普查任务，共普查文物点698处，新发现文物点434处，使两县不可移动文物的数量比以前记录文物点增加了一倍多。同时，与陕西省工交办联合制定了陕西工业遗产普查工作计划、经费预算框架性材料。陕西省各市文物部门十分重视第三次全国文物普查工作，成立了领导小组，制定了工作方案，抽调精兵强将抓好普查工作的落实，有力地推动了普查工作顺利展开。

陕西省文物局与省测绘局联合举办了“陕西省长城资源调查工作启动仪式”，并签署了协议书，成立了组织机构，组建了5个调查队，制定了工作方案，并于5月中旬正式展开明长城资源田野调查工作。已完成明长城1000公里和营堡、烽火台等附属建筑800处的明长城调查任务。

【丝绸之路“申遗”】

2007年，陕西省完成了对已列入丝绸之路跨国联合申报世界遗产预备名单单位的调研和考察，编写了省内丝绸之路12处20个点的“申遗”材料，提出了申报名单；配合国家文物局专家组现场考察，确定陕西12处20个点列入丝绸之路“申遗”预备名单，并组织制定了保护规划、保护方案和环境整治方案。完成了《世界文化遗产保护管理状况调查表》和《世界文化遗产监测报告》，已上报国家文物局。

【执法督察与安全保卫】

陕西省文物局、渭南市文物局对唐陵区炸山取石环境进行认真调研，综合治理的调研报告已提交国家文物局和陕西省有关部门。汉中市文物局依法纠正2处全国重点文物保护单位和1处省级文物保护单位擅自改变管理体制的违法行为。咸阳市文物局查处了发生在唐顺陵保护范围内未经文物行政部门批准擅自修建道路问题，责令唐顺陵所在地的底张镇政府写出书面检查，并按程序补办手续；对发生在彬县彬塔保护范围内擅自施工的行为，下发整改通知书，要求立即停工整改。榆林市文物行政部门查处了太中银铁路建设中发生在靖边县境内的破坏文物事件。安康市紫阳县将省级文物保护单位北五省会馆群和县级文物保护单位紫阳东城门管理权移交县文物部门。西安市文物局2007年共查处文物违法案件40余起，收缴文物390多件，会同土地、规划等部门对汉长安城遗址内违法建设进行了三次较大规模的联合执法，拆除违章建筑面积近3000平方米。延安市文物局与宝塔公安分局联合举行了“延安市11·6盗掘古墓葬、贩卖文物案件公开处理大会”，公开逮捕了9名犯罪嫌疑人。

召开2007年度文物安全工作会，层层签订了文物安全责任书；完成了申请国家文物安全经费计划书和省文物安全经费计划，审核上报了一批安防工程方案。组织验收了西岳庙、咸阳文物中心库等全省39个文博单位的安防设施；建成了韩城文庙、扶风博物馆等6个单位的消防设施及三原城隍庙、蒲城文庙的防雷设施；西安碑林博物馆、秦俑博物馆等单位完成了安防工程前期准备工作。重新聘请了群众文保员并换发了证书，下发了《群众文保员经费拨付规定》和《陕西省群众文物保护员手册》。宝鸡市文物局制定了《不可移动文物安全管理制度》、《文博单位经营场所安全管理制度》、《博物馆安全值班制度》。陕西省各市文物部门坚持平时检查和定期检查相结合，加大安全检查工作力度，及时消除安全隐患。陕西省文博系统2007年未发生任何火灾事故和馆藏文物被盗案件，文物安全形势总体平稳。宝鸡市麟游县九成宫镇蔡家河村村民王乃仓、胡雪林、李宏远、李润年抓获3名盗掘古墓葬的犯罪分子，受到社会各界的好评。

【人才培养】

陕西省文物局与省委组织部联合举办了以主管文物的市（县、区）长、书记为对象，以学习贯彻国务院《关于加强文化遗产工作的通知》精神和文物法规为主要内容的第二期文化遗产保护专题培训班，高标准地完成了全省市（县、区）长第一批轮训任务。如此规模和层次的文物保护干部培训在全国文物系统尚属首次，众多报刊及时进行报道，在全国引起了较好反响。

【文物宣传】

陕西省文物局与陕西日报社、团省委、省教育厅联合举办了文化遗产知识竞赛活动，与陕西人民广播电台联合创办了《文物陕西》专栏，全面宣传介绍全省博物馆建设和文化遗产保护成果；先后10余次策划组织媒体记者参加陕西文物工作重大活动的宣传报道。编发《文博》杂志6期，印发《陕西文物信息》12期、《警钟长鸣》安全简报13期，出版《陕西文物年鉴》（2006）。陕西省委办公厅、省政府办公厅和省委宣传部采用文物信息20余条，陕西省文物局被省委宣传部评为"舆情信息先进单位"。汉唐网站首页收录信息4880余篇，图片6346幅；首页和论坛访问IP超过36万个，日点击超过1万次，其中论坛单帖最高点击达到14万余次，已被陕西省人民政府门户网站推荐并链接为面向公众的文化互动平台。

在"文化遗产日"宣传活动中，配合国家文物局在北京首都博物馆举办了"后土吉金·国宝荟萃——陕西宝鸡农民保护文化遗产成果展"。该展精选了2003年以来宝鸡市当地农民发现并保护的12批具有重大价值和影响的文物精品共计36组164件，通过大量精美的图片资料和新颖的展示手段，反映了2002年《文物保护法》修订颁布以来，广大人民群众自觉抢救、保护文化遗产的感人事迹和重要成果。12批农民代表为此次展览剪彩，在社会上引起了很大的反响。国家文物局局长单霁翔就此次展览在中央电视台6月9日文化遗产日直播节目讲话中指出："陕西农民的事迹感动了中国，也感动了世界，他们的功绩将载入文物保护史册，他们的行动将成为我国文化遗产保护的里程碑。"6月9日文化遗产日当天，中央电视台对陕西韩城市梁带村两周墓地发掘工作进行了现场直播，陕西省省长袁纯清就文化遗产保护作了重要讲话，梁带村两周墓地考古工作中的重大发现在全国引起了轰动。

为了褒扬范世新等海内外华人向汉阳陵博物馆无偿捐赠31件珍贵文物，举办了"海内外华人捐赠文物表彰仪式"，海内外新闻媒体纷纷采访、转载和跟踪报道。在宣传黄新兰女士与法国友人无偿捐献战国青铜鼎的义举中，组织编印了《战国铜鼎回归记——捐赠实录》，受到了捐赠人和有关方面的感谢和赞誉。在完成张学良将军亲属捐赠张学良将军遗物等法律手续的同时，举办了遗物捐赠仪式和新闻通报会。文德拍卖公司无偿捐赠了唐代舍利石棺。

【对外交流与合作】

2007年，陕西省赴国（境）外举办文物展览8项，其中陕西省单独举办6项，辅助中国文物交流中心举办2项。在马耳他举办的"中国秦兵马俑展"被列入中马建交35周年庆祝活动之一，马耳他总理劳伦斯·冈奇和中国驻马耳他大使刘正修出席了开幕式。在台湾举办的"秦代新出土文物大展——兵马俑Ⅱ"展出1994年以后的新出土文物，其中彩俑是首次在台展出，台湾观众参观热情高涨。在英国举办的"中国秦代文物精品展"备受欧洲各国关注，英国首相布朗出席展览开幕式并致辞，国外10多家博物馆要求举办此展览。在韩国首都首尔博物馆举办的"陕西文物精华展”是“中国陕西省——韩国合作周”重要活动内容之一，陕西省政府在陕西韩国合作周总结报告中对文物展览的积极作用给予了高度评价。

组织召开了中日合作保护唐陵石刻专家委员会和指导委员会会议；完成了中美合作“三维扫描及数字化图像制作技术在蓝田水陆庵的应用研究”项目并组织召开了专家验收会，美方已向中方移交了项目成果，该项目在泥塑文物上运用三维扫描成像技术，拍摄的高清晰度数字数据及图像居世界领先水平。

10月8日，由西安文物保护修复中心承担的中国政府无偿援助蒙古国文化遗产保护项目——博格达汗宫博物馆门前区维修工程竣工。该工程是中蒙两国在文化遗产保护修复领域进行的首次合作，也是40年来博格达汗宫博物馆实施规模最大的一次保护工程，将对中蒙两国文化遗产保护领域的交流合作产生深远影响。博格达汗宫位于蒙古国首都乌兰巴托市南郊的博格达汗山下，是蒙古国最高宗教领袖八世博格达·哲布尊丹巴居住和进行政教活动的场所。

中国政府无偿援助博格达汗宫博物馆门前区维修经费600万元人民币，国家文物局委托西安文物保护修复中心负责勘查设计和组织施工，中方人员还承担了蒙方文物保护技术人员的培训任务。该项目2005年开始筹备，2006年5月开工，蒙古国总理恩赫包勒德为工程开工剪彩。该项目包括博格达汗宫大门、东西便门的整体维修和彩画、砖照壁维修加固等10个单体工程。西安文物保护修复中心派出技术精湛的古建筑修缮队伍，在施工过程中始终坚持文化遗产完整性和真实性的保护理念，严格按照技术操作规范加强工程管理，全部工程技术人员从陕西选派，建筑材料统一从国内采购，确保了整个工程的质量和信誉。

11月25日，应国家主席胡锦涛邀请，法国总统尼古拉·萨科齐访问中国。萨科齐到陕西参观了曾被法国前总统希拉克誉为“世界第八大奇迹”的秦始皇兵马俑和汉阳陵博物馆，他在四小时的行程中不时对陕西悠久灿烂的历史文化和精美绝伦的文物赞叹不已。

甘肃省

【概述】

2007年，甘肃省有全国重点文物保护单位72处，省级文物保护单位517处，县（市、区）级文物保护单位3146处。敦煌莫高窟为世界文化遗产，嘉峪关与甘肃省外其它明长城著名关隘共同被列为世界文化遗产。敦煌、武威、张掖、天水4座城市为国家级历史文化名城，兰州市、酒泉市、临夏市、夏河县、会宁县、庆阳县、灵台县、陇西县等八县市为省级历史文化名城，哈达铺镇为中国历史文化名镇。甘肃省共有各级各类文物收藏单位113家，其中属文物系统的单位100家，包括博物馆64个，纪念馆4个，共保存藏品42万多件，其中一级文物3240件（含国宝30件），二级文物11386件，三级文物96299件。甘肃省文物局是甘肃省政府主管甘肃省文物、博物馆事业的职能部门，副厅级建制。甘肃省直属文博单位有：敦煌研究院、甘肃省博物馆、甘肃省文物考古研究所、甘肃省文物信息资料中心、甘肃省文物保护维修研究所、麦积山石窟艺术研究所、甘肃炳灵寺文物保护研究所、甘肃北石窟寺文物保护研究所、甘肃大地湾文物保护研究所。武威、酒泉、兰州、平凉、张掖、庆阳六市和敦煌、肃南、秦安、武山、高台、礼县、山丹等县成立了单独建制的文物局或文物事业管理局。甘肃省共有文物科研及其他机构34个，专门文物管护机构49个，群众性业余文物保护小组近1500个，业余文物保护员5100

余人。

【全省文物局长会议】

2007年1月25日，甘肃省文物局在兰州召开了全省文物局长会议，传达贯彻了全国文物局长会议精神，总结了2007年甘肃省文物工作，研究部署了2008年的工作任务。甘肃省各市州文物（文化）局、省直属文博单位领导及甘肃省文物局机关处以上干部，特邀专家和获得2007年全国文物工作先进县的肃南县主管领导参加了会议。甘肃省文化厅厅长马少青代表甘肃省文物局做了工作报告，甘肃省文物局副局长张正兴、廖北远部署了有关工作。马少青厅长在工作报告中从十个方面回顾总结了2007年甘肃省文物事业取得的成绩，结合2008年的主要工作任务，就如何推动甘肃省由文物大省向文化遗产强省迈进强调了六个方面的意见：一是充分认识做好文化遗产工作的重要意义，进一步发挥文化遗产事业在构建和谐社会中的作用。二是以科学发展观为指导，推进甘肃省文化遗产事业又好又快发展。要科学规划、统筹兼顾，继续落实“十一五”期间的各项规划，进一步提高甘肃省文化遗产事业发展质量，加快发展速度；抓好文物本体维修、文物基础设施建设、文化遗产宣传展示、重大文物科研等项目实施。三是夯实文化遗产保护基础，充分发挥甘肃省文物资源优势。抓好丝绸之路申遗、第三次全国文物普查、长城资源调查等重点工作，大力提升甘肃省文化遗产实力和影响力；编制重要文物保护单位的保护规划和保护方案，认真实施，使之得到有效保护；围绕具有甘肃特色丝绸之路博物馆体系，全面加强博物馆基础工作；实施好文物研究课题，提高文物科研和科技保护水平；积极做好考古调查及发掘工作，促进考古成果普及。四是坚持改革创新，努力提升文化遗产工作水平。坚持理论创新、技术创新、机制创新，使甘肃省不仅在文物资源的总量上要有一定增加，而且保护质量要稳步提高，管理水平有大幅度提升，社会服务能力得到明显改善，综合实力显著增强。五是加强宣传，普及文物知识，实现文化遗产资源的社会共享。按照“三贴近”要求，提高博物馆社会服务水平，积极促进对外交流。六是强化各项保障措施，为文化遗产事业的跨越式发展提供保障。大力加强理论学习，提高文博干部队伍素质；完善文物法规体系，积极推动文物法制建设；健全文物安全制度，建立文物安全长效工作机制；加强机构队伍建设，做好人才培养工作。

【政策研究与法规建设】

进一步修改完善了《甘肃省文物重大安全事故行政责任追究规定（草案）》，报请甘肃省人大将《甘肃省丝绸之路遗产保护条例》、《甘肃天水麦积山石窟保护条例》列入立法计划；甘肃省文物局制定下发了《甘肃省文物风险单位保卫工作规范》，对甘肃省地方性法规及规章中涉及文物工作的审批事项进行了清理。《甘肃省文物安全重大事故行政责任追究规定》以省政府令形式公布实施。

【文物保护进展】

文物保护单位“四有”工作得到加强。甘肃省集中制作配发了300块第六批全国重点文物保护单位和部分省级文物保护单位保护标志碑，组织开展了第六批全国重点文物保护单位和省级文物保护单位保护范围和建设控制地带划定、调整工作，一些地方政府落实了重要文物保护单位的管理机构和编制、人员。张掖、白银等市开展了近现代重要史迹和代表性建筑物调查工作，白银市新公布了7处县级文物保护单位，武山、高台、民乐等县树立了县级文物保护单位保护标志碑。

重要文物单位保护规划编制工作全面开展。配合丝绸之路整体申报世界文化遗产工作，各申遗点加快了保护规划编制工作进度。其中水帘洞石窟群保护规划通过了省级论证，已报国家文物局审批；炳灵寺石窟保护规划已完成初稿；北石窟寺和马蹄寺石窟群保护规划也已开始编制。

重要文物保护维修项目顺利实施。永登鲁土司衙门旧址维修、张掖大佛寺大殿保护维修、张掖马蹄寺石窟群崖体加固维修工程基本完工，天水胡氏民居古建筑(北宅子)保护工程进展顺利，武山水帘洞石窟保护维修、居延遗址保护工程启动。组织完成了民勤瑞安堡、武威下双大庙、酒泉鼓楼、安西锁阳城遗址勘察测绘及修缮保护方案制定工作；完成了临夏蝴蝶楼异地搬迁保护方案并报国家文物局批准；世界银行贷款项目榆中县青城古镇、永登鲁土司衙门旧址、嘉峪关关城及魏晋墓保护修缮设计方案制定工作基本完成。

【考古发掘研究】

2007年，张家川县马家塬战国墓地和礼县大堡子山遗址考古发掘项目同时入选2006年度“全国十大考古新发现”，并获得2006～2007年度国家文物局田野考古奖三等奖，成为甘肃省文化遗产领域又一备受社会关注的热点问题。以此为契机，以科研为目的的重要考古发掘项目继续进行：早期秦文化联合考古队再接再厉，对礼县大堡子山遗址进行了全面勘探，对礼县圆顶山遗址城墙选点进行了解剖调查，阶段性工作报告正在加紧整理；张家川县马家塬遗址及墓群发掘工作继续开展；对高台县河西村魏晋墓葬进行了抢救性清理发掘，对天水石马坪墓葬进行了勘探发掘；完成了麦积山石窟第4窟和第43窟的考古调查，石窟分期断代工作取得了阶段性成果。

2007年，配合大型基本建设项目，积极组织开展考古调查和发掘工作，开展了九甸峡水利枢纽工程库区淹没区和移民安置区的考古调查与抢救性发掘工作，完成了淹没区海拔高程2170米以下的考古发掘项目；对天水－定西高速公路、武都－罐子沟高速公路、兰州－郑州－长沙原油成品油输油管道，西安－平凉铁路、兰渝铁路建设工程涉及范围开展了考古调查和发掘，做到了既有利于经济建设又有利于文化遗产保护。

考古学术研究和资料整理工作进展顺利。出版了《西汉水上游考古调查报告》，发表了礼县大堡子山遗址发掘简报，与英国剑桥大学专家合作对礼县出土的动物骨骼进行了复原研究；考古发掘报告整理出版工作有序推进，完成了毕家滩遗址等已拖延发掘报告的编写工作，礼县西山坪遗址发掘报告完成初稿，悬泉置遗址、齐家坪遗址、磨咀子遗址、火烧沟遗址、齐家坪遗址发掘报告和张家川县马家塬遗址发掘简报整理编写工作取得了一定进展。

【博物馆】

认真落实《博物馆管理办法》，甘肃省文物局制定下发了《甘肃省各级博物馆建设方案论证审核暂行办法》，加强了对博物馆建设的指导，对临夏州、甘南州博物馆，敦煌市博物馆、大地湾史前遗址博物馆新馆建设方案进行了审核论证和指导把关，从源头上把住了博物馆建设质量关。

进一步规范和加强了藏品管理工作。对甘肃省革命文物收藏与利用情况进行了调研，甘肃省文物局与陇南市政府对陇南市馆藏文物资源整合和筹建陇南市博物馆事宜进行了沟通研究，积极推进陇南市馆藏文物资源整合工作；基本完成了甘肃省所有二、三级馆藏文物纸质档案建档备案工作，完成了3个民办博物馆馆藏文物鉴定定级工作；为甘南、高台等6个基层市县级博物馆配备了藏品柜架和珍贵文物囊匣。完成了甘肃省各级各类博物馆登记和年检工作。

馆藏文物科技保护修复工作取得新进展。统一组织完成了有关文物收藏单位的157件画像砖、100多件青铜器、189幅水陆画的修复保护工作；修改完善了《武威天梯山石窟壁画塑像抢修方案》，组织完成了部分修复任务；完善了《甘肃省馆藏木质文物保护修复方案》并开始实施。

陈列展览与宣传教育工作成绩显著。甘肃省博物馆基本陈列荣获第七届（2005～2006年度）“全国博物馆十大精品陈列展览”。据不完全统计，2007年甘肃省各级对外开放的博物馆共推出基本陈列和专题展览50多个，接待观众近500万人次，有文物藏品的省直属文博单位也结合实际推出了陈列展览，丰富了参观内容，麦积山石窟艺术研究所推出了“麦积山石窟历史沿革展”，甘肃省文物商店举办了“清代百名进士墨迹展”，炳灵寺文物陈列中心布展工作已近尾声。全国县级博物馆展示服务提升项目实施单位会宁、高台、肃南三县博物馆圆满完成项目任务并正式开馆，累计接待观众近20万人次，同时制作了流动展览，积极送展下乡，取得了良好的社会效益。

【世界文化遗产】

丝绸之路整体申遗工作自2006年下半年开始启动，2007年全面推进。经过认真调研，精心遴选，甘肃省申报推荐了13处遗产点，经国家文物局专家组现场考察后，确定11处列入备选点。甘肃省政府对申遗工作高度重视，多次专门研究申遗工作，成立了以咸辉副省长为组长的甘肃省丝绸之路申遗领导小组，召开了第一次全体会议，申遗领导小组办公室还组建了专家组，指导甘肃省申遗工作。为了进一步提高认识，强化申遗工作措施，甘肃省政府办公厅下发了《关于丝绸之路甘肃段申报世界文化遗产工作的通知》，国家文物局丝绸之路申报世界文化遗产工作协调会议之后，省政府又召开甘肃省申遗工作会议，对申遗工作进行了具体部署。申遗领导小组办公室加大工作力度，通过深入细致的调研，排出了各项工作的时间表，为了多渠道争取落实申遗工作所需经费，对各个备选点的工作量和最低经费需求进行了初步测算。同时调整工作计划，优先组织开展这些遗产点的文物保护规划编制、文物抢救保护等有关工作，组织开展了备选遗产点申报文本编制工作。有申遗工作任务的5个市州、9个县市区及3个省直属文博单位积极行动，及时成立了申遗领导小组，组建了工作队伍，开展了相关工作。甘肃省文物局还统一组织各备选遗产点管理机构负责人参加了国家文物局举办的中国文化遗产（预备名单）保护管理培训班，促进了各备选遗产点申遗工作的规范管理和科学实施。国家文物局在甘肃省成功召开了丝绸之路申报世界文化遗产工作协调会议，单霁翔局长亲临甘肃进行指导，极大地促进了甘肃省申遗工作，使申遗工作成为社会各界广泛关注的热点问题。

【社会文物管理】

进一步加强了文物市场管理与流散文物征集。对兰州、临夏两地文物监管物品市场进行了调研；甘肃省文物鉴定委员会全年鉴定涉案文物589件，鉴定民间收藏文物1017件；甘肃省各级博物馆全年共征集流散文物1069件。

【执法督察和安全保卫】

2007年，甘肃省野外文物安全态势总体平稳。甘肃省针对文物安全形势，大力加强了文物安全管理工作。一是加大行政执法督察工作力度，先后七次单独或配合国家文物局文物执法督察组，对甘肃省直属有关文博单位和各市州、县市区文物安全、文物保护范围内违规建设、野外文物安全专项治理、重要文物保护单位专项经费使用、重大文物案件侦破、各地公安机关打击文物犯罪及追缴文物移交等方面的工作情况进行了专项检查或重点执法督察。二是落实甘肃省文物安全检查制度，甘肃省文物局制定下发了《文物安全检查项目及评分办法（试行）》，组织开展了甘肃省文物安全年终大检查，对甘肃省业余文物保护网络建设情况进行了调研，实现了甘肃省业余文物保护员持证上岗；各地文物部门结合实际进一步完善文物安全制度，落实文物安全的三级责任制，大多数地方认真执行了文物安全定期检查制度，对发现的问题及时进行了整改，消除了安全隐患。张掖市实施文物安全目标管理责任制，层层签订安全责任书，做到了文物安全责任落实到人；酒泉市重新确定了200名业余文物保护员，进行了上岗培训，并着手组建市文物行政执法队；武威市邀请公安部门为文博系统干部职工进行文物案例讲座，提高预防和打击文物犯罪的能力。三是文物安全设施得到进一步改善，组织实施了部分文博单位安防技防设施建设项目，有效提高了文博单位的安全防范能力。

【文博科技】

2007年，甘肃省文物科研工作继续以敦煌研究院为代表，取得了一系列令人瞩目的科研成果，使之成为全国文物系统的一面旗帜。由敦煌研究院主要承担、国内多家科研机构和高校参与的科技部“十一五”科技支撑项目《大遗址保护关键技术研究》课题顺利实施；中日合作保护莫高窟项目第五期、敦煌莫高窟水资源利用对策研究等课题取得阶段性成果；古代壁画保护国家文物局重点科研基地运转良好，所承担的全国石窟、壁画和土遗址保护加固工程技术规范、技术标准研究任务按计划进行，部分课题已结项或基本完成；依托敦煌研究院成立了甘肃省古代壁画和土遗址工程技术研究中心；《甘肃汉魏至元明时期壁画墓研究》、《莫高窟第254窟图像研究与数字动画》两项课题由国家文物局批准立项，省级科研课题完成中期研究任务，课题执行情况顺利。另外，甘肃省博物馆与兰州交通大学合作完成的《智能建筑集成信息系统研发与应用》项目通过了省级鉴定；麦积山石窟艺术研究所与日本筑波大学合作开展的麦积山石窟周边及部分洞窟文物本体水文与温湿度监测项目实施顺利。

文物科研成果应用取得实效，其中比较突出的是莫高窟监测体系的形成。作为我国首批世界遗产地，敦煌研究院按照世界遗产地管理的有关要求，在莫高窟陆续实施了气象环境监测、风沙监测、水环境监测、洞窟壁画病害监测等项目，形成了敦煌莫高窟大环境监测、洞窟文物本体监测、安全防范监测、游客调查监测等系统体系，通过对这些监测结果进行科学分析而得出的结论，对莫高窟保护、管理水平的提高起到了积极的推进作用，国家文物局认为该成果对全国世界遗产地管理起到了示范作用。

【文博教育和人才培训】

甘肃省各级文物保护管理机构得到进一步完善和加强，大地湾、炳灵寺、北石窟寺文物保护研究所升格为副县级建制，敦煌市、武山县、礼县、肃州区、甘州区成立了单独建制的文物局，甘肃省野外文物管护机构增加到近60个；组织专业人员参加各类文博业务培训班，有效提高了文博队伍的整体素质。2007年，甘肃省文博系统获得了多项荣誉，其中敦煌研究院荣获人事部、国家文物局授予的“全国文物系统先进集体”称号，省文物考古研究所荣获国家文物局授予的“全国文物工作先进集体”称号，肃南裕固族自治县荣获文化部、国家文物局授予的“全国文物工作先进县”称号，张掖市文物管理局荣获国家文物局“2007年文化遗产日组织奖”；樊锦诗同志被授予全国“三八红旗手”荣誉称号，施爱民等3名同志被国家文物局评为“全国文物工作先进个人”。

【文博宣传出版】

2007年，甘肃省文博界成功举办了多项大型活动，产生了良好的社会影响。6月9日是第二个文化遗产日。甘肃省围绕“保护文化遗产，构建和谐社会”的主题，精心策划，认真组织，在甘肃省范围开展了隆重热烈的纪念宣传活动。遗产日当天，各地举办了集中宣传活动，咸辉副省长出席兰州主会场的活动并发表重要讲话。活动期间，举办了主题征文活动和“保护世界遗产——敦煌莫高窟”知识竞赛；以展版形式系统介绍了近年来甘肃文化遗产事业取得的成绩，免费发放宣传资料3000余份；为400余位收藏爱好者免费鉴定了各类藏品近千件；开展了“青少年走进博物馆”活动，举办了非物质文化遗产专题讲座和甘肃彩陶研究与鉴定专题讲座；甘肃省对外开放的文化遗产地、文物保护单位、博物馆、纪念馆免费或优惠向社会开放。遗产日前后，甘肃省各地通过举办图片展览、文物法制讲座、非物质文化遗产展演等形式多样的宣传活动，向社会普及文化遗产保护知识。

2007年8月下旬，由甘肃省政府和国家文物局主办，甘肃省文物局和敦煌研究院承办，隆重举行了段文杰先生从事敦煌文物和艺术保护研究60周年纪念活动，授予段文杰先生“敦煌文物和艺术保护研究终身成就奖”，召开了颁奖大会、纪念座谈会、段文杰回忆录首发式等重要会议，举办了“段文杰先生从事敦煌文物和艺术保护研究60年纪念展”、“敦煌壁画艺术临摹与创作美术作品展”，还在敦煌莫高窟召开了敦煌壁画艺术继承与创新国际学术研讨会，取得了圆满成功。8月中旬，由中国博物馆协会主办、甘肃省博物馆承办的“中国西部博物馆论坛”在甘肃省召开，100多位全国各大博物馆馆长、文博界知名学者云集兰州，以“西部地区博物馆的建设与发展”为主题，开展了深入热烈的专题学术讨论，并对欠发达地区博物馆的生存及西部地区博物馆事业的发展提出了建议，在全国博物馆界产生了较大影响。

组织开展了国际博物馆日宣传活动；配合国家长城保护工程及甘肃省长城资源调查，组织开展了明长城徒步考察活动；积极引导新闻媒体全面宣传甘肃省文物工作，在香港《文汇报》连载丝绸之路甘肃段申遗工作专版，配合中央电视台摄制的专题片“大地湾之谜”播出后引起了较大反响，甘肃电视台公共频道“直面”栏目专题报道了甘肃省馆藏青铜器修复工作，配合相关影视机构摄制了专题片“守护莫高窟”、“中国石窟鉴赏——莫高窟”；对“甘肃文物”网站进行了改版，点击率达5万余次；甘肃省博物馆与兰州晨报社联合举办了“我评甘肃省博物馆”活动，进一步拉近了博物馆与公众的距离。

甘肃省文物局组织编译出版了《博物馆环境》一书，完成了《甘肃明清水陆画》大型图录编辑工作；敦煌研究院主编的大型图书《敦煌石窟全集》、甘肃省博物馆主编的《中国馆藏西夏文献（甘肃 甘肃省博物馆卷)》荣获“甘肃省第十届社会科学优秀成果奖”一等奖；《敦煌壁画风景研究》获“甘肃省第十届社会科学优秀成果”三等奖；《甘肃 甘肃省博物馆文物精品图集》获得首届中国出版政府最高奖；《甘肃省志 · 文物志》完成了初稿。

【对外交流与合作】

选拔专业人员参加了第二期中意合作文物保护修复培训班、中日韩合作文物技术修复培训班、中法博物馆与文物保护修复培训班、第五届梅隆基金会中国博物馆管理人员培训项目等交流培训项目，增强了对国外先进文物保护理念和技术的了解，培养了一批专业人才；组织省直文博系统和各市州文物行政管理部门负责人先后三批赴文化遗产事业较为发达的国家考察调研。

【重要事件或信息】

1. 第三次全国文物普查

全面组织开展了第三次全国文物普查工作，顺利完成了第一阶段的工作任务。报请甘肃省政府下发了《甘肃省人民政府关于开展全省第三次文物普查工作的通知》，成立了甘肃省第三次文物普查领导小组，召开了第一次全体会议和全省第三次文物普查电视电话会议，对甘肃省普查工作进行了全面安排和动员部署。在组织开展工作试点的基础上，研究制订了甘肃省普查实施方案，落实了中央和省级普查经费，为甘肃省所有市州、县市区统一招标采购并配发了电脑、数码照相机、GPS定位仪等普查专用设备和必要耗材；统一配发了普查软件和普查专用电子地图系统；制定了普查培训方案，举办了省级文物普查培训班；制定了普查宣传工作方案，通过编发普查工作简报，在“甘肃文物”网站上增设专题等形式，加大了对普查工作的宣传力度。

2. 长城资源调查

从2007年开始，按照国家文物局的统一部署，协调甘肃省测绘局共同成立了长城资源调查工作领导小组，抽调业务骨干组建了四个野外调查组和一个测绘项目组，购置配发和落实了工作设备与车辆，制定了调查资料、经费、车辆、仪器设备等专项管理办法，对调查人员进行了不同层面的培训，编印了《甘肃省长城资源调查工作手册》，调查以明长城为主，同时兼顾战国秦长城及明长城附近少量汉长城，全面组织开展田野调查和基础地理数据采集工作，至2007年年底完成了甘肃省明长城调查任务65%的工作量，全年共调查各时代长城995公里，其中明长城883公里，战国秦长城78公里，汉长城34公里，并对部分区域的工作进行了验收。

3. 基础设施建设

重大基础设施建设项目相继立项实施，文化遗产基础设施持续改善。在文博基础设施建设方面，有关部门积极协调，敦煌研究院扎实工作，在前几年工作的基础上，完成了莫高窟保护利用工程可行性研究报告、环境影响评价报告和预用地规划方案，征用建设用地4公顷。2007年底，这一历时四年、倍受社会各界广泛关注、具有国际先进水平的项目，终于由国家发改委正式批准立项实施。该项目总投资2.61亿元，包括保护利用设施、崖体加固及栈道改造、风沙防护、安防工程四个子项目。这是甘肃省有史以来投入最多的文物项目。与此同时，甘肃省列入全国“十一五”大遗址保护项目规划和抢救性文物保护设施建设规划的项目也陆续立项实施。顺利完成了大地湾史前遗址博物馆方案设计、工程招投标、征地等工作，工程正式开工建设；完成了大地湾遗址保护项目和甘肃省文物考古研究所文物周转库房建设项目可行性研究报告，由国家发改委正式批准立项建设；天水市、武威市、宁县、镇原县、永靖县、灵台县等6个市县博物馆文物库房建设项目也由国家发改委批准立项。

青海省

【概述】

2007年，青海省已发现不可移动文物点4300余处（尚未加入第三次文物普查数据），其中全国重点文物保护单位18处，省级文物保护单位315处，市(县)级文物保护单位394处；青海省保存有可移动文物16余万件（不包括其他行业、寺院、民间和私人所收藏的文物），其中经国家文物局及省内专家鉴定的珍贵文物有8700余件（纳入国家一级文物建档数据库的397件）。

2007年，青海省省级文物保护机构有3馆1所1店；地、市级博物馆6个，县级博物馆8个，非文化系统直属的行业、寺院和私人博物馆5个；州（地）、县级文物管理所20个；果洛州、海北州成立了文物局，青海省已有文物保护管理及收藏机构47个。全省文博系统现有在职职工289人，专业工作者占80%以上，其中具有高级职称的26人，中级职称近100人。

2007年，青海省文博重点项目完成良好，是工作成绩显著的一年，是为青海省文博事业“十一五”发展规划打下良好基础的一年。这一年里，青海省逐步建立起了科学有效的文物保护管理体系，利用“文化遗产日”和“国际博物馆日”等宣传展示活动，引导社会力量进入文物保护领域，充分调动起社会各界保护文物的积极性和责任感，加强了文化遗产保护在社会建设中的重要性和紧迫性的认识，使文物保护体系进一步趋向成熟和完善。

【文物保护进展】

1．文物保护规划：互助却藏寺保护规划已上报国家文物局；瞿坛寺、西海郡、西路红军旧址、隆务寺、热水墓群、喇家遗址等保护规划已着手编制。

2．启动第八批省级文物保护单位申报工作，省级文物保护单位申报材料68处，报青海省政府审定。

3．文物保护维修工作：经国家文物局审批同意全国重点文物保护单位第一个核武器研制基地旧址纪念碑转向移位。

4．审批省级文物保护单位维修项目7处。

5．长城资源调查工作：长城资源调查项目开展顺利，国家已下达项目经费140万元，调查培训班在国家文物局和国家测绘局的帮助下圆满举办。

6．第三次文物普查：第三次全国文物普查工作按照国务院统一部署，制定了青海省《第三次全国文物普查实施方案》，会同其他厅（局）联合下发了《关于做好第三次全国文物普查工作的通知》，2007年9月，国务院第三次全国文物普查电视电话会议结束后，青海省文物局立即向青海省政府报送了《青海省第三次文物普查工作实施意见》，按省政府要求积极协调财政落实普查经费。

7.丝绸之路联合申报世界文化遗产：青海省的西海郡古城、伏俟城、热水墓群、日月山四处被列为预备名单，国家文物局已组织专家对其进行了考察。

8．编制上报了博物馆抢救性保护设施建设方案。

9.《古兰经》修复和鉴定工作圆满完成。

10．玉树州东仓《大藏经》陈列馆已着手修建。

11．编制申报青海省2008年度国家重点文物保护项目。

【考古发掘研究】

1．经国家文物局审批同意对全国重点文物保护单位热水墓群一被盗墓地做了抢救性发掘。

2．依法开展考古文物移交工作。青海省文化厅和省文物局专门召开工作协调会，明确了移交工作的原则、时限和前期必备的文物保护条件，2007年已移交各类文物900余件。

【博物馆】

1．编制上报了博物馆抢救性保护设施建设方案。

2．认真贯彻落实中央关于进一步加强和改进未成年人思想道德建设的意见，积极落实文博单位向未成年人免费开放，2007年青海省对外开放的文博单位共向未成年人免费开放近2万人次。

3．青海柳湾彩陶博物馆赴广东、上海的展览取得了良好的宣传效果。

【全国重点文物保护单位】

启动第七批全国重点文物保护单位申报工作，青海全省报来申报名单53处，根据专家初步评审意见，确定了小柴达木湖遗址等38处为预备名单。

【社会文物管理】

1．对社会文物作了进一步的调研，为

实施社会文物和文物市场管理提供了一定依据。

2．配合各级公安部门组织省文物鉴定委员会专家对20件涉案文物进行了鉴定，为各类文物案件快速、准确处理起到了积极的保障作用。

【执法督察与安全保卫】

1．打防并举，进一步加强文物安全工作。2007年，青海省文博系统警钟长鸣，全面加强和改进了文物安全工作，年内馆藏文物无安全事故发生。

2．野外文物安全形势基本平稳，零星盗掘古墓葬和遗址现象经过打击已得到有效遏制。

3．文物单位安全防范设施建设进一步加强，瞿坛寺消防给水工程基本竣工。

4．积极加大文物单位安全防范工作的日常管理力度，对出现安全隐患的典型案例进行了通报，对相关单位进行了督促整改。

【文博教育与人才培训】

1．会同青海省人事厅、青海省测绘局、青海省文化厅举办了“青海长城资源调查暨文博业务骨干培训班”，近70人接受了高层次培训。

2．先后有7人参加了国家文物局举办的各种培训。

3．评选申报了2007年“全国文化遗产保护奖”先进个人和先进集体，青海省有4名先进个人1个先进集体受到表彰；

4．会同厅人事处申报“全国文物保护先进个人”，青海省2名先进个人榜上有名。

【文博宣传出版】

1．文物普法、宣传情况：在“5·18”国际博物馆日，散发文物保护法宣传单、制作文物法宣传展板。

2．文化遗产日宣传活动中举行“保护文物，人人有责”万人签名活动。

3．《全国文化遗产保护普及宣传成就综述·青海卷》已结稿并由文物出版社出版。

4．宗日考古发掘报告已抓紧整理。

宁夏回族自治区

【概况】

2007年，宁夏文物工作全面贯彻落实党的十七大精神和宁夏回族自治区党委、自治区人民政府《关于进一步加强全区文化建设的意见》，按照“建设优先、统筹城乡、创新机制、人才兴文”的发展思路，在全区文物行政部门和文物工作者的共同努力下，各项工作取得突出成绩。在文物保护基础工作方面，宁夏文物局完成了第六批全国重点文物保护单位记录档案建档工作；第三次全国文物普查工作全面展开；宁夏长城资源调查工作顺利实施；丝绸之路宁夏段申报世界文化遗产工作扎实推进；开展全区岩画普查登记工作，初步建立了宁夏岩画数据库，编辑出版了大型画册《宁夏岩画》、《吴忠西郊唐墓》、《固原开城墓地》、《西夏三号陵地面遗迹发掘报告》。不可移动文物保护工程稳步实施，开展西夏六号陵园地面遗迹加固工作；实施平罗玉皇阁、中宁石空寺石窟等重点工程的维修保护；完成全国重点文物保护单位董府保护规划的编制审批和董府保护方案的报批工作。博物馆建设成绩显著，先后组织召开了全区行业专题博物馆建设动员大会和全区行业专题博物馆建设观摩会，加快了行业专题博物馆建设速度，截至2007年底，全区29座行业专题博物馆建成开馆，19座博物馆开工建设，实现自治区行业专题博物馆建设的第一阶段目标，为2010年底实现60座行业专题博物馆建设目标奠定了坚实的基础。在展览展示方面，全区各博物馆全年共推出 展览展示项目20多个，参观人次约10万，社会效益显著。

【政策、法规建设】

2007年1月1日，《宁夏回族自治区实施<中华人民共和国文物保护法>办法》(以下简称《办法》)正式施行。自治区文物局把学习宣传贯彻《办法》当作各项工作的重中之重，采取多种形式宣传、普及《办法》，使各级领导干部、文物部门职工、广大人民群众了解《办法》的基本精神、原则要求及各项规定，逐步形成全社会关心重视文物保护工作的良好氛围。

为加强民间收藏文物的利用和管理，建立和完善民间收藏文物制度，保护民间收藏文物的合法性和积极性，在立法调研的基础上，结合宁夏实际情况草拟《宁夏回族自治区民间收藏文物管理办法》(征求意见稿)，并多次组织民间收藏爱好者和有关专家学者一起讨论，根据讨论意见修改并上报自治区人民政府。

【文物保护会议】

1.专题博物馆建设动员会议

2007年1月9日，自治区人民政府在银川召开“行业专题博物馆建设动员大会”。自治区副主席张乃武出席并作了重要讲话。自治区文化厅、水利厅、交通厅、农牧厅、银川市政府以及神华宁煤集团、西部影视有限公司等有关部门、行业和博物馆专家参加动员大会。作为2007年自治区党委工作重点之一，宁夏将启动行业专题博物馆建设工程。“十一五”期间，在完善提高现有博物馆服务功能的基础上，以自治区博物馆、回族博物馆建设为龙头，鼓励和支持各市、县、行业依托地域和行业优势创建行业博物馆，构建起全区以国有博物馆为主体、专题博物馆为特色、非国有博物馆为补充的博物馆网络体系。计划2008年建成40座博物馆并对外开放。

2.行业博物馆观摩座谈会

2007年4月27日，自治区党委书记陈建国、政府主席王正伟带领各地宣传及相关部门负责人观摩调研宁夏电力博物馆和复朴斋博物馆。在行业专题博物馆建设座谈会上，陈建国听取了自治区文化厅厅长李克强关于全区行业专题博物馆建设情况的汇报后说，博物馆建设对丰富人民群众文化生活，提升区域品位，促进经济社会发展，构建社会主义和谐社会具有重要作用。要充分认识加快行业专题博物馆建设的重大意义，加强领导，为加快建设进程提供保障。每个行业专题博物馆都要合理定位，充分考虑博物馆的收藏、发掘、研究、展示职能，突出地方特色，突出行业特色，让世人深入了解宁夏的民俗风情、传统文化、历史渊源和发展成果。要树立“大文化”理念，使博物馆建设服务于地方经济社会发展。

3.岩画保护工作座谈会

2007年12月6日～7日，宁夏回族自治区文物局在石嘴山市召开全区岩画保护工作座谈会。岩画所在地文物管理所、宁夏岩画研究中心、贺兰山贺兰口岩画管理处等单位的负责人参加了座谈会。自治区文物局局长陈坤作了工作报告。代表就自治区岩画保护的状况、存在的问题提出了各自的意见和建议。大家一致认为：应尽快出台《宁夏回族自治区岩画保护条例》，为依法保护管理奠定基础；应建立宁夏岩画数据库，并对已面临危险的岩画逐一进行修复性保护。

4.基本建设中的文物保护工作座谈会

2007年3月20日，银川市文物局牵头召开了银川市基本建设中文物保护工作座谈会。会议再次明确提出：大、中型工程建设要严格履行文物调查、勘探报批手续；严厉打击基本建设中存在的破坏文物的违法犯罪行为。

【长城资源调查】

根据国家文物局和国家测绘局《全国长

城资源调查实施方案》安排和要求，宁夏文物局与宁夏测绘局共同制定了《宁夏长城资源调查实施方案》。《宁夏长城资源调查实施方案》分别从工作目标、任务分工、工作内容、调查方法、组织结构、技术路线和保障机制、进度安排等多个方面对长城调查工作进行具体部署和安排，成立长城资源调查工作领导小组，完成了长城资源调查队伍的业务培训。2007年4月20日，宁夏长城资源调查工作正式展开，年底已完成青铜峡市、灵武市、中宁县、平罗县、银川市兴庆区、石嘴山市大武口区的明代长城调查。累计调查长城墙体300余公里，敌台411座，铺舍12座，烽火台373座，城堡10座，壕堑2道10569米，挡马墙2处，山险墙4处572米，品字窨1道600米，窨址1处，石场4处，宗庙遗址7处。调查行程万余里，记录调查笔记约30万字，描画草图2000余幅，拍摄照片5000余张，为宁夏明长城资源的分布、位置及保存现状取得了第一手珍贵材料。

2007年7月16日，国家文物局在银川举办了全国长城资源调查座谈会。来自长城沿线14个省、自治区、直辖市文物部门和测绘部门的领导和有关同志参加了座谈会。会上，长城沿线省市介绍了长城资源调查工作进展情况、工作经验和成绩，对遇到的问题进行了讨论。国家基础地理信息中心介绍了田野调查软件的使用情况。长城项目办从整体角度介绍了各地长城资源调查情况。国家文物局文物保护司顾玉才司长作了总结讲话。他在讲话中进一步强调了长城资源调查工作的重要性和意义，就长城资源调查工作进度、质量、经费等问题提出了明确的要求。

【考古发掘】

宁夏回族自治区积极配合国家基本建设项目，做好考古调查和抢救保护工作：组织开展了灵武市临河乡至银川河东机场高速公路扩建工程考古调查与发掘，钻探面积2万平方米，清理古墓葬5座，出土文物60余件；组织对太原－中卫－银川铁路宁夏段中宁龙坑汉墓发掘，出土大量的陶器、铜器、铁器、玉器、陶灶等文物；完成了宁东能源化工基地、太阳山供求工程、吴忠市热电厂、固原热电厂、韦州电厂改扩建、大武口电厂扩建、中宁电厂扩建、宁东新材料基地等基建工程建设区的文物的调查、勘探、复查和保护方案的制定与论证审定；对彭阳县王大户墓地进行抢救性发掘，清理墓葬14座，出土文物中有300件青铜器、陶器，200余颗绿松石、玛瑙及180余件马、牛、羊头骨等，为研究宁夏及周边地区春秋战国时期遗存的文化面貌提供了重要的实物资料；对西夏陵六号陵地面遗迹进行清理发掘，重点发掘位置有门址、门阙、角阙、陵台、神墙墙体等，发掘面积共8000平方米，出土了一批套兽、鸱吻、脊兽等陵园建筑装饰构件；组织清理同心县丁塘镇八坊汉墓6座，出土了一批骨器、铁器、陶器、漆器等器物；清理吴忠市永昌红星村唐墓3座、灰坑9座、汉代居址500平方米，出土唐代瓷器、陶器和大量汉代建筑材料；参与全国重点工程南水北调工程文物保护抢救工作，除在河南辉县赵庄发掘大型砖室和土洞墓18座，出土各类文物200余件外，还在湖北陨县上宝盖遗址进行了发掘，面积达1000平方米，出土各类文物200余件。

【博物馆建设】

博物馆建设是2007年自治区党委、政府确定的重点工程。根据“国家兴办为主并鼓励全社会参与”的博物馆事业发展方针，宁夏文物局加大对行业博物馆、专题博物馆、民办博物馆的指导力度，依法审核批准宁夏邮电博物馆、宁夏电力科技馆、宁夏回族博物馆、宁夏民俗博物馆、宁夏交通博物馆等27家博物馆的注册资格。

宁夏博物馆新馆建设工程按计划有序推进。按照自治区领导提出的“全面真实、重点突出、特色鲜明、水平一流”的展陈要求，宁夏博物馆新馆完成了展陈方案的设计，组织部署了“5 · 18”国际博物馆日宣传活动。

为了落实“三贴近”精神和满足人们认知、休闲、陶冶情操的需要，自治区各级各类博物馆共推出展览展示项目二十余个，接待国内外观众千万人次。自治区博物馆与南京博物院在南京共同举办“贺兰山下遥远的记忆——西夏文物特展”，展出西夏文物126件（套）；在天津举办“大漠上消逝的文明——西夏文物特展”，受到当地市民和新闻媒体的关注。

2007年4月2日，固原博物馆工作人员在整理文物时，发现前秦时期墓志。该墓志为灰沙岩石质，上方为圆弧形，下方为方形，由碑座和碑身两部分组成，墓志高约36厘米，宽27.5厘米。墓碑底座为长方体，四周为水纹和莲花浮雕。墓志圆形额头正中竖刻“碑志及送终之具於凉州作致”。墓志正面有隶书阳刻表文。这块墓志是宁夏回族自治区截至2007年止出土年代最早的墓志。

【文博宣传出版】

《西夏三号陵地面遗迹发掘报告》经过近五年的整理编写，由科学出版社正式出版。西夏陵的考古调查和发掘工作，始于二十世纪七十年代。3号陵是西夏9座帝陵中茔域面积最大、保存最好的一座帝陵，陵园坐北朝南，面积15万平方米。从2000年开始，分4次进行发掘。发掘工作于2001年10月结束。发掘报告共50万字，800多幅图版和200多幅照片，对3号陵出土的各类文物进行详细记录和研究。《西夏三号陵地面遗迹发掘报告》出版为西夏学研究提供了最新的参考依据，也为西夏陵其他墓葬遗址的保护提供了成功的经验和范本。

【“文化遗产日”与“宁夏长城保护日”】

6月9日，宁夏文化厅在银川市举办第二届“文化遗产日”暨“宁夏长城保护日”宣传活动，自治区领导冯炯华、曹维新等出席并发表讲话。活动中，宁夏文化厅公布首批非物质文化遗产代表名录，表彰文化遗产保护工作先进集体和先进个人，举办“文物保护有奖知识竞赛”，发放宣传资料一万余册。

新疆维吾尔自治区

【概述】

截至2007年底，新疆维吾尔自治区共有全国重点文物保护单位58处、自治区级文物保护单位377处、县市级文物保护单位2134处。共有博物馆32座，其中：自治区级1座、地市级15座、县市级16座；全区各类文博单位共收藏文物藏品144099件，其中一级品707件，举办陈列展览110个。共有文物行政主管部门17个，从业人数440人，在编人数287人（具有职称的人数116人，其中：高级17人，中级41人）；文物业机构121个，从业人数1571人，在编人数1068人，（具有职称的人数451人，其中：高级80人，中级202人）；其中：文物科研机构2个，文物保护管理机构85个，博物馆32个，文物总店1个，其他文物机构1个。文物保护事业经费投入有较大增长，从2002年起，自治区用于文物保护的专项经费每年230万元，2007年度增加到500万元，累计投入2150万元。库车县被文化部、国家文物局授予全国文物工作先进县称号。

【全区文化文物工作会议】

2月13日～14日全区文化文物工作会议在乌鲁木齐召开，自治区党委常委、宣传部部长李屹，自治区副主席库热西·买合苏提分别做了重要讲话。文化厅党组成员、文物局局长盛春寿在会上作了《抓住机遇，奋发进取，加快自治区文物事业繁荣发展》的报告。李屹常委强调要重视文化遗产保护工作，提高各族群众对祖国文化遗产保护的认识，激发公众特别是广大青少年热爱祖国、热爱家园、热爱各民族优秀文化的情操，在全社会营造保护文化遗产的良好氛围。各地要将文化遗产保护工作纳入当地经济和社会发展规划统筹安排，为新疆维吾尔自治区文化遗产的抢救、挖掘、整理和研究工作创造良好的工作机制。库热西·买合苏提副主席要求各级政府和有关部门进一步加强对文物工作的领导，落实文物保护“五纳入”的要求，促进新疆维吾尔自治区经济和社会事业的繁荣发展。自治区拟加大资金的投入力度，决定将每年区级财政拨付的230万文物保护专项资金，增加到500万元，以后随着自治区财力的增强，还要逐步增加经费投入。

【文物法制建设】

2007年3月30日，新疆维吾尔自治区十届人大常委会第二十九次会议通过了《新疆维吾尔自治区实施〈文物保护法〉办法》，6月5日，自治区文物局组织与文物保护立法有关的专家学者，就《自治区实施〈文物保护法〉办法》进行座谈讨论。自治区人大法工委、人大教科文卫委、人大法制工作委员会、政府法制办、公安厅、国土资源厅、旅游局、海关、新大法学院和自治区文博单位的学者专家参加了座谈。自治区文物局印制的《办法》维汉文本2000余册，已发送到各地各文博单位学习贯彻。配合自治区人大常委会副主任杜秦瑞率领的自治区人大常委会执法督察调研组一行赴喀什、克州、巴州、阿克苏、伊犁、昌吉等地对非物质文化遗产保护和文物执法工作进行督察调研。

【文物保护法宣传】

新疆维吾尔自治区文物局配合自治区文化厅6月9日在新疆人民剧场门前举办了以“保护文化遗产，构建和谐社会”为主题的自治区2007年“文化遗产日”系列活动启动仪式。在仪式上，自治区人民政府公布并颁发了首批各民族非物质文化遗产名录108项，第六批自治区级文物保护单位133个的标志牌。在文化遗产日及文物保护宣传周期间，自治区文物局还配合自治区文化厅组织了一系列活动：新疆非物质文化遗产摄影作品展；文化遗产宣传板报展；文物保护讲座；新闻媒体的报道采访；全疆文博系统讲解员大赛；《新疆通志·文物志》首发出版；博物馆、文物景点免费向群众开放；各地州市、县市也都组织了一系列的宣传活动。“新疆文物局网站”经过改版后，于6月15日正式运行上网，以全新的面貌对全社会开放。

【文物保护进展】

自治区级文物保护单位记录档案工作进展顺利，完成“十一·五”规划和县市级文物保护单位的统计上报工作；记录档案实施小组按照国家标准完成100余处保护单位的档案材料检查、初审整理工作，乌鲁木齐市、阿勒泰地区、博尔塔拉蒙古自治州开始实施建档录入工作。自治区人民政府公布了第六批自治区级文物保护单位共133处，第七批全国重点文物保护单位的前期组织申报工作进展顺利，协助完成了历史文化名城、名镇、名村保护设施保护规划及评审工作。《中国文物地图集·新疆分册》已由国家文物局、中国文物地图集编撰委员会组织专家完成终审定稿，待正式出版发行。自治区考古研究所基本完成《拜城克孜尔墓地考古发掘报告》、《哈密拜其尔墓地考古发掘报告》、《塔什库尔干下坂地墓地考古发掘报告》、《尼勒克吉林台墓地考古发掘报告》等考古报告初稿。

【抢救性考古发掘】

新疆维吾尔自治区文物局配合自治区大中型基本建设工程，先后组织完成了乌鲁木齐大西沟水库萨恩萨伊墓地、吐鲁番胜金乡乌堂墓地、尼勒克小哈拉苏遗址、阿勒泰喀喇塑克水库墓地、和静小山口水库墓地、尼勒克乌图兰、温泉墓地、和硕县乌斯通沟墓地、库车县友谊路墓葬的抢救性考古勘探发掘工作；在各地文物部门的支持配合下，先后进行了和田地区拟建水库淹没区、伊吾峡沟水库、哈密射月沟水库、布尔津山口水利枢纽工程、轮台五一水库施工区、呼图壁石门水库、南疆铁路吐库二线、吐尔尕特—乌恰段公路改造等水利交通工程项目的前期考古调查工作。自治区文物局配合丝绸之路新疆段重点文物保护工程，完成了高昌故城西门、大佛寺等处遗址的发掘清理工作。小河墓地考古发掘工作继2004年获得“全国十大文物考古新发现”之后，又获得国家文物局颁发的2006～2007年度“田野考古奖”三等奖。库车友谊路晋十六国时期砖墓室、哈密巴里坤东黑沟遗址被评为2007年度“全国十大考古新发现”。

【文物维修保护工程】

库木吐喇石窟保护工程二期全部结束，完成环境综合整治项目前期规划及环评报告的编制，库木吐拉石窟五连洞保护工程和新1窟、新2窟加固工程。北庭西大寺维修保护工程进展顺利，年底全部完成施工任务。国家重点文物保护单位圣佑庙和格登碑保护工程完工。完成昭苏成化寺保护维修工程。和静王爷府维修工程进展顺利。切木尔切克古墓群和三海子古墓群的保护设施建设工程启动。完成了《吉木萨尔北庭古城保护规划》的编制。《吐峪沟千佛洞保护维修方案》、《达勒特故城的保护规划》等方案编制完成，并上报国家文物局。

【丝绸之路（新疆段）重点文物抢救保护工程】

交河故城抢险加固、安全技术防范、防洪工程、高昌故城保护二期工程以及高昌故城考古清理、阿斯塔那古墓群安防、柏孜克里克石窟防洪重点项目已基本完工或开始施工。其他大遗址保护区已开始进行规划编制和勘察设计等前期工作。七个星佛寺、楼兰遗址、米兰遗址、克孜尔石窟、苏巴什佛寺、森姆塞姆石窟文物保护规划已编制完成。艾提尕尔清真寺、阿巴和加麻札文物保护规划已开始编制。克孜尔石窟安防工程、消防工程已进入施工阶段。和田地区重点抢救项目尼雅遗址、安迪尔古城、热瓦克佛寺、山普拉古墓群、麻扎塔格戍堡遗址、买力克阿瓦提故城遗址、达玛沟佛寺遗址等已基本完成。

【第三次全国文物普查及长城资源调查工作】

第三次全国文物普查工作正式部署启动。2007年7月，自治区人民政府正式转发《国务院第三次文物普查的通知》，成立自治区第三次文物普查工作领导小组并召开了领导小组第一次会议。9月，在哈密市举办了自治区第三次全国文物普查培训班，随后制定下发了自治区文物普查工作实施方案和有关标准规范。

自治区文物局与测绘局合发了《关于成立新疆维吾尔自治区长城资源调查领导小组及工作机构的通知》，40处烽火台、戍堡、驿站、卡伦等长城遗址被列为第六批自治区级文物保护单位。2007年9月，在哈密举办新疆长城资源调查培训班，对相关地、州200余人进行培训。

【丝绸之路联合申报世界文化遗产】

2007年6月，丝绸之路跨国联合申遗工作会议在乌鲁木齐召开。国家文物局、社科院以及陕西、甘肃、河南、青海、内蒙古、宁夏、新疆等丝绸之路沿线七省（区）文物局的代表参加了会议，通过了新疆的11处预备名单的提名。并就申遗机构组建和工作模式等进行了协商，申遗工作进入组织筹备阶段。8月，中国世界文化遗产专家委员会对新疆境内丝绸之路申报世界文化遗产拟认的遗产地进行了实地考察，重新确定新疆段丝绸之路的预备名单，自治区有12处（13个文物点）被列入预备名单。

自治区文物局组织各遗产地管理人员，参加了国家文物局在西安举办的丝绸之路联合申报世界遗产培训班和丝绸之路联合申报世界遗产国际研讨会；参加了国家文物局在兰州召开的申遗工作协调会。根据申遗工作计划，全面展开各遗产点管理规划、申报文本的编制工作，12处遗产点已完成申报文本的编制工作。交河故城、高昌故城和库木吐喇石窟等6处已完成保护规划并开始实施；克孜尔石窟、森木塞姆石窟和楼兰古城等文物保护单位已开始编制保护规划。

【博物馆】

吐鲁番地区博物馆、阿克苏地区博物馆、塔城地区博物馆、博尔塔拉蒙古自治州博物馆等新馆建设工程竣工。哈密地区博物馆新馆建设项目开工。和田地区博物馆、伊犁州博物馆、新疆兵团军垦博物馆、阿勒泰地区博物馆内部陈列二次改造项目全部结束。喀什地区、巴州博物馆新馆建设项目已进入论证阶段。新建、改建了一批县级博物馆。

在全面开展馆藏文物鉴定登记的基础上，全区馆藏三级以上文物档案备案工作取得阶段性成果。截至2007年止，14个地州市54个县(市)博物馆、文物管理所及龟兹石窟研究所等文物收藏单位的3177件珍贵文物档案已全部备案。自治区博物馆、自治区考古研究所等单位正在抓紧整理制作档案。完成了编撰修订《全国博物馆志－新疆分册》工作，正在着手编辑《新疆馆藏文物精品图录》。圆满完成了中国妇女儿童博物馆在自治区开展的文物征集阶段性工作。组织自治区文物鉴定委员会对全疆涉案文物进行司法鉴定，共鉴定物品951件，其中珍贵文物8件，一般文物232件。

2007年5月1日起，自治区博物馆和乌鲁木齐市革命历史纪念地管理中心的八路军驻疆办事处纪念馆、毛泽民故居、西路军纪念馆等三处景点在周日免费开放，国家文物局、中国文物报社组织的“全国博物馆十大精品陈列展览”评选中，自治区博物馆荣获“最佳服务单项奖”。5月下旬，自治区文物局组织举办了全疆文博系统讲解员大赛。来自全疆各地、州、市文博系统和自治区博物馆、龟兹石窟研究所共计53名选手参加比赛。经过大家的努力取得圆满成功。

【文物对外展出】

按照与德方签订的协议，于2007年10月～2008年6月在德国柏林和曼海姆市举办“中国新疆古代文物展”。该展览在柏林的开幕式被我国驻德使馆列为德国中国文化周的重点项目之一。与日本佛教大学共同出版《中日共同尼雅遗址考察报告》(第三卷)，根据2006年中日共同丹丹乌里克遗址联合考古的结果，拟出版《中日共同丹丹乌里克遗址考察报告》。在日本京都举办尼雅遗址、丹丹乌依里克遗址国际学术研讨会。与日本综合地球环境学研究所合作，开展小河墓地生态环境调查研究，对出土小麦等动植物标本的研究项目进展顺利。先后接待了日本、加拿大、德国的专家学者来访，并就相关合作意向进行了交流。

其他

故宫博物院

2007 年是迎接党的十七大召开、积极贯彻党的十七大精神的一年，故宫博物院以“中国特色社会主义”重要思想为指导，坚持科学发展观，围绕着保护世界遗产、弘扬中华文化的神圣使命，落实文化部调研要求，为故宫博物院事业科学发展、和谐发展提供动力和支持。全院团结一致、锐意进取、开拓创新，为故宫文化遗产保护事业和弘扬中华文化而不懈努力、积极探索，使得故宫保护和博物馆整体建设迈上了新台阶，在国内外树立了新的形象，产生了较大影响。

【古建筑保护】

1.继续认真谨慎地开展故宫保护工程

2007年的古建筑保护工作，在针对《审计署文化体育审计局对故宫古建维修专项资金使用情况的审计调查报告》中指出的问题，进行调研、总结、整改的同时，按照国家文物局领导“五一”前夕检查故宫工地时的指示和要求，故宫在认真总结前一阶段工作的基础上，在进一步树立正确的保护理念、确保工程质量、加强科学研究、规范工程管理、加强工程宣传工作、加强工程检查和报告等六方面加强工作，故宫维修工程更加严格地贯彻落实国家有关要求，以保证质量、遵守程序、严格管理、加强研究为原则，稳妥谨慎科学地推进。

列入2006～2008年的修缮项目——太和殿、太和门、神武门和寿康宫、慈宁宫、御史衙门的古建维修等处的保护修缮工作继续按计划推进。太和门自2006年10月底开始维修，到2007年末工程已进入尾声，整个建筑包括地面散水和石活修整归安基本完工，并已拆除了大部分脚手架。太和殿项目截至2007年11月底，上、下层屋面及上层檐的油饰彩画基本完工，室外部分柱子进行了油饰。因气温偏低，继续施工将影响工程质量，所以工程进入季节性停工阶段。神武门自2006年10月底开始维修，工程基本按计划施工，2007年底前可拆除建筑外围脚手架和施工围挡，改为在城台上搭设简单架子。寿康宫自2006年11月中旬开工后，所有殿座的土建部分基本完工，室内、外柱子和木装修进行了地仗，2007年冬季将进行地面用砖和窗扇的加工。慈宁宫维修项目完成了所有殿座施工架木搭设、瓦面揭落和灰背清除，周边庑房已完成对大木检修和木基层的更换等。御史衙门维修项目，部分建筑已完成揭瓦、落背，按设计要求对两座需重新复建的建筑进行了整体落架。

同时，服务于古建保护工作，继续做好古建维修勘察设计及其他有关设计任务。资料研究方面，一是配合故宫大修工程资料收集工作，二是继续进行文物资料清理、古建数据库的数据采集及数据审核工作。古建科技保护方面，在按照协议开展中美、中意合作的乾隆花园保护、倦勤斋、太和殿科技保护项目的同时，还进行了有关木制粘接材料试验、石质构件风化测试、琉璃构件保护等科技保护的研究工作。与林科院木材研究所合作进行全院古建筑木构件防虫、防腐保护工作。完成古建零修、避雷针检测、庭院管理等古建日常保护工作的阶段任务。

2.成立古建筑保护研究中心，承办东亚文物建筑国际研讨会，不断提高古建保护水平

建立故宫博物院古建筑研究中心是故宫博物院近年来的一项既定目标。2007年4月古建筑保护研究中心正式成立。它的成立，既是故宫学在古建筑研究方面的延伸，也符合国家文物局近来对故宫保护工程提出的“加强科学研究”的要求。成立古建筑保护研究中心主要是为了整合故宫博物院的研究资源与成果，并为国内外专家及学者提供合作研究与交流的平台，提高有效保护与合理利用古建筑的水平，同时培养高素质的专业人才。

2007年5月下旬，故宫博物院承办了由国家文物局、联合国教科文组织世界遗产中心、国际文物保护与修复研究中心、国际古迹遗址理事会共同主办的东亚地区文物建筑保护理念与实践国际研讨会。会议回顾了《威尼斯宪章》等一系列文物建筑保护国际文件和准则，重点探讨了东方木结构文物建筑的鲜明特点、文物建筑保护修缮的真实性、文物建筑与环境的完整性、文物建筑复建的条件和限制、文物建筑保护维修历史信息留存的延续性等。来自东西方不同国家的专家通过具体案例研究、现场考察故宫、天坛、颐和园等三个世界遗产地维修工程及听取故宫维修理念与实践的工作报告等，比较全面地了解了包括中国在内的东亚地区木结构文物建筑的特性、保存难点、保护方法，就实践中遇到的问题进行充分交流，以期寻求更为科学的保护途径。会议体现出国际同行共同审视和思索不同文化背景下不同文化遗产保护手段的多样性，对故宫博物院的古建筑保护工程具有指导和借鉴意义。会议还通过了《北京文件》附件，即《关于北京世界遗产地保护与修复的评价与建议》。该文件回答了教科文组织世界遗产中心对故宫、天坛、颐和园维修工程的质询，肯定了三个遗产地所贯彻执行的保护原则和具体执行的工程作法，会议还建议对亚洲地区的特殊油饰彩画工程进一步进行国际间交流。

【文物管理】

1.加强文物管理，确保文物安全

故宫博物院文物管理工作进一步细化，管理方式科学化，管理水平逐步提高。以确保文物安全为宗旨，增强文物安全意识，在全院业务部门进行了库房负责人、组长和主任三级管理责任人的培训及全员的操作能力训练，提高了管理水平和业务能力，并针对工作中的具体问题，补充文物藏品管理中的细节条款，新制定了6项文物安全管理实施细则。通过文物管理处组织的不定期库房检查或由部门自行实施的定期库房检查制度、部门文物安全专题会议等形式，严格贯彻落实《故宫博物院藏品管理规定》，保证了文物及文物库房的安全。请老专家结合自己的亲身经历讲授文物安全暨操作规程，并将讲座的录像资料在内网公布，便于全体文物管理人员学习掌握。进行特殊文物的实际操作训练，增强接触不同质地文物的安全系数。针对戏衣库潮湿问题，图书馆、古建部、文保科技部、工程管理处等部门联合召开专家论证会，共商解决办法。采取通风、除湿、开箱等各项措施以降低湿度，保护文物。做好古籍保护工作，积极申报全国古籍重点保护单位。

2007 年 5 月 18 日正式开通的故宫博物院文物流通与出入库管理系统促进了文物管理工作的科学化、规范化。该系统采用先进的工作流程及指纹识别技术，实现了文物利用申请与出入库流程管理的自动化和规范化，有效地缩短了文物利用业务的处理周期，为文物动态统计提供实时、准确的数据。自该系统开通之日起，故宫博物院不再使用纸质文物提单，所有文物提用业务手续（包括文物利用的申请及文物的出入库）基本上都通过系统在线完成。同时，针对系统运行以来出现的问题，着手改版完善。

2007年年底，适时召开了故宫博物院文物管理工作会议，就藏品清理验收、文物流通和出入库管理系统的改版等问题进行研讨，对一年来的文物管理工作进行总结。

2.按计划继续进行文物清理，积极推进藏品大系编撰工作

按照文物清理七年规划，继续进行各类文物的整理工作，为加强和推进此项工作，还专门成立了故宫博物院藏品清理工作审核组。自《故宫博物院 2004 年－2010 年藏品清理工作规划》实施以来，故宫博物院的库房清理工作取得了阶段性的成果。2007 年，文物管理处与宫廷部、古器物部、古书画部等业务部门通力合作，完成了2006年提交验收报告的涉及7大类共139628件文物的验收工作，并已经开始对2007年新提交的涉及8大类共 393478 件文物的验收报告中的部分进行审查。

作为这次文物清理的体现和成果，启动了《故宫博物院藏品大系》的编撰工作并积

极推进。《故宫博物院藏品大系》和《故宫博物院藏品总目》已被列入新闻出版署“十一五”国家重大出版工程。

3.多渠道征集藏品，古代与现代作品兼顾

根据既定工作思路，积极开展文物征集工作。通过接收捐赠、收购等多种方式征集藏品。现代艺术品、工艺品的征集工作成绩显著。接受了范曾、台湾画家刘国松捐赠的绘画和书法作品，宜兴9位国家级工艺美术大师捐赠的现代紫砂作品 ，美籍华人臧建心、臧武云夫妇捐赠“清代刘统勋行书唐人诗轴”，日本陶艺家林恭助捐赠“曜变天目碗”以及第29届奥运会组委会捐赠的“中国玉福娃”等。还收购了《明朱元璋、朱厚熜书法合卷》。

4.配合展览进行文物修复，积极开展文物保护科学研究

2007年的文物保护工作，一是配合故宫博物院展览进行文物保护和修复，同时也为其他博物馆提供修复帮助，派遣专业技术人员赴台湾、新疆等地帮助解决文物保护修复技术难题；二是深入开展关于文物保护的科研课题攻关。如古陶瓷检测研究实验室承担的国家“十一五”重点科技支撑项目“古代建筑琉璃构件保护技术及传统工艺科学化研究”、地库空气质量的监测与治理、古建科技保护工作、纺织品的保护处理、利用X射线探伤装置对青铜器进行鉴定和研究、壁画和彩塑的保护研究、青铜器修复传统拼接技术的科学化研究等。其中，古陶瓷检测研究实验室承担的国家“十一五”重点科技支撑项目全面展开，已完成安徽、辽宁、河北、山西、北京、湖北、江苏、广东、福建等地古代建筑琉璃病害调查和相关的样品采集；完成了部分紫禁城古代建筑琉璃构件元素组成的定量分析、显微结构分析、物相种类的定性分析等工作；开展了古代建筑琉璃构件数据库的软件研发工作；开展了古建筑琉璃构件剥釉机理研究，施釉复烧工作取得阶段性结果。4月19日召开了项目专家咨询会，与会专家和国家文物局领导听取了项目组的工作汇报，10月29日、11月10日，课题组向国家文物局和国家科技部提交了课题进展情况简报和年度执行情况报告，12月8日，向科技支撑项目第三方评估咨询机构汇报课题进展情况。为了配合古器物部陶瓷真伪鉴定工作，成立了古陶瓷真伪鉴定工作小组，开始以无损检测的方式对古陶瓷进行综合性的分析测试研究。

【安全保卫与开放管理】

2007年的安全和开放工作以迎接奥运为契机，不断强化安全保卫和文明开放意识，建立和健全安全保卫和开放管理的工作制度，改进和完善安防基础配套设施，努力营造和谐优质的参观环境，实现了全年安全无事故和正常开放的目标。全年接待观众970万人次，同2006年相比增加了93万人次，增长达11% 。

2007年，故宫博物院被评为国家5A级旅游景区，被北京市消防局评为“消防安全先进单位”（已经连续19年），还被北京市旅游局评为“首都平安旅游景区”。

1.抓好日常安全管理，确保重点时段及大型活动的安全

1月下旬召开了2007年度全院第一次安全工作会议，对2006年度的安全工作进行总结，并部署2007年的安全工作任务。严格落实安全责任制度及安全管理工作各项制度，以消防演习和培训等方式，对安全知识宣传教育常抓不懈。通过成立治安管理科以及警卫队加强查禁力度等方式，加大对非法小广告的整治力度。

根据上级和有关部门要求，结合故宫博物院实际情况，积极做好“两节”、“两会”、“五一”、“十一”以及党的十七大等特殊时段以及国宾接待等在故宫博物院举办的一些重要的外事、文化活动的安全保卫工作。在“五一”、“十一”前夕，在坚持院领导带队进行安全检查、召开全院动员会、制定观众接待方案、安全工作预案和应急工作方案等例行工作和做法的同时，开放管理处还特意设计了观众参观路线疏导示意图以疏导观众有序参观，避免拥堵和出现混乱。正因如此，虽然2007年5月2日的观众人数(11.48万)创下近几年来的新高，但是由于领导得力，组织严谨，调控及时，措施得当，参观秩序好于往年。

2.维护、保养和配置安全设施，加强硬件建设

在进行安全设施的日常维护的同时，进行安全基础设施的配套建设，如地库配电室增容改造、地库一期消防系统升级工程，完成了人事处档案室新装防火防盗报警系统，新增设了文华殿东西配殿报警系统，为御茶膳房前端、珍宝馆南北门售票处和计财处点钞室加装了预警探测器及摄像机等。中轴线西侧防盗报警工程已经于2007年4月20日竣工并开始试运行。关于地库视频监控工程，已经做好了施工前的各项准备工作。

3.以奥运为契机，在开放中树立并提升故宫形象

推广故宫博物院视觉形象系统，积极开展院容整顿，统一宣传推广工作，带动接待服务水平全面提升。

持续开展对职工的培训教育，提高职工素质，努力提高开放管理水平。2007年初，利用淡季分批对职工进行了“强化窗口意识，迎接奥运召开”的培训学习，以“北京奥运会窗口行业员工读本”为教材对职工进行培训，提高职工岗位责任意识。同时，通过实地观摩以及观看录像等方式，进行服务接待的文明礼仪培训。通过文明服务巡查，针对院容景致、安全施工、文明经商、标牌管理、环境卫生等内容提出问题及合理化建议，促进相关问题的及时解决。

【藏品展示与公众服务】

1.策划举办特色展览，弘扬中华优秀文化

故宫博物院藏品种类丰富，数量众多，这是故宫博物院的资源优势。建设世界一流现代化博物馆，必须发挥故宫博物院藏品优势，从各种角度、不同层面进行策划，形成藏品的有机排列组合，在千变万化的展品中体现出展览主题和创意，弘扬优秀传统文化。同时，故宫博物院也注意介绍引进国外展览，在交流合作中，提高故宫博物院展览水平，提升故宫博物院国际知名度和影响力。随着近些年展览数量的急剧增加和展览的规范化要求，适时召开了故宫博物院展览工作会议，总结和回顾多年来的展览工作，并制定了《故宫博物院陈列展览工作管理办法》、《故宫博物院涉外展览管理办法》。

2007年共举办展览29个，其中院内展览14个（含引进展览5个：“英国与世界——1714−1830”、“回归与超越——范曾书画作品展”、“宇宙心印：刘国松绘画一甲子”、“中比绘画500年展”、“西班牙骑士与艺术展”），赴外展览11个（庆祝香港回归十周年，应香港特区政府的邀请赴港举办“国之重宝——故宫博物院藏晋唐宋元书画展”。作为中俄文化年活动之一，故宫博物院赴克里姆林宫举办了交换展“故宫博物馆藏珍品展”。赴比利时的“中比绘画500年展”。赴日本的“北京故宫博物院展”、“故宫宫廷文物展”、赴澳大利亚新南威尔士艺术博物馆的“晶莹的世界——故宫藏中国古代玉器展”、赴澳门艺术博物馆的“天下家国——以物证史故宫专题文物特展”、赴意大利科尔索博物馆的“皇家韵致展”等)。赴河南、深圳、普洱、上海豫园举办展览4个（赴河南“金色王朝——故宫御用金银器特展”、赴深圳“华夏遗珍——故宫博物院藏玉器特展”、赴普洱“百年贡茶回归普洱展”），还有一些参展项目。

这些展览，有的是反映故宫特色宫廷文化的，如清宫春节题材画展、天府永藏展中的“清宫写经”以及官样御瓷展等；有的是配合国家文化外交或者重大庆祝活动，如赴克里姆林宫举办的展览、赴香港的展览；有的是故宫博物院近年来密切与国际著名博物馆联系的强强联合的战略的继续，如引进大英博物馆的展览；有的是围绕故宫博物院藏品征集而举办的，如范曾展、刘国松展等。在展览推介上，围绕一些重点展览，通过举办新闻发布会和媒体记者参观专场、广告宣传、开幕式、展览研讨会、开发展览自动讲解器、在展厅播放展览短片、触摸屏点播以及出版展览图录等，全方位进行展览推广。

已着手筹备的院内展览有保东庑古建与典制结合的宫阙溯往展、午门的锦衣霓裳展，体仁阁及其以南庑房的“皇家车轿展”，“盛世琳琅——故宫藏乾隆朝玉器精品展”以及皇极殿原状展览、养性斋原状展览等 。继续进行文华殿新“陶瓷馆”、慈宁宫“雕塑馆”的筹备工作。同时还在筹备赴国内相关省市博物馆以及赴外举办展览。

2.举办多种形式的宣教活动，引导公众了解博物馆和文化遗产

以“国际博物馆日”、“文化遗产日”为契机，积极探索，突出优势，联合中央电视台、北京市文物局等推出具有民族优秀文化底蕴的特色文化活动，架设起祖国传统文化与广大公众心灵沟通的桥梁。根据2007年“5·18博物馆日”主题“博物馆和共同的遗产”，结合故宫博物院实际情况，策划实施了系列宣传活动：联合央视进行故宫博物院大型现场直播、成立故宫博物院青少年活动中心、邀请海淀行知打工子弟学校的500多名免费进故宫参观活动、故宫志愿者讲解宣传活动以及与北京市文物局共同策划实施的“5·18国际博物馆之夜”大型庆祝活动。文化遗产日期间，也举办了一系列的讲座，如郑欣淼院长应北京市文物局之邀作了“故宫与皇城文化”的专题讲座、邀请国家文物局有关领导讲授“中国博物院现状与发展之思考”等。通过系列活动，扩大宣传，使公众关注博物馆，加深对世界文化遗产的认识。

继续举办“永远的故宫”系列讲座，2007年故宫博物院专家学者先后赴北京大学、清华大学、北京师范大学、中国人民大学等高校举办文化讲座，内容涉及故宫在当代的意义、清代皇帝生活、紫禁城书画、美国博物馆、英国博物馆等，受到学生们的普遍欢迎。

有计划地开展了大规模观众调查工作，以期更好地为公众服务。从2007年6月开始，分四阶段开展故宫博物院有史以来的规模最大、时间最长的观众问卷调查，共收到有效问卷4万余份。这次活动旨在详细了解来院观众的人员结构、个体信息等基本情况，初步统计出一天各个时段的观众流量、观众不同的教育背景和职业划分、参观故宫的目的，为以后更好地做好公众服务工作提供了依据和参考。

志愿者工作在总结积累中不断拓展。继续开展“共享故文化，恢弘紫禁光”——紫禁城文化进社区暨故志愿讲堂活动同时，招考了第二批故宫博物院英语志愿者，现共有英文志愿者14人。还开展了对新志愿者的培训和考核工作，培训结束后，对进行新志愿者进行了上岗前的讲解考核。志愿者全年为观众义务讲解服务时间约1.2万小时，听众人数达7万。同时，针对明年奥运会的召开，启动了外籍志愿者的招募工作。

3.多方面努力，积极主动地做好公众服务工作

在进行参观导引讲解、广播找人、免费轮椅提供等日常服务工作的同时，还在北门售票处尝试安装了电子公告信息屏，经过调试已投入运行，午门售票处电子信息公告屏的安装基本完成。做好参观路线标识牌的日常维护和管理工作，根据需要及时更换调整标识牌。以人为本，积极探索无障碍通道的建设。午门和神武门之间，设有专用坡道供残疾人通行。在午门城楼和三大殿等重要地段，专门配置了残疾人升降器和爬楼车。

在经营网点规划中，经过市场调研、观众问卷调查，综合故宫的实际情况，形成了《故宫经营网点布局研究报告》，为整治工作提供了参考。妥善解决了在社会上有较大影响的星巴克问题。完成了九卿房、养心殿区域等一批经营网点的改造，经营环境有较大改善，为观众提供了良好的消费场所和更好的游览氛围。先后制定了经营准入、商品准入、加强院内食品销售安全的相关规定，规范了院内经营活动秩序，为观众提供规范的消费环境。同时，还开展了"故宫""紫禁城"驰名商标的续展工作，并制定了《故宫博物院商标管理办法》，积极推动文化产品开发，保护和充分利用故宫博物院的无形资产。利用社会力量和资源，采取多种形式与其他公司进行合作，注重文化含量，开发出了具有故宫特色的商品百余种，不仅丰富了商品的种类，而且提高了商品的文化内涵。围绕树立故宫形象、做好文明服务等工作，文化服务中心通过开展百日文明服务活动及每周两次的故宫知识、文明服务、英语知识等方面的系列培训学习，文明服务意识进一步加强。

【学术科研与出版】

1.规范管理，加强学术交流，提升故宫学术地位

继续以故宫学为指导，召开了故宫首届科研工作会议，建立健全科研管理的规章制度，提高管理水平。通过召开第12届国际清史研讨会、第一届清宫典籍国际学术研讨会、策划召开明清宫廷史和故宫学座谈会、以整合学术资源，展示故宫学术的开放性和包容性，进一步提高故宫博物院的学术地位和学术影响力。

同时，为院内研究人员搭建学术交流平台，加强业务部门不同专业间的互动与启迪，连续举办了12期学术沙龙。继续开展学术合作项目。3月～5月，与浙江省文物考古研究所、德清县博物馆合作——发掘浙江省德清县火烧山原始瓷窑址，完成考古工地的前期发掘工作。与四川省文物考古研究院合作赴甘孜地区考察大小金川战役遗迹。认真做好《故宫博物院院刊》、《故宫学刊》等的编辑出版工作。

古陶瓷研究中心对自成立以来的各项工作进行了总结，编辑出版了《故宫博物院古陶瓷研究中心工作总结（2005年10月－2007年9月）》。完成了对浙江省古陶瓷窑址的调查、复查。开展了以"故宫博物院购藏的一件青花高士图罐的年代研究"为课题的小型课题研究。

古书画研究中心研究员以担任策展人或者顾问的方式，参与组织"中比绘画500年展"和"清初龚贤及其传派绘画展"。中心研究员多次赴台湾台南艺术大学中国美术史研究所、美国檀香山艺术博物馆以及香港城市大学中国文化中心讲学。同时，中心研究员还赴台北故宫博物院、香港艺术馆等参加学术会议并进行学术演讲。

故宫博物院知名专家不仅承担着院内的科研学术任务，因其突出的专业能力，他们多应邀参加国家级的科研项目，或作为国家鉴定委员会委员鉴别藏品真伪，或受国家重委赴外考察，或进行讲学指导，或主持大型书目的编纂等等。这体现各界对故宫博物院专家的肯定和对故宫博物院学术科研水平的认可，扩大了故宫博物院的学术影响。

针对故宫博物院古建大修、文物鉴定及在博物馆学方面急需人才的情况，借用中国艺术研究院等社会教育资源，为故宫博物院发展培养专门人才。将以往师徒传授转变为通过国家考试、由故宫博物院学者承担业务培养硕、博士生的形式。完成了2007年度的录取工作和2008年度培养计划的调研工作。通过2007年全国硕、博士生考试，故宫博物院共录取了6名硕士生，1名博士生。还与首都师范大学就藏传佛教研究和人才培养签署合作协议。

2.明确发展思路，调整出版结构，努力争取社会和经济效益的双赢

2007年制定的《关于紫禁城出版社今后一段时间内工作的基本思路》提出了制定一套好战略，培育一批经济增长点，打造一套

好机制，营造一个好氛围的发展战略。确定围绕三大板块(宫廷生活、古建文物艺术、明清历史)、四个点(大众收藏、大众旅游、自费出书和名家书稿)来组织策划，培育新的经济增长点，在做精、做特上下功夫，创品牌，争效益。“紫禁书系”第3批《明代玉器》等5种已经出版，保持了故宫学术创新的特色。新创立的3个系列《故宫经典》、《故宫收藏》、《故宫藏品》，思路独特，装帧新颖，令人耳目一新。《故宫经典》系列第一批推出《故宫珍宝》、《故宫建筑图典》、《故宫建筑内檐装修》、《清宫生活图典》、《清代宫廷包装艺术》，广受赞誉，索求者纷至沓来。《故宫收藏》丛书推出6种，即《青铜器》、《铜镜》、《佛像》、《古代陶俑》、《钟表》、《宜兴紫砂》，受到收藏界和出版界的关注，台湾艺术家出版社已经与出版社签订版权合作合同，前景看好。

2007年紫禁城出版社出书64种（套），再版2种。《故宫百科全书》、《书画鉴定与研究》、《故宫博物院藏品大系》、《故宫博物院藏品总目》被新闻出版总署列为“十一五”国家重大出版工程。《故宫古琴》第57届美国印制大奖金奖;《国宝的故事》在全国十佳文物图书的评选中获“最佳普及读物奖”;《清朝皇帝列传》(插图修订本)、《清朝皇陵地宫亲探记》、《中南海史迹》被文化部选入“送书下乡工程”。

出版社还利用编纂《紫禁城文化》丛书的机会，与中国紫禁城学会一道，举办“紫禁城文化论坛”。邀请铁凝、冯骥才、李学勤、刘梦溪、阎崇年、熊召政来故宫博物院，宣讲他们心目中的紫禁城文化，引来新闻媒体的广泛关注，使故宫再次成为各界关注的文化热点。

【数字故宫】

以信息化建设促管理，并充分利用现代科技手段向公众提供文化服务。高度重视信息化建设，以此促进管理水平的提高，同时尽最大力量为公众提供高质量的文化服务，满足公众日益增长的精神文化需求。

以信息化带动博物馆管理水平的提高。按照工作计划圆满完成了信息化管理工作平台的建设和维护升级工作，实现了《人力资源及统一身份认证系统》、《院行政档案管理系统》、《图纸资源利用系统》、《视音频资源信息系统》等7个新建系统的上线运行。自2005年开通信息化办公平台以来，不断增加新的功能，大大提高了办公效率，此系统的3.0版已开始酝酿。2007年上半年，文物流通与出入库管理信息系统、精修影像工作系统正式开通运行，标志着文物管理工作迈上了新的台阶。完成了收藏在第一历史档案馆的《奏案》和《奏销档》的采集工作，已经全部上线，以支持古建维修工作。还开展了建设《财务管理系统》的需求调研工作，计划在2008年适当的时候在办公网上实现采购申请、审批工作流程。按照故宫博物院信息化系统建设框架的规划，文物帐务管理、古建信息管理、人力资源管理和财务管理四个核心数据库的建设成功，将为实现真正意义上的全方位信息化管理奠定基础。

2007年新开展的信息化建设中心工作是推进文化展示信息平台的建设，主要包括网站、太和门观众导览系统、文华殿陶瓷馆和武英殿书画馆两个电子展示系统的建设以及安装在中左门、中右门、后左门和后右门的游客信息服务显示屏建设、西南崇楼故宫知识课堂项目与美国IBM公司合作开发的《超越时空的紫禁城》项目等。为了配合2008年奥运，还策划了《紫禁城里的运动会》专题节目，在网站和院内主要观众通道的触摸屏上播出。同步进行各类影像和文物拍摄、视频采集等资源数据的采集以及硬件设备维护等日常工作。

故宫博物院与日本凸版公司合作建设的数字化应用技术研究所在虚拟现实技术的应用研究工作，2007年主要从发布技术改造和新节目制作两个方面展开工作用PC机集群代替SGI工作站支撑三维模型的实时演示已经成为可能，2007 年也开始了技术移植工作。这项工作已经初步完成，开始完善将演播系统安装到陈列室去的相关技术细节。新节目制作方面主要是开展了《养心殿》节目的制作。

【对外交流与合作】

1.继续加强与世界著名博物馆之间的联系、交流与合作

到2006年年底，故宫已经与世界四大著名博物馆确立起全面合作关系。2007年6月，又与德国德累斯顿艺术品收藏馆签订了全面合作意向书。根据与这些著名博物馆达成的协议和意向，故宫博物院着手与合作方互办展览、开展专业人员互访交流。与法国卢浮宫达成2008年来故宫博物院举办“拿破仑一世展”的协议；与德国德累斯顿艺术品收藏馆达成于2008年8月来故宫博物院、2009年春季赴德累斯顿合作举办“萨克森宫廷与紫禁城展”，定于2009年10月～12月赴大英博物馆举办故宫博物院的“钟表展”。

同时，故宫博物院也派出专业人员赴大英博物馆、澳门艺术馆等处研修学习、进行学术交流。继续接收来自美国耶鲁大学和香港三所大学的9名实习生到相关部门实习。

2.中外合作的文物科技保护项目在继续推进

与美国世界建筑文物保护基金会合作的倦勤斋保护项目，进入设备安装阶段。宁寿宫花园保护项目，前期研究勘察工作已启动。中意合作太和殿项目保护方案（宝座清洗、油饰彩画、石质、内墙面等保护项目）以及援藏项目夏鲁寺维修保护方案设计已经完成并上报国家文物局审批。

故宫博物院与日本冲绳教育委员会合作的“故宫藏琉球时期文物共同调查项目”，经过双方3年多的共同努力，于2007年3月圆满结束，共调查确定故宫藏琉球相关文物110余件。与德国马普科学研究会科学技术史研究所签署合作协议，合作开展《宫廷对技术发展的推动》科研项目，填补了故宫博物院科学技术史研究的空白。

总的看来，紧密围绕保护文化遗产与弘扬中华文化的神圣使命，故宫博物院在古建修缮、藏品管理、安全保卫与开放管理、陈列展览、为公众服务、学术研究与出版、对外交流与合作等方方面面都付出了积极的努力，进行了有益的探索，为弘扬中华文化作出了应有的贡献。同时，故宫博物院也正在紧密结合十七大精神，尤其是关于文化事业发展和遗产保护与弘扬工作的新论断、新要求，认真落实文化部要求，开展故宫保护与博物馆建设的全面协调可持续发展的调查研究。把历史文化遗产融入现代社会生活，在保护中利用，促进故宫保护、弘扬中华文明同培育民族精神、拓展国家软实力紧密结合，为推动社会主义文化大发展大繁荣、增强中华文化国际影响力积极探索。

中国国家博物馆

【重大科研课题】

2007年，中国国家博物馆积极推动学术研究项目的申报和管理，在国家社科基金和部级课题科研项目立项方面都取得显著成绩。《唐代内附民族研究》课题获国家社会科学基金赞助。这是中国国家博物馆第二次荣获国家哲学社会科学基金课题立项。《国家博物馆数字化资源在创意产业中的运用》获“2007 年度文化部文化艺术科学研究项目”立项。这是中国国家博物馆在文化部部级科研立项上零的突破。2007年度中国国家博物馆还办理了国家文物局《北大红楼历史沿革考证》科研项目的延期申请和《中国符节牌》项目的结项工作。

中国国家博物馆文物科技保护部完成与其他单位共同承担的国家科技部“十一五”科技支撑项目“大型铁质文物综合保护研究”、“考古现场移动实验室”的年度汇报(第三方评估),递交了国家文物局“馆藏金属文物保护方案编写规范”等课题的终审稿,继续进行国家文物局“金银器保护综合研究”课题,申报了国家文物局“铅锡器保护研究”并已通过专家论证。申报国家文物局“可移动文物修复资质”、“可移动文物技术保护设计资质”。

根据国家科技奖励办公室和国家文物局的要求,中国国家博物馆组织落实 “2007年度国家科学技术奖励推荐工作”和对“文化遗产保护技术创新项目建议的征集”工作。组织了文化部教科司《关于征集2008年度国家社会科学基金艺术学项目建议选题》工作,提交《胡锦涛和谐文化思想研究》等建议选题四个。中国国家博物馆还完成文化部教科司《第二届文化部创新奖案例汇编》的文稿征集工作。

【考古发掘研究】

2007年,中国国家博物馆田野考古成绩显著。3月,甘肃礼县考古发现被评为“2006年中国十大考古发现”之一,并于9月获得了两项“全国田野考古奖”。秦文化考古队在甘肃礼县和张家川县继续进行田野考古工作。晋南考古队对山西运城的周庄遗址进行了全面钻探,钻探面积约140万平方米,发现了大量重要遗迹现象。山西忻州考古队与山西考古所合作,对忻州滹沱河流域进行了拉网式调查,调查总面积约900平方公里,新发现各时代的遗址140余处。

2007年,中国国家博物馆水下考古开展了西沙群岛“华光礁Ⅰ号”沉船遗址抢救性发掘,这是中国水下考古有史以来,筹备最好、实施最严谨的一次水下考古发掘实践。此次发掘工作时间为55天,总潜水时间约30万分钟。出水文物近万件,陶、瓷器占绝大部分,其中不乏精品。10月下旬开始,开展福建平潭大练岛元代沉船遗址抢救性发掘工作。与宁波市文物考古研究所合作,开展东部舟山群岛海域水下文物普查工作,主要任务是对舟山群岛西部的灰鳖洋海域进行水下考古声纳探测和潜水探摸。并与青岛市文物局合作开展青岛沿海水下文物普查。6月5日~9月26日,成功举办了“第四期全国水下考古专业人员培训班”。参加此次培训的学员有11人,学员分别为来自全国各地的文物工作者,并为肯尼亚培训2名水下考古专业人员。

2007年,中国国家博物馆遥感与航空摄影考古开始实施“古代丝绸之路遥感考古研究”项目,共进行了继陆地草原丝绸之路项目后的南方丝绸之路和海上丝绸之路遥感考古的前期调查和资料收集整理等工作。中国国家博物馆与中国科学院遥感应用研究所合作,发挥遥感考古联合实验室的优势,承担开展了科技部与国家文物局重点科研项目——“空间信息技术在大遗址保护中的应用研究——以京杭大运河为例”。与内蒙古文物考古研究所合作,继续开展内蒙古西部地区古代大型遗址遥感考古调查项目,对巴丹吉林沙漠地区古代遗址、岩画进行了调查,共发现10余处新石器时代至青铜时代遗址,填补了巴丹吉林沙漠地区文物考古工作的一项空白。

【博物馆】

1. 中国国家博物馆文物搬迁和办公楼搬迁

中国国家博物馆搬迁工作从2006年12月11日正式开始,至2007年2月15日基本结束。在文化部、国家文物局和北京市领导的关心下,在各有关单位和部门的大力支持下,中国国家博物馆职工经过67天的艰苦奋战,圆满、顺利、安全地完成62万件文物和70万册图书的搬迁工作。

为了保证文物和办公楼搬迁工作的顺利

进行。中国国家博物馆成立了搬迁工作领导小组，下设文物库房搬迁指挥部、办公楼搬迁指挥部和物资处理小组，明确了各自职责，制定了科学周密的文物搬运方案和文物搬迁安全保卫方案。为了确保文物搬迁的万无一失，定期对每一辆参与文物运输的车辆进行安全检查，对每一个参与文物搬迁工作的人员进行安全教育，从每一细小环节杜绝安全隐患。并根据北京市公安局的要求，动用武警官兵武装押运760人次，动用开道警车300余车次。整个搬迁过程共使用运输车辆461车次。

2．中国国家博物馆改扩建工程动工仪式

2007年3月17日上午10时，中国国家博物馆改扩建工程动工仪式隆重举行，国务委员陈至立出席了动工仪式。文化部部长孙家正，国家发展改革委副主任张茅，文化部副部长周和平，国家文物局局长单霁翔，北京市副市长陈刚，财政部部长助理丁学东，中国国家博物馆馆长吕章申、党委书记潘震宙等领导出席动工仪式并与国务委员陈至立共同为改扩建工程动工纪念石培土。改扩建工程动工仪式具有历史性的象征意义，标志着中国国家博物馆改扩建工程建设正式开工。

2007年是中国国家博物馆改扩建工程全面展开的一年。一年中国家博物馆共组织召开建设方例会45次、设计方案汇报会15次、设计方案专家论证会14次、设计例会21次、监理例会14次、安全周检例会23次、签订正式合同文本8份。

3．中国国家博物馆2007年改扩建工程重要纪事

1月11日，改扩建工程办公室第1次建设方例会讨论“国家博物馆改扩建工程搬迁工作方案”，协助馆搬迁指挥部做好文物搬迁的有关工作。

1月23日，召开展厅空调、特别重要负荷专家论证会，研究展厅空调有关问题。

1月24日，召开展厅结构方案专家论证会，7名国内知名专家参加论证会，主要解决结构、机电设计中的一些原则难题。

1月30日，开展“招标代理单位”的比选工作，由5名工程管理类专家组成比选评审委员会，在驻部监察局、馆纪检监察审计办公室人员的全程监督下，由排序第一的“中建精诚招标代理公司”中选。

2月2日，召开“老馆拆除方案”专家论证会。5名拆除专家及北京市建委的领导参加，会上专家对拆除单位编制的拆除方案的可行性表示认可。

2月15日，召开“中国国家博物馆文物撤离后有关问题协调会”；中国国家博物馆大楼西侧围挡、古树移植项目进行公开招标，北京城建集团有限责任公司为西侧特殊围挡项目的中标单位，北京世纪经典园林绿化有限公司为古树移植项目中标单位；召开大楼拆除工作公安、消防、交通、城管协调会，会上通报了中国国家博物馆拆除工程的进度、安全、环保等措施方案。

2月28日，《国家博物馆改扩建工程设计方案和投资概算》上报国家发展和改革委员会。

3月14日，国家发展和改革委员会评审中心组织中国国家博物馆工程项目评审专家组成员来馆视察，馆长吕章申、副馆长兼改扩建工程办公室主任周志强会见了专家组成员。

3月17日，中国国家博物馆改扩建工程动工仪式隆重举行，标志着老馆拆除工作全面开始。动工仪式由周志强副馆长主持，国务委员陈至立出席，吕章申馆长代表国家博物馆致词。

3月20日～21日，改扩建工程办公室配合国家发展和改革委员会投资评审中心组织《初步设计和概算》专家评审会；周志强副馆长3月20日主持召开“进一步加强和规范中国国家博物馆工程招标工作”专题会。会议制定了国家博物馆加强招标工作规范性的《八条措施》。

3月22日，北京市规划委员会对国家博物馆改扩建工程设计方案予以批复。

3月23日，中国建筑研究院与德国GMP国际建筑设计有限公司就中国国家博物馆工程初步设计、建筑面积等问题进行汇报。馆长吕章申、副馆长兼改扩建工程办公室主任周志强听取了汇报并做了指示。

3月30日，经中国国家博物馆与公安部多次协调，中国国家博物馆用地范围内原公安部建筑物全部拆除完毕。

4月2日，北京市招标投标办公室正式批准关于中国国家博物馆加固工程总承包特级资质的等级设定。

4月3日，中国国家博物馆召开老馆保护性拆除工作协调会。会议对2005年签订的拆除合同(附有保护性拆除物品的清单)，进行了重新的认定。会议要求：保护性拆除的物品由保管二部负责登记造册，严格办理移交手续。

4月14日，老馆东北侧围挡施工开始。

5月14日，通过公开招标，排序第一的“北京双圆监理公司”为国家博物馆改扩建工程监理的中标单位。

5月19日～20日，召开“中国国家博物馆建筑设计专家研究会”，邀请国内建筑、装饰及文博界的知名专家出席了会议。专家们就中国国家博物馆建筑平面功能的调整、装饰设计方案、老馆外窗改造等问题进行讨论并提出宝贵意见。

5月30日，中国国家博物馆邀请3名设计大师，重点对建筑物外檐口，西入口大厅楼梯等设计方案进行了交流。专家一致认为，中国国家博物馆新馆外观设计工作应本着“建新如旧，浑然一体”的设计原则，开展深化设计。

5月31日，副馆长周志强在第19次建设方例会上就改良未来展厅保安工作模式进行了专题研究。

6月11日，召开《国家博物馆改扩建工程老馆外窗形式专家论证会》。会议邀请了国内4名建筑、幕墙、文物保护方面的知名专家，根据本项目的特点，在综合考虑外窗各方面因素后，专家一致认为单层窗适用本工程，建议尽快完善单层窗的方案，并通过制作样窗试验来检验其各项性能指标，是否达到节能规范要求。

6月18日，建研院/GMP设计联合体、德国ABA顾问公司就新馆外檐口及立面设计、入口大厅、展厅布局、园林景观、学术报告厅、演播厅、数字影院等工艺设计问题进行了汇报，馆领导及邀请的4位专家出席了会议。

7月12日，中国国家博物馆召开会议，审议并原则同意修改后的“国家博物馆改扩建工程合同网络图”。会议要求国金项目部根据法律顾问提出的意见作进一步修改完善，报馆领导审定后执行。

7月18日、20日，通过公开招标确定的老馆加固施工单位“中建集团总公司”及基坑施工单位“北京城建集团责任有限公司”进驻现场，开始进行施工前的准备工作。

7月23日，国家发展和改革委员会正式批复“国家博物馆改扩建工程项目初步设计方案和投资概算”，标志着中国国家博物馆改扩建工程总概算确定。总投资为250316万元；中国国家博物馆老馆建筑物拆除工作全部完成。

7月30日，周志强副馆长主持召开会议，研究“古代中国”专题展览展厅的位置，“复兴之路”大型展览的展陈对建筑设计的要求以及文物运输通道等问题。

8月2日、4日，建研院/GMP设计联合体就入口大厅，主题大厅精装修，檐口及外立面效果设计方案向馆领导做了汇报，馆领导明确提出了修改意见和方向。

8月3日，召开老馆加固、基坑工程施工期间安全保卫协调会。

8月7日，双圆监理公司组织召开了基坑支护、降水、土方施工方案专家论证会。与会7名专家对北京城建集团编制的基坑支护方案给了较好的评价，并提出了5点修改意见，方案修改完善后上报改扩建工程办公室审定后实施。

8月19日，中国国家博物馆改扩建工程新馆基础开挖仪式隆重举行。

8月27日，国家机关人防办公室主持召开了中国国家博物馆人防设计方案专家论证会，原则同意设计单位所做的方案。

9月4日，改扩建工程办公室下发了《国家博物馆关于加强改扩建工程安全管理工作的通知》。通知中要求监理公司和项目管理公司要充分发挥作用，加强对安全施工方案的审核，从技术上，组织上和管理上保证施工和人员的绝对安全。

9月4日，召开国家博物馆改扩建工程安全防范设计方案专家论证会。会上专家经过充分沟通和交流，提出了许多意见和建议，设计单位表示尽快修改完善后上报改扩建工程办公室审核。

9月11日，经文化部指定的中国国际工程咨询公司和北京国嘉联合会计师事务所完成了中国国家博物馆文物保护中心建设工程竣工财务决算审计工作。该项目结算审计结果得到文化部计财司的表扬。

9月14日，在改扩建工程办公室第34次建设方例会上，馆长吕章申要求监理公司督促中建总公司做好分包单位的协调管理工作，抓好各项安全措施的落实。

9月26日，北京市消防局会同北京市规划委员会主持召开了中国国家博物馆改扩建工程消防专家论证会。共有7名专家出席会议，经过充分分析和讨论，认为《国家博物馆改扩建工程消防性能化设计报告》论证合理，《国家博物馆改扩建工程消防性能化设计复核评估报告》评估及复核可行。

10月10日，召开“国家博物馆改扩建工程电梯专家论证会”，专家认为：除4部观光电梯需要进口外，其余均可国内生产。

10月16日，改扩建工程办公室召开中国国家博物馆新馆文物管理区装修做法专题讨论会，馆保管部门对设计单位提交的文物管理区装修做法（包括文物库房区、库前区地面、墙面、吊顶等材质及做法）形成了一致意见。

10月18日，《中国国家博物馆改扩建工程老馆外窗及石材幕墙工程》资格预审工作完成。

10月18日，《中国国家博物馆改扩建工程总承包》资格预审工作完成。

10月19日，老馆三樘样窗全部安装完毕。

10月22日，周志强副馆长率领改扩建工程办公室、项目管理公司、设计单位相关人员到现场审看样窗，最终确定以2号样窗为基础继续深化设计。

10月30日，馆长吕章申、副馆长兼改扩建工程办公室主任周志强听取建研院／GMP设计联合体就老馆与新馆相接处墙面的做法、新馆顶层（34.5米）展厅平面调整方案及展厅、公共区域装修的标准等问题汇报，并到现场察看了新制作的老馆样窗。

11月7日，周志强副馆长在第41次建设方例会上传达了中共中央政治局常委李长春同志审定大型展览“复兴之路”的指示精神。为落实长春同志的指示精神，改扩建工程办公室立即对各参建单位进行了协调，对工程工期进行了重新的排定，努力克服各种困难，把原计划展陈“复兴之路”的老馆建筑部分加快施工进度，争取2009年6至8月份施工完毕，留下2至3个月布展时间，争取60年国庆前夕开展。

11月16日，改扩建工程办公室组织召开中国国家博物馆冰蓄冷专家论证会，根据专家论证会的意见，中国国家博物馆改扩建工程蓄冰设备优先选用盘管方式；改扩建工程办公室组织召开中国国家博物馆改扩建工程文物库房等部位防水方案专家论证会，专家一致认为：设计单位提交的中国国家博物馆新建工程防水方案符合规范一级设防要求，并对材料选择上提出了具体建议。

11月19日，改扩建工程办公室与北京明珠琉璃制品有限公司签订了琉璃瓦供货合同，周志强副馆长要求：工程办公室、项目部、监理公司三方抽派专人组成琉璃瓦生产监督小组，制定出方案，对琉璃瓦生产进度，质量及资金使用情况进行全面监督。

4. 文物展览和相关活动

2007年，中国国家博物馆承办“复兴之路”大型主题展览，并启动了“国家宝藏——中国国家博物馆藏品展”在国内博物馆的巡展工作。继续开展“复兴之路”基本陈列和“古代中国”基本陈列的筹备工作。

2007年3月，中国国家博物馆接受中央的任务，承担由中共中央宣传部、中共中央文献研究室、中共中央党史研究室、国家发展和改革委员会、财政部、文化部、解放军总政治部、中共北京市委主办，中国国家博物馆与中国人民革命军事博物馆承办的“复兴之路”大型主题展览的筹备工作。中国国家博物馆成立了展览项目组，圆满完成展览筹备任务，受到中宣部等主办单位的表扬。

“复兴之路”大型主题展览回顾了1840年鸦片战争以来，中国各阶层人民在屈辱苦难中奋起抗争，为实现民族复兴进行的种种探索，特别是中国共产党领导全国各族人民争取民族独立人民解放、国家富强人民幸福的光辉历程，充分说明历史和人民怎样选择了马克思主义、怎样选择了中国共产党、怎样选择了社会主义道路，使中华民族以崭新姿态屹立于世界东方。展览共展出630件（套）文物、760张图片，多数为中国国家博物馆的珍贵藏品，其中70件属于国家一级文物，形象地再现了中华民族自鸦片战争以来160多年的曲折奋斗历程，给观众以巨大的震撼。展览还采用景观展示、放映专题片、提供多媒体查询以及大型电动图表等辅助形式，极大地增强了表现力，深深地吸引着前来参观的观众。

2007年10月9日晚，李长春等中央领导来到展览现场，认真听取展览筹备领导小组的汇报，仔细审看了全部展览，并对展览工作做了重要指示。李长春同志指出，在这么短的时间里，把这个大型展览摆出来，很不容易，现场很感人，回答了中国人民怎样选择马克思主义、怎样选择中国共产党、怎样选择社会主义道路的问题，可以说是一个成功的展览。将来进入国家博物馆作为基本陈列要进一步征集史料，按复兴的主题充实成为一个权威的常设展览。陈至立、李继耐等陪同参观的领导同志也对展览给予高度评价。

2007年10月13日上午9时“复兴之路”大型主题展览在中国人民革命军事博物馆隆重开幕。自开展以来，观众踊跃参观，各类学校更是把展览作为对学生进行爱国主义教育的重要课堂。在展出的80天中，共接待国内外观众259.4万人，其中团体观众242.2万人，零散观众17.2万人，平均每天接待观众3万多人，刊播各类消息、稿件708条。参观观众对展览表现出极大的热情，观众留言达到31747条，其中很多热情洋溢、感人至深的留言被收录在展览观众留言集——《心声》中。

“国家宝藏”展览是中国国家博物馆赴日本东京国立博物馆的“悠久之美——中国国家博物馆名品展”的归国展。2007年1月2日～2月25日在东京50余天的展出时间里共接待观众94000余人，取得良好的社会效益。这次展出的展品中一级品占75%，是中国国家博物馆历年外展中级别最高的一次。

这是一个浓缩了中华历史的展览。展览共计50余件套展品，无一不是经过了严格的筛选。其中堪称“中华第一龙”的蜷体玉龙、反映西周建国历史的利簋、西周三大青铜重器之首的虢季子白盘、汉字之源的殷墟甲骨文、精美绝伦的四羊方尊、奇诡的三星堆突目铜面具、华贵的汉代金缕玉衣等，都是灿烂的中国古代文化艺术的代表。

湖南博物馆在得知该展览后，很快提出

了合作意向。经双方的努力和沟通，“国家宝藏”2007年3月30日～7月1日在湖南省博物馆展出。湖南省博物馆对展览的宣传十分重视，在展览开幕前一个月就在相关媒体上进行广泛报导。在三个月的展期中，参观人数达23万人次，创下了湖南省博物馆单个专题展览参观人数的最高记录。

湖南博物馆的成功也引起了其它博物馆的兴趣，2007年9月20日～11月20日，“国家宝藏”在福建博物院展出。该展览被南方都市报、网易新闻社区、人民网等数十家全国知名的媒体报道；同时，在海峡都市报的通力配合下，“国家宝藏——中国国家博物馆馆藏品展”深入人心，展览得到了福建省各界人士的关注。期间共接待了来自社会各界的16万余观众，被誉为福建省建国以来最好的展览。

2007年，为配合新馆改扩建工程，中国国家博物馆完成了“古代中国”的空间布局设计和陈列大纲的初稿。其中“古代中国”陈列大纲的编写设计，强调建立具有中国国家博物馆特色的展陈体系，强调系统展示绵延不绝的悠久古代文明和统一的多民族国家的形成历程，强调对文物历史性与艺术性的基本解读。

【文博教育与人才培训】

2007年中国国家博物馆重点抓好人才队伍建设，做好干部职工教育培训工作。通过脱产培训、专家学术讲座、举办培训班等多种方式开展职工培训，其规模在中国国家博物馆历史上是空前的。

2007年6月～12月，中国国家博物馆共举办7期学术讲座，通过聘请知名专家、学者介绍博物馆学、文物学、历史学、考古学等学科的最新研究成果，推动中国国家博物馆的事业发展。

2007年10月起，中国国家博物馆开展信息网络与办公自动化管理讲座与培训，设置了15个培训模块，以提高职工的信息技术和信息采集水平。2007年完成前6个模块的培训工作。前6个模块分为22个班次、用232个学时完成，采用外请教师、集中授课形式进行。同时，积极进行网站信息员的培训工作。2007年，中国国家博物馆举办了“第二期网站信息员培训班”，提高职工的信息技术和信息采集水平。

另外，为推动干部教育培训工作，中国国家博物馆重新修订并印发了《国家博物馆2006－2010年人才培养规划》，编制《2008年培训项目方案与专项经费预算》、《国家博物馆新馆机构人员配置与人员培训项目一次性投入经费预算（09－10年）草案》；重新修订了《中国国家博物馆职工培训管理暂行办法》；建立了培训登记备案考核制度，从规划、经费制度和管理上为培训工作提供了保障。

【文博宣传出版】

2007年8月，中国国家博物馆《中国国家博物馆馆藏文物研究丛书》出版发行，共发行5卷7册：《老照片卷》1册、《甲骨文卷》1册、《绘画卷》2册、《瓷器卷》2册、《明清档案》1册。

2007年中国国家博物馆出版和即将出版的图书图录还有：《关于历史时空的解码与代言——中国国家博物馆志愿讲解工作五周年纪念文集》、《图像与佛典——藏传佛教流行的供养像式研究》、《山西垣曲盆地聚落考古研究》、《西汉水上游考古调查报告》、《图说中国文化——考古发现卷》、《2007西沙群岛水下考古》、《福建练江白礁沉船遗址》等。

2007年中国国家博物馆继续发行《中国历史文物》6期，编辑和出版了4期《近代中国与文物》。《中国历史文物》（双月刊）由中国国家博物馆主办，主要刊载有关文物、考古和博物馆专业方面的学术文章。主要的栏目包括：文物研究、书画研究、古史新证、考古研究、文物保护与修复、博物馆陈列研究及学术综述、学术报道等。《近代中国与文物》《近代中国与文物》（季刊）于2005年11月创刊。主要栏目包括：近现代历史研究、文物研究、博物馆研究、文物科技与保护、社会生活研究、档案文献等。

【文博信息化】

2007年中国国家博物馆启动“数字国博”项目，大力推进信息化建设。调整并加强了中国国家博物馆信息化领导小组，先后召开两次信息化领导小组会议和一次馆长办公会议，专门研究“数字国博”项目和信息化建设的相关事宜。同时，为保障网络工作环境的信息安全，中国国家博物馆着手实施信息安全体系项目建设工作，为中国国家博物馆的网络信息安全提供了有力的保障。2007年中国国家博物馆开始实施办公自动化（OA）系统，在前期大量调研和广泛听取各方意见的基础上，规划、设计、编写了中国国家博物馆办公自动化（OA）系统技术方案，成立了中国国家博物馆办公自动化（OA）系统项目采购小组，开展招标工作。

中国国家博物馆网站是中国国家博物馆重要的宣传窗口。2007年，中国国家博物馆进一步扩宽了网站内容和稿件来源，提升了网站软硬件水平，以更好地服务社会大众。

2007年中国国家博物馆藏品的数字影像工作正式进入起步阶段。中国国家博物馆对藏品的数字影像工作进行充分调研，详细考察了国内率先开展数字影像工作的博物馆，充分认识博物馆数字影像采集、存储、加工、利用等全部流程，同时积极参加国际国内相关学术会议，了解世界先进的数字影像技术设备。在此基础上，撰写《2007–2008国家博物馆数字影像方案（草案）》并通过专家论证，中国国家博物馆藏品数字影像采集工作开始实施。

【对外交流合作】

2007年，中国国家博物馆加强博物馆间的交流合作，扩展国际交流领域，并积极利用外展，弘扬中华优秀文化，树立中国国家博物馆形象，扩大国际影响。与越南、德国等多国博物馆签署合作协议，丰富合作内容。利用馆际互访的机会，积极推进同法国、西班牙、瑞典、冰岛、美国、韩国、日本、印度尼西亚、印度等国博物馆以及相关机构的合作与交流。

2007年初，中国国家博物馆与越南历史博物馆和革命博物馆签订了三方合作备忘录，确定了三家博物馆在科研、培训、陈列、展览、仓库管理和宣传教育领域进行友好合作的意向。

3月，中国国家博物馆代表团访问了澳大利亚和新西兰，并与墨尔本维多利亚博物馆、惠灵顿蒂帕帕博物馆、奥克兰帝国战争博物馆会谈，商谈互办展览等合作项目。

5月，中国国家博物馆与德国柏林国家博物馆、巴伐利亚国家绘画收藏馆及德累斯顿国家艺术收藏馆，在人民大会堂签署了馆际合作协议。协议涉及中国国家博物馆同上述德国三家国立博物馆未来在展览、人员及其它方面的交流等事项。协议的签署预示着中国国家博物馆与德国博物馆合作的良好开端，并为中国国家博物馆新馆引进海外展览奠定了基础。

10月，中国国家博物馆代表团应邀访问英国，参加中英博物馆馆长交流活动和英国博物馆协会年会。访问期间还与英国同行进行了座谈和交流，并考察了伦敦、格拉斯哥、爱丁堡和约克的博物馆。

10月，中国国家博物馆参加了第二届中韩日国家博物馆馆长峰会和亚洲国家博物馆联合会第一次代表大会，签署了《第二次中韩日国立博物馆馆长峰会协议备忘录》及《亚洲国家博物馆联合会成立宣言和2007年联合执委会谅解备忘录》，促进了亚洲国家国立博物馆间在人员、展览及文博信息方面的交流与合作。

积极参加国际博物馆会议，不断扩大中国国家博物馆在国际博物馆界的影响力。2007年全年全馆出访团组41个，99人（次），并接待13个国家（地区）文博机构人员来访18次。

2007年中国国家博物馆成功举办了3个大型外展。包括在日本举办的“悠久之美——中国国家博物馆名品展”，在墨尔本举办的“中国长城展”和在渥太华加拿大文明博物馆举办的“来自中国的珍宝展”，均取得了良好的效果。2007年国家博物馆外展简介：

1.“悠久之美——中国国家博物馆名品展”

时间：2007年1月2日～2月25日

地点：日本东京国立博物馆

主办单位：中国国家博物馆、日本东京国立博物馆、日本中国文化交流协会、朝日新闻社

展览介绍：为纪念日中邦交正常化35周年、日本中国文化交流协会创立50周年、东京国立博物馆成立135周年，中国国家博物馆与东京国立博物馆、日本中国文化交流协会及朝日新闻社共同举办《悠久之美——中国国家博物馆名品展》。该展取得了良好的效果，为增进中日两国人民的相互了解和友好交流起到了积极的作用。

2.“中国长城展”

时间：2006年9月27日～2007年2月25日

地点：澳大利亚悉尼动力博物馆

时间：2007年3月22日～2007年7月22日

地点：澳大利亚墨尔本博物馆

主办单位：中国国家博物馆、澳大利亚悉尼动力博物馆

展览介绍：展览由战国时期至清代2000多年历史中各个时期与长城有关的120件（组）文物组成，使观众从展品中领略长城的起源、修建、军事用途、与长城有关的历史事件及今日长城沿线的旅游和考古情况等信息。展品主要来自中国国家博物馆及部分地方博物馆。中澳双方为展览合作开发了丰富的辅助展品，如图表、模型、精彩的互动与视听节目等。这次举办的《长城展》是中国国家博物馆与地方博物馆合作、与国外博物馆联合办展的一次成功尝试。在对外影响和经济效益上获得了双赢。我外交部领导称该展“是‘中国文化走出去’的一次成功尝试”。

3.“来自中国的珍宝展”

时间：2007年5月11日～2007年10月28日

地点：渥太华加拿大文明博物馆

主办单位：中国国家博物馆、渥太华加拿大文明博物馆

展览介绍：展品中主要包括陶、青铜、玉器、书法、绘画、丝绸等120件（组），均为中国国家博物馆馆藏精品。该展在当地引起了民众极大兴趣，每天排队参观的人络绎不绝。此展在加拿大文明博物馆创造了2项记录：1500人参加了盛大的展览开幕式，创文明博物馆此类活动人数之最；展品中50万年前的人类手工石器是文明博物馆开馆以来展出的年代最久的文物。我驻加拿大使馆官员称，这是中加建交37年以来在加拿大举办的规模最大的中国展览。

中国古迹遗址保护协会

【《中国文物古迹保护准则》的应用与推广】

《中国文物古迹保护准则》（以下简称《准则》）是在国家文物局的领导下，由中国古迹遗址保护协会，组织古代建筑、考古、遗

产保护和遗址管理等领域的中国专家，与美国盖蒂保护所和澳大利亚遗产委员会的专家一起，在2000年共同编制完成的一部具有时代特点和中国特色的文物古迹保护的行业规范。为了促进《准则》的推广应用，2007年5月10日～11日，中国古迹遗址保护协会在北京筹备召开《准则》推广研讨会，来自美国盖蒂保护所、澳大利亚环境遗产部的国际专家及来自中国部分高等院校、科研院所的专家学者40多人参加了研讨会，就更加深入和广泛地推广《准则》进行了切磋。

2007年10月24日～11月6日，中国古迹遗址保护协会在河南洛阳成功举办了《准则》培训班，来自国内39个文物行政部门、文博单位、科研院所和相关机构（主要是协会的团体会员单位）的40名学员参加了培训活动。此次培训得到美国盖蒂基金会的资助。这也是国内文物保护领域首次由专业协会主办的专业培训活动。有关培训的教师讲义、学员课件等通过编辑整理，作为培训班的成果，由科学出版社正式出版，书名为《古迹遗址保护的理论与实践探索——中国文物古迹保护准则培训班成果实录》。

【文化遗产地游客管理讲座】

2007年5月24日，中国古迹遗址保护协会在北京筹备并举办了“文化遗产地游客管理讲座”，来自全国世界遗产地的50名代表参加了讲座，并与来自美国盖蒂基金会、Kiran咨询集团的有关专家进行了讨论。

【东亚地区文物建筑保护理念与实践国际研讨会】

2007年5月24日～28日，国家文物局、国际文化财产保护与修复研究中心（ICCROM）、国际古迹遗址理事会(ICOMOS)和联合国教科文组织(UNESCO)世界遗产中心在北京联合举办了“东亚地区文物建筑保护理念与实践国际研讨会”。中国古迹遗址保护协会与故宫博物院、北京市文物局共同承办了此次会议。来自亚洲、欧洲、非洲、美洲、大洋洲近20个国家的60余名资深专家和代表出席了会议，使这一研讨会实际上成为了一次世界性的会议。会上讨论并形成《北京文件——关于东亚地区文物建筑保护与修复》。该文件已成为木结构文物建筑保护的行动纲领和实施准则，不仅对东亚地区有指导意义，而且在世界范围内有参考价值。

【中国文化遗产保护无锡论坛】

2007年11月4日，作为“4·18国际古迹遗址日”在中国的一项重要活动，由国家文物局主办、无锡市人民政府承办，中国古迹遗址保护协会与江苏省文物局、浙江省文物局协办的“中国文化遗产保护无锡论坛——乡土建筑保护”在江苏无锡举办。国家文物局局长单霁翔、江苏省委常委、无锡市委书记杨卫泽、国家文物局副局长童明康、建设部城乡规划司副司长孙安军、江苏省文化厅副厅长、省文物局局长王慧芬、浙江省文物局局长鲍贤伦及国际古迹遗址理事会乡土建筑保护专业委员会秘书长洛佩兹、坦桑尼亚国家自然资源与旅游部文物局局长卡芒巴等中外代表近百人出席大会。

会议针对我国当前新农村建设中一些地方不注重保护乡土建筑，把新农村建设曲解为新村建设，对地方文化遗产资源未进行调查研究就开始进行大规模村容整治，从而导致一些古村落的传统格局被破坏，一些承载着历史文化、民情风俗的乡土建筑未得到有效保护的现象，向全社会呼吁，应对乡土建筑采取紧急保护措施，并加强立法，制定有关乡土文物建筑保护的专项法规。与会代表通过深入研讨并达成共识性文件《关于保护乡土文物建筑的倡议》。

纪事篇

2007年1月

1月2日 “悠久之美——中国国家博物馆名品展”开始在日本东京国立博物馆展出。

1月4日 为期一个月的“中国春节窗花展”在以色列基瓦特埃姆市多功能剧院开幕。

1月5日 “万里长城百年回望”摄影展在首都博物馆拉开帷幕。

曾长期担任台北“故宫博物院”院长的秦孝仪逝世。

1月6日 “吴汝康生平事迹展”在北京周口店遗址博物馆开展。

由江苏省人民政府主办的傅抱石作品捐赠系列活动在南京博物院开幕。

1月7日 著名佛教寺院法门寺走进由西北农林科技大学举办的中西部高等农林院校2007年毕业生供需洽谈会，为寺院招聘人才。

1月8日 天津举行文物捐赠仪式纪念周恩来同志逝世31周年。

1月9日 中国首座以唐代墓室壁画为主要陈列展览内容的专题博物馆在陕西开工建设。

1月10日 《中国文物报》发布《关于举办二00六年全国文博考古十佳图书评选活动的通知》。

河南博物院接受禹州市御钧斋钧瓷文化有限公司捐赠的“九龙宝鼎”。

1月12日 “两岸及香港书画家作品展”在香港大会堂开展。

1月15日 中国和菲律宾在马尼拉签署《中华人民共和国政府和菲律宾共和国政府关于防止盗窃、盗掘和非法进出境文物的协定》以及《中华人民共和国国家文物局与菲律宾共和国国家文化艺术委员会关于文化遗产保护的协议》。

1月16日 北京市文物局组织召开北京文物系统工作会议，来自北京市文物局和各区县文物系统工作人员近130人参加会议。

陕西文德拍卖有限公司向陕西省文物局无偿捐赠一件唐代舍利石棺。

安徽省博物馆新馆在合肥政务文化新区文化博物园区举行奠基仪式。

1月17日 柬埔寨王国政府文物局局长班纳烈代表王国政府举行盛大授勋仪式，为中国援助保护吴哥古迹工作队队长姜怀英、副队长刘江授予莫尼撒拉蓬骑士勋章。

1月18日 由文化部恭王府管理中心与中国文物信息咨询中心共同主办的“佛宝弥珍——佛造像艺术展”在恭王府花园开展。

由粤、港、澳文化部门主办的“东西汇流——粤港澳文物大展”在香港首展成功后，移师广州艺术博物院。

“中原文化澳门行启动仪式”在澳门举行。

1月19日 筹建中的中国妇女儿童博物馆在北京接收了湖北省博物馆专门从馆藏品中无偿调拨支援的58件文物。

中国数字博物馆论坛暨中国博物馆学会

博物馆数字化专业委员会2006年会在南京举行。

1月20日 全国对外宣传工作会议在北京开幕。

1月23日 南京鼓楼医院在"马林医院"旧址1892楼前举行仪式，庆祝"鼓楼医院历史纪念馆"开馆，这是中国首家西医历史纪念馆。

1月24日 文化部教育科技司、中国艺术研究院、全国艺术科学规划领导小组办公室在中国艺术研究院联合举行国家重大课题《中华艺术通史》出版座谈会。

1月25日 由河南博物院、故宫博物院联合主办的"金色王朝——故宫御用金银器特展"在河南博物院开展。

中国宋庆龄基金会在人民大会堂召开新闻发布会，介绍近年来孙中山、宋庆龄文物征集工作取得的成果。

西安文物保护修复中心专家公布的研究成果表明，2004年末在陕北志丹发现的道教真身（肉身）彩绘泥塑是目前全国已知唯一的此类真身雕塑。

1月26日 著名书法家谢云（原名谢盛培，号裳翁）将自己创作的68幅书法作品捐赠给中国国家博物馆。

文物出版社出版的大型图录《丽质华堂——中国紫檀博物馆》（陈丽华编著）在中国紫檀博物馆举行首发仪式。

由广州博物馆、上海市历史博物馆和上海徐汇区文化局主办的"清代广州外销艺术品"展在上海徐汇区图书馆开幕。

1月28日 以"慈缘盛世、行善积德、团结稳定、健康持续、和谐发展"为主题的中国佛文化特展系列活动在北京开幕。

1月29日 "中国社会科学院考古学论坛——2006年中国考古新发现"在北京举行。

1月30日 中国常驻联合国教科文组织代表团代办张双鼓向联合国教科文组织文化助理总干事里维埃女士递交了中华人民共和国"保护和促进文化表现形式多样性公约"批准书。

北京市文物局召开2006年北京市拍卖工作总结会。

2007年2月

2月1日 中共国家文物局党组召开传达贯彻中央纪委第七次全会精神大会。

"中国牡丹画巨匠王绣个展"在日本东京展出。

2月2日 长江流经的各省市的文物局、博物馆领导、专家在重庆座谈大型"长江文明展"筹备工作。

上海博物馆与葡萄牙东方基金会在上海签署了有关文物交流的合作协议。

2月4日 广西南宁举办了邓颖超诞辰103周年纪念展，展出邓颖超的300多张珍贵照片。

2006年度中国建筑工程鲁班奖（国家优质工程）在北京颁发，首都博物馆新馆、山西博物馆、重庆·中国三峡博物馆等87项工程获奖。

殷墟保护利用管理与构建和谐社会研讨会在北京召开。

2月6日 中国西藏图片展在印度文化名城加尔各答市比拉艺术与文化展览馆开幕。

北京市文物局公布了16处市级以上文物保护单位的安全隐患整改工作情况。

作家柏杨捐赠的11745件文献、文物正式入藏中国现代文学馆。

连云港市博物馆举办清华大学美术学院戴顺智教授画展。

2月7日 国家环保总局、建设部、文化部、国家文物局联合发出《关于加强涉及自然保护区、风景名胜区、文物保护单位等环境敏感区影视拍摄和大型实景演艺活动管理的通知》。

2月8日 意大利发展合作司司长Alain Economides一行访问中国文物研究所，考察中意合作文物保护修复培训二期的前期准备工作。

2月9日 “中国与世界——博物馆观察”首次学术论坛在北京举行，主题是“城市生活与博物馆”。

澳门博物馆举行史蒂芬·永利捐赠明代洪武年间制造的釉里红玉壶春瓶仪式。

国家文物局、国家测绘局在北京召开全国长城资源调查工作会议，全面部署、安排下一阶段长城资源调查工作。

中国商务部副部长易小准与意大利新任驻华大使谢飒在北京签署了《加强北京中国文物研究所文物保护修复培训二期项目交换函》。

山西运城市文物与旅游部门对辖区37个主要景点实行“一票通”。

深圳博物馆举行“商承祚教授捐献文献展”。

科技部、财政部联合组织召开了国家科技支撑计划启动实施大会，“文化遗产保护关键技术研究”等4个项目被列入“十一五”期间首批启动的国家科技支撑计划重点项目。

2月12日 河南博物院举行李剑晨艺术馆揭牌仪式。

中国和印度的300多位高僧和官员在印度北部的比哈尔邦那烂陀举行盛大仪式，庆祝历时一年的玄奘纪念堂修复完善工程竣工。

2月13日 河南省118件（套）夏商周时期珍贵文物以“礼乐之邦”为主题在香港历史博物馆展出。

由15位海内外华人集体捐赠回国的31件汉代珍贵文物，开始在陕西汉阳陵考古陈列馆举办的“特别展”上展出。

2月14日 中国文物交流中心在北京文博大厦举行挂牌仪式。

“魅力贝加尔——俄罗斯当代艺术家绘画作品展”在河北省博物馆展出。

国家文物局召开会议，对局机关和直属单位资产清查工作进行安排部署。

2月15日 “意大利遗产与艺术——联合国教科文组织指定世界遗产体验展”开始在首都博物馆展出。

由中国日报社、中国紫檀博物馆和台湾中华花灯艺术学会主办的“首届海峡两岸花卉灯会”在北京世界花卉大观园正式开展。

广州博物馆举办了纪念岭南第一楼——明代镇海楼建造627周年、广州博物馆建馆78周年及庆祝“广州历史陈列”展览开幕庆典活动。

2月16日 “滇王国青铜文物大展”在瑞士李特博格博物馆开展。

2月18日 “5000年中国艺术与文化：上海博物馆珍宝展”在美国加州橙县的宝尔博物馆开展。

2月20日 中国西藏文物展在德国首都柏林亚洲艺术博物馆开展。

2007年3月

3月1日 国务委员陈至立以及文化部、财政部、教育部、科技部、国家民委、新闻出版署、国家文物局的领导参加了向全国各省级图书馆颁赠《中华再造善本》仪式。

3月3日 全国政协委员、国家文物局局长单霁翔出席全国政协十届会议并向大会提交15项提案。

3月5日 上海蔡元培故居于静安区文化馆展厅举办纪念“蔡元培逝世67周年——翰墨丹青寄伟人”上海书画家向蔡元培故居捐赠作品仪式及展览。

3月6日 中共国家文物局直属机关委员会召开四届五次全体委员会议。

全国重点文物保护单位贵州铜仁东山古建筑群中的川主宫发生火灾，整个建筑损失殆尽。

3月8日 国家文物局召开庆祝“三八”妇女节暨表彰大会。

3月9日 故宫博物院举办“英国与世界——1714–1830”大型综合性展览。这是故宫博物院与大英博物馆的首次合作。

国家文物局、国家测绘局联合举办的全国长城资源调查培训班在北京昌平居庸关古客栈开班。

2006年度全国十大考古新发现入围项目揭晓。

3月11日 全国政协十届五次会议在人民大会堂河北厅举办“京杭大运河保护与‘申遗’”的集体采访活动。

3月14日 由国家文物局博物馆司组织的陕西历史博物馆基本陈列改陈座谈会在北京召开。

3月17日 中国国家博物馆改扩建工程动工。

“新世纪、新时代、新定西——献给中国扶贫开发20年”大型图片展在北京举行。

中信资源控股有限公司董事长郭炎向洛阳市文物保护基金捐赠100万元。

3月18日 厦门为国际奥林匹克委员会回赠的现代奥林匹克创始人皮埃尔·德·顾拜旦头像举行了隆重的揭幕仪式。

经国务院批准，金华、泰安、海口、绩溪被列入历史文化名城，至此，我国的国家历史文化名城达107座。

3月20日 范曾向故宫博物院捐赠作品仪式在故宫武英殿举行。

“吴氏家族中国书画展”在纽约联合国总部开幕。展出汇聚了中国近现代文化名人吴瀛、吴祖光、新凤霞以及吴欢等一家三代人创作的几十幅书画精品。

由英国大使馆文化教育处、首都博物馆和中央美院主办的“余震：英国当代艺术展1990–2006”在北京首都博物馆开展。

3月21日 国家文物局和河南省人民政府联合召开“大遗址保护工作洛阳现场会”。

3月22日 中央电视台社教中心在北京召开了CCTV科教频道——中国文化博览月“6·09”创作会。

3月23日 国家文物局在北京召开了《博物馆条例（草案）》调研座谈会。

3月25日 北京鲁迅博物馆“鲁迅生平展”经过一年的重新改造，正式向社会开放。

广州农讲所纪念馆在番禺学宫推出国学文化论坛，主讲者为来自中山大学哲学系的多名教授。

联合国教科文组织全国委员会与国家文物局专家考察福建土楼。

3月27日 “故宫博物院藏珍品展”在俄罗斯莫斯科克里姆林宫博物馆开幕。

名为“白色的金子”的中国瓷器精品展作为“中国文化节”的开展活动，在莫斯科开幕。

北京奥运会奖牌设计方案在首都博物馆正式亮相。

陕西省榆林市在毛泽东转战陕北时期居住过的米脂县杨家沟举行毛泽东转战陕北60周年大会，同时举行大型历史画册《难忘的岁月》首发仪式。

3月28日 由青岛市博物馆主办的“魅力贝加尔——俄罗斯当代艺术家绘画作品展”开展。

“中国地质调查所旧址——兵马司九号”专题展览在中国地质博物馆正式开幕。

国家文物局召开会议，传达、学习中央编办、监察部《机构编制监督检察工作暂行规定》。

新疆哈密东天山古伊州文化研究院和哈密地区非物质文化遗产保护中心揭牌。

3月29日 国家民委发布《少数民族事业“十一五”规划》，根据该规划，我国少数民族文化遗产的保护、抢救、发掘、整理和展示宣传工作将得到进一步加强。

“国家宝藏——中国国家博物馆藏品展”开幕暨“四羊方尊回乡展出揭幕仪式”在长沙隆重举办。

3月30日 云南申遗护宝·古茶树认养

系列活动——普洱市名人认养签字启动仪式在北京举行。

2007年4月

4月2日 中意合作文物保护修复培训二期项目在中国文物研究所举行开学典礼。

国务院法制办赴江苏作《历史文化名城名镇名村保护条例》立法调研。

4月3日 由陕西省人民政府主办，西北大学和陕西省社会科学院承办的“黄帝与中华文化”学术研讨会在西安开幕。

国家文物局局长单霁翔会见来访的肯尼亚遗产国务部部长沙科姆博，双方就两国在文化遗产领域的交流与合作交换了意见。

4月4日 国务院向各省、自治区、直辖市人民政府，国务院各部委、各直属机构印发《国务院关于开展第三次全国文物普查的通知》。

4月6日 国家文物局与国务院发展研究中心签署协议，启动“文化遗产事业与经济社会发展”课题研究。

国家文物局开展春季植树活动。

国务院三峡建委办公室在重庆移民工作会议上表示，三峡移民工程建设质量总体优良，数万个移民单项工程没有发生重大质量事故，也没有发现豆腐渣工程。

4月7日 为庆祝中日邦交正常化35周年、“中日文化体育交流年”和纪念周恩来总理留学日本90周年，由中国美术家协会、日本中国文化交流协会等共同主办的中国美术展及周恩来图片展在东京日中友好会馆开幕。

4月8日 2006年度全国十大考古新发现揭晓。

4月9日 “中华魂·香港情——周昌新重彩油画艺术展”在香港揭幕。

经过一年多的筹备、建设，北京同仁堂博物馆正式落成并开始运行。

4月10日 广州农讲所纪念馆举办叶剑英元帅生平史迹展。

4月11日 中国文化遗产保护无锡论坛在江苏省无锡市召开，通过了保护乡土建筑的《无锡倡议》。

中国西藏综合艺术展在波兰议会大厦开幕。

4月13日 中国文物研究所邀请相关科研院所、高等院校的专家学者座谈，以文化遗产保护学科体系、文化遗产保护学科理论架构、文化遗产保护学科发展方向展开讨论。

《第一批国家级非物质文化遗产名录图典》在北京发行。

辽宁省丹东五加高新农业科技开发有限公司董事长兼总经理孙宝俊向湖北李时珍纪念馆捐赠5万元。

4月14日 丁杰画展在上海美术馆举办。

广西贺州市客家生态博物馆正式对外开放。

4月16日 名为“甜蜜生活”的摄影展亮相北京中华世纪坛，115幅照片勾勒出20世纪60年代意大利人的“甜蜜生活”。

“历史的跨越——纪念《澳门特别行政区基本法》颁布14周年暨澳门回归7周年图片展”在广西博物馆举行。

四川成都金沙遗址博物馆开馆。

4月17日 “赣鄱吉金——江西新干大洋洲商代青铜王国”展在浙江省博物馆开幕。

4月18日 国际古迹遗址日。2007年遗址日主题是“文化景观和自然纪念物”。

首届中国铁路文化收藏展在北京市宣武区报国寺举办。

4月22日 为拉近传统文化和普通百姓的距离，中央电视台科教频道举办的“中国记忆·文化遗产博览月”宣传预热活动在北京西单图书大厦以知名学者签售的方式拉开帷幕。

丹麦驻华大使馆捐款修缮烟台丹麦领事

馆旧址。

4月23日 由科技部、国家文物局共同组织的文化遗产保护领域国家科技支撑计划课题启动实施大会在北京举行。

国家文物局在秘鲁驻华大使官邸举行仪式，聘任前秘鲁驻华大使陈路为中国文化遗产保护国际顾问。

4月25日 海峡两岸文化遗产保护论坛在福建省福州市召开。

4月26日 故宫博物院在武英殿绘画馆举行“宇宙心印：刘国松绘画——甲子”展览开幕式及台湾著名画家刘国松先生向故宫博物院捐赠作品仪式。

河南省文物局为中国妇女儿童博物馆征调的64件（套）文物正式移交给中国妇女儿童博物馆。

4月27日 由首都博物馆与景德镇陶瓷考古研究所合作举办的“景德镇珠山出土永乐官窑瓷器展”在首博开展。

中国文物保护基金会非物质文化遗产专业委员会成立。

“紫泥清韵——故宫博物馆藏宜兴紫砂展”在故宫开幕。

4月28日 鄂豫皖革命纪念馆在大别山革命老区——河南省信阳市建成开馆。

江苏常州博物馆新馆开馆。

4月29日 日本前驻中国大使阿南惟茂和加拿大前驻中国大使、现任加拿大驻日本大使卡隆及追寻遣唐使的足迹徒步体验团团员20人以私人身份专程来到周恩来家乡江苏淮安，瞻仰周恩来纪念馆。

辽宁省博物馆“清宫散佚书画国宝展”在天津博物馆开展。

4月30日 国家文物局领导检查故宫维修工程。

首届河南安阳马氏庄园旅游节开幕，有“中州第一府第”之称的马氏庄园正式对外开放。

2007年5月

5月1日 第一次全国劳动大会旧址修缮竣工典礼暨第一次劳动大会85周年研讨会在位于广州市的第一次全国劳动大会旧址举行。

5月8日 中共国家文物局党组召开“创建和谐机关、争做人民满意的公务员”座谈会。

吉林省“十一五”重点工程——吉林省博物院新馆在长春市净月经济开发区奠基。

5月9日 中国文化发展战略研究与和谐文化建设学术讨论会在北京召开。

中国科技馆正式公布《中国科技馆新馆内容建设方案》，并就这一方案向公众征集建议。

5月10日 第22届国际博物馆协会会员代表大会筹委会第一次会议在北京召开。

中国古迹遗址理事会在北京召开《中国文物古迹保护准则》推广研讨会。

5月12日 中共华中工委纪念馆在江苏省射阳县建成开馆。

中央文献出版社向江苏淮安周恩来纪念馆捐赠图书220种445册，价值近4万元。

“秦兵马俑特展”在台北历史博物馆展出。

5月13日 以叶剑英故居为核心扩建的叶剑英纪念园正式落成开放。

中国民族博物馆东南亚民族文化研究中心挂牌仪式暨哈尼族服饰文化研讨会在云南蒙自红河哈尼族彝族自治州博物馆举行。

由北京地区私人收藏的百余件古董级兵器组成的“盛世皇朝·古武备展”在中国大饭店开幕。

5月15日 联合国教科文组织为位于浙江省庆元县的一座中国木拱廊桥——后坑桥的维修工程颁发“2005联合国教科文组织亚太地区文化遗产保护奖”，对地方政府、学术界和当地居民合力保护这座古桥的工作予以充分肯定。

5月16日 北京税务博物馆在北京普度寺开馆。

5月18日 北京举办“国际博物馆日”纪念活动，专家免费鉴宝。

第7届全国博物馆十大陈列展览精品评选揭晓。

西安博物院落成开馆。

由上海东华大学、英国大英博物馆、维多利亚阿伯特博物馆、大英图书馆和中国丝绸博物馆合作出版的《敦煌丝绸艺术全集·英藏卷》(英文版)在伦敦大英博物馆国王图书馆举行首发仪式。

“我看博物馆”公益摄影大赛结果揭晓，颁奖仪式在北京首都博物馆举行。

黑龙江省地质博物馆开馆。

5月19日

“玄奘取经之路——丁和寻访影记”展在北京首都博物馆开幕。

由北京自然博物馆举办的“自博杯”文学、摄影大赛举行颁奖仪式。

5月20日

受中国博物馆学会委托，由中国人民抗日战争纪念馆牵头并筹备的中国博物馆学会纪念馆专业委员会正式成立。

5月21日 国家文物局局长单霁翔会见意大利新任驻华大使谢飒，就继续加强中意两国在文化遗产保护领域开展合作的有关事宜交换了意见。

李克农故居国家安全教育基地、安徽省爱国主义教育基地命名仪式在李克农故居举行。

国家文物局、国务院国有资产监督管理委员会发布《国家文物局、国务院国有资产监督管理委员会关于授予中国建筑设计研究院历史研究所“文物保护特别奖”的决定》。

5月22日 由沈阳故宫博物院、韩国大邱舞台艺术团联合主办的韩国高丽纸艺术品展览在沈阳故宫开幕。

国务院第三次全国文物普查领导小组在北京召开全体会议，国务委员、领导小组组长陈至立在会议上强调，开展第三次全国文物普查是国务院作出的重要决策，是加强文化遗产保护的重要举措。

为纪念中韩建交15周年而举办的“中国国宝巡回展”在首尔历史博物馆开幕。

全球首个全面研究发展昆曲的计划——“香港大学昆曲研究发展中心筹备计划”在港大举行启动仪式。

5月24日 东亚地区文物建筑保护理念与实践国际研讨会在北京召开。

人事部、国家文物局发布《人事部、国家文物局关于表彰全国文物系统先进集体和先进工作者的决定》。

5月25日 被誉为“杰出的国际主义白衣战士”的汉斯·米勒遗存的5件珍贵文物入藏中国人民抗日战争纪念馆。

中国首个字典博物馆“中华字典博物馆”在山西省阳城县皇城相府正式开馆。

5月28日 国家文物局发布《国家文物局关于授予陕西省宝鸡市保护文物的农民群体“文物保护特别奖”的决定》。

国家文物局发布《国家文物局关于授予全国优秀长城保护员“文物保护特别奖”的决定》。

5月29日 由文化部恭王府管理中心、台湾陶艺后援会举办的“台湾陶艺大师王修功个人作品展”在恭王府花园开幕。

中国宋庆龄基金会成立25周年。宋庆龄故居文物库在北京奠基。

侵华日军南京大屠杀遇难同胞纪念馆获赠269件新证物。

5月31日 由西班牙国家对外文化推广署、首都博物馆和上海当代艺术馆联合主办，西班牙外交与合作部、西班牙文化部、西班牙驻华大使馆和塞万提斯学院共同协办的“高迪的世界——建筑、几何和设计”展览在首都博物馆开幕。

国家文物局副局长童明康一行赴江苏考察江苏省境内的大运河文化遗产和南水北调

工程考古发掘现场。

2007年6月

6月1日 为纪念澳门茶文化馆成立两周年，澳门特别行政区民政总署与中国茶叶博物馆联合主办的“清茗留香——清朝茶具文物展”在澳门开幕。

6月2日 “驻华使节走进文化遗产”活动在河北古城宣化举行。

6月5日 “后土吉金 国宝荟萃——陕西宝鸡农民保护文化遗产成果展”开幕式在首都博物馆举行。

北京老字号文化遗产保护论坛在北京市宣武区举行。

国家文物局发布《国家文物局关于表彰全国文化遗产保护工作先进集体和先进个人的决定》。

国家文物局下发《关于印发〈文物出境审核标准〉的通知》。

6月6日 中国民族博物馆主办的第二届“多彩中华”民族文化节在人民大会堂拉开序幕。

“庞贝末日——源自火山喷发的故事”展览在浙江省博物馆西湖美术馆开幕。

6月8日 第二个“文化遗产日”来临前夕，人事部、文化部和国家文物局在北京人民大会堂隆重举行全国文化遗产保护工作表彰大会。

第一批由社会捐赠的10余件文物正式回归圆明园遗址公园。

6月9日 由建设部、文化部和国家文物局举办的城市文化国际研讨会在北京召开。

由中国博物馆学会主办，北京文信时空文化发展有限公司承办的以“门券——遗产的见证”为主要内容的博物馆门券评选结果在北京揭晓。

6月12日 为纪念中国话剧百年华诞，北京人民艺术剧院建院55周年，我国首家话剧博物馆——北京人民艺术剧院戏剧博物馆开放。

6月13日 国家文物局党组中心组集体学习《中共中央纪委严格禁止利用职务上的便利谋取不正当利益的若干规定》。

中国文物学会与中国文物报社、中国文物网、千龙网等媒体联合在国际友谊博物馆举办文物工作报告会。

国家文物局党组中心组学习《行政机关公务员处分条例》。

文物出版社建社50周年庆典在北京举行。

6月14日 全国考古发掘现场保护技术培训班在陕西省韩城市举办。

国家文物局副局长董保华率中国文物代表团出访委内瑞拉和古巴。

6月15日 展示中国上海历史和文化的系列展在俄罗斯圣彼得堡市拉开帷幕。

6月16日 第4届中国建筑史学国际研讨会在同济大学建筑与城市规划学院召开。

以“中国京杭大运河文化遗产保护与实践”为主题的论坛、京杭大运河文化遗产保护观测站成立仪式和阮仪三城市遗产保护基金会成立周年庆典活动在上海举行。

6月17日 丝绸之路联合申遗工作会在新疆维吾尔自治区乌鲁木齐召开。

6月18日 由韩国碑林博物馆、云南民族博物馆、昆明市社科联共同主办的“中韩百人书画艺术交流展”在云南民族博物馆开幕。

重庆文博物业管理有限公司挂牌成立。

6月20日 大运河保护与申遗工作协调会在北京召开。

中国文化部部长孙家正与印度旅游和文化部部长安比卡·索尼在新德里签署了《中印政府文化交流协定2007–2009执行计划》。

6月21日

由文化部、国家文物局、国家广电总局、中宣部宣教局、故宫博物院和中央电视台举办的“传承民族文化，构建和谐社会——

CCTV中国记忆文化遗产博览月座谈会”在北京召开。

鲁迅和藤野先生铜像揭幕式在日本宫城县仙台市东北大学附属图书馆举行。

为纪念著名油画家耿万义从艺40年而举办的“耿万义画展”在北京举行。

林辉山革命文物捐赠仪式在浙江省博物馆举行，同时浙江博物馆和浙江革命历史纪念馆革命文物征集活动启动。

6月22日 全国红色旅游工作协调小组在北京召开电视电话会议，部署贯彻落实国家发展和改革委员会、中宣部、财政部、国家旅游局和国家文物局《关于进一步规范红色旅游健康发展的通知》。

6月23日 中国和意大利合作洛阳文化遗产保护与利用发展战略研究课题结题报告会在洛阳举行。

6月24日 由首都博物馆、北京收藏家协会、古陶文明博物馆举办的“古陶文明展”暨古陶文明博物馆开馆十周年纪念展在首都博物馆揭幕。

中国家具学系在北京理工大学设计艺术学院正式揭牌。

6月25日 世界轮椅基金会创始人、主席，美国野生动物标本收藏家肯尼斯·尤金·贝林与天津自然博物馆正式签署向该馆捐赠世界野生动物标本合同书。

6月26日 “国际禁毒日”。林则徐基金会在金门举办“林则徐史迹与当代禁毒展览”。

“中国·比利时绘画500年”展在故宫博物院展出。

受国际博物馆协会的委托，复旦大学协同国际博协英国分会和中国分会，在上海复旦大学联合举办了主题为“新合作新收获：国际间博物馆合作”的会议。

6月27日 在新西兰基督城召开的第31届世界遗产委员会上，“开平碉楼与村落”申报世界文化遗产项目和“中国南方喀斯特”地形地貌奇观申报世界自然遗产项目顺利通过，被列入《世界遗产名录》。

6月28日 国家文物局直属机关党委召开表彰先进党支部、优秀共产党员、优秀党务工作者大会。

国家文物局党组中心组集体学习胡锦涛同志在中央党校省部级干部进修班重要讲话精神。

为庆祝香港回归祖国10周年，由中央特批的“国之重宝——故宫博物院藏晋唐宋元书画展”开幕典礼在香港艺术馆举行。

邓小平蜡像在香港展出。

“从提香到戈雅——普拉多博物馆藏艺术珍品展”在中国美术馆开幕，西班牙国王卡洛斯一世出席开幕式。

辽河文明展在辽宁省博物馆正式开展。

6月29日 《为人民服务》讲话纪念广场落成仪式在陕西延安枣园举行。

河南省濮阳市人民政府隆重举办李方玉书画作品捐赠仪式。

6月30日 云南省博物馆少数民族文物展在新西兰开展。

2007年7月

7月1日 湖南第一师范成为全国爱国主义教育示范基地。

中国长城学会在人民大会堂河南厅召开了纪念长城列入世界遗产名录20周年座谈会。

湖北十堰市博物馆暨湖北省南水北调博物馆正式对外开放。

7月3日 当代中俄妇女艺术品展在莫斯科新马涅什展览馆开幕。

一部汇集了60余封抗日战争时期民间及名人书信的书籍——《抗战家书》在北京举行首发仪式。

7月4日 纪念中国人民抗日战争全面爆发70周年著名书法家作品展在北京中华世

纪坛展出。

《文物进出境审核管理办法》公布实施。

7月5日 中国博物馆学会城市博物馆专业委员会在上海市历史博物馆成立。

7月6日 由法国驻华大使馆和沈阳故宫博物院联合举办的“城市的设计——法国现代建筑艺术展”在沈阳故宫博物院开幕。

吉林省长春伪满皇宫博物馆东北沦陷史陈列馆向社会免费开放。

爱国台胞陈朝波向旅顺博物馆无偿捐赠清朝四角黄龙旗。

7月7日 “难忘七七 珍爱和平”史料展在中国人民抗日战争纪念馆开展。

7月10日 国家文物局副局长董保华会见土耳其文化旅游部文物与博物馆总司司长奥尔汉·迪兹京。

国家文物局举办财务审计知识专题报告会。

7月11日 “美籍华人赵荔捐赠张学良遗物仪式”在西安事变纪念馆举行。

国家文物局召开2007年第二次局务扩大会议。

7月12日 来自45个国家的49名驻华武官参观井冈山革命烈士陵园，并向烈士敬献花圈。

“中国古钱币关东第一馆”在吉林省伊通满族自治县开馆。

7月13日 “铁马金戈入画来——纪念建军80周年军博馆藏美术精品展”在北京开展。

北京正阳门城楼开始举办“奥林匹克精神——图说奥运三大理念展”。

7月14日 “动物考古国际学术研讨会暨《华夏考古》创刊20周年座谈会”在郑州举行。

7月15日 经过5年的规划和建设，中国长春汽车博物馆开馆。

财政部、国家文物局调研组赴西藏调研西藏“十一五”重点文物保护项目。

7月16日 “我们的队伍向太阳——新中国成立以来国防和军队建设成就展”在中国人民革命军事博物馆开幕。

全国长城资源座谈会在宁夏银川举行。

2007国际武则天学术研讨会在洛阳召开。

7月18日 2007年全国文物局长座谈会在青岛召开。

庆祝建军80周年重点建设项目之一的淮海战役纪念馆新馆在江苏徐州建成开馆。

7月19日 2007年全国文物外事工作会议在青岛举行。

7月20日 由中国长城学会和八达岭特区举办的“长城保护系列宣传活动启动仪式”在北京八达岭长城举行。

广西壮族自治区柳州博物馆正式开馆。

7月23日 由中国文物信息咨询中心主办的第三次全国文物普查技术应用研讨会在北京召开。

7月24日 “中国考古新发现”展览开幕典礼在香港举行。

7月25日 国家文物局向各省、自治区、直辖市文物局（文化厅、文管会），各直属单位下发了《关于加强汛期文物安全工作的紧急通知》。

7月26日 中国社会科学院考古研究所举办考古学理论与方法研讨会。

7月27日 中国博物馆学会藏品保护专业委员会（5月8日成立）召开成立大会及学术研讨会。

为庆祝内蒙古自治区成立60周年，由中国民族博物馆、北京东韵文化交流中心和内蒙古包头博物馆共同举办的中国少数民族服饰文化展在包头博物馆展出。

7月29日 湖南省博物馆举办纪念中国人民解放军建军80周年展览。

7月30日 国家文物局第三次全国文物普查办公室在北京成立。

7月31日 内蒙古博物院举行落成仪式。

“庆祝中国人民解放军建军80周年美术作品展览”在中国美术馆展出。

河南博物院举行2007暑期农民工子女走进河南博物院主题系列活动启动仪式。

2007年8月

8月1日 国家文物局召开庆“八一”座谈会，慰问局机关和机关服务中心军队复员和转业军人。

亚非国家文化遗产保护和管理研修班与阿拉伯国家文物修复专家培训班在中国文物研究所开学。

“元戎风采，情系濠江——叶剑英元帅生平与澳门回归展”在澳门开幕。

8月3日 由文化部主办、中国国家古籍保护中心承办的全国古籍保护试点工作在北京召开。

作为“2006中印友好年”一系列文化交流项目之一的“西天诸神——古代印度瑰宝展”在中国最后一站广州西汉南越王博物馆开幕。

8月6日 内蒙古民族解放纪念馆开馆。

山东青岛市博物馆推出馆藏青岛美术家作品系列展，迎接2008年奥运帆船比赛。

8月7日 北京市举办第三次全国文物普查培训，正式拉开北京市第三次全国文物普查工作的序幕。

8月8日 由国际奥委会、中国奥委会和北京奥组委联合主办的国际奥委会奥林匹克珍藏品中国巡展在北京拉开帷幕。这是瑞士洛桑的奥林匹克博物馆馆藏珍品首次来到中国。

在内蒙古博物院广场举行了中央人民政府赠送“民族团结宝鼎”揭幕仪式。

向国家无私捐献大盂鼎、大克鼎等大量珍贵文物的潘达于女士去世。

河北沧州市沧县孙佛庄农民孙宝海主动把8件汉代文物上交当地文物部门。

8月9日 联合国教科文组织龙门石窟修复保护工程设计方案通过有关专家组的评审，甘肃铁科地质灾害防治技术工程公司中标。

“我心中的‘北京人’——少年儿童绘画征集活动”专家评审会在周口店北京人遗址管理处举行。

8月11日 台湾著名水墨画家黄光男的作品展览在北京中国美术馆开幕。

8月12日 “卢浮宫珍宝展——古希腊艺术”在北京首都博物馆开展。

8月13日 湖北省博物馆综合馆正式启用。

六位日本学者和一名中国学者联合出资购买的珍贵明本《三国志传》无偿捐赠给中国国家图书馆。

8月15日 中国人民抗日战争纪念馆在美国纽约举办“并肩作战——中美共同抗击日本帝国主义史实展”。

8月16日 由首都博物馆和安徽省博物馆主办的“潘玉良画展”在首博开幕。

8月17日 中国文字博物馆专家委员会成立大会暨第一次会议在北京举行。

由文化部恭王府管理中心和台湾牛哥漫画文教基金会举办的台湾漫画大师“牛哥漫画展”在恭王府花园开展。牛哥（本名李费蒙，1925—1997）是台湾著名的漫画家和小说家。

8月18日 中国玉文化探源暨兴隆洼文化玉器学术研讨会在内蒙古赤峰敖汉旗召开。

8月19日 世界遗产教育促进可持续发展研讨会在蓬莱举行。

国际博物馆协会（ICOM）第21届大会在奥地利维也纳召开。

8月20日 “走一走，看一看——回归10周年忆小平”大型图片展在香港大会堂开展。

新疆达玛沟佛教遗址博物馆开馆。

8月22日 位于北京市东长安街建国门贡院6号的中国邮政邮票博物馆举行开馆庆

典仪式并对外开放。

8月23日 段文杰先生从事敦煌艺术保护研究60周年纪念活动在兰州举行。

第3届中国·大同·广灵国际剪纸艺术展暨第3届国际剪纸艺术论坛在大同举办。

8月24日 内蒙古阴山岩画大型抢救性普查启动。

8月27日 台湾著名陶艺家刘铭侮陶画作品展在北京中国美术馆开幕。

8月28日 日本友人池宫城晃向大连现代博物馆捐献近代文物史料。

8月30日 香港当代著名画家萧晖荣中国画展在北京国际展览中心开展。

由国家文物局主办,中国文物咨询中心和中国拍卖行业协会承办的"文物拍卖企业专业人员考试"在北京举行。

8月31日 国家文物局在北京召开了全国可移动文物保护管理工作座谈会。

由沈阳故宫博物院和大连现代博物馆合作,特别推出的"清宫遗珍——沈阳故宫清代宫廷文物展"在新改造的展厅开幕。

作为"中国陕西省—韩国合作周"重要组成部分的"陕西省文物精华特别展"在韩国首尔历史博物馆开展。

2007年9月

9月3日 全国文物进出境审核管理工作暨表彰会在辽宁省沈阳市举行。

内蒙古自治区敕勒川民俗文化馆开馆。

9月6日 台湾著名摄影家柯锡杰摄影创作50年回顾展在北京中国美术馆开幕。

由日本九州国立博物馆和日本国宝修理装潢师联盟承办的第2届东亚纸文化遗产保护研讨会在日本福冈开幕。

刘邓大军"千里跃进大别山"胜利60周年纪念活动在河南省新县举行。

9月9日 国家图书馆建馆98周年。国家图书馆将每年的9月9日定为"国家图书馆日"。

伊朗文化代表团赴四川访问。

9月11日 全国政协"文化遗产保护"联合调研组开始考察世界遗产保护和管理状况。

"从提香到戈雅——普拉多博物馆藏艺术珍品展"在上海博物馆开幕。

俄罗斯联邦图瓦共和国政府考察团参观福建古田会议纪念馆。

以迎奥运为主题的"玉塔新姿迎奥运——白塔寺杯残疾人艺术作品展"在北京市白塔寺开幕。

9月12日 "中国秦兵马俑展"在英国大英博物馆开展。

中国国家博物馆在人民大会堂举办何鸿燊向国家博物馆捐赠艺术品仪式。

9月13日 来自山东蓬莱阁、湖北黄鹤楼、山西鹳雀楼等11家名楼楼主齐聚岳阳楼,参加由中国文物学会历史文化名楼保护专业委员会主办的名楼景区保护与建设座谈会。

9月14日 270多件来自大英博物馆的世界文化瑰宝在香港艺术馆公开展出。

9月15日 由台湾著名南音剧社——汉唐乐府创作的大型南音乐舞戏《韩熙载夜宴图》在北京故宫演出。

中国科技大学举办吉州窑出土古瓷精品展。

"丝绸之路"跨国申遗万里行签名暨希望小学捐款仪式在新疆和田博物馆举行。

9月16日 辽宁大连第一家私人博物馆——吴越楼博物馆在大连星海新天地开馆。

9月17日 第三次全国文物普查电视电话会议在北京召开。

9月18日 西安碑林佛教造像在美国纽约展出。

陕西省凤翔县民营"秦公1号大墓"博物馆更名为"宝鸡先秦陵园博物馆",变更为宝鸡市文物局直属国有博物馆。

9月19日 国家文物局在北京召开2007年度行政执法专项督察动员会。

9月20日 中国文物保护基金会少数民族文物保护专项基金在北京宣布成立。

“全国政协委员郭修圃先生捐赠文物仪式”在全国政协礼堂举行。

由台北历史博物馆跨海展出的“三千大千世界——张大千书画艺术展”在河南博物院开幕。

“公安部授予西藏布达拉宫模范消防大队荣誉称号命名大会”在拉萨召开。

9月21日 第5届中国工艺美术大师段国梁和赖庆国作品捐赠仪式在云南民族博物馆举行。

由中国首都博物馆组织的“中国古代观音菩萨造像艺术展”在墨西哥蒙特雷东北博物馆开幕。

中央党校教学基地揭牌仪式在西柏坡纪念馆广场举行。

9月25日 山西博物院主馆大厅举行了“霜红之韵·傅山诞辰400周年书画大展”开幕仪式。

9月27日 “中国屋檐下——来自河南博物院的建筑明器展”在比利时皇家历史艺术博物馆推出。

9月28日 “何镜涵国画展”在首都博物馆开展。

“友谊铸春秋——纪念中日邦交正常化35周年主题展”在中华世纪坛开幕。

“归去来兮——赵孟頫书画珍品回家展”在浙江省湖州市博物馆开幕。

“西班牙骑士文化与艺术——马德里皇家武器博物馆珍品展”在故宫午门展出。

“彩墨寄乡情——马白水先生捐赠作品展”在辽宁省博物馆开幕。

9月29日 全国妇联在北京人民大会堂举行了“汇聚爱心 共享中华”——迎奥运，携手助建中国妇女儿童博物馆第一次捐赠仪式。

中国武汉历史文化遗产展在冰岛举办。

2007年10月

10月1日 故宫博物院展出章乃器捐献文物。

10月8日 联合国教科文组织为丽江颁发遗产保护优秀奖。

李正光捐赠文物（女书）仪式在湖南省博物馆举行。

10月9日 首届中国民间古玉展在北京中华世纪坛举办。

10月11日 “城墙科学保护论坛暨中国古都学会城墙保护专业委员会首届学术研讨会”在南京召开。

10月13日 “复兴之路”大型主题展览在中国人民革命军事博物馆开幕。

10月15日 中国共产党第十七次全国代表大会在人民大会堂开幕。

内蒙古自治区公安厅警察博物馆开馆。

10月17日 安徽省向中国妇女儿童博物馆再捐137件文物。

中国里耶古城·秦简与秦文化国际学术研讨会在湘西土家族苗族自治州龙山县召开。

10月18日 古代文明研究国际论坛在北京召开。

甘肃简牍保护研究中心揭牌。

10月19日 北京艺术博物馆举办的“藏珍览物华——北京艺术博物馆馆庆特展之馆藏文物精品展”开幕。

甘肃大地湾史前遗址博物馆奠基。

10月20日 国家文物局组织开展第3届“外交官走进中国文化遗产”活动。

10月21日 中国共产党第十七次全国代表大会在北京闭幕。

10月23日 大型民间博物馆——浙江绍兴越国文化博物馆开馆。

10月25日 西安碑林举办建立920周年纪念活动。

10月26日 由中国人民大学清史研究所和承德市文物局主办的避暑山庄学研讨会在国家清史编委会举行。

海峡两岸纪念国画大师沈耀初百年诞辰。

10月27日 由四川省文物考古研究院和四川沱牌公司组织的"四川省沱牌泰安作坊遗址考古发掘专家论证会"在四川射洪泰安作坊遗址举行。

全国文物界定、分类、定级专题研修班暨民族博物馆专业委员会年度工作会议在中央民族干部学院举办。

由西安市政府、中国社科院考古研究所和陕西省文物局主办的"曲江论坛·大明宫国家遗址公园建设国际学术研讨会"在西安举行。

10月28日 全国文物法制工作会议在北京召开。

美国加州索拉诺郡郡长率团参观新干大洋洲青铜博物馆。

10月29日 国家文物局召开"全国文物系统学习贯彻党的十七大精神座谈会"。

"越南铜器——传统与特色"文物展在广西壮族自治区开展。

10月31日 由国际古迹遗址理事会、中国国家文物局和陕西省政府主办的"丝绸之路申报世界文化遗产国际学术研讨会"在西安举行。

2007年11月

11月1日 北京市文物局在首都博物馆召开北京市区县文物执法人员颁证暨纪念《文物保护法》修订实施5周年大会。

11月2日 首批国家珍贵古籍名录、首批全国古籍重点保护单位的评审启动。

美国美辛普劳国际贸易有限公司大中华区总裁周德汉代表旅居美国的周氏家庭向首都博物馆捐赠20世纪20年代北京葬仪影像。

"伦勃朗与黄金时代——荷兰阿姆斯特丹国立博物馆珍藏展"在上海博物馆开幕。

11月3日 江西瑞金举行中央苏区统战史陈列馆揭幕仪式。

11月5日 "欧亚自然历史博物馆高层论坛暨天津生态城市及可持续发展研讨会"在天津举办。

11月6日 湖北省博物馆举行"综合馆"落成典礼仪式。

国家图书馆举行"文明的传承——国家图书馆古籍影印出版成果展"。

11月7日 著名文物鉴定家、博物馆学专家、历史学家、古文字学家、古典文献专家史树青逝世。

11月8日 第2届中国（北京）文化创意产业博览会在北京开幕。

11月9日 由中国文物保护基金会主办的"薪火相传——中国文化遗产保护年度杰出人物评选活动"在北京宣布启动。

2006～2007年度全国考古工作会议在北京召开。

11月10日 首届中国民间齐家文化玉器研讨会在广东东莞召开。

11月11日 陕西文化人士吴俊红再次向西安博物院捐赠珍贵文物。

11月12日 青岛举办"迎奥运，展风采"博物馆系统讲解员培训班。

11月13日 中国2010年上海世博会重庆宣传周暨"走进世博会"展览在重庆中国三峡博物馆开幕。

杨振宁受聘担任安徽省博物馆名誉馆长。

11月14日 为纪念江竹筠烈士牺牲58周年，江姐的遗书在重庆中国三峡博物馆展出。

纪念新四军成立70周年书画展在福建省革命历史纪念馆举办。

11月15日 三峡库区最后一个移民淹没县——重庆开县成功实施了清库爆破。

“日本浮世绘艺术珍品展”在北京中华世纪坛世界艺术馆开幕。

河南古代文明展在天津市博物馆举办。

11月16日 著名考古学家安志敏藏书捐赠仪式在广州中山大学图书馆举行。

林沂交趾陶艺术品捐赠仪式在陕西秦始皇兵马俑博物馆举行。

11月18日 江西永新县贺子珍纪念馆对外开放。

四川广汉三星堆博物馆举行开馆10周年庆典暨国际博物馆馆长高峰论坛。

11月19日 2007年度全国博物馆专业人员玉器鉴定研修班在北京开课。

11月20日 中国文化遗产研究院（原中国文物研究所）在北京成立。

福建龙岩在北京举办客家精神研讨会。

“2007年度文化遗产保护科学和技术研究课题立项评审会”在北京召开。

11月21日 “2007年中国云南青花暨边疆地区青花学术研讨会”在云南昆明举行。

11月22日 香港首座考古博物馆在香港中文大学开馆。

位于陕西省蒲城县的林则徐纪念馆开馆。

由中国西藏文化保护与发展协会和中国藏学研究中心主办的“珍藏西藏——叶星生抢救保护西藏民间文化成果展”在首都博物馆开展。

联合国教科文组织呼吁对世界“水下文化遗产”进行保护，努力应对寻宝者和海底开发给沉船及其他遗址带来的威胁。

11月24日 刘少奇绣像启绣仪式在上海恒源祥会馆举行。

11月25日 “浙江民间收藏走进博物馆系列特展之二：龙泉窑青瓷展”在浙江省博物馆举行。

11月26日 海外华人陈忠森向中国国家博物馆捐赠寿山石微雕《论语二十篇》。

全国文物进出境审核机构负责人培训班在复旦大学开班。

11月27日 侯宝林故居在北京东四头条19号院揭牌。

中国科学院古脊椎动物与古人类研究所研究员、国家文物局考古专家组成员、中国考古学会常务理事张森水先生逝世。

11月28日 中国文物报社“文博考古开放系列论坛”首次论坛以“中国文明起源研究的新进展”为主题在中国文物报社举行。

11月29日 江西八大山人纪念馆举办了“陶卫民捐赠梁邦楚书画作品仪式暨梁邦楚书画艺术展”，召开了梁邦楚艺术研讨会。

国家文物局援建的甘肃武山“棋盘文博希望小学”落成。

11月30日 首届“北京·中国文物国际博览会”在北京饭店举办。

中国共产党第五次全国代表大会会址纪念馆落成典礼在武汉举行。

2007年12月

12月3日 山西平遥举办活动纪念平遥古城列入世界文化遗产名录10周年。

由中国科学院传统工艺与文物科技研究中心、南京博物院、意大利VEGA集团主办的中意石质文物保护与监控学术研讨会在南京召开。

12月4日 苏州园林博物馆新馆建成开馆。

12月5日 故宫博物院启动外籍志愿者招募工作。

福建省晋江华侨史馆和泉州古代外销陶瓷博物馆开馆。

国家大遗址保护工程赵邯郸故城保护规划论证会在邯郸市召开。

12月6日 河南博物院80周年庆典暨“国家宝藏”展开幕仪式以及《中原文物》创刊30周年座谈会在郑州举行。

12月7日 国家文物局在国际友谊博物馆组织召开贯彻十七大精神专题调研成果交流会。

12月9日 全国文物保护工程管理及修缮理念研讨班在石家庄召开。

12月10日“中国华夏文化遗产基金会”在北京成立。

12月11日 纪念广州起义80周年大会在广州举行。

12月12日 北京博物馆学会非物质文化遗产专业委员会成立。

12月13日 侵华日军南京大屠杀遇难同胞纪念馆在扩建后开馆。

“文物保护与南中国史前考古学”国际学术研讨会在香港召开。

12月14日 国家文物局第三次全国文物普查专家赴河南沁阳调研。

12月15日 由中国先秦史学会和中国临汾市委宣传部主办的“首届中国·临汾尧文化高层论坛”举行，中国先秦史学会尧文化研究中心揭牌。

东南亚考古研究中心成立揭牌仪式暨座谈会在云南省文物考古研究所举行。

12月16日 “汇聚爱心，共享中华”中国国际慈善拍卖系列活动预展在北京开展。

面向全民公开征求意见修改后的《全国年节及纪念日放假办法》公布。

12月17日 “全国文物保护标准化技术委员会2007年会暨标准审查会”在北京召开。

12月18日 全国政协结束对隋唐大运河的考察活动，并在安徽合肥召开“全国政协大运河保护与申遗考察汇报会”。

展现中华民族160多年奋斗历程的大型主题展览“复兴之路”座谈会在中国人民革命军事博物馆举行。

国家文物局组织召开的2007年全国文物拍卖管理工作座谈会在北京举行。

中国博物馆学会区域博物馆专业委员会成立大会在长沙召开。

12月20日 文化部和国家文物局在北京召开全国文物工作先进县表彰大会。

国家文物局在北京召开2007年全国文物局长会议。

12月21日 “2007北京古玩珠宝海外回流展”在北京国际贸易中心开幕。

12月22日 “南海Ⅰ号”古沉船出水。全国总工会授予交通部广州打捞局“全国五一劳动奖状”。

12月23日 文物保护法修正案草案首次提请10届全国人大常委会第31次会议审议，3项行政许可被修改。

12月24日 第3届郭沫若中国历史学奖评选结果在北京揭晓，中国社会科学院考古研究所编著的《中国考古学》（夏商和两周卷）荣获一等奖。

“空间信息技术在大遗址保护中的应用研究(以京杭大运河为例)”课题中期评审研讨会在北京召开。

12月25日 故宫博物院举办纪念单士元先生诞辰100周年座谈会。

12月26日 “天地精华——国际友谊博物馆馆藏宝石矿石精品展”在中国地质博物馆开幕。

由浙江省博物馆主办的“钱江流韵——钱镜塘捐献元明清钱塘名家书画作品展”在浙江西湖美术馆开幕。

12月27日 “丝绸之路申报世界文化遗产工作协调会”在兰州召开。

国家文物局召开“南海Ⅰ号”古沉船永续保护工作会议。

12月28日 天津市级博物馆纪念馆向社会免费开放。

“南海Ⅰ号”古沉船入藏广东海上丝绸之路博物馆。

12月29日 山东省新博物馆开工奠基暨山东省文物局揭牌仪式在济南举行。

附录

全国各地区文物业

	机构数(个)	从业人员								安全保卫人员(人)	信息化建设	
		(人)	在编人数	具有专业资质人数			具有文博和工程系统职称人数(人)				计算机(台)	网站数(个)
				(人)	具有考古发掘个人领队资格人数	具有文物保护工程职业资格人数		高级职称	中级职称			
总计	**4277**	**86814**	**59765**	**4669**	**711**	**457**	**22617**	**4678**	**10124**	**12476**	**18896**	**467**
中央	10	2566	2285	65	13	5	887	339	356	448	1037	15
北京	85	4452	2486	280	8	9	501	83	208	452	1067	17
天津	27	961	672	10	5	3	428	96	171	96	243	9
河北	256	6385	4630	50	35	15	949	227	458	695	694	22
山西	207	5671	3773	189	35	28	903	164	501	856	680	22
内蒙古	118	1623	1043	128	23	14	601	103	292	195	281	9
辽宁	100	2899	2079	178	36	28	1059	188	431	409	704	12
其中：大连	8	301	184	35	6	1	76	29	37	46	114	3
吉林	70	1202	925	103	17	9	564	165	262	60	188	6
黑龙江	146	1325	1031	207	9	25	555	175	262	128	199	11
上海	37	1331	932	17	4	--	433	101	215	182	1011	17
江苏	192	3080	1975	32	28	4	1094	252	510	525	1181	40
浙江	197	3683	1752	205	24	2	1013	254	432	617	1540	48
其中：宁波	20	389	198	34	4	--	136	30	63	56	144	5
安徽	135	1502	1026	96	21	4	686	105	300	243	294	5
福建	129	1220	800	207	15	12	463	97	179	205	806	11
其中：厦门	7	119	63	18	2	--	39	13	26	17	159	--
江西	170	2316	1786	101	11	1	674	141	287	340	230	15
山东	194	4809	3741	158	32	48	1766	379	825	597	680	22
其中：青岛	16	230	185	30	3	12	94	20	39	33	69	4
河南	243	7526	4522	254	60	42	1424	280	675	1195	1190	34
湖北	165	3719	2829	169	42	11	1198	211	652	475	584	15
湖南	207	2968	2102	59	44	12	725	133	253	378	635	9
广东	209	3283	2094	405	32	12	886	140	305	610	1239	38
其中：深圳	14	229	122	21	7	3	79	28	36	51	150	7
广西	124	1197	872	121	19	46	484	71	212	211	360	8
海南	24	252	211	24	1	1	66	11	22	35	23	5
重庆	68	1512	1064	146	16	7	475	109	129	321	395	4
四川	237	4670	2760	238	47	51	983	146	484	548	824	22
贵州	111	979	636	165	8	4	250	38	91	131	195	6
云南	158	1313	1070	254	16	13	698	121	268	159	263	5
西藏	12	2422	1903	45	6	2	70	13	24	108	147	2
陕西	327	7227	5393	578	69	33	1413	284	654	1545	814	22
甘肃	124	2350	1693	75	13	12	604	114	317	415	804	5
青海	43	317	253	13	4	1	146	27	93	17	46	--
宁夏	31	483	359	73	7	3	168	31	54	66	118	--
新疆	121	1571	1068	24	11	--	451	80	202	214	424	11

基本情况（一）

文物藏品（件、套）				本年考古出土文物及标本数（件、套）	本年从有关部门接收文物数（件、套）	本年藏品征集数（件、套）	本年修复文物数（件、套）				考古发掘项目			
	一级品	二级品	三级品					一级品	二级品	三级品	（个）	基本建设中考古发掘项目	抢救性发掘项目	主动性发掘项目
25677354	**59743**	**1569421**	**2496817**	**32155**	**76119**	**120658**	**50421**	**452**	**2197**	**23905**	**1922**	**935**	**764**	**144**
1687938	13281	832972	308224	--	58	3851	74	9	46	10	8	--	2	6
3618898	670	9723	50981	153	536	2601	1957	3	80	348	47	27	20	--
946091	970	26970	39557	--	51	553	13	--	--	--	15	8	5	2
540624	1134	12113	50483	--	52	1640	251	2	11	62	73	42	26	5
835638	2117	7454	73390	3	1391	391	176	--	65	27	55	46	5	4
450012	1662	2243	5949	--	275	3913	1420	5	20	126	34	19	11	4
634315	1389	12915	185363	300	93	11880	691	6	130	509	58	29	14	13
101403	235	2536	27038	--	--	329	47	--	--	14	2	2	--	--
196522	605	3301	10071	--	225	580	203	20	31	35	18	3	1	6
183134	304	1397	17511	450	129	895	82	17	4	--	15	10	4	1
1450244	1331	45960	132999	--	861	4188	61	--	3	58	--	--	--	--
1940200	1993	93388	443851	1374	282	5444	1365	16	25	104	185	68	113	4
1092998	1972	8750	58862	2800	6757	4223	3490	--	110	121	86	42	42	1
227614	173	848	6939	--	12	404	100	--	100	--	11	6	5	--
693412	1515	3780	117206	2000	952	1762	1285	38	77	254	72	4	65	2
422077	913	1986	83250	50	491	1534	125	3	--	21	14	7	5	2
64111	16	200	6028	50	92	413	28	2	--	4	--	--	--	--
502924	1983	5921	43911	--	172	615	2065	79	96	1890	29	4	18	6
1356077	2938	11713	89935	500	32936	33337	1732	5	74	304	76	44	25	6
170864	210	2615	9206	--	--	986	21	--	--	--	7	--	4	3
1589814	2396	15745	218001	12351	1029	4691	3381	1	33	290	231	129	52	6
1071934	2166	10920	82156	105	1157	3807	2736	42	89	1334	98	54	39	5
770245	1577	5581	46179	1060	128	3010	1344	7	5	49	133	85	41	3
1545699	1174	411191	73698	5150	3762	12672	16787	--	294	14235	54	26	9	19
31974	25	160	4859	1690	684	39	270	--	--	--	2	1	1	--
302896	333	4229	22341	--	6012	1853	293	--	5	11	24	10	12	2
30297	131	243	1037	--	607	458	22	--	--	--	8	2	5	1
593283	909	1811	20466	--	2096	248	1558	5	22	214	58	9	32	1
808812	2898	7566	114404	--	625	5405	2210	5	73	426	266	166	96	4
89054	293	588	7155	1673	317	461	119	--	1	28	16	10	6	--
374955	823	1735	14812	--	575	1172	810	--	3	22	63	30	16	17
159492	814	222	628	--	--	449	21	--	4	17	--	--	--	--
930175	6789	13861	76268	4122	12778	2510	4924	122	631	2995	137	41	76	19
493415	3275	11619	97173	64	190	4114	495	50	205	95	33	11	20	2
141857	262	1045	2604	--	1195	73	6	3	--	--	2	2	--	--
80223	419	2479	8452	--	--	923	415	10	60	275	10	7	1	2
144099	707	--	--	--	387	1405	310	4	--	--	4	--	3	1

全国各地区文物业

	考古钻探面积(千平方米)	考古发掘面积(千平方米)	发掘墓葬数(个)	举办陈列、展览			提供藏品参与外单位举办的展览次数(次)		本	
				(个)	参观人次(千人次)	未成年人参观人次			财政拨款	上级补助收入
总计	**51374**	**1962**	**27565**	**10700**	**453825**	**138552**	**1319**	**10369171**	**4818358**	**418370**
中央	2000	2	48	64	16651	2696	21	1039808	393190	14488
北京	4628	31	1328	214	14930	1010	25	936540	202712	1828
天津	600	6	150	454	14991	9377	8	94125	71042	374
河北	8807	57	741	221	9289	1660	13	568320	287286	17475
山西	366	43	1448	160	8779	826	3	479386	234012	4489
内蒙古	1959	70	642	208	5923	1664	26	149722	102929	4118
辽宁	1386	29	62	195	8949	531	19	208520	103857	3007
其中：大连	200	3	8	42	2187	44	3	27875	17511	20
吉林	14	2	2	94	21594	1299	4	94789	54983	6948
黑龙江	738	12	－－	226	13927	3552	6	85413	71876	1266
上海	200	－－	10	170	3859	836	18	300099	200488	5596
江苏	1862	139	857	848	17266	4775	126	387673	289845	5716
浙江	804	302	663	708	29620	3908	67	1006911	504062	26135
其中：宁波	400	80	155	47	2045	701	16	57259	36658	5814
安徽	321	16	273	244	8738	1275	7	97462	64244	12950
福建	80	6	761	281	26387	13494	21	94612	78136	5076
其它：厦门	80	－－	－－	7	452	51	－－	10619	9653	79
江西	8	6	44	262	8313	5293	6	116531	76748	5098
山东	2998	119	923	1300	14661	2302	49	471512	191683	3033
其中：青岛	－－	60	700	34	1052	315	15	27622	16830	575
河南	5074	166	4007	442	11723	2551	30	629377	253409	49072
湖北	5969	203	633	287	11436	3781	22	376534	204551	27758
湖南	1218	66	754	312	7387	3098	31	261108	153150	16504
广东	1298	23	197	895	44991	21894	69	456341	309412	19864
其中：深圳	－－	－－	－－	71	7481	13780	1	43157	32324	2230
广西	279	9	38	256	3094	684	16	153045	102573	16762
海南	99	1	18	33	8655	7946	1	16233	11742	1444
重庆	294	60	9773	135	8091	923	6	170757	70472	2860
四川	3566	216	800	1143	84538	28066	58	545741	175824	21470
贵州	55	59	152	176	7815	3833	9	80123	35445	4894
云南	139	71	661	271	13365	2622	291	95516	62820	6972
西藏	－－	－－	－－	2	95	95	1	87475	22060	－－
陕西	6323	88	2407	242	11272	1798	290	800912	202536	118126
甘肃	14	7	73	248	3591	482	15	258168	104047	4187
青海	－－	1	4	434	378	50	2	20594	15952	725
宁夏	275	147	53	65	5336	2743	45	38628	21606	941
新疆	－－	5	43	110	8181	3488	14	247196	145666	9194

基本情况（二）

年收入合计（千元）					本年支出合计（千元）				
事业收入		经营收入	附属单位上缴收入	其他收入		基本支出	项目支出		经营支出
	门票收入							文物保护专项支出	
3918704	**3229233**	**191945**	**1450**	**412029**	**9381665**	**4819137**	**3560950**	**535512**	**327211**
507054	463706	39203	--	28684	998280	337103	469415	12424	72540
448398	427791	79049	--	22781	890881	409763	298696	16931	177630
12727	11205	108	60	9814	83016	71119	11249	130	--
220967	205526	6961	550	8129	374168	246465	117078	20312	6422
152704	131741	--	--	10019	421088	225190	158985	20899	837
38273	1642	--	--	3574	133640	99272	34366	11726	--
85480	73624	1169	--	4462	204901	102147	89164	5088	753
7718	7295	--	--	2626	27452	15390	11669	444	--
30698	26077	52	--	1691	98483	77339	16006	525	52
9244	6382	--	--	2144	78631	60334	5428	1082	--
72497	62884	3619	--	10589	283823	147834	127642	6088	3058
62543	34480	1415	59	22815	362228	225787	134193	20950	1718
398053	354435	1564	466	23536	842226	418594	357003	51662	988
10077	6785	265	--	4445	53063	31238	21821	13474	4
10629	5584	45	--	9594	98205	52874	28141	5767	45
5440	3567	151	2	4878	89623	48596	35447	7264	77
652	403	--	--	235	11331	7543	3739	1628	--
27337	22438	89	--	4326	121237	67708	45418	8956	1134
255258	223981	1399	--	6313	406748	351555	31398	6810	10355
4156	3787	56	--	2127	28719	15132	3661	47	6
244792	154190	31559	66	14225	589989	291113	221568	57565	32756
96380	83395	4236	--	31457	352637	121210	186513	18983	1598
78409	54258	947	25	8226	255951	133584	112971	28863	996
108813	70606	739	215	11342	456568	225554	220046	58421	87
2676	2273	706	--	4258	42994	23540	16518	3030	--
16859	4282	430	--	10184	132637	57835	64756	8880	773
1920	1870	--	--	399	12909	8180	2783	1066	55
85722	57716	2570	--	9095	132735	69507	54420	5664	2085
311825	203257	10884	6	17730	525109	268067	215176	107428	7665
23349	15956	998	1	3231	66309	44713	17228	2740	535
18883	1824	1188	--	5353	121582	59529	56932	8343	1299
61452	54918	400	--	1250	46378	36212	2414	--	400
368260	313208	3033	--	81585	683183	304611	269084	18121	3125
119981	116756	--	--	18965	243191	156272	85846	12053	--
2049	1502	--	--	1440	23854	14674	6484	190	--
12883	12343	77	--	1837	40121	28103	9132	7333	48
29825	28089	60	--	22361	211334	58293	75968	3288	180

全国各地区文物业

	本年支出合计（千元）								
	在支出合计中：								
		商品和服务支出						对个人和家庭补助支出	
	工资福利支出		维修（护费）	差旅费	劳务费	福利费	税金支出		抚恤金和生活补助
总计	2255367	3389225	899323	114619	186683	52710	55255	519148	16389
中央	162330	320346	8082	17741	11526	1956	8065	94600	1897
北京	139916	187328	50264	1825	783	5071	2361	28738	228
天津	27230	36319	4411	478	279	340	180	10734	130
河北	134949	129239	62726	5021	4133	2671	2845	20703	509
山西	108052	230268	104155	7559	7717	2424	2089	14674	1182
内蒙古	33034	63085	14303	4469	5495	446	149	6114	184
辽宁	69035	79853	23700	2188	4959	787	321	14042	107
其中：大连	8285	15493	5306	256	653	304	70	836	9
吉林	28515	35527	2891	2991	147	42	19	11064	72
黑龙江	36909	16712	1835	720	314	349	173	9767	150
上海	88200	112370	34118	2248	1929	2685	543	7322	403
江苏	110869	152253	27590	5532	11503	2160	626	34012	1301
浙江	179413	424589	221112	5666	11663	5530	2754	35439	602
其中：宁波	20826	18473	2521	490	1152	239	74	2063	6
安徽	29582	21320	8452	855	263	708	108	11624	522
福建	28355	35286	5282	1041	605	356	29	7981	75
其它：厦门	4164	4199	1000	125	35	80	2	1271	－－
江西	39652	30015	13641	2129	1906	1386	458	10843	795
山东	138886	71798	10359	4294	3641	564	7111	23320	418
其中：青岛	11316	9874	165	225	593	135	4	2861	－－
河南	135658	252000	97903	5796	26876	3417	3571	20440	761
湖北	65750	87503	8681	4161	11253	1960	894	13325	606
湖南	64479	101777	29420	3079	6113	2466	1609	12347	1754
广东	128272	140782	25626	4307	6451	3295	2565	34241	867
其中：深圳	16565	6088	1222	1193	88	228	604	1469	－－
广西	27948	26745	3335	2113	2114	720	666	8832	259
海南	4948	1692	353	160	91	80	15	291	6
重庆	38106	70593	24415	2050	5348	1058	485	7036	94
四川	96810	242201	60979	7722	13134	2691	3355	21109	661
贵州	19945	34543	3278	838	798	360	238	4475	399
云南	30136	43702	5605	2409	5088	362	256	7932	116
西藏	24327	17285	1992	488	178	12	－－	2770	－－
陕西	143787	211255	22350	7974	9519	4372	12663	20534	513
甘肃	64380	86123	10859	5040	30142	3132	650	13569	1168
青海	9648	9404	1100	684	560	8	60	2205	19
宁夏	14290	10514	3025	460	288	721	82	2557	353
新疆	31956	106798	7481	2581	1867	581	315	6508	238

基本情况（三）

其他资本性支出	其他资本性支出：各种设备购置费	资产总计（千元）	资产总计：固定资产原值	增加值（千元）	公用房屋建筑面积（千平方米）	公用房屋建筑面积：文物库房
888023	245367	21022985	11898788	4013576	11905	904
128071	46404	2185087	671798	325672	389	51
157453	12424	1475688	404784	286121	819	34
7656	722	352261	52153	84565	134	18
13663	5400	607488	411323	354553	330	33
32678	10175	663876	343607	190421	307	34
16516	3164	273217	172660	52993	190	15
18915	5580	545851	408642	98166	297	25
581	206	56213	43757	11824	62	5
22609	14051	173638	156544	43881	126	4
1239	878	541533	504626	49866	204	12
51100	43997	1307135	804738	137718	177	80
60298	7123	1166654	777078	208283	582	46
32780	13857	1733148	991807	371848	500	47
4366	2142	123341	95685	28262	51	6
9521	834	155526	84132	47386	142	17
2885	984	144744	87806	42327	387	33
87	86	29692	15144	7347	33	4
13353	3038	162847	132767	51155	213	19
11282	3850	1321687	819906	253940	470	49
95	95	66271	25625	15363	34	2
28592	12620	1760476	793762	89568	2220	71
27842	4718	601521	312710	111404	449	38
19521	6759	624392	484501	93247	356	39
15761	5903	850689	604129	195353	549	47
425	425	61489	47525	18761	45	2
5497	2119	369006	144960	43006	155	18
957	514	70231	70102	7616	13	--
7766	2028	315625	203490	88165	203	17
28233	7304	1032183	596122	150197	528	37
3759	3555	69481	55569	37332	67	7
2665	1592	417988	345013	41285	214	18
--	--	78832	12130	66648	955	4
78144	11118	1012757	739643	244770	516	43
32050	6593	573265	444798	134249	204	26
1115	969	35076	21823	13633	49	8
395	69	71656	64695	18386	49	5
55707	7025	329427	180970	79822	111	9

全国各地区省级

	机构数（个）	从业人员（人）	在编人数	具有专业资质人数（人）	具有考古发掘个人领队资格人数	具有文物保护工程职业资格人数	具有文博和工程系统职称人数（人）	高级职称	中级职称	安全保卫人员（人）	信息化建设：计算机（台）	网站数（个）
总计	251	15507	9948	1549	370	160	5932	1900	2388	2126	6366	84
北京	46	1552	769	174	8	--	404	75	153	149	756	7
天津	8	747	526	6	4	--	367	90	139	85	224	8
河北	7	435	318	22	13	9	175	76	55	62	171	3
山西	15	711	489	67	24	--	183	67	97	147	269	2
内蒙古	3	268	168	13	13	--	131	41	72	39	116	3
辽宁	4	308	207	36	13	2	155	38	52	17	206	--
吉林	3	231	187	53	10	7	135	53	43	13	35	1
黑龙江	14	502	356	117	9	24	248	122	90	53	83	4
上海	9	740	544	4	4	--	334	92	167	48	721	4
江苏	6	371	226	16	13	3	108	52	52	72	250	2
浙江	9	428	324	65	16	--	236	106	80	85	387	5
安徽	4	260	152	12	12	--	134	41	56	28	65	1
福建	5	271	152	100	11	--	110	28	34	62	114	3
江西	8	590	346	9	9	--	193	86	85	124	108	3
山东	6	320	185	24	12	4	175	52	76	50	161	1
河南	5	600	334	66	20	2	252	69	118	129	364	5
湖北	11	551	306	18	18	--	217	95	94	134	179	1
湖南	8	592	286	17	7	10	258	74	61	76	284	3
广东	7	277	183	106	7	--	85	33	33	47	154	1
广西	4	263	124	76	16	45	116	39	58	47	117	2
海南	2	58	56	3	1	1	37	7	19	10	3	2
重庆	14	1084	685	83	13	5	371	87	84	40	251	3
四川	4	310	221	30	16	14	95	33	58	17	85	1
贵州	3	91	73	42	7	--	68	23	19	12	50	1
云南	4	179	112	11	10	1	83	37	10	30	36	2
西藏	--	--	--	--	--	--	--	--	--	--	--	--
陕西	15	2118	1514	253	51	18	625	201	242	330	343	9
甘肃	10	1000	608	53	13	12	341	93	187	130	613	3
青海	6	153	110	4	4	--	77	19	47	12	23	--
宁夏	6	152	143	57	7	3	78	28	31	24	68	--
新疆	5	345	244	12	9	--	141	43	76	54	130	4

文物业基本情况（一）

文物藏品（件、套）				本年考古出土文物及标本数（件、套）	本年从有关部门接收文物数（件、套）	本年藏品征集数（件、套）	本年修复文物数（件、套）				考古发掘项目			
	一级品	二级品	三级品					一级品	二级品	三级品	（个）	基本建设中考古发掘项目	抢救性发掘项目	主动性发掘项目
12613811	21627	229093	1269625	13441	10898	12605	11517	131	673	2777	476	293	110	57
3586002	555	9292	48413	153	335	1342	1091	2	74	170	45	27	18	--
930800	968	26962	39485	--	51	178	13	--	--	--	10	4	4	2
291056	464	3414	25683	--	--	459	60	2	11	47	37	17	16	4
262688	538	1237	55522	3	--	2	137	--	65	72	12	8	--	4
180454	696	30	51	--	--	649	724	--	--	--	20	15	3	2
347676	487	4202	102334	--	--	190	86	2	47	37	6	1	--	5
91651	166	2339	7438	--	1	--	--	--	--	--	4	--	--	4
130768	181	1072	15509	450	--	180	66	3	4	--	10	9	--	1
1426300	1090	44728	127061	--	--	3927	52	--	--	52	--	--	--	--
546939	1062	88438	360193	--	--	90	40	4	10	26	3	1	2	--
203669	728	3900	26507	2800	2577	1074	2906	--	5	101	28	10	18	--
435972	408	1559	81840	2000	--	85	275	30	65	180	1	--	--	1
199497	553	249	33465	--	227	2	--	--	--	--	3	--	2	1
189559	522	1715	11223	--	4	39	--	--	--	--	8	2	2	4
447182	1399	1547	47147	500	--	--	720	5	70	300	24	22	1	1
369642	616	3177	40993	4072	--	99	104	1	17	13	18	13	1	4
448419	841	2424	32191	--	101	515	1200	26	45	1020	21	21	--	--
365446	454	1668	15613	1060	--	504	435	--	3	29	22	20	--	2
340913	405	7273	12606	730	264	1013	725	--	--	--	4	4	--	--
90858	183	1823	2690	--	5058	55	261	--	--	--	12	9	2	1
22067	78	100	488	--	542	399	3	--	--	--	6	1	4	1
326877	699	1418	15141	--	75	124	1025	5	10	157	16	--	--	--
233676	685	3155	50003	--	--	--	300	--	--	--	45	40	4	1
38294	221	250	636	1673	34	379	78	--	--	--	10	7	3	--
234874	509	1397	12116	--	71	182	--	--	--	--	14	12	1	1
--	--	--	--	--	--	--	--	--	--	--	--	--	--	--
448584	4473	6700	23106	--	--	258	600	31	184	285	77	36	26	15
190501	1731	6408	76691	--	--	94	22	3	3	13	11	8	2	1
107790	171	590	700	--	1179	53	3	3	--	--	2	2	--	--
52084	302	2026	4780	--	--	663	345	10	60	275	7	4	1	2
73573	442	--	--	--	379	50	246	4	--	--	--	--	--	--

全国各地区省级

	考古钻探面积（千平方米）	考古发掘面积（千平方米）	发掘墓葬数（个）	举办陈列、展览			提供藏品参与外单位举办的展览次数(次)	本		
				（个）	参观人次（千人次）	未成年人参观人次			财政拨款	上级补助收入
总计	15918	499	7502	1166	32545	7643	107	3093988	1760174	131320
北京	4628	31	1328	131	2111	300	10	380701	158073	200
天津	600	6	150	46	1094	374	5	78775	63530	374
河北	6510	47	286	19	281	66	6	203731	188261	--
山西	90	43	1306	29	383	185	3	159986	137467	--
内蒙古	800	30	600	13	70	34	2	51222	18598	--
辽宁	--	6	--	20	228	89	11	15809	8547	--
吉林	8	--	--	19	170	150	--	21910	14895	1350
黑龙江	735	8	--	36	1821	465	1	41736	33638	--
上海	200	--	10	35	1545	376	1	192786	146567	3692
江苏	100	1	2	23	400	300	8	54108	39057	650
浙江	--	26	120	39	2140	1081	8	111017	97041	--
安徽	--	--	--	23	484	484	--	23754	18152	2391
福建	--	--	--	16	175	80	3	17773	17291	460
江西	8	--	--	24	1426	850	4	50046	28795	200
山东	113	14	77	20	43	24	8	56917	40640	--
河南	--	100	1200	32	508	250	6	169051	124574	11802
湖北	110	25	149	20	2595	402	3	123063	65210	360
湖南	180	30	400	25	1495	254	4	85583	36516	--
广东	816	15	9	12	242	220	3	87732	69813	92
广西	226	5	26	27	314	195	3	76929	54073	--
海南	99	1	18	1	5	4	--	8608	6868	700
重庆	232	29	1	58	7539	695	--	141416	54511	1166
四川	1	8	200	--	--	--	--	29734	19873	--
贵州	20	8	100	21	300	100	3	24048	10870	124
云南	101	25	23	31	426	137	--	27811	10091	--
西藏	--	--	--	--	--	--	--	--	--	--
陕西	121	27	1453	25	5135	401	6	531098	111576	102936
甘肃	--	1	12	16	1090	54	5	181093	66652	490
青海	--	1	2	385	159	23	1	13329	9769	100
宁夏	220	12	30	12	168	21	2	16191	13355	30
新疆	--	--	--	8	198	29	1	118031	95871	4203

文物业基本情况（二）

年收入合计（千元）					本年支出合计（千元）				
事业收入		经营收入	附属单位上缴收入	其他收入		基本支出	项目支出		经营支出
	门票收入							文物保护专项支出	
759157	497524	6100	251	175825	2645636	1058437	1433325	95770	9946
27320	20533	--	--	20076	351148	101441	244284	--	2105
7083	5647	--	60	7728	67642	58905	8737	--	--
8469	471	--	--	1394	96228	23690	72538	2401	--
14985	3065	--	--	1009	134496	24056	102720	14726	837
28503	350	--	--	3293	44948	24516	20430	6050	--
7232	31	--	--	30	11965	6806	5159	5	--
4624	40	--	--	1041	24275	17624	6651	--	--
6821	4300	--	--	1277	41032	28179	2079	--	--
31103	22709	520	--	3594	178755	63942	109877	48	149
10776	902	--	--	362	48958	27668	21289	801	--
7957	98	--	--	2814	95194	41149	54045	3732	--
2027	19	--	--	1184	27257	13636	12158	258	--
--	--	--	--	22	19339	9506	9833	--	--
18523	13931	--	--	908	60141	21926	35862	3151	1045
6250	265	--	--	2718	30624	23180	7444	--	--
27077	4860	--	--	2855	149110	45954	103155	928	--
32037	25505	2194	--	20308	108173	32256	68957	8920	1085
44020	33715	761	--	1329	81492	34089	46644	1270	759
16860	194	--	191	776	79350	25169	50448	34508	--
10888	358	--	--	5731	65363	18996	46298	1085	--
20	20	--	--	292	5300	3340	1205	345	--
75280	47635	1665	--	8786	103593	55748	46179	3946	1665
7911	--	--	--	83	24535	6928	12259	--	--
7451	70	--	--	297	18172	12332	5737	--	--
14903	162	960	--	1557	53784	21978	30846	783	960
--	--	--	--	--	--	--	--	--	
250122	225143	--	--	56713	426493	189487	202267	2130	1341
86210	83843	--	--	18426	167706	94423	73183	5030	--
1632	1172	--	--	1400	14696	8931	5507	--	--
716	199	--	--	806	18111	10686	7246	5653	--
2357	2287	--	--	9016	97756	11896	20288	--	--

全国各地区省级

	本年支出合计（千元）								
	在支出合计中：								
		商品和服务支出						对个人和家庭补助支出	
	工资福利支出		维修（护费）	差旅费	劳务费	福利费	税金支出		抚恤金租生活补助
总计	489269	1155019	288824	39951	82563	11861	16940	140969	4861
北京	46851	104341	14372	643	212	390	1401	13739	128
天津	21440	29785	2055	338	19	221	77	9000	89
河北	9389	60616	43814	2387	1377	180	135	3720	115
山西	14874	97050	54458	3187	4118	424	186	5550	683
内蒙古	4751	36983	9720	3167	4692	88	137	1527	68
辽宁	2378	3104	114	195	339	44	--	1147	13
吉林	6296	13029	36	2482	1	19	--	3072	38
黑龙江	18287	4941	194	149	135	144	172	6096	41
上海	54665	69904	14644	1224	596	606	42	3701	199
江苏	13126	18783	-555	2365	2451	49	--	6234	601
浙江	27775	44897	4498	2054	3183	590	175	6944	147
安徽	6278	2961	135	237	12	306	--	5529	63
福建	4552	10339	7	327	155	33	--	3146	34
江西	12162	17896	9055	1178	1458	354	147	4260	20
山东	10223	13453	3528	2042	1642	1	88	5353	37
河南	13936	126749	83596	1511	7287	321	503	4995	112
湖北	14573	31466	1225	1634	7138	85	66	4216	149
湖南	13961	31776	3454	751	3088	522	955	4946	1281
广东	13065	14580	3449	311	60	546	185	5150	45
广西	7182	11843	388	1288	1801	593	493	2268	28
海南	2521	604	192	122	60	70	--	152	--
重庆	32259	58877	20701	1485	4000	589	434	6028	73
四川	8920	12206	50	74	14	63	--	2513	
贵州	2505	12963	132	248	2	47	--	1373	29
云南	4546	25833	476	1789	4169	146	3	3766	35
西藏	--	--	--	--	--	--	--	--	--
陕西	69910	143697	11384	3280	3477	2258	10953	13694	124
甘肃	36324	63030	3987	4329	29594	2839	452	8459	648
青海	4662	8099	801	510	560	3	60	1599	17
宁夏	4768	5233	2659	186	165	219	33	1282	16
新疆	7090	79981	255	458	758	111	243	1510	28

文物业基本情况（三）

其他资本性支出		资产总计（千元）		增加值（千元）	公用房屋建筑面积（千平方米）	
	各种设备购置费		固定资产原值			文物库房
359797	96501	7044511	3724899	1282092	2161	329
138040	7545	900380	183027	211529	317	32
7418	515	339334	45392	76641	98	18
1391	932	99024	45623	128327	44	16
10291	6334	255998	50877	46650	93	15
1737	1737	55496	29831	18080	24	7
530	115	93871	40542	8836	86	4
4478	3304	96363	84756	12233	45	2
441	352	422914	391272	26092	103	7
44814	42658	1015422	680882	96671	111	75
7822	1157	235258	177226	26228	100	3
11249	3854	256813	130136	46823	35	11
396	46	83843	33020	14836	19	4
218	124	33327	19439	9521	50	8
9470	1601	42404	25862	14216	76	9
695	533	162491	104767	41571	46	11
3429	2215	460787	276496	1368	76	10
23535	2929	233178	98665	34576	169	11
4473	1963	244423	194277	28132	63	12
1978	172	186505	94436	22686	27	4
1895	738	216344	27868	13612	24	3
494	494	8371	8371	2824	--	--
4639	1727	177573	105887	77312	132	8
895	264	49629	12859	19119	27	11
1227	1227	8580	6799	9298	7	3
391	45	76302	16712	4751	14	4
--	--	--	--	--	--	--
39920	7439	746711	532859	146045	203	13
28750	5707	356470	249814	99057	73	13
316	255	22987	13095	8049	28	6
114	2	27471	23772	6304	34	5
8751	517	136244	20364	30705	37	4

全国各地区地市级

	机构数(个)	从业人员									信息化建设	
		(人)	在编人数	具有专业资质人数			具有文博和工程			安全保卫人员(人)		
				(人)	具有考古发掘个人领队资格人数	具有文物保护工程职业资格人数	系统职称人数(人)	高级职称	中级职称		计算机(台)	网站数(个)
总计	971	31053	20612	1367	220	117	8578	1741	3870	3889	6756	167
北京	--	--	--	--	--	--	--	--	--	--	--	--
天津	--	--	--	--	--	--	--	--	--	--	--	--
河北	30	2584	1770	11	10	1	419	105	184	233	294	6
山西	40	1703	1031	29	9	15	360	71	183	169	268	6
内蒙古	22	621	409	34	5	--	278	49	130	84	109	2
辽宁	41	1474	1219	48	9	15	649	130	256	254	382	9
其中：大连	5	273	167	18	2	--	66	27	33	44	108	3
吉林	22	482	376	15	1	--	240	100	112	33	134	2
黑龙江	26	340	275	43	--	1	134	36	65	26	67	2
上海	--	--	--	--	--	--	--	--	--	--	--	--
江苏	80	1808	1168	16	15	1	719	151	337	279	743	19
浙江	53	1975	757	100	8	--	380	90	170	269	636	22
其中：宁波	4	170	86	33	4	--	82	21	28	8	55	2
安徽	38	466	312	20	1	--	212	43	98	98	117	3
福建	31	330	212	42	2	6	117	30	62	41	215	3
其中：厦门	5	110	54	18	2	--	36	13	23	15	155	--
江西	35	898	717	13	1	1	223	37	108	67	56	3
山东	47	1303	1020	28	15	--	623	161	275	153	279	8
其中：青岛	6	167	126	4	3	--	54	12	23	25	55	2
河南	79	3465	1929	111	29	26	850	177	395	494	589	8
湖北	45	1632	1371	37	14	4	512	95	282	133	264	11
湖南	36	744	508	29	28	1	243	52	102	110	192	4
广东	75	1860	1128	197	19	8	593	95	215	394	826	21
其中：深圳	2	128	92	8	5	3	66	25	31	17	114	2
广西	29	460	352	23	3	--	217	29	97	120	176	6
海南	7	118	115	12	--	--	23	2	3	20	13	3
重庆	--	--	--	--	--	--	--	--	--	--	--	--
四川	40	2336	1208	105	21	23	515	87	252	246	439	9
贵州	13	395	145	35	--	1	69	10	15	58	49	2
云南	30	517	411	159	5	6	270	59	115	51	117	2
西藏	12	2419	1900	45	6	2	70	13	24	108	146	2
陕西	75	1751	1270	187	17	6	425	68	217	304	291	7
甘肃	16	358	295	4	--	--	128	14	43	43	92	1
青海	11	48	47	5	--	--	24	4	19	--	16	--
宁夏	9	174	101	7	--	--	18	2	9	11	35	--
新疆	29	792	566	12	2	--	267	31	102	91	211	6

文物业基本情况（一）

文物藏品（件、套）				本年考古出土文物及标本数（件、套）	本年从有关部门接收文物数（件、套）	本年藏品征集数（件、套）	本年修复文物数（件、套）				考古发掘项目			
	一级品	二级品	三级品					一级品	二级品	三级品	（个）	基本建设中考古发掘项目	抢救性发掘项目	主动性发掘项目
6568326	12633	62419	516429	18650	17314	40886	29372	41	591	17734	791	367	328	44
--	--	--	--	--	--	--	--	--	--	--	--	--	--	--
--	--	--	--	--	--	--	--	--	--	--	--	--	--	--
69979	257	6856	13576	--	--	285	45	--	--	15	21	18	2	1
198077	573	1154	6160	--	457	33	39	--	--	--	33	32	1	--
173475	484	1216	2327	--	67	2145	423	--	--	8	3	2	1	--
234038	772	7710	71817	300	93	11543	603	3	83	471	28	18	6	3
93524	228	2434	25335	--	--	329	47	--	--	14	--	--	--	--
61170	387	743	2114	--	4	330	101	--	1	--	8	1	--	--
22067	50	160	1069	--	30	170	2	--	--	--	2	--	2	--
--	--	--	--	--	--	--	--	--	--	--	--	--	--	--
1237982	738	3887	76409	1374	126	4670	792	12	13	74	133	53	77	3
598854	614	2157	11609	--	174	1201	255	--	--	--	39	29	9	1
198933	85	430	4188	--	--	134	--	--	--	--	7	6	1	--
147325	410	903	15122	--	69	294	800	--	--	--	28	1	27	--
115955	144	914	19969	50	92	479	43	2	--	4	4	2	2	--
62124	16	178	5669	50	92	407	28	2	--	4	--	--	--	--
137548	190	1186	6869	--	--	372	34	--	29	5	7	1	6	--
343633	710	6156	23546	--	110	625	751	--	4	3	29	14	11	4
133032	167	2449	7113	--	--	22	21	--	--	--	6	--	4	2
866775	1201	7242	87088	8279	351	992	2885	--	2	49	168	77	46	2
349278	1022	3094	31008	105	20	358	737	5	30	42	44	14	27	3
260478	701	2312	18616	--	52	2022	730	7	1	15	60	38	22	--
630225	669	6891	42178	4420	2917	10181	15632	--	--	14205	43	17	8	18
23944	25	142	4781	1690	507	35	270	--	--	--	2	1	1	--
134773	66	1433	8844	--	909	1154	28	--	5	11	3	--	3	--
2214	20	22	69	--	65	--	--	--	--	--	--	--	--	--
--	--	--	--	--	--	--	--	--	--	--	--	--	--	--
267595	895	1732	31368	--	72	565	1281	3	50	216	58	41	17	--
37849	17	40	4443	--	--	--	--	--	--	--	--	--	--	--
57217	108	118	818	--	477	881	287	--	3	22	19	4	11	4
159492	814	222	528	--	--	449	21	--	4	17	--	--	--	--
317750	1206	4787	37089	4122	11131	1244	3790	4	351	2570	56	4	47	4
66776	303	1013	3415	--	97	220	71	5	15	7	1	--	1	--
15683	20	338	176	--	--	11	--	--	--	--	--	--	--	--
8937	67	133	302	--	--	146	--	--	--	--	1	1	--	--
42181	195	--	--	--	--	516	22	--	--	--	3	--	2	1

全国各地区地市级

	考古钻探面积（千平方米）	考古发掘面积（千平方米）	发掘墓葬数（个）	举办陈列、展览			提供藏品参与外单位举办的展览次数(次)	本		
				（个）	参观人次（千人次）	未成年人参观人次			财政拨款	上级补助收入
总计	21674	613	7224	3702	96787	24816	300	3396366	1525856	121377
北京	--	--	--	--	--	--	--	--	--	--
天津	--	--	--	--	--	--	--	--	--	--
河北	2063	--	382	82	2833	368	1	162768	36413	4642
山西	263	--	108	57	1786	147	--	150394	52460	1993
内蒙古	1148	3	21	34	502	218	19	64429	54763	1113
辽宁	575	8	46	149	3041	399	7	152790	74449	441
其中：大连	200	--	--	39	175	44	2	26310	15946	20
吉林	6	1	--	56	3236	337	3	57202	29083	5440
黑龙江	--	1	--	67	3355	1074	3	26235	23734	714
上海	--	--	--	--	--	--	--	--	--	--
江苏	1555	121	450	402	7759	2579	82	259565	194780	1512
浙江	800	26	338	238	16084	1228	12	622432	253805	13566
其中：宁波	400	10	88	1	405	150	--	28936	13059	5241
安徽	--	1	111	87	604	385	2	32919	21242	1777
福建	80	1	2	100	1377	521	1	32809	29433	383
其中：厦门	80	--	--	5	430	41	--	9740	8775	79
江西	--	5	6	68	2709	1753	--	34384	25697	1539
山东	2631	87	797	995	3814	1004	21	103716	71799	1236
其中：青岛	--	60	700	12	919	288	15	22863	12852	30
河南	3760	53	2581	192	4739	658	8	302565	63089	25056
湖北	278	23	417	90	5142	2199	5	173308	107393	15324
湖南	708	21	250	135	2221	771	10	78794	46150	8800
广东	215	5	136	505	12828	2184	62	243953	158654	9576
其中：深圳	--	--	--	42	5322	1088	1	26762	22712	--
广西	--	2	3	67	1181	261	6	52868	33245	10280
海南	--	--	--	20	221	70	--	5289	3286	415
重庆	--	--	--	--	--	--	--	--	--	--
四川	1420	71	57	80	12657	4505	13	371873	81613	3991
贵州	--	--	--	18	395	141	--	31536	9412	75
云南	33	23	573	68	1850	379	8	34385	27424	2556
西藏	--	--	--	2	95	95	1	87475	22060	--
陕西	6172	50	899	51	2487	484	24	143566	45743	5259
甘肃	--	--	--	77	1341	148	1	45054	16352	1230
青海	--	--	--	25	85	10	--	3285	2324	610
宁夏	30	110	14	1	3	1	1	15968	3364	708
新疆	--	1	33	36	4442	2897	10	106804	38089	3141

文物业基本情况（二）

年收入合计（千元）					本年支出合计（千元）				
事业收入		经营收入	附属单位上缴收入	其他收入		基本支出	项目支出		经营支出
	门票收入							文物保护专项支出	
1408882	1120698	36964	585	138262	3084722	1723285	1115796	246484	35943
--	--	--	--	--	--	--	--	--	--
--	--	--	--	--	--	--	--	--	--
102204	99466	454	--	5327	133711	127077	6215	2178	205
67287	58969	--	--	8255	140151	95497	32749	2333	--
8313	33	--	--	240	58511	51996	6515	644	--
73986	69821	--	--	3914	152697	75394	75503	3584	--
7718	7295	--	--	2626	25887	14218	11669	424	--
21980	21943	52	--	647	58522	45660	8705	500	52
652	652	--	--	252	21606	17315	2996	901	--
--	--	--	--	--	--	--	--	--	--
40917	24824	770	59	20122	240520	141106	98759	16127	605
295317	261665	938	466	9050	504077	207151	233805	20782	500
9075	5792	265	--	1296	25764	17514	8246	5834	4
3273	2198	45	--	6582	33156	18345	5205	1571	45
1760	1451	150	--	988	29453	14472	14066	4004	77
651	402	--	--	235	10452	6822	3581	1470	--
4313	4271	84	--	2751	29123	25070	3219	1399	84
21782	17832	339	--	2433	102069	79680	11016	1545	332
3921	3734	56	--	2126	24001	11976	2659	--	6
166441	112069	27852	60	6854	271333	163453	62718	44625	30041
41528	37215	493	--	4589	166482	49614	97173	7137	493
19565	12349	29	--	3360	77481	41240	33673	8385	
67122	48716	--	--	4212	251227	141589	108814	14264	--
211	22	--	--	2876	26958	16379	10579	780	--
5457	3518	430	--	3456	46830	26791	13672	4287	773
1527	1527	--	--	61	5305	3759	964	500	--
--	--	--	--	--	--	--	--	--	--
269601	173376	1052	--	12179	364869	182382	173186	88607	734
12791	12791	977	--	2605	26037	19143	6326	1139	507
2226	640	107	--	2072	37948	19095	17967	3726	338
61452	54918	400	--	1250	46378	36212	2414		400
59051	40504	2792	--	23094	130353	53069	39835	9511	607
26640	26630	--	--	261	43545	36472	6727	5252	--
347	260	--	--	4	5249	2824	650	40	--
10987	10964	--	--	909	15668	13784	652	586	--
22363	22096	--	--	12795	92421	35095	52272	2857	150

全国各地区地市级

	本年支出合计（千元）								
	在支出合计中：								
		商品和服务支出						对个人和家庭补助支出	
	工资福利支出		维修（护费）	差旅费	劳务费	福利费	税金支出		抚恤金租生活补助
总计	835813	1286353	402669	34868	69185	20048	15530	192373	4971
北京	--	--	--	--	--	--	--	--	--
天津	--	--	--	--	--	--	--	--	--
河北	71941	37542	6430	1378	1536	1910	2355	13121	101
山西	40837	77379	17947	2724	2169	992	123	5875	346
内蒙古	16355	19197	3069	798	505	258	--	3752	102
辽宁	51124	67850	21396	1488	3118	521	84	10080	83
其中：大连	7487	15063	5208	227	649	297	70	765	9
吉林	15146	17030	2149	326	68	8	7	6595	30
黑龙江	9659	6668	251	339	81	104	--	2196	28
上海	--	--	--	--	--	--	--	--	--
江苏	69485	104121	19277	2497	8324	1277	437	22176	659
浙江	104313	319294	205975	1939	5881	3151	2442	22221	118
其中：宁波	8818	10061	973	201	403	47	60	1430	--
安徽	10509	11276	5564	247	165	331	106	2968	320
福建	8303	11101	1403	351	285	227	2	1910	34
其中：厦门	3634	4139	996	121	35	71	2	1140	--
江西	13527	5706	1724	532	236	723	17	3548	639
山东	47623	25699	2509	1063	1070	267	169	12860	20
其中：青岛	9180	9402	146	195	563	133	4	2665	--
河南	73031	93717	8773	3039	17168	2223	2249	11786	192
湖北	26581	38457	2303	1463	3098	1279	774	5268	332
湖南	20682	37946	12547	922	1557	423	333	5064	189
广东	86917	92849	19608	2521	5662	1734	2094	24722	598
其中：深圳	11927	3628	355	140	--	132	478	823	--
广西	12017	9126	908	528	276	82	168	4615	5
海南	1429	753	91	27	31	10	15	136	4
重庆	--	--	--	--	--	--	--	--	--
四川	50978	184182	46379	5849	9834	1543	3227	13626	580
贵州	5924	16922	1689	371	661	107	233	1980	19
云南	12260	10701	2780	416	680	166	51	2291	73
西藏	24327	17285	1992	488	178	12	--	2770	--
陕西	27816	37698	7290	3313	5714	1750	549	4962	264
甘肃	9972	18970	6050	214	237	126	59	2506	42
青海	1892	785	294	152	--	--	--	541	2
宁夏	5787	4544	189	203	46	480	--	837	29
新疆	17378	19555	4082	1680	605	344	36	3967	162

文物业基本情况（三）

其他资本性支出		资产总计（千元）		增加值（千元）	公用房屋建筑面积（千平方米）	
	各种设备购置费		固定资产原值			文物库房
247946	67859	6420025	3644748	1382517	5424	287
--	--	--	--	--	--	--
--	--	--	--	--	--	--
2655	2354	159182	94997	116695	134	7
10050	1921	212379	109241	59319	94	9
13798	1191	170074	100647	21538	90	3
14354	4867	396895	331716	69227	168	18
335	20	55735	43279	10940	56	4
17223	10604	69737	64554	21038	67	2
324	53	61114	58434	12616	50	2
--	--	--	--	--	--	--
43245	4658	663110	361475	142394	279	30
10316	6565	1026838	562152	262663	224	15
3415	1451	77368	58396	13974	25	2
5737	123	36067	20927	14982	59	6
225	196	54081	31611	13255	163	16
87	86	28516	13968	6675	31	4
1907	700	54296	44422	18779	43	4
6626	1429	325801	176938	69800	168	16
95	95	57917	17430	12938	26	2
20624	8277	1037898	331222	34315	1838	41
2659	950	202809	117146	44339	134	21
3294	1950	198878	157340	29575	114	13
11496	4435	452598	320796	137246	299	24
396	396	46686	36949	13459	14	2
2493	1046	109756	77225	18500	67	7
455	20	45832	45703	3343	5	--
--	--	--	--	--	--	--
16164	5086	537338	206155	88749	167	14
539	520	19367	10989	13220	17	1
1174	966	145920	135789	15722	102	10
--	--	78832	12130	66648	955	4
14499	2932	162057	114837	47385	96	17
1603	118	47543	38717	13819	33	3
711	711	8012	4681	2297	9	1
249	43	19538	17349	7634	6	--
45526	6144	124073	97555	37419	43	3

全国各地区县级

	机构数(个)	从业人员									信息化建设	
		(人)	在编人数	(人)	具有专业资质人数		具有文博和工程			安全保卫人员(人)	计算机(台)	网站数(个)
					具有考古发掘个人领队资格人数	具有文物保护工程职业资格人数	系统职称人数(人)	高级职称	中级职称			
总计	3045	37688	26920	1688	108	175	7220	698	3510	6013	4737	201
北京	39	2900	1717	106	--	9	97	8	55	303	311	10
天津	19	214	146	4	1	3	61	6	32	11	19	1
河北	219	3366	2542	17	12	5	355	46	219	400	229	13
山西	152	3257	2253	93	2	13	360	26	221	540	143	14
内蒙古	93	734	466	81	5	14	192	13	90	72	56	4
辽宁	55	1117	653	94	14	11	255	20	123	138	116	3
其中：大连	3	28	17	17	4	1	10	2	4	2	6	--
吉林	45	489	362	35	6	2	189	12	107	14	19	3
黑龙江	106	483	400	47	--	--	173	17	107	49	49	5
上海	28	591	388	13	--	--	99	9	48	134	290	13
江苏	106	901	581	--	--	--	267	49	121	174	188	19
浙江	135	1280	671	40	--	2	397	58	182	263	517	21
其中：宁波	16	219	112	1	--	--	54	9	35	48	89	3
安徽	93	776	562	64	8	4	340	21	146	117	112	1
福建	93	619	436	65	2	6	236	39	83	102	477	5
其中：厦门	2	9	9	--	--	--	3	--	3	2	4	--
江西	127	828	723	79	1	--	258	18	94	149	66	9
山东	141	3186	2536	106	5	44	968	166	474	394	240	13
其中：青岛	10	63	59	26	--	12	40	8	16	8	14	2
河南	159	3461	2259	77	11	14	322	34	162	572	237	21
湖北	109	1536	1152	114	10	7	469	21	276	208	141	3
湖南	163	1632	1308	13	9	1	224	7	90	192	159	2
广东	127	1146	783	102	6	4	208	12	57	169	259	16
其中：深圳	12	101	30	13	2	--	13	3	5	34	36	5
广西	91	474	396	22	--	1	151	3	57	44	67	--
海南	15	76	40	9	--	--	6	2	--	5	7	--
重庆	54	428	379	63	3	2	104	22	45	281	144	1
四川	193	2024	1331	103	10	14	373	26	174	285	300	12
贵州	95	493	418	88	1	3	113	5	57	61	96	3
云南	124	617	547	84	1	6	345	25	143	78	110	1
西藏	--	3	3	--	--	--	--	--	--	--	1	--
陕西	237	3358	2609	138	1	9	363	15	195	911	180	6
甘肃	98	992	790	18	--	--	135	7	87	242	99	1
青海	26	116	96	4	--	1	45	4	27	5	7	--
宁夏	16	157	115	9	--	--	72	1	14	31	15	--
新疆	87	434	258	--	--	--	43	6	24	69	83	1

文物业基本情况（一）

文物藏品（件、套）				本年考古出土文物及标本数(件、套)	本年从有关部门接收文物数(件、套)	本年藏品征集数(件、套)	本年修复文物数（件、套）				考古发掘项目			
	一级品	二级品	三级品					一级品	二级品	三级品	(个)	基本建设中考古发掘项目	抢救性发掘项目	主动性发掘项目
4807279	12202	444937	402539	64	47849	63316	9458	271	887	3384	647	275	324	37
32896	115	431	2568	--	201	1259	866	1	6	178	2	--	2	--
15291	2	8	72	--	--	375	--	--	--	--	5	4	1	--
179589	413	1843	11224	--	52	896	146	--	--	--	15	7	8	--
374873	1006	5063	11708	--	933	356	--	--	--	--	10	6	4	--
96083	482	997	3571	--	208	1119	273	5	20	118	11	2	7	2
52601	130	1003	11212	--	--	147	2	1	--	1	24	10	8	5
7879	7	102	1703	--	--	--	--	--	--	--	2	2	--	--
43701	52	219	519	--	220	250	102	20	30	35	6	2	1	2
30299	73	165	933	--	99	545	14	14	--	--	3	1	2	--
23944	241	1232	5938	--	861	261	9	--	3	6	--	--	--	--
155279	193	1063	7249	--	156	684	533	--	2	4	49	14	34	1
290475	630	2693	20846	--	4006	1948	329	--	105	20	19	3	15	--
28681	88	418	2751	--	12	270	100	--	100	--	4	--	4	--
110115	697	1318	20244	--	883	1383	210	8	12	74	43	3	38	1
106625	216	823	29816	--	172	1053	82	1	--	17	7	5	1	1
1987		22	359	--	--	6	--	--	--	--	--	--	--	--
175817	1271	3020	25819	--	168	204	2031	79	67	1885	14	1	10	2
565262	829	4010	19242	--	32826	32712	261	--	--	1	23	8	13	1
37832	43	166	2093	--	--	964		--	--	--	1	--	--	1
353397	579	5326	89920	--	678	3600	392	--	14	228	45	39	5	--
274237	303	5402	18957	--	1036	2934	799	11	14	272	33	19	12	2
144321	422	1601	11950	--	76	484	179	--	1	5	51	27	19	1
574561	100	397027	18914	--	581	1478	430	--	294	30	7	5	1	1
8030		18	78	--	177	4	--	--	--	--	--	--	--	--
77265	84	973	10807	--	45	644	4	--	--	--	9	1	7	1
6016	33	121	480	--	--	59	19	--	--	--	2	1	1	--
266406	210	393	5325	--	2021	124	533	--	12	57	42	9	32	1
306541	1318	2679	33033	--	553	4840	629	2	23	210	163	85	75	3
12911	55	298	2076	--	283	82	41	--	1	28	6	3	3	--
82864	206	220	1878	--	27	109	523	--	--	--	30	14	4	12
--	--	--	--	--	--	--	--	--	--	--	--	--	--	--
163841	1110	2374	16073	--	1647	1008	534	87	96	140	4	1	3	--
236138	1241	4198	17067	64	93	3800	402	42	187	75	21	3	17	1
18384	71	117	1728	--	16	9	3	--	--	--	--	--	--	--
19202	50	320	3370	--	--	114	70	--	--	--	2	2	--	--
18345	70	--	--	--	8	839	42	--	--	--	1	--	1	--

全国各地区县级

	考古钻探面积(千平方米)	考古发掘面积(千平方米)	发掘墓葬数(个)	举办陈列、展览			提供藏品参与外单位举办的展览次数(次)	本		
				(个)	参观人次(千人次)	未成年人参观人次			财政拨款	上级补助收入
总计	**11809**	**848**	**12791**	**5768**	**307842**	**103397**	**891**	**2839009**	**1139138**	**151185**
北京	--	--	--	83	12819	710	15	555839	44639	1628
天津	--	--	--	408	13897	9003	3	15350	7512	--
河北	234	10	73	120	6175	1226	6	201821	62612	12833
山西	13	--	34	74	6610	494	--	169006	44085	2496
内蒙古	11	37	21	161	5351	1412	5	34071	29568	3005
辽宁	811	15	16	26	5680	43	1	39921	20861	2566
其中：大连	--	3	8	3	2012	--	1	1565	1565	--
吉林	--	1	2	19	18188	812	1	15677	11005	158
黑龙江	3	3	--	123	8751	2013	2	17442	14504	552
上海	--	--	--	135	2314	460	17	107313	53921	1904
江苏	207	17	405	423	9107	1896	36	74000	56008	3554
浙江	4	250	205	431	11396	1599	47	273462	153216	12569
其中：宁波	--	70	67	46	1640	551	16	28323	23599	573
安徽	321	15	162	134	7650	406	5	40789	24850	8782
福建	--	5	759	165	24835	12893	17	44030	31412	4233
其中：厦门	--	--	--	2	22	10	--	879	878	--
江西	--	1	38	170	4178	2690	2	32101	22256	3359
山东	254	18	49	285	10804	1274	20	310879	79244	1797
其中：青岛	--	--	--	22	133	27	--	4759	3978	545
河南	1404	13	226	218	6476	1643	16	157761	65746	12214
湖北	5581	155	67	177	3699	1180	14	80163	31948	12074
湖南	330	15	104	152	3671	2073	17	96731	70484	7704
广东	267	3	52	378	31921	19490	4	124656	80945	10196
其中：深圳	--	--	--	29	2159	12692	--	16395	9612	2230
广西	53	2	9	162	1599	228	7	23248	15255	6482
海南	--	--	--	12	8429	7872	1	2336	1588	329
重庆	62	31	9772	77	552	228	6	29341	15961	1694
四川	2145	137	543	1063	71881	23561	45	144134	74388	17479
贵州	35	51	52	137	7120	3592	6	24539	15163	4695
云南	5	23	65	172	11089	2106	283	33320	25305	4416
西藏	--	--	--	--	--	--	--	--	--	--
陕西省	30	11	55	166	3650	913	260	126248	45217	9931
甘肃省	14	6	61	155	1160	280	9	32021	21043	2467
青海省	--	--	2	24	134	17	1	3980	3859	15
宁夏	25	25	9	52	5165	2721	42	6469	4887	203
新疆	--	4	10	66	3541	562	3	22361	11706	1850

文物业基本情况（二）

年收入合计（千元）					本年支出合计（千元）				
事业收入		经营收入	附属单位上缴收入	其他收入		基本支出	项目支出		经营支出
	门票收入							文物保护专项支出	
1243611	1147305	109678	614	69258	2653027	1700312	542414	180834	208782
421078	407258	79049	--	2705	539733	308322	54412	16931	175525
5644	5558	108	--	2086	15374	12214	2512	130	--
110294	105589	6507	550	1408	144229	95698	38325	15733	6217
70432	69707	--	--	755	146441	105637	23516	3840	--
1457	1259	--	--	41	30181	22760	7421	5032	--
4262	3772	1169	--	518	40239	19947	8502	1499	753
--	--	--	--	--	1565	1172	--	20	--
4094	4094	--	--	3	15686	14055	650	25	--
1771	1430	--	--	615	15993	14840	353	181	--
41394	40175	3099	--	6995	105068	83892	17765	6040	2909
10850	8754	645	--	2331	72750	57013	14145	4022	1113
94779	92672	626	--	11672	242955	170294	69153	27108	488
1002	993	--	--	3149	27299	13724	13575	7640	--
5329	3367	--	--	1828	37792	20893	10778	3938	--
3680	2116	1	2	3868	40831	24618	11548	3260	--
1	1	--	--	--	879	721	158	158	--
4501	4236	5	--	667	31973	20712	6337	4406	5
227226	205884	1060	--	1162	274055	248695	12938	5265	10023
235	53	--	--	1	4718	3156	1002	47	--
51274	37261	3707	6	4516	169546	81706	55695	12012	2715
22815	20675	1549	--	6560	77982	39340	20383	2926	20
14824	8194	157	25	3537	96978	58255	32654	19208	237
24831	21696	739	24	6354	125991	58796	60784	9649	87
2465	2251	706	--	1382	16036	7161	5939	2250	--
514	406	--	--	997	20444	12048	4786	3508	--
373	323	--	--	46	2304	1081	614	221	55
10442	10081	905	--	309	29142	13759	8241	1718	420
34313	29881	9832	6	5468	135705	78757	29731	18821	6931
3107	3095	21	1	329	22100	13238	5156	1601	28
1754	1022	121	--	1724	29850	18456	8119	3834	1
--	--	--	--	--	--	--	--	--	--
59087	47561	241	--	1778	126337	62055	26982	6480	1177
7131	6283	--	--	278	31940	25377	5936	1771	--
70	70	--	--	36	3909	2919	327	150	--
1180	1180	77	--	122	6342	3633	1234	1094	48
5105	3706	60	--	550	21157	11302	3408	431	30

全国各地区县级

	本年支出合计（千元）								
	在支出合计中：								
		商品和服务支出						对个人和家庭补助支出	
	工资福利支出		维修（护费）	差旅费	劳务费	福利费	税金支出		抚恤金租生活补助
总计	767955	627507	199748	22059	23409	18845	14720	91206	4660
北京	93065	82987	35892	1182	571	4681	960	14999	100
天津	5790	6534	2356	140	260	119	103	1734	41
河北	53619	31081	12482	1256	1220	581	355	3862	293
山西	52341	55839	31750	1648	1430	1008	1780	3249	153
内蒙古	11928	6905	1514	504	298	100	12	835	14
辽宁	15533	8899	2190	505	1502	222	237	2815	11
其中：大连	798	430	98	29	4	7	--	71	--
吉林	7073	5468	706	183	78	15	12	1397	4
黑龙江	8963	5103	1390	232	98	101	1	1475	81
上海	33535	42466	19474	1024	1333	2079	501	3621	204
江苏	28258	29349	8868	670	728	834	189	5602	41
浙江	47325	60398	10639	1673	2599	1789	137	6274	337
其中：宁波	12008	8412	1548	289	749	192	14	633	6
安徽	12795	7083	2753	371	86	71	2	3127	139
福建	15500	13846	3872	363	165	96	27	2925	7
其中：厦门	530	60	4	4	--	9	--	131	--
江西	13963	6413	2862	419	212	309	294	3035	136
山东	81040	32646	4322	1189	929	296	6854	5107	361
其中：青岛	2136	472	19	30	30	2	--	196	--
河南	48691	31534	5534	1246	2421	873	819	3659	457
湖北	24596	17580	5153	1064	1017	596	54	3841	125
湖南	29836	32055	13419	1406	1468	1521	321	2337	284
广东	28290	33353	2569	1475	729	1015	286	4369	224
其中：深圳	4638	2460	867	1053	88	96	126	646	--
广西	8749	5776	2039	297	37	45	5	1949	226
海南	998	335	70	11	--	--	--	3	2
重庆	5847	11716	3714	565	1348	469	51	1008	21
四川	36912	45813	14550	1799	3286	1085	128	4970	81
贵州	11516	4658	1457	219	135	206	5	1122	351
云南	13330	7168	2349	204	239	50	202	1875	8
西藏	--	--	--	--	--	--	--	--	--
陕西	46061	29860	3676	1381	328	364	1161	1878	125
甘肃	18084	4123	822	497	311	167	139	2604	478
青海	3094	520	5	22	--	5	--	65	--
宁夏	3735	737	177	71	77	22	49	438	308
新疆	7488	7262	3144	443	504	126	36	1031	48

文物业基本情况（三）

其他资本性支出		资产总计（千元）		增加值（千元）	公用房屋建筑面积（千平方米）	
	各种设备购置费		固定资产原值			文物库房
152209	34603	5373362	3857343	1023295	3931	237
19413	4879	575308	221757	74592	502	2
238	207	12929	6761	7924	36	--
9617	2114	349282	270703	109531	152	10
12337	1920	195499	183489	84452	120	10
981	236	47647	42182	13375	76	5
4031	598	55085	36384	20103	43	3
246	186	478	478	884	6	1
908	143	7538	7234	10610	14	--
474	473	57505	54920	11158	51	3
6286	1339	291713	123856	41047	66	5
9231	1308	268286	238377	39661	203	13
11215	3438	449497	299519	62362	241	21
951	691	45973	37289	14288	26	4
3388	665	35616	30185	17568	64	7
2442	664	57336	36756	19551	174	9
--	--	1176	1176	672	2	--
1976	737	66147	62483	18160	94	6
3961	1888	833395	538201	142569	256	22
--	--	8354	8195	2425	8	--
4539	2128	261791	186071	53885	306	20
1648	839	165534	96899	32489	146	6
11754	2846	181091	132884	35540	179	14
2287	1296	211586	188897	35421	223	19
29	29	14803	10576	5302	31	--
1109	335	42906	39867	10894	64	8
8	--	16028	16028	1449	8	--
3127	301	138052	97603	10853	71	9
11174	1954	445216	377108	42329	334	12
1993	1808	41534	37781	14814	43	3
1100	581	195766	192512	20812	98	4
--	--	--	--	--	--	--
23725	747	103989	91947	51340	217	13
1697	768	169252	156267	21373	98	10
88	3	4077	4047	3287	12	1
32	24	24647	23574	4448	9	--
1430	364	69110	63051	11698	31	2

全国各地区文物

	机构数(个)	从业人员(人)	事业编制人员	具有专业资质人数(人)	具有考古发掘个人领队资格人数	具有文物保护工程职业资格人数	具有文博和工程系统职称人数(人)	高级职称	中级职称	安全保卫人员(人)	信息化建设：计算机(台)	信息化建设：网站数(个)
总计	714	4546	2618	146	16	24	755	141	363	279	1916	42
中央	1	80	6	--	--	--	--	--	--	--	--	--
北京市	19	73	59	1			24	9	10	12	159	2
天津市	1	--	--	--	--	--	--	--	--	--	--	--
河北省	149	333	262	1	1	--	98	35	28	6	127	3
山西省	79	1109	695	36	1	12	115	12	65	38	221	6
内蒙古	1	--	--	--	--	--	--	--	--	--	8	--
辽宁省	18	348	147	17	3	3	64	5	36	30	47	2
其中：大连	--	--	--	--	--	--	--	--	--	--	--	--
吉林省	1	18	12	--	--	--	11	1	6	--	5	1
黑龙江	3	13	10	--	--	--	5	--	2	--	13	1
上海市	1	--	--	--	--	--	--	--	--	--	--	--
江苏省	14	33	29	--	--	--	8	7	1	--	66	2
浙江省	18	58	33	2	--	--	25	6	12	1	257	4
其中：宁波	1	--	--	--	--	--	--	--	--	--	--	--
安徽省	--	--	--	--	--	--	--	--	--	--	--	--
福建省	11	23	15	2	--	2	7	2	5	--	17	--
其中：厦门	--	--	--	--	--	--	--	--	--	--	--	--
江西省	8	20	20	8	--	--	9	--	3	2	7	1
山东省	11	235	112	3	3	--	43	8	16	41	82	--
其中：青岛	1	17	--	2	2	--	--	--	--	1	17	--
河南省	20	499	245	33	1	1	63	14	36	20	163	5
湖北省	49	250	180	24	5	--	64	2	52	13	91	--
湖南省	2	28	24	1	--	1	6	3	3	--	31	--
广东省	37	35	19	3	--	3	3	3	--	--	29	4
其中：深圳	1	6	--	3	--	3	3	3	--	--	6	1
广西省	1	4	--	--	--	--	4	2	2	--	5	--
海南省	1	--	--	2	1	1	--	--	--	--	3	--
重庆市	1	--	--	--	--	--	--	--	--	--	--	--
四川省	5	160	100	--	--	--	35	7	16	17	41	1
贵州省	19	34	34	1	--	1	2	--	1	3	25	--
云南省	1	--	--	--	--	--	--	--	--	--	--	--
西藏	8	61	20	2	--	--	1	--	1	2	38	1
陕西省	116	567	240	--	--	--	37	5	16	38	190	3
甘肃省	100	114	63	4	--	--	11	2	8	3	130	1
青海省	1	7	6	--	--	--	4	1	3	--	9	--
宁夏	1	4	--	--	--	--	--	--	--	--	4	--
新疆	17	440	287	6	1	--	116	17	41	53	148	5

主管部门基本情况（一）

本年收入合计（千元）						本年支出合计（千元）				
	财政拨款		在财政拨款中：					项目支出		
		中央专款	行政运行	一般行政管理事务	文物保护等经费		基本支出		文物保护专项支出	工资福利支出
1615142	1447183	338311	98731	57909	997995	1380150	246915	1031422	729966	106187
166722	166722	--	2130	21333	131860	173187	21034	152153	150294	2172
195095	182275	5350	6622	205	14088	166712	10961	155551	15599	4266
--	--	--	--	--	--	--	--	--	--	--
187488	175575	16455	9722	2741	157795	74207	24348	49259	45551	10507
182076	168858	45500	24154	6840	99811	158823	59930	85394	72539	23127
12548	11720	8370	--	1150	10570	13558	--	13558	8050	--
24623	19400	--	2257	229	13849	24709	6423	14507	14021	4318
--	--	--	--	--	--	--	--	--	--	--
417	417	--	417	--	--	417	417	--	--	358
883	883	--	--	--	--	883	883	--	--	376
17226	9916	4048	--	--	9916	13832	1244	7801	5454	--
19311	17850	--	3739	3640	10391	17958	2886	14991	11539	1974
212340	165368	6180	2258	4853	154452	206807	3442	203364	195298	1691
--	--	--	--	--	--	--	--	--	--	--
--	--	--	--	--	--	--	--	--	--	--
8515	8491	300	673	70	7516	8254	1119	7135	3150	714
--	--	--	--	--	--	--	--	--	--	--
9599	9569	--	54	100	8186	9590	739	8831	7880	461
44096	42636	14480	1796	156	30114	26034	11406	14627	6963	5534
4791	3878	--	--	--	913	5741	3082	2659	--	1290
151227	143381	90535	9490	7668	107305	135819	23047	107705	88425	12812
23744	17286	--	5082	1213	10379	23570	8530	14244	890	5024
32858	32804	13700	3193	2090	26921	32773	3591	29182	20500	1274
30564	29635	--	860	2058	22550	30177	4864	25313	20987	1138
5451	4639	--	150	745	3743	5054	918	4136	4136	569
17446	17446	17062	--	--	11209	19570	--	19570	13247	--
728	--	--	--	--	--	728	--	500	228	--
7678	7678	7070	8	--	7670	6759	8	6751	6751	--
15833	13438	4580	1562	200	7631	11297	5081	5283	2833	3056
20356	17545	8800	3694	162	7989	10262	3808	6290	2770	2398
2546	2246	1095	--	--	2246	12032	--	12032	9506	--
7699	6044	--	304	15	5371	1932	394	986	7	537
37888	30912	--	10174	2736	7780	36266	25057	7818	1356	11357
34009	26038	14550	2668	--	23021	38379	4675	33686	25754	2908
428	398	--	398	--	--	596	486	--	--	325
3304	2020	--	--	--	2020	3322	2142	1180	--	14
147895	120632	80236	7476	450	107355	121697	20400	33711	374	9846

全国各地区文物

	在支出合计中：									
	商品和服务支出						对个人和家庭补助支出		其他资本性支出	
		维修(护)费	差旅费	劳务费	福利费	税金支出		抚恤金和生活补助		各种设备购置费
总计	813600	433466	19499	7900	2206	314	28126	621	223302	19682
中央	118412	141	5762	812	--	--	5257	84	45486	1586
北京市	8727	263	32	17	12	--	3796	104	113069	2
天津市	--	--	--	--	--	--	--	--	--	--
河北省	52628	42965	1723	34	89	--	3204	10	396	247
山西省	110915	79663	3639	1395	408	--	3812	231	12152	1826
内蒙古	13413	9550	317	53	--	--	--	--	145	145
辽宁省	7896	1067	220	658	90	120	715	6	8471	127
其中：大连	--	--	--	--	--	--	--	--	--	--
吉林省	59	--	59	--	--	--	--	--	--	--
黑龙江	369	--	--	--	--	--	138	--	--	--
上海市	7510	5464	473	43	--	--	--	--	1536	1536
江苏省	9939	3435	50	84	1	--	552	--	362	362
浙江省	197749	173355	333	256	35	--	717	35	3161	1813
其中：宁波	--	--	--	--	--	--	--	--	--	--
安徽省	--	--	--	--	--	--	--	--	--	--
福建省	3816	1893	13	6	4	--	100	--	1	1
其中：厦门	--	--	--	--	--	--	--	--	--	--
江西省	8255	7870	91	30	4	--	201	11	9	9
山东省	8585	4120	227	434	76	--	1524	--	3430	430
其中：青岛	1133	--	--	--	72	--	659	--	--	--
河南省	96793	83533	1945	343	151	161	1537	22	2143	1166
湖北省	8546	903	581	2050	83	3	1016	4	847	525
湖南省	12328	8500	158	10	27	--	644	--	35	35
广东省	10900	1820	43	80	6	--	127	--	8	8
其中：深圳	238	5	12	--	6	--	111	--	8	8
广西省	596	2	135	190	--	--	--	--	18	18
海南省	--	--	--	--	--	--	--	--	--	--
重庆市	6759	3750	4	8	--	--	--	--	--	--
四川省	6237	28	88	14	18	--	794	14	939	294
贵州省	6606	241	341	20	133	--	26	--	823	823
云南省	11952	2	268	41	--	--	--	--	--	--
西藏	1008	772	6	--	1	--	70	--	--	--
陕西省	11031	1335	1300	906	842	--	1779	6	1984	861
甘肃省	8963	515	692	42	73	--	195	--	4925	4692
青海省	192	--	24	6	--	--	79	--	--	--
宁夏	213	88	23	--	--	--	2	--	2	2
新疆	83203	2191	952	368	153	30	1841	94	23360	3174

主管部门基本情况（二）

资产合计		增加值（千元）	本省举办出国(境)文物展览（个）	出国接受培训人员数（人）	本辖区文物点（处）				各级文物保护专项资金设立情况（千元）		
（千元）	固定资产原值					全国重点文物保护单位	省级文物保护单位	市县级文物保护单位	中央级	省级	市县级
1711753	463595	373447	51	46	255011	2323	10213	69935	184995	481296	42082
354715	52833	10639	--	--	--	--	--	--	--	--	--
219038	16337	37026	1	4	3550	98	224	567	--	120000	--
--	--	--	--	--	1300	15	113	155	--	--	--
29551	7862	127530	--	--	12474	168	670	2885	--	12500	--
284468	119939	56794	3	31	35000	271	428	6085	--	18000	12315
17893	1012	-896	3	--	20000	79	314	700	35100	5000	1000
22012	13775	6374	--	3	2199	18	87	207	--	1	530
--	--	--	--	--	--	--	--	--	--	--	--
416	416	378	--	--	42	2	4	10	--	--	--
1074	1074	557	--	--	4900	31	204	451	--	2000	--
14978	--	3467	5	--	487	19	163	305	--	--	--
2345	2345	4061	4	1	11000	120	645	2245	--	25000	700
72843	8001	7103	3	--	3632	138	399	2891	--	36400	2710
--	--	--	--	--	--	--	--	--	--	--	--
--	--	--	--	--	--	--	--	--	--	--	--
4861	1549	1148	--	--	466	22	48	396	--	--	--
--	--	--	--	--	--	--	--	--	--	--	--
449	436	717	3	--	976	59	349	568	20000	3000	25
89081	58328	28927	--	1	6006	97	687	5222	--	10000	1000
6944	1173	2068	--	1	--	--	--	--	--	--	--
187929	29101	--	3	--	30050	189	761	5514	900	13930	923
51147	19656	9189	--	1	15000	91	457	4013	54540	9645	610
10234	3929	2207	2	--	18000	59	381	2685	--	10000	12000
13599	4985	1940	3	3	2571	66	252	2253	--	10000	7909
10820	2231	1173	--	2	--	--	--	--	--	--	--
--	--	-1925	1	--	1900	42	135	1723	17640	62500	--
--	--	--	--	--	332	17	24	291	--	--	--
4537	438	945	--	--	12989	20	128	12841	--	--	--
22672	7075	8693	4	--	4116	169	825	3104	4785	3440	--
4062	2761	12803	--	--	3295	59	464	2772	3300	5500	--
--	--	-9428	5	--	2045	76	243	1726	8920	2800	--
9981	2021	6456	--	--	1697	34	102	200	--	--	--
44208	20825	17416	9	--	35750	140	415	2090	--	120000	2320
51314	9816	-484	--	--	13284	72	516	3146	35120	9580	40
1590	555	266	--	--	4300	18	315	394	--	--	--
1629	1629	65	1	--	356	18	104	234	4690	1500	--
195127	76897	41479	1	2	7294	116	756	4262	--	500	--

全国各地区文物保护

	机构数(个)	从业人员									信息化建设	
		(人)	在编人数	(人)	具有专业资质人数		具有文博和工程			安全保卫人员(人)	计算机(台)	网站数(个)
					具有考古发掘个人领队资格人数	具有文物保护工程职业资格人数	系统职称人数(人)	高级职称	中级职称			
总计	2229	31175	21982	1160	91	116	5087	689	2530	4025	3177	93
北京	23	2614	1522	103	--	8	84	4	48	263	197	5
天津	8	130	81	4	1	3	33	13	11	4	8	1
河北	190	4311	3121	23	18	5	412	67	232	438	225	8
山西	99	1498	1082	37	3	--	227	24	125	276	52	2
内蒙古	77	607	461	43	2	6	183	19	85	77	72	4
辽宁	52	694	462	34	2	4	142	11	64	92	40	2
其中:大连	--	--	--	--	--	--	--	--	--	--	--	--
吉林	45	308	259	28	1	2	142	21	75	8	17	2
黑龙江	83	361	323	45	--	--	178	35	103	23	57	1
上海	4	57	29	--	--	--	6	--	4	16	33	2
江苏	63	341	228	--	--	--	76	22	29	30	95	5
浙江	91	1393	515	48	5	2	281	60	132	126	418	14
其中:宁波	13	172	113	34	4	--	68	19	27	27	120	4
安徽	87	657	481	37	9	4	281	39	118	103	129	1
福建	38	119	77	16	--	3	30	11	10	13	29	1
其中:厦门	2	2	2	--	--	--	--	--	--	--	6	--
江西	65	316	250	21	1	--	68	5	45	43	31	2
山东	91	2391	1929	71	3	39	608	106	330	229	136	6
其中:青岛	6	23	19	13	--	12	11	3	6	--	6	1
河南	140	3449	1972	62	17	4	370	76	188	470	354	9
湖北	46	1091	974	15	1	6	186	10	116	126	49	3
湖南	127	1066	772	21	17	1	124	18	67	118	122	--
广东	41	264	160	11	--	--	11	2	4	47	27	4
其中:深圳	1	13	6	4	--	--	2	1	1	8	2	--
广西	58	275	224	22	--	1	104	5	42	22	51	1
海南	8	136	110	18	--	--	16	--	3	23	7	3
重庆	39	290	268	52	1	2	64	15	35	259	126	--
四川	169	1704	1043	97	2	14	330	31	157	156	247	6
贵州	90	503	378	85	1	3	127	8	59	57	75	1
云南	116	617	551	126	4	6	360	49	141	69	122	1
西藏	8	2216	1795	--	--	--	24	3	9	66	62	--
陕西	199	2440	1943	116	3	2	325	11	182	663	164	5
甘肃	43	344	273	--	--	--	64	3	22	100	56	--
青海	23	92	84	4	--	1	33	5	18	2	9	--
宁夏	21	268	181	16	--	--	61	3	18	29	44	--
新疆	85	623	434	5	--	--	137	13	58	77	123	4

管理机构基本情况（一）

文物藏品（件、套）				本年从有关部门接收文物数(件、套)	本年藏品征集数(件、套)	本年修复文物数(件、套)				举办陈列、展览			提供藏品参与外单位举办的展览次数(个)
	一级品	二级品	三级品				一级品	二级品	三级品	(个)	参观人次(千人次)	未成年人参观人次	
2255038	5573	19439	178577	39977	41738	4665	61	90	758	2992	191612	45407	175
15855	88	390	1188	138	18	34	--	2	4	19	11708	495	12
2738	2	5	52	--	33	--	--	--	--	377	9351	6973	2
114064	274	1601	11606	52	569	146	--	--	--	68	5194	503	5
150519	399	594	2614	--	--	--	--	--	--	37	2888	233	--
51450	169	305	1471	129	508	494	5	20	118	89	4916	1379	3
27609	72	469	9241	--	62	15	1	--	1	26	1052	120	--
--	--	--	--	--	--	--	--	--	--	--	--	--	--
18797	9	122	280	222	247	102	20	30	35	18	14706	968	1
18718	33	132	972	29	157	2	--	--	--	74	6782	2739	1
2658	--	--	--	861	--	--	--	--	--	8	131	43	--
33937	74	496	2412	3	134	28	--	--	--	96	1414	232	4
76353	271	757	4901	277	408	66	--	--	1	104	18121	998	6
20366	53	202	1899	--	154	--	--	--	--	14	1753	592	--
93294	500	957	17937	6	356	851	6	1	6	72	7052	135	2
1607	1	16	262	--	12	--	--	--	--	58	254	97	--
--	--	--	--	--	--	--	--	--	--	--	--	--	--
20106	51	411	2795	4	163	2	--	--	2	34	2470	2109	--
221087	361	2854	9523	32817	31269	110	--	--	--	125	6813	671	11
3888	1	36	293	--	40	--	--	--	--	3	25	3	--
543509	583	4135	43492	184	62	242	--	14	228	98	4372	689	--
29159	79	399	5810	981	1006	84	4	4	76	43	910	156	1
116580	276	1126	9509	76	352	623	5	1	5	62	612	313	9
676	--	4	58	143	--	--	--	--	--	37	3486	290	--
150	--	--	--	100	--	--	--	--	--	1	1800	200	--
29890	21	397	3791	--	763	--	--	--	--	63	180	75	4
1300	5	--	--	--	--	19	--	--	--	19	262	94	--
97949	190	363	4552	1879	69	426	--	12	57	62	412	141	4
258649	955	1842	25421	506	4669	549	1	3	184	851	55631	15994	29
14252	54	286	5331	283	72	41	--	1	28	139	6784	3558	5
64834	198	169	1585	88	62	720	--	--	--	140	11851	2074	19
122593	442	--	--	--	--	14	--	2	12	--	--	--	1
88599	272	1026	8503	1277	460	24	19	--	1	126	3988	985	9
3284	41	124	506	--	--	--	--	--	--	34	1145	150	--
9970	63	85	1337	16	9	3	--	--	--	11	51	10	--
16618	68	374	3428	--	173	70	--	--	--	49	5156	2718	43
8384	22	--	--	6	105	--	--	--	--	53	3920	465	4

全国各地区文物保护

	考古发掘项目（个）				考古钻探面积（千平方米）	考古发掘面积（千平方米）	发掘墓葬数（个）	本		
		基本建设中考古发掘项目	抢救性发掘项目	主动性发掘项目					财政拨款	上级补助收入
总计	660	294	281	33	10168	717	13534	2694095	764410	118488
北京	2	--	2	--	--	--	--	511127	23824	1394
天津	5	4	1	--	--	--		7404	5313	7
河北	35	25	9	1	2234	9	452	249155	51583	9882
山西	4	1	3	--	--	--	114	66384	26744	1089
内蒙古	8	3	4	1	1159	39	16	33232	23399	2218
辽宁	24	8	10	5	750	12	13	23499	13577	2715
其中:大连	--	--	--	--	--	--	--	--	--	--
吉林	5	2	1	2	--	1	2	11224	10796	175
黑龙江	4	--	4	--	--	2	--	14113	12842	616
上海	--	--	--	--	--	--	--	6104	5357	--
江苏	4	3	--	1	--	17	417	58747	48770	228
浙江	21	10	10	--	402	261	271	391788	111037	14406
其中:宁波	11	6	5	--	400	80	155	36484	23205	5352
安徽	60	3	55	1	321	16	265	40918	26272	4039
福建	--	--	--	--	--	--	--	15072	12582	1851
其中:厦门	--	--	--	--	--	--	--	1788	1788	--
江西	4	1	2	1	--	--	5	12765	6821	1669
山东	10	1	8	--	36	6	28	273085	43669	1363
其中:青岛	--	--	--	--	--	--	--	1614	1564	--
河南	130	74	11	1	2463	30	664	241594	57065	17044
湖北	10	1	8	1	521	2	19	41526	12743	10665
湖南	69	41	23	1	531	22	222	66850	48032	5423
广东	2	2	--	--	--	2	41	35478	11219	3922
其中:深圳	--	--	--	--	--	--	--	3020	2310	710
广西	7	1	6	--	--	3	3	11021	8740	972
海南	--	--	--	--	--	--	--	5494	2882	625
重庆	39	8	30	1	62	26	9765	23398	11176	1674
四川	163	86	74	3	1554	25	552	166698	58269	11815
贵州	6	3	3	--	35	51	52	26524	16285	4155
云南	35	11	11	13	28	42	513	40392	30331	5643
西藏	--	--	--	--	--	--	--	71953	9231	--
陕西	1	1	--	--	17	11	51	132412	36042	9089
甘肃	5	2	3	--	--	--	3	36352	6657	1003
青海	--	--	--	--	--	--	--	2933	2768	15
宁夏	3	3	--	--	55	135	23	15472	6381	708
新疆	4	--	3	1	--	5	43	61381	24003	4083

管理机构基本情况（二）

年收入合计（千元）					本年支出合计（千元）				
事业收入							项目支出		
	门票收入	经营收入	附属单位上缴收入	其他收入		基本支出		文物保护专项支出	经营支出
1588406	1437315	129895	1145	91751	2354166	1486733	432447	205163	228672
406386	401612	77594	--	1929	480886	289064	18732	9312	171766
1903	1903	108	60	13	7401	7197	80	80	--
175286	168074	6211	550	5643	180071	143095	27782	11116	5921
31302	29151	--	--	7249	58419	50468	3115	764	--
7501	32	--	--	114	28513	21620	6893	5313	--
4798	4126	1169	--	1240	23656	12800	4341	1471	753
--	--	--	--	--	--	--	--	--	--
190	175	--	--	63	11248	9873	720	25	--
331	41	--	--	324	13114	11319	753	485	--
18	--	--	--	729	5829	4188	1640	1008	--
6460	3494	--	--	3289	52194	32697	19497	8352	--
252489	220620	917	466	12473	288107	180626	55520	28107	497
4419	1148	--	--	3508	34551	17764	16787	12048	--
3745	2515	45	--	6817	41232	21053	10105	3726	45
491	108	1	2	145	13566	4521	8933	2087	--
--	--	--	--	--	2051	202	1849	1469	--
3807	3753	--	--	468	13109	10176	1815	1507	--
226155	204692	1060	--	838	236997	218234	5996	4381	10023
50	50	--	--	--	1614	1044	57	--	--
134994	101260	27713	66	4712	220054	114987	55167	41108	29940
14368	13524	233	--	3517	40932	24770	8270	3102	233
10914	3773	157	--	2324	66007	33934	26768	18945	237
19713	18111	--	--	624	32987	20943	11031	4929	--
--	--	--	--	--	1610	80	630	900	--
788	495	--	--	521	10905	7176	2040	798	--
1900	1850	--	--	87	5462	3637	1023	520	55
9964	9700	455	--	129	23199	11456	6016	1323	--
83256	78753	9803	--	3555	163061	69218	70254	26128	6903
2253	2241	998	1	2832	20898	11793	4901	2548	535
2062	672	1	--	2355	36902	20340	13771	5549	97
61072	54712	400	--	1250	36827	29059	568	--	400
73708	60856	2953	--	10620	131905	58921	30034	13980	1219
24595	24588	--	--	4097	37819	27900	9854	5977	--
70	70	--	--	80	2862	2679	--	--	--
7628	7610	77	--	678	15243	11807	1483	1277	48
20259	18804	--	--	13036	54761	21182	25345	1245	--

全国各地区文物保护

	本年支出合计（千元）								
	在支出合计中：								
	工资福利支出	商品和服务支出						对个人和家庭补助支出	
			维修（护费）	差旅费	劳务费	福利费	税金支出		抚恤金租生活补助
总计	669170	618692	172111	18106	25757	17858	21250	95679	3699
北京	83983	66481	35174	1067	323	4673	731	13949	75
天津	3433	2224	231	16	13	31	48	1359	4
河北	86529	31185	5305	1317	2260	2179	2710	10857	258
山西	24592	25406	10200	929	1345	834	435	2796	290
内蒙古	11951	6928	803	453	338	110	12	1041	73
辽宁	9056	7208	1359	273	864	144	130	1389	5
其中:大连	--	--	--	--	--	--	--	--	--
吉林	5624	2320	485	152	10	15	--	1349	9
黑龙江	7670	2498	194	216	106	101	--	2235	70
上海	2176	1597	33	24	622	44	--	181	--
江苏	14500	27257	14640	396	1046	427	88	3956	38
浙江	92390	129199	36756	1544	4528	2621	2082	17324	170
其中:宁波	11451	11520	2178	370	472	233	60	1312	6
安徽	10963	9058	3711	332	150	178	107	3425	180
福建	2474	8637	1104	289	223	45	13	846	30
其中:厦门	119	1795	930	23	--	2	--	68	--
江西	5386	2237	998	179	85	303	147	1132	6
山东	62664	23633	2579	735	383	207	6911	3127	298
其中:青岛	792	202	2	17	30	--	--	50	--
河南	56207	63397	5954	1648	4745	1705	2211	6531	391
湖北	11599	12781	3812	849	793	736	649	2399	375
湖南	20778	26782	12124	858	2000	549	256	2202	286
广东	6536	19585	149	1073	165	340	--	407	--
其中:深圳	580	1030	--	1030	--	--	--	--	--
广西	5499	2874	742	245	7	21	5	714	38
海南	1392	813	141	37	31	4	11	100	6
重庆	3867	10356	2824	445	1320	446	51	749	7
四川	26363	38885	8177	1615	1141	922	2643	3821	64
贵州	9503	4794	2237	166	164	142	176	1720	354
云南	14384	10749	3830	375	470	49	233	2107	36
西藏	19292	14628	1193	143	--	--	--	2406	--
陕西	39779	35495	5206	1413	1902	358	1444	2910	98
甘肃	7760	13916	7371	161	16	55	84	909	101
青海	2095	450	28	39	27	--	--	187	--
宁夏	7872	3905	326	179	67	396	49	943	337
新疆	12853	13414	4425	938	613	223	24	2590	100

管理机构基本情况（三）

其他资本性支出		资产总计		增加值	公用房屋建筑面积		
	各种设备购置费	（千元）	固定资产原值	（千元）	（千平方米）	展览用房	文物库房
134249	35507	4488959	2177395	1041038	4663	473	110
7696	4406	460635	144641	65079	469	8	1
--	--	5868	3272	4913	11	8	--
10337	3358	285070	177408	167197	99	31	9
3464	234	63726	39168	36945	62	14	6
2560	454	84514	17297	14566	31	8	2
1955	189	34322	25475	11375	25	8	1
--	--	--	--	--	--	--	--
907	142	3129	2823	7122	9	4	1
165	158	19530	17849	10997	26	12	3
642	204	4180	3644	3172	3	2	--
6481	1279	264855	138738	25874	62	22	3
12482	3485	621557	265913	214688	140	60	7
3935	1857	56031	43197	15813	29	14	3
7077	441	26406	17978	15917	57	22	4
132	28	13646	4634	3902	22	3	--
--	--	6032	145	196	--	--	--
1156	352	22977	22874	7990	22	13	1
2361	995	540565	264251	118848	98	16	10
--	--	1389	1313	926	1	--	--
10844	6411	929212	269593	50033	1875	30	20
1357	844	58601	49930	18025	45	14	1
3252	2048	80950	61894	27041	56	17	5
521	359	26946	26869	8697	27	21	--
--	--	--	--	646	--	--	--
1347	198	21494	13439	6746	18	7	2
40	20	55908	55858	3713	7	3	--
2692	161	78015	49718	8026	55	33	5
7658	1693	301720	130686	30257	129	34	10
2141	2035	38014	31440	12612	41	16	3
1363	1066	140377	135244	22865	90	20	4
--	--	54990	6310	52844	939	--	--
23294	1644	120364	96408	46878	176	25	7
596	20	41924	32398	10472	24	5	1
38	3	2844	2767	2465	11	1	1
173	62	15315	14040	9842	7	3	1
21518	3218	71305	54836	21937	27	13	2

全国各地区博物馆

	机构数(个)	从业人员									信息化建设	
		(人)	在编人数	具有专业资质人数			具有文博和工程系统职称人数(人)			安全保卫人员(人)	计算机(台)	网站数(个)
				(人)	具有考古发掘个人领队资格人数	具有文物保护工程职业资格人数		高级职称	中级职称			
总计	1722	42636	30999	2424	234	186	13976	2946	6021	7453	10735	291
中央	5	2008	1928	11	11	--	778	289	302	437	676	3
北京	34	1128	778	165	1	1	258	49	88	147	531	8
天津	18	728	591	6	4	--	338	78	137	76	219	3
河北	56	1432	1030	3	2	1	317	72	161	227	242	9
山西	86	2363	1545	41	4	11	381	72	229	489	176	12
内蒙古	37	895	518	74	10	8	366	66	174	104	125	3
辽宁	37	1631	1322	77	12	18	746	141	303	278	462	8
其中:大连	6	249	170	27	4	1	61	24	33	45	103	3
吉林	21	693	583	29	6	7	345	120	168	51	139	3
黑龙江	53	894	641	119	1	1	324	117	148	102	95	9
上海	28	1078	903	17	4	--	388	100	198	144	958	15
江苏	108	2360	1703	30	27	3	905	210	433	455	954	32
浙江	87	2003	1123	139	3	--	613	145	249	453	795	30
其中:宁波	6	204	85	--	--	--	57	11	32	28	23	1
安徽	37	659	472	47	--	--	302	39	136	123	126	4
福建	85	993	688	174	12	7	396	76	151	178	734	10
其中:厦门	3	82	58	15	1	--	30	10	20	12	134	--
江西	97	1562	1178	62	--	1	547	118	216	279	136	12
山东	87	1915	1624	57	12	5	964	218	415	311	368	15
其中:青岛	8	167	161	13	--	--	74	15	26	32	43	3
河南	82	2964	1947	45	7	11	726	116	317	637	379	19
湖北	107	2083	1588	105	14	3	840	141	437	326	384	12
湖南	73	1681	1263	29	20	9	506	77	163	247	396	7
广东	153	2681	1814	362	13	9	770	104	270	548	1059	28
其中:深圳	12	193	103	9	2	--	61	16	31	40	122	6
广西	59	825	628	96	18	45	352	58	158	182	295	7
海南	16	116	101	4	--	--	50	11	19	12	13	2
重庆	18	984	724	73	8	--	386	85	89	45	255	4
四川	62	2529	1505	110	20	31	526	72	264	356	327	13
贵州	18	402	203	74	2	--	101	21	28	69	71	5
云南	36	619	483	117	2	6	308	52	124	88	134	3
西藏	2	121	76	37	2	--	37	5	11	39	35	1
陕西	91	3536	2627	250	16	9	813	188	345	715	327	11
甘肃	73	1097	924	18	--	--	306	46	152	215	183	2
青海	18	161	120	5	--	--	69	14	41	12	17	--
宁夏	6	160	128	46	1	--	89	20	26	35	36	--
新疆	32	335	241	2	2	--	129	26	69	73	88	1

基本情况（一）

文物藏品（件、套）				本年从有关部门接收文物数（件、套）	本年藏品征集数（件、套）	本年修复文物数（件、套）				考古发掘项目			
	一级品	二级品	三级品				一级品	二级品	三级品	（个）	基本建设中考古发掘项目	抢救性发掘项目	主动性发掘项目
13760448	51109	1114605	2202947	35816	78734	34757	379	1752	22945	539	239	261	36
1675346	13281	832972	308224	58	3851	74	9	46	10	8	--	2	6
1135372	439	4830	47698	398	2583	1901	3	78	322	--	--	--	--
574806	968	2748	39505	51	520	13	--	--	--	10	4	4	2
214254	402	7115	14408	--	1071	45	--	--	15	1	--	1	--
541098	1667	6773	70166	1365	391	176	--	65	72	8	6	2	--
347694	1348	1908	4427	146	3405	926	--	--	8	6	1	4	1
315156	1298	11248	173857	93	11818	638	5	92	508	7	4	1	2
48062	235	2536	27020	--	329	47	--	--	14	2	2	--	--
174938	352	3156	9681	3	333	101	--	1	--	1	--	--	--
160880	269	1259	13238	100	738	40	16	4	--	1	1	--	--
312384	1331	45960	132999	--	4188	61	--	3	58	--	--	--	--
947707	1918	92885	441324	279	5310	1337	16	25	104	172	65	106	1
564876	1650	7757	52681	6451	3815	612	--	109	111	37	22	14	1
84436	120	646	5040	12	250	100	--	100	--	--	--	--	--
373804	994	2774	97848	946	1406	434	32	76	248	12	1	10	1
351435	912	1970	82988	491	1522	113	3	--	21	13	6	5	2
15089	16	200	6028	92	413	16	2	--	4	--	--	--	--
292876	1922	5479	40735	168	452	2063	79	96	1888	16	1	13	1
571720	2571	8144	80410	119	2068	1072	5	74	304	37	22	12	3
142510	209	1879	8913	--	946	21	--	--	--	1	--	--	1
643562	1750	11397	138867	845	4529	362	1	19	62	--	--	--	--
751615	2054	10383	65055	176	2801	2232	38	85	1258	63	32	27	4
391820	1286	4442	36664	52	2658	521	2	4	44	42	24	18	--
703627	1172	15524	73640	3619	12672	14752	--	14	14235	27	19	6	2
30134	25	160	4859	584	39	--	--	--	--	--	--	--	--
243613	312	3832	18496	6012	1090	293	--	5	11	17	9	6	2
28997	126	243	1037	607	458	3	--	--	--	8	2	5	1
356470	719	1448	15914	217	179	452	5	10	157	3	1	2	--
385019	1656	5584	88958	119	736	561	4	70	242	18	10	8	--
40991	239	302	1824	34	389	18	--	--	--	--	--	--	--
272682	623	1552	13192	416	1110	90	--	3	22	14	7	4	3
31832	372	220	523	--	449	7	--	2	5	--	--	--	--
735147	6181	11915	64075	11369	1987	4720	97	609	2874	13	1	8	3
384586	2209	7807	68272	190	4091	485	50	202	91	5	1	3	1
71673	137	873	1217	1179	64	--	--	--	--	--	--	--	--
63279	330	2105	5024	--	750	345	10	60	275	--	--	--	--
101189	621	--	--	313	1300	310	4	--	--	--	--	--	--

全国各地区博物馆

	考古钻探面积(千平方米)	考古发掘面积(千平方米)	发掘墓葬数(个)	规划及方案设计(个)	举办陈列、展览			提供藏品参与外单位举办的展览次数	本年承担课题、项目数		
					(个)	参观人次			(个)	省部级以上课题、项目数	结项课题、项目数
						(千人次)	未成年人参观人次				
总计	15282	528	2824	212	7689	256249	92045	1125	654	210	104
中央	2000	2	48	10	64	16651	2696	21	42	30	12
北京	--	--	--	--	195	3222	515	13	28	6	13
天津	600	6	150	1	77	5640	2404	6	5	3	1
河北	--	1	1	3	153	4095	1157	3	1	1	1
山西	103	4	10	6	123	5891	593	2	1	--	--
内蒙古	--	1	26	2	119	1007	285	21	5	3	1
辽宁	92	7	17	2	169	7897	411	19	4	5	1
其中:大连	--	3	8	1	42	2187	44	3	--	1	--
吉林	--	--	--	--	76	6888	331	3	3	1	1
黑龙江	3	2	--	1	152	7145	813	5	10	9	2
上海	200	--	10	1	162	3728	793	18	20	10	3
江苏	1862	115	418	23	752	15852	4543	122	43	12	6
浙江	402	13	272	7	604	11499	2910	61	25	16	10
其中:宁波	--	--	--	--	33	292	109	16	4	2	1
安徽	--	--	6	2	170	1646	1134	5	--	--	--
福建	--	2	761	20	214	26001	13316	21	5	4	2
其中:厦门	--	--	--	--	5	450	50	--	--	--	--
江西	--	6	39	8	228	5843	3184	6	--	--	--
山东	2195	37	171	1	1175	7848	1631	37	37	5	3
其中:青岛	--	--	--	--	31	1027	312	15	--	--	--
河南	281	--	--	5	343	7321	1862	28	16	13	2
湖北	5337	174	425	13	244	10526	3625	21	33	25	9
湖南	506	13	132	29	250	6775	2785	22	17	12	5
广东	267	2	12	7	857	36505	20604	65	25	2	--
其中:深圳	--	--	--	1	69	681	12580	1	18	--	--
广西	280	5	35	30	193	2194	609	12	17	4	9
海南	99	1	18	3	14	8393	7852	1	--	--	--
重庆	--	5	8	3	73	7679	782	2	12	12	3
四川	911	114	48	7	292	28907	12072	29	22	10	4
贵州	--	--	--	4	37	1031	275	4	3	3	1
云南	10	4	125	5	131	1514	548	272	253	2	12
西藏	--	--	--	--	2	95	95	--	--	--	--
陕西	120	8	44	12	116	7284	813	280	20	17	2
甘肃	14	6	46	5	210	1726	328	12	6	4	1
青海	--	--	2	1	423	327	40	2	--	--	--
宁夏	--	--	--	--	16	180	25	2	--	--	--
新疆	--	--	--	1	55	4219	3014	10	1	1	--

基本情况（二）

科研成果					本年收入合计（千元）							
								事业收入				
专利（个）	专著或图录（册）	论文（省级及以上刊物公开发表）(篇)	考古报告（篇）	古建维修报告（篇）		财政拨款	上级补助收入		门票收入	经营收入	附属单位上缴收入	其他收入
56	22915	3228	240	305	5063749	2645847	221770	1876174	1683075	61881	305	257772
--	37	390	2	--	741138	198030	515	487193	463706	39203	--	16197
--	17	170	--	--	204658	150257	234	37372	26179	1455	--	15340
--	2	56	--	--	86721	65729	367	10824	9302	--	--	9801
--	4	38	15	--	102407	59415	2961	38259	37452	750	--	1022
--	3	17	1	--	146083	67474	2054	75867	73968	--	--	688
--	45	18	--	--	74895	65209	1900	7372	1610	--	--	414
--	19	148	52	--	140986	67072	292	70430	69498	--	--	3192
--	6	60	1	--	26856	16492	20	7718	7295	--	--	2626
--	3	51	--	5	71413	39116	5423	26443	25902	52	--	379
7	15006	50	--	--	65613	54260	650	8883	6341	--	--	1820
--	18	40	--	--	276769	185215	5596	72479	62884	3619	--	9860
1	21	195	39	6	307787	226363	5488	55198	30986	1415	59	19264
--	36	216	3	2	377310	216426	10642	139377	133815	647	--	10218
--	--	2	1	--	20775	13453	462	5658	5637	265	--	937
--	1	31	--	--	48338	30787	8534	6849	3069	--	--	2168
--	34	106	2	11	69350	56623	3146	4700	3459	150	--	4731
--	2	10	--	--	7887	7251	--	403	403	--	--	233
1	7	109	2	6	80853	56361	3049	19661	18557	89	--	1693
1	14	139	9	2	140610	109753	1654	23671	19289	339	--	5193
--	--	--	--	--	20587	13952	575	4106	3737	56	--	1898
41	14	205	1	1	164674	64947	25683	61509	52870	3677	--	8858
--	20	315	2	--	281969	171195	16680	75188	69871	4003	--	14903
3	37	155	9	--	149335	74347	11081	57190	50485	790	25	5902
--	17	92	3	--	307656	211502	15872	70427	52495	739	215	8901
--	--	17	--	--	31337	22368	1520	2676	2273	706	--	4067
--	4	109	7	4	119807	79081	15532	15586	3655	430	--	9178
--	--	10	--	--	10011	8860	819	20	20	--	--	312
--	7	32	2	1	126511	48305	1166	66067	48016	2115	--	8858
1	7508	43	6	2	271496	102375	9635	144224	124504	1081	6	14175
--	1	17	--	--	25626	9877	734	14684	13715	--	--	331
--	8	52	3	262	35233	28080	1329	2118	1152	1187	--	2519
--	--	4	--	--	5852	5472	--	380	206	--	--	--
1	20	268	73	2	502929	117569	64066	254461	252352	80	--	66753
--	7	63	7	1	68154	48260	2817	13564	12517	--	--	3513
--	--	3	--	--	13442	9867	610	1607	1432	--	--	1358
--	1	37	1	--	14526	8030	203	5255	4733	--	--	1038
--	4	49	1	--	31597	9990	3038	9316	9035	60	--	9193

全国各地区博物馆

	本年支出合计（千元）											
			项目支出			在支出合计中：						
							商品和服务支出					
		基本支出		文物保护专项支出	经营支出	工资福利支出		维修(护)费	差旅费	劳务费	福利费	税金支出
总计	4720816	2639619	1668939	155976	63700	1286813	1520513	262993	49173	58067	25900	27495
中央	670658	265367	244464	5370	42207	125665	144426	4410	5708	3062	238	2809
北京	221780	97945	116999	7619	3759	45809	105575	14484	633	440	238	1532
天津	75615	63922	11169	50	--	23797	34095	4180	462	266	309	132
河北	95299	61656	32812	6795	501	31253	32619	12944	798	464	230	28
山西	123340	83445	29048	4632	--	43245	45655	7816	1672	1254	778	1374
内蒙古	68926	61061	7856	363	--	19488	23697	3950	1012	642	315	125
辽宁	139693	74441	61956	193	--	50971	60179	20727	1417	2396	542	71
其中:大连	26433	14795	11245	20	--	7690	15168	4981	256	653	304	70
吉林	75132	62759	7890	500	52	19642	27389	2397	368	100	22	19
黑龙江	59830	43382	4621	597	--	26114	13340	1641	504	208	247	169
上海	264162	142402	118201	5080	3058	86024	103263	28621	1751	1264	2641	543
江苏	290249	188377	99705	12598	1718	93518	114363	9513	5078	10063	1732	538
浙江	326370	221266	90504	19783	424	78257	87325	10120	2627	4523	2596	670
其中:宁波	18512	13474	5034	1426	4	9375	6953	343	120	680	6	14
安徽	48472	25192	17626	2041	--	15211	9936	3637	459	106	488	1
福建	66167	41966	18992	5138	77	24315	22320	2252	668	357	289	14
其中:厦门	8375	6841	1503	120	--	3667	2037	47	46	16	60	--
江西	87678	51683	30426	5429	89	31532	14531	4619	1281	482	903	215
山东	129663	109195	9441	2429	332	65853	33220	3287	1465	2446	279	200
其中:青岛	20520	10162	945	47	6	8851	8102	163	208	563	63	4
河南	162222	95124	45741	4231	2675	52882	48557	7548	1107	1824	1207	1166
湖北	265492	85533	148952	7793	1365	45524	56033	3859	2390	2237	1063	242
湖南	144987	92915	47981	9418	759	41190	61218	8668	1977	3988	1866	1353
广东	312742	186486	116301	18204	87	111404	105928	22933	2938	5730	2830	2541
其中:深圳	32981	20384	10561	1350	--	13906	4472	1126	122	88	211	604
广西	99416	48279	42780	7925	773	21673	22491	2538	1723	1910	699	661
海南	6719	4543	1260	546	--	3556	879	212	123	60	76	4
重庆	95806	56209	36516	407	2085	31450	49634	17316	1111	3825	583	434
四川	266701	186181	63176	12724	762	56595	126319	42770	5344	4311	1727	440
贵州	28537	22700	5837	192	--	7408	17816	782	331	614	73	62
云南	56170	23321	30519	2184	1202	13196	8010	1301	458	478	167	23
西藏	5656	4876	780	--	--	3958	1423	27	302	--	--	--
陕西	401853	160230	180349	1870	1595	75781	109165	15185	3433	3612	3081	11219
甘肃	70486	45351	24245	6076	--	24353	20590	861	1010	613	320	566
青海	15990	8000	5587	190	--	5450	6639	1043	262	24	6	60
宁夏	16181	11871	3556	3556	--	4904	6022	2523	203	156	187	23
新疆	28824	13932	13640	2043	180	6835	7856	829	558	612	168	261

基本情况（三）

				资产总计			公用房屋建筑面积				
对个人和家庭补助支出	抚恤金和生活补贴	其他资本性支出	各种设备购置费	（千元）	固定资产原值	增加值（千元）	（千平方米）	展览用房	实验室	修复室	文物库房
349129	9566	453834	151429	11952024	8170217	1872310	6763	2940	12	25	658
80850	713	63925	26544	1476646	434607	257659	351	42	--	1	49
9066	49	31460	4186	293758	193043	56688	325	86	--	3	18
9375	126	7656	722	173417	42490	33801	110	70	--	--	10
4745	124	1904	1228	239761	208297	48183	216	108	--	--	15
4680	420	5896	4924	199872	134336	69046	215	89	1	1	20
4657	103	12266	1022	146323	132391	25218	148	68	1	1	9
10408	95	7905	4750	394516	342083	65491	269	113	1	1	22
757	9	561	186	42972	42225	9427	61	38	--	--	5
8711	62	20475	13716	157203	147054	27474	113	47	--	1	4
5844	68	1074	720	510644	485398	34010	175	101	1	1	9
7141	403	48922	42257	1063637	743236	98927	154	60	1	--	66
29280	1263	53423	5450	753056	592397	136975	502	296	2	1	36
16057	397	15032	7461	938405	670097	122015	348	150	1	1	36
751	--	431	285	64418	50770	11309	20	9	--	--	1
6442	243	2094	393	57470	41144	21726	78	39	--	--	13
6855	45	2670	873	106193	65918	32285	350	185	--	1	31
1131	--	5	4	15773	11005	4827	30	12	--	--	3
8496	235	10546	2444	111561	93942	33713	183	99	1	--	16
17100	115	5260	2209	614393	470974	87759	359	160	--	1	30
2152	--	71	71	49291	22942	11666	32	11	--	--	2
9784	296	10453	1224	548105	452318	36015	296	130	1	1	39
8772	218	25393	3333	378533	212237	63240	382	200	--	4	32
9063	1413	13844	4386	498772	397002	57980	288	138	--	--	29
30692	837	13018	5129	692122	528543	148660	497	225	1	1	39
1058	--	417	417	47410	43183	15035	45	11	--	--	2
7715	221	4129	1900	331085	127617	33848	129	54	--	1	15
191	--	917	494	14323	14244	3904	5	2	--	--	--
6159	87	4865	1658	203472	150275	68417	138	53	--	--	11
15126	583	18535	4847	628909	403407	78528	370	110	--	2	22
2637	45	388	290	19789	15465	7769	25	13	--	--	4
5240	70	956	526	256344	198361	16345	123	55	--	--	12
294	--	--	--	11806	1744	4288	15	10	--	--	4
12351	359	49620	5548	789933	571479	146139	323	129	1	2	26
6692	899	9872	1867	219829	198368	31168	133	54	--	1	24
1446	19	1065	966	25100	17496	7552	34	16	--	--	5
1608	15	119	5	54077	46927	6649	40	11	--	--	5
1652	43	10152	357	42970	37327	10838	69	27	--	--	7

全国各地区文物系统

	机构数（个）	从业人员（人）	从业人员：在编人数	从业人员：具有专业资质人数（人）	具有专业资质人数：具有考古发掘个人领队资格人数	具有专业资质人数：具有文物保护工程职业资格人数	具有文博和工程系统职称人数（人）	具有文博和工程系统职称：高级职称	具有文博和工程系统职称：中级职称	安全保卫人员（人）	信息化建设：计算机（台）	信息化建设：网站数（个）
总计	1679	41064	30490	2346	234	186	13842	2925	5976	7300	10575	272
中央	5	2008	1928	11	11	--	778	289	302	437	676	3
北京	34	1128	778	165	1	1	258	49	88	147	531	8
天津	18	728	591	6	4	--	338	78	137	76	219	3
河北	56	1432	1030	3	2	1	317	72	161	227	242	9
山西	85	2313	1542	41	4	11	381	72	229	481	173	12
内蒙古	36	885	508	74	10	8	362	64	172	104	125	3
辽宁	36	1622	1313	77	12	18	740	139	299	277	458	8
其中：大连	6	249	170	27	4	1	61	24	33	45	103	3
吉林	21	693	583	29	6	7	345	120	168	51	139	3
黑龙江	46	719	591	46	1	1	310	108	143	80	66	5
上海	28	1078	903	17	4	--	388	100	198	144	958	15
江苏	102	2279	1686	30	27	3	895	208	427	441	945	28
浙江	75	1872	1071	139	3	--	611	145	247	430	781	26
其中：宁波	6	204	85	--	--	--	57	11	32	28	23	1
安徽	36	647	464	47	--	--	298	38	133	121	125	4
福建	85	993	688	174	12	7	396	76	151	178	734	10
其中：厦门	3	82	58	15	1	--	30	10	20	12	134	--
江西	97	1562	1178	62	--	1	547	118	216	279	136	12
山东	87	1915	1624	57	12	5	964	218	415	311	368	15
其中：青岛	8	167	161	13	--	--	74	15	26	32	43	3
河南	79	2886	1915	45	7	11	715	116	313	621	370	18
湖北	105	2024	1549	100	14	3	840	141	437	326	364	12
湖南	67	1303	1015	29	20	9	441	74	149	191	327	4
广东	153	2681	1814	362	13	9	770	104	270	548	1059	28
其中：深圳	12	193	103	9	2	--	61	16	31	40	122	6
广西	59	825	628	96	18	45	352	58	158	182	295	7
海南	15	87	74	4	--	--	33	9	15	5	13	--
重庆	18	984	724	73	8	--	386	85	89	45	255	4
四川	62	2529	1505	110	20	31	526	72	264	356	327	13
贵州	17	394	201	74	2	--	101	21	28	67	70	4
云南	36	619	483	117	2	6	308	52	124	88	134	3
西藏	2	121	76	37	2	--	37	5	11	39	35	1
陕西	91	3536	2627	250	16	9	813	188	345	715	327	11
甘肃	72	1085	912	18	--	--	305	46	151	213	182	2
青海	18	161	120	5	--	--	69	14	41	12	17	--
宁夏	6	160	128	46	1	--	89	20	26	35	36	--
新疆	32	335	241	2	2	--	129	26	69	73	88	1

博物馆基本情况（一）

文物藏品（件、套）				本年从有关部门接收文物数(件、套)	本年藏品征集数(件、套)	本年修复文物数（件、套）				考古发掘项目			
	一级品	二级品	三级品				一级品	二级品	三级品	(个)	基本建设中考古发掘项目	抢救性发掘项目	主动性发掘项目
13675788	50991	1114257	2199773	35816	77151	34736	379	1752	22945	539	239	261	36
1675346	13281	832972	308224	58	3851	74	9	46	10	8	--	2	6
1135372	439	4830	47698	398	2583	1901	3	78	322	--	--	--	--
574806	968	2748	39505	51	520	13	--	--	--	10	4	4	2
214254	402	7115	14408	--	1071	45	--	--	15	1	--	1	--
540915	1667	6773	70166	1365	391	176	--	65	72	8	6	2	--
347694	1348	1908	4427	146	3405	926	--	--	8	6	1	4	1
313556	1278	11237	173790	93	11818	638	5	92	508	7	4	1	2
48062	235	2536	27020	--	329	47	--	--	14	2	2	--	--
174938	352	3156	9681	3	333	101	--	1	--	1	--	--	--
150992	268	1251	13203	100	558	20	16	4	--	1	1	--	--
312384	1331	45960	132999	--	4188	61	--	3	58	--	--	--	--
937919	1918	92885	441308	279	5275	1337	16	25	104	172	65	106	1
549879	1650	7757	52181	6451	3785	612	--	109	111	37	22	14	1
84436	120	646	5040	12	250	100	--	100	--	--	--	--	--
373768	992	2771	97817	946	1406	434	32	76	248	12	1	10	1
351435	912	1970	82988	491	1522	113	3	--	21	13	6	5	2
15089	16	200	6028	92	413	16	2	--	4	--	--	--	--
292876	1922	5479	40735	168	452	2063	79	96	1888	16	1	13	1
571720	2571	8144	80410	119	2068	1072	5	74	304	37	22	12	3
142510	209	1879	8913	--	946	21	--	--	--	1	--	--	1
636989	1747	11378	137464	845	4259	362	1	19	62	--	--	--	--
751615	2054	10383	65055	176	2801	2232	38	85	1258	63	32	27	4
363113	1226	4245	36048	52	1726	520	2	4	44	42	24	18	--
703627	1172	15524	73640	3619	12672	14752	--	14	14235	27	19	6	2
30134	25	160	4859	584	39	--	--	--	--	--	--	--	--
243613	312	3832	18496	6012	1090	293	--	5	11	17	9	6	2
16561	97	143	549	607	322	3	--	--	--	8	2	5	1
356470	719	1448	15914	217	179	452	5	10	157	3	1	2	--
385019	1656	5584	88958	119	736	561	4	70	242	18	10	8	--
40669	239	302	1824	34	389	18	--	--	--	--	--	--	--
272682	623	1552	13192	416	1110	90	--	3	22	14	7	4	3
31832	372	220	523	--	449	7	--	2	5	--	--	--	--
735147	6181	11915	64075	11369	1987	4720	97	609	2874	13	1	8	3
384456	2206	7797	68254	190	4091	485	50	202	91	5	1	3	1
71673	137	873	1217	1179	64	--	--	--	--	--	--	--	--
63279	330	2105	5024	--	750	345	10	60	275	--	--	--	--
101189	621	--	--	313	1300	310	4	--	--	--	--	--	--

全国各地区文物系统

	考古钻探面积（千平方米）	考古发掘面积（千平方米）	发掘墓葬数（个）	规划及方案设计（个）	举办陈列、展览			提供藏品参与外单位举办的展览次数	本年承担课题、项目数		
						参观人次					
					（个）	（千人次）	未成年人参观人次		（个）	省部级以上课题、项目数	结项课题、项目数
总计	15277	518	2824	187	7545	251588	90585	1103	643	200	102
中央	2000	2	48	10	64	16651	2696	21	42	30	12
北京	--	--	--	--	195	3222	515	13	28	6	13
天津	600	6.1	150	1	77	5640	2404	6	5	3	1
河北	--	0.5	1	3	153	4095	1157	3	1	1	1
山西	103	4	10	3	122	5791	553	2	1	--	--
内蒙古	--	1.2	26	2	119	1007	285	21	5	3	1
辽宁	91.9	6.8	17	2	168	7877	411	19	4	5	1
其中：大连	--	3	8	1	42	2187	44	3	--	1	--
吉林	0.2	0.1	--	--	76	6888	331	3	3	1	1
黑龙江	3	2	--	1	134	5848	485	4	2	2	1
上海	200	--	10	1	162	3728	793	18	20	10	3
江苏	1861.9	114.9	418	23	692	15724	4508	115	43	12	6
浙江	402.3	13.5	272	7	583	11007	2894	61	25	16	10
其中：宁波	--	--	--	--	33	292	109	16	4	2	1
安徽	0.1	0.2	6	2	168	1641	1132	5	--	--	--
福建	--	1.7	761	20	214	26001	13316	21	5	4	2
其中：厦门	--	--	--	--	5	450	50	--	--	--	--
江西	--	5.8	39	8	228	5843	3184	6	--	--	--
山东	2194.5	36.7	171	1	1175	7848	1631	37	37	5	3
其中：青岛	--	--	--	--	31	1027	312	15	--	--	--
河南	281	--	--	4	332	7201	1823	15	16	13	2
湖北	5337.1	174.3	425	13	241	10065	3512	21	33	25	9
湖南	506.2	13.4	132	8	231	4807	1933	21	14	9	4
广东	267.1	2.4	12	7	857	36505	20604	65	25	2	--
其中：深圳	--	--	--	1	69	681	12580	1	18	--	--
广西	279.5	5.2	35	30	193	2914	609	12	17	4	9
海南	99.3	0.9	18	3	13	8388	7848	1	--	--	--
重庆	--	5	8	3	73	7679	782	2	12	12	3
四川	911.3	113.7	48	7	292	28907	12072	29	22	10	4
贵州	--	--	--	4	37	1001	261	4	3	3	1
云南	10.1	4	125	5	131	1514	548	272	253	2	12
西藏	--	--	--	--	2	95	95	--	--	--	--
陕西	119.7	7.9	44	12	116	7284	813	280	20	17	2
甘肃	14.4	5.8	46	5	203	1691	311	12	6	4	1
青海	--	0.1	2	1	423	327	40	2	--	--	--
宁夏	--	--	--	--	16	180	25	2	--	--	--
新疆	--	--	--	1	55	4219	3014	10	1	1	--

博物馆基本情况（二）

科研成果					本年收入合计（千元）							
								事业收入				
专利（个）	专著或图录（册）	论文（省级及以上刊物公开发表）(篇)	考古报告（篇）	古建维修报告（篇）		财政拨款	上级补助收入		门票收入	经营收入	附属单位上缴收入	其他收入
48	7904	3159	240	305	4904117	2618449	218448	1754195	1565822	59472	305	253248
--	37	390	2	--	741138	198030	515	487193	463706	39203	--	16197
--	17	170	--	--	204658	150257	234	37372	26179	1455	--	15340
--	2	56	--	--	86721	65729	367	10824	9302	--	--	9801
--	4	38	15	--	102407	59415	2961	38259	37452	750	--	1022
--	3	17	1	--	144303	67374	1934	74357	72458	--	--	638
--	45	18	--	--	74675	64989	1900	7372	1610	--	--	414
--	18	148	52	--	139705	66429	124	70156	69314	--	--	2996
--	6	60	1	--	26856	16492	20	7718	7295	--	--	2626
--	3	51	--	5	71413	39116	5423	26443	25902	52	--	379
--	1	26	--	--	51211	46724	650	2376	2324	--	--	1461
--	18	40	--	--	276769	185215	5596	72479	62884	3619	--	9860
--	21	192	39	6	306775	226300	5388	55163	30951	917	59	18948
--	35	216	3	2	286978	215276	9842	51299	45737	373	--	10188
--	--	2	1	--	20775	13453	462	5658	5637	265	--	937
--	1	31	--	--	48012	30522	8524	6798	3066	--	--	2168
--	34	106	2	11	69350	56623	3146	4700	3459	150	--	4731
--	2	10	--	--	7887	7251	--	403	403	--	--	233
1	7	109	2	6	80853	56361	3049	19661	18557	89	--	1693
1	14	139	9	2	140610	109753	1654	23671	19289	339	--	5193
--	--	--	--	--	20587	13952	575	4106	3737	56	--	1898
41	10	205	1	1	161338	63773	25469	61198	52580	2040	--	8858
--	20	315	2	--	272833	165848	16670	71476	66412	4003	--	14836
3	37	123	9	--	114143	65540	9381	36011	31130	790	25	2396
--	17	92	3	--	307656	211502	15872	70427	52495	739	215	8901
--	--	17	--	--	31337	22368	1520	2676	2273	706	--	4067
--	4	109	7	4	119807	79081	15532	15586	3655	430	--	9178
--	--	--	--	--	8201	7270	619	--	--	--	--	312
--	7	32	2	1	126511	48305	1166	66067	48016	2115	--	8858
1	7508	43	6	2	271496	102375	9635	144224	124504	1081	6	14175
--	1	17	--	--	25361	9614	734	14682	13713	--	--	331
--	8	52	3	262	35233	28080	1329	2118	1152	1187	--	2519
--	--	4	--	--	5852	5472	--	380	206	--	--	--
1	20	268	73	2	502929	117569	64066	254461	252352	80	--	66753
--	7	63	7	1	67614	48020	2817	13264	12217	--	--	3513
--	--	3	--	--	13442	9867	610	1607	1432	--	--	1358
--	1	37	1	--	14526	8030	203	5255	4733	--	--	1038
--	4	49	1	--	31597	9990	3038	9316	9035	60	--	9193

全国各地区文物系统

	本年支出合计（千元）											
		基本支出	项目支出		经营支出	在支出合计中：						
				文物保护专项支出		工资福利支出	商品和服务支出	维修(护)费	差旅费	劳务费	福利费	税金支出
总计	4559690	2497017	1657155	154545	61783	1264727	1496491	259692	47930	57396	25096	26323
中央	670658	265367	244464	5370	42207	125665	144426	4410	5708	3062	238	2809
北京	221780	97954	116999	7619	3759	45809	105575	14484	633	440	238	1532
天津	75615	63922	11169	50	--	23797	34095	4180	462	266	309	132
河北	95299	61656	32812	6795	501	31253	32619	12944	798	464	230	28
山西	121806	83345	28918	4622	--	41985	45612	7806	1642	1254	775	1374
内蒙古	68706	60841	7865	363	--	19248	23677	3950	1002	642	305	125
辽宁	138412	73310	61806	43	--	50670	59325	20577	1413	2231	519	71
其中：大连	26433	14795	11245	20	--	7690	15168	4981	256	653	304	70
吉林	75132	62759	7890	500	52	19642	27389	2397	368	100	22	19
黑龙江	46358	32709	4621	597	--	22727	11355	1527	491	208	242	162
上海	264162	142402	118201	5080	3058	86024	103263	28621	1751	1264	2641	543
江苏	289156	188026	99465	12386	1485	92843	114028	9443	5065	10050	1728	511
浙江	234324	130017	90039	19738	135	76756	84397	9501	2567	4423	2536	670
其中：宁波	18512	13474	5034	1426	4	9375	6953	343	120	680	6	14
安徽	48146	24866	17626	2041	--	15034	9862	3620	458	106	487	1
福建	66167	41966	18992	5138	77	24315	22320	2252	668	357	289	14
其它：厦门	8375	6841	1503	120	--	3667	2037	47	46	16	6	--
江西	87678	51683	30426	5429	89	31532	14531	4619	1281	482	903	215
山东	129663	109195	9441	2429	332	65853	33220	3287	1465	2446	279	200
其中：青岛	20520	10162	945	47	6	8851	8102	163	208	563	63	4
河南	158996	93865	45169	3659	1280	51404	47468	7308	995	1809	1163	1166
湖北	255134	79195	144932	7793	1365	43430	53915	3839	1845	2237	1063	242
湖南	109911	64034	42194	9026	759	31652	46952	6806	1554	3679	1212	215
广东	312742	186486	116301	18204	87	111404	105928	22933	2938	5730	2830	2541
其中：深圳	32981	20384	10561	1350	--	13906	4472	1126	122	88	211	604
广西	99416	48279	42780	7925	773	21673	22491	2538	1723	1910	699	661
海南	4909	3093	900	546	--	2386	598	22	91	1	76	4
重庆	95806	56209	36516	407	2085	31450	49634	17316	1111	3825	583	434
四川	266701	186181	63176	12724	762	56595	126319	42770	5344	4311	1727	440
贵州	28393	22616	5777	142	--	7343	17797	773	331	604	73	62
云南	56170	23321	30519	2184	1202	13196	8010	1301	458	478	167	23
西藏	5656	4876	780	--	--	3958	1423	27	302	--	--	--
陕西	401853	160230	180349	1870	1595	75781	109165	15185	3433	3612	3081	11219
甘肃	69946	44811	24245	6076	--	24113	20580	861	1010	613	320	566
青海	15990	8000	5587	190	--	5450	6639	1043	262	24	6	60
宁夏	16181	11871	3556	3556	--	4904	6022	2523	203	156	187	23
新疆	28824	13932	13640	2043	180	6835	7856	829	558	612	168	261

博物馆基本情况（三）

对个人和家庭补助支出		其他资本性支出		资产总计（千元）		增加值（千元）	公用房屋建筑面积（千平方米）				
	抚恤金和生活补贴		各种设备购置费		固定资产原值			展览用房	实验室	修复室	文物库房
344699	8754	451841	150068	11186499	7614286	1842778	6487	2799	11.7	28.3	650.9
80850	713	63925	26544	1476646	434607	257659.4	350.7	41.8	0.3	0.9	49.1
9066	49	31460	4186	293758	193043	56688	324.9	85.7	--	3.3	18
9375	126	7656	722	173417	42490	33801.5	109.7	70.1	--	0.1	10.2
4745	124	1904	1228	239761	208297	48183	215.6	108.1	0.04	0.3	14.5
4672	412	5836	4864	199872	134336	67572.3	213.6	88.1	0.7	1.2	20.2
4657	103	12266	1022	146323	132391	25007	148.5	68	0.6	1.4	8.8
10324	95	7863	4750	394251	341887	64916.7	266.7	111.9	0.8	1.1	22.1
757	9	561	186	42972	42225	9426.6	60.9	37.8	--	0.3	4.6
8711	62	20475	13716	157203	147054	27474.4	113.1	47.1	--	1.2	4.4
5701	68	967	702	253153	242697	29027.5	109.3	55.8	0.2	0.4	6.2
7141	403	48922	42257	1063637	743236	98926.5	154.1	60.4	0.6	0.04	65.6
29252	1263	53403	5430	736283	584489	136163.4	492.5	290.6	1.7	0.9	36.1
16052	397	14945	7454	787428	594140	120559.8	316.1	132.6	0.6	0.5	34.4
751	--	431	285	64418	50770	11308.7	19.6	9.5	--	0.1	0.9
6367	243	2094	393	56390	40064	21472.6	77.2	37.8	0.5	0.5	13.1
6855	45	2670	873	106193	65918	32284.6	349.8	185.3	0.4	0.7	31
1131	--	5	4	15773	11005	4827.1	30.1	11.6	--	--	3.2
8496	235	10546	2444	111561	93942	33712.7	183.2	99.4	0.5	0.2	15.7
17100	115	5260	2209	614393	470974	87758.8	358.7	160.1	0.3	1.2	30.4
2152	--	71	71	49291	22942	11666.4	32	11.3	--	0.1	2.4
9508	296	10435	1206	469884	419640	33221.3	285.6	123.7	1	0.7	38.5
8772	218	25385	3333	257493	135259	61602.4	288.4	145.8	0.5	4.3	32.2
5451	609	12483	3438	366974	286446	44412.3	229.4	107.3	0.2	0.4	26.1
30692	837	13018	5129	692122	528543	148660	496.7	225.3	0.8	1.3	39.4
1058	--	417	417	47410	43183	15035.1	44.8	10.7	0.02	0.2	1.7
7715	221	4129	1900	331085	127617	33848	129.4	53.6	0.2	1.2	14.7
122	--	627	204	9739	9660	2593.9	5.3	1.8	0.03	0.2	0.5
6159	87	4865	1658	203472	150275	68417	137.6	53.3	0.1	0.3	11
15126	583	18535	4847	628909	403407	78528	370.1	110.3	0.1	1.9	21.7
2637	45	388	290	17223	12899	7693	23.7	12.3	--	--	3.4
5240	70	956	526	256344	198361	16344.5	123	55.1	0.1	0.5	12.1
294	--	--	--	11806	1744	4288.1	15.2	10.5	0.2	0.1	4.5
12351	359	49620	5548	789933	571479	146139.1	323.4	129	0.8	2	26.2
6562	899	9872	1867	219099	197641	30798.4	131.7	54	0.3	1.2	24.3
1446	19	1065	966	25100	17496	7551.6	34.3	15.5	0.1	0.2	4.9
1608	15	119	5	54077	46927	6648.9	40.5	11.5	--	0.1	5.2
1652	43	10152	357	42970	37327	10838.2	69.4	27.3	0.2	0.2	6.7

全国各地区文物

	机构数（个）	从业人员（人）	在编人数	具有文博和工程系列职称人数（人）	高级职称	中级职称	安全保卫人员	信息化建设 计算机（台）	网站数（个）
总计	89	2177	--	740	93	337	259	356	15
北京	2	204	--	73	2	27	23	41	1
天津	1	103	--	57	5	23	16	16	5
河北	3	16	--	1	--	1	--	--	--
山西	1	19	--	7	1	6	6	6	--
内蒙古	2	57	--	10	3	7	7	22	1
辽宁	4	77	--	24	2	3	5	12	--
其中：大连	1	38	--	7	--	1	1	3	--
吉林	1	15	--	2	1	1	1	--	--
黑龙江	--	--	--	--	--	--	--	--	--
上海	1	109	--	39	1	13	22	20	1
江苏	9	291	--	94	8	42	40	48	--
浙江	9	76	--	31	2	17	19	6	--
其中：宁波	1	13	--	11	--	4	1	1	--
安徽	7	93	--	40	1	17	7	10	--
福建	2	58	--	12	2	10	12	17	--
其它：厦门	1	30	--	7	1	6	5	11	--
江西	4	66	--	18	2	10	10	5	--
山东	8	165	--	75	17	38	12	15	1
其中：青岛	1	16	--	7	1	6	--	--	--
河南	4	117	--	45	4	35	25	18	--
湖北	2	147	--	42	17	25	8	17	--
湖南	2	75	--	55	18	3	12	25	1
广东	6	126	--	45	1	14	7	34	1
其中：深圳	--	--	--	--	--	--	--	--	--
广西	4	68	--	14	2	6	7	2	--
海南	--	--	--	--	--	--	--	--	--
重庆	2	22	--	5	1	1	3	1	--
四川	3	95	--	16	1	15	9	5	--
贵州	2	19	--	--	--	--	2	4	--
云南	3	36	--	3	2	1	2	7	1
西藏	1	11	--	2	--	2	1	4	--
陕西	2	53	--	9	--	9	--	9	2
甘肃	1	12	--	--	--	--	1	1	--
青海	1	12	--	4	--	2	--	2	--
宁夏	1	--	--	--	--	--	--	--	--
新疆	1	35	--	17	--	9	2	9	1

商店基本情况（一）

上年末库存文物					本年收购文物		本年销售文物		本年向文物收藏单位提供文物情况				
数量									本年向文物收藏单位提供文物数				
（件、套）	一级品	二级品	三级品	金额（千元）	数量（件、套）	金额（千元）	数量（件、套）	金额（千元）	（件、套）	一级品	二级品	三级品	补偿金额（千元）
8548650	2401	24551	26383	623339	55863	318222	169732	393603	1377	--	16	43	6769
2470506	--	--	13412	75401	965	35059	10543	59802	--	--	--	--	--
364484	--	24376	--	61729	16183	91738	12119	93618	1	--	--	--	--
14543	--	--	--	2852	--	--	17	4	--	--	--	--	--
142559	--	--	--	4718	359	1176	2128	789	5	--	1	4	290
42318	--	--	--	1542	3132	3753	751	1879	763	--	15	39	2222
298452	1	2	38	947	1124	1569	12686	3855	--	--	--	--	--
55940	--	--	18	--	568	337	3167	3534	--	--	--	--	--
2342	2342	--	--	956	92	16	24	6	--	--	--	--	--
--	--	--	--	--	--	--	--	--	--	--	--	--	--
1149857	--	--	--	27799	458	1470	15113	2990	--	--	--	--	--
957249	--	--	--	67494	8668	69580	14585	100554	46	--	--	--	3122
447637	--	--	1154	8894	1893	18274	15330	26700	--	--	--	--	--
128597	--	--	--	427	--	--	5785	1234	--	--	--	--	--
226515	--	--	267	12777	903	1245	5376	6078	--	--	--	--	--
70437	--	--	--	5832	397	2965	2967	4093	--	--	--	--	--
50946	--	--	--	3668	248	2528	2222	2320	--	--	--	--	--
190881	1	--	--	6468	350	5433	2674	8359	--	--	--	--	--
558402	6	15	2	28794	1498	7413	16840	16278	--	--	--	--	--
27025	--	--	--	4001	--	--	3259	2823	--	--	--	--	--
207394	16	10	210	5220	5165	4108	4177	7470	--	--	--	--	--
294679	33	138	11291	242500	422	176	12000	2072	4	--	--	--	--
242167	--	--	--	9108	1982	15441	4000	16408	--	--	--	--	--
432840	2	8	--	28362	1430	8442	19978	23667	506	--	--	--	1085
--	--	--	--	--	--	--	--	--	--	--	--	--	--
30973	--	--	--	2522	749	1534	2912	1085	--	--	--	--	--
--	--	--	--	--	--	--	--	--	--	--	--	--	--
139707	--	--	--	1800	310	376	1256	785	--	--	--	--	--
65712	--	--	4	8077	97	1361	4630	10776	--	--	--	--	--
32865	--	--	--	2778	285	1184	1012	1800	--	--	--	--	--
37652	--	--	--	6767	226	3029	2084	1297	--	--	--	--	--
5066	--	2	5	5066	1	38800	--	--	--	--	--	--	--
49525	--	--	--	2037	1378	1266	1064	883	52	--	--	--	50
39371	--	--	--	1239	265	198	347	743	--	--	--	--	--
5026	--	--	--	344	23	73	257	190	--	--	--	--	--
212	--	--	--	23	115	14	150	350	--	--	--	--	--
29279	--	--	--	1293	7393	2529	4712	1072	--	--	--	--	--

全国各地区文物

	本年库存文物					资产、负债、所有者权益		
	库存文物数量				金额（千元）	资产总计		
	（件、套）	一级品	二级品	三级品		（千元）	固定资产原值	本年拆旧
总计	8433404	60	24395	12063	424725	1066499	283644	19830
北京	2460928	--	--	--	78453	185784	31443	1579
天津	368547	--	24217	--	83730	172976	6391	794
河北	14526	--	--	--	2848	629	220	--
山西	140785	--	--	--	5105	11138	1592	--
内蒙古	43936	--	--	--	1277	5525	2998	--
辽宁	286890	1	2	38	5165	50099	3298	943
其中：大连	53341	--	--	18	--	13157	1448	933
吉林	2410	--	--	--	966	4389	210	2862
黑龙江	--	--	--	--	--	--	--	--
上海	1135202	--	--	--	28938	138320	54497	--
江苏	951286	--	--	--	66930	128583	40629	1647
浙江	434200	--	--	--	9593	35086	19199	1165
其中：宁波	122812	--	--	--	334	2892	1718	85
安徽	222042	1	3	513	11173	22426	7830	353
福建	67867	--	--	--	6741	17655	13593	585
其它：厦门	48972	--	--	--	3876	7013	3591	269
江西	188557	1	--	--	6164	13134	6388	301
山东	543060	6	15	2	26008	50394	15298	2415
其中：青岛	23766	--	--	--	2408	8647	197	131
河南	208382	16	10	210	4689	15628	5822	1059
湖北	283097	33	138	11291	8349	36916	12768	313
湖南	240149	--	--	--	10976	22937	14155	881
广东	413786	2	8	--	31295	70268	25925	1381
其中：深圳	--	--	--	--	--	--	--	--
广西	28810	--	--	--	3017	10107	1983	339
海南	--	--	--	--	--	--	--	--
重庆	138761	--	--	--	1944	4383	378	22
四川	61179	--	--	4	9014	27957	4074	115
贵州	32138	--	--	--	2162	7616	3405	1735
云南	35794	--	--	--	8499	14706	4847	173
西藏	5067	--	2	5	5067	2055	2055	
陕西	49787	--	--	--	2450	7268	990	91
甘肃	39289	--	--	--	1055	2348	726	577
青海	4792	--	--	--	227	790	564	329
宁夏	177	--	--	--	138	186	21	21
新疆	31960	--	--	--	2751	7196	2345	90

商店基本情况（二）

负债总计（千元）	所有者权益总计			营业收入		主营业务成本（千元）	主营业务税金及附加（千元）	主营业务利润（千元）	其他业务利润（千元）	营业费用（千元）
	实收资本			（千元）	主营业务收入					
	（千元）	国家资本金								
301856	764643	178813	120741	867897	463693	246694	3348	196304	32449	68406
52497	133287	16870	16870	113604	60386	26152	242	33992	2393	18876
36531	136445	25188	25188	111293	93745	45660	412	47673	－－	10257
4674	-4045	50	50	228	7	4	1	－－	－－	3
6990	4148	2366	－－	3267	2052	789	14	1249	300	1478
1431	4094	2998	－－	4840	1151	166	102	2433	－－	－－
21982	28117	6957	2190	12619	6999	1483	30	5486	328	1758
3805	9352	2190	2190	5451	3534	1162	15	2357	283	1679
1527	2862	－－	－－	339	15	6	1	8	－－	－－
－－	－－	－－	－－	－－	－－	－－	－－	－－	－－	－－
10514	127806	－－	－－	95842	28464	6862	173	21429	1340	－－
48498	80085	15873	15814	179158	119487	79327	524	27370	13472	10927
6822	28264	5917	4418	47652	25702	16895	220	7788	125	3123
932	1960	1053	1053	4336	1234	7	53	1174	125	4
1941	20485	1404	－－	16972	6168	2596	36	2987	809	626
1561	16094	7247	7247	22187	6552	2803	21	2812	1156	1872
554	6459	2552	2552	9859	4779	2358	12	2409	655	956
3354	9780	7266	－－	15794	8817	5734	19	921	698	2144
18813	31581	7500	5455	31527	6966	8117	396	2367	1790	3996
4587	4060	－－	－－	517	－－	－－	－－	－－	－－	－－
11902	3726	4663	1848	15608	8817	4963	110	801	246	1128
15469	21447	12966	12966	27090	7618	2838	92	4087	1926	2786
2331	20606	12259	12259	33120	16739	13711	34	2792	484	407
22442	47826	19449	10592	77690	35979	14221	321	19540	3354	1536
－－	－－	－－	－－	－－	－－	－－	－－	－－	－－	－－
2717	7390	5557	－－	6941	3488	1602	48	1773	81	1211
－－	－－	－－	－－	－－	－－	－－	－－	－－	－－	－－
1041	3342	1856	－－	2499	1481	243	68	1135	－－	－－
11256	16701	5269	600	16671	10800	6812	240	2513	1106	1235
2780	4836	3814	－－	5171	－－	1063	106	－－	274	－－
5597	9109	3341	3241	11397	4381	1309	14	3070	865	514
－－	2055	－－	－－	3275	567	212	62	－－	－－	285
3207	4061	4003	2003	4116	2476	1224	10	1242	1000	1824
1785	563	1500	－－	1629	825	429	35	361	－－	174
261	529	400	－－	1215	455	197	2	256	37	100
19	167	342	－－	122	63	17	1	－－	－－	－－
3914	3282	3758	－－	6031	3493	1259	14	2219	665	2146

全国各地区文物

	损益及分配								
	管理费用						财务费用		
	（千元）	税金	养老、失业等保险费	住房公积金和住房补贴	差旅费	工会经费	（千元）	利息支出	营业利润
总计	127215	8593	22143	8553	4323	1348	540	395	64430
北京	10069	243	3531	1897	219	262	-207	-207	22497
天津	11311	3	588	1368	129	223	--	--	26774
河北	1	--	--	--	1	--	--	--	--
山西	217	--	104	33	78	2	-16	--	-130
内蒙古	475	3	199	51	72	74	--	--	-423
辽宁	3986	91	675	271	211	29	-10	-10	104
其中：大连	897	63	487	104	86	--	-4	-4	68
吉林	324	2	65	3	1	2	1	--	-325
黑龙江	--	--	--	--	--	--	--	--	--
上海	21167	472	2181	409	199	146	--	--	1602
江苏	26153	6210	5167	1403	1226	211	53	55	5323
浙江	3527	113	860	94	246	30	8	-3	2834
其中：宁波	1542	36	148	7	97	16	--	--	-236
安徽	4235	25	290	463	65	29	8		-331
福建	2841	35	360	228	200	40	4	--	202
其中：厦门	2027	12	164	169	200	27	4	--	78
江西	1360	62	574	138	26	23	--	--	93
山东	3653	39	584	83	--	36	-17	-1	150
其中：青岛	--	--	--	--	--	--	--	--	--
河南	2891	204	470	220	146	12	-4	--	-437
湖北	4479	99	2746	105	229	66	7	7	474
湖南	3068	335	267	97	148	11	2	-31	-253
广东	18463	265	2065	1031	464	75	136	--	4354
其中：深圳	--	--	--	--	--	--	--	--	--
广西	1251	5	427	70	123	--	30	37	254
海南	--	--	--	--	--	--	--	--	--
重庆	957	--	53	9	25	2	-2	-2	263
四川	2703	194	128	249	8	26	556	555	340
贵州	274	106	9	2	148	9	--	--	-258
云南	1876	17	16	70	92	12	-11	--	1637
西藏	--	--	--	--	--	--	--	--	--
陕西	702	57	399	165	6	18	-5	-5	-279
甘肃	401	1	93	5	25	--	--	--	-214
青海	224	5	64	14	--	3	--	--	1
宁夏	81	--	--	--	--	--	--	--	--
新疆	553	7	228	75	236	7	7	--	178

商店基本情况（三）

补贴收入		利润总额（千元）	所得税（千元）	工资、福利费、增值税（千元）			增加值（千元）	公用房屋建筑面积		
（千元）	财政拨款			本年应付工资总额	本年应付福利费总额	本年应交增值税		（千平方米）	营业用房	文物库房
4268	3510	68119	17531	87265	6479	16354	242349	157	60	70
--	--	22334	2658	16512	454	2416	49542	17	2	14
--	--	26825	8383	11154	865	3750	45850	13	5	8
--	--	-1	--	--	--	--	1	1	--	1
9	--	-106	--	647	--	73	756	5	--	2
--	--	85	--	1207	169	64	1421	1	1	--
214	214	86	30	2503	316	281	5459	1	--	--
--	--	50	--	1113	159	141	1721	1	--	--
--	--	-1	--	57	--	--	2666	1	1	--
--	--	--	--	--	--	--	--	--	--	--
--	--	1602	529	8387	--	995	14319	18	3	15
--	--	9004	1548	12576	1347	3577	37979	18	9	6
--	--	1670	711	3127	237	328	9012	4	1	2
--	--	-466	16	882	165	47	1140	2	--	1
707	587	-17	--	2065	195	121	3946	1	1	--
--	--	202	46	2117	84	173	3842	5	2	1
--	--	78	46	1453	--	102	1805	2	1	1
10	10	51	18	1396	145	177	2930	5	3	2
930	930	-387	29	3451	183	310	8563	8	3	2
--	--	--	--	320	--	--	320	--	--	--
20	20	-41	57	1520	18	261	3462	11	6	1
--	--	-973	11	3008	517	245	7653	13	9	5
20	20	-233	--	1630	144	335	3506	7	2	4
419	--	5640	2408	8412	863	2238	21424	12	6	5
--	--	--	--	--	--	--	--	--	--	--
382	382	276	107	1085	113	152	2943	2	1	1
--	--	--	--	--	--	--	--	--	--	--
--	--	249	82	462	48	27	955	1	--	--
--	--	255	83	1482	280	220	3264	5	1	1
150	150	274	--	348	136	96	2445	2	1	--
60	--	1697	751	885	--	162	3047	1	--	--
1197	1197	--	--	1008	--	62	2329	1	1	--
150	--	-129	--	874	141	98	1717	1	--	--
--	--	-422	--	156	22	32	709	--	--	--
--	--	1	--	140	20	18	595	--	--	--
--	--	--	1	--	2	3	27	--	--	--
--	--	178	79	1056	180	140	1987	3	2	--

全国各地区文物保护单位

	维修项目(个)	项目总预算(千元)	累计拨入项目经费			本年项目收入合计					本年支出合计(千元)	项目累计支出(千元)	维修面积(千平方米)
			(千元)	中央补助	省专项补助	(千元)	财政拨款	中央补助	省级补助	其他收入			
总计	1626	3644676	1962869	635810	232074	1082271	837912	232774	121178	244359	901969	1873542	13578
北京	55	310594	260917	160038	41261	110859	55338	30038	17077	55521	103468	253107	21
天津	2	355	--	--	--	355	--	--	--	355	355	355	1
河北	48	79063	50675	36450	6800	15213	14987	9687	1510	226	17594	41671	1029
山西	104	101937	52729	38007	5190	47098	39591	20276	2710	7507	40930	56521	44
内蒙古	16	86487	41438	10300	6300	22967	19817	8550	2550	3150	19584	38166	25
辽宁	12	10470	7125	794	4384	5178	4348	--	200	830	6726	10140	2
其中：大连	--	--	--	--	--	--	--	--	--	--	--	--	--
吉林	2	20000	1365	1285	80	655	655	575	80	--	655	1365	2
黑龙江	17	100166	53320	36120	200	26540	26540	9340	200	--	20081	45311	32
上海	42	167274	151444	--	5448	96519	4518	--	4518	92001	96519	156294	136
江苏	151	282318	193886	800	16162	82850	72141	300	16152	10709	71093	172335	111
浙江	180	221105	165636	9850	19640	48744	39133	2300	10234	9611	47278	167970	165
其中：宁波	12	7720	6390	1200	--	1590	850	--	--	740	2546	6871	10
安徽	116	128300	33524	11504	8770	39067	19390	2829	6460	19677	18155	35301	6073
福建	27	30697	18604	11400	392	12453	11015	5100	1802	1438	9268	20294	75
其中：厦门	1	1000	1458	--	--	225	--	--	--	225	250	1431	--
江西	72	186866	149255	12500	1770	151420	147957	12000	1710	3463	64408	109111	112
山东	36	104931	46222	5350	2816	30338	30338	--	1346	--	31905	35684	369
其中：青岛	--	--	--	--	--	--	--	--	--	--	--	--	--
河南	95	373958	105241	57304	9780	65651	62760	30780	8400	2891	56994	176767	141
湖北	45	199609	25288	20890	2320	23021	21987	16700	2240	1034	13327	14309	79
湖南	69	175914	25974	5891	7090	20466	16778	3621	3390	3688	20106	33441	622
广东	63	429702	253065	59334	55263	80361	67973	22290	15748	12388	81924	250595	100
其中：深圳	2	24520	1380	--	--	2415	2390	--	--	25	1951	4997	1
广西	50	14633	11246	6950	1470	11612	11216	6950	1453	396	9036	9383	31
海南	4	1542	1342	--	622	640	40	--	--	600	652	1362	2
重庆	24	35308	18829	11200	1330	8783	8720	2100	1380	63	11169	16705	9
四川	143	192290	109501	39370	10956	72860	68914	8120	7511	3946	70967	90738	4185
贵州	54	31456	25687	7900	4696	10209	9955	600	4021	254	9763	17611	25
云南	98	38531	23156	826	6780	18625	14463	2028	5320	4162	19139	22562	84
西藏	--	--	--	--	--	--	--	--	--	--	--	--	--
陕西	70	134992	91977	62690	5766	61191	53479	30100	3846	7712	46016	63804	40
甘肃	17	158237	27533	18755	3448	14306	12489	7990	600	1817	10746	24532	18
青海	3	870	890	700	40	890	570	--	20	320	890	890	1
宁夏	7	25354	16100	9800	2400	2500	2200	500	100	300	2538	6235	9
新疆	4	1717	900	--	900	900	600	--	600	300	683	983	5

保护、维修基本情况

	维修项目（个）	项目总预算（千元）	累计拨入项目经费（千元）	累计拨入项目经费：中央补助	累计拨入项目经费：省专项补助	本年项目收入合计（千元）	财政拨款	财政拨款：中央补助	财政拨款：省级补助	其他收入	本年支出合计（千元）	项目累计支出（千元）	维修面积（千平方米）
总计	589	2305332	1294684	608501	115963	620077	575012	212085	44724	45065	487468	1228922	6828.6
北京	16	220315	180722	160000	15727	43633	38633	30000	5704	5000	43005	179331	27.1
天津	2	355	--	--	--	355	--	--	--	355	355	355	1
河北	35	73993	49520	36450	5950	14318	14257	9687	900	61	16569	40486	1027.3
山西	73	91409	47829	37307	3100	41883	36066	19926	1900	5817	36292	51147	33.6
内蒙古	8	78050	32068	9900	4950	15000	14850	8150	1700	150	11168	28009	20.7
辽宁	7	4650	1954	594	1310	3826	3826	--	200	--	4636	4636	0.3
其中：大连	--	--	--	--	--	--	--	--	--	--	--	--	--
吉林	2	20000	1365	1285	80	655	655	575	80	--	655	1365	2
黑龙江	9	57760	31430	30430	--	4650	4650	3650	--	--	2781	27811	16.9
上海	7	11817	11817	--	960	7447	460	--	460	6987	7447	14447	61
江苏	41	193259	139231	800	2450	30864	23668	300	3150	7196	30601	128723	24.5
浙江	38	41994	29513	8650	9400	10603	10587	2300	3390	16	9780	23405	57.1
其中：宁波	--	--	--	--	--	--	--	--	--	--	--	--	--
安徽	30	23163	16123	11504	2170	5954	5614	2379	1460	340	4911	16768	19.5
福建	14	22816	14020	11400	250	7904	7481	5100	1394	423	7319	15964	64.5
其中：厦门	--	--	--	--	--	--	--	--	--	--	--	--	--
江西	25	164748	144318	12500	1100	142167	141964	11400	980	203	55802	100416	75.5
山东	15	40324	10226	5350	800	26052	26052	--	300	--	27439	29164	360.3
其中：青岛	--	--	--	--	--	--	--	--	--	--	--	--	--
河南	45	282694	83461	53354	3210	45626	45230	26830	2890	396	35567	151656	110.5
湖北	20	192353	20543	17250	2000	17592	17013	13400	1900	579	8008	8945	69
湖南	15	115772	12050	5700	1340	9510	6980	3480	380	2530	9554	17934	551
广东	15	273057	221278	59334	46091	55428	46169	22290	8756	9259	57824	215579	33.6
其中：深圳	1	2220	780	--	--	1815	1790	--	--	25	1951	4550	1.1
广西	27	10780	8608	6400	440	8704	8308	6400	703	396	6398	6745	20.3
海南	2	910	710	--	610	20	20	--	--	--	20	730	1.2
重庆	11	14806	12327	11200	50	2368	2310	2100	50	58	5204	10053	3.7
四川	50	155625	92280	36070	3710	58890	56306	7520	2210	2584	55563	73452	4150.2
贵州	13	10808	9978	7400	2058	4072	3978	600	2858	94	3574	4419	6.5
云南	24	5352	6260	498	2360	4885	4858	1898	1350	27	5335	5535	48.3
西藏	--	--	--	--	--	--	--	--	--	--	--	--	--
陕西	34	113737	85410	61570	3359	49681	47687	29210	2009	1994	34858	51258	25.8
甘肃	8	72549	22043	14255	2488	7390	7390	4890	--	--	6380	20166	17.3
青海	--	--	--	--	--	--	--	--	--	--	--	--	--
宁夏	2	11680	9600	9300	--	300	--	--	--	300	300	300	--
新疆	1	556	--	--	--	300	--	--	--	300	123	123	--

全国各地区文物保护单位

	维修项目（个）	项目总预算（千元）	累计拨入项目经费（千元）	中央补助	省专项补助
总计	580	1000511	445944	12889	93556
北京	16	53654	50253	38	21143
天津	--	--	--	--	--
河北	10	4910	995	--	750
山西	13	6048	3310	500	1280
内蒙古	5	2687	1930	150	850
辽宁	3	388	955	--	795
其中：大连	--	--	--	--	--
吉林	--	--	--	--	--
黑龙江	4	34756	17100	900	200
上海	15	89419	74719	--	2362
江苏	66	60682	34970	--	11112
浙江	53	146096	117517	--	9890
其中：宁波	--	--	--	--	--
安徽	63	82990	15507	--	5740
福建	1	--	50	--	50
其中：厦门	--	--	--	--	--
江西	25	18019	2549	--	650
山东	17	64400	35689	--	2016
其中：青岛	--	--	--	--	--
河南	41	87284	20690	3950	5870
湖北	13	3861	1560	540	290
湖南	45	59235	13557	191	5520
广东	22	107947	11923	--	5402
其中：深圳	1	22300	600	--	--
广西	6	1680	827	--	720
海南	--	--	--	--	--
重庆	4	537	992	--	430
四川	59	22384	8777	--	6766
贵州	26	15877	5158	--	2493
云南	37	21884	10579	--	4220
西藏	--	--	--	--	--
陕西	22	15160	3237	1120	1007
甘肃	5	85158	5060	4300	760
青海	2	720	740	700	40
宁夏	4	13574	6400	500	2300
新疆	3	1161	900	--	900

保护、维修基本情况

本年项目收入合计					本年支出合计（千元）	项目累计支出（千元）	维修面积（千平方米）
（千元）	财政拨款			其他收入			
		中央补助	省级补助				
271935	162152	10819	60655	109783	252762	408923	6457.9
38345	10374	38	8262	27971	30981	42055	15.1
--	--	--	--	--	--	--	--
735	620	--	510	115	865	1025	1.4
2855	1745	--	550	1110	2808	3444	3.6
2717	2717	150	850	--	2666	2717	2.5
160	160	--	--	--	955	955	1.3
--	--	--	--	--	--	--	--
--	--	--	--	--	--	--	--
17100	17100	900	200	--	17100	17300	12.9
61639	2362	--	2362	59277	61639	76939	37.8
31045	28710	--	10702	2335	22102	24922	51.7
22259	19483	--	5810	2776	21016	120483	47.1
--	--	--	--	--	--	--	--
11560	10144	450	4150	1416	11077	16256	6047.8
50	50	--	50	--	50	50	--
--	--	--	--	--	--	--	--
5270	3400	600	730	2320	4867	4926	17.5
3979	3979	--	1046	--	4259	6313	6.8
--	--	--	--	--	--	--	--
19085	16590	3950	4910	2495	20272	23906	27.4
2119	1699	200	310	420	2559	2599	5.6
10133	9455	141	2730	678	9765	14720	67.8
9168	7494	--	5042	2124	8916	11554	28.6
600	600	--	--	--	--	447	--
827	827	--	440	--	507	507	3.7
--	--	--	--	--	--	--	--
665	660	--	430	5	515	842	0.7
7134	6274	100	4641	860	7666	8215	18.4
3308	3198	--	1163	110	3076	3777	12.9
7140	5629	--	3710	1511	7783	10003	21.6
--	--	--	--	--	--	--	--
7002	3062	890	1037	3940	6930	7030	11.3
3300	3300	2900	400	--	950	950	0.04
740	420	--	20	320	740	740	0.5
2100	2100	500	--	--	2138	5835	8.9
600	600	--	600	--	560	860	5.1

文物业主要指标解释

1．**藏品：**藏品是文博机构根据收藏品的文化属性、自然属性等情况，所划分的文物藏品、标本藏品、模型藏品(含具有收藏、展示价值的雕塑、绘画等艺术作品)和复制品藏品的总和。本指标所统计的藏品是指报告期末，该机构已经整理并登记人账的藏品数。尚未整理或正在整理的藏品，应在整理造册人账后列入下年统计。一级品、二级品、三级品均根据入账情况如实填写。

藏品数：指按历年来以件、套为计量单位统计的藏品数量。即单件藏品编一个号者按一件计算；成套藏品按整体编一个号者，也按一件计算(其组成部分即使有分号，也按一件计)。不易计数的藏品，如粮食、药材及液体等，不论数量多少，均按一件计算。本指标在本制度执行期内必须填报。

2．**本年从有关部门接收文物数：**指本年从公安、工商、海关等司法及检查部门移交接收的文物。

3．**本年藏品征集数：**本年从社会上征集为馆藏文物的数量(包括标本数)。

4．**修复藏品数：**本年运用技术手段进行修复保养的馆藏文物数量(包括标本)。

5．**举办展览：**展览指在本机构内设置，由本馆设计布陈，形式比较多样的展出。同一内容的巡回展览，均按一个计算。展览的计量单位不是指每次展出的文物藏品件数。与系统外机构合办的展览，由本馆统计；与系统内机构合办的，由主办馆统计。陈列作为长期展览，并人此指标项中。

6．**提供藏品参加展览次数：**指提供本机构藏品参与其他机构举办的展览次数。

7．**参观人次和未成年人参观人次：**参观人次指本报告期末，向社会开放的文物保护管理机构当年接待的所有参观人次的累计数。

未成年人参观人次是指接待有组织的集体参观人次与零散观众中能够确切统计的未成年人参观人次的总和。

8．**基本建设中考古发掘项目：**是指因基本建设工程需要，在建设工程影响范围内所进行的考古发掘工作。

9．**抢救性发掘项目：**指古文化遗址、古墓葬等遇到不可抗拒的自然或人为因素危害而必须进行的考古发掘活动。

10．**主动性发掘项目：**因科学研究或文物保护的需要所进行的考古发掘工作。

11．**公用房屋建筑面积：**指文物部门、房产部门拥有产权，或产权虽归政府部门所有，但交由填表机构长期固定、无偿使用的各种办公和业务用房，包括职工单身宿舍和暂被家属、职工挤占的非居住用房。不包括职工家属宿舍和租用的民房。公用房屋建筑面积均按总的建筑面积(指从外墙算起的各房屋面积相加之和)填报，此项指标的其中数(如陈列展览用房、文物库房等)，凡属独立建筑的均按建筑面积统计；凡属非独立建筑的均按使用面积统计；二者兼有的，可按两种方法统计加总。以文物保护单位为馆(所)址的文物机构，只统计该机构实际使用部分的建筑面积。

12．**专著或图录：**由本单位人员完成，经过正式出版部门编印出版的科技专著、高等院校教科书、科普著作和论文集。

13．**论文数：**是指由本机构的人员完成，并在省级以上刊物公开发表的论文数之和。

14．**古建维修报告：**地上不可移动文物维修保护工程全过程记录及应用技术研究介绍的综合性技术报告。

15．**上年末库存文物件数及金额：**指上年末按规定计量单位计算的实有库存文物件数和年末库存文物的账面金额，同时也是结转本年初的库存文物件数和金额。

16．**本年收购文物件数及金额：**指本年从个人或有关机构购入和调入文物时实际发生的件数和金额。

17．**本年向文物收藏机构提供文物数：**指本年文物商店向文物收藏机构提供文物件数。

18．**补偿金额：**指本年接受文物商店提供文物的文物收藏机构给文物商店适当补偿的金额。

19．**本年末库存文物件数及金额：**指本年末按规定计量单位计算的实有库存文物件数和年末库存文物的账面金额，同时也是结转下年初的库存文物件数和金额。

全国文物保护管理机构按藏品排序

单位：件

名次	单位名称	藏品数	名次	单位名称	藏品数
	一、省级文物保护管理机构		21	安徽省合肥市文物管理处	2884
1	陕西省西岳庙文物管理处	1503	22	河南省洛阳市白马寺汉魏故程文物保管所	2783
2	甘肃省甘肃炳灵寺文物保护研究所	354	23	宁夏回族自治区银川西夏陵区管理处	2747
3	北京市白塔寺管理处	160	24	河南省平顶山市文物管理局	2739
4	天津市文物管理中心	98	25	河北省邯郸市文物保护研究所	2695
5	北京市团城演武厅管理处	44	26	河南省信阳市文物管理局	2635
	二、地市级文物保护管理机构		27	安徽省宿州市文物管理所	2585
1	河南省洛阳市文物工作队	252794	28	黑龙江省鹤岗市文物管理站	2574
2	河南省龙门石窟文物保护区风景名胜区管理局	100000	29	黑龙江省绥化市文物管理站	2569
3	西藏自治区布达拉宫管理处	64980	30	陕西省蓝田县文物管理所	2415
4	河南省洛阳市第二文物工作队	41280	31	云南省州文物管理所	2293
5	西藏自治区扎什伦布寺管理委员会	18383	32	安徽省铜陵市文物管理局（市博物馆）	2200
6	四川省阿坝州文物管理所	16430	33	河南省濮阳市文物保护管理所	2175
7	西藏自治区西藏罗布林卡管理处	14318	34	云南省楚雄州文物管理所	2153
8	湖南省长沙市文物考古研究所	10763	35	安徽省萧县博物馆	2011
9	西藏自治区拉萨市色拉寺管理委员会	8960	36	青海省西宁市文物管理所	1944
10	西藏自治区哲蚌寺管理委员会	8266	37	安徽省马鞍山市文物管理所	1844
11	河北省承德市外八庙管理处	7250	38	山西省太原市双塔寺文物保管所	1827
12	西藏自治区拉萨市大昭寺管理委员会	6306	39	湖北省林区文物管理所	1826
13	江西省萍乡市博物馆	6226	40	内蒙古自治区包头市文物管理处	1800
14	山东省莱芜市文物管理委员会办公室	4973	41	吉林省辽源市文物管理所	1757
15	内蒙古自治区巴彦淖尔市文物站	4457	42	山东省滨州市文物管理处	1756
16	安徽省淮北市文物管理所	4107	43	河南省驻马店市文物考古管理所	1640
17	安徽省灵璧县文物管理所	3875	44	辽宁省盖州市文物管理所	1599
18	云南省昭通市文物管理所	3488	45	湖南省张家界市文物管理处	1436
19	贵州省六盘水市文物管理所	3344	46	内蒙古自治区锡盟文物站	1434
20	河南省鹤壁市文物工作队	3231	47	四川省达州市文物管理所	1381

全国文物保护管理机构按藏品排序

单位：件

名次	单位名称	藏品数	名次	单位名称	藏品数
48	安徽省巢湖市文物管理所	1342	24	江苏省宜兴市文物管理委员会办公室	9449
49	河北省衡水市文物管理处	1184	25	重庆市巫山县文物管理所	9372
50	湖南省邵阳市文物管理局	1133	26	浙江省宁海县文管会	8462
	三、县级文物保护管理机构		27	云南省会泽县文物管理所	8291
1	山东省曲阜市文物管理委员会	63886	28	云南省威信县文管所	7900
2	山西省天镇县文物保管所	44420	29	安徽省怀远县文物管理所	7738
3	四川省南江县文物管理所	34383	30	湖北省利川文物管理所	7640
4	山东省蓬莱阁文物管理处	32588	31	四川省通江县文物管理所	7476
5	山西省吉县文物管理所	30411	32	山西省朔城区崇福寺文物保管所	7378
6	四川省巴中市巴州区文物管理所	29089	33	河南省灵宝市文物保护管理所	7356
7	重庆市长寿区文管所	27188	34	陕西省子长县钟山石窟文物管理所	7200
8	四川省都江堰市文物局	26219	35	山东省东阿县文物管理所	7170
9	山西省寿阳县文物管理所	23889	36	四川省绵竹市文物保护管理所	7052
10	湖南省邵东县文物管理所	22723	37	河南省宜阳县文物保护管理所	6808
11	河北省涿州市文物保管所	17593	38	湖南省慈利县文物保护管理所	6727
12	山东省昌乐县文物管理所	17495	39	浙江省瑞安市文物馆	6712
13	山东省章丘市文管所	14827	40	湖南省靖州县文物管理所	6627
14	四川省三台县文物管理所	14718	41	湖北省武当山旅游经济特区文管所	6599
15	河北省磁县文物保管所	14176	42	四川省渠县文物管理所	6565
16	内蒙古自治区准格尔旗文物馆	13800	43	河南省开封县文物管理所	6544
17	重庆市丰都县文物管理所	13551	44	浙江省绍兴县文物保护管理所	5885
18	河南省鹤壁市淇县文物管理所	13296	45	浙江省东阳市文物管理办公室	5880
19	四川省汶川县文物管理所	12292	46	四川省邛崃市文物管理局	5706
20	安徽省黄山市祁门县文物管理所	11664	47	河南省信阳市光山县文物旅游局	5684
21	河南省长葛市文物管理所	11567	48	重庆市开县文物管理所	5664
22	重庆市铜梁县文管所	10846	49	安徽省东至县文物管理所	5608
23	山西省临县文物管理所	10000	50	山西省榆次区文物管理所	5500

全国文物保护管理机构按参观人次排序

单位：千人次

名次	单位名称	参观人次	名次	单位名称	参观人次
	一、省级文物保护管理机构		21	甘肃省嘉峪关关城文物管理所	302
1	北京市白塔寺管理处	97	22	陕西省岐山县周公庙管理处	300
2	甘肃省甘肃炳灵寺文物保护研究所	61	23	河南省濮阳市戚城文物景区管理处	280
3	北京市团城演武厅管理处	37	24	山西省山西解州关帝庙文物保管所	270
4	陕西省西岳庙文物管理处	36	25	浙江省衢州市文物保护管理所	250
5	甘肃省甘肃北石窟文物保护研究所	6	26	辽宁省锦州经济技术开发区笔架山文物管理处	240
6	甘肃省甘肃大地湾文物保护研究所	3	27	江苏省无锡市名人故居文物管理处	236
	二、地市级文物保护管理机构		28	山西省大同市古建筑文物保管所	215
1	四川省达州市文物管理所	5000	29	河南省安阳市殷墟宫殿宗庙遗址管理处	195
2	浙江省杭州市园文局灵隐管理处	3867	30	内蒙古自治区包头市文物管理处	180
3	黑龙江省双鸭山市文物管理站	3000	31	江苏省苏州市市区文物保护管理所	174
4	四川省乐山大佛乌尤文物保护管理局	2210	32	湖北省襄樊市隆中管理委员会	170
5	吉林省东辽县文物管理所	2000	33	浙江省绍兴市名人故居管理处	152
6	河南省龙门石窟文物保护区风景名胜区管理局	1656	34	内蒙古自治区兴安盟文物站	150
7	浙江省杭州市园文局钱江管理处	1583	35	陕西省西安市小雁塔保管所	149
8	浙江省杭州市园文局岳庙管理处	1248	36	河南省许昌市灞陵桥文物管理处	132
9	浙江省杭州市园文局凤凰山管理处	1115	37	辽宁省营口市西炮台	120
10	浙江省绍兴市大禹陵景区管理处	1100	38	江苏省无锡市薛福成故居文物管理处	117
11	云南省昭通市文物管理所	800	39	河南省郑州市商城遗址保护管理处	110
12	新疆维吾尔自治区吐鲁番地区文物管理局	706	40	湖北省宜昌市三游洞文物管理处	104
13	河北省承德市避暑山庄管理处	580	41	辽宁省中共满洲省委旧址纪念馆	100
14	河北省承德市外八庙管理处	535	42	云南省云南陆军讲武堂文物管理所	100
15	吉林省通化市文物管理委员会办公室	530	43	湖北省武汉市晴川阁管理处	100
16	浙江省绍兴市兰亭景区管理处	510	44	陕西省宝鸡市陈仓区钓鱼台文物管理所	92
17	陕西省西安市钟鼓楼保管所	447	45	海南省海口市五公祠管理处	90
18	浙江省宁波市保国寺古建筑保护管理所	405	46	山西省太原市天龙山文物保管所	80
19	陕西省药王山管理局	380	47	山西省太原市关帝庙文物管理所	80
20	浙江省绍兴市沈园景区管理处	368			

全国文物保护管理机构按参观人次排序

单位：千人次

名次	单位名称	参观人次	名次	单位名称	参观人次
48	福建省漳州文庙暨石牌坊文物保管所	80	24	山东省东阿县文物管理所	2000
49	山东省烟台山文物管理处	80	25	四川省仁寿县文物管理所	2000
50	陕西省西安市青龙寺遗址保管所	80	26	贵州省贞丰县文物管理所	2000
	三、县级文物保护管理机构		27	广东省深圳市龙岗区文物管理办公室	1800
1	四川省龙马潭区文管所	10000	28	吉林省长岭县文物管理所	1390
2	四川省合江县文管所	10000	29	内蒙古自治区林西县文管所	1300
3	云南省罗平县文物管理所	9630	30	浙江省镇海文管会	1300
4	四川省威远县文管所	8000	31	山东省蓬莱阁文物管理处	1104
5	天津市河北区文物管理所	6239	32	陕西省佳县白云山道教管理委员会	1000
6	北京市延庆县八达岭特区办事处	6235	33	山西省平遥县古城墙管理处	978
7	安徽省青阳县文物管理所	6000	34	广东省黄埔区南海神庙文物管理所	856
8	吉林省镇赉县文物保护管理所	5680	35	四川省岳池县文物管理所	800
9	北京市昌平区十三陵特区办事处	5200	36	河南省息县文物管理委员会办公室	770
10	宁夏回族自治区固原市原州区文物管理所	5100	37	河北省山海关区第一关景区	715
11	吉林省洮南市文物保护管理所	5000	38	河北省山海关老龙头景区管理处	703
12	浙江省松阳县文管会	5000	39	云南省崇圣寺三塔文物保护管理所	700
13	四川省南江县文物管理所	5000	40	河北省赵县文物保护管理所	690
14	四川省若尔盖县文物管理所	5000	41	安徽省凤台县文物管理所	600
15	贵州省册亨县文物管理所	3400	42	贵州省榕江县文物管理所	600
16	山东省曲阜市文物管理委员会	3048	43	四川省梓潼县文管所	540
17	天津市红桥区文物保护管理所	3000	44	江苏省盱眙县明祖陵文物保管所	534
18	内蒙古自治区阿旗文管所	3000	45	河北省易县清西陵文物管理处	520
19	黑龙江省金山屯区文物管理站	3000	46	黑龙江省集贤县文物管理所	510
20	四川省泸县文管所	2500	47	浙江省湖州市南浔区文物保护管理所	500
21	新疆维吾尔自治区图木舒克市文物管理局	2500	48	四川省龙泉驿区文管所	500
22	四川省叙永县文管所	2100	49	甘肃省山丹县长城文物陈列馆	500
23	江西省崇仁县文博所	2000	50	新疆维吾尔自治区叶城县文管所	500

全国文物保护管理机构按门票收入排序

单位：千元

名次	单位名称	门票收入	名次	单位名称	门票收入
	一、省级文物保护管理机构		20	宁夏回族自治区银川本来面目陵区管理处	4450
1	甘肃省甘肃炳灵寺文物保护研究所	3074	21	西藏自治区拉萨市大昭寺管理委员会	4200
2	北京市白塔寺理处	511	22	陕西省西安市小雁塔保管所	3794
3	陕西省西岳庙文物管理处	301	23	湖北省宜昌市三游洞文物管理处	3024
4	甘肃省甘肃北石窟文物保护研究所	83	24	山东省烟台山文物管理处	2600
5	甘肃省甘肃大地湾文物保护研究所	18	25	陕西省宝鸡市陈仓区钓鱼台文物管理所	1940
6	北京市团城演武厅管理处	3	26	宁夏回族自治区银川市贺兰山岩画管理处	1697
	二、地方级文物保护管理机构		27	陕西省岐山县周公庙管理处	1470
1	浙江省杭州市园文局灵隐管理处	134479	28	山西省大同市古建筑文物保管所	1445
2	河南省龙门石窟文物保护区风景名胜区管理局	87745	29	浙江省绍兴市名人故居管理处	1178
3	四川省乐山大佛乌尤文物保护管理局	70628	30	陕西省药王山管理局	1170
4	河北省承德市避暑山庄管理处	46453	31	河北省邯郸市黄粱梦文物管理处	1148
5	西藏自治区布达拉宫管理处	39112	32	海南省海口市五公祠管理处	1097
6	浙江省杭州市园文局岳庙管理处	32372	33	浙江省宁波市保国寺古建筑保护管理所	1060
7	甘肃省嘉峪关关城文物管理所	19487	34	山西省山西芮城永乐宫文物保管所	970
8	河北省承德市外八庙管理处	18750	35	河南省许昌市灞陵桥文物管理处	826
9	浙江省杭州市园文局钱江管理处	18203	36	江苏省无锡市薛福成故居文物管理处	814
10	新疆维吾尔自治区吐鲁番地区文物管理局	17350	37	河南省许昌春秋楼文物管理处	720
11	陕西省西安市钟鼓楼保管所	11189	38	贵州省贵阳市文物管理所	694
12	西藏自治区扎什伦布寺管理委员会	10000	39	山东省聊城光岳楼管理处	680
13	浙江省绍兴市兰亭景区管理处	9121	40	河南省濮阳市戚城文物景区管理处	680
14	浙江省杭州市园文局凤凰山管理处	8256	41	广东省湖州广济桥文物管理所	616
15	山西省山西解州关帝庙文物保管所	8100	42	浙江省衢州孔氏南宗家庙管理委员会	565
16	浙江省绍兴市大禹陵景区管理处	7058	43	河南省开封市艺术博物馆（山陕甘会馆）	560
17	河南省安阳市殷墟宫殿宗庙遗址管理处	6199	44	山西省晋城市文物管理处	534
18	浙江省绍兴市沈园景区管理处	6043	45	陕西省榆林市红石峡文物研究所	520
19	湖北省襄樊市隆中管理委员会	6000	46	陕西省榆林市镇北台文物研究所	513

全国文物保护管理机构按门票收入排序

单位：千元

名次	单位名称	门票收入
47	西藏自治区拉萨市小昭寺管理委员会	450
48	江西省九江市文物名胜管理处	450
49	辽宁省营口市西炮台	443
50	海南省海口市海瑞墓管理处	430
	三、县级文物保护管理机构	
1	北京市延庆县八达岭特区办事处	203855
2	北京市昌平区十三陵特区办事处	197200
3	山东省曲阜市文物管理委员会	121822
4	山东省蓬莱阁文物管理处	70049
5	陕西省黄帝陵管理局	36971
6	河北省山海关老龙头景区管理处	28690
7	河北省山海关第一关景区	22966
8	河北省清东陵文物管理处	21832
9	广东省德庆县悦城龙母祖庙管理所	13350
10	河北省易县清西陵文物管理处	7661
11	山西省应县木塔文物保管所	7000
12	河北省正定县文物保管所	6730
13	山东省济南市长清区岩寺管委会	5376
14	山西省洪洞县大槐权迁民遗址文物管理所	5200
15	重庆市奉节县文物保护管理所	5022
16	河北省涉县文物保管所	4643
17	重庆市云阳县文物保护管理所	4500
18	河北省赵县文物保护管理所	4336
19	四川省梓潼县文管所	4200
20	河北省山海关区孟姜女庙景区管理处	3801
21	湖北省钟祥市显陵管理处	3501
22	广东省黄埔区南海神庙文物管理所	2879
23	河南省康百万庄园文物保管所	2866
24	山东省栖霞市牟氏庄园管理处	2845
25	辽宁省抚顺市新宾县赫图阿拉文物管理所	2447
26	江西省庐山会址管理所	2000
27	四川省泸定桥文物管理局	1938
28	湖南省炎帝陵管理局	1747
29	安徽省凤阳县皇陵管理处	1702
30	天津市蓟县文物保管所	1580
31	山西省江洞县明代监狱文物管理所	1500
32	江苏省盱眙县明祖陵文物保管所	1447
33	湖南省又峰县曾国藩故居管理处	1400
34	贵州省镇远县文物局	1209
35	浙江省东阳市卢宅文物保护管理所	1175
36	广东省德庆学宫管理所	1060
37	陕西省韩城市司马迁祠文管所	1050
38	江西省庐山白鹿洞书院	1018
39	山西省洪洞县广胜寺文物保管所	1010
40	山东省汶上县文物管理局	927
41	山西省平遥县古城墙管理处	874
42	辽宁省义县文物保管所	783
43	甘肃省武都区万象洞风景名胜管理所	720
44	宁夏回族自治区青铜峡市文物管理所	710
45	安徽省亳州市文物管理处	640
46	新疆维吾尔自治区霍城县文物管理所	633
47	陕西省蓝田县水陆庵文物管理所	610
48	河北省邯郸市峰峰矿区响堂山风景管理处	498
49	江苏省高邮市文物管理委员会	469
50	湖南省祁阳县浯溪文物管理所	460

全国博物馆机构按藏品排序

单位：件

名次	单位名称	藏品数	名次	单位名称	藏品数
	一、中央直属博物馆机构		34	上海市中共‘一大’会址纪念馆	38984
1	故宫博物院	1014793	35	青海省中国青海柳湾彩陶博物馆	37925
2	中国国家博物馆	613420	36	宁夏回族自治区博物馆	37498
3	北京鲁迅博物馆	27049	37	贵州省博物馆	36621
4	国际友谊博物馆	16084	38	广西省广西壮族自治区自然博物馆	30933
5	北京新文化运动纪念馆	4000	39	山西省艺术博物馆	23000
	二、省级博物馆机构		40	陕西省西安半坡博物馆	18442
1	北京市首都博物馆	1020437	41	湖南省韶山毛泽东同志纪念馆	15204
2	江苏省南京博物院	449693	42	宁夏回族自治区固原博物馆	14260
3	天津市天津自然博物馆	400000	43	海南省民族博物馆	12436
4	陕西省陕西历史博物馆	381741	44	江西省瑞金中央革命根据地纪念馆	11582
5	安徽省博物馆	218004	45	青海省博物馆	9651
6	湖北省博物馆	205400	46	海南省博物馆	9631
7	云南省博物馆	198120	47	北京市古代钱币展览馆	7954
8	福建省福建博物院	180291	48	天津市周恩来邓颖超纪念馆	6900
9	重庆市重庆中国三峡博物馆	176438	49	广西省广西民族博物馆	6860
10	四川省博物馆	159135	50	重庆市重庆大足石刻艺术博物馆	6249
11	天津市天津博物馆	147277		**三、地市级博物馆机构**	
12	内蒙古自治区内蒙古博物馆	132787	1	陕西省西安博物院	119891
13	上海市上海博物馆	132655	2	内蒙古自治区包头市博物馆	108831
14	河南省河南博物馆	129753	3	山东省青岛市博物馆	108076
15	广东省博物馆	122146	4	山西省长治市博物馆	105162
16	浙江省浙江自然博物馆	119389	5	湖南省长沙简牍博物馆	100000
17	辽宁省博物馆	114955	6	安徽省黄山市博物馆	96802
18	黑龙江省博物馆	108584	7	河南省开封市博物馆	87621
19	山东省博物馆	106275	8	广东省惠州市博物馆	85833
20	山西省山西博物院	96141	9	江苏省南京市博物馆	77195
21	河北省民俗博物馆	92947	10	浙江省宁波市天一阁博物馆	75860
22	湖南省博物馆	90133	11	湖北省恩施州博物馆	70060
23	吉林省博物院	89105	12	湖北省荆门市博物馆	60725
24	甘肃省博物馆	84689	13	江苏省苏州戏曲博物馆	54266
25	上海市上海鲁迅纪念馆	78608	14	河南省鹤壁市博物馆	52944
26	浙江省博物馆	77492	15	江苏省南通博物苑	48784
27	北京市北京艺术博物馆	74716	16	湖南省长沙市博物馆	45700
28	重庆市重庆自然博物馆	73855	17	河南省许昌市博物馆	45684
29	重庆市重庆红岩革命历史博物馆	64146	18	辽宁省抗美援朝纪念馆	44885
30	江西省博物馆	49067	19	四川省杜甫草堂博物馆	42879
31	广西省广西壮族自治区博物馆	41672	20	广东省广州博物馆	37283
32	上海市历史博物馆	40851	21	广东省柳州市博物馆	37117
33	新疆维吾尔自治区新疆博物馆	39047	22	广东省江门市五邑华侨华人博物馆	33924

全国博物馆机构按藏品排序

单位：件

名次	单位名称	藏品数	名次	单位名称	藏品数
23	湖北省十堰市博物馆	32998	12	湖北省荆门市博物馆	60725
24	陕西省延安革命纪念馆	31601	13	江苏省苏州戏曲博物馆	54266
25	西藏自治区西藏博物馆	29246	14	河南省鹤壁市博物馆	52944
26	江苏省镇江博物馆	29027	15	江苏省南通博物苑	48784
27	甘肃省天水市博物馆	28290	16	湖南省长沙市博物馆	45700
28	辽宁省旅顺博物馆	27665	17	河南省许昌市博物馆	45684
29	山西省大同市博物馆	26000	18	辽宁省抗美援朝纪念馆	44885
30	河北省承德市避暑山庄博物馆	24994	19	四川省杜甫草堂博物馆	42879
31	广东省揭阳市博物馆	24661	20	广东省广州博物馆	37283
32	广西省桂林博物馆	24358	21	广西省柳州市博物馆	37117
33	广东省广州艺术博物院	24341	22	广东省江门市五邑华侨华人博物馆	33924
34	广东省河源市博物馆	24337	23	湖北省十堰市博物馆	32998
35	山西省晋城市博物馆	22255	24	陕西省延安革命纪念馆	31603
36	广东省深圳市博物馆	22254	25	西藏自治区博物馆	29246
37	湖南省岳阳市博物馆	22103	26	江苏省镇江博物馆	29027
38	江苏省无锡市博物馆	21761	27	甘肃省天水市博物馆	28290
39	山东省济南市博物馆	20984	28	辽宁省旅顺博物馆	27665
40	广东省广东革命历史博物馆	20716	29	山西省大同市博物馆	26000
41	江苏省常州市博物馆	20414	30	河北省承德市避暑山庄博物馆	24994
42	四川省凉山彝族自治州博物馆	20200	31	广东省揭阳市博物馆	24661
43	江西省景德镇陶瓷馆	20100	32	广西省桂林博物馆	24358
44	浙江省温州博物馆	19273	33	广东省广州艺术博物院	24341
45	河南省商丘博物馆	19236	34	广东省河源市博物馆	24337
46	辽宁省沈阳故宫博物院	18953	35	山西省晋城市博物馆	22255
47	广西省贺州市博物馆	18864	36	广东省深圳市博物馆	22254
48	湖北省荆州市博物馆	18240	37	湖南省岳阳市博物馆	22103
49	江苏省扬州博物馆	18168	38	江苏省无锡市博物馆	21761
50	江苏省徐州博物馆	17860	39	山东省济南市博物馆	20984
	四、县级博物馆机构		40	广东省广东革命历史博物馆	20716
1	陕西省西安博物院	119891	41	江苏省常州市博物馆	20414
2	内蒙古自治区包头市博物馆	108831	42	四川省凉山彝族自治州博物馆	20200
3	山东省青岛市博物馆	108076	43	江西省景德镇陶瓷馆	20100
4	山西省长治市博物馆	105162	44	浙江省温州博物馆	19273
5	湖南省长沙简牍博物馆	100000	45	河南省商丘博物馆	19236
6	安徽省黄山市博物馆	96802	46	辽宁省沈阳故宫博物院	18953
7	河南省开封市博物馆	87621	47	广西省贺州市博物馆	18864
8	广东省惠州市博物馆	85833	48	湖北省荆州市博物馆	18240
9	江苏省南京市博物馆	77196	49	江苏省扬州博物馆	18168
10	浙江省宁波市天一阁博物馆	75860	50	江苏省徐州博物馆	17860
11	湖北省恩施州博物馆	70060			

全国博物馆机构按参观人次排序

单位：千人次

名次	单位名称	参观人次
	一、中央直属博物馆机构	
1	故宫博物院	9703
2	北京鲁迅博物馆	4300
3	中国国家博物馆	2600
4	国际友谊博物馆	30
5	北京新文化运动纪念馆	18
	二、省级博物馆机构	
1	重庆市重庆红岩革命历史博物馆	6799
2	陕西省秦始皇兵马俑博物馆	2900
3	湖北省博物馆	1440
4	浙江省博物馆	1285
5	上海市上海博物馆	1121
6	湖南省博物馆	1095
7	陕西省陕西历史博物馆	810
8	北京市首都博物馆	683
9	浙江省中国丝绸博物馆	620
10	陕西省乾陵博物馆	603
11	湖北省辛亥革命武昌起义纪念馆	518
12	河南省河南博物院	508
13	黑龙江省科学技术馆	500
14	安徽省博物馆	484
15	湖北省艺术博物馆	461
16	江西省博物馆	460
17	黑龙江省哈尔滨市建筑艺术馆	450
18	云南省博物馆	426
19	重庆市重庆大足石刻艺术博物馆	408
20	天津市周恩来邓颖超纪念馆	400
21	江苏省南京博物院	400
22	湖南省韶山毛泽东同志纪念馆	400
23	江西省南昌八一起义纪念馆	320
24	黑龙江省中国人民解放军65435苏宁纪念馆	300
25	贵州省博物馆	300
26	甘肃省博物馆	300
27	陕西省法门寺博物馆	289
28	天津市天津博物馆	265
29	北京市大钟寺古钟博物馆	250
30	黑龙江省民族博物馆	250
31	上海市中共乙惶煊会址纪念头馆	250
32	重庆市重庆中国三峡博物馆	240
33	浙江省浙江自然博物馆	235
34	广东省博物馆	235
35	江西省安源路矿工人运动纪念馆	231
36	辽宁省博物馆	228
37	天津市天津自然博物馆	223
38	陕西省汉阳陵考古陈列馆	218
39	江西省瑞金中央革命根据地纪念馆	215
40	河北省博物馆	203
41	江西省井冈山革命博物馆	200
42	广西省广西壮族自治区博物馆	195
43	北京市古代钱币展览馆	186
44	湖北省湖北明代藩王博物馆	176
45	福建省福建博物院	175
46	北京市孔庙和国子监管理处	173
47	吉林省博物院	170
48	北京市北京西山大觉寺管理处	168
49	新疆维吾尔自治区新疆博物馆	156
50	天津市平津战役纪念馆	155
	三、地市级博物馆机构	
1	新疆维吾尔自治区博尔塔拉蒙古自治州博物馆	3000
2	江西省宜春市博物馆	2000
3	四川省武侯祠博物馆	1930
4	湖北省荆州市博物馆	1930
5	广东省虎门林则徐纪念馆	1530
6	浙江省杭州西湖博物馆	1260
7	四川省乐山市麻浩崖墓博物馆	1188
8	湖南省刘少奇同志纪念馆	1120
9	浙江省绍兴鲁迅纪念馆	1074
10	山东省济宁市李白纪念馆	1000
11	辽宁省沈阳故宫博物院	920
12	灌输省茅山新四军纪念馆（镇江市）	850
13	广西省百色起义纪念馆	750
14	广东省广东民间工艺博物馆	737
15	江苏省南京市博物馆	700
16	四川省宜宾市赵一曼纪念馆	650
17	浙江省杭州名人纪念馆	612
18	山东省青岛市民俗博物馆	596
19	河北省西柏坡纪念馆	590
20	河北省承德市避暑山庄博物馆	580
21	江苏省周恩来纪念馆（淮安市）	550
22	江苏省中国共产党代表团梅园新村纪念馆（南京市）	523
23	四川省成都博物院	516

全国博物馆机构按参观人次排序

单位：千人次

名次	单位名称	参观人次	名次	单位名称	参观人次
24	广东省孙中山故居纪念馆	513	12	福建省仓山区博物馆	3500
25	山西省太原市晋祠博物馆	510	13	四川省芦山县博物馆	3500
26	江苏省南通博物苑	500	14	天津市义和团纪念馆	3000
27	湖北省武汉市博物馆	500	15	辽宁省建平县博物馆	3000
28	广东省佛山市博物馆	499	16	福建省长泰县博物馆	3000
29	广东省广州艺术博物院	480	17	福建省漳浦县博物馆	3000
30	浙江省中国茶叶博物馆	470	18	广东省乐昌市博物馆	3000
31	辽宁省张氏帅府博物馆	450	19	海南省琼海市博物馆	2500
32	江苏省镇江焦山碑刻博物馆	450	20	辽宁省金州区博物馆	2000
33	山东省蒲松龄纪念馆	450	21	福建省永春县博物馆	2000
34	吉林省伪满皇宫博物院	427	22	四川省名山县蒙山茶史博物馆	2000
35	福建省厦门市郑成功纪念馆	427	23	浙江省桐乡市茅盾纪念馆	1250
36	四川省杜甫草堂博物馆	419	24	上海市上海豫园管理处	1185
37	江苏省南京市太平天国历史博物馆	412	25	天津市三条石历史博物馆	1100
38	广东省黄埔军校旧址纪念馆	406	26	四川省峨眉山博物馆	1056
39	湖南省长沙市博物馆	400	27	广西省平南县博物馆	1050
40	广东省肇庆市博物馆	400	28	山东省邹城市博物馆	1000
41	广东省西汉南越王博物馆	373	29	河南省淮阳县太昊陵管理处	1000
42	浙江省衢州市博物馆	370	30	山西省平遥县中国票号博物馆	979
43	河南省洛阳古代艺术馆	359	31	山西省平遥县博物馆	978
44	辽宁省沈阳市金融博物馆	350	32	山东省汶上县博物馆	960
45	江苏省苏州博物馆	343	33	山西省灵石县王家大院民居艺术馆	920
46	广东省深圳市博物馆	322	34	福建省闽候县博物馆	820
47	云南省玉溪博物馆	320	35	山西省祁县乔家大院民俗博物馆	700
48	河南省洛阳周王城天子驾六博物馆	320	36	河南省内乡县衙博物馆	650
49	广东省广州美术馆	313	37	四川省四川广汉三星堆博物馆	620
50	广东省毛泽东同志主办农民运动讲习所旧址纪念馆	313	38	福建省武夷山市博物馆	600
	四、县级博物馆机构		39	江西省庐山博物馆	600
1	四川省江油市博物馆	10000	40	山东省历城区博物馆	600
2	广东省陆丰市博物馆	8000	41	陕西省茂陵博物馆	540
3	广东省仁化县博物馆	7230	42	广东省海丰县红宫红场纪念馆	500
4	广东省兴宁市博物馆	7000	43	湖北省秭归县屈原纪念馆	420
5	吉林省大安市博物馆	6000	44	黑龙江省侵华日军第七三一部队罪证陈列馆	404
6	江苏省吴江博物馆	6000	45	河南省鄂豫皖苏区首府革命博物馆	390
7	海南省昌江黎族自治县博物馆	5800	46	北京市北京民俗博物馆	389
8	福建省顺昌县博物馆	5000	47	河北省满城汉墓博物馆	360
9	福建省台江区博物馆	5000	48	黑龙江省宁安市马骏纪念馆	360
10	四川省北川羌族自治县羌族民俗博物馆	4800	49	浙江省安吉竹子博览园有限责任公司	356
11	黑龙江省同江市赫哲族博物馆	4000	50	河南省新乡市博物馆	350

全国博物馆机构按门票收入排序

单位：千元

名次	单位名称	门票收入	名次	单位名称	门票收入
	一、中央直属博物馆机构				
1	故宫博物馆	463107	32	云南省博物馆	162
2	中国国家博物馆	522	33	北京市北京艺术博物馆	145
3	北京鲁迅博物馆	47	34	陕西省西安事变纪念馆	121
4	北京新文化运动纪念馆	30	35	浙江省浙江自然博物馆	98
	二、省级博物馆机构		36	贵州省博物馆	70
1	陕西省秦始皇兵马俑博物馆	169842	37	北京市徐悲鸿纪念馆	48
2	湖南省博物馆	27110	38	宁夏回族自治区固原博物馆	34
3	重庆市重庆大足石刻艺术博物馆	25011	39	辽宁省博物馆	31
4	重庆市重庆红岩革命历史博物馆	18383	40	海南省民族博物馆	20
5	湖北省博物馆	14967	41	安徽省博物馆	19
6	陕西省陕西历史博物馆	14073	42	北京市北京古代建筑博物馆	18
7	北京市首都博物馆	13025	43	天津市元明清天妃宫遗址博物馆	4
8	陕西省西安碑林博物馆	12311		**三、地方级博物馆机构**	
9	陕西省乾陵博物馆	7315	1	四川省武侯祠博物馆	50626
10	陕西省法门寺博物馆	7143	2	辽宁省沈阳故宫博物院	40971
11	江西省井冈山革命博物馆	6800	3	浙江省绍兴鲁迅纪念馆	37774
12	湖南省韶山毛泽东同志纪念馆	6605	4	吉林省伪满皇宫博物院	20900
13	河南省河南博物院	4860	5	湖南省刘少奇同志纪念馆	11850
14	江西省南昌八一起义纪念馆	4847	6	广东省广东革命历史博物馆	6373
15	重庆市重庆中国三峡博物馆	3924	7	江苏省苏州博物馆	5023
16	黑龙江省哈尔滨市建筑艺术馆	2963	8	辽宁省旅顺日俄监狱旧址博物馆	4900
17	新疆维吾尔自治区新疆博物馆	2037	9	甘肃省嘉峪关长城博物馆	4872
18	北京市北京西山大觉寺管理处	1894	10	四川省自贡恐龙博物馆	4473
19	陕西省西安半坡博物馆	1591	11	广东省广东民间工艺博物馆	4417
20	北京市孔庙和国子监管理处	1589	12	新疆维吾尔自治区吐鲁番地区博物馆	3460
21	北京市正阳门管理处	1481	13	河南省南阳市博物馆	3302
22	天津市天津自然博物馆	1315	14	江苏省南京市太平天国历史博物馆	2136
23	甘肃省博物馆	1017	15	陕西省汉中市博物馆	2111
24	黑龙江省科学技术馆	1003	16	四川省眉山三苏祠博物馆	1983
25	北京市北京文博交流馆	779	17	辽宁省旅顺博物馆	1951
26	江西省安源路矿工人运动纪念馆	500	18	江苏省徐州汉兵马俑博物馆	1895
27	河北省博物馆	471	19	江苏省茅山新四军纪念馆（镇江市）	1852
28	广西省广西壮族自治区博物馆	358	20	广东省西汉南越王博物馆	1719
29	上海市上海鲁迅纪念馆	346	21	江西省赣州市博物馆	1400
30	山东省博物馆	265	22	河南省三门峡市虢国博物馆	1357
31	宁夏回族自治区博物馆	165	23	湖北省恩施州博物馆	1247

全国博物馆机构按门票收入排序

单位：千元

名次	单位名称	门票收入	名次	单位名称	门票收入
24	广东省广州博物馆	1199	12	江苏省仪征市博物馆	461
25	江苏省南京市明城垣史博物馆	972	13	福建省福州马江海战纪念馆	442
26	吉林省吉林市博物馆	880	14	甘肃省敦煌市博物馆	423
27	福建省古田会议纪念馆	788	15	广东省深圳市中英街历史博物馆	301
28	江苏省中国共产党代表团梅园新村纪念馆（南京市）	770	16	四川省朱德同志故居纪念馆	260
29	山西省大同市博物馆	733	17	湖南省汨罗市屈原纪念馆	250
30	江苏省徐州博物馆	700	18	湖北省麻城市革命博物馆	236
31	江苏省常州市博物馆	629	19	云南省禄丰县恐龙博物馆	232
32	江苏省镇江焦山碑刻博物馆	617	20	湖北省长阳土家族自治县博物馆	212
33	陕西省咸阳市博物馆	610	21	福建省泉州海外交通史博物馆	170
34	河南省洛阳古墓博物馆	430	22	山西省侯马市晋国古都博物馆	160
35	江苏省南京市博物馆	420	23	广东省花都区洪秀全纪念馆	144
36	湖北省八七会议会址纪念馆	393	24	湖北省武汉市江夏区博物馆	142
37	广西省柳州市博物馆	385	25	湖北省蕲春县博物馆	135
38	河南省洛阳博物馆	370	26	江苏省新四军江南指挥部纪念馆（溧阳市）	111
39	江苏省苏州丝绸博物馆	262	27	上海市青浦区博物馆	79
40	陕西省岐山县五丈原诸葛亮庙博物馆	260	28	广西省桂平市博物馆	57
41	湖南省长沙市博物馆	240	29	天津市老城博物馆	50
42	浙江省温州博物馆	229	30	浙江省良渚文化博物馆	46
43	广东省广州艺术博物院	220	31	四川省渠县历史博物馆	40
44	青海省海南州博物馆	215	32	湖南省石门县博物馆	31
45	西藏自治区西藏博物馆	206	33	福建省东山县博物馆	26
46	江苏省连云港市博物馆	178	34	山东省莒县博物馆	25
47	江苏省南通博物苑	168	35	浙江省龙泉市博物馆	22
48	山东省烟台市博物馆	163	36	江苏省柳亚子纪念馆（吴江市）	20
49	陕西省宝鸡青铜器博物馆	160	37	山东省昌邑市博物馆	20
50	江苏省镇江博物馆	154	38	甘肃省肃南县博物馆	20
	四、县级博物馆机构		39	云南省孟连县民族历史博物馆	18
1	山西省祁县乔家小院民俗博物馆	17000	40	湖南省临澧县博物馆	16
2	河南省淮阳县大昊陵管理处	17000	41	广东省梅县博物馆	16
3	四川省四川广汉三星堆博物馆	15690	42	云南省威信县文化体育局	15
4	新疆维吾尔自治区新疆生产建设兵团军垦博物馆	1419	43	湖南省津市市博物馆	15
5	浙江省余姚河姆渡遗址博物馆	900	44	江苏省如皋市博物馆	14
6	甘肃省武威市博物馆	850	45	浙江省君陶艺术院	14
7	河南省叶县县衙博物馆	750	46	江西省新干县博物馆	14
8	广东省佛山市禅城区博物馆	680	47	福建省德化县陶瓷博物馆	13
9	河北省乐亭县李大钊纪念馆	592	48	山东省山东山旺古生物化石博物馆	11
10	黑龙江省侵华日军第七三一部队罪证陈列馆	590	49	河北省丰润区潘家峪惨案纪念馆	10
11	山东省青州市博物馆	575	50	江西省修水县黄庭坚纪念馆	9

全国文物科研机构按藏品排序

单位：件

名次	单位名称	藏品	名次	单位名称	藏品
	一、省级文物科研机构		2	河南省郑州市文物考古研究院	39919
1	河北省文物研究所	125461	3	河南省三门峡市文物考古研究所	15952
2	河南省文物考古研究所	102712	4	陕西省咸阳市文物保护中心	10503
3	河北省文物保护中心	72311	5	湖北省武汉市文物考古研究所	8063
4	甘肃省文物考古研究所	63131	6	陕西省咸阳市文物考古研究所	5016
5	青海省文物考古研究所	55422	7	江苏省扬州市文物考古研究所	4836
6	陕西省考古研究所	28856	8	陕西省西安市文物保护考古所	3669
7	湖南省文物考古研究所	21696	9	辽宁省沈阳市文物考古研究所	3660
8	山东省文物考古研究所	18300	10	河南省南阳市文物考古研究所	2669
9	四川省文物考古研究所	13500	11	安徽省马鞍山市朱然家族墓地博物馆	1844
10	内蒙古自治区内蒙古文物考古研究所	6932	12	广东省深圳市文物考古鉴定所	1690
11	黑龙江省文物考古研究所	3309	13	江西省景德镇市陶瓷考古研究所	1385
12	浙江省文物考古研究所	2800	14	山东省济南市考古研究所	1210
13	安徽省文物考古研究所	2329	15	陕西省延安市文物研究所	830
14	新疆维吾尔自治区新疆文物考古研究所	2244	16	山西省运城市文物保护研究所	828
15	甘肃省敦煌研究院	2238	17	陕西省榆林市文物保护研究所	825
16	贵州省文物考古研究所	1673	18	山东省青岛市文物保护考古研究所	700
17	甘肃省麦积山石窟艺术研究所	800	19	陕西省铜川市考古研究所	304
18	广东省文物考古研究所	730	20	吉林省长春市文物保护研究所	241
19	山西省考古研究所	330	21	福建省厦门文化遗产保护中心	50
20	新疆维吾尔自治区新疆龟兹石窟研究所	322	22	河南省漯河市许慎文化研究所	9
21	吉林省文物考古研究所	136	23	河北省张家口市文物考古研究所	8
22	宁夏回族自治区文物考古研究所	128		三、县级文物科研机构	
23	宁夏回族自治区岩画研究中心	21	1	浙江省绍兴市文物考古研究所	14769
	二、地方级文物科研机构		2	福建省安溪县博物馆	1118
1	四川省成都市文物考古研究所	90465	3	陕西省咸阳市渭城区文物保护中心	799

全国其他文物机构按藏品排序

单位：件

名次	单位名称	藏品	名次	单位名称	藏品
	一、省级其他文物机构			三、级其他文物机构	
1	北京市文物局图书资料中心	6950	1	江苏省金湖县图书馆	874
	二、地市级其他文物机构		2	江苏省淮安市淮阴区图书馆	433
1	河南省安阳市文物工作队	33100	3	江苏省泗阳县图书馆	390
2	陕西省眉县文化馆	1991	4	江苏省铜山县文化与体育局	349
3	陕西省凤县文化馆	1431	5	江苏省涟水县图书馆	259
4	辽宁省抚顺市元帅林文物管理处	1000	6	陕西省咸阳市秦都区旅游文物稽查大队	166
5	陕西省千阳县文化馆	976	7	江苏省沭阳县图书馆	129
6	陕西省宝鸡市金台区文化馆	384	8	重庆市陈独秀旧居	103
7	陕西省太白县文化馆	40	9	安徽省太和县文物管理所	99

图书在版编目(CIP)数据

中国文物年鉴.2008/国家文物局编.-- 北京：中国时代经济出版社，2010.05
ISBN 978-7-80221-993-9
Ⅰ.中… Ⅱ.国… Ⅲ.文物工作－中国－2008－年鉴 Ⅳ.K87-54
中国版本图书馆CIP数据核字（2009）第168850号

书　　名《中国文物年鉴》（2008）
编　　辑 中国文物年鉴编辑委员会
责任编辑 刘　红
美术编辑 祁小嘉
出　　版 中国时代经济出版社
地　　址 北京市西城区车公庄大街乙5号鸿儒大厦B座
邮政编码 100044
电　　话（010）68320825（发行部）　（010）88361317（邮政）
传　　真（010）68320634
发　　行 全国各地新华书店
印　　刷 北京画中画印刷有限公司
开　　本 787X1092　1/16
印　　张 正文27.75印张　彩插1印张
字　　数 566千字
版　　次 2010年5月北京第一版
印　　次 2010年5月北京第一次印刷
印　　数 1～3000册
书　　号 ISBN 978-7-80221-993-9
定　　价 180.00元